Dr. Nahum Goldmann, der im Juli 1980 seinen 85. Geburtstag begehen kann, hat sich vor zehn Jahren als »Staatsmann ohne Staat« gekennzeichnet. Er ist bestimmt kein Staatsmann ohne Volk.
Als Dreizehnjähriger sprach er schon als kleiner Schuljunge in Frankfurt öffentlich für die zionistische Sache. Wenige Jahre später bereiste er monatelang das damalige Palästina und berichtete darüber. Seitdem hielt er ungezählte Reden, führte Verhandlungen mit anderen Staatsmännern, mit Politikern und Kirchenfürsten, schrieb Aufsätze und Bücher – alles im Dienste des jüdischen Volkes.
Mit Bewunderung und Verehrung betrachten ihn Millionen in der freien Welt und hinter dem Eisernen Vorhang als ihren Sprecher; für Judenfeinde ist er »der Führer des Weltjudentums«. Wie immer man ihn kennzeichnet, er ist ein Mann weltweiter Erfahrungen und Kontakte, eine Persönlichkeit, die mit Konrad Adenauer die Wiedergutmachung anbahnte und verwirklichte und der in seinem Bestreben, Frieden und Zusammenarbeit zu fördern nie erlahmte.
Von seinen Jugend- und Mannesjahren berichtet Goldmann im ersten Band seiner mit Anekdoten und Überraschungen nicht armen Memoiren. Auf seine Bemühungen um Entstehung und Verwirklichung des jüdischen Staates wird der abschließende Band eingehen.

Nahum Goldmann

Mein Leben als deutscher Jude

Nahum Goldmann

Mein Leben als deutscher Jude

Langen Müller

Dieser Band ist die erweiterte und ergänzte Neufassung des Buches
»Staatsmann ohne Staat«

Schutzumschlag: Hans Numberger, München
Satz: VerlagsSatz Kort GmbH, München
Druck und Binden:
Mohndruck Graphische Betriebe GmbH, Gütersloh
Printed in Germany 1980
ISBN 3-7844-1771-X

Inhalt

Biographie meiner Autobiographie

Autobiographien, obwohl sie in den jüngsten Jahren äußerst populär geworden sind, werden von vielen negativ beurteilt, mit der Behauptung, daß solche Werke meist aus Eitelkeit und Selbstgefälligkeit geschrieben wurden. Diese grundsätzliche Ablehnung mag in einem gewissen Maße berechtigt sein, sollte jedoch die Menschen, die das Bedürfnis haben, ihr Leben zu rekapitulieren, oder gar gebeten werden, ihre Erinnerungen zu veröffentlichen, nicht davon abhalten; diejenigen, die eine negative Einstellung haben, werden ja nicht gezwungen, Autobiographien zu kaufen oder gar zu lesen. Für den Autor besteht ein Drang, sein Leben rückblickend zu bewerten und ist die Veranlassung zu einer gewissen Katharsis. Indem man versucht, selbst den Sinn seines Lebens zu begreifen, befreit man sich von vielen Komplexen, Zweifeln und Hemmungen.

Ob solche Werke andere interessieren, hängt davon ab, ob die Persönlichkeit des Verfassers, seine Handlungen, sein Werdegang und die Ereignisse, in welche er – aktiv oder passiv – verwickelt war, von allgemeinem Interesse sind. Ich halte daher die generelle Mißachtung und sogar Verurteilung von Autobiographien durchaus für unberechtigt und hatte kaum Hemmungen, meine Memoiren vor vielen Jahren niederzuschreiben und zu veröffentlichen, und noch weniger jetzt, da ich beträchtlich älter geworden bin, sie in einer zweiten, wesentlich erweiterten Fassung herauszubringen.

Die erste Version meiner Autobiographie, vor etwa zwanzig Jahren, war das Resultat einer Kombination von schlechtem Wetter und dem Ehrgeiz meiner damaligen Sekretärin, Vera Budd. Viele Bekannte hatten mich gedrängt, meine Memoiren zu schreiben. Vor allem sprach Bundeskanzler Adenauer sehr häufig mit mir darüber: Seines Erachtens wären meine Erinnerungen an die tragischen und heroischen Ereignisse meiner jüdischen Generation, an denen ich beteiligt war, von allgemeinem Interesse. Er warnte mich dabei immer vor einem eventuellen »Ghost Writer« und erwähnte seine eigene Erfahrung beim Schreiben seiner Memoiren. Er klagte über

Schwierigkeiten, zu delikaten Problemen Stellung zu nehmen und auch rein stilistischer Art, und erzählte mir, daß sich verschiedene gute Stilisten angeboten hatten, ihm bei der Redaktion seiner Erinnerungen zu helfen. Adenauer hatte sie jedoch alle abgelehnt, da er wünschte, sich so zu zeigen, wie er wirklich war. Er riet mir auch immer wieder, in meiner eventuellen Autobiographie persönliche Anekdoten und Witze zu erzählen, wie er sie selbst gern anhörte. In den fünfziger Jahren pflegten meine Frau und ich nach Vulpera, im Unterengadin, auf Ferien zu gehen. Es war gerade ein Jahr, in dem es sehr viel regnete, und dies benutzte meine Sekretärin, um mich zu veranlassen, meine Memoiren zu diktieren. Ich hatte keine Dokumente zur Hand und die Autobiographie war daher arm an irgendwelchen Daten.

Ich beendete das Manuskript nach meiner Rückkehr in New York, ließ es jedoch jahrelang unberührt. Es lag mir wenig daran, die Memoiren zu veröffentlichen. Ich stand noch mitten in der aktiven politischen Arbeit und wußte nicht, ob meine Tätigkeit nicht durch ein solches Buch – reich an nonkonformistischen Ansichten, insbesondere in meiner Auffassung der zionistischen Politik, die derjenigen der Majorität widersprach – beeinträchtigt würde. Meine Sekretärin versuchte alles, um mich zu bewegen, meine Autobiographie zu veröffentlichen. Auf ihre Veranlassung bat mich Stanley Burnshaw, der Vize-Präsident der großen amerikanischen Verlagsanstalt Holt, Rinehart & Winston, ihm das Manuskript zum Lesen zu geben und drängte mich danach, es seinem Verlag zu überlassen. Ich zögerte noch immer; Burnshaw setzte sich mit meinem Freund George Weidenfeld – heute Lord Weidenfeld – in Verbindung, der einen sehr dynamischen und rührigen Verlag in London geschaffen hatte, und beide gemeinsam ließen nicht nach, mich zu bearbeiten, bis ich mich entschloß, die Veröffentlichung zu erlauben.

Das Original war deutsch, und die englische Übersetzung wurde dreimal vorgenommen. Zuerst von meinem Freund Alex Easterman, einem glänzenden Journalisten, der auch politischer Sekretär im Jüdischen Weltkongreß war; jedoch war sein Englisch viel zu gut und jeder hätte bemerkt, daß es nicht mein Stil war. Dann übersetzte es ein anderer guter Bekannter von mir, Stephen Pollack,

ebenfalls ein bekannter Journalist, aber auch dieser Text war nicht verwendbar. Daraufhin veranlaßte mein Sohn Guido, damals Student – heute Professor – in Harvard einen seiner Freunde, Dr. Egon Schwarz, jetzt Professor für deutsche Literatur in St. Louis, Missouri, den deutschen Text zu korrigieren, und auf Basis dieses Manuskripts wurde das Buch von Helen Sebba, Atlanta, Georgia, für die englische Auflage übersetzt. Danach erschienen meine Memoiren in mehreren Sprachen und sind heute überall vergriffen. Ich entschloß mich aus verschiedenen Gründen, nun meine Memoiren zu ergänzen und in zwei Bänden neu zu veröffentlichen. Erstens ist die alte Autobiographie unvollständig; sie endete vor etwa 20 Jahren. Seit sie veröffentlicht wurde, ist viel Zeit vergangen, und vieles hat sich in der israelischen wie in der Weltpolitik geändert. Ich habe Beziehungen angeknüpft zu Männern wie Tito, Ceausescu und Kreisky und verschiedenen amerikanischen Politikern, Kissinger, Brzezinsky, Vance, die in der ersten Fassung gar nicht erwähnt sind. Auch mit arabischen Führern, wie Anwar el Sadat, und verschiedenen Palästinensern trat ich seitdem häufig in Kontakt, und ich habe – direkt oder indirekt – mit Fragen zu tun, die in der jetzigen Form in den frühen sechziger Jahren kaum existiert haben. Eine Reihe entscheidender Probleme, vor allem im Zusammenhang mit dem Verhältnis zwischen Israel und seinen arabischen Nachbarn, die ich in der ursprünglichen Autobiographie noch immer als »ungelöste Probleme« behandelt habe, sind inzwischen zwar nicht gelöst, doch viel akuter, aktueller und komplizierter geworden.
Wichtiger jedoch ist, daß ich in meinem Alter heute einen ganz anderen Überblick über meine Vergangenheit, über Menschen, Begegnungen und Ereignisse habe als mit 60 Jahren. Ein Mensch, der sich nicht ändert, erstarrt. Da ich nicht mehr aktiv in der Politik bin, sozusagen jenseits von Gut und Böse stehe und keine Ambitionen mehr hege, habe ich ein viel unabhängigeres Urteil über Leute, die ich in der ersten Ausgabe nicht zu kritisieren wagte, über Geschehnisse und ihre Bedeutung, über die Konsequenzen von Handlungen oder ihrer Unterlassung.
Meinem Wesen nach liebe ich Diskretion, und ich gebe mich nicht gern der Öffentlichkeit preis, jedenfalls nicht in meiner persönli-

chen Sphäre. Vielleicht ist das die Folge dessen, daß ich jahrzehntelang mit Massen zu tun hatte, eigentlich nie allein war, und daher als Gegenwirkung versuchte, die wichtigeren und intimen Aspekte meines Denkens und Handelns abzuriegeln. Ich bin heute viel offener, als ich es vor dreißig Jahren war, eher bereit, mich zu äußern und Erinnerungen und Erlebnisse zu übermitteln. Diese neue Fassung meiner Memoiren wird daher weit persönlicher sein und nicht nur über die Handlungen oder die Meinungen von Nahum Goldmann berichten, sondern versuchen, den Menschen selbst in seinem Wesen, mit seinen Vorzügen und Schwächen, dem Leser vorzuführen.

Diese Autobiographie wird eigentlich ein Gespräch mit dem Leser sein. Meine größte Wirksamkeit erzielte ich immer in der Sphäre der Rhetorik, und ich habe Rhetorik immer als einen Dialog betrachtet, nicht als einen Monolog: Ich bin kein Prediger, sondern ich unterhalte mich mit dem Publikum, reagiere auf seine Reaktionen, fühle, ob die Zuhörer sich langweilen oder begeistert sind, streue hie und da einen Witz oder eine persönliche Bemerkung ein. Das will ich auch in diesen Memoiren tun.

Diese Autobiographie ist nicht chronologisch gehalten, sondern primär eingeteilt nach den Sphären meiner Tätigkeit. Der erste Band, unter dem Titel »Mein Leben als deutscher Jude«, umfaßt nicht nur meine Jahre in Deutschland – von meinem sechsten bis zu meinem achtunddreißigsten Lebensjahr –, sondern anschließend auch meine weitere Beschäftigung mit deutsch-jüdischen Problemen. Vor allem vom Kampf gegen den Nazismus, nachdem ich aus Deutschland weggegangen war, wird die Rede sein und von meinen späteren Beziehungen, nach 1952, mit allen deutschen Bundeskanzlern, von Adenauer bis Helmut Schmidt, vielen Ministern, Politikern und Parteiführern, in bezug auf die Entschädigungsgesetzgebung der Bundesrepublik. Der zweite Band unter dem Titel »Mein Leben als amerikanischer und israelischer Jude« wird dann über meine Tätigkeit, nachdem ich Deutschland verlassen mußte, berichten: als Vertreter der *Jewish Agency* in Genf beim Völkerbund, als Mitbegründer des Jüdischen Weltkongresses, dann vierundzwanzig Jahre lang in den Vereinigten Staaten, wo ich bis zur Gründung

des Staates Israel die *Jewish Agency*, gewissermaßen »den jüdischen Staat unterwegs«, bei der amerikanischen Regierung und bei den Vereinten Nationen vertreten habe, sodann meine Tätigkeit nach meiner Rückkehr nach Europa, in Genf, Paris und Israel.
Es sei betont, daß dieses Buch nicht als Quelle für Historiker gedacht ist. Ich benutze kaum Dokumente und bringe wenig Daten. Als Chaim Weizmann seine Memoiren veröffentlichte, sagte ich ihm, das Buch sei eine Quelle für jemand, der etwas über Weizmann wissen möchte, nicht aber für den, der sich über die Geschichte des Zionismus informieren wolle. Das gleiche gilt auch für diese Memoiren, die, da sie sehr persönlich gehalten sind, wenig Material für Historiker bieten, wohl aber für die, die sich für mich und meinen Anteil an der jüdischen und zionistischen Politik meiner Generation interessieren. Auch meine Berichte über Situationen, die ich erlebt und auf die ich reagiert habe, über meine Gespräche, meine Handlungen und deren Auswirkungen müssen als subjektiv beurteilt werden. Der berühmte Satz von Leopold Ranke, es sei die Aufgabe der Geschichtsforschung, Dinge so darzustellen, wie es eigentlich gewesen ist, beruht meines Erachtens auf einer Selbsttäuschung: niemand kann Dinge völlig objektiv sehen. Die Darstellung und die Beurteilung eines Geschehnisses, einer Tatsache, einer Situation ist zum Großteil durch den Zugang dessen bedingt, der schreibt, beschreibt und berichtet. Letzten Endes hängt alles vom Auge des Beschauers ab, und die Art, wie ein Historiker ein Kapitel der Geschichte darstellt, ist mindestens so charakteristisch für ihn wie für das Geschehene. Ich erwähne in meiner Autobiographie zahlreiche Persönlichkeiten, mit denen ich zu tun hatte, Juden und Nichtjuden, Israelis und mehr oder weniger berühmte Figuren anderer Nationalitäten. Meine Beurteilung vieler dieser Persönlichkeiten hat sich in der Periode zwischen der Niederschrift der ersten Fassung und der jetzigen weitgehend geändert. Zum Beispiel hat sich meine Analyse und Bewertung von Ben Gurion und Sharett in diesen Jahren radikal gewandelt, zum Teil auf Grund neuer Fakten, die mir seitdem bekannt wurden, zum Teil aus der Entwicklung meiner Einstellung zu den Problemen Israels, vor allem dem der israelisch-arabischen Beziehungen. Auch die Beurteilung meiner

eigenen Leistungen oder Fehlleistungen ist natürlich durchaus subjektiv. So betrachte ich zum Beispiel meine Mission in Washington im Jahre 1946, in der ich die amerikanische Kommission für den Nahen Osten und Präsident Truman selbst überzeugte, den Teilungsplan Palästinas als Lösung zu akzeptieren, als einen wichtigen Erfolg; Ben Gurion teilte diese Einstellung und sagte mir mehrfach, daß er diese Leistung sowie meinen Erfolg in den entscheidenden Verhandlungen mit Bundeskanzler Adenauer über Wiedergutmachung als die größten Erfolge unserer gemeinsamen Generation betrachte. Man kann jedoch meine Mission in Washington auch als Mißerfolg beurteilen, da die Zustimmung der amerikanischen Regierung am Teilungsplan von der englischen Regierung nicht akzeptiert wurde, und man argumentieren kann, daß schließlich nichts dabei herauskam. Langfristig gesehen, glaube ich behaupten zu können, daß die Bejahung des Teilungsplans durch die Vereinigten Staaten die Lösung des Palästina-Problems in Gang gebracht hat. Zusammenfassend ist meine Autobiographie auch ein Beweis für meine Überzeugung, daß jedes Gedächtnis selektiv ist; was einen Menschen kennzeichnet, ist, wessen er sich erinnert und was er vergißt, und ich bin in dieser Hinsicht nicht weniger ein irrender Mensch als Weizmann und andere.

Zusätzlich bin ich, in bezug auf Daten, Einzelheiten und Dokumente, eher ein Bohemien, manchmal sogar etwas schlampig. Die wenigen Tagebücher, die ich führte, enthalten nur Notizen über Persönliches, Rendezvous usw., und gar nichts Politisches. Auch in der Berichterstattung bin ich eher fahrlässig. Zum Beispiel hatte ich vor vielen Jahren durch die Vermittlung der indischen Botschafterin in Großbritannien, der Schwester von Nehru, ein Gespräch mit diesem. Um einen Vorschlag, den ich gemacht hatte, Nasser zu unterbreiten, unterbrach Nehru seinen Rückflug nach Indien. Über den ganzen Zwischenfall berichtete ich Sharett nichts, der damals Außenminister Israels war. Erst nach einigen Wochen erwähnte ich ihn nebenbei; Sharett, der ein Super-Bürokrat war, hätte mich vor Ärger fast erwürgen mögen.

Der letzte und entscheidende Grund, weswegen ich mich entschlossen habe, im hohen Alter meine Autobiographie neu zu schreiben, besteht darin, daß ich mehr als viele andere jüdische Persönlichkeiten diese einzigartige Generation repräsentiere. Sie ist wohl die tragischste und heroischste Generation der jüdischen Geschichte. Sie hat das Unglück gehabt, die größte Tragödie jüdischer Geschichte – die Vernichtung eines Drittels unseres Volkes – zu erleben, und auf der anderen Seite das Glück gehabt – für die meisten völlig unerwartet und unglaublich – die Verwirklichung eines zweitausendjahrealten Traumes und Ideals, die Schaffung eines jüdischen Staates, herbeizuführen. Ich habe mich mehr als die meisten meiner Freunde und Mitarbeiter in beinahe allen Sphären jüdischer Wirksamkeit betätigt: ich war zwölf Jahre Präsident der Zionistischen Weltorganisation, beinahe vierzig Jahre lang Vorsitzender und Präsident des Jüdischen Weltkongresses; ich habe in Amerika die Konferenz der Präsidenten der wichtigsten jüdischen Organisationen geschaffen, die das Sprachrohr des amerikanischen Judentums gegenüber der Regierung ist; ich habe die *Encyclopaedia Judaica* mit geschaffen und mit herausgegeben; ich habe die Verhandlungen mit der Bundesregierung geführt und bin z. Z. noch Präsident der *Conference for Jewish Material Claims against Germany;* ich habe die *Memorial Foundation,* eine Stiftung für jüdische Kultur begründet. Als jüngste meiner Leistungen habe ich das *Nahum Goldmann Museum der jüdischen Diaspora,* auf dem Campus der Tel Aviver Universität, zur Vollendung gebracht, als Denkmal für das durch Hitler vernichtete ost- und mitteleuropäische Judentum und als ein wichtiges Mittel zur Vertiefung der seelischen und intellektuellen Verbundenheit zwischen der israelischen Jugend und der Diaspora. Kurzum, es gibt kaum eine wichtige Sphäre jüdischer Aktivität, in der Diaspora und in Israel, in der ich nicht beteiligt war, während Männer wie Weizmann, Ben Gurion oder Sharett viel begrenzter in ihrer Tätigkeit waren.

In diesem Sinne ist diese Autobiographie mehr als nur ein Dokument meines eigenen Lebens und Wirkens. Sofern ein einzelner seine Generation und seine Epoche repräsentieren kann, sind meine Erinnerungen charakteristisch für diese einzigartige Generation. Darin mag vielleicht ein weiterer Reiz liegen, sowohl für mich, diese Autobiographie zu schreiben, wie auch für andere, sie zu lesen.

I

Wischnewo, Kindheit im jüdischen Shtetl[1]

Mein langes und, jedenfalls im Wechsel seiner Schauplätze und der Unzahl seiner Reisen, recht unruhiges Leben begann in einem idyllischen Städtchen im zaristischen Rußland, zwischen Wilna und Minsk gelegen, Wischnewo genannt. Es ist ein merkwürdiger Zufall, daß zwei der aktiven Führer Israels, der langjährige Kriegsminister, heute Führer der Arbeiter- und Oppositionspartei im Parlament, Shimon Peres, wie auch der frühere Finanzminister Joschua Rabinowitz, im gleichen Shtetl geboren wurden. Wie Rabinowitz mir einmal erzählte, kannte er meinen Großvater recht gut, und, obwohl er viel jünger ist als ich, hatte er als Kind seinen Vater über mich sprechen hören.

Die Tatsache meiner Geburt im alten Rußland gliedert mich in eine Reihe jüdischer Wortführer einer Generation ein, welche die letzte ihrer Art war und in der Gestaltung des jüdischen Lebens der vergangenen drei Jahrzehnte eine einzigartige Rolle spielte; jener Generation, die, im osteuropäischen Judentum verwurzelt, ihre Bildung in Westeuropa genossen hat und in sich verschiedene Ausdrucksformen des ost- und westeuropäischen Judentums, ja der ost- und westeuropäischen Kultur überhaupt verschmolz. Der bedeutendste und in gewisser Hinsicht charakteristischste Vertreter dieser Generation war Chaim Weizmann. Ein anderer charakteristischer und in vielem in seiner Entwicklung mir ähnlicher Vertreter dieser einzigartigen Generation war Chaim Arlosoroff, der bestimmt einer der Mitbegründer und Führer des Staates Israel geworden wäre, wenn er nicht vierunddreißigjährig – wie man vermutet von Arabern – 1933 ermordet worden wäre. Es ist kein Zufall, daß die hervorragendsten Mitglieder dieser Gruppe führende Rollen im modernen Zionismus spielten, denn es ist ein Kennzeichen dieser Bewegung – gesehen im Zusammenhang der jüdischen Geschichte –, daß sie auf einer Synthese von Ost und West beruht.

Ich wurde, soweit die jüdischen standesamtlichen Eintragungen und die Vernichtung der Archive meines Städtchens im Ersten Weltkrieg eine genaue Feststellung zulassen, am 10. Juli 1895 in Wischnewo geboren.

Die Unsicherheit in bezug auf mein Geburtsdatum rührt daher, daß im zaristischen Rußland die Rabbiner in den kleinen Städten mit den standesamtlichen Eintragungen betraut waren und sie dies natürlich nach dem jüdischen Kalender taten, der bekanntlich ein Mondkalender ist. Es ist nicht immer einfach, diese Daten in die des modernen Kalenders umzurechnen. Ich erinnere mich, daß, als ich noch sehr jung war, bereits der Zweifel bestand, ob ich 1894 oder 1895 geboren wurde, und ich meine Eltern bat, das frühere Datum in Frankfurt eintragen zu lassen, um etwas älter zu erscheinen. Als jedoch mein 60. Geburtstag in New York gefeiert wurde, erklärte mir mein Freund Rabbiner Joachim Prinz, daß die *Encyclopaedia Judaica* mein Geburtsdatum als 1895 angegeben hatte. Da der Geneologist der *Encyclopaedia Judaica* in Berlin eine große Autorität war, nahm ich dann dieses Datum als das richtige an. Obschon ich nur knappe sechs Jahre meiner Kindheit in Osteuropa verbracht habe, sind mir die frühen Erlebnisse immer lebendig geblieben, und ich war mir stets darüber im klaren, daß die wichtigsten Impulse zu meiner geistigen und charakterlichen Entwicklung dem osteuropäischen Judentum zu verdanken sind. Bis zu meinem sechsten Lebensjahr wurde ich im Haus meiner Großeltern väterlicherseits erzogen, da meine Eltern kurz nach meiner Geburt Rußland verlassen hatten, um sich in Deutschland eine neue Existenz aufzubauen. Die Eindrücke dieser ersten, in hohem Maße richtunggebenden Kinderjahre waren durch das intime Milieu des großelterlichen Hauses bestimmt, darüber hinaus aber auch durch die kulturelle Atmosphäre des Städtchens Wischnewo, in dem ich jene Zeit verlebte.

Mein Großvater war Landarzt. Er hatte eine Reihe von Kindern, vor allem Töchter, die damals noch unverheiratet waren und als meine Tanten großen Anteil an meiner frühen Erziehung nahmen. Er selbst war von bäuerlichem Typus – seine Fotografie zeigt eine bemerkenswerte Ähnlichkeit mit Leo Tolstoi –, sehr robust und natürlich, mit einem äußerst gesunden, praktischen Menschenverstand. Die intellektuelle Komponente meines Wesens stammt eher von der mütterlichen Familie. Der Vater meiner Mutter war Dajan[2] in Wilna, der angesehensten jüdischen Gemeinde in Rußland. Vor allem durch seine Lebensweise war er ein höchst eindrucksvoller Repräsentant der großen rabbinischen Tradition. Zeitlebens hat er nichts als den Talmud und das dazugehörige Schrifttum studiert, während seine Frau, meine Großmutter, zur Bestreitung des Lebensunterhalts ein kleines Geschäft unterhielt. Ich erinnere mich noch sehr bezeichnender Anekdoten, die in der Familie über meinen Wilnaer Großvater erzählt wurden, von denen ich hier bloß eine anführen möchte: Er war als Dajan in Wilna einer der angesehensten Männer der Gemeinde, weil seit dem Tode des Wilnaer Gaon[3] aus Ehrerbietung vor dem überragenden Genius des Verstorbenen kein eigentlicher Rabbiner mehr ernannt wurde. Als Dajan hatte er natürlich einen Ehrenplatz in der Synagoge. Aber immer, wenn die Feiertage kamen, an denen viele arme Leute, Berufsschnorrer, Wanderredner und andere, dem Gottesdienst beiwohnten und, da die Synagoge überfüllt war, nur die letzten Reihen angewiesen bekamen, pflegte Großvater sich auf die letzte Bank zu setzen, damit sie sich nicht beschämt oder entehrt vorkommen sollten. Sehr charakteristisch für ihn war auch die Art seines Todes. Da er jahraus, jahrein in seiner engen Studierstube saß, zog er sich ein Lungenleiden zu, und die Ärzte verordneten ihm eine Reise nach der Krim. Lange sträubte er sich dagegen, weil er mehrere Tage unterwegs sein würde und er in der Eisenbahn nicht studieren konnte. Ohne den Talmud und sein Studium behauptete er aber nicht leben zu können. Schließlich nötigten ihn seine Frau und seine Familie, die Reise anzutreten. Er starb entweder im Zug oder gleich nach seiner Ankunft auf der Krim.

Diesen Großvater lernte ich erst in seinem letzten Lebensjahr auf meiner Fahrt nach Deutschland kennen, und zwar während der wenigen Wochen, die ich auf der Durchreise in Wilna verbrachte. Aufgewachsen bin ich im Hause meines Großvaters väterlicherseits, der kein Intellektueller, dafür aber ein mit beiden Füßen in der Erde verwurzelter Mann war, von den Bauern, seinen Patienten, sehr geliebt wurde und großartig mit ihnen auskam. Ich war das einzige

Enkelkind im großelterlichen Haus und wurde dementsprechend verwöhnt. Meine Erinnerung an diese ersten Jahre ist ungetrübt durch irgendwelche unerfreulichen Erlebnisse. Einen großen Teil der Selbstsicherheit, derer ich mich in meinem Leben erfreute und die mir in meiner späteren politischen Arbeit mehr zunutze kam als irgendeine andere Eigenschaft, führe ich auf die Harmonie und das Glücksgefühl meiner frühen Kinderjahre zurück. Ich zeigte schon als Kind viele der für mich späterhin charakteristischen Wesenszüge. Unter anderem erinnere ich mich an eine Gruppe von Kindern, die ich organisierte und anführte. Manche Unternehmungen, so will mir heute scheinen, waren nicht ganz unbedenklicher Natur, aber ich entsinne mich, die schlimmsten Spitzbübereien, zu denen ich meine Gefolgschaft anstachelte, dadurch gemildert zu haben, daß ich freimütig die Verantwortung für alles Geschehene auf mich nahm. Freilich gehörte hierzu kein opfermütiges Heldentum, da ich als Enkelkind des einzigen Arztes der Stadt und jahrelangen Vorsitzenden der jüdischen Gemeinde bevorzugte Behandlung genoß. Ich war kein besonders wildes Kind, aber recht unabhängig, und ich liebte es ein bißchen, »à épater les bourgeois«. Ein Vorfall hat sich mir besonders scharf eingeprägt: Die Bauern, die mein Großvater behandelte, zahlten ihm oft nicht in Geld, sondern in Naturalien. Es wurde bekannt, daß ich Hunde sehr liebte, und so bekam ich mehrfach Hunde geschenkt, darunter auch einen Bernhardiner. Eines Samstagsmorgens ritt ich auf ihm mitten in die Synagoge hinein, was eine wahre Panik zur Folge hatte, weil verschiedene der selbstversunkenen Beter offenbar in dem harmlosen Tier eine wilde Bestie erblickten, die sie in Stücke reißen würde. Frauen hoch oben auf der Galerie fielen in Ohnmacht, Dutzende von Männern stürzten schreiend ins Freie. Dieser Aufruhr konnte jedoch nicht die stoische Ruhe meines Bernhardiners erschüttern. Gemächlich durchschritt er mit mir auf dem Rücken das ganze Bethaus und brachte mich zum Sitz meines Großvaters in der vordersten Reihe. Selbst diese Entheiligung eines Gottesdienstes, von der noch lange gegesprochen wurde, überstand ich indessen ohne herbe Strafe.

Ich war im Shtetl als frühreifes Kind bekannt. Aus gesundheitlichen Gründen besuchte ich den Cheder[4] nur sehr wenig, was ich auch nicht brauchte, weil ich sehr leicht lernte und oft in wenigen Privatstunden das gleiche Pensum bewältigte wie meine Kameraden in acht bis zehn Stunden Cheder. Statt dessen erhielt ich die erste jüdische Erziehung vom Großvater selbst wie auch von anderen Lehrern, zu denen der Rabbiner des Städtchens gehörte. Als ich Bar Mizwa[5] wurde, rief mir dieser, der inzwischen nach Palästina ausgewandert war, in einem Brief eine Episode meiner Kindheit in Erinnerung, die ich nicht nur deswegen wiedergebe, weil sie, wie mir scheint, meine Geistesart kennzeichnet, sondern auch, weil sie für das talmudistische Denken charakteristisch ist. Im Alter von etwas über vier Jahren, so berichtete mein ehemaliger Lehrer, hätte ich bei der Erörterung von Jakobs Traum an dem biblischen Ausdruck »olim wejordim« für das Hinauf- und Hinuntersteigen der Engel Anstoß genommen. Ich soll damals gefragt haben, wie dies möglich sei, da die Logik erfordere, daß die Engel, die doch im Himmel wohnten, zunächst herabsteigen müßten, ehe sie wieder hinaufsteigen könnten. Diese Frage, so versicherte mir der Rabbiner, habe ihn jahrelang beschäftigt und zur Nachforschung in vielen Bibelkommentaren veranlaßt, da nichts Unlogisches in der Heiligen Schrift möglich sei. Auf die naheliegende Antwort, daß nämlich »olim wejordim« – hebräisch »sie steigen hinauf und steigen hinunter« – zu dem Schatz von feststehenden Formeln gehört, wie sie in allen Sprachen vorkommen und daher auch im Fall von Jakobs Leiter nicht anders angewandt werden konnte, kam er nicht. Ohne mich auf eine eingehende psychologische Untersuchung einzulassen, sehe ich heute im Rückblick viele Züge in dem kleinen Kinde vorgezeichnet, die später, in meinen reiferen Jahren bedeutsam geworden sind. So wird mir bewußt, daß ich Dinge, die ich begehrte, selten durch Geschrei, um so öfter aber durch bewußte psychologische Einwirkung erreichte. Folgende Begebenheit möge als Beispiel dienen: Monatelang war das Zubettgehen ein ernstes Problem für mich. Ich wuchs unter Erwachsenen auf, liebte die abendlichen Gespräche meiner großelterlichen Familie, bei der sich, da mein Großvater als halber Akademiker im Städtchen sehr beliebt und geachtet war, oft die Führer der Gemeinde trafen, um die Probleme jüdischer Politik zu besprechen. In diesem Zusammenhang möchte ich eine Bemerkung zitieren, die ich vor einigen Jahren während eines Interviews für das Armee-Programm des israelischen Rundfunks machte. Der Interviewer hatte erfahren, daß ich an einem Tag sieben Minister zu Besuch gehabt habe – damals war die Arbeiterkoalition an der Regierung, deren Mitglieder ich alle seit Jahren gut kannte –, und fragte mich, was ich von ihnen halte. Ich erwiderte, es sei mein Prinzip, nicht über Freunde zu reden. Als er mich nötigte, eine kollektive Beurteilung zu geben, antwortete ich ihm: »Ich entsinne mich der Unterhaltungen über jüdische Politik, die ich als Kind abends in Wischnewo im Hause meiner Großeltern anhörte. Mein Eindruck ist, daß die Politik Israels mehr oder weniger die gleiche ist, wie es die in Wischnewo war.« Das Radioprogramm war sehr populär, und am nächsten Morgen rief mich einer der zwei Minister, die aus Wischnewo stammten, an, um mich zu fragen, ob meine Bemerkung sich auf ihn bezog. »Nein«, sagte ich, »in dieser Hinsicht sind alle israelischen Minister in Wischnewo geboren.« Ich haßte es, wie viele Kinder, lange vor den Großen schlafen gehen zu müssen. Nachdem es deswegen mehrfach zu Szenen gekommen war, fand ich schließlich ein unfehlbares Mittel, meinen Willen durchzusetzen. Wie jedes religiös erzogene Kind mußte ich vor dem Einschlafen das »Kriat Schema«[6] beten. Dies benutzte ich dazu, zu erklären, ich würde nicht zur Nacht beten, ehe ich wirklich einschlafen wollte. Ich machte dabei gleichzeitig die Entdekkung, daß Frömmigkeit nicht erzwungen werden kann, und vor allem, daß ein Gebet nur Sinn hat, wenn es aus freien Stücken gesprochen wird. Die unmittelbare Folge jedoch war, daß man mich so lange aufbleiben ließ, bis ich mich bereit erklärte, mein Abendgebet zu sprechen. Was ich durch Bocken und Streit nicht erreichte, erzielte ich auf diese – ich möchte sagen – politische Art und Weise. Die Feststellung, daß Religion nicht erzwungen werden kann, wenn sie einen Sinn haben soll, hat sich mir viele Jahre später in recht interessanter Form dokumentiert. Ich hatte einen von mir sehr verehrten Freund, Alfonso Pacifici, ein Dichter aus einem alten aristokratischen italienischem Hause. Er war sehr assimiliert aufgewachsen, wurde jedoch zu einem gewissen Zeitpunkt derartig von einem Rabbiner beeinflußt, daß er streng religiös, sogar mystisch wurde, und in einen frommen Kibbuz nach Israel zog. Eines Tages, nachdem wir uns lange Zeit nicht gesehen hatten, kam er in Jerusalem zu mir und sagte, das Judentum sei in Gefahr, wegen Mangel an Religiosität, Mischehen usw. unterzugehen, und ich sei der einzige, der es vor diesem Untergang retten könne. Ich solle, sagte er, als Präsident der Zionistischen Weltorganisation und des Jüdischen Weltkongresses bei dem nächsten Kongreß einer dieser Organisationen statt eine Rede zu halten, feierlich auf der Bühne Talit[7] und Tefilin[8] anlegen und erklären, nur dies könne das Judentum retten. Er sei überzeugt, sagte Pacifici, daß Millionen Juden unter dem Eindruck meiner Geste mir folgen würden. Ich erzählte ihm von meiner Erfahrung aus der Kindheit und sagte ihm, daß ich mich, meines Erachtens, mit einer solchen Handlung eher lächerlich machen würde, es jedoch keinesfalls erreichen könnte, daß mir zufolge die jüdischen Massen zum täglichen Gebet zurückkehrten. Die jüdische Religion beruht im allgemeinen auf Erfüllung der Gebote und nicht in erster Linie auf Glauben, wie es viel stärker im Christentum der Fall ist. Ein Beispiel hierzu erzählte mir der berühmte Bildhauer Jacques Lipchitz, als ich ihn vor Jahren in Israel traf. Er war in New York gefährlich erkrankt, mit Mühe und Not gerettet worden, doch war er sehr anfällig geblieben und lebte sozusagen in ständiger Todesgefahr. Ein Freund riet ihm, zum Lubavitcher Rebben zu gehen, um seinen Segen zu erbitten. Der Lubavitcher Rebbe ist eine der größten chassidischen Autoritäten, zum Gegensatz vieler anderer solcher Rabbiner ein Freund Israels und ein Mann von ungewöhnlicher allgemeiner Kultur; er hat übrigens in Berlin studiert. Lipchitz wurde vom Rebben – wie üblich zwischen Mitternacht und drei Uhr früh – empfangen, bat um seinen Segen, gestand ihm jedoch, daß er selbst kein orthodoxer Jude sei, nicht koscher esse und auch am Schabbat reise. Der Lubavitcher Rebbe sagte ihm darauf, daß er dies zwar bedaure, daß es ihn jedoch nicht hindern würde, ihn zu segnen: »Du bist ein großer Künstler, ein Ruhm für das jüdische Volk. Ich will dich gerne segnen, unter der Bedingung, daß du mir versprichst, in Zukunft täglich Tefilin zu legen und Kriat Schema zu beten, auch wenn du nicht daran glaubst. Wenn du dies täglich erfüllst, wirst du mit der Zeit auch gläubig werden«, fügte er hinzu. Lipchitz war von der Persönlichkeit des Rebben so beeindruckt, daß – wie es mir seine Frau bestätigte – er seit Jahren diese religiösen Pflichten erfüllte, obwohl seine religiöse Einstellung sich nicht geändert hatte.

Die Atmosphäre im großelterlichen Haus war sehr innig. Ich hatte das Glück, in den empfänglichsten Jahren von sehr gütigen Menschen umgeben zu sein. Ich wüßte heute in der Rückerinnerung nicht mehr zu sagen, wer gütiger gewesen war, der Großvater, die Großmutter oder die beiden Tanten, die mich vor allem betreuten und an deren Milde und Liebe zweier engelhafter Wesen ich zurückdenke. Meine oft bewiesene Naivität anderen Menschen, Mitarbeitern und Gegnern gegenüber, die Bereitschaft, anderen beizustehen, Eigenschaften meines reiferen Lebens, führe ich auf diese ersten Jahre zurück, in denen ich um mich herum nur Güte und Liebe verspürte. Mein späteres Selbstvertrauen mag vielleicht auch damit zusammenhängen, daß meine Familie großväterlicherseits, ermuntert durch den Rabbiner des Städtchens, schon damals große Erwartungen in mich setzte und meiner Entwicklung besondere Sorgfalt angedeihen ließ. Ich habe diese Verwandten meiner ersten Kindheitsjahre nie wieder gesehen. Der Erste Weltkrieg und die Erschütterung in Rußland brachten die Familie auseinander. Außer meinem Onkel in Warschau und seiner Familie, von der mehrere Mitglieder in Israel leben, habe ich keinen meiner Verwandten aus Rußland je wieder gesehen und – durch den Krieg getrennt – nie wieder von ihnen gehört. Von einem Vetter, der jetzt eine Hühnerfarm in Herzliah besitzt, erfuhr ich, daß eine Verwandte eine bekannte Sängerin in Leningrad oder Kiew wurde, eine andere eine führende Kommunistin, zeitweise sogar Kommissarin in einer großen Provinzstadt. Sie starben alle, aber mir blieb bewußt, was ich ihnen zu verdanken habe. Diese Menschen haben den Boden geschaffen, in dem ich als empfindliches Kind Wurzeln schlagen konnte. Das große Glücksgefühl unbedingter Geborgenheit, das ich in jenen Jahren hatte, war von segensreicher Wirkung auf mein ganzes Leben.

Nicht wenig trug dazu auch das geistige Klima des litauischen Städtchens Wischnewo bei, in dem ich aufwuchs. Viel ist über das Leben

des russischen Judentums in der typischen Kleinstadt geschrieben worden. Große Dichter haben Atmosphäre und Lebensformen des ostjüdischen Städtchens verewigt, und es wäre müßig, dergleichen von neuem zu versuchen. Ich spreche davon nur hinsichtlich seiner Bedeutung für mein eigenes Leben.
Es ist ein weitverbreiteter Irrtum zu glauben, daß die Juden im jüdischen Städtchen wie in einem Ghetto lebten oder sich als Parias vorkamen. Das mag der Fall gewesen sein, wo Juden in Osteuropa als Minoritäten in großen Städten lebten, umgeben von einer feindlichen Mehrheit, unterdrückt und verachtet. Im Städtchen lebte der Jude in seinem eigenen Reich. Er stellte die Mehrheit dar. Ringsum waren die Bauerndörfer, gegenüber deren Bewohnern sich der Jude des Städtchens mit Recht überlegen fühlte. Wirtschaftlich ging es ihm zwar nicht gut, aber immer noch weit besser als den Bauern im zaristischen Rußland. Als Abnehmer ihrer Erzeugnisse war er ihnen gegenüber, wenn nicht gerade Pogromstimmung herrschte, geistig wie wirtschaftlich der Stärkere. Er lebte in seinem Städtchen in einer *splendid isolation,* die wirklich etwas Splendides hatte. Die große nichtjüdische Welt existierte kaum für ihn. Er war politisch nicht gleichberechtigt, aber diese Gleichberechtigung war ihm bedeutungslos. Es machte ihm herzlich wenig aus, ob er für die Duma mitwählen konnte oder nicht. Die Probleme des russischen Imperialismus waren für ihn sekundär. Er ging auf in seiner Welt, die auf einer jahrtausendealten Tradition beruhte und die Kraft und Würde einer großen Vergangenheit besaß. Die einzigen Probleme, die für ihn Bedeutung hatten, waren die des jüdischen Lebens im Städtchen und sie füllten ihn aus. Wer Gabbai[9], wer beim Aufruf zur Tora Erster oder Zweiter wurde, das waren die entscheidenden Fragen, in denen sich Ehrsucht, Eitelkeit, Machttrieb und Glänzenwollen des einzelnen auslebten. Niemals beschlichen ihn Zweifel an der Richtigkeit seiner Weltanschauung. Er besaß den unschätzbaren Segen der absoluten religiösen Sicherheit. Für jedes Vergehen kannte er die Strafe, für jede gute Tat die Belohnung. Er wußte nicht nur, was ihm in seinem Erdenleben bevorstand, sondern er kannte seine Zukunft in der Ewigkeit; sein Sitz im Paradies, wenn er richtig lebte, die Strafe in der Hölle, wenn er sündigte, das waren ihm unumstöß-

liche Gewißheiten. Meine Großmutter mütterlicherseits zum Beispiel erzählte mir, daß sie genau wisse, wo sie im Paradies sitzen würde, nämlich an der rechten Seite ihres Mannes, doch auf einem niedrigeren Stuhl, da er ein großer Gelehrter sei, sie aber bloß eine ungebildete Frau. Der Jude hatte nichts von den Empfindungen eines Ausgestoßenen. Im Gegenteil, er entschädigte sich für seine Galut[10]-Situation durch ein übertriebenes Überlegenheitsgefühl. Das »auserwählte« Volk zu sein, war für ihn nicht eine Phrase, sondern eine selbstverständliche Wahrheit. Er lebte in einem intimen Verhältnis zu seinen Mit-Juden, die ihm weit mehr waren als Volks- oder Religionsgenossen, nämlich eine große Familie mitsamt den dafür typischen Reibungen und Zänkereien, und er lebte in einer innigen Bindung an die Vergangenheit seines Volkes und an seinen Gott. Wenn er als Kind von Moses lernte, so war dies nicht eine mythische Gestalt, sondern ein großer, wenn auch etwas ferner Onkel. Setzte er sich als Student in der Jeschiwa[11] mit Rabbi Akiba oder Rabbi Jehuda auseinander, so galt ihm dies nicht etwa als historisch-antiquarisches Studium, sondern war lebendige Disputation mit einem älteren, weiseren Verwandten, der ihm gegenüber Platz genommen hatte. Daraus ergab sich die Wärme und Intimität der Atmosphäre; oft auch freilich der überspannten Intensität, wenn es zu Konflikten kam. Weil alles intim war, war alles persönlich. Meinungsverschiedenheiten wurden nie sachlich ausgetragen, sie waren stets emotionell von Persönlichem belastet. In allem, was ich mir hier andeutungsweise vergegenwärtige, war für mich vornehmlich eines wichtig: die Wärme und Sicherheit meiner menschlichen Beziehungen innerhalb der Familie und im Städtchen. Ich bin überzeugt, hätten meine Eltern mich im ersten Lebensjahr nach Deutschland mitgenommen, ich hätte nie jene Selbstsicherheit gehabt, die ich mir im Städtchen aneignete und nie wieder verlor. In Wischnewo war es mir eine Selbstverständlichkeit, ein jüdisches Kind zu sein. Es gab nichts anderes. Da waren zwar die Bauernkinder, aber welches jüdische Kind hätte sich in seinen wildesten Träumen einfallen lassen, ein Bauernkind sein zu wollen? Jude zu sein war so selbstverständlich wie atmen, essen, beten. Ich erinnere mich, daß ich ein paar Wochen nach meiner Übersiedlung nach

Frankfurt am Main auf der Straße Ball spielte. Ein Radfahrer, dem der Ball zwischen die Räder rollte, stürzte und begann zu fluchen: »Du Judenbengel!« Ich fühlte mich nicht im geringsten verletzt, sondern rief zurück: »Du Goj!«[12] Die Empfindung, beleidigt zu sein, weil man Jude genannt wird, die sich bei einem deutsch-jüdischen Kinde höchstwahrscheinlich eingestellt hätte, war mir gänzlich fremd, und ich verstand damals nicht, warum dieser Vorfall mit Erstaunen weitererzählt wurde. Heute weiß ich, daß sich in meiner Reaktion nichts anderes ausdrückte als die Fraglosigkeit des jüdischen Bewußtseins, die niemals durch Lehre und Predigt, sondern lediglich aus einer starken Lebenswirklichkeit entstehen kann. Das Verschwinden dieser jüdischen Lebensform – der letzte Akt der Vernichtung des Shtetls fand in der Nazi-Periode statt – hat unabsehbare Folgen für die Existenz des jüdischen Volkes, nicht nur in Osteuropa, gehabt. Die Frage, ob und wie das Überleben des Judentums nach der Erreichung voller Gleichberechtigung aller Juden gesichert werden kann, ist das zentrale Problem unserer Generation, und ich werde noch manches darüber zu sagen haben. Ich erwähne hier die Theorie, die bereits zu Anfang des Jahrhunderts der jüdische Schriftsteller Nathan Birnbaum, (er schrieb unter dem Pseudonym Mathias Acher, wobei »Acher«, hebräisch »Der Andere«, die Bezeichnung eines non-konformistischen, revolutionären Denkers des Talmuds war) vertrat. Er war ursprünglich ein Anhänger Theodor Herzls gewesen, hatte seine Anschauung jedoch geändert, und verteidigte die Meinung, daß die Erhaltung des jüdischen Volkes ohne die völlige Rückkehr in das Ghetto undenkbar sei. Ich habe Mathias Acher in meinen Artikeln im *Frankfurter Israelitischen Familienblatt* kritisiert. Als er durch meinen Onkel in Warschau erfuhr, daß der Verfasser dieser Kritiken ein sechzehnjähriger Junge sei, warnte Birnbaum: »Kümmern Sie sich sehr um ihren Neffen. Ein so junger Mensch, der mit solcher Frechheit schreibt, endet bestimmt im Irrenhaus.« Glücklicherweise hat sich seine Voraussage nicht bewahrheitet.

Dies ist es also, was ich meinen Großeltern im jüdischen Shtetl zu verdanken habe. Die Nachteile eines solchen Lebens – Begrenztheit, Isolierung, Provinzialismus – all das konnte ich später durch meine Verpflanzung in die weite westeuropäische Welt überwinden. Aber ich brachte in sie schon das entscheidende Bewußtsein jüdischer Realität mit, wie sie nur das jüdische Städtchen vermitteln konnte, aber niemals die jüdischen Minderheiten der großen Städte. Nachhaltig wirkten viele Eindrücke meines ferneren Lebens und die Berührung mit so vielerlei Kulturen, aber von grundlegender Bedeutung für mich blieb, niemals den bekannten jüdischen Minderwertigkeitskomplex eingepflanzt bekommen zu haben. Daß meine Eltern mich bei den Großeltern in Wischnewo zurückließen, gehört zu dem Wichtigsten, was sie für mich getan haben.

Als ich nahezu sechs Jahre alt war, hatten meine Eltern in Frankfurt am Main Fuß gefaßt und fanden, daß es an der Zeit sei, mich zu holen und mir die umfassenderen Bildungsmöglichkeiten Westeuropas zugänglich zu machen. Meine Mutter kam nach Wischnewo und nahm mich nach Frankfurt mit. Es war eine langsame Reise. In einem Pferdewagen fuhren wir zunächst nach Smorgon, wo ich zum ersten Mal eine Eisenbahn sah. Es war Abend, und die heranrollende Lokomotive mit den großen Lichtern machte so großen Eindruck auf mich, daß ich sie nie vergessen habe. Die Wirkung war keine erschreckende. Ich habe oft in späteren Jahren davon geträumt, aber nie als Angsttraum. Ich sah sie gerne kommen und fühlte, daß sie mich in die weite Welt bringen würde. Auch ihre Lichter liebte ich. Dies scheint mir insofern erwähnenswert, als etwas, was manche Kinder beängstigt, auf mich günstig, ja beinahe beglückend wirkte. Jedem Erlebnis das Positive zu entnehmen, ist etwas, wonach ich seit der bewußten Gestaltung meines Lebens mehr als nach irgend etwas anderem gestrebt habe. Wie ein Ereignis oder eine Tatsache auf einen Menschen wirkt, liegt mindestens zur Hälfte an seiner eigenen Reaktion. Die Fähigkeit, auf Dinge und unvermeidliche Geschehnisse positiv zu reagieren, ist eine der entscheidenden Voraussetzungen für ein glückliches und konstruktives Leben. Nicht immer gelingt es uns, negative Tatsachen ganz ins Positive zu verwandeln, aber es immer wieder und in steigendem Maße zu versuchen, sollte ein wesentlicher Grundsatz für jeden sein, der das Leben nicht passiv hinnehmen, sondern es formen will. Von Smorgon kam ich mit meiner Mutter für einige Wochen nach

Wilna. Mir sind nicht viele Eindrücke von diesem geistigen Mittelpunkt des litauischen Judentums geblieben, nur eine undeutliche Erinnerung an meine Großeltern, an die vergeistigte, kränkliche und doch ungemein eindringliche Gestalt meines Großvaters, des Talmudisten, und an seine sehr erdgebundene und praktische kleine Frau, meine Großmutter, der die Sorge für ihre Familie oblag. Meine Mutter und ich wohnten bei einem Freund unserer Familie, Lifschitz, der später nach Palästina zog und dessen Sohn, mein guter Freund Arieh Eliav, einer der eindrucksvollsten und liebenswertesten Führer der israelischen Arbeiterpartei wurde, in der er eine große Karriere gemacht hat. Heute ist er einer der Sprecher der gemäßigten Gruppen, die bereit sind, einen palästinensischen Staat zu akzeptieren, um Frieden im Nahen Osten zu erreichen.
Erst viel später, in reiferem Alter, verstand ich, die Architektur der Stadt zu würdigen, von der ich damals bloß eine etwas verschwommene Vorstellung bekam. Viel deutlicher ist mir das Springseil im Gedächtnis geblieben, das mir ein Freund meiner Mutter schenkte und mit dem ich stundenlang durch den Park stürmte.
Auch in Warschau, unserer nächsten Station, machten wir mehrere Wochen lang Aufenthalt. Ich lernte dort die Familie meines Onkels Schalkowitz, des Bruders meines Vaters, kennen, der ein bedeutender hebräischer Verleger und begabter Schriftsteller war. Diese Menschen zusammen mit einer anderen, ihnen verwandten Familie namens Gordon, deren Oberhaupt gleichfalls als hebräischer Schriftsteller und Erzieher tätig war, sind die einzigen Verwandten, mit denen ich zeitlebens in Verbindung geblieben bin und die für mich den Inbegriff der Familie ausmachten. Die Kinder beider Familien, die heute in Israel leben, haben mir in manchem ersetzt, was anderen Geschwister zu sein pflegen. Im allgemeinen muß ich gestehen, daß der häufig übersteigerte Familiensinn der Juden – eines der wichtigsten Kennzeichen des jüdischen Volkes, das zum großen Teil das Überleben der Juden in zweitausendjähriger Zerstreuung erklärt –, mir fehlt. Juden kann man sowohl als Volk wie auch als eine große Familie definieren. Wenn ein Jude heiratet, verbindet er sich nicht nur mit seiner Frau als Gattin, sondern mit der ganzen Familie. Jüdische Politik in der Diaspora und in Israel ist aus

diesem Grund viel weniger sachlich orientiert als von Familiengefühlen geleitet: positiv in der Solidarität und Großzügigkeit gegenüber Notleidenden, negativ in Neid, Haß und Übelnehmen (»broiges« – jemandem böse sein – ist einer der Grundbegriffe jüdischen Zusammenlebens seit mehr als tausend Jahren). Diese Eigenschaften fehlen mir in hohem Maße. Abgesehen von meiner engsten Familie – Frau und Söhne – sind mir Freunde und Freundinnen wichtiger als Verwandte; mit den in Israel lebenden unterhalte ich allerdings stetige Beziehungen.

Im Frühling oder Frühsommer 1900 kam ich nach Frankfurt, in eine mir völlig neue Welt. Doch erinnere ich mich weder einer Erschütterung noch eines Gefühls der Fremdheit als Begleiterscheinung meiner Verpflanzung in dieses gänzlich andersartige Milieu. Ich habe immer die Gabe besessen, mich schnell einzuleben. In einer Weise bin ich überall zu Hause, und das Leben, das ich später führen mußte – endlose Reisen, Tätigkeit in verschiedenen Ländern und Erdteilen –, hätte mir gewiß körperlich wie seelisch sehr zu schaffen gemacht, wenn mir nicht diese große Anpassungsfähigkeit zustatten gekommen wäre. Ich verdanke auch sie zum Großteil, so will mir scheinen, dem gleichen Grundgefühl der Sicherheit als Mensch und Jude, von dem ich schon gesprochen habe. Wenn man seiner selbst gewiß ist, kann man verhältnismäßig leicht die verschiedenartigsten Lebensbedingungen hinnehmen. Nur wer nirgends feste Wurzeln hat, kann unter veränderten Lebensumständen leicht entwurzelt werden. Wer solche Wurzeln besitzt und sie immer mit sich trägt, vermag sie immer wieder in neue Erde senken. In einer berühmt gewordenen Kritik, die heftige Proteste seitens vieler meiner zionistischen Freunde in aller Welt hervorrief, nannte mich Ben Gurion einst »einen wandernden Juden«. Ich selbst nahm ihm dies jedoch nie übel. Für mich, der ich weder religiös bin noch sonst ein hundertprozentiges jüdisches Leben führe, war es diese Eigenschaft, meine jüdischen Wurzeln in mir selbst zu tragen, die es mir erlaubten, sie ohne zu große Schwierigkeiten in die Erde zu senken, wo ich gerade leben mußte.

Was mir freilich die Verwurzelung in Frankfurt sehr erleichtert hat, war die Tatsache, daß ich im Heim meiner Eltern eine ähnlich warme Atmosphäre vorfand wie im großelterlichen Haus, wenn auch in viel kleinerer Familie. Auch war es meinen Eltern bereits geglückt, einen Kreis von guten Freunden um sich zu sammeln, der zum Gutteil aus russischen Juden, also mir wesensverwandten Menschen bestand. Irgendwie fand ich etwas von der Welt, die ich verlassen hatte, wieder. Daß sich rings um das elterliche Heim eine fremde Welt ausbreitete, von anders gearteten Juden und vor allem von Nichtjuden, nahm ich sehr bald zur Kenntnis, jedoch mehr mit Neugierde als mit Schrecken. Niemals habe ich die jüdische Angst vor der Übermacht der nichtjüdischen Welt empfunden. In späteren Jahren hatte ich viel mit nichtjüdischen Persönlichkeiten zu tun, mit Königen und Prinzen, Ministern und Generälen, mit bedeutenden Führern nichtjüdischer Völker und Länder. Oft habe ich diesen große Mächte repräsentierenden Männern als Vertreter eines machtlosen Volkes gegenübergestanden. Stets war mir dabei der Unterschied in der Machtposition bewußt, aber ich erinnere mich keiner Begegnung – sei es mit Mussolini oder mit Prinzregent Paul, sei es mit dem Chef des französischen Generalstabs Gamelin oder dem Außenminister Englands, dem Präsidenten der Vereinigten Staaten oder dem deutschen Bundeskanzler –, in der mich irgendein Gefühl von Ungleichheit beschlichen hätte. Ich nahm zur Kenntnis, daß sie anders und meist mächtiger, aber niemals, daß sie überlegen waren, keinesfalls als Vertreter ihrer Völker.

So erkläre ich mir also, daß der abrupte Wechsel des Milieus bei einem sensitiven Kind, wie ich es war – als Erwachsener bin ich viel robuster geworden –, zu keinem seelischen Bruch führte. Mein entscheidendes Gefühl, wenn ich es mir recht vergegenwärtige, war Wißbegier. Ich sah fremde Menschen, fremde Bauten, fremde Lebensformen und wollte sie kennenlernen und verstehen. Ich habe oft in jenen Jahren und später mit Freude und Zärtlichkeit an Wischnewo zurückgedacht, nie jedoch mit quälender Sehnsucht. In Wischnewo war ich glücklich gewesen, fühlte mich aber schon von Anfang an auch in Frankfurt sehr wohl, jener Stadt, in der ich dann richtungsgebende Jahre meiner Schulzeit verlebte.

[1] jiddisch: Städtchen

[2] religiöser Richter

[3] 1720–1797, galt als der letzte große Theologe des klassischen Rabbinismus. Feind des Chassidismus.

[4] hebräisch-jiddisch: Zimmer, Stube. Traditionelle ostjüdische Elementarschule, in der 4–5jährige Jungen durch private, ungeprüfte Lehrer in Bibel und Talmud unterrichtet wurden.

[5] aramäisch-hebräisch: Sohn der Pflicht. Bezeichnung sowohl des Jungen, der das 13. Lebensjahr vollendet hat und damit gebotspflichtig wird, als auch der damit verbundenen, der Konfirmation vergleichbaren Feier. Am Sabbat nach dem Geburtstag wird der Bar Mizwa in der Synagoge zum ersten Mal zur Toraverlesung aufgerufen.

[6] hebräisch: Lesung des »Schema Israel«-(Höre Israel-)Gebets.

[7] Gebetsmantel

[8] Phylakterien, Gebetsriemen

[9] hebräisch: Unterstützer. Synagogenvorsteher, Armenpfleger

[10] hebräisch: Verbannung. Exil, Diaspora in Ländern außerhalb Israels.

[11] hebräisch: Sitz. Talmudische Hochschule, dient der Gelehrten- und Rabbinerausbildung.

[12] hebräisch: Volk. In der biblischen Sprache jedes Volk, auch das jüdische. Später als Bezeichnung nichtjüdischer Völker und ihrer Angehörigen gebraucht.

2

Elternhaus und Schule in Frankfurt am Main

Frankfurt wurde meine zweite Heimat. Vom sechsten bis zum achtzehnten Lebensjahr lebte ich ständig dort und kehrte, solange meine Eltern lebten, sehr häufig dahin zurück. Es ist die Stadt, in der ich das Gymnasium abschloß und den Grund zu meiner allgemeinen Bildung legte. Es ist gleichzeitig die Stadt, in der ich meine ersten schriftstellerischen Versuche machte, meine ersten Reden hielt und meine Tätigkeit im öffentlichen jüdischen Leben begann. Sie war mir nicht minder Heimat als Wischnewo und, was die bewußte Aufnahme von intellektuellen Einwirkungen betrifft, wahrscheinlich sogar die bedeutsamere.

Den intimsten Lebenskreis bildete natürlich das Elternhaus. Mir wurde nicht nur das Glück einer harmonischen Kindheit, sondern auch das einer störungslosen Jugend zuteil. Ich erinnere mich kaum einer ernsthaften Spannung zwischen mir und meinen Eltern. Von ihnen übernahm ich wichtige Überlieferungen und Einstellungen zum Leben, die ich umwandelte, aber im wesentlichen dennoch fortsetzte. Solange sie lebten, waren sie mit dem, was ich tat und was sich als meine künftige Laufbahn abzeichnete, zufrieden, und trotz der gesteigerten Erwartungen, die sich an ein einziges Kind knüpfen, keineswegs enttäuscht. In ihrem Wesen unterschieden sie sich stark voneinander. Mein Vater stellte gewissermaßen den mehr femininen und meine Mutter einen eher maskulinen Typus dar. Mein Vater, ein weicher, gütiger, idealistischer Mensch, war bereits äußerlich eine sehr eindrucksvolle Erscheinung, das, was man in früheren Zeiten »einen schönen Mann« nannte. Was ihn als Lehrer und Schriftsteller interessierte, war das hingebungsvolle Wirken für einen Glauben, für ein Ideal, für die Möglichkeit zu helfen. Das Geldverdienen und einen praktischen Beruf ausüben – das waren für ihn unvermeidliche, aber bestimmt keine beglückende Notwendigkeiten. Es ging uns nie schlecht, aber selten verdiente er mehr, als

wir gerade brauchten. Ihm in späteren Jahren, nachdem meine Mutter gestorben war, alle materiellen Sorgen abnehmen zu können, war mir eine große Befriedigung.
Mein Vater, aus einer Familie hebräischer Erzieher und Lehrer in Rußland stammend, setzte nach einem kurzen Besuch der Talmud-Hochschule zunächst sein Studium an den Universitäten Königsberg und Heidelberg fort, brach es aus finanziellen Gründen später jedoch ab. Er war von da ab hebräischer Lehrer in Frankfurt (während mehrerer Jahre an einem Lehrerseminar, in welchem hebräische Lehrer für die Kolonien der JCA[13] in Palästina und Argentinien ausgebildet wurden) sowie Schriftsteller und Redakteur des *Frankfurter Israelitischen Familienblattes.* Von frühesten Jahren an war er Zionist. Er gehörte zu einem kleinen, auserwählten Kreis um Achad Haam, dem Begründer des in der Vorgeschichte des Zionismus bekannten Ordens »Bène Mosche« (Söhne Moses) – einem der wichtigen Ideologen des Zionismus, dessen Konzeption des Judenstaates in Israel leider nur minimal verwirklicht wurde, und über den ich später ausführlich schreiben werde – und blieb, solange er lebte, in der zionistischen Bewegung wirksam. Als Delegierter nahm er mehrfach an den frühen Zionisten-Kongressen teil. Neben seiner schriftstellerischen Tätigkeit widmete er einen Großteil seiner Zeit der Fürsorge und Hilfe für andere Menschen. Zur jüdischen Gemeinde Frankfurts gehörten in meinen Jugendjahren viele sehr reiche Philanthropen, an die sich jüdische Studenten aus Osteuropa, die in Deutschland oder in der Schweiz studieren wollten, um Unterstützung wandten. Viele dieser Wohltäter hatten Vertrauen zu meinem Vater gefaßt und ließen ihre Stipendien durch ihn verteilen. Auf diese Weise war unser Haus immer voll von jungen ostjüdischen Studenten, die auf mich einen starken Einfluß ausgeübt haben. Unter ihnen befanden sich manche, die sich später im jüdischen Leben einen großen Namen erwarben, wie Jakob Klatzkin, Dr. Moses Glickson und Dr. S. M. Melamed.
Mein Vater war in seinen Lebensformen jüdisch-traditionell, weniger aus religiöser Überzeugung als aus dem Wunsch, die jüdische Eigenart zu erhalten. Er pflegte zu sagen, daß sich das Beachten der jüdischen Speisegesetze, der sogenannten Kaschrut, erübrigen

würde, sobald die Juden einmal ihren Staat in Palästina hätten; in der Diaspora müßten sie die jüdischen Bräuche einhalten, um der Gefahr der Assimilation zu entgehen. Doch war er, wie auch in vielen anderen Hinsichten, durchaus duldsam und hat mich nie zur Beachtung von Riten gezwungen, die ich ablehnte. Mein Vater war ein ausgezeichneter Stilist und ein gediegener Schriftsteller, der ebenso gut hebräisch wie deutsch schrieb und einen großen Schatz jüdischen Wissens mit außerordentlichen Kenntnissen der westeuropäischen, vor allem der deutschen Philosophie, verband. Ungemein beliebt, strahlte er förmlich seine Güte aus. Tag für Tag war er unterwegs, um anderen zu helfen, ihnen Geld zu verschaffen, Vergünstigungen bei der Polizei zu erwirken und ähnliches mehr. Im jüdischen Leben Frankfurts spielte er eine geachtete Rolle, und wenn er auch nichts von einer Führernatur hatte und sich ungern Konflikten aussetzte, so war er doch unerschütterlich in seinen Überzeugungen, die ihn häufig zwangen, als Journalist Anschauungen und Richtungen zu bekämpfen, die er für schädlich und gefährlich hielt. Er hat meine Jugend und weitere Entwicklung stark beeinflußt, weniger durch sein Wort als durch seine Persönlichkeit. Er lehrte mich durch sein Beispiel in frühen Jahren zu begreifen: So unentbehrlich Ideen und Überzeugungen auch sind, menschliche Beziehungen bedeuten ebensoviel, und die elementaren Tugenden der Liebe und Hilfsbereitschaft sind schöpferischer als Fanatismus und Aggressivität der Ideologien. Ihm verdanke ich, mehr als sonst jemand, meine Einführung in die Welt des Judentums. So könnte ich zum Beispiel kaum sagen, wann ich Zionist geworden bin. Ich war es, ohne es zu wissen, bereits als Kind, indem ich die zionistischen Konzeptionen und die positive Haltung zu allen jüdischen Dingen von meinem Vater als selbstverständliches Erbe übernahm.

Der langjährige Führer des deutschen Zionismus, Kurt Blumenfeld, definierte in einer sehr gelungenen Formulierung zwei Typen von Zionisten: die einen als prä-assimilatorisch, die den Zionismus als direktes Erbe der jüdischen Tradition und der Verbundenheit mit Zion übernommen hatten, die anderen als post-assimilatorisch, die, wie er selbst, aus einem ganz assimilierten jüdischen Milieu stammten und die aus ihrer Analyse der jüdischen Lage, in Folge antisemitischer Erlebnisse, zur Überzeugung gekommen waren, daß nur der Zionismus eine Lösung der Judenfrage bot. Ich gehörte ohne jeden Zweifel zu der prä-assimilatorischen Gruppe.

Meine Mutter hatte einen ganz anderen Charakter. Ihrer Anlage nach war sie eine Intellektuelle, der es nur an Gelegenheit fehlte, ihren unstillbaren Wissensdrang und ihren Hunger nach geistiger Beschäftigung zu befriedigen. Sie erzählte mir, wie sie als Kind im Hause ihres talmudistischen Vaters in Wilna, in dem selbstverständlich die Lektüre moderner Literatur als irreligiös und unjüdisch verbannt war, ganze Nächte in ihrem Zimmer bei einer Kerze, die sie tagsüber verstecken mußte, durchwachte, um deutsche und russische Literatur zu lesen. Sie hatte hebräisch gelernt, was damals, da jüdische Mädchen in frommen Häusern kaum eine Ausbildung erhielten, eine Seltenheit war. Ihr entscheidendstes Wesensmerkmal war eine ungeheure Willenskraft. Sie war eine der stärksten Persönlichkeiten, denen ich je begegnet bin.

Während ich meinem Vater in Liebe verbunden war, beruhte das Verhältnis zu meiner Mutter vor allem auf Achtung und Bewunderung. Obwohl sie mich kaum strafte, hatte ich stets den größten Respekt vor ihr, der sich manchmal zur Furcht steigerte. Da ich recht frühreif war, gewissermaßen ein »Wunderkind«, wirkte ich schon damals durch meine öffentlichen Reden auf viele Frauen sehr attraktiv. Meine Mutter betrachtete es als eine ihrer Hauptaufgaben, mich vor jeder Verführung im frühen Alter zu behüten und beobachtete mich dauernd. Es gab viele Dinge, die ich meinem Vater gestanden hätte, nicht aber meiner Mutter. Sie war ungemein puritanisch, legte in allem sehr strenge Maßstäbe an und bestand darauf, daß man sich ihnen fügte. Wissen und Ideen waren ihr wichtiger als Menschen. In all den Frankfurter Jahren benutzte sie jede freie Stunde, um Vorlesungen zu besuchen. Da wir in bescheidenen Verhältnissen lebten und nicht viel Personal hatten, war es für sie oft sehr schwierig, die Betreuung des Haushalts mit ihren ungeregelten, aber fortgesetzten Studien zu vereinbaren. Mir jedenfalls erschien sie als sehr ehrgeizig, weniger im Sinne eines äußerlichen Strebertums als im Erzielen geistiger Leistungen. Sie hätte nie, selbst im Traume nicht, daran gedacht, daß ich etwa Kaufmann werden könnte. Ihr war es selbstverständlich, daß ich Gelehrter, Professor oder eine Figur des öffentlichen Lebens zu werden hatte. Für Ostjuden war Professor ein idealer Beruf, ganz gleich auf welchem Gebiet, und galt viel mehr als ein Adeliger oder ein Millionär. Sie überwachte meine Erziehung aufs genaueste, und einer der Besten in der Schule zu sein erschien mir, der ich damals ohne Ehrgeiz war, vor allem als Pflicht ihr gegenüber.

Eine meiner stärksten Erinnerungen an sie ist der Tag, an dem Theodor Herzls Tod bekannt wurde. Sie sollte mich gerade für die Ferien in ein Kinderheim bringen. Als sie die Nachricht erfuhr, begann sie heftig zu schluchzen, und wir konnten an dem Tag nicht reisen. Hätte sie geahnt, daß ich einst ein Nachfolger Herzls als Präsident der Zionistischen Welt-Organisation werden würde, wäre dies wohl ihr höchstes Glück gewesen. Die übertriebene und oft schädliche Liebe einer »jiddischen Mamme« hatte sie nicht, oder jedenfalls gelang es ihr, sie nicht zu zeigen. Körperlich war sie zart, und ihr relativ früher Tod mochte damit zusammenhängen, daß sie sich alles im Leben oft gegen ihre eigene Natur abgerungen hatte. Immer umgab sie eine Atmosphäre der Anspannung. Sie ließ sich kaum gehen, alles mußte einen Zweck erfüllen, das Leben bestand lediglich aus Aufgaben und Anforderungen. Meine Fähigkeit, Dinge nicht zu schwer, eher manchmal zu leicht zu nehmen, stammt bestimmt nicht von ihr. Vor ihrem Tod war sie in einer sehr depressiven Stimmung, und ich besuchte sie in einem Sanatorium in Königstein bei Frankfurt, ging viel mit ihr spazieren und führte – zum letzten Male – sehr persönliche Gespräche mit ihr. Ich hatte immer gehofft, daß sie in ihrem Alter beginnen würde, das Leben mehr zu genießen. Mein Wunsch, es ihr leichter zu gestalten, ging nicht in Erfüllung; sie starb, bevor sich mir diese Möglichkeit bot. Es ist verständlich, daß zwei so verschiedene Charaktere manchmal aneinandergerieten. Aber bei der überlegenen Willensstärke meiner Mutter gab es eigentlich selten einen Konflikt, da sie stets alles durchzusetzen wußte. Beiden habe ich sowohl charakterlich wie in dem entscheidenden Einfluß auf meine Jugend viel zu verdanken, und ich bewahrte mir auch, als ich das Elternhaus schon verlassen hatte, zu beiden eine starke und nie getrübte Verbundenheit.

Wir waren eine kleine Familie, hatten aber immer ein volles Haus. Teilweise wohnten junge Leute als Pensionäre bei uns, entfernte Verwandte oder Kinder russischer Freunde, so daß ich, obschon einziges Kind, nicht in der Isoliertheit aufwuchs. Darüber hinaus war das Haus auch ein Sammelplatz für viele Freunde. Die Studenten, die durch die Vermittlung meines Vaters ihre Stipendien erhielten, kamen regelmäßig in den Universitätsferien nach Frankfurt und lebten mehr oder weniger bei uns, teils um Geld zu sparen, teils aus Freundschaft zu meinem Vater. Unser Haus verwandelte sich in einen natürlichen Mittelpunkt für viele osteuropäische Juden, die in Frankfurt lebten, wozu noch kam, daß mein Vater in jenen Jahren zu den aktivsten Gestalten des Frankfurter Zionismus gehörte. All dies bewirkte, daß das Haus immer von Menschen wimmelte, was mich, als gierigen Leser, sogar manchmal störte. Freilich sorgte meine Mutter dann immer dafür, daß mir ein Zimmer, in dem ich allein sein konnte, zur Verfügung stand.
In dieser elterlichen Gesellschaft habe ich Beziehungen und Freundschaften geknüpft, die viele Jahre anhielten und von denen manche für meine geistige Entwicklung sehr bedeutsam wurden. Die wichtigste war die zu dem dreizehn Jahre älteren Jakob Klatzkin. Als wir uns kennenlernten, war ich ein Kind und er ein angehender Student. Der wirkliche geistige Austausch begann demgemäß erst, als ich älter war. Dennoch gehörte ich gewissermaßen schon als Kind zu diesem Kreis. Frühreif wie ich war, beteiligte ich mich bereits im Alter von zehn bis zwölf Jahren mit der Vehemenz und Selbstsicherheit der unfertigen Jugend an den Debatten, ohne jedoch von oben herab behandelt zu werden. Im Gespräch nahm man mich immer für voll, besonders da ich schon begonnen hatte, öffentlich zu reden. Von allen Freunden meines Lebens hat Klatzkin vermutlich den tiefstgreifenden Einfluß auf mich ausgeübt. Er war ein hinreißender Mensch, eine ganz ungewöhnliche Mischung aus ostjüdischem Intellekt und einem umfassenden westeuropäischen Wissen. Abgesehen von einem oder zwei großen jüdischen Gelehrten, zu denen sein Vater, auf den ich später noch zu sprechen kommen werde, gehörte, habe ich keinen Menschen mit einem solch außerordentlichen Gedächtnis gekannt; aber mit der Fähig-

keit, alles, was er gelesen oder erlebt hatte, zu bewahren, verband er auch eine Kraft der Analyse, die das Produkt jahrhundertelanger geistiger Zucht war und ihn, wäre er in Rußland geblieben, bestimmt zu einer der führenden rabbinischen Autoritäten gemacht hätte. Diese überragende intellektuelle Begabung paarte sich, was ungemein selten ist, mit großem künstlerischen Feingefühl, und in der Sphäre der Philosophie war er zweifellos der größte hebräische Sprachschöpfer des letzten Jahrhunderts. Der große israelische Dichter Bialik hat mir oft gesagt, daß Jakob Klatzkin zu den fünf größten Hebraisten unserer Zeit gehörte. Er hatte, im Hebräischen nicht weniger als im Deutschen, eine stilistische Begabung, ein Talent zum Formulieren, das geradezu faszinierend war. Wie alle großen Tugenden war freilich auch diese für ihn beinahe gefährlich. Er war ein so glänzender Künstler des Stils, daß er oft der Neigung erlag, sich ins rein Sprachliche einzuspinnen.

Als Übersetzer von Spinoza und Autor eines Buches über ihn schuf er den größten Teil der philosophischen Terminologie des modernen Hebräisch. Als Sprachschöpfer war er fast genial, als Denker ungemein originell und mutig. In seinen Gedanken war er extrem, doch gehörte er nicht zu denen, die in ihrem persönlichen Leben das verwirklichen, was sie predigen. Die Konzeption, daß dies unerläßlich sei, habe auch ich nie geteilt. Verwirklichung ist wesentlich im Religiösen, dagegen nicht in der Sphäre sozialer oder politischer Ideen. Um meinen Lehrer Karl Jaspers zu zitieren: Jesus, Mohammed, Buddha und Konfuzius haben kein geschriebenes Wort hinterlassen, waren jedoch religiöse Führer, die ihre Werte in ihrem Leben verwirklichten. Hingegen war ein Millionär wie Stafford Cripps ein großer sozialistischer Führer, während die meisten politischen Denker, die Ideen verwirklichen, intellektuell eher unbedeutend und unschöpferisch sind. Klatzkin und ich lebten in einer Weise, die mit dem, was wir predigten, vielleicht nicht ganz adäquat war. Ich war mir dessen sehr klar bewußt. Als Ben Gurion, nach der Gründung des Staates, die Zionistische Organisation als überflüssig erklärte und eine neue Bewegung ins Leben rufen wollte, die auf Selbstrealisierung und Chaluziut beruhen sollte, lehnte ich seine Aufforderung, eine solche Bewegung zu führen, stets ab, da ich ihre

Aufgaben nicht verwirklichen würde. Nur er, sagte ich ihm, habe dazu die Fähigkeit, die Kompetenz und das Charisma.
Um eine letzte Episode zu erzählen: Klatzkin hatte unter anderem eine Theorie der Differenz zwischen Moral und Moralität; es würde zu weit führen, sie hier im einzelnen darzulegen. Eines Tages saßen wir im Romanischen Café in Berlin zusammen mit dem bedeutenden hebräischen Dichter Zalman Schneur, der ein großer Frauenheld war (was Klatzkin sich erwünschte, aber nie erreicht hat), und Klatzkin warf Schneur sein unmoralisches Leben vor, unter Bezugnahme auf den Unterschied zwischen Moral und Moralität. Schneur wurde sehr heftig und bezeichnete diese Theorie als verlogen und logisch absurd. Bis dahin hatte ich geschwiegen, mischte mich jedoch zu dem Punkt in die Diskussion und sagte: »Der Unterschied mag logisch nicht begründet sein, ist aber realistisch sehr sinnvoll. Von ihm lebt Jakob Klatzkin.« Er verstand den Humor meiner Bemerkung und nahm sie mir nicht lange übel.
Klatzkin war einer der Ideologen der zionistischen Bewegung. Wenn ich auch seine Konzeptionen nie akzeptieren konnte – mein Disput mit ihm hat dreißig Jahre gedauert und ist nur durch seinen Tod beendet worden –, so haben mich doch seine Methode, Probleme anzusehen, seine außerordentliche intellektuelle Redlichkeit, seine Lust am Paradoxen, seine Verachtung der öffentlichen Meinung, sein Mut, ein eigenes Leben zu leben, immer tief beeindruckt, zumal in den frühen Jahren. In meiner allgemeinen geistigen sowie in meiner jüdischen Entwicklung habe ich ihm mehr als irgendeinem anderen großen jüdischen Menschen meiner Generation zu danken. Auch auf meine äußere Laufbahn hat er großen Einfluß gehabt: Die Gründung der *Encyclopaedia Judaica* und des Verlags *Eschkol,* mit der ich Jahre hindurch beschäftigt war, ist ebensoviel auf seine als auf meine Initiative zurückzuführen.
Ich möchte noch kurz einige andere Männer erwähnen, deren Bekanntschaft ich in meinem Elternhaus machte. Sehr beeindruckte mich Moses Glickson, der spätere erste Chefredakteur des *Haaretz,* einer der ideologischen Führer des Allgemeinen Zionismus in Palästina, ein stiller, gütiger Mensch, von moralischer Sauberkeit, die allen Bewunderung einflößte, auch er ein großer Kenner der jüdi-

schen Literatur und der modernen Philosophie zugleich, mit dem ich in späteren Jahren oft zusammengearbeitet habe. Eine der kuriosesten und pittoreskesten Erscheinungen der jüdischen Schriftstellerei und Geisteswissenschaft der letzten Generation war zweifellos Samuel Max Melamed. Er kam als halb verhungerter Sohn eines brutalen jüdischen Metzgers, dem er im Alter von fünfzehn Jahren weggelaufen war, nach Frankfurt und wurde einer der Schützlinge meines Vaters. Wenn man den Journalisten als einen Mann definieren kann, der Dinge rasch, wenngleich in einer oberflächlichen Weise zu erfassen weiß, dann war Melamed einer der genialsten Journalisten meiner Erfahrung. Er erstreckte, was mir nie wieder begegnet ist, die journalistische Kunst auf die schwersten Probleme der Philosophie und schrieb preisgekrönte philosophische Bücher, ohne je Philosophie richtig studiert zu haben. Geradezu unerklärlich war seine Fähigkeit, ein schweres philosophisches Buch in wenigen Stunden durchzublättern und dann anregende Aufsätze über die in ihm dargestellten Ideen zu schreiben, so zum Beispiel über die schwierige neo-kantianische Philosophie Hermann Cohens. Diese glänzenden Aufsätze bewegten Hermann Cohen, einen unerbittlichen Kritiker, der Redaktion seine briefliche Bewunderung auszusprechen. Später gestand mir Melamed, daß er keines von Cohens Büchern systematisch gelesen habe. Seine Artikelserie beruhte auf der Durchsicht der Inhaltsverzeichnisse und einem raschen Überfliegen der Texte. Er war ein Mann von explosivem Temperament und überdurchschnittlicher Vitalität. Wochenlang konnte er hungern, und wiederum, wenn er Gelegenheit dazu hatte, die Rationen von fünf bis zehn Menschen verschlingen. Unvergeßlich wird mir bleiben, wie er uns an einem jüdischen Feiertag besuchte, als wir uns gerade zu einem Feiertagsessen hinsetzten. Er kam von einer anderen Einladung, wo er ein großes Mahl eingenommen hatte, und dennoch aß er unsere Mahlzeit voll mit. Eine Bekannte, die gerade als Gast bei uns weilte, drückte ihr Erstaunen darüber aus, worauf Melamed sich erbot, gegen eine Spende für den Jüdischen Nationalfonds nach diesen zwei reichlichen Mahlzeiten noch einen ganzen Laib Brot von vier Pfund zu essen! Dazu fällt mir ein jüdischer Witz ein: Ein Jude kommt an einem Freitagabend zu Freunden, die sich gerade zum Schabbat-Tisch setzen und ihn auffordern, mit ihnen zu essen. Der Gast antwortet, er habe soeben an einem anderen Ort zu Abend gegessen; er werde aber dabeisitzen. Man reicht als ersten Gang »gefillten Fisch« und die Dame des Hauses bietet an; wer kann gefilltem Fisch widerstehen, sagt er, und so bedient er sich. Dasselbe geschieht mit der Nudelsuppe, gehackten Leber, Gansbraten, Torte und Kompott. Von allem ißt der Besucher fleißig mit, doch unter Protest, daß er nichts will. Zum Schluß reicht man Tee, und auf die Frage der Hausfrau antwortet er: »Gnädige Frau, ein Glas Tee werde ich wohl annehmen.«

Ich erinnere mich an eine andere amüsante Episode dieser Art. Melamed war, wie gesagt, sehr arm, und hatte sich schon in frühen Jahren Ansätze einer Tuberkulose zugezogen. Mein Vater hatte veranlaßt, daß er in ein jüdisches Heim für Lungenkranke in Bad Soden aufgenommen wurde. Eines Tages kam er aufgeregt zu meinem Vater und beschwerte sich, daß man ihn aus dem Heim ausgewiesen habe. Als mein Vater ihn nach der Ursache fragte, erzählte er, daß er am vorigen Tage, am Jom Kippur, wie alle Bewohner des Heimes in der Synagoge gewesen war und gefastet hatte. Nun ist es eine alte Sitte, das Fasten nicht mit einer richtigen Mahlzeit zu beenden, sondern mit dem sogenannten Anbeißen, einer Art Vorspeise, meist aus Hering mit Semmel bestehend. Melamed war früher als die anderen zurück ins Heim gekehrt und hatte die für dreißig Insassen vorbereiteten Brötchen und Heringstücke verzehrt, worauf man ihn hinausgeworfen hatte. Mein Vater erreichte es, daß man ihn wieder aufnahm. Melamed war ein geborener Kämpfer, und es war nicht gut, sich mit ihm anzulegen. Zügellos in der Polemik, hatte er die souveräne Verachtung des abstrakten Philosophen für Tatsachen und war in seinen Grundüberzeugungen unbeirrbar. Von großer schriftstellerischer Begabung, die ihn später nach Amerika führte, wo er lange für die englisch-jüdische Presse und im amerikanischen Zionismus arbeitete, war er ein »self made man« im besten Sinne des Wortes. Von all den jungen Studenten, die bei uns verkehrten (sie studierten meist in Bern und gehörten zu dem berühmten Berner Kreis, der im jüdischen Leben eine besondere Rolle gespielt hat), besaß er die für mich interessanteste Persönlichkeit. Neben diesem ostjüdischen Kreis hatten wir auch einen deutschjüdischen. Die zionistische Betätigung meines Vaters brachte ihn in freundschaftliche Berührung mit Mitgliedern der alteingesessenen Frankfurter Judenheit, so daß ich in meinem Elternhaus durchaus nicht, wie manche Ostjuden, in einer Art selbstgeschaffenem Ghetto aufwuchs. Nicht nur in der Schule kam ich mit jüdischen und nichtjüdischen Kindern zusammen, sondern auch im Hause wuchs ich in einer zwar vorwiegend ostjüdischen, aber stark mit deutschjüdischen Elementen durchsetzten Gesellschaft auf. Die Frankfurter Judenheit war eine Gemeinschaft besonderer Prägung, einzigartig unter den jüdischen Gemeinden Deutschlands, ja Westeuropas. Sie nahm teil an der allgemeinen patrizischen Tradition der früheren Freien Reichsstadt, die schon im Mittelalter eine bedeutende Rolle gespielt hat. Die Stadt, in der die Kaiser gekrönt worden waren, in der 1848 die Nationalversammlung tagte, die Stadt Goethes und Schopenhauers, ist bis ins 20. Jahrhundert eines der großen internationalen Finanzzentren geblieben. Frankfurt, erst spät Preußen einverleibt, was die Frankfurter nie ganz anerkannt haben, war eine unpreußische, auf ihre liberale Tradition stolze Stadt. Die *Frankfurter Zeitung*, eines der angesehensten liberalen Blätter im damaligen Deutschland, war bestimmend für die geistige Atmosphäre der Stadt. Die Juden Frankfurts machten einen sehr wesentlichen Teil der Bevölkerung aus. Auch sie konnten auf eine alte und stolze Überlieferung zurückblicken. Das Stammhaus der Rothschilds stand in Frankfurt, und sie spielten im wirtschaftlichen ebenso wie im geistigen Leben der Stadt eine wesentliche Rolle. Viele überaus einflußreiche Privatbanken in Frankfurt waren in jüdischen Händen. Der Begründer und, zu meiner Zeit, der Chefredakteur der *Frankfurter Zeitung* waren Juden. Kein Wunder also, daß die Frankfurter Juden mit den hohen Schichten der übrigen Bevölkerung ein gewisses Patrizierbewußtsein, eine Art Überlegenheitsgefühl, ja sogar die Hochnäsigkeit teilten. Es gab wenige Städte mit einem derartigen Lokalstolz, wie ihn die Frankfurter Patrizier, Juden und Nichtjuden, besaßen und der seinen Ausdruck fand in einem populären Vers von Friedrich Stoltze:

Es will merr net in mein Kopp enei:
wie kann nor e Mensch net von Frankfort sei!

Die Juden Frankfurts waren sich ihres jüdischen Herkommens bewußt und in vieler Hinsicht darauf stolz. In der napoleonischen Ära emanzipiert, hatten sie sich, soweit das im Zeitalter der Assimilation möglich war, starke jüdische Bindungen bewahrt. Die jüdische Religion war im kaiserlichen Deutschland offiziell anerkannt, und jeder, der sich als Jude bekannte, mußte an die Steuerbehörde Gemeindesteuer zahlen. Es gab jedoch keine Vertretung aller Juden in Frankfurt, sie waren, wie in anderen deutschen Städten, je nach ihrer religiösen Einstellung organisiert. Es gab nur wenig chassidische Synagogen, da der Chassidismus in Deutschland eine seltene Erscheinung war. Die zahlreichsten waren die Liberalen oder Reformjuden mit einer sehr imposanten Synagoge. Die zweite Gruppe waren die Konservativen, die die religiösen Traditionen streng bewahrten und gerade zu meiner Zeit einen bedeutenden Rabbiner, Dr. Nehemia Nobel, als geistigen Führer hatten, der später sowohl auf Martin Buber wie auf Franz Rosenzweig einen großen Einfluß ausübte. Neben diesen zwei großen Gruppen, wie sie überall im deutschen Judentum bestanden, gab es in Frankfurt eine dritte, die nur in wenigen anderen Städten Parallelen hatte: die sogenannte Trennungs-Orthodoxie. Ich hatte als Heranwachsender viel mit ihr zu tun und möchte daher einige Worte dazu sagen. Die Trennungs-Orthodoxie entstand als Folge eines eigenartigen Versuches, nämlich die Gesamttradition des orthodoxen Judentums, wie sie sich im Laufe der Jahrhunderte ausgebildet hatte, mit den Ergebnissen der modernen Emanzipation zu vereinigen. Die jüdische Orthodoxie, die nicht nur aus theoretischen Glaubensbekenntnissen bestand, sondern das Leben eines ihr zugehörigen Juden vom frühen Morgen bis zur späten Nachtstunde durchdrang, die ihm in jeder Lebenslage bis in die geringfügigste Einzelheit vorschrieb, wie er sich zu verhalten hatte, diese in ihrer Weise großartige Macht entstand in der jahrhundertelangen Entwicklung des Judentums außerhalb der geistigen Welt der Völker, unter denen die Juden lebten. Ohne diese allumfassende Reglementierung des tagtäglichen Lebens gäbe es bestimmt kein jüdisches Volk mehr. Sie geschaffen zu haben, war vielleicht die größte Tat des Genius der jüdischen Selbsterhaltung, sie bedeutet viel mehr als nur Religion, sie barg Volkstum und Rasse, Literatur und Kunst, kollektives und individuelles Leben. Dies hielt die Juden mit tiefer Absicht getrennt von der fremden Kulturwelt und verhinderte die Assimilation. Dreimal am Tage betet der religiöse Jude für die Rückkehr nach Zion. Heinrich Heine, der trotz seiner Taufe in späteren Jahren ein starkes jüdisches Bewußtsein zeigte, erklärte das Wunder jüdischer Existenz nach zweitausend Jahren der Zerstreuung dadurch, daß die Juden in ihrem Gesetzeskodex, dem »Schulchan Aruch«, ein »portatives Vaterland« mit sich trugen, wohin sie auch immer vertrieben wurden, das ihnen das wirkliche Vaterland ersetzte. Diese geniale Erklärung habe ich oft in meinen Reden zitiert. Die Orthodoxie war der Wall, der die jüdische Sonderexistenz schützend umgab, der das Wunder der jüdischen Selbsterhaltung in Jahrhunderten der Verfolgung erklärt. Dieses System war organisch gebunden an ein jüdisches Sonderdasein. Das Ghetto war zunächst keine von Nichtjuden aufgezwungene Lebensgestalt, sondern, wie die Geschichte beweist, eine von den Juden freiwillig geschaffene Eigenwelt. Als mittelalterliche Machthaber das Ghetto zur Norm machten, war es bereits eine längst eingebürgerte Tatsache, die die Juden selbst geschaffen hatten. Freilich war die Fortdauer dieses religiösen Wesens gebunden an die Lebensbedingungen im Städtchen, in der eigenen jüdischen Welt.

Die moderne Emanzipation hatte dieser Sonderexistenz den Boden entzogen. Die Folge war ein allmähliches oder beschleunigtes Dahinschwinden der ungebrochenen jüdischen Tradition. Manches blieb davon übrig; sehr wenig bei den Reformjuden, mehr bei den Konservativen. Die Trennungs-Orthodoxie unternahm den heroischen und paradoxen Versuch, die altehrwürdigen Werte mit den Lebensbedingungen der emanzipierten Judenheit zu vereinbaren, voll teilzunehmen an der modernen Welt und gleichzeitig alle traditionellen Formen zu bewahren.

Der Begründer dieser Richtung war ein Mann von hohem geistigen Rang und angeborenen Führereigenschaften: Samson Raphael Hirsch. Die Formel, die für seine Synthese geprägt wurde, lautete

»Tora im Derech Erez«[14]. Der Versuch war heldenhaft, richtete sich jedoch irgendwie gegen die natürliche Entwicklung; mehr gewaltige Willensanstrengung als eine aus der Situation des historischen Augenblicks hervorgegangene Idee. Die unvermeidliche Folge war, daß die Anhänger dieser Gruppe starr und fanatisch wurden. Die Führer mußten ständig auf der Hut sein, denn sowie man sich gehenließ, setzte der Prozeß der Angleichung wieder ein. Die Gruppe mußte sich absondern, weil sie nur in der Isolierung hoffen konnte, ihr schwieriges Vorhaben zu verwirklichen. Daher der Name »Trennungs-Orthodoxie«. Die Gruppe baute eine eigene Synagoge und entwickelte einen eigenen Ritus. Der Separatismus war so mächtig, daß sie sogar einen eigenen Friedhof einrichtete und nicht zuließ, daß ihre Gemeindemitglieder auf dem allgemeinen jüdischen Friedhof begraben wurden. Wie alle solche Splittergruppen entwickelte sie ein starkes Überlegenheitsgefühl, in der Überzeugung, daß sie und nur sie das wahre Judentum vertrete. Sie sah jüdische Probleme nur von ihrem extremen Gesichtspunkt und schaltete sich von der Teilnahme an den großen jüdischen Fragen unserer Zeit aus. Die Gruppe stellte sich in bewußte Opposition zu den anderen jüdischen Richtungen, die sie als Ketzer und fast als Gottesleugner hinstellte. Es war etwas von Sektierergeist in ihr, und obschon man die Opferwilligkeit, die Unbequemlichkeit, die ihre Mitglieder auf sich nahmen, und den Beitrag, den sie zur Erhaltung des Judentums leistete, schätzen muß, so handelte es sich im Grunde dennoch nur um das anachronistische Unternehmen einer kleinen, entschlossenen, aber fanatisch rücksichtslosen Gruppe, um eine Donquichotterie, die letzten Endes ohne nachhaltige Wirkung bleiben mußte.

Von der Zeit meiner journalistischen und rhetorischen Kämpfe gegen die Trennungs-Orthodoxie erinnere ich mich, daß Raphael Breuer, der Sohn des Nachfolgers von Samson Raphael Hirsch, als er Rabbiner in Aschaffenburg war (später wurde er Rabbiner einer Gemeinde in Washington Heights, New York City), einen Kommentar zum Hohelied schrieb. Bekanntlich ist das Hohelied eine sehr erotisch gefärbte Dichtung, die aber von den orthodoxen Juden als symbolisch interpretiert wird, lediglich als Darstellung der

Liebe zwischen dem jüdischen Volk und Gott. Ich kritisierte Breuers Kommentar als pornographische und obszöne Interpretation, was natürlich unter seinen Anhängern einen großen Skandal hervorrief.

Aus früheren Jahren, als ich 12 oder 13 alt war, erinnere ich mich an einen Zusammenstoß zwischen Rabbiner Breuer und Reb Chaim Soloweitchik, meines Erachtens der größte Vertreter einer einzigartigen Dynastie rabbinischer Autoritäten. Reb Chaim Soloweitchik hatte das phänomenale Gedächtnis der talmudischen Genies; im hohen Alter war er beinahe blind. Da er ein großer Kinderfreund war, pflegte er mit seinen Enkeln auf dem Boden zu spielen. Rings herum saßen bedeutende Rabbiner, die ihm komplizierte Fragen stellten und er – ohne ein Buch aufzumachen und mit den Kindern spielend – beantwortete sie. Er lebte bis zu seinem Tod in Brest-Litowsk. Eines Tages, etwa 1907 oder 1908, kam er mit seinem Gefolge zu einer Kur nach Bad Homburg. Mein Vater erwirkte eine Audienz bei Reb Chaim Soloweitchik und nahm mich mit; noch heute, über 70 Jahre später, erinnere ich mich an seine blitzenden Augen, an seine Fettleibigkeit, an seine geistige Frische und an seinen etwas boshaften Humor. Während wir dort waren, wurde Rabbiner Breuer angemeldet. Reb Chaim bemerkte, daß Rabbiner Breuer zwanzig Minuten zu spät käme, und bat meinen Vater und mich zu bleiben. Als Breuer und seine Begleitung eintraten, sagte ihm Reb Chaim auf jiddisch, nachdem er ihn sehr kühl begrüßt hatte: »Ihr Zuspätkommen bestätigt mir, daß die Philosophie Ihrer Richtung falsch ist. Die Trennungs-Orthodoxie beruht auf dem Prinzip ›Tora im Derech Erez‹. Daß Sie in Frankfurt nicht viel Tora besitzen, wußte ich schon in Brest-Litowsk. Ihre Verspätung beweist, daß Ihnen auch Derech Erez fehlt.«

Interessant ist, daß einer der Söhne von Rabbiner Breuer in Israel lebt und dort Professor ist, während die Gruppe seines Vaters scharf antizionistisch gewesen war.

Zionismus spielte in jenen Jahren in der Frankfurter Jüdischen Gemeinde eine nebensächliche Rolle. Er war die Bewegung einer kleinen Minderheit, die vorwiegend aus Ostjuden und nur aus wenigen eingesessenen Frankfurtern bestand.

Alles in allem, über alle Differenzierungen, Gegensätze und innere Kämpfe hinweg, besaß die Frankfurter Jüdische Gemeinde doch Gewicht und Charakter. In ihr aufzuwachsen bewahrte einen vor Minderwertigkeitskomplexen. Es war die Welt einer gesicherten jüdischen Gemeinschaft, die sich verwurzelt und stark fühlte und nicht daran dachte, ihr Judentum zu verleugnen. Die ursprüngliche Selbstsicherheit, die ich aus dem osteuropäischen Städtchen mitgebracht hatte, wurde durch meine Jugendjahre in Frankfurt in keiner Weise erschüttert.
Als ich nach dorthin kam, war ich sechs Jahre alt. Es wurde beschlossen, mich in eine der beiden jüdischen Schulen zu schicken, die es in Frankfurt gab: die Israelitische Realschule der streng orthodoxen Gemeinde und das Philanthropin. Ich sollte vorderhand die orthodoxe Schule besuchen, wohl weil meine Eltern ihre Atmosphäre, wenngleich antizionistisch, für positiver jüdisch hielten als die der anderen Schule. Zunächst erhielt ich Privatunterricht im Deutschen von einer Lehrerin, die es ehrenamtlich tat und mir in drei Monaten genügend Deutsch beigebracht hatte, daß ich in die Sexta der Israelitischen Realschule aufgenommen wurde. Sie war eine Nichte von Jakob Rosenheim, des späteren Gründers der orthodoxen jüdischen Weltorganisation »Agudat Israel«, die noch heute in Europa und Amerika existiert, die im israelischen Parlament vertreten ist und der heutigen Regierungskoalition angehört. Da diese Nichte bei Jakob Rosenheim wohnte und ich mehrfach die Woche zu ihr zu Privatstunden kam, kannte ich ihn schon als Kind und hatte seitdem große Hochachtung für seine Persönlichkeit und seinen Charakter. Als ich in späteren Jahren eine Rolle im jüdischen und zionistischen Leben spielte, bedauerte es Rosenheim oft, daß ich in seinem Hause nicht auch seine orthodoxe Weltanschauung übernommen hatte und somit die jüdische Orthodoxie einen potentiellen Führer verloren habe. Ich besuchte also die Volksschulklassen nicht und konnte schon im Alter von siebzehneinhalb das Abitur machen. Ich blieb drei Jahre in der orthodoxen Schule. Obgleich ein guter Schüler, hatte ich dort Schwierigkeiten, die, so seltsam es für dieses frühe Alter klingt, ideologisch bedingt waren. Schon damals war ich ein glühender Zionist. Die Lehrer, wie

alle Vertreter der Trennungs-Orthodoxie, waren leidenschaftliche Antizionisten, und da ich dennoch zionistische Propaganda unter meinen Mitschülern trieb, wurde ich oft gerügt und rächte mich auf meine Weise. Namentlich mit dem Lehrer für Hebräisch geriet ich in Konflikt; im Gegensatz zu ihm sprach ich schon damals Hebräisch beinahe fließend. Wenn er mir während des Unterrichts eine Frage stellte, so antwortete ich auf Hebräisch, was er, besonders in meiner sefardischen Aussprache, meist nicht verstand und wodurch seine Autorität in der Klasse nicht gerade gehoben wurde. Außerdem gehörte ich ja auch nicht wirklich zu dieser orthodoxen Gemeinde; ich war ein Außenseiter und spürte das gelegentlich. Ich erinnere mich, daß ich in der Tertia oder Quarta bei der Preisverteilung übergangen wurde, während ein Mitschüler, Sohn eines der Gemeindepräsidenten, eine Prämie erhielt. Er stand vor der ganzen Schule auf und gab den Preis mit der Erklärung zurück, daß ich ihn viel eher verdiente. Es handelt sich um Edwin Feist, der heute in Jerusalem lebt, wo ich ihn vor kurzem noch in meiner Wohnung traf. Daran knüpfte sich ein ziemlicher Skandal, dem sehr bald ein zweiter folgte, als man mich dabei ertappte, daß ich meinen Mitschülern zionistische Schekalim[15] verkaufte. Mein Vater entschloß sich daraufhin, mich aus der Schule zu nehmen und mich im Realgymnasium »Musterschule« einzuschreiben.
In der »Musterschule«, in der ich mich viel wohler fühlte als in der früheren, blieb ich bis zu meinem Abitur. Sie war eine gute, sehr fortschrittliche und eigenartige Anstalt, deren Direktor, Geheimrat Walter, als Pädagoge internationalen Ruf genoß. Sie hatte zum Beispiel als eine der ersten Schulen in Deutschland die Schülerselbstverwaltung eingeführt. Die Lehrer beschränkten sich auf das Dozieren. Verwaltung, Aufsicht, Einhaltung der Ordnung lagen in den Händen von Schülerkomitees, eine Einrichtung, die im damaligen Preußen, wo die meisten Schulen etwas von der militärischen Disziplin angenommen hatten, geradezu revolutionär anmutete. Charakteristisch für den Geist der Schule ist folgende Begebenheit: Zwei Neffen desKaisers Wilhelm besuchten sie zu meiner Zeit, beide weder begabt noch fleißig, so daß der Direktor ihrer Mutter, Schwester des Kaisers, Landgräfin von Hessen, anriet, die Jungen

in ein minder anspruchsvolles Institut zu schicken, was damals in Frankfurt natürlich großes Aufsehen erregte. Ich hatte das Glück, einer begabten, geistig lebendigen Klasse anzugehören, die etwa zur Hälfte aus jüdischen Schülern bestand. Da ich recht leicht und schnell lernte und bald an vielen anderen Dingen Anteil nahm, gewöhnte ich mir in den letzten Jahren an, nicht regelmäßig zur Schule zu gehen, sondern im Durchschnitt zwei bis drei Tage in der Woche zu fehlen. Zu diesem Zweck hatte ich ein besonderes System entwickelt: Von meinem Vater ließ ich mir drei verschiedene Entschuldigungsschreiben geben, die ich immer wieder zurückzog und aufs neue präsentierte, bis eines Tages der Klassenlehrer mich auch davon dispensierte, wodurch mein häufiges Fernbleiben wenigstens inoffiziell sanktioniert war. Da ich in jenen Jahren bereits öffentliche Reden hielt, zu denen manche meiner Lehrer kamen, gestand man mir eine gewisse privilegierte Stellung zu.

Ich pflegte öfters in den Frankfurter Zoo zu gehen, weil ich von früh an ein großer Tierfreund war, und traf dort manchmal meinen Klaßlehrer, Professor Rauschenberg (sein Bruder war der Erfinder der berühmten Krupp-Kanone, der »Großen Bertha«, der die Deutschen zum großen Teil ihre Siege in Frankreich im Ersten Weltkrieg verdankten), der sich über meine Abwesenheit von der Schule nicht wunderte und sogar mit mir spazierenging, um sich mit mir zu unterhalten. Ich las damals sehr viel und war besonders beeindruckt von den französischen Enzyklopädisten, vor allem La Rochefoucauld und La Bruyère. Ich pflegte manchmal in meinen Aufsätzen einen kühnen Gedanken von mir einzustreuen, wobei ich einen der Enzyklopädisten – was nicht immer stimmte – als Quelle zitierte. Mein Klassenlehrer lobte mich immer wieder wegen meiner Belesenheit und Bildung. In späteren Jahren habe ich ihm diese kleine Sünde gestanden; er nahm es schmunzelnd auf. Ich erinnere mich auch an eine Schulaufgabe, die darin bestand, die heilige Johanna mit Kassandra zu vergleichen. Kaltschnäuzig schrieb ich, die Jungfrau von Orleans käme mir etwas verschroben vor, denn sie hätte ohne Mann und ohne Liebe leben wollen. Der Lehrer war sehr aufgebracht, bestellte meine Mutter zu sich und sagte ihr: »Ihr Sohn ist ein amoralisches Subjekt.«

Einige Worte muß ich über mein Abitur sagen. Bekanntlich gab es in deutschen Gymnasien ein mündliches und ein schriftliches Examen. Wer im Schriftlichen sehr gut war, wurde vom Mündlichen befreit und mußte bloß am Prüfungstag anwesend sein, um namentlich aufgerufen und beglückwünscht zu werden. Mir war das sehr lieb, weil mir die Vorbereitung auf das mündliche Examen, das sehr auf Gedächtnisleistungen angelegt war, etwa auf das Auswendiglernen von Gedichten, sehr schwerfiel. Für mechanische Dinge habe ich immer ein schlechtes Gedächtnis gehabt: Zahlen, Adressen und derlei Dinge vergesse ich manchmal über Nacht. Ich habe das nie bedauert, weil ich ja kein Naturwissenschaftler oder Mathematiker bin und für meine Arbeit ein solches Erinnerungsvermögen unwichtig ist. Die Belastung mit zuviel Stoffmassen scheint mir für die geistige Entwicklung nachteilig. Mein Gedächtnis fixiert viel eher Ideen, Bücher, Erlebnisse, Menschen, an deren Namen ich mich vielleicht nicht erinnere, von denen ich aber wohl weiß, wer sie waren und wo ich sie kennengelernt habe. Davon unterrichtet, daß ich vom mündlichen Examen befreit sei, benutzte ich die Wochen zwischen den beiden Prüfungen dazu, zionistische Reden zu halten. Am Abend vor dem mündlichen Examen sprach ich in Gießen, geriet in eine heftige Diskussion mit Antizionisten und dehnte meine Entgegnung so lange aus, daß ich den letzten Zug nach Frankfurt versäumte. Der erste Zug am nächsten Morgen brachte mich eine halbe Stunde zu spät zurück, das mündliche Examen hatte bereits begonnen. Ich war sehr besorgt deswegen, weil dieser Teil der Prüfung gewöhnlich von dem offiziellen Vertreter des Kultusministeriums eröffnet wurde, dem sogenannten Schulrat, einem gefürchteten Pedanten, der erst vor einigen Tagen in einem anderen Gymnasium einen Schüler, der sich ein paar Minuten verspätet hatte, um ein halbes Jahr zurückgestellt hatte. Da mir sehr daran lag, schnellstens zur Universität zu kommen, fürchtete ich, durch dieses Zuspätkommen nun selbst ein halbes Jahr zu verlieren, um so mehr als dieser Schulrat ohnehin schlecht auf mich zu sprechen war. Er hatte nämlich meine schriftliche Arbeit über das Thema »Inwiefern entwickelte sich die geistige und literarische Renaissance Deutschlands parallel mit der politischen Befreiungsbewegung im

Kampfe gegen Napoleon?«, die vom Deutschlehrer mit »sehr gut« beurteilt worden war, um eine Note herabgesetzt, mit der Begründung, der Aufsatz sei zwar sehr gut, aber für einen Gymnasiasten in seinen Anschauungen »viel zu unabhängig«, daher bloß »gut«. Mein Deutschlehrer hatte gegen diese Änderung protestiert, die Angelegenheit war vor die Lehrerkonferenz gekommen und meine Zensur wieder auf »sehr gut« heraufgesetzt worden. Ich fürchtete nun, daß der Schulrat mein Zuspätkommen zu einer kleinen Privatrache ausnutzen würde. Die Sorge war zum Glück unbegründet, weil der Direktor und meine Lehrer, als sie sahen, daß ich zu Beginn nicht anwesend war, es so einrichteten, daß ich erst aufgerufen wurde, als der Schulrat schon gegangen war.

Mein Klaßlehrer war Professor Weidemann, ein konservativer Mann, politisch gesehen, aber ungemein anständig. Ich freute mich, in späteren Jahren Gelegenheit zu haben, ihm meine Dankbarkeit zu bekunden. Er war nach seiner Pensionierung in ein kleines Städtchen in der Nähe von Kassel gezogen, wo einer seiner Söhne lebte. Während des Krieges hatten die Alliierten diese Gegend bombardiert, was den Bruch eines Damms und Überschwemmung der Stadt zur Folge hatte. Die Einwohner mußten mit der Naziregierung um Entschädigung verhandeln und, da sie zum Großteil Bauern waren, baten sie Professor Weidemann, ihr Bürgermeister zu werden und sie zu vertreten. So wurde er nach Kriegsende als Nazi betrachtet. Er schrieb mir damals durch das Auswärtige Amt und bat mich, ihm zu bescheinigen, daß er nie Nazi gewesen war. Ich richtete gerne einen Brief in diesem Sinne an die amerikanische Militärbehörde und Weidemann wurde darauf entnazifiziert. Aus Anerkennung schickte er mir meinen Schulaufsatz mit der Beurteilung des Schulrats, die er bei seiner Pensionierung mitgenommen hatte.

Eine zweite Episode, die damals viel von sich reden machte, ist gleichfalls mit diesem Abiturientenexamen verbunden. Es war üblich, daß jede Abiturientenklasse ein Festessen veranstaltete, zu dem Eltern und Lehrer erschienen. Unsere begabte, aber unbändige Klasse hatte während des letzten Schuljahrs laufend Zusammenstöße mit unserem Klassenlehrer gehabt, einem zwar bedeutenden

Wissenschaftler, aber auch eigenartigem Junggesellen, der Spott und Neckerei der Jungen meines Alters auf sich zog. Um ihre Mißbilligung zu bekunden, hatten die Lehrer den ganz ungewöhnlichen Beschluß gefaßt, sich an dem Festessen der Klasse nicht zu beteiligen. Meine Mitschüler waren darüber sehr betrübt und beauftragten mich, der ich ausersehen war, die Rede bei der Abschlußfeier zu halten, die Lage irgendwie zu verbessern und die Verstimmung beizulegen. Die Schlußfeier in der Musterschule war ein Stadtereignis, bei dem neben den Eltern auch die Honoratioren der Stadt erschienen. Ich hatte als Thema meiner Rede Ibsen gewählt, aber, obschon die Schule als progressiv galt, schien dem Direktor dies zu gewagt: weiter als Hebbel wollte er nicht gehen. Da ich schon damals frei sprach und mich weigerte, meine Rede schriftlich auszuarbeiten, baten mich der Direktor und der Klassenlehrer zu einem Gespräch. Sie vermuteten, daß ich Hebbels eindrucksvolles Drama »Maria Magdalena« erwähnen würde, in dem ein Mädchen ein uneheliches Kind gebärt. Da bei der Feier viele junge unreife Schüler anwesend wären, die von solchen Sünden nichts wissen sollten, wollten die Herren erfahren, wie ich mich dazu äußern würde. Ich erwiderte, ich würde vom »Fall Maria Magdalena« reden, was ja einen doppelten Sinn haben könnte. Die Lehrer waren von meinem diplomatischen Geschick entzückt. Ich entschloß mich, meiner Rede spontan noch einige Worte hinzuzufügen. Völlige Offenheit hielt ich für das beste, und ich erzählte dem ganzen Publikum den Konflikt zwischen uns und den Lehrern, was keine kleine Überraschung hervorrief. Schließlich wandte ich mich an den Direktor und unseren Klassenlehrer, gab zu, daß wir wild und ungebärdig seien, was aber an unserem Alter läge und keine Folge bösen Willens sei. Ich bat sie um Verständnis für die Unbotmäßigkeit Heranwachsender, zumal wenn sie den Mut hätten, sie öffentlich zu bedauern. Meine Worte machten auf den Klassenlehrer, einen Eigenbrötler, aber gütigen Mann, solchen Eindruck, daß er laut zu schluchzen begann, zu mir hinaufstieg und mich umarmte. Der Direktor ergriff das Wort und sagte, daß die Lehrer in der Tat beschlossen hätten, der Schlußfeier fernzubleiben, nun aber von der männlichen, »echt deutschen« Art, in der ich unsere Fehler eingestanden hätte, umgestimmt, sich glücklich schätzten, an unserer Feier teilzunehmen. Damit war der Zwischenfall erledigt, und ich hatte einen neuerlichen Beweis von der Wirkung gut gewählter Worte im rechten Moment und in der rechten Form.

Im Gegensatz zu vielen andern denke ich an meine Schulzeit, besonders auf die in der Musterschule, mit großer Zufriedenheit zurück. Es war keine Paukanstalt. Ich habe viel gelernt und vor allem den Grund zu meiner Kenntnis fremder Sprachen gelegt, die mir später sehr zustatten kam. Ich fühlte mich nie in ein Schulreglement eingezwängt. Die Schule ließ mir viel Zeit für eigene Lektüre, und ich habe in jenen Jahren außerordentlich viel deutsche und französische Literatur gelesen. Philosophie, Geschichte und die Wissenschaft des Judentums waren meine Lieblingsgebiete.

Ich fing schon sehr früh an, öffentlich aufzutreten. Meine erste Rede hielt ich im Alter von knapp vierzehn Jahren. Der Anlaß war eine Chanukka-Feier[16], der einige hundert Menschen beiwohnten. Schon vorher war bekannt geworden, daß die Leitung des zionistischen Vereins das gewagte und, wie manche glaubten, etwas verrückte Experiment unternahm, einen noch nicht vierzehnjährigen Jungen in kurzen Hosen sprechen zu lassen. Die meisten nahmen an, daß ich eine kurze Ansprache von wenigen Minuten, vorher auswendig gelernt, deklamieren würde. Am aufgeregtesten war wohl meine Mutter; ich war es weit weniger. Ich erinnere mich, daß ich ein wenig nervös war, als ich die Stufen zum Rednerpult hinaufstieg. Kaum stand ich oben und sah das Publikum vor mir, wurde ich ganz ruhig. Diese Gelassenheit im öffentlichen Auftreten hat mich nie im Stich gelassen. Lampenfieber habe ich mein Lebtag nicht gekannt. Auch in späteren, sehr dramatischen und für meine Laufbahn wichtigen Augenblicken der rhetorischen Auseinandersetzungen, wenn ich Vorschläge durchsetzen mußte, deren Ablehnung mein ganzes Leben geändert hätte, war ich oft angespannt, aber nie aufgeregt.

Ich hielt damals eine regelrechte Rede und erinnere mich noch sehr genau an das Thema: »Juda und Hellas«, der Kampf zwischen Judentum und Griechentum, was ja zu einer Makkabäer-Feier ganz gut paßte. Mir ist von diesem ersten rednerischen Erlebnis besonders eine Einzelheit in Erinnerung geblieben. Ich hatte damals eine Kinderfreundschaft mit einem gleichaltrigen Mädchen. Meine Freundin war natürlich beeindruckt von der Tatsache, daß ich eine öffentliche Ansprache halten sollte, und quälte mich immer mit der Frage, wie es denn möglich sei, eine Rede frei zu halten. Ich versuchte, ihr ein wenig die Technik des Redens zu erklären, und rühmte mich, daß ich ihr ein rhetorisches Kunststückchen vormachen würde: Ich wollte beim fünften Gebrauch des Wortes »Hellas« mein Taschentuch aus der vorderen Tasche meines BarMizwa-Anzugs herausnehmen. (Wie Redner verstehen werden, ist es gar nicht einfach, im Fluß des Redens zu zählen, wie oft man ein bestimmtes Wort gebraucht hat.) Sie erklärte, das sei unmöglich, und versprach mir ein Geschenk, wenn ich dieses Versprechen wahrmachen würde. Als ich das fünfte Mal »Hellas« sagte, zog ich mein Taschentuch aus der Tasche, nahm es in die Hand und schaute sie dabei an. Sie erwiderte mit einem Blick solch intensiver Bewunderung, daß ich zum ersten und einzigen Mal in meiner rednerischen Laufbahn den Faden verlor. Dieses Erlebnis hat mich oft in meinen Träumen verfolgt, und mir war immer dabei, als kämpfe ich in einem stürmisch aufgepeitschten Ozean vergeblich gegen die Wellen. Das Ganze muß einige Sekunden gedauert haben. Ich faßte mich aber schnell und fand wieder in meinen Gedankengang zurück. Die Rede wurde zu einem außerordentlichen Erfolg, den ich freilich mehr meinem Alter als meinen Gedanken zuschreibe. Ich war begierig zu wissen, ob jemand die Stockung beobachtet hatte. Niemand schien etwas gemerkt zu haben, außer meiner Mutter. Als wir nach Hause kamen, sagte sie zu mir: »Du hast sehr schön gesprochen, Nahum, aber irgendwann nach den ersten paar Minuten ist dir einen Augenblick lang schlecht geworden und da hast du dich verloren.« Daran erkannte ich, wie richtig es ist, vom Instinkt des Mutterherzens zu sprechen.

Ich erinnere mich noch lebhaft einer anderen Rede aus meiner Schülerzeit, weil sie mit einiger Aufregung verbunden war und leicht zu unerfreulichen Folgen hätte führen können. Zu jener Zeit pflegten protestantische Missionare Bekehrungsversammlungen in Frankfurt abzuhalten, in denen sie versuchten, arme eingewanderte Juden durch materielle Versprechungen zur Taufe zu bewegen. Eines Abends, als wieder eine solche Missionsversammlung stattfinden sollte, drängten mich einige Freunde, hinzugehen und gegen die Bekehrer aufzutreten. Ich tat das und hielt eine aggressive, teilweise sogar freche Rede, wie es meiner Jugend entsprach. Ich erwähnte, daß ich davon gelesen hatte, daß manche polnische Juden, die nach England mittellos einwanderten, erfahren hatten, daß in verschiedenen Städten die protestantische Mission jedem Juden, der sich zum Christentum bekehrte, eine bestimmte Summe gab, damit er einen Beruf wählen konnte. Einige gewissenlose Typen seien darauf in mehrere Städte gefahren, hatten sich vielmals Geld geben lassen, und somit ein Anfangskapital zusammengebracht. Diese und andere Bemerkungen irritierten die christlichen Zuhörer und es entstand ein großer Aufruhr, da einige der Missionare behaupteten, ich hätte die christliche Religion beleidigt; schließlich mußte die Polizei geholt werden, weil die Sache in eine Schlägerei auszuarten drohte. Wäre ich dort geblieben, so hätte dieser Auftritt unangenehm enden können, nicht nur, weil Angriffe auf eine christliche Gruppe im kaiserlichen Preußen nicht gerade beliebt waren, sondern mehr noch, weil ich als Schüler kein Recht hatte, öffentliche Reden zu halten. Deswegen hatte ich mich auch unter einem Pseudonym zu Wort gemeldet. Im letzten Augenblick, gerade als die Polizei den Saal betrat, schmuggelten mich meine Freunde über eine Hintertreppe hinaus. Während meiner restlichen Gymnasialjahre beschränkte ich mich daher auf zionistische Reden in der näheren Umgebung Frankfurts.

Wenn ich heute auf meine so früh begonnene Rednertätigkeit zurückblicke, so muß ich feststellen, daß meine Einstellung zum öffentlichen Sprechen sich in all den Jahren, in denen ich Tausende von Reden in verschiedenen Sprachen gehalten habe, nicht wesentlich geändert hat. Im Grunde habe ich das öffentliche Reden nie sehr genossen. Andererseits bereitete es mir auch keine Schwierigkeiten, eine Rede zu konzipieren und zu halten, und mit Ausnahme von sehr wenigen wichtigen Reden, in denen ich weittragende Erklärungen abgeben mußte, habe ich mich meist sehr wenig vorbereitet. Gewöhnlich genügte mir dazu eine knappe Stunde vor der Rede.

Jedesmal, wenn ich versuchte, mir mehr Zeit zu lassen, wollten sich weder Stimmung noch Eingebung einstellen. Gewöhnlich besteht meine Vorbereitung in einem Durchdenken dessen, was ich sagen will, sowie aus einigen Notizen auf einem bis zwei kleinen Blättchen, die ich dann beim Reden fast nie benutze. Selbst wenn ich die Rede vorher diktiere, lese ich sie nicht ab; in den seltenen Fällen, wenn ich es getan habe, wurde die Wirkung dadurch sehr beeinträchtigt. Mein freies Reden hat manchmal zu Schwierigkeiten und Mißverständnissen geführt. In den Vereinigten Staaten zum Beispiel ist es Sitte, daß man einen Auszug jeder wichtigen Rede an die Presse gibt, und die Veröffentlichung einer solchen Zusammenfassung – besonders in der *New York Times* – erweist sich oft wichtiger als die Rede selbst. Häufig geschieht es bei mir, daß ich einen Gedanken, der im Voraus-Resumé enthalten ist, in der Rede gar nicht erwähne, oder umgekehrt. Eines Tages kam Irving Spiegel, Korrespondent für jüdische Angelegenheiten der *New York Times*, zu mir und sagte, die Redaktion warne mich, daß sie in Zukunft über meine Reden nicht berichten würde, falls ich mich nicht an die Hauptpunkte der Pressenotiz halten würde. Ich versprach ihm also, dies zu tun; zuweilen unterbrach ich dann eine Ansprache mit der Bemerkung: »Und nun lese ich Ihnen den Bericht der *Times* von morgen vor«, und kam dann wieder auf meinen Gedankengang zurück.

Ein Beweis dieser meiner Fähigkeit der freien Rede war meine Ansprache in der Kölner Synagoge am 9. November 1978, anläßlich des 40. Jahrestages der »Reichskristallnacht«. Ich sprach dort zusammen mit Bundeskanzler Helmut Schmidt, der anfangs nicht glauben wollte, daß ich eine solche Ansprache frei und ohne alle Notizen halten könne, wenn ich sie nicht auswendig gelernt hätte. Einige gemeinsame Freunde, die mich seit langem kennen, überzeugten ihn dann doch davon. Das für mich persönlich Interessante an einer Rede liegt vor allem in der klaren Gedankenführung. Ich habe häufig zu Anfang meiner Reden einen Witz erzählt: Ein Jude kommt zu spät zu einem Vortrag, setzt sich neben einen Freund, hört eine Weile zu und fragt dann seinen Nachbarn: »Worüber spricht er denn eigentlich?« Sein Freund antwortet ihm: »Komisch, er redet schon eine gute Stunde und will es nicht sagen.« Ich gehöre zu jenen Rednern, die gleich zu Anfang das Thema ihrer Rede zu erklären pflegen. Ich verabscheue Reden, die nicht logisch aufgebaut sind und nicht einen bestimmten Gedankengang konsequent zu Ende führen. Gegen reine Rhetorik habe ich einen Widerwillen. Das zweite für mich Wesentliche ist der Kontakt mit dem Publikum. Ich glaube, immer ein recht sicheres Gefühl dafür gehabt zu haben, wie weit das Publikum mit mir geht. Die eigentliche rednerische Kunst liegt mehr in der Beherrschung der Zuhörer als in den Gedanken. Diese hängen von den allgemeinen intellektuellen Fähigkeiten des Sprechers ab, der sie ebensogut schriftlich zum Ausdruck bringen könnte. Rhetorik steht und fällt mit dem Eindruck auf die Zuhörer und hat eine gewisse Verwandtschaft mit der Schauspielerei. Ich erinnere mich an eine lange Diskussion mit Werner Krauss – auf einer Reise von Berlin nach Prag saßen wir uns gegenüber im Zug und schlossen Bekanntschaft – über die Frage, was schwieriger sei: für einen Schauspieler dieselbe Rolle dreißigmal hintereinander zu spielen oder für einen Redner dieselbe Rede dreißigmal zu halten. So wie ein guter Schauspieler seine Rolle jeden Abend neu erlebt und nuanciert, sollte ein guter Redner, besonders wenn er frei spricht, seine Rede immer wieder variieren. Ich glaube, daß ich noch niemals in meinem Leben dieselbe Rede zweimal gehalten habe, obschon ich großen Rednern begegnet bin (Jabotinsky war vielleicht der größte dieser Art), die eine Rede genau ausarbeiten, auswendig lernen und mit Pathos sehr viele Male wiederholen können, mit den gleichen Worten, im gleichen Tonfall, mit den gleichen Witzen und rhetorischen Kniffen. Für mich hingen Wortlaut und Inhalt einer Rede immer sehr von der allgemeinen Atmosphäre ab; der Saal zum Beispiel kann für mich ebenso wichtig sein wie die Zuhörer. In der Tat: Die Beherrschung der Zuhörerschaft ist das Entscheidende, darin bewährt sich die eigentliche Eloquenz; sie kann letzten Endes nicht erlernt werden. Man kann lernen, eine Rede zu komponieren, und man kann Diktion und Intonation lernen; was man nicht lernen kann, ist die Fähigkeit, das Publikum zu begeistern. Von dem Grade dieser Fähigkeit hängt das Maß der rednerischen Sicherheit ab. In dieser Hinsicht fühlte ich mich zeitlebens so sicher, daß ich in früheren Jahren, wo man mehr Freude an solchen Spielereien hat, mir manchmal gewagte Mätzchen erlaubte, etwa eine Wette, daß ich nach so und so vielen Minuten Applaus erzwingen oder daß ich eine wohlaufgebaute Rede genau nach fünfundvierzigeinhalb Minuten beenden würde, was immer wieder Erstaunen bei den Kontrahenten hervorrief.

Ich erwähne in diesem Zusammenhang eine Episode, die auch charakteristisch ist für die Art, in Amerika Geld für Israel und andere gute Zwecke zu sammeln. Mein Freund Joseph Schwartz, der Direktor des United Jewish Appeal, rief mich eines Tages an und bestand darauf, daß ich am folgenden Sonntag nach Chicago fliegen solle, um dort vor einem jüdischen Klub zu sprechen, dem vor allem reiche, aus Deutschland stammende, zum großen Teil unzionistische oder antizionistische Juden angehörten. Zum ersten Mal hatten sie zugestimmt, ein Diner für die Israel-Aktion zu veranstalten, bestanden aber darauf, daß ich der Redner sei. Ich ließ mich überreden, verlangte aber, noch am selben Abend mit dem letzten Flugzeug um Mitternacht nach New York zurückzufliegen, da ich am folgenden Morgen eine wichtige Sitzung hatte. Als ich in den Klub kam, erklärte mir der Vorsitzende, daß ich in Chicago übernachten müsse, da der Weg zum Flughafen weit sei und das Programm nicht rechtzeitig enden würde. Wir besprachen das Programm, er strich unwillig auf mein Verlangen den einen und anderen Gang des Essens, berechneten dann, wie lange Zeit die verschiedenen Begrüßungsreden dauern würden, und schließlich sagte er mir, daß für mich dann genau 35 Minuten übrigblieben, wenn ich das Flugzeug noch erreichen wolle. Da die Spende des Vorsitzenden bei solchen Veranstaltungen richtunggebend war, hatte ich den Einfall, ihm eine Wette vorzuschlagen: Ich würde meine Ansprache auf genau dreiunddreißigeinhalb Minuten beschränken; sollte ich dies einhalten, müsse er seinen Beitrag von 20000 auf 30000 Dollar erhöhen. Er nahm die Wette an und bot mir ein Büro an, um mein Manuskript entsprechend zu kürzen; als ich ihm sagte, daß ich frei spreche, schien ihm dies noch unglaublicher. Während meiner Rede starrte er nur auf seine Uhr. Ich beendete meine Ansprache nach genau dreiunddreißigeinhalb Minuten, nicht plötzlich, sondern mit dem üblichen rhetorischen Schluß. Daraufhin stand der Vorsitzende auf, erzählte von unserem »gentlemen's agreement«, erhöhte seine eigene Spende um fünfzig Prozent, und durch sein Beispiel wurden an dem Abend 120000 Dollar mehr für Israel gesammelt. Vielleicht erklärt sich meine reservierte Einstellung zum Phänomen des Rednerischen aus dieser Fähigkeit, das Publikum zu beherrschen, mit der eine gewisse Skepsis unvermeidlich verbunden ist. Je länger ich im öffentlichen Leben stehe, um so weniger Respekt habe ich vor dem, was man Masse nennt. Ihre Psychologie ist eines der zentralen Probleme unserer Zeit, die droht, an der Vermassung zugrunde zu gehen. Wer viel mit Massen zu tun gehabt hat und in dieser Hinsicht erfolgreich gewesen ist, wird – wenn er sich nicht überschätzt und sich selbst gegenüber aufrichtig ist – immer die größten Zweifel an der Weisheit einer Massenreaktion hegen und an dem, was man Kollektivvernunft oder vielmehr -unvernunft nennen kann. Massen sind unverantwortliche Kollektive. Sie werden durch Gefühle bestimmt. Wer auf diesen spielen kann – und Rhetorik ist eine der wirksamsten Methoden dieses Spiels –, kann fast alles von der Masse erwirken. Zu diesem für die heutige Zeit der Massendemokratie und der Demagogie wichtigen Thema empfehle ich das klassische Buch von Gustave Le Bon »Die Psychologie der Massen«, das ich vor Jahrzehnten las und welches mich lebenslänglich beeindruckt hat. Wer diese Kunst beherrscht und durchschaut, muß voller innerer Vorbehalte sein. Ich habe lange unter dem Zwiespalt gelitten, dauernd mit Massen zu tun zu haben – sie waren ja das eigentliche Objekt meiner öffentlichen Wirksamkeit – und ihnen andererseits so ablehnend gegenüberzustehen, immer wieder rednerische Mittel benützt zu haben, um mein Ziel zu erreichen, und dennoch die tiefsten Zweifel an der Rechtmäßigkeit dieser Mittel zu empfinden. Irgendwie ist alles Rhetorische unwahr. Ein geübter Redner braucht keine Unwahrheit zu sagen, aber er kann fast nie seine letzten Wahrheiten aussprechen, nicht nur, weil die Öffentlichkeit überhaupt keine Sphäre für letzte Wahrheiten sein kann und es schamlos wäre, sich öffentlich nackt zu zeigen, sondern auch deshalb, weil in fast allen Fällen das, was man sagt, unter dem Gesichtspunkt der Wirkung ausgewählt werden muß. Eine Rede ist fast nie ein Kunstwerk, von ganz seltenen Ausnahmen abgesehen. Sie lebt von ihrer Wirkung auf die Hörer, von der Beziehung zwischen Redner und Publikum. Außerhalb dieser existiert sie kaum, und selbst die bedeutendsten Reden, die uns überliefert sind und beim Lesen Jahre oder Jahrzehnte später noch Bewunderung erregen können, vermitteln kaum einen Bruchteil des Eindrucks, den sie auf den Zuhörer gemacht haben. Reden ist im Grunde Virtuosentum; doch der Redner ist auch sein eigener Komponist und spielt die Komposition lediglich ein einziges Mal. Deswegen vermitteln Reden, selbst wenn sie große Wirkung erzielen, stürmischen Beifall hervorrufen und die gewünschten Erfolge zeitigen, nie volle Befriedigung. Jedenfalls ist es mir immer so gegangen. An den Beifall gewöhnt man sich sehr schnell, und je skeptischer man in der Beurteilung des Massenverstandes wird und je kritischer zu sich selbst, um so weniger läßt man sich vom Beifall verführen. Es war nie Pose bei mir, wenn ich mit einem unangenehmen Gefühl auf Beifall reagiert habe. Im Gegensatz zu anderen Rednern, die ihre Reden so aufbauen, daß nach einer bestimmten Kadenz und einem kunstvoll gesteigerten Satzbau der Applaus beinahe unvermeidlich kommen muß, hat mich Beifall während einer Rede stets gestört, und ich pflegte abzuwinken. Beifall am Ende der Rede stört nicht, ist mir aber auch ziemlich gleichgültig. Die vielen persönlichen Komplimente, die man bekommt, sind manchmal schwerer zu ertragen, was das Reden besonders in Amerika zur Last macht. Das Persönlichste, was ein Mensch denkt und fühlt, läßt sich überhaupt schwer wiedergeben, am allerwenigsten durch das Medium der Rede, die, aus der Öffentlichkeit geboren, für die Öffentlichkeit bestimmt ist. Mystik kann man nicht reden. Wie es Jakob Böhm sagte: »Der Mystiker muß schweigen.« Auch Metaphysik läßt sich schwer formulieren, obschon es deutsche Philosophen immer wieder versucht haben, und große Gefühle lassen sich nur einzelnen gegenüber richtig ausdrücken. Wer die nötige Skepsis hat, kann das Instrument der Rede ohne Gefahr benutzen; wem sie fehlt, dem kann es zu einer geistigen und moralischen Gefahr werden, ihm selbst, wie auch den Massen, die er mitreißt. In unserer Epoche hat es gräßliche Beispiele für die entmenschende Wirkung der demagogischen Rhetorik gegeben. Ohne seine Reden wäre Hitler undenkbar gewesen; Millionen und Abermillionen haben für diesen Mißbrauch bezahlt. Im Zeitalter der wachsenden Vermassung wird die öffentliche Rede zu einem immer ernsthafteren Problem, das es verdiente, einmal historisch und massenpsychologisch untersucht zu werden. In meiner eigenen Laufbahn, in der die Rede eines der wirksamsten Werkzeuge war, habe ich das Problematische daran immer wieder erlebt. Wenn es mich im Gegensatz zu anderen auch nie Überwindung gekostet hat, Reden zu halten und durch Reden zu wirken, so habe ich doch dabei niemals die tiefe Genugtuung, ja Beglückung erfahren, die ein wirklicher Künstler durch seine Kunst erlebt.

In den letzten Jahren zögere ich mehr als zuvor, Einladungen zu Reden anzunehmen. Einmal, weil es mir mit zunehmendem Alter natürlich schwerer wird, lange auf den Beinen zu stehen und frei zu sprechen – Ärzte, die mich untersuchen, staunen immer wieder, daß ich es kann –, vor allem aber aus wachsender Unlust am Reden. Ich akzeptiere solche Aufforderungen nur, wenn ich glaube, etwas Wichtiges sagen zu müssen. Da sie meist nonkonformistisch und kontroversial sind, rufen meine Reden häufig Unwillen und Kritik, allerdings freilich auch Bejahung und Zustimmung hervor.

In die Gymnasiumszeit fallen auch die Anfänge meiner schriftstellerischen Tätigkeit. Wie alle Frühreifen und nicht Unbegabten dichtete ich viel: Lyrik und Epik, Dramen in Jamben und Trochäen, vor allem Tragödien in klassischer Manier habe ich damals von mir gegeben, jedoch kaum jemandem gezeigt und alles verloren, als meine Bibliothek, nach ihrer Beschlagnahme durch die Nazis, im Zweiten Weltkrieg vernichtet wurde. Doch habe ich früh genug eingesehen, daß ich nicht zum Dichter geboren bin, und diesen Zeitvertreib im Alter von fünfzehn oder sechzehn Jahren eingestellt.

Wichtiger war meine journalistische Tätigkeit. Mein Vater war Redakteur bei der jüdischen Wochenzeitung, dem *Frankfurter Israelitischen Familienblatt,* einer Zeitung mit viel höherem Niveau und größerem Einfluß auf das jüdische Leben Deutschlands, als der Name es vermuten läßt. In der Ausrichtung religiös-konservativ und ausgesprochen zionistisch, erwarb es durch meinen Vater einen Kreis von ungewöhnlichen Mitarbeitern. Klatzkin, Melamed und

Glickson und eine Reihe anderer russisch-jüdischer Studenten von großer Begabung arbeiteten, teils meinem Vater zuliebe, teils wegen des bescheidenen Honorars, an dieser Zeitung mit, die dadurch einen ganz anderen geistigen Rang erreichte als der Durchschnitt der sonstigen jüdischen Familienblätter. Die Zeitung stand dauernd im Kampf mit der Trennungs-Orthodoxie, mit dem assimilatorischen Reformjudentum, mit Gott und der Welt. Ein Tummelplatz für junge, begabte, geistreiche, ungehemmte und angriffslustige Studenten und Schriftsteller, war sie der jüdischen Bourgeoisie, aus der sich die Leser rekrutierten, oft unheimlich, aber doch immer interessant. Ich wurde schon im Alter von vierzehn Jahren zur Mitarbeit zugelassen, zunächst als Buchrezensent, was mich vor allem um der Freiexemplare willen reizte. Aber schon sehr bald ging ich zu Aufsätzen über. Da im kaiserlichen Preußen kein Gymnasialschüler Artikel schreiben durfte, legte ich mir ein sinnvolles Pseudonym zu: Ben Kohelet. (Mein Vater hieß Salomon, der nach jüdischer Tradition der Verfasser des Buches Kohelet – Ecclesiastes sein soll; Ben heißt Sohn, daher das Pseudonym.) Manche dieser Artikel erregten Aufsehen, ja führten gelegentlich zu Polemiken, so daß man neugierig wurde, wer der Autor sei, aber mein Vater und der Inhaber der Zeitung wahrten das Geheimnis viele Jahre.
Eine Episode mag in diesem Zusammenhang erwähnenswert sein. Mit knapp sechzehn Jahren nahmen mich meine Eltern nach Paris, London und Brüssel mit, wo damals die Weltausstellung stattfand. In Paris erzählten uns Freunde meines Vaters viel von dem damaligen Vizepräsidenten der Alliance Israélite Universelle, Prof. Salomon Reinach, der, zusammen mit seinem Bruder Théodore, zu den großen Gestalten nicht nur des französischen Judentums, sondern Frankreichs überhaupt gehörte und ein bekannter Archäologe war. Die Reinachs stammten aus Frankfurt und gehörten zu den führenden Finanziers. Er sowie die Alliance waren stark antizionistisch und ausgesprochen assimilatorisch. Die Pariser Freunde berichteten nun von einer Begebenheit, die mich sehr aufbrachte: Gerade damals hatte der jüdische Forscher Jacques Faitlovitch die Falascha-Juden in Abessinien entdeckt. Faitlovitch sei zu Reinach gekommen, habe ihm von seiner Entdeckung erzählt und von der Al-

liance Geldmittel erbeten, um seine Forschungen unter den Falaschas fortsetzen zu können. Salomon Reinach soll ihn mit diesen Worten abgewiesen haben: »Was Sie getan haben, ist ein Unglück. Es sind ohnehin schon zu viele Juden auf der Welt. Wir brauchen keine neuen Probleme durch neue Juden.« Ich war in meinem jugendlichen Eifer sehr entrüstet. Nach Frankfurt zurückgekehrt, schrieb ich zwei Artikel, »Salomon Reinach, ein Typus«. Diese Aufsätze erzeugten viele Kommentare. Sie waren äußerst aggressiv formuliert und bewirkten an verschiedenen Orten Resolutionen gegen Reinach. Auch innerhalb der Alliance kam es zu Auseinandersetzungen, und Reinach trat als Vizepräsident zurück.

Dann verging geraume Zeit. Anfang der zwanziger Jahre, ich war gerade wieder einmal in Paris, nahm mich eines Sonntags ein Bekannter, der große jüdische Mediziner Prof. Waldemar M. Haffkine (der Erfinder des Serums gegen die Pest), zu Reinach in dessen prachtvolle Villa nach Neuilly mit. Im Verlauf eines lebhaften Gesprächs wendete sich die Unterhaltung plötzlich diesem Artikel meiner Jugendjahre zu. Ich hatte nämlich erwähnt, daß ich in Frankfurt aufgewachsen war, worauf Reinach fragte: »Vielleicht können Sie mir ein Geheimnis enthüllen. In Frankfurt am Main erschienen vor vielen Jahren zwei sehr unverschämte, mit einem Pseudonym unterzeichnete Artikel gegen mich, die zu meiner Demission als Vizepräsident der Alliance führten. Ich habe«, fuhr er fort, »meine Frankfurter Verwandten lange gedrängt, weder Geld noch Mühe zu scheuen, um den Autor zu ermitteln, aber sie konnten ihn nicht feststellen.« Ich antwortete: »Wenn Sie mich nicht hinauswerfen, Herr Reinach, werde ich Ihnen das Rätsel lösen. *Ich* habe sie geschrieben.« Mein Gastgeber sah mich erstaunt an und entgegnete: »Sie sind ein sehr junger Mann, die Artikel liegen etwa zehn Jahre zurück. Wie kann das sein?« Ich gestand, daß ich damals sechzehn Jahre gewesen war. Reinach nahm das mit viel Grazie und der Weisheit eines älteren abgeklärten Gelehrten auf. »Wissen Sie«, sagte er, »eigentlich sollte ich mich schämen, daß ein sechzehnjähriger Junge mich zum Rücktritt von der Alliance gezwungen hat, aber Sie können darauf stolz sein.« Wir schieden im besten Einvernehmen.

Aus den Jahren meiner Schulzeit muß ich zwei Erlebnisse festhalten, die beide von Einfluß auf mein späteres Leben waren. Das eine, die schon erwähnte Reise nach Paris, London und Brüssel, war meine erste Begegnung mit Westeuropa. Ich hatte mich in die Welt meiner Schule, die Stadt Frankfurt und die deutsche Kultur völlig eingelebt, und wenn ich auch französisch las, damals vornehmlich die französischen Enzyklopädisten, Epigrammatiker und Essayisten (La Bruyère, La Rochefoucauld, Montaigne, Voltaire, Diderot etc.), so war meine ganze Bildung und Denkweise dennoch in erster Linie von der deutschen Kultur geprägt. Obschon ich in jeder Stadt nur einige Tage zubrachte, kam ich in Paris und London zum ersten Mal mit fremden Kulturen in Berührung, dem Glanz und Charme von Paris, der großartigen Solidität und historischen Würde Londons. Alles das blieb sehr vage und flüchtig und ich könnte, zumal meine Tagebücher verloren sind, kaum noch im einzelnen sagen, was mich am stärksten beeindruckt hat.

Ich erinnere mich an den jüdischen Führer Nachum Slouschz, der damals in Paris lebte und uns über die nordafrikanischen Juden, von deren Existenz ich fast nichts wußte, sehr interessant erzählte. Unvergeßlich ist mir auch Dr. Salkind in London, über den man einen ganzen Roman schreiben könnte, Mitglied des Berner Studentenkreises, ein Kämpfer von ganz unjüdischer Burschikosität und bäuerischer Kraft, dabei ein Gelehrter, mutig bis zum letzten, aggressiv bis zur Provokation, und damals eine sehr populäre Figur in der Whitechapeler Judenschaft. Aus meinem Aufenthalt in London erinnere ich mich an einen Besuch im Theater in Whitechapel. Othello wurde auf Jiddisch aufgeführt. In der letzten Szene, als Othello in das Zimmer Desdemonas kommt, um sie zu töten, sprangen Dutzende Zuschauer auf und schrien: »Desdemona, mach Fiess, er kommt dirh hargenen!« (Desdemona lauf weg, er kommt dich töten!) Man erzählte meinen Eltern und mir, daß sich dies fast jeden Abend wiederholte, ein Beweis für die Identifizierung des Publikums mit Shakespeares Drama.

Da mein Vater auch hebräischer Schriftsteller war, besuchten wir den Herausgeber und Redakteur der einzigen hebräischen Wochenschrift, die es damals in England gab, »Hajehudi«. Er wohnte in einer kleinen Vier-Zimmer Wohnung: Eßzimmer und Salon, Schlafzimmer, Redaktion und Druckerei (er druckte mit der Hand). Er hatte nur einige hundert Abonnenten und lief dauernd Gefahr, die Veröffentlichung einstellen zu müssen. Er bat meinen Vater, ihm durch seine Beziehungen zu einigen wichtigen englischen Juden zu helfen, aus einer schwierigen Situation zu kommen. Um Annoncen zu bekommen, hatte er Briefe an Geschäftsleute versandt, in denen er erklärte, seine Zeitschrift sei die einzige jüdische in England, und erwähnte, daß es einige hunderttausend Juden in England gäbe. Die unausweichliche Folgerung für nichtjüdische Empfänger seines Schreibens war, anzunehmen, daß »Hajehudi« von Zehntausenden gelesen wurde, und so bekam er eine Anzahl Inserate. Als einer der Inserenten jedoch die tatsächliche Auflage der Zeitschrift erfuhr, wurde der Herausgeber des Betruges angeklagt, und die erste gerichtliche Verhandlung hatte vor einigen Tagen stattgefunden. Seine Verteidigung beruhte auf folgender Argumentation: die nationale religiöse Sprache der Juden sei hebräisch, folglich könne es in Englisch keine wahrhaft jüdische Presse geben; die Zahl der Juden in England, die er angegeben hatte, stimme, und die Schlußfolgerung der Annoncenten beruhe auf einem Denkfehler, der nicht seine Schuld sei. Wir erfuhren später, daß er freigesprochen worden sei mit der Verwarnung, solche Werbemethoden nicht mehr zu benutzen. Was auch immer die einzelnen Eindrücke gewesen sein mögen, das Wesentliche an diesem Erlebnis des Sechzehnjährigen war ein Gefühl für die Weite der Welt, war der erste Ausbruch aus der provinziellen Enge einer zwar reichen, aber doch begrenzten Kulturwelt, die Ahnung, daß es noch viele ganz anders geartete Sitten und geistige Haltungen gab. In den letzten dreißig Jahren bin ich permanent auf Reisen gewesen, habe größere Fahrten unternommen, interessantere Bekanntschaften gemacht, dramatischere Erlebnisse gehabt als damals. Aber wenn ich heute sagen sollte, welche von den vielen Reisen meines Lebens mich am tiefsten bewegt hat, würde ich ohne Zögern jene erste nennen.

Zwei Episoden dieser Reise möchte ich erwähnen, weil beide mich vieles gelehrt haben und weil ich immer finde, daß aus der Wirklichkeit kommende Erlebnisse sich nachhaltiger und tiefer einprä-

gen als solche, die aus bloßer Lektüre stammen. Die erste Episode steht im Zusammenhang mit meiner Entdeckung Englands. Wir fuhren zu Schiff von Ostende nach Dover. Anfangs tobte ein Sturm, ich war sehr seekrank, lag fast die ganze Zeit in meiner Kabine und betete, daß das Schiff untergehen möge. Damals durchlitt ich die erste und letzte Seekrankheit meines Lebens, obwohl ich später noch viele Schiffsreisen unternommen habe. Im Verlauf der Fahrt klarte sich das Wetter auf, die Sonne kam heraus, ich war wieder gesund und legte mich gleich vielen anderen Reisenden in einen Liegestuhl auf das Deck. Die englische Zollkontrolle fand damals auf dem Schiff statt. Kurz vor Ankunft sah ich den Zollbeamten, begleitet von einem gutgekleideten, sehr vornehm wirkenden, aber blaß und verlegen aussehenden, weißhaarigen Herrn, der ein kleines Lederköfferchen trug, an Deck kommen. Der Zollbeamte bat einige Reisende, näherzutreten. Wir versammelten uns um das Paar, worauf der Zollbeamte sich mit diesen Worten an den Herrn wandte: »Ich hatte Sie gefragt, ob Sie etwas zu verzollen hätten, was Sie verneinten. In diesem Köfferchen fand ich nun, als ich es aufmachte, hundert Zigarren. Nach englischem Recht könnte ich dreierlei tun: Ich könnte Ihnen die Einreise verweigern, Ihnen eine schwere Strafe geben oder zumindest die Zigarren beschlagnahmen. Ich tue keines von diesen Dingen, aber ich sage Ihnen vor allen Reisenden: Mein Herr, Sie sind kein Gentleman.« Sagte es und verschwand. Dieser Zwischenfall hat mir einen unauslöschlichen Eindruck gemacht. Es war meine erste Begegnung mit englischem Wesen. Die Vornehmheit der Geste, gepaart mit ihrer Klugheit und Wirksamkeit, faszinierte mich. Dieser Mann würde nie wieder in England schmuggeln, und wenn der Zollbeamte ihm eine Strafe von hundert Pfund aufgebrummt hätte, so wäre sie ihm bestimmt lieber gewesen als die Demütigung. Was der Zollbeamte tat, spiegelte manche der charakteristischen Eigenschaften des englischen Volkes wider.
In Brüssel machte ich eine ganz andere Erfahrung. Mein Vater, nicht gerade ein sehr gewandter Weltreisender, verlor seine Brieftasche mitsamt unserem Reisegeld. Zu allem Unglück war es Samstag, und wir wollten am nächsten Tag weiterfahren. Die Banken in Frankfurt waren geschlossen, und vor Montag konnten wir telegra-

Meine Großeltern väterlicherseits

Bar Mizwah im Jahre 1908. Von links nach rechts Onkel Abraham Schalkowitz, ich, meine Mutter Rebecca und mein Vater Salomon

Aufnahme etwa 1950

Meine Frau Alice, etwa 1930

fisch kein Geld kommen lassen. In Brüssel selbst kannten wir keinen Menschen, und ich erlebte, was sich zum Glück nie wiederholt hat, was es heißt, ohne einen Pfennig dazustehen. Die Sache war zwar nicht tragisch, aber meine Eltern, die in solchen Lagen nicht erfahren waren, nahmen sie ernst. Wir kamen jedoch sehr schnell aus der Klemme, weil mein Vater schließlich den Einfall hatte, sich an den jüdischen Restaurateur zu wenden, bei dem wir in Brüssel aßen. Er bot ihm seine goldene Uhr als Pfand für ein Darlehen. Der Restaurateur, der uns nur von den Mahlzeiten her kannte, sah meinen Vater durchdringend an und sagte: »Herr Goldmann, einem Menschen, der so aussieht wie Sie, kann man fünfzig Pfund ruhig auch ohne Pfand leihen.«

In die Gymnasialzeit fiel mein erster Besuch eines Zionistischen Kongresses, des Kongresses von 1911 in Basel. Mein Vater war einer der Delegierten, und ich versäumte zwei Wochen lang das Gymnasium, um ihn zu begleiten. Durch Jakob Klatzkin, damals Redakteur der von Herzl gegründeten *Welt* und einer der Mitarbeiter David Wolffsohns, des Präsidenten der Zionistischen Organisation, bekam ich einen Platz in der Ehrenloge und saß zwischen Koryphäen der hebräischen und jiddischen Literatur. Am politisch-parlamentarischen Betrieb war ich damals noch wenig interessiert, und der Kongreß hat keinen nachhaltigen Eindruck auf mich gemacht. Keine der Reden ist mir in Erinnerung geblieben. Die einzige mir unvergeßliche Episode ist bezeichnenderweise eine mehr humoristische, und ich habe sie in späteren Jahren oft erzählt, wenn man mich erstaunt fragte, woher ich Jiddisch beherrschte. Bekanntlich gab es damals im Zionismus noch nicht die vielen Parteien späterer Zeiten. Im allgemeinen schieden sich die Delegierten in Anhänger der Exekutive, die damals den Namen »Engeres Aktionskomitee« trug, und in Gegner der Exekutive, die Opposition. Es war üblich, sehr bald nach Beginn den Antrag zu stellen, zur Verkürzung der Debatte aus Exekutive und Opposition eine Anzahl von Hauptrednern zu wählen. So auch diesmal. Nun muß man aber wissen, daß in jenen Jahren im russischen Judentum und ganz besonders unter den Zionisten der sogenannte Sprachkampf tobte, ein Konflikt zwischen den Hebräisten und den Jiddischisten. Die

extremen Hebräisten standen auf dem Standpunkt, Jiddisch sei eine Sprache des Exils und daher auf zionistischen Tagungen nicht zuzulassen. Ihre Parole lautete: »Russisch oder Hebräisch, keinesfalls Jiddisch.« Die Jiddischisten hingegen betrachteten Jiddisch als zweite Volkssprache. Nachdem nun der Antrag zur Wahl von Hauptrednern in mehrere Sprachen übersetzt worden war, verlangte ein jiddischistischer Abgeordneter, daß er auch ins Jiddische übertragen werde, wogegen die Hebräisten aus prinzipiellen Gründen protestierten. Es entstand ein lauter Skandal. Vorsitzender war David Wolffsohn, kein Intellektueller, sondern ein wohlhabender Kaufmann und Selfmademan mit viel gesundem Menschenverstand und natürlicher Klugheit. Wolffsohn versuchte, den Sturm zu beruhigen, indem er erklärte, der Vorschlag zur jiddischen Übersetzung sei eine rein technische Angelegenheit und habe mit Grundsätzen nichts zu tun. Jeder Delegierte müsse die Möglichkeit haben zu verstehen, worüber er abzustimmen habe. Da es auf dem Kongreß keinen beglaubigten Übersetzer für Jiddisch gäbe, er aber aus Dorbiany in Litauen stamme, so werde er selbst den Antrag ins Jiddische übersetzen. »Ich lese den Antrag hochdeutsch vor«, sagte er. »Er lautet: Es wird beantragt, acht Generalredner zu wählen. Jetzt übersetze ich auf jiddisch: Es wird beantragt, zu wählen acht Generalredner.« Es gab großes Gelächter, und der Antrag auf jiddische Übersetzung von Geschäftsordnungen wurde nie mehr gestellt.
In lebendiger Erinnerung sind mir auch die Gäste der Ehrenloge geblieben. Hier lernte ich zum ersten Mal Achad Haam kennen, der mich hitzigen, romantischen Jüngling, der ich damals war, mit seiner aristokratischen Kühle und Nüchternheit eher abstieß als anzog. In späteren Jahren, als ich ihn gelegentlich in London sah, wo er lebte und mit Chaim Weizmann befreundet war, beeindruckte er mich viel positiver. Was seine Konzeption des Zionismus betrifft, gegenüber der von Theodor Herzl, so wurde ich mit zunehmendem Alter mehr und mehr ein Anhänger von Achad Haam, worüber ich später ausführlicher berichten will.
Hingegen fühlte ich mich unwiderstehlich zu Scholem Alejchem hingezogen, der die Vorgänge mit den geistreichsten Randbemerkungen begleitete, die von funkelndem Esprit und, obwohl zuwei-

len boshaft, doch von überaus bezaubernder Menschlichkeit waren. Mein Interesse am parlamentarischen Betrieb des Kongresses und an den innerpolitischen Fragen der zionistischen Bewegung entwikkelte sich erst viel später. Damals war Zionismus für mich vor allem etwas Ideologisches. Auf die Idee kam es mir viel mehr an als auf ihre Verwirklichung. Die Fragen, die der damalige Kongreß zu behandeln hatte, waren von keiner großen ideologischen Tragweite und interessierten mich daher wenig. Es schien mir um rein persönliche oder gruppenmäßige Gegensätze zu gehen, deren Bedeutung für das öffentliche Leben ich erst später verstehen lernte.

Bald nach meiner Heimkehr aus Basel ging auch meine Schulzeit zu Ende und ich hatte zu der Zeit mein erstes Liebeserlebnis mit einer etwa dreißigjährigen Frau, die wohl eher von meinen Reden und meinem Ruf, als von mir selbst beeindruckt war. Es war das einzige Mal in meinem Leben, daß eine Frau mich verführte. Im allgemeinen hasse ich derartige Initiativen von Frauen. So zum Beispiel, als mich bei einer diplomatischen Gesellschaft in Tel Aviv vor einigen Jahren eine zwar nicht hübsche, jedoch attraktive und interessante Frau französisch ansprach und mir sagte: »Ich höre, Sie sind ein großer Verführer; fangen Sie doch an, mich zu verführen«, antwortete ich ihr: »Gnädige Frau, ich suche mir meine Opfer immer selbst aus.« Die Frankfurter Dame von damals erwartete mich eines Abends im Hotel in Kassel, wo ich eine Rede gehalten hatte. Dieses erste Erlebnis war weder erschütternd noch beglückend und es bedeutete mir nicht sehr viel. Wenn ich mir zu vergegenwärtigen trachte, wie ich war, bevor ich mein Universitätsstudium antrat – und da alle meine persönlichen Papiere aus jener Zeit, Gedichte, Dramen und Briefe, ja nicht mehr existieren, ist das nicht leicht zu sagen –, so sehe ich mich als einen hageren Jüngling, mit der Anlage zur Neurose, die ich später bekämpfte und auch ziemlich überwunden habe, frühreif und überintellektuell. Ich muß sagen, daß ich mich mit fünfundzwanzig und dreißig viel jünger fühlte als mit siebzehn und achtzehn. Dies ist nicht nur für mich charakteristisch, sondern vielmehr, nach meiner Erfahrung, für viele intellektuelle junge Juden. Ihre eigentliche Jugend kommt erst spät, weil sie sich geistig zu schnell entwickeln. Außerdem war mein Elternhaus, hauptsächlich unter dem Einfluß meiner Mutter, nur allzu geeignet, mich in meiner Veranlagung zu einer einseitigen Intellektualität zu bestärken. Ich nahm die Dinge damals sehr schwer. Die Leichtigkeit, mit Problemen fertigzuwerden, das Nicht-zu-ernst-Nehmen kritischer Lagen, die etwas ironische Haltung gegenüber scheinbar unlösbaren Schwierigkeiten, Eigenschaften, die ich mir sehr langsam erwarb und die in späteren Jahren, wie ich glaube, meine Einstellung zu vielen Fragen des Lebens und der Arbeit gefärbt haben, besaß ich damals nicht im geringsten. Alles erschien unglaublich wichtig und vieles tragisch. Zur Philosophie, die mich damals am meisten beschäftigte, hatte ich die typische deutsche Einstellung. Was nicht Metaphysik war, hielt ich für zweitrangig; Kant und Spinoza, besonders aber Schopenhauer und Nietzsche waren meine Mentoren. Daneben fing ich schon damals an, mich stark für Mystik zu interessieren, ein Gebiet, zu dem ich in freien Stunden immer wieder zurückkehre. In der Dichtung war es vor allem Goethe, den ich wieder und wieder las und der mich niemals ermüdete. Kaum ein Gedicht bewunderte ich so sehr wie »Über allen Wipfeln ist Ruh«, und in meiner jugendlichen Naivität glaubte ich, Goethe habe es durch die Inspiration eines Moments ohne Zögern hingeschrieben. Es erschütterte mich, später zu erfahren, daß er es faktisch mehr als zehnmal umgeschrieben und an jedem Wort lange gefeilt hatte, gewissermaßen handwerksmäßig an seiner Schöpfung arbeitete. Irgendwie ahnte ich schon damals die überwältigende Einzigartigkeit Goethes, seine Ausgeglichenheit, seine Fähigkeit, vieles in sich aufzunehmen und zu einer Synthese zu verbinden, seine unvergleichliche Kunst, mitten unter den Dingen zu stehen und doch gleichzeitig über ihnen, besessen zu sein und dennoch kühl. Diese scheinbar paradoxe Haltung des wirklichen Künstlers fand ich nicht nur in seinem Werk, sondern auch in seinem Leben ausgedrückt.

Es wäre anmaßend, mich mit Goethe auch nur in einem Atemzug zu nennen, doch war er mir das unerreichbare Vorbild und ist es auch geblieben, und wenn ich meine Haltung im späteren Leben charakterisieren will, wäre es durch diese Goethe'sche Einstellung. Sie ist, beiläufig, im tiefsten unjüdisch. Die meisten Juden identifizieren sich mit ihrem Gott, mit ihrem Glauben, mit ihrem Ideal hundertprozentig – und das ist die Kluft, die mich von den anderen Führern in Israel und der Diaspora trennt. Die Tatsache, daß ich trotz meines Über-den-Dingen-Stehens jahrzehntelang einer der Führer des Zionismus und des Judentums war, ist in sich selbst widerspruchsvoll und paradox und spiegelt sich in meiner Beziehung zum jüdischen Volk und in dessen Beziehung zu mir immer wieder.

Große Freude hatte ich stets an Musik. Es ist eine der großen Lükken meines Lebens, daß ich in früher Jugend nicht Musik studiert habe; aber mein Elternhaus war ziemlich amusisch. Ich habe es später ein bis zwei Jahre lang mit dem Geigenspiel versucht, aber mein früh begonnenes Wanderleben machte ein anhaltendes Studium unmöglich. Als Empfangender jedoch habe ich damals Musik sehr tief erlebt, und sie ist bis heute eine der Quellen meiner stärksten Erlebnisse und sublimsten Genüsse geblieben.

Jüdisches Bewußtsein war mir eine Selbstverständlichkeit. Ich mußte mich nie dazu durchringen, sondern hatte, wenn ich es so nennen darf, immer eine naive Beziehung zum Jüdischen. Das gleiche gilt für den Zionismus, an dem mich freilich die Idee weit mehr fesselte als die konkrete politische Bewegung. Meine Reden galten den Grundformen der zionistischen Ideologie. Es war ein sehr idealistischer und romantischer Zionismus, den ich predigte. Seine Verwirklichung und der praktische Aufbau Palästinas bedeuteten mir sehr wenig – die typische Einstellung des Jünglings mit seiner Schwärmerei für das Ideale und seiner Verachtung der Wirklichkeit.

Obwohl ich als Redner auftrat, dachte ich damals nie an eine Karriere im öffentlichen Leben. Ich neigte zur akademischen oder schriftstellerischen Laufbahn, eine Weile träumte ich davon, mich der Astronomie zu widmen. Meine Eltern sahen mich als zukünftigen Juristen, teils meiner rednerischen Begabung wegen, teils weil ich damals nahe daran war, mich mit der Tochter eines der führenden Rechtsanwälte Frankfurts zu verloben, dessen Praxis ich übernehmen sollte. Aber ich kann nicht sagen, daß meine Eltern irgendeinen Zwang ausübten, und mir war es durchaus nicht klar, welche Laufbahn ich einschlagen würde. Die materielle Frage, für viele bei der Berufswahl so wesentlich, stellte sich mir nicht – nicht etwa, weil wir vermögend gewesen wären, sondern weil für meine idealistischen Eltern wie auch für mich jene Seite der Berufswahl eine untergeordnete Rolle spielte. In unserem Kreise wählte ein Mensch seinen Beruf nicht nach den Aussichten des Verdienstes, sondern nach seiner Begabung und seinen Neigungen. Das galt sowohl für meinen Vater als auch für die engsten Freunde meines Elternhauses. Als ich Frankfurt verließ, um zur Universität zu gehen, geschah das nicht als Vorbereitung auf einen Beruf, sondern aus Lust am Studium, um eine geistige Welt zu erobern und den Zugang zu den Tiefen der Kultur zu finden. Daß ich das zum Leben Notwendige stets haben würde, fühlte ich instinktiv. Sorgen um meine materielle Existenz habe ich Zeit meines Lebens, sei es aus Selbstvertrauen, sei es aus Leichtsinn, kaum gekannt. Die Universität war für mich das Tor in die Welt der großen Philosophie, der Wissenschaft, der abendländischen Kultur.

Heidelberg war das Ziel meiner Wünsche. In dem südlichen Kulturkreis, in dem ich aufgewachsen war, genoß diese altehrwürdige Universität das höchste Ansehen. Ein Hindernis mußte jedoch noch überwunden werden, da ich das Gymnasium ungewöhnlich früh absolviert hatte. Auf Grund der Intervention von Dr. Ludwig Haas, einem prominenten demokratischen Reichstagsabgeordneten aus Baden, an den ich empfohlen wurde, und der sich bei meinem Direktor über mich erkundigte und eine recht günstige Auskunft erhielt, machte die Universität eine Ausnahme; man sah davon ab, auf dem vorgeschriebenen Mindestalter von achtzehn Jahren zu bestehen, und ich immatrikulierte im Frühjahr des Jahres 1912.

[13] Jewish Colonization Association, 1891 von Baron Moritz Hirsch gegründete Gesellschaft zur landwirtschaftlichen Ansiedlung von Juden. 1900 übernahm sie in Palästina auch die Verwaltung der von Baron Edmund Rothschild subventionierten Kolonien.

[14] Tora vereint mit weltlicher Betätigung und modernen Lebensformen

[15] Schekel, pl.: schekalim. Nach der jüdischen Münze der Makkabäerzeit wurde von der Zionistischen Organisation der Beitrag benannt, der zur Wahl von Delegierten zum Zionisten-Kongreß berechtigte.

[16] hebräisch: Einweihung. Achttägiges Lichtfest zur Erinnerung an die Tempelweihe des Judas Makkabäus und den Sieg des jüdischen Widerstandes gegen den Seleukiden Antiochus.

3
Universitätsstudien und erste Palästinareise

Hier ist nicht der Ort, deutsches Universitätsleben vor dem Ersten Weltkrieg zu schildern, in jener von allen tragischen Problemen, die 1914 über die Menschheit hereinbrachen, noch völlig unberührten Zeit. Offiziell studierte ich Jurisprudenz, entsinne mich aber nicht, auch nur einen juristischen Kursus regelmäßig besucht zu haben. (Als ich eines Tages zehn Minuten verspätet in die Vorlesung des Prof. Gradenwitz über römisches Recht kam und einige Studenten ihren Unwillen über die Störung durch Scharren zum Ausdruck brachten, sagte der Professor: »Meine Herren, wenn Herr Goldmann uns einmal im Semester die Ehre seines Besuches gönnt, sollten Sie ihn nicht so ungnädig empfangen.«) Mich hat Jura nie sehr absorbiert. Die scharfe juristische Analyse, die mir vom Talmudstudium meiner frühen Jugend nicht unbekannt war – der Talmud, glaube ich, enthält mindestens so viel juristischen Scharfsinn wie die große römische Rechtswissenschaft –, hat mich gelegentlich als rein intellektuelles Spiel ein wenig angezogen, aber nie allzu ernsthaft. Ich wollte kein Jurist werden, weil ich kein Ideal darin sah, mein Leben auf die Rechtshändel anderer einzustellen. Was mich vielleicht gereizt hätte, wäre die kriminalistische Verteidigerlaufbahn gewesen, aber auch diese Verlockung war nicht stark genug. Ich habe zwar später mein juristisches Examen gemacht, aber viel habe ich nie von der Rechtswissenschaft gewußt, und wenn einer seinen Doctor juris mit sehr wenig Berechtigung trägt, so bin ich es, wie es mein Bericht über mein Doktorexamen beweisen wird.

Heidelberg war damals eines der großen intellektuellen Zentren Deutschlands, nicht nur auf Grund seiner wunderschönen Lage und seiner großen historischen Vergangenheit als Universität, sondern vor allem auch durch die ungewöhnliche Anhäufung von bedeutenden Gelehrten in der Zeit, in der ich immatrikulierte. (Heidelberg wurde weder im Ersten noch im Zweiten Weltkrieg bombardiert, im Zweiten dank einer angeblichen Abmachung mit den Engländern, daß die Deutschen ihrerseits Oxford nicht bombardieren würden.)

Von Naturwissenschaftlern kann ich nicht reden, erwähne nur den einen, Prof. Lennard, der ein bekannter Physiker war und den Nobelpreis erhielt, gleichzeitig ein ausgesprochener Antisemit und ein heftiger Feind von Albert Einstein war. Ich kannte ihn nur, weil er bei einer oder zwei Versammlungen, in denen ich gegen antisemitische Gruppen sprach, anwesend war, ohne das Wort zu ergreifen, doch merkte ich an seiner Haltung, wie empört er über meine Rede war.

Mein eigentliches Interesse galt der Philosophie und Literatur. Ich hatte das Glück, eine Reihe sehr bedeutender Persönlichkeiten kennenzulernen, als Student viel von ihnen zu lernen und mehr noch von ihnen beeinflußt zu werden. Ich hörte die Vorlesungen von Alfred Weber und hatte die Ehre, an Seminaren im Hause seines genialen Bruders, Max Weber, teilzunehmen. Ich halte mich nicht für kompetent, seine Bedeutung als Soziologe zu beurteilen, war jedoch durch seine Persönlichkeit tief beeindruckt. Ich habe durch meine Bekanntschaft mit vielen bedeutenden Figuren die Überzeugung gewonnen, daß Persönlichkeiten mehr durch ihr Dasein und ihr Wesen wirken als sogar durch ihre besten Schriften und Werke. Dies gilt in hohem Maße für Max Weber, der nicht nur ein kühner und umfassender Denker war, sondern auch, ohne sich je wählen zu lassen, die deutsche Demokratie positiv beeinflußt hat. Er hatte eine kongeniale Frau, Marianne, die ich während der Seminare bei ihm kennenlernte.

Nebst Jura hörte ich Philosophie bei Heinrich Rickert, der mich nicht sehr beeindruckte, und bei Karl Jaspers, weit mehr ein geistiger Führer als ein reiner Fachphilosoph. Er war mit einer aus Pommern stammenden Jüdin verheiratet und war ein großer Freund der Juden und später des Staates Israel. Als ich ihn nach dem Zweiten Weltkrieg in Basel besuchte, wohin er gezogen war, klagte er, daß es ihm aus gesundheitlichen Gründen unmöglich sei, nach Israel zu fliegen. Er litt seit seiner Jugend an einer Kehlkopfkrankheit und mußte alle paar Stunden von seiner Frau behandelt werden. Aus diesem Grunde konnte er auch meiner Einladung nicht Folge leisten, sich an der beinahe historisch gewordenen Debatte über Deutsche und Juden während der Plenarversammlung des Jüdischen Weltkongresses in Brüssel im Sommer 1966 zu beteiligen, an der deutscherseits Golo Mann und Eugen Gerstenmaier teilnahmen, jüdischerseits Gershom Scholem und Salo Baron; ich selbst präsidierte.

Der einzige Konflikt, den ich je mit Jaspers hatte, bezog sich auf Hannah Arendt, eine seiner Lieblingsschülerinnen. Ich kannte sie aus Paris und später aus Amerika und verehrte sie, wie alle, die sie kannten. Für ihr Buch über den Eichmann-Prozeß »Die Banalität des Bösen«, in dem sie die Juden im Ghetto wegen ihrer angeblichen Feigheit angriff, kritisierte ich sie jedoch öffentlich sehr scharf, denn ich hielt ihre Beurteilung für unfair und ohne ausreichendes Verständnis für jüdische Galut-(= Exil-)Psychologie. Wenn es sich um Probleme des Holocaust handelt, verliere ich meine kühle Intellektualität und werde emotionell, und so wurde meine Kritik an Hannah Arendt auch recht persönlich, was mir Jaspers verübelte. Hannah Arendt und ich sprachen uns zwei Jahre nicht, bis unser gemeinsamer Freund, der bedeutende Historiker Salo Baron, mir sagte, daß sie mich gerne wieder sehen würde. Wir trafen uns in New York und sie versprach mir sogar, sich an einer geplanten Konferenz von jüdischen und arabischen Intellektuellen zu beteiligen, starb jedoch bald danach. Jaspers selbst sah ich noch kurz vor seinem Ableben bei einem langen und interessanten Gespräch.

Eine der wertvollsten menschlichen Beziehungen, die ich in der Heidelberger Zeit entwickelte, war die mit Martin Buber, der nicht fern von Heidelberg in Heppenheim am Odenwald wohnte. Ich begann an der von ihm herausgegebenen Monatsschrift *Der Jude* mitzuarbeiten und schrieb eine Reihe von politischen Aufsätzen unter dem Pseudonym Ben Kohelet wie auch unter meinem eigenen Namen. Es ergaben sich bald engere freundschaftliche Beziehungen und ich besuchte ihn zuweilen an Wochenenden. Buber war Zeit seines Lebens ein überzeugter Zionist, siedelte 1938 nach Palästina über und ließ sich durch keine noch so vorteilhafte und ehrenvolle

Einladung von amerikanischen und anderen Universitäten dazu verleiten, Israel zu verlassen. Buber war der Vorkämpfer eines zionistischen Ideals, das sich nicht mit der Gründung eines üblichen Staatswesens begnügen wollte, sondern die Hauptaufgabe eines Judenstaats darin sah, die großen menschlichen sozialen und religiösen Ideen der Propheten und der großen Denker der jüdischen Vergangenheit zu verwirklichen. Er verfocht daher die Notwendigkeit einer Zusammenarbeit mit der arabischen Welt und war aus diesem Grund ein heftiger Kritiker und Gegner der Politik Israels, wie sie sich unter der Führung Ben Gurions entwickelte.

In späteren Jahren pflegte ich lange, oft Stunden währende Gespräche mit ihm zu haben. Da unsere außenpolitischen Auffassungen wenn auch nicht völlig identisch, so doch sehr ähnlich waren, redete Buber immer wieder auf mich ein, ich solle aktiv in die israelische Politik eingreifen. Mir lag sehr viel an seiner Freundschaft, und so ließ ich keine Gelegenheit vorübergehen, ohne ihm dann zu erklären, warum ich diesen oder jenen Rat nicht so einfach akzeptieren konnte.

Buber war nicht nur wegen seiner großen philosophischen und religionsphilosophischen Konzeptionen, die in der nichtjüdischen Welt ein viel größeres Echo fanden als in der jüdischen und in Israel fast keine Wirkung erzielten – darin teilte er das Schicksal vieler der größten prophetischen Figuren des jüdischen Volkes –, eine ganz ungewöhnlich eindrucksvolle Gestalt. Ein moderner Mystiker, verstand er gleichwohl viel von realen und praktischen Problemen. Ich fand den mündlichen Dialog mit ihm beinahe eindrucksvoller als die Lektüre seiner Schriften, weil er im Gespräch sehr viel einfacher, direkter und unmittelbarer war als in seinen Büchern, in denen er gerne ein etwas priesterliches Gehabe einnahm. Sein Gedächtnis war bis ins hohe Alter unglaublich, sein Wissen enzyklopädisch. In seinen letzten Jahren war Buber zu einem wirklichen Weisen geworden, voll menschlicher Einfachheit und Güte, die mich immer wieder ergriffen. Die internationale Reputation und große Verehrung, die er vor allem in der christlichen Welt genoß, minderten keineswegs seine Bescheidenheit und seine große menschliche Wärme.

Immer wieder war ich auch von seiner Frau beeindruckt, die bekanntlich nichtjüdischer Abstammung und eine Schriftstellerin von Rang und Originalität war. Sie war in mancher Hinsicht ihrem weltberühmten Mann überlegen, und die Ehe dieser beiden von Hause und Abstammung aus so sehr gegensätzlichen Menschen – er Nachkomme großer chassidischer Ahnen, sie Tochter eines bayerischen Offiziers – war in sich selbst und in der Form, in der sie diese Gegensätzlichkeit in höherer Harmonie überwunden hatten, ein faszinierendes Phänomen für diejenigen, die ihnen näherstanden.
Am Studentenleben nahm ich nicht sehr emsig teil. Ich schloß mich einer Vereinigung an, die im Laufe der Jahre eine ziemlich wichtige Rolle im deutschen Zionismus spielte, weil aus ihr viele der profiliertesten Führer hervorgingen: dem zionistischen »Kartell Jüdischer Verbindungen«. Mit Leib und Seele war ich nicht dabei. Diese etwas saloppe Vermengung von deutsch-jüdischem Wesen mit zionistischer Ideologie, ungetrübt durch allzu genaue Kenntnisse der jüdischen Geschichte und zionistischen Ideologie, zog mich nicht sonderlich an. Ich erinnere mich, daß damals innerhalb des Kartells ein leidenschaftlicher Streit über die sogenannte »unbedingte Satisfaktion« entbrannte. Heute erscheinen solche Probleme selbst einem Kenner des früheren Deutschland unbegreiflich; für einen nichtdeutschen Leser mögen sie ans Absurde grenzen. Bekanntlich herrschte an den deutschen Universitäten das Unwesen der Duelle. Es gab auch erheblichen Antisemitismus unter den deutschen Studenten, und die Frage, um die es sich drehte, war, ob ein Mitglied des Kartells verpflichtet sei, auf antisemitische Anpöbelungen mit einer Duellaufforderung zu reagieren. Ich betrachtete das ganze als eine Nachäffung deutscher Studentensitten, besonders unsinnig im Falle einer Studentengruppe, die bewußt jüdisch und sogar zionistisch sein wollte. Die Frage wurde auf einer Konferenz der zionistischen Studenten, dem sogenannten Kartelltag in Königsberg 1913, entschieden. Ich war einer der ganz wenigen Delegierten, die leidenschaftlich diesen Vorschlag bekämpften, freilich ohne den geringsten Erfolg. Mit überwältigender Mehrheit wurde ich überstimmt, aber da 1914 der Weltkrieg ausbrach und da nach der Revolution von 1918 das Duellieren auf den Universitäten ohnehin in

Verruf kam, so blieb dieser sinnlose Beschluß des Königsberger Kartelltages ohne nachhaltige Folgen.
In meiner Jugend war ich viel sensitiver und labiler, als ich es jetzt bin, und ich hatte einige Erlebnisse, die rational unerklärlich erscheinen. Das erste fand statt, als ich in Königsberg bei dem erwähnten Kartelltag war. Die äußerst erregte Debatte über die »unbedingte Satisfaktion« fand an einem Sonntag statt. Wir saßen gedrängt in einem nicht zu großen Saal, voll von Zigarettenrauch. Ich war offensichtlich allein in der Opposition. Es war Nachmittag, als der Vorsitzende mir einen Zettel zuschickte, ich sollte mich auf meine Rede vorbereiten, damit man danach zur Abstimmung gelange. In dem Moment hatte ich so etwas wie eine Vision. Ich flirtete damals in Heidelberg mit einer Studienkollegin, die vorher in Bonn studiert hatte und dort noch einen Freund besaß, auf den ich eifersüchtig war. Plötzlich sah ich das Zimmer meiner Freundin vor mir, in das mein Nebenbuhler eintrat. Ich ließ den Vorsitzenden wissen, daß ich erst später das Wort ergreifen könne, da ich dringend zur Post müsse. Er war sehr ungehalten, konnte mich jedoch nicht hindern, zur Post zu fahren und an meine Freundin ein Telegramm zu schicken, in dem ich ihr sagte, ich wisse, daß mein Rivale in dem Moment bei ihr sei. Es stimmte, und sie war durch mein Telegramm so erschüttert, daß sie ihn nie wieder sah.
Einige Jahre später hatte ich ein ähnliches Erlebnis. Ich hatte in Leipzig eine zionistische Rede gehalten und war danach zu einem Empfang eingeladen, bei dem ich einer Dame vorgestellt wurde, die mich irgendwie faszinierte. Ich hatte sie nie vorher gesehen, wußte nichts von ihr, doch fühlte ich mich plötzlich gedrängt, ihr zu sagen: »Ich habe das Gefühl, daß Sie sich mit der Absicht tragen, sich von Ihrem Mann scheiden zu lassen. Ich rate Ihnen, tun Sie es nicht.« Wir verließen den Empfang zusammen, und auf einem langen Spaziergang erzählte sie mir, daß meine Vermutung stimmte. Wieso ich dazu getrieben wurde, ihr so etwas zu sagen, ist mir auch heute noch völlig unerklärlich.
Der interessanteste Fall solcher parapsychologischer Erlebnisse ereignete sich nicht bei mir selbst, doch war ich ein unmittelbarer Zeuge davon. Ich hatte in Paris, vor dem Kriege, einen guten

Freund, Robert Bollag. Er war ein Zeitungsherausgeber, Inhaber einer großen Druckerei und ein sehr einflußreicher Mann, dem ich viele meiner Kontakte in Paris verdankte und der von Anfang an am Jüdischen Weltkongreß interessiert war. Als die Nazis Frankreich eroberten, stand er wegen seiner Anti-Nazi-Propaganda als einer der ersten auf der Liste derjenigen, deren Auslieferung verlangt wurde. Bollag floh mit seiner jüngeren Tochter nach Marseille in der damals noch unbesetzten Zone Frankreichs. Er konnte von der Vichy-Regierung kein Ausreisevisum erhalten, wurde jedoch von Freunden beraten, das Land so schnell wie möglich zu verlassen. Es gelang ihm schließlich, einen Schiffahrtsagenten zu gewinnen, der ihm ermöglichte, sich auf einem griechischen Dampfer als Matrose anwerben zu lassen und seine Tochter als Köchin zu registrieren. Das Schiff hatte kein bestimmtes Ziel, sondern fuhr auf Grund telegrafischer Anweisung von einem Hafen zum anderen, sollte zuerst nach Casablanca und danach nach Dakar fahren. Seine ältere Tochter war mit einem jüdischen Anwalt verheiratet, der zu Beginn des Krieges ein Amt in Washington übernommen hatte. Sie verbrachten die Ferien in den Catskills-Bergen, nicht weit von der Farm, in der wir wohnten. Eines Morgens kam ihr Mann aufgeregt zu mir. Seine Frau war damals schwanger, hatte in der Nacht geträumt, daß ihr Vater und ihre jüngere Schwester an diesem Tag auf einem Schiff nach Norfolk kommen würden, und bestand darauf, hinzufahren. Er mußte, wie jeden Tag, in sein Büro in die Stadt und bat mich, der jungen Frau das auszureden. Ich war jedoch der Meinung, dies würde ihre Nervosität nur steigern, und riet ihm, seine Frau ruhig fahren zu lassen. Sie nahm den Zug nach Norfolk und anschließend ein Taxi nach dem Hafen. Als sie dort ankam, sah sie ein Schiff einlaufen, und auf dem Deck standen ihr Vater und ihre Schwester. Da er kein amerikanisches Visum hatte, konnte Bollag gar nicht von Bord. Ich erinnere mich, wie seine Tochter mich verzweifelt in meinem Büro in Washington anrief, und es gelang mir, für ihn und die jüngere Tochter die Erlaubnis zu erwirken, an Land zu kommen, wo er zuerst auf Ellis Island bleiben mußte. Er wurde dann freigelassen, lebte während des Kriegs in New York und kehrte später nach Paris zurück, wo er seine Zeitungen zurückerhielt.

Während der Studentenjahre setzte ich meine rednerische Tätigkeit in begrenztem Maße fort, teils um zionistische Propaganda zu treiben, teils aber auch für nichtzionistische Gruppen, um meinen bescheidenen Monatswechsel ein wenig aufzubessern. Bei einer solchen Gelegenheit machte ich die Bekanntschaft des späteren deutschen Bundespräsidenten Theodor Heuss. Ich hatte es übernommen, gegen ein Honorar von hundert Mark per Referat in Heilbronn, wo es eine kleine, aber lebendige jüdische Gemeinde gab, eine Reihe von Vorträgen über die moderne Judenfrage zu halten. Theodor Heuss war damals Redakteur der Heilbronner *Neckarzeitung*, eines kleineren, aber durch seinen mutigen Liberalismus einflußreichen und geachteten Blattes. Er war schon damals an jüdischen Dingen interessiert und kam zu meinen Vorträgen. Einige Stunden vor dem dritten oder vierten Vortrag geschah es, daß ich in Heidelberg eine reizende polnische jüdische Studentin kennenlernte. Wir gingen auf einen Spaziergang zum Heidelberger Schloß und gerieten in ein sehr persönliches Gespräch, über dem ich völlig vergaß, daß ich um sechs Uhr den Zug nach Heilbronn nehmen mußte. Als ich mich daran erinnerte, war es schon zu spät. Die Veranstalter waren zur Bahn gegangen, um mich abzuholen und kamen ohne Redner zurück. Ein zahlreiches Publikum, das übrigens Eintrittsgebühr gezahlt hatte, war versammelt. Was tun? Plötzlich erhob sich der in Heilbronn sehr bekannte Dr. Heuss und erklärte sich bereit, für mich einzuspringen. Zwar würde er nicht über die Judenfrage sprechen, sondern über die deutsche Orientpolitik, doch stellte er die Bedingung, daß das Honorar mir bezahlt würde. Als ich zu meinem nächsten Vortrag erschien, wurde mir dies erzählt, und so machte ich die Bekanntschaft von Theodor Heuss. Unsere Beziehung dauerte längere Zeit an, wurde später unterbrochen, und erneuerte sich, als ich ihn im Jahr 1952, nachdem er 1949 Bundespräsident geworden war, im Zusammenhang mit meinen Verhandlungen über das deutsch-israelische Reparationsabkommen öfter besuchte.

Ich war, wie gesagt, kein sehr fleißiger Student, häufig während der Studentenzeit in Frankfurt bei den Eltern, oft auch auf Ausflügen im Odenwald oder im Neckartal und unterhielt im allgemeinen nur lose Beziehungen zur Universität. Daher griff ich mit Begeisterung zu, als sich mir 1913 die Gelegenheit bot, nach Palästina zu reisen. Es handelte sich um den Ausflug einer Gruppe deutsch-zionistischer Studenten. Der Führer und Organisator war Theodor Zlocisti, einer der ältesten deutschen Zionisten in Berlin, von Beruf Arzt und literarisch interessiert. Ich wurde gefragt, ob ich mitfahren wollte. Die Reisekosten wurden mir durch einen vermögenden Familienfreund zur Verfügung gestellt. Die Reise sollte vier Wochen dauern. Ich aber blieb fünf Monate und schwänzte ein Semester in Heidelberg. Vom technischen Standpunkt erwies sich meine Reise als schwierig, da ich keinen Paß besaß. Die Türkei war mit Rußland damals das einzige Land Europas, das einen Reisepaß verlangte. Dr. Zlocisti beruhigte mich jedoch und versicherte mir, er würde meine Einreise auch ohne Paß und Visum besorgen. Auf dem Schiff machte ich die Bekanntschaft eines deutschen Nichtjuden, der, als Mitglied der Templer-Sekte, die in Haifa, im Galil und neben Tel Aviv blühende Siedlungen hatte, bereits in Palästina geboren war. Als ich ihm mein Problem anvertraute, lachte er, und versprach mir, an seinem eigenen Fall zu beweisen, wie schlampig die türkische Administration sei. Bei der Grenzkontrolle in Jaffa wolle er nicht seinen Paß, sondern seine Pariser Hotelrechnung vorzeigen; er hatte im *Majestic* gewohnt – wo später die Unesco tagte – und die Rechnung wies eine Art Wappen auf, das Kennzeichen des Hotels. In der Tat, als er dieses Papier dem Grenzbeamten vorwies, salutierte dieser und ließ ihn vorbei. Ich selbst hatte keine Schwierigkeiten, da, auf Bitte von Zlocisti, der Direktor des Jewish Colonial Trust, der zionistischen Bank (heute Bank Leumi), Levontin, zum Hafen kam und mich als seinen Gast durch alle Kontrollen brachte. Ohne diese Schlamperei der türkischen Administration wären die ersten jüdischen Ansiedlungen in Palästina unmöglich gewesen. Da die Türken fürchteten, daß die Zionisten Palästina von der Türkei loslösen wollten, waren Siedlungen oder selbst der Häuserbau durch Juden verboten oder mußte von Konstantinopel bewilligt werden. Wie es den Siedlern gelang, diese Bestimmung zu umgehen, habe ich selbst erlebt. In einer der jüdischen Kolonien, Rischon le-Zion oder Petach Tikwa, hatte man eine Anzahl jemeniti-

sche Juden gebracht und begann, für sie Häuser zu bauen. Der Gouverneur des Bezirks, im türkischen Kaimakam, hatte eine Kompanie Soldaten hingeschickt, um diesen Häuserbau zu verhindern. Nach kurzer Zeit ging der Vertreter der Kolonisten zu dem Kommandanten und vereinbarte mit ihm, daß für eine bestimmte Summe pro Kopf der Soldaten er täglich zwischen acht und vier seine Kompanie zu Manövern außerhalb der Siedlung führen würde, damit in dieser Zeit der Bau vor sich gehen könne. Nach einigen Wochen kam der jüdische Vertreter wieder zum Kommandanten: es sei doch unerhört, meinte er, daß man ihm für die Soldaten zahlte, während sie doch nichts leisteten. Es sei doch nur angemessen, daß sie beim Bau helfen. Und so geschah es dann auch.
Als ich in Rechovot war, wurde ein Vertreter der jüdischen Selbstverteidigungsgruppe verhaftet, weil er beschuldigt war, einen arabischen Siedler in einem Gefecht getötet zu haben. Die Anschuldigung war völlig falsch, doch konnte der Prozeß nur niedergeschlagen werden, indem man durch die Bestechung eines hohen Beamten in Konstantinopel eine Bescheinigung erhielt, daß der Betreffende sich zur Zeit des angeblichen Gefechts in Konstantinopel befunden hätte.
Eine letzte Begebenheit sei noch erwähnt. Zwischen Jaffa und Jerusalem verkehrte damals eine Eisenbahn, die einer französischen Gesellschaft gehörte. Fahrplanmäßig sollte der Zug jeden Tag um acht Uhr in Jaffa abfahren, doch fuhr er in der Tat immer erst um zehn. Als ein neuer französischer Direktor sein Amt antrat, beschwerte sich die jüdische Handelskammer in Jaffa über die Verspätung. Der Direktor ordnete darauf an, daß die Bahn pünktlich um acht Uhr fahren solle. Dies führte zu einem Protest der arabischen Handelskammer, die darauf hinwies, daß der Zug nicht um acht Uhr starten könne, da kein Mensch rechtzeitig zur Abfahrt kommen würde. Der Kaimakan beschloß so, den Fahrplan daher doch nicht zu ändern, sondern daß die Bahn mit zweistündiger Verspätung fahren müsse.
Da ich der einzige Hebräischsprechende in der Gruppe war, wurde ich in Palästina zu ihrem unfreiwilligen Sprecher, was mir sehr bald zu einer großen Qual wurde. Die Reise war typisch deutsch organi-

siert. Es war zum Beispiel selbstverständlich, daß man zu Fuß gehen mußte – in dem heißen Klima nicht gerade ein Vergnügen. Gute Unterkunftsmöglichkeiten gab es damals noch nicht. Folglich marschierte die Gruppe täglich sechs bis acht Stunden im Schweiße ihres Angesichts durch das Land. Abends erreichte man irgendeine Kolonie, wo ein großer Empfang stattfand – es war die erste Studentengruppe aus Westeuropa, die nach Palästina kam, was natürlich Aufsehen erregte. Auf diesen Empfängen wurden zwei bis drei Stunden hebräische Begrüßungsreden gehalten, die keiner von den Ausflüglern verstand; ein großer Teil pflegte fest dabei zu schlafen. Ich mußte dann auf hebräisch erwidern, was der Sensation wegen, daß ein deutsch-jüdischer Student hebräisch sprach, mit tobendem Beifall aufgenommen wurde. Erst dann begaben sich die armen Jungen, zu Tode erschöpft, in irgendein primitives Nachtquartier, wo sie froh sein mußten, wenn sie die Nacht ohne allzu viele Wanzenstiche überstanden. Mir schien es wichtiger zu sein, das Land kennenzulernen, als acht Stunden am Tag schwitzend zu marschieren. Deshalb mietete ich mir sehr bald einen Esel und ritt als einziger gemütlich mit. Daraus entstanden stürmische Diskussionen mit dem Führer der Gruppe, einem sehr strengen und korrekten Studenten, der meinen Sonderritt als eine Verletzung der Ordnung und Kameradschaftlichkeit in den schärfsten Ausdrücken verurteilte. Aber als dem einzigen unter den Studenten, der des Hebräischen mächtig war, denen man das Deutschsprechen übel vermerkte, mußte man mit mir vorliebnehmen, wie ich eben war, auch mit Esel. Doch selbst bei dieser Sonderstellung wurden mir die abendlichen Empfänge und das schlechte Gewissen, das ich immerhin spürte, lästig, und so trennte ich mich von der Gruppe. Sie fuhr kurz darauf wieder nach Deutschland zurück, während ich beschloß, das Land nun erst wirklich kennenzulernen. Obschon ich inzwischen wahrscheinlich mehr als hundertmal in Palästina war, habe ich nie wieder das Land so entspannt und intensiv, so unberührt und frei von jeder Betriebsamkeit erlebt wie damals. Mein eigentliches Erlebnis begann erst, als ich mich von der Gruppe getrennt hatte. Da ich mir vorgenommen hatte, mehrere Monate zu bleiben, konnte ich so meinen Aufenthalt einrichten, wie ich wollte.

Ich verbrachte einige Wochen in Tel Aviv, das damals aus wenigen Straßen bestand, lebte mehrere Wochen in Rischon-le-Zion und Rechovot, eine Woche in Rosch Pina im Galil und die meiste Zeit in Jerusalem, wo ich mir ein sehr romantisch gelegenes Dachzimmer mit Balkon in dem damaligen russischen Gebäudekomplex mietete und wo ich, als die heißen Tage einsetzten, meistens auf der Terrasse schlief. Es kann nicht die Aufgabe dieses Buches sein, den damaligen Stand der Kolonisation im einzelnen darzustellen. Alles war in den ersten Anfängen, abgesehen von den wenigen alten Siedlungen wie Petach-Tikwa, Rischon-le-Zion und einigen anderen. Besonders beeindruckt war ich von Kibbuzim[17] wie Degania und Kineret und von den chaluzischen[18] Jungen Zionisten, denen ich zum ersten Mal dort begegnete. In Jerusalem versuchte ich ebenso den alten Jischuw[19] kennenzulernen wie den neuen und hatte sehr beeindrukkende Begegnungen mit Kabbalisten und Mystikern in der Altstadt Mea Schearim. Eine Zeitlang verkehrte ich in den Häusern der bucharischen Juden, damals der reichsten Gruppe Jerusalems, deren Leiter, ein sehr vermögender Teppichhändler, mich durchaus bewegen wollte, seine fünfzehnjährige Tochter zu heiraten, unter der einzigen Bedingung, während der ersten fünf Jahre keine zweite Frau zu nehmen. Ich schloß enge Freundschaft mit Brose, dem bekannten Siedler in Moza, in dessen Garten Herzl einen Baum gepflanzt hatte und von dem ich die Erlaubnis bekam, ihn zu jeder noch so späten Nachtstunde mit Freunden zu besuchen und mir Wein von ihm vorsetzen zu lassen. Ich ritt öfters mit Freunden in hellen Mondnächten hinaus und wurde einmal auf dem Rückweg von einer Gruppe Beduinen umringt, die uns gewiß ausgeplündert und nackt auf dem Weg zurückgelassen hätten, wenn uns nicht einer meiner Begleiter, der die Gebräuche des Landes kannte, den Rat gegeben hätte, so zu tun, als ob wir nichts merkten, Lieder zu singen und ab und zu an die hintere Hosentasche zu fassen, als hätten wir dort Pistolen. Die Beduinen ließen sich offenbar davon beeindrucken.

Nachdem sie etwa zehn Minuten lang uns umringend mitgeritten waren, stoben sie plötzlich davon.

Ein zweites Mal geriet ich in eine recht prekäre Lage, nachdem es mir bei einem Aufenthalt in Jericho mit Hilfe meines arabischen Führers gelungen war, aus einem Versteck eine arabische Hochzeit und die Tänze der Braut zu beobachten. (Das ist nach beduinischer Sitte einem Fremden streng verboten und wird mit dem Tode bestraft.) Ich hatte bereits einige Tänze gesehen, die mir in ihrer Leidenschaftlichkeit und Wildheit unvergeßlich sind, als plötzlich mein Führer schreckensbleich angestürzt kam und sagte, einer der Verwandten der Braut habe etwas gemerkt und auf der Suche nach mir. Wir rasten davon und erreichten rechtzeitig das Hotel.

Ich lernte damals viele Führer des Jischuw kennen, von denen manche mir Freunde und Kameraden geblieben sind. Eine große Anzahl von ihnen lebt nicht mehr. Erwähnen will ich nur einige. Da war die würdige patriarchalische Erscheinung Mordechai Ben Hillel Hacohens, einer der Patrizier des damaligen Tel Aviv, hebräischer Schriftsteller und in vielen Sphären tätig. Einer seiner Söhne ist David Hacohen, langjähriger Vorsitzender des Auswärtigen Ausschusses des israelischen Parlaments. Seine Tochter heiratete Dr. Arthur Ruppin, dessen weitverzweigte Familie zu den bodenständigsten des Landes gehört. Er war ein Freund meines Vaters, und ich wohnte in seinem Hause in der Herzlstraße – damals *die* Straße in Tel Aviv. Da war David Yellin, Direktor des hebräischen Lehrerseminars, ein Gelehrter und Führer des Jischuw in Jerusalem, dessen Sohn, Schwiegersohn und Onkel eine der großen Familien des Jischuw gegründet haben. Ich war auch öfters mit Dr. Ruppin zusammen, dem größten Pionier in der Geschichte der jüdischen Ansiedlung, dessen Verdienste um die Kolonisierung Palästinas nicht hoch genug eingeschätzt werden können. Er war von allen zionistischen Führern, die ich gekannt habe, der sachlichste und derjenige, der sich am konsequentesten mit seinem Werk und seiner Arbeit identifizierte, ein Mann von ungewöhnlicher Lauterkeit, objektiv in der Einschätzung von Menschen und in der Analyse von Problemen, von jener wahren Bescheidenheit, die viel seltener ist, als man gemeinhin glaubt, bei aller Nüchternheit ein Idealist und Romantiker, mit einem Stich ins Abenteuerliche, was sich in seinem Beschluß bekundet, als preußischer Assessor in jenen Jahren nach Pa-

lästina zu gehen, um die jüdische Kolonisation zu begründen. Bei all seiner deutschen Gründlichkeit und Korrektheit war Ruppin ein Mann voller Humor. Hebräisch sprach er zeitlebens mit Schwierigkeiten und pflegte zu sagen: »Nach acht Uhr abends spreche ich nur noch in einer Kultursprache, nicht hebräisch.« Wir waren einen Abend zusammen bei dem deutschen Generalkonsul Wolf in Jerusalem zu einem Essen zu Ehren des deutsch-jüdischen Bankiers Max Warburg aus Hamburg geladen. Ruppin begrüßte Warburg offiziell im Namen der Zionistischen Organisation und mußte daher einen Teil seiner Rede auf Hebräisch halten. Herr Wolf fragte mich daraufhin, ob Ruppin wohl aus Magdeburg stamme, denn sein hebräischer Dialekt sei eindeutig magdeburgisch.
Ruppin hat ein berühmtes zweibändiges Werk »Die Soziologie der Juden« veröffentlicht. Um das russische Judentum, das damals noch viele Millionen zählte, genauer zu erforschen, verbrachte er mehrere Monate in Rußland und erzählte oft von seinen Erlebnissen. Eine der amüsantesten Begebenheiten betraf seinen Aufenthalt in Minsk, wo ein Freund ihn zu einem Gerichtsverfahren mitgenommen hatte. Ein frommer Jude war der Hehlerei angeklagt worden; er sprach nur Jiddisch und ein offizieller Übersetzer diente als Vermittler zwischen ihm und dem Richter. Nach den Personalien fragte der Richter nach dem Beruf des Angeklagten, der auf Jiddisch antwortete, »ich drehe mich«. *(Sich drehen* bedeutet auf Jiddisch, sich mühselig von zufälligen Geschäften zu ernähren.) Der Dolmetscher übersetzte es wörtlich, worauf der Vorsitzende des Gerichts etwas ungehalten forderte, den Sinn seiner Frage zu wiederholen, doch war die Antwort die gleiche. »Erklären Sie dem Dummkopf«, versuchte es der Vorsitzende erneut, »wenn ich mich von vorn nach hinten und von rechts nach links drehe, damit verdiene ich doch kein Geld.« Nach einer zweiten Übersetzung vom Russischen ins Jiddische antwortete der Jude: »Sagen Sie Seiner Exzellenz, wenn er sich dreht, verdient er keinen Pfennig; wenn ich mich drehe, verdien' ich wenig – wenn wir beide uns drehen zusammen, würden wir beide gut verdienen.« Viel zusammen war ich auch mit Dr. Turow, einem der führenden Pädagogen des Landes, einem Jugendfreund meiner Mutter, einem wirklichen Aristo-

kraten sowohl in seiner Erscheinung wie in seiner seelischen Haltung, der leider später Palästina verlassen hat und in Amerika starb. Ich traf natürlich öfters die Männer des hebräischen Gymnasiums, das gewissermaßen das Kulturzentrum des Landes war, Dr. Ben Zion Mossenson, Chaim Bograschof, Dr. Metman Cohen, Chaim Harari und den ganzen Kreis der Lehrerschaft. Zu meinen jungen Freunden gehörten insbesondere E. L. Sukenik, der spätere Professor der Archäologie an der hebräischen Universität, Vater von Yigael Yadin, und Dov Kimche, der hebräische Schriftsteller und Übersetzer. Sie waren damals beide verlobt, und mit ihnen und ihren Bräuten machte ich tagelange Ausflüge. In Rechovot lernte ich den überaus eindrucksvollen Mosche Smilansky kennen, den Pionier der privaten Ansiedlung und gleichzeitig ein Schriftsteller von Rang, von dem ich schon in jenen Jahren viel über die Probleme jüdisch-arabischen Zusammenlebens lernte. Während meines fünfmonatigen Aufenthalts in Palästina lernte ich auch das interessante Bruderpaar Treitel kennen. Sie waren assimilierte deutsche Juden, die, aus der Eifel stammend, auf einer Weltreise nach Palästina kamen und sich dort für die idealistische Einstellung der jungen Siedler und den Pioniergeist der neuen Kolonisation begeistert hatten. Sie errichteten die erste Farm am See Genezareth, nicht weit entfernt vom berühmten ersten Kibbuz Dagania. Die Brüder mochten mich sehr gerne und wir unterhielten uns oft und lange. In diesen Jahren konnte man in Palästina mit einer Frau kein Rendezvous verabreden, es sei denn in einer Privatwohnung. In ein Hotel zu gehen, war ausgeschlossen, und die einzigen Orte, an denen man Unterkunft finden konnte, waren Klöster, doch hatte ich diesen Ausweg noch nicht gefunden. Eines Tages sagte mir einer der Brüder Treitel: »Wenn Sie je einen Unterschlupf brauchen für sich und Ihre Freundin, gehen Sie doch auf unsere Farm, wir überlassen sie Ihnen für ein paar Tage.« Ich machte von diesem Angebot mehrfach Gebrauch. Eine andere Persönlichkeit, an die ich mich entsinne, war ein französischer Priester, den ich in Jerusalem kennenlernte. Ich beschwerte mich bei ihm darüber, daß man in Hebron Juden nur erlaubte, zur Grabstätte Abrahams bis zur zehnten oder zwölften Treppe hinaufzugehen, aber nicht die Höhle selbst zu betreten, die auch für die Moslems eine heilige Stätte ist. (Bekanntlich ist heutzutage ein großer Streit zwischen den Arabern Hebrons und den jüdischen orthodoxen Neusiedlern u. a. wegen dieser Grabstätte Abrahams entstanden.) Der Priester schlug mir vor, mich bei seinem nächsten Besuch als seinen Assistenten auszugeben, und so habe ich die Höhle Machpela damals als angeblicher französischer Priester besuchen können.

Außer mit der Eisenbahn von Tel Aviv nach Jerusalem konnte man damals nur mit der Pferdekutsche fahren, ich habe dazu sehr bald recht gut reiten gelernt. Ich hatte mir ein sehr schönes Beduinenpferd gemietet, um das sich ein etwa vierzehnjähriger arabischer Junge, ein reizender Kerl, kümmerte. Als ich das Land verließ, kam er zu mir mit einem großen Problem. Er sei jetzt in dem Alter, in dem man heiraten müsse, erzählte er mir, und müßte seine Braut nach arabischer Sitte »kaufen«. Nun hatte er die Wahl zwischen zwei Bräuten, die eine, die 200 französische Francs kostete, die andere 500. (Damals war die Hauptwährung in Palästina der französische Goldfranc.) Mein junger Freund sagte mir, er habe berechnet, daß die teuerere Braut im Grunde genommen billiger wäre, denn die 200-Francs-Braut würde nach ein paar Jahren häßlich werden und er müsse sich dann eine andere kaufen, während die 500-Francs-Frau sicherlich länger »halten« würde. Ich sammelte unter meinen jüdischen Freunden 300 Francs und verhalf ihm auf diese Weise zur »besseren« Braut.

Aber stärker als von den Menschen und den ersten Erfolgen der jüdischen Kolonisation war ich vom Land selbst beeindruckt. Nie wieder habe ich Palästina so tief erlebt wie damals. Es lag nicht nur daran, daß ich jünger und empfänglicher für solche Eindrücke war als später und auch weniger abgelenkt durch Dinge, mit denen ich mich während meiner späteren Reisen beschäftigen mußte, – Sitzungen, Konferenzen. Es lag am Lande selbst, wie es sich damals darbot. Das Einzigartige an dem kleinen und seltsamen Gebiet, das eine so ungewöhnliche, durch seine natürlichen Schätze oder seine geopolitische Lage nicht zu erklärende Bedeutung in der menschlichen Geschichte gewonnen hat, der mystische Sinn dieses Landes, wenn ich so sagen darf, ist mir damals und eigentlich nur damals, aufgegangen. Später war es viel schwieriger, diese eigenartige Aura zu erspüren, weil man viel zu abgelenkt wurde durch das, was im Land und mit dem Land geschah. Palästina war damals gleichsam noch unberührt. Man erlebte die Berge, ohne sich um Siedlungen kümmern zu müssen, die auf den Bergen errichtet wurden. Man ritt durch die Ebenen und sah sie in ihrer weiten Ausdehnung, unbehelligt durch Gebäude und Autostraßen. Man konnte sich nur langsam fortbewegen. Es gab keine Autos und nur ganz wenige Eisenbahnen. Gewöhnlich ritt man oder fuhr im Pferdewagen. Die Reise von Haifa nach Jerusalem dauerte in der Regel zwei Tage. Man hatte das Land sozusagen rein vor sich, wie es hervorgetreten war aus seiner jahrtausendealten Verzauberung. Die Klarheit seiner Luft, die Großartigkeit seines Sternenhimmels, die Mystik der kahlen Berge – es war, als erhöbe sich aus der Landschaft ihre Geschichte. Palästina war in jenen Tagen ein ungemein ruhiges und idealistisches Land, versunken und versponnen in seine einzigartige Vergangenheit. Etwas von den Propheten und den großen Talmudisten, von Jesus und den Aposteln, den Kabbalisten aus Safed und den Sängern vergangener Jahrhunderte lag in seiner Atmosphäre. In späteren Jahren, wenn ich Palästina im Tempo der Entwicklung sah, die der Zionismus hineingebracht hatte, mit dem Lärm unserer unermüdlichen Tätigkeit, habe ich häufig das Gefühl gehabt, wir täten dem Land ein Unrecht an. Die Ursünde, die in aller Kulturentwicklung liegt, den Bruch mit dem Natürlichen und Vegetativen, ohne den Kultur unmöglich ist, habe ich in keinem anderen Lande der Welt so stark empfunden wie in Palästina, und es wäre mir auch hier nicht so deutlich geworden, hätte ich nicht das Land in seinen frühen Jahren, vor dem wirklichen Einbruch der zionistischen Dynamik so intensiv erlebt. Manche meiner packendsten Erlebnisse jener Monate sind gar nicht mit jüdischen Angelegenheiten verknüpft. Im Garten des protestantischen Klosters in Tapcha oder in den Alleen des italienischen Klosters in Kubeba oder auf den Hügeln von Ein Karem, das damals noch keine jüdische Siedlung hatte, – wo seitdem das Hadassah-Krankenhaus, die medizinische Fakultät der Hebräischen Universität und die Synagoge mit den berühmten zwölf Fenstern von Chagall errichtet wurden – habe ich meine einprägsamsten

Eindrücke von Land und Landschaft erfahren. Der moderne Zionismus und all das mit ihm Zusammenhängende hat notwendigerweise diese Verträumtheit und Unberührtheit zerstört. Oft habe ich mich gefragt, ob es dem jüdischen Volke nach seiner Rückkehr nach Palästina gelingen würde, auf hoher Ebene die grandiose Geschlossenheit des Landes und seine Verbundenheit mit der Geschichte wieder herzustellen. In gewissem Sinne liegt die Schicksalsfrage nach der Zukunft Israels und dem historischen Sinn des Zionismus hier verankert. Es ist mir klar, daß die erste oder zweite Generation des jüdischen Volkes, das nach Palästina zurückgekommen ist, diese Ebene nicht erreichen kann. Wir mußten zunächst Daseinsformen und Werte in das Land einführen, die nicht aus seiner Landschaft und seiner Historie gewachsen waren, sondern die wir aus Dutzenden von Ländern, in welche die verschiedenen Teile des jüdischen Volkes verstreut worden waren, mitbrachten. Das ist, ästhetisch, menschlich gesehen, oft schmerzlich: eine Architektur, die dem Lande wesensfremd ist; ein Arbeitstempo, das europäisch und nicht orientalisch ist; Lebensformen, die von ganz anderen Zivilisationen stammen. Aber wie schockierend das auch sein mag, es war unvermeidlich. Die große Frage ist, ob es dem zurückgekehrten Teil des Volkes irgendwann einmal gelingen wird, das Neue mit dem Alten zu einer Einheit zu verschmelzen und in diesem höchsten Sinne ein Palästinavolk zu werden, nicht nur politisch und geographisch, sondern als Schöpfer einer Kultur, die den grandiosen Charakter des Landes ausdrücken wird. Auf diese Frage kann heute niemand Antwort geben, und unsere Generation wird sie keinesfalls mehr erfahren. Aber es ist wesentlich zu wissen, daß das Problem existiert und daß es letzten Endes über alle prosaischen, politischen und ökonomischen Augenblicksprobleme des heutigen Israel hinaus, historisch gesehen die Frage nach dem Israel von morgen und übermorgen sein muß.

Dies alles habe ich damals natürlich nicht in dieser Klarheit verstanden, aber Erlebnisse, die man einmal gehabt hat, gehen ja nicht verloren, sondern wandeln sich, wenn sie fruchtbar sind, und entwikkeln sich mit dem Menschen. Man erlebt Menschen, Landschaften, Kulturen immer wieder neu, häufig viel später, wenn man sie gar nicht mehr sieht und sie nur noch Erinnerung sind. Palästina ist heute für mich etwas ganz anderes als damals, aber die Grundlage zu diesem heutigen mit der Erinnerung verknüpften Erlebnis stammten aus jenen Monaten. In diesem Sinne war mein erstes Zusammentreffen mit Palästina etwas Entscheidendes für mich, etwas, was mein weiteres Leben mit diesem Lande verbunden hat. Ich habe seitdem durch meine Arbeit viele neue Bande geknüpft, politische, organisatorische, persönliche, mit Menschen, Mitarbeitern und Kollegen; aber mein entscheidendes, mein mystisches Erlebnis dieses Landes geht auf jene Zeit zurück, und seine Macht zeigt sich am besten darin, daß alle meine vielen späteren Besuche, reich an Inhalt und Erfahrungen, nicht imstande waren, den stillen und naiven Eindruck dieser ersten Begegnung zu verwischen.

Meine unmittelbare Reaktion war damals natürlich anders, als ich sie von meiner heutigen Warte aus geschildert habe. Ich war jünglingshaft begeistert, sentimental ergriffen und hingerissen. Ich schrieb fast wöchentlich eine Schilderung dessen, was ich sah und erlebte, für das *Frankfurter Israelitische Familienblatt,* und 1913 erschienen diese Berichte als Buch *(Erez Israel, Reisebriefe aus Palästina),* unkorrigiert, in der ersten ein wenig naiven Form, in der ich sie an Ort und Stelle niedergeschrieben hatte. Da ich noch nicht volljährig war, als das Buch erschien, wurde ich gar nicht um meine Zustimmung gefragt. Mein Vater vereinbarte alles mit dem Verleger, und vielleicht war das besser so, als wenn ich die Berichte nachträglich umgeschrieben hätte.

Als ich Palästina verließ, war mein Zionismus um ein großes, entscheidendes Element reicher geworden: um das Element des Landes. Vorher war Zionismus für mich eine abstrakte Idee gewesen, ohne eine richtige Vorstellung dessen, was die Rückkehr der Juden konkret bedeutete. Meine Reise vermittelte mir das Erlebnis des Bodens, ohne den Zionismus natürlich in der Luft hängt, und erst mit dieser, meiner ersten Reise begann ich zu verstehen, was Zionismus bedeutet, nicht nur negativ als die Verneinung der Galut, sondern positiv als Neubeginn im eigenen Lande.

In den nahezu siebzig Jahren, die seit meiner ersten Reise nach Palästina vergangen sind, habe ich oft über diese erste Begegnung mit dem Lande nachgedacht und vor allem über den Unterschied zwischen dem Palästina von damals und dem Israel von heute. Anläßlich einer Feier zur 50. Wiederkehr unseres Besuches sagte ich unter anderem: »Wenn das Land Palästina eine Seele und einen Willen hätte, würde es wahrscheinlich uns alle Juden in das Mittelmeer ausspeien, weil wir diese einmalige Landschaft völlig ruiniert haben.«

Jede Verwirklichung eines Ideals bringt natürlich eine Entstellung dieses Ideals mit sich. Im zweiten Band dieser Autobiographie werde ich mehr darüber zu sagen haben, doch muß ich an dieser Stelle eine entscheidende Bemerkung machen. Das damalige Palästina war rein, unberührt, idealistisch, durchdrungen von Pioniergeist, und der Zionismus beabsichtigte, nicht nur einen jüdischen Staat zu schaffen, sondern eine vorbildliche neue Gesellschaft, beruhend auf den ethischen Maximen der Propheten und der jüdischen Tradition, und ein geistiges Zentrum – wie es Achad Haam formulierte –, in das dann die Mehrzahl der Juden der Welt einwandern würde. Tatsache ist jedoch, daß seitdem der jüdische Staat besteht und jeder Jude, wann immer er auch will, nach Israel einwandern und sofort seine Bürgerrechte erhalten kann, nur ein ganz geringer Teil des jüdischen Volkes nach Israel gekommen ist. Von den amerikanischen Juden, deren Majorität pro-zionistisch ist, kommen jährlich nicht mehr als zwei- bis dreitausend Menschen nach Israel, und von den 50000 russischen Juden, die im letzten Jahr aus der Sowjetunion auswandern durften, zogen über 70% vor, nicht nach Israel zu kommen. Statt der Chaluzim und der Pioniere der ersten zionistischen Einwanderungswellen stellen die Geschäftstüchtigen heute das Ideal dar, und der Shomron-Report hat vor kurzem einen erschütternden Einblick vermittelt über Ausmaß der Verbrechen, der Steuerhinterziehung und Korruption in Israel.

Manchmal frage ich mich, ob die Liebe des jüdischen Volkes zu seinem Land, hebräisch »Ahavat Zion«, die eines der Grundelemente jüdischen Überlebens in zweitausend Jahren der Diaspora gebildet hat, nicht in jene Kategorie von Liebesbeziehungen gehört, in der nicht die Erfüllung, sondern die Sehnsucht das Wesentliche ist, weil die Liebenden Angst vor der Enttäuschung haben. Das jüdische

Volk sehnt sich zwar nach Zion, will aber doch nicht dort hingehen, um in seiner Sehnsucht nicht enttäuscht zu werden.
Diese Idee erschüttert mich selbst, denn wäre dies die Tatsache, so wäre ein großer Teil meines Lebens nutzlos vertan gewesen. Dieser Gedankengang bedeutet natürlich keine Verminderung der Anerkennung und der Bewunderung für das, was Israel positiv geschaffen hat. Es hat höchst ungewöhnliche Erfolge erzielt: Israel hat erstens nach zweitausend Jahren der Staatlosigkeit einen Staat aufgebaut, der sich mit vielen anderen älteren Staaten vergleichen kann; ein Volk, das zweitausend Jahre nicht wußte, was Kriegführen bedeutet, hat eine ausgezeichnete Armee geschaffen und vier Kriege gegen eine überwältigende Übermacht gewonnen; und es hat – moralisch und praktisch der größte Erfolg – über drei Millionen Juden eine neue Heimstätte und ein Leben in Würde und Selbstbewußtsein gegeben.
Von Palästina fuhr ich auf einer langsamen Route zurück. Ich blieb mehrere Tage in Ägypten, um mir die Pyramiden und den Nil anzuschauen, fuhr nach Italien, wo ich zum ersten Mal die Märchenstadt Venedig in mich aufnahm, und kam dann zum 11. Zionisten-Kongreß 1913 nach Wien, wo ich meine Eltern traf. Mit ihnen fuhr ich nach Frankfurt zurück.
Vom Wiener Kongreß habe ich ebensowenig klare Erinnerungen wie vom Baseler, den ich 1911 als Schüler besucht hatte, was mir zeigt, daß ich auch damals der eigentlichen politischen Sphäre noch recht fernstand. Ich habe mir stärkere Eindrücke von Wien bewahrt, von seinen Theatern, seinen Frauen und seiner Landschaft als vom Zionisten-Kongreß, dessen Sitzungen ich nicht einmal sehr oft besuchte. Ich wohnte mit meinen Eltern in einer Pension, deren Adresse ich längst vergessen habe, die ich aber noch vor Augen sehe. Dort lebte auch eine jüngere tschechische Dame; wenn ich ihr im Korridor begegnete, merkte ich an ihrem Blick, daß ich sie interessierte, doch reagierte ich nicht, zum Teil aus Respekt vor meiner Mutter, die ja sehr streng und puritanisch war. Eines Nachts, als ich spät vom Zionistischen Kongreß nach Hause kam und den Portier wecken mußte, damit man mir die Türe öffne, drückte dieser mir ein Kuvert in die Hand: die Tschechin bat mich darin dringend, zu

auch jedweder Stunde in ihr Zimmer zu kommen. Sie sagte mir, daß sie mich bei einer zionistischen Jugendversammlung sprechen gehört und sich in mich verliebt habe. So entwickelte sich zwischen uns eine kurze, aber recht leidenschaftliche Beziehung. Sie war von zuhause weggelaufen und leitete einen Modesalon in Wien, erklärte mir jedoch gleich, daß sie mit mir nach Heidelberg fahren würde. Davon war für mich natürlich keine Rede, und ich versuchte, ihr das klarzumachen. Sie versicherte mir, daß ich sie damit zugrunde richtete: sie wollte mir ewig treu sein, kannte aber ihre leidenschaftliche Natur und wußte, daß sie einen anderen Liebhaber nehmen würde, und ihr Gewissen würde sie danach zwingen, sich zu töten. Nach ein paar Tagen schlug sie mir als einzige Lösung vor, ihr meinen Nachfolger selbst zu finden: so brauche sie nicht das Gefühl zu haben, mich zu betrügen, sondern könnte mit geschlossenen Augen immer denken, ihr Liebhaber sei ich. Heute wäre ich wahrscheinlich durch solche hysterische Drohungen wenig beeindruckt, doch im Alter von achtzehn Jahren war ich sehr bedrückt. Der Zufall wollte, daß ich zwei Tage vor unserer Abfahrt zurück nach Frankfurt in einem jüdischen Ruderverein sprechen mußte. Der Vorsitzende der Gruppe brachte mich in die Pension zurück. Er war ein recht intelligenter Student, kurz vor seinem Doktorexamen, etwas scheu, und klagte mir auf dem Heimweg, daß er überhaupt kein Glück mit Frauen habe und deswegen sehr unglücklich sei. Ich machte ihm darauf den Vorschlag, ihn mit meiner Freundin bekannt zu machen und, falls sie sich gegenseitig gefielen, mein Nachfolger zu werden; ich versicherte ihm, daß er die abstruse Idee der jungen Frau nicht zu ernst nehmen müßte und daß sie mich gewiß nach kurzer Zeit vergessen und ihn zu lieben beginnen würde. Er ging darauf ein, ich machte die beiden bekannt und konnte so guten Gewissens nach Deutschland zurückfahren.

In Wien traf ich auch einen Teil meiner Familie aus Rußland. Der Kongreß gab uns einen erwünschten Anlaß zu einem solchen Familientreffen. Da der Weltkrieg, der ein Jahr später ausbrach, unsere Familie endgültig auseinanderriß, sind mir die zwei Wochen des letzten Zusammenlebens besonders in Erinnerung geblieben.

[17] Kommunitäre Siedlungen mit gemeinsamer Produktion ohne Zahlung individueller Löhne und weitgehend gemeinsamem Konsum

[18] Chaluz, hebräisch soviel wie Pionier

[19] hebräisch: Ansiedlung. Gebräuchlich als Bezeichnung der jüdischen Bevölkerung Palästinas vor der Gründung des Staates

4

Jüdische Tätigkeit während des Ersten Weltkrieges

Als ich von der Palästinareise zurückkam, nahm ich wieder meine Studien in Heidelberg auf, blieb aber nur ein Semester, 1913/1914, dort. Mein Interesse am juristischen Studium war nicht größer geworden, hingegen bereicherte ich mein jüdisches Wissen durch die Bekanntschaft mit einem ungewöhnlichen Mann namens Rabinkow, einem der genialsten Menschen, denen ich je begegnet bin. Er stammte aus Rußland, hatte dort an Talmud-Hochschulen studiert und war ermächtigt, als Rabbiner zu fungieren. Trotz oder vielleicht gerade wegen seiner tiefen Frömmigkeit verzichtete er jedoch darauf, da es ihm widerstrebte, sozusagen von der Religion zu leben. Er verband ein enzyklopädisches rabbinisches Wissen mit einer umfassenden westeuropäischen Bildung. Im Gespräch sprühte er geradezu von Scharfsinn und Witz, tiefen philosophischen Gedanken und großartigen Einfällen; und dies auf vielerlei Gebieten wie Geschichte, Religionsphilosophie und Rechtswissenschaft. Rabinkow war ein höchst eindrucksvoller Lehrer und Causeur, hingegen fehlte es ihm an jeglicher schriftstellerischer Begabung. Jedesmal, wenn ich ein paar Stunden mit ihm verbrachte, bedauerte ich, daß er keinen Eckermann hatte, der neben ihm herging und seine Äußerungen niederschrieb. Bücher von bleibendem Wert wären aus solchen Aufzeichnungen hervorgegangen. Anspruchslos wie ein Heiliger oder Asket weigerte er sich, von den vielen Schülern, die den Talmud und Religionswissenschaft bei ihm studierten – darunter Professoren der Heidelberger Universität –, irgendein Honorar anzunehmen. Dabei war er von einer ergreifenden Güte und Duldsamkeit; was er jedoch haßte, war jede Art religiöser Unduldsamkeit. Er war ein erbitterter Gegner jenes Typs der Frankfurter Trennungs-Orthodoxie, von dem schon die Rede war. Zu seinen Schülern gehörte auch der Sohn des Rabbiners dieser Frankfurter Orthodoxen, ein junger Fanatiker, der stets mit Rabinkow

Streit hatte, weil er dessen Toleranz weder verstehen noch billigen konnte. Einmal machte der junge Mensch seinem Lehrer heftige Vorwürfe, weil dieser entgegen der jüdischen Überlieferung keinen Bart trug. Rabinkow wies ihn zurecht, indem er ihm zunächst in einer scharfen talmudischen Beweisführung klarmachte, daß das Barttragen vom Standpunkt jüdischer Tradition sehr unwesentlich sei. Dann fuhr er fort: »Gesetzt den Fall, daß Sie recht hätten: Stellen Sie sich also vor, daß ich mein Leben ohne Bart gelebt haben werde. Wenn ich gestorben bin und in der anderen, besseren Welt vor Gottes Thron trete, wird er mir schlimmstenfalls sagen: ›Jude Rabinkow, wo ist dein Bart?‹ Darauf werde ich antworten müssen: ›Lieber Gott, hier ist ein Jude ohne Bart.‹ Wenn Sie aber vor Gott kommen werden, wird er sagen: ›Bart, wo ist dein Jude?‹«

Rabinkow war überzeugter Sozialist und Revolutionär. Die Lehren der Propheten waren für ihn Realität und nicht abstrakte Phrasen. Wie arm er auch war, er half doch anderen und verbrachte zur Hälfte seine Zeit damit, armen jüdischen Studenten aus Osteuropa, die nach Heidelberg kamen, Hilfe zu verschaffen. Ich verdanke ihm tiefe Einblicke in die Welt echter jüdischer Tradition und Religiosität. Wenn ich je in meinem Leben eine intellektuelle Freude an juristischen Darlegungen gehabt habe, war es, wenn ich mit Rabinkow den Talmud studierte und seiner großartigen Analyse des talmudischen Rechtsproblems folgte. Wir wurden innige Freunde. Er war glühender Zionist und umgab sich, was sehr charakteristisch für ihn war, mit Freidenkern und Revolutionären, nicht mit den Vertretern der starren jüdischen Orthodoxie, obschon er jüdische Gebräuche genau beobachtete. Immer wieder drängte ich ihn, einem Sekretär oder Freund seine tiefen Gedanken zu diktieren, doch er lehnte aus Bescheidenheit ab. Er streute seine Geistesfülle mit der Großzügigkeit eines geistigen Magnaten aus; den Typus des Intellektuellen, der jede noch so geringfügige Äußerung für so wichtig hält, daß er sie aufschreiben und der Nachwelt vermitteln muß, verachtete er. Rabinkow war in meinem Leben die großartigste Verkörperung des Lehrers und Meisters. So stelle ich mir den Erdenwandel der Religionsstifter früherer Zeiten vor, die ohne Eigennutz und Rückhalt Wissen und inneren Reichtum vor ihren Jüngern ausbreiteten. Er

starb ziemlich jung, da er trotz zarter Konstitution niemals seine Gesundheit schonte.
Anfang 1914 beschloß ich, von Heidelberg nach Marburg hinüberzuwechseln. Marburg war damals ein Zentrum der neukantianischen Schule, von Hermann Cohen begründet und von Paul Natorp und anderen fortgesetzt. Ich war zu der Zeit mit den Problemen der Kant'schen Philosophie innerlich stark beschäftigt. Die Kühnheit seiner Erkenntniskritik, die Erfahrung von der Subjektivität alles Wissens rüttelte mich auf und zog mich an. Es war der Anfang meiner Einsicht, daß keine Erkenntnis, jedenfalls keine rationale, absolute Wahrheiten vermitteln kann. Was mich so ungemein an der »kopernikanischen« Methode der Kant'schen Erkenntniskritik faszinierte, war ihre Sauberkeit und Ehrlichkeit, ihr Mut, Grenzen anzuerkennen, und ihre Weigerung, Ansprüche zu stellen, die der menschliche Intellekt nicht erfüllen kann, wie es andere philosophische Systeme in beinahe hochstaplerischer Weise tun. Ich verbrachte einen fruchtbaren Sommer in Marburg, unterbrochen von gelegentlichen Vorträgen und vielen Wanderungen in die schöne Umgebung, meist aber versenkt in philosophische Studien. Politik interessierte mich damals kaum, Zeitungen las ich, wenn überhaupt, nur flüchtig, und so kam es, daß ich sehr unvorbereitet war, als ich eines Nachmittags von einem Tennisspiel in mein Zimmer kam und erfuhr, daß plötzlich der Weltkrieg ausgebrochen war. Meine Eltern waren gerade an der holländischen See zur Erholung und ich sollte sie einige Tage später besuchen. Statt dessen fuhren wir nun alle nach Frankfurt.
Ich war damals kein deutscher Staatsbürger. Das alte Preußen liebte es nicht, osteuropäische Juden zu naturalisieren, und da man in jener Zeit – abgesehen vom Wahlrecht, das weder meine Eltern noch mich sehr interessierte, – kaum irgendwelche Nachteile hatte und zum Reisen weder Paß noch Visum brauchte, so hatten wir uns nie um die Einbürgerung bemüht. Russische Pässe hatten wir auch nicht, weil die russischen Konsulate für deren Verleihung an außerhalb Rußlands lebende Bürger jährlich ziemlich hohe Zahlungen erhoben. Vom deutschen Standpunkt waren wir allerdings Russen, das heißt »feindliche Ausländer«.

Bei der Studentenorganisation des »Igul«, Wien 1937

Mit einer Delegation des Jüdischen Weltkongresses, Treblinka 1964

Ich war zu jener Zeit deutsch-patriotisch eingestellt. In einer deutschen Schule erzogen, fühlte ich eine natürliche Dankbarkeit gegenüber Deutschland, eine Verbundenheit, die freilich an Tiefe keineswegs mit meiner jüdischen verglichen werden konnte. Wie alle anderen, die in Deutschland lebten und ihr Bild der politischen Entwicklung aus deutschen Zeitungen bezogen, war ich überzeugt, daß die Alliierten zu Unrecht Deutschland überfallen hätten. Fest stand auch, und das war entscheidend, daß die Westmächte Verbündete des zaristischen Rußland waren, des Rußlands der Pogrome, der Entrechtung jüdischer Bürger, der Zusammenballung der jüdischen Bevölkerung im berüchtigten Ansiedlungsrayon. Rußland war der Erzfeind. Aus demselben Grunde war auch der größere Teil des amerikanischen Judentums pro-deutsch, unter der Führung von Rabbiner Jehuda Magnes, einer der anerkannten religiösen Intellektuellen, später Präsident der Hebräischen Universität in Jerusalem. Ich meldete mich ein- oder zweimal als Kriegsfreiwilliger, wurde aber – wie ich heute sagen kann, glücklicherweise – nicht angenommen, weil die deutschen Behörden den Sieg in wenigen Wochen erwarteten. Es lohnte sich sozusagen nicht, für einige Wochen Heeresdienst den Preis der deutschen Staatsbürgerschaft zu zahlen. Doch hatte der Kriegszustand für mich die peinliche Folge, daß ich als feindlicher Ausländer von der Universität gestrichen wurde. Daß der Krieg nicht lange dauern konnte, davon war ich wie alle anderen naiverweise überzeugt, und so suchte ich nach Mitteln, selbst diese kurze Zeit nutzbringend zu verwenden. Da ich schon begonnen hatte, Feuilletons in der *Frankfurter Zeitung* zu veröffentlichen, faßte ich den Plan, als Volontär der Redaktion dieses Blattes beizutreten, welches damals eines der angesehensten und geistig höchststehenden in Westeuropa war. Den Chefredakteur und Geschäftsführer, Dr. Heinrich Simon, kannte ich gut. Mein Vorsatz wurde aber auch durch einen Zwischenfall vereitelt. In den ersten Kriegswochen erschien eine Verordnung, wonach alle feindlichen, weniger als zehn Jahre in der Stadt ansässigen Ausländer Frankfurt verlassen mußten, weil die Stadt wegen der Zeppelinhallen ein militärisch wichtiger Punkt war. Meine Eltern und ich, die wir schon länger in Frankfurt lebten, waren zwar von der

Ausweisung nicht betroffen, wohl aber eine Reihe guter Freunde, für die dies natürlich eine persönliche Tragödie war. Ich besuchte daraufhin den Frankfurter Polizei-Vizepräsidenten, der mich von meinen Vorträgen her kannte, um ihn zur Zurücknahme der Ausweisungsbefehle zu bewegen. Im Laufe einer heftigen Diskussion lehnte er dies aber mit der Begründung ab, daß diese Verordnung trotz ihrer Härte notwendig sei, um den Krieg zu gewinnen, worauf ich in meiner jugendlichen Unverfrorenheit erwiderte: »Wenn Sie den Krieg nur mit solchen Mitteln gewinnen können, so ist es besser, Sie verlieren ihn!« Damit war allerdings das Gespräch beendet, und am nächsten Morgen lag im Briefkasten ein Ausweisungsbefehl für mich persönlich, nicht aber für meine Eltern. Ich ging zu meinem Freund Dr. Simon, als Verleger der *Frankfurter Zeitung* einer der einflußreichsten Männer der Stadt. Er setzte sich mit mir in einen Wagen und wir fuhren zum Kommandierenden General, Baron von Eichhorn, einem Mann, der am Ende des Krieges von russischen Terroristen in Kiew ermordet wurde. Dieser, ein freundlicher Herr, war als Oberbefehlshaber natürlich ermächtigt, einen solchen Ausweisungsbefehl rückgängig zu machen, und er erklärte sich auch bereit dazu. Doch riet er mir von diesem Schritt ab, um den Polizei-Vizepräsidenten nicht vor den Kopf zu stoßen, und schlug mir vor, Frankfurt auf kurze Zeit zu verlassen – auch er war sich ja der kurzen Kriegsdauer gewiß, zumal damals die Deutschen schon in Belgien und Frankreich standen. Sobald der Fall vergessen sei, sollte ich mit seiner Genehmigung zurückkehren. Ich hielt dies für einen klugen Rat und wählte als meinen Aufenthalt Bad Nauheim, wo Hunderte osteuropäische Juden, die den Sommer in deutschen Kurorten verbracht hatten, konzentriert wurden. Sie durften in den Hotels leben, und da es sich meist um vermögende Leute handelte, ging es ihnen recht gut. Später wurde ihnen die Rückkehr nach Rußland über Schweden ermöglicht. Meine Eltern und Frankfurter Freunde und Freundinnen konnten mich so oft besuchen, wie sie wollten. Von den vielen Bekanntschaften, die ich in Nauheim gemacht habe, will ich zumindest die Begegnung mit dem Ehepaar Salszupin erwähnen. Der Mann war ein bedeutender Anwalt in Warschau; seine Frau war hochgebildet und lehrte mich Russisch, und ich war unter ihrer Anleitung so weit gekommen, daß ich Turgenjew im Original lesen konnte. Seither habe ich die Sprache nicht weiter gepflegt und kann heute nur noch mit Mühe vielleicht eine Zeitung lesen. Mit den Salszupins blieb ich mein ganzes Leben in Verbindung. Wann immer ich nach Warschau kam, pflegte ich fast täglich bei ihnen zu sein. Als ich eines Tages bei ihnen zum Essen war, kam ein Sekretär herein – die Warschauer Anwälte hatten gewöhnlich ihre Kanzlei zusammen mit ihrer Wohnung – und bat Herrn Salszupin, einen seiner reichen, frommen chassidischen Klienten, der sich ganz hysterisch im Vorzimmer benehme, sofort zu sehen. Ich ging mit ihm in die Kanzlei, wo wir einen dickleibigen, wohlgekleideten Mann in der traditionellen jüdischen Tracht mit langem Gehrock und Pelzmütze schluchzend antrafen. Die Deutschen hatten angeordnet, daß alle Bewohner Warschaus entlaust werden müssen, weil man Angst vor Epidemien hatte. So war auch der Klient von Salszupin abgeholt und geduscht worden. Man konnte ihn vor Aufregung nur schwer verstehen. Er schrie: »Stellen Sie sich vor, es ist jetzt Februar, ich wurde nackt unter eine kalte Brause gestellt, und es ist doch klar, daß ich eine Lungenentzündung kriege und sterben werde. Sie müssen jetzt sofort von dem deutschen General-Gouverneur eine Pension für meine Familie erwirken!«

Mir gefiel es in Bad Nauheim gut. Ich gründete einen zionistischen Klub. Da ich unter den Ostjuden sozusagen als Deutscher galt und noch dazu als juristisch Ausgebildeter, wurde ich auf natürliche Weise ihr Wortführer gegenüber den Behörden. Der Vertreter der Polizeigewalt war ein Kommissar von gutmütig-bäurischem Typus, bei dem ich oft Erleichterungen für die russisch-jüdische Kolonie erwirkte. Ein Fall aus dieser Interventionstätigkeit ist mir in Erinnerung geblieben, der amüsant genug ist, um hier berichtet zu werden. Es gab unter den Internierten ein paar Dutzend orthodoxer Männer, darunter einige Rabbiner, die mir eines Tages vorjammerten, daß sie zum ersten Mal in ihrem Leben den bevorstehenden Neujahrstag ohne rituelles Bad begehen müßten. So erfuhr ich, daß nach jüdischem Brauch nicht nur Bräute vor der Hochzeit ein solches Bad (Mikwa) nehmen müssen, sondern auch fromme Leute vor dem Neujahrs- und Versöhnungsfest. Bad Nauheim hatte keine rituelle Badeanstalt, wohl aber gab es eine solche in dem fünfzehn Minuten entfernten Friedberg, dem Sitz einer uralten jüdischen Gemeinde. Ich sollte für die Rabbiner Erlaubnis erwirken, unter polizeilicher Begleitung zum Baden nach Friedberg zu fahren. Meine Unterredung mit dem gutmütigen, aber etwas beschränkten Polizeikommissar verlief ergebnislos, weil er entweder nicht verstehen konnte oder wollte, was ein rituelles Bad ist. »Ich verstehe Sie nicht«, sagte er, »im letzten Jahr sind 40000 Menschen nach Nauheim gekommen, um Bäder zu nehmen, und Sie wollen mir einreden, daß Ihre Rabbiner durchaus nach Friedberg geschickt werden müssen, um zu baden?« Er schloß das Gespräch mit den Worten: »Sagen Sie Ihren rabbinischen Freunden, daß ich mich freuen würde, wenn sie überhaupt baden, selbst wenn es nur in Nauheim ist.« Dieser Bescheid wirkte herzzerbrechend auf die orthodoxe Gruppe. Manche hatten ob der Sünde, die man sie zu begehen zwang, Tränen in den Augen. Im Wunsch, ihnen zu helfen, erinnerte ich mich meiner Bekanntschaft mit dem Kommandierenden General in Frankfurt. Ich rechnete bei meinem Plan mit dem im alten Preußen tief verwurzelten Respekt vor jeder Religion und ließ mir von den Rabbinern die betreffenden Paragraphen im jüdischen rituellen Kodex angeben. Dann schickte ich dem General von Eichhorn ein Telegramm, für diese Frommen unter Berufung auf Abschnitt soundso im »Schulchan Aruch«[20] die erforderliche Erlaubnis erbittend. Der nächste Morgen brachte dem Kommissar den telegraphischen Befehl, die ganze Gruppe unter polizeilicher Eskorte nach Friedberg zu schicken. Heute erscheint ein solches Verhalten gegen sogenannte Feinde als eine Tat der Humanität, die unsere Generation wohl beinahe für unglaubhaft hält.

Mir gefiel es in Bad Nauheim so gut, daß ich von der Erlaubnis des Generals von Eichhorn, nach Frankfurt zurückzukehren, keinen Gebrauch machte, sondern es vorzog, acht bis neun Monate zu bleiben. In dieser Zeit setzte ich meine Mitarbeit an der *Frankfurter Zeitung* fort. Patriotisch wie ich war, schrieb ich eine Reihe von Aufsätzen, in denen ich philosophisch-historisch Deutschlands Haltung seinen Gegnern gegenüber rechtfertigte. Es war ein Versuch, das deutsche Staatssystem mit seiner autoritären Gewalt und sozialen Gesetzgebung, in der gerade das kaiserliche Deutschland beispielgebende Fortschritte gemacht hatte, gegenüber dem System des individualistischen Liberalismus der Westmächte zu verteidigen. Bekanntlich war Bismarck der erste Staatsmann, der das System der Kranken- und Altersversicherung eingeführt hatte, und in dieser Hinsicht war das kaiserliche Deutschland fortschrittlicher als die westeuropäischen Demokratien und die USA. Wenn ich heute diese Artikel lese, erscheinen sie mir künstlich und unreif, aber in jungen Jahren ist man viel eher bereit, Systeme zu konstruieren und die Welt in Kategorien einzuteilen als im reiferen Alter, wenn man gelernt hat, wie ungeheuer vielfältig die Wirklichkeit ist und wie schwer es ist, sie in das Prokrustesbett eines abstrakten Schemas einzuzwängen. Teils aus intellektueller Spielerei, teils aus journalistischem Aktualitätsbedürfnis nannte ich diese Artikelserie »Der Geist des Militarismus«, da dies das große Schlagwort des Ersten Weltkriegs, der Kampf gegen den deutschen Militarismus war. Noch während der Kriegsjahre lernte ich allmählich verstehen, was die westliche Welt am deutschen Militarismus mit Recht als gefährlich und bedrohlich empfand, und ich bin später ein sehr radikaler Antimilitarist geworden. Aber wie jeder, so habe auch ich meine intellektuellen Sünden begangen, und der emotionellen Verbundenheit mit dem Lande und der Kultur, in denen ich aufgewachsen bin, schäme ich mich selbst heute nicht. Ich sandte meine Arbeit an Dr. Simon. Er war so beeindruckt davon, daß er fand, sie sei zu wertvoll für eine Tageszeitung, und sandte sie den Herausgebern einer Broschürenreihe unter dem Titel *Der deutsche Krieg*, die der deutschen Propaganda höheren Niveaus gewidmet war. An dieser Serie beteiligten sich Männer wie der frühere Reichskanzler Bernhard von Bülow, der Generaldirektor des Norddeutschen Lloyd, Albert Ballin, und viele führende Schriftsteller. Die Herausgeber, Dr. Ernst Jäckh, später Direktor der Hochschule für Politik und Professor an der Columbia University, brachte meine Artikel in dieser Serie heraus, was besonders ungewöhnlich war, weil sie von einem unbekannten jungen Mann und noch dazu von einem Nichtdeutschen stammten. Die Broschüre wurde damals in Zehntausenden von

Exemplaren verbreitet, und die Folge davon war, daß die Propagandaabteilung des Auswärtigen Amtes auf mich aufmerksam wurde. Mit Dr. Jäckh blieb ich lebenslänglich aufs freundschaftlichste verbunden. Er war ein politischer Schriftsteller und Anhänger der von Friedrich Naumann geführten Orientpolitik, die darauf ausgerichtet war, Deutschland mit den Türken zu verbinden, um Einfluß im Nahen Osten zu haben; eines der Projekte dieser Politik war die berühmte Bagdad-Bahn, die von Istanbul nach Bagdad führte. Jäckh wurde später Direktor der Akademie für Diplomatie in Berlin und hatte diesen Posten noch inne, als Hitler zur Macht kam. Er war selbst ein ausgesprochener Demokrat, ein guter Freund Churchills, der ihn bat, nach London zu kommen, um Generalsekretär einer Art Pan-Europa zu werden, die er gegründet hatte, sozusagen als Gegenpol zu der Organisation von Coudenhove-Kalergi. Jäckh legte seinen Posten in Berlin nieder und wurde daraufhin zu einem Gespräch mit Hitler eingeladen, von dem er mir mehrmals erzählt hat. Er war von Hitler, besonders von seinen Augen, sehr beeindruckt. Während des Gesprächs benahm er sich ganz normal, ohne Geschrei und Hysterie, und bat Jäckh, seine Demission zurückzuziehen, da er die Akademie für Diplomatie doch so hervorragend leite.

Jäckh antwortete ihm mit seinem schwäbischen Humor: »Wie Sie sehen, mein Führer, bin ich glattrasiert. Wenn ich meinen Posten nicht niederlegen würde, könnte ich mich nicht mehr rasieren.« Und er erklärte Hitler: »Um mich zu rasieren, muß ich vor den Spiegel treten. Wenn ich meine jüdischen Kollegen entließe und ich würde bleiben, könnte ich nie mehr vor einen Spiegel treten, denn ich würde mich schämen, mich selbst anzusehen. Daher muß ich zurücktreten.« Hitler nahm diese Antwort gelassen hin und fragte Jäckh, was er für ihn tun könne. Jäckh erwiderte, daß er selbst eine gute Position in England annehmen würde; er bat ihn jedoch, seinen jüdischen Kollegen, die entlassen würden, eine gute Abfindung zu geben. Darauf antwortete Hitler: »Schicken Sie mir eine Liste mit den Namen der Männer und geben Sie bei jeden die Summe an, die man ihm zahlen soll; ich werde dafür sorgen, daß es geschieht.« Und es geschah tatsächlich.

In diesem Zusammenhang erwähne ich noch eine Episode, die Hitlers Bild ein wenig beleuchten kann. Sie wurde mir von dem jüdischen Bankier Eric Warburg aus Hamburg erzählt, der während der Nazi-Periode nach Amerika ausgewandert war. Er wurde dort Schatzmeister eines Komitees, das sich zur Aufgabe machte, jüdischen Ärzten aus Deutschland, die nach den Vereinigten Staaten einwanderten, eine Überbrückungsmöglichkeit zu geben, bis sie ihr amerikanisches Zulassungsexamen bestanden. Zu ihm kam 1938 ein aus Braunau stammender Arzt, der ihm erzählte, er sei jahrelang Hausarzt der Hitler'schen Familie, Schicklgruber hießen sie, gewesen. Hitler selbst habe er bis zu seinem 17. Lebensjahr, als er nach Wien ging, behandelt, und er habe keinerlei Anzeichen von Anti-Semitismus bei ihm bemerkt; antisemitisch wurde Hitler seiner Ansicht nach erst in Wien. Nach dem Nazi-Einmarsch in Österreich kam Hitler zu einem Triumphbesuch in seinen Geburtsort. Es erging der Befehl, daß die wenigen Juden, die noch in Braunau lebten, während des Führerbesuchs nicht auf die Straße gehen durften. Er, der Arzt, bekam jedoch die Order, auf dem Balkon zu sein, da Hitler ihm zuwinken wolle. Dies geschah und – kurz darauf bekam er die Ausreisegenehmigung mit allen Erleichterungen.

Inzwischen waren die meisten der in Bad Nauheim untergebrachten Ostjuden nach Rußland zurückgekehrt, und es hatte für mich wenig Sinn, dort zu bleiben. Da ich immer noch nicht zur Universität zurückkonnte, beschloß ich, um die Aufenthaltserlaubnis in Berlin nachzusuchen. Ich schrieb Dr. Jäckh und wurde daraufhin eingeladen, in die Propagandaabteilung des Auswärtigen Amtes einzutreten. Ich nahm an, zog nach Berlin und blieb bis zum Ende des Krieges in dieser insofern eigentümlichen Stellung, als ich mich einerseits als feindlicher Ausländer zweimal die Woche bei der Polizei melden mußte, andererseits aber im Auswärtigen Amt arbeitete und bei meinen Reisen den deutschen Diplomatenpaß benutzte. Diese kuriose Position entstand wohl dadurch, daß niemand in der juristischen Abteilung des Auswärtigen Amtes, in der alle Verträge mit neuen Angestellten abgeschlossen wurden, auf den Gedanken kam, daß jemand, der im Auswärtigen Amt arbeiten sollte, kein deutscher Bürger sei. Ich fühlte mich nicht verpflichtet, ungefragt auf

meine russische Staatsangehörigkeit hinzuweisen, und so wurde der Vertrag unterschrieben.
Meine neue Arbeit eröffnete mir den Zugang zu einer unbekannten Welt. Ich hatte zunächst in der Nachrichtenabteilung zu tun, später beschäftigte ich mich mehr mit jüdischen Fragen. Deutschland war im Ersten Weltkrieg die Großmacht mit den wichtigsten jüdischen Problemen. Polen und Litauen mit ihren Millionen Juden waren von der deutschen Armee besetzt. Palästina war türkisch, also in den Händen eines Verbündeten Deutschlands. Die Probleme, die mich am meisten anzogen, nämlich die Rechte des osteuropäischen Judentums und die Besiedlung Palästinas, fielen demnach in die deutsche Machtsphäre. Ich legte das meinen Vorgesetzten dar und regte die Einrichtung einer Abteilung für jüdische Fragen an. Eine solche wurde auch errichtet und blieb nach meinem Ausscheiden aus dem Auswärtigen Amt am Ende des Krieges bestehen. Sie blieb die einzige ihrer Art in der Welt, bis Hitler Reichskanzler wurde, was natürlich zu ihrer Auflösung führte.
In meiner Tätigkeit für den allgemeinen Nachrichtendienst hatte ich anfangs einen sehr merkwürdigen Vorgesetzten, einen Adeligen österreichischer Herkunft, Baron Buri: Grandseigneur und Lebemann, kultiviert und zynisch, für den, wie er mir immer wieder erklärte, siamesische Tänzerinnen (die er als Gesandter in Siam kennengelernt hatte) höchster Ausdruck menschlicher Kultur waren. Im Grunde seines Herzens war er beinahe deutschfeindlich. Er hatte etwas von der Verachtung der alten, dekadenten österreichischen Aristokratie für das moderne Preußen, das er als Emporkömmling betrachtete. Wie ich ihm öfter sagte, hatte er Königgrätz noch nicht verwunden. Wenn er keine Angst hatte, belauscht zu werden, sprach er mit mir, mitten im Krieg und im Auswärtigen Amt, französisch, weil er behauptete, Deutsch sei eine barbarische Sprache. Am ersten Tage, als er mir meine Arbeit zuwies, die im Lesen von sechzig bis siebzig Tageszeitungen und im Abfassen kurzer Resümees bestand, gab er mir folgende Richtlinien: »Wenn Sie eine Nachricht lesen, so diskontieren Sie die Hälfte, weil sie in einer Zeitung steht. Die andere Hälfte diskontieren Sie, weil sie in dieser besonderen Zeitung steht. Vom Rest glauben Sie nur die Hälfte, dann

werden Sie nur wenig irregeführt werden.« Auch ein anderer Rat, den mir Baron Buri gab, ist der Erwähnung wert: »Wie Sie sehen, leide ich sehr an Gicht«, sagte er mir eines Tages. »Aus meiner eigenen Erfahrung weiß ich, daß man sich manchmal mit einer Freundin zankt, wenn man mit ihr im Bett ist. Man hat dann natürlich das Bedürfnis, aufzuspringen und ans Fenster zu gehen. Tun Sie das ja nicht, sonst bekommen Sie eines Tages Rheumatismus; zanken Sie sich weiter, aber bleiben Sie unter der Decke.«

Schon sehr früh lernte ich die politische Plumpheit und Unbegabtheit der deutschen Diplomatie kennen. Ich könnte geradezu unglaubliche Beispiele für Mangel an Finesse und politischem Fingerspitzengefühl erbringen, beschränke mich aber auf ein einziges Beispiel. Es zeigt, wie dieser Mangel an politischer Klugheit Gegner züchtete und so trotz großer militärischer Erfolge zur Niederlage beitrug. Eine Zeitlang hatte ich mit der größtenteils pro-englischen skandinavischen Presse zu tun. Es gelang mir, Beziehungen zu einem einflußreichen deutschfreundlichen Journalisten anzuknüpfen, einem entfernten Verwandten des norwegischen Dichters Björnstjerne Björnson, der mir erklärte, was viele skandinavische Journalisten veranlaßte, Deutschen-Gegner zu sein. Viele von ihnen, erklärte er, seien von den Engländern gekauft, nicht auf plumpe, sondern raffinierte Art. So habe zum Beispiel der Chefredakteur einer Zeitung ein hohes Honorar für einen Artikel in der *Encyclopaedia Britannica* bekommen, den er nie zu schreiben brauchte; ein anderer sei nach England eingeladen worden und die ihm bewilligten Reisespesen hätten ausgereicht, seinen Lebensunterhalt während eines ganzen Jahres zu bestreiten. »Was das Auswärtige Amt tun muß«, schloß er, »ist, die Engländer in gegebenen Fällen zu überbieten.« Ich war, als er diese Erklärungen mit Namen belegte, tief erschüttert. Jung und naiv wie ich war, hielt ich den Journalismus für einen heiligen Beruf, dazu da, anderen Menschen Ideen und Überzeugungen zu übermitteln. Mein Bekannter lächelte dazu nur. »Sie sind ein Kind«, entgegnete er. »Journalismus ist ein Beruf wie jeder andere. Wenn ich Schuhe erzeuge, so verkaufe ich sie dem Höchstbietenden. Schreibe ich Artikel, so tue ich dasselbe.« Ich berichtete das Gehörte meinem Vorgesetzten und regte an, diesen Rat zu befolgen. Er schlug mir vor, zu diesem Zweck nach Skandinavien zu reisen; da ich aber kein Berufsdiplomat war und weder Titel noch Examina hatte, wurde an meiner Statt ein wohlbestallter Legationsrat ausgesandt. Er reiste nach Kopenhagen und verschickte eine Anzahl von Briefen, in denen er den Empfängern mitteilte, er wisse wohl, die Engländer hätten ihnen Gefälligkeiten erwiesen, er aber sei beauftragt, ihnen bessere Bedingungen anzubieten. Ich habe zwar diese Briefe nicht im Wortlaut gelesen, aber so ähnlich müssen sie abgefaßt gewesen sein, denn der Erfolg war, daß eine große dänische Zeitung einen empörten Protest gegen die Korrumpierungsversuche der Deutschen veröffentlichte und der brave Legationsrat Hals über Kopf Kopenhagen verlassen mußte.

Nachdem ich dieses Treiben ein Jahr lang beobachtet hatte, war mir ziemlich klar, daß Deutschland den Krieg verlieren würde. Auch hatte ich inzwischen auf Grund meiner Lektüre der westeuropäischen Presse eine andere Einstellung zu den Kriegsursachen gewonnen und war nicht mehr von der unbedingten Richtigkeit des deutschen Standpunktes durchdrungen. Der Grundfehler der deutschen Diplomaten war, um es nur beiläufig zu erwähnen, daß sie sich durch nichts von den übrigen Beamten unterschieden. Sie waren fleißig, ergeben, ehrenhaft, aber durch und durch bürokratisch. Ich entsinne mich, daß gerade damals Vorschläge zu einer Reform des diplomatischen Dienstes erwogen wurden. Ein hoher Beamter des Auswärtigen Amtes, der mich kannte und meine Arbeiten regelmäßig las, Baron von Bergen, forderte mich auf, ein Memorandum über die Verbesserung des diplomatischen Betriebes zu verfassen. Ich schlug dieses Ansinnen mit der Begründung aus, daß schon meine Prämissen unannehmbar sein würden. »Der Hauptfehler«, sagte ich, »besteht darin, daß Ihre Beamten zwölf bis vierzehn Stunden des Tages über Akten sitzen. Das mag für einen Finanzbeamten oder Regierungsrat angehen. Aber Diplomatie erfordert Einfälle, und die hat nur – wenn Muße vorhanden – wer mit einer Frau spazierengeht, ein Buch liest, im Walde liegt, aber niemand, der über Akten sitzt.« Die erste Reform, meinte ich, müßte darin bestehen, wichtigen Beamten des Auswärtigen Amtes wenig Arbeit und viel Muße zu geben. Der Diplomat winkte ab: »Das ist undenkbar.«

Während ich Beamter des deutschen Außenministeriums war, erlebte ich eine Episode, die mir, wie manche andere, später bewies, wie leicht man unschuldig in Verdacht geraten kann, besonders in Kriegszeiten. Meine Eltern lebten in Frankfurt am Main. Sie konnten sich nicht erlauben, Nahrungsmittel auf dem Schwarzmarkt zu kaufen, und die sehr geringen Rationen waren für die delikate Gesundheit meines Vaters ungenügend. So besorgte ich ihm ein Visum nach Warschau, wo sein jüngerer Bruder, der Verleger Schalkowitz, lebte und wo es Essen in Hülle und Fülle gab. Mein Vater hatte damals eine Reihe hebräischer Gedichte und Erzählungen verfaßt und hoffte, sein Bruder würde sie veröffentlichen. Ein Mitreisender im Zug erzählte ihm, daß alles Gepäck an der Grenze in Thorn streng untersucht würde. Aus Angst beschloß mein Vater, sein Manuskript dem Vorstehenden der Jüdischen Gemeinde in Thorn anzuvertrauen, den ich gebeten hatte, ihn am Bahnsteig zu begrüßen mit der Bitte, es mir bei einer nächsten Reise zu geben, da ich ja mit meinem Diplomatenpaß nicht untersucht würde. Dies beobachtete ein deutscher Beamter, holte meinen Vater aus dem Zug und wollte ihn als verdächtigen Spion verhaften. Auf Bitte des Gemeindevorstehers erlaubte er ihm, bis zur Aufklärung der Sache bei dem Vorsteher zu bleiben. Ich erhielt in Berlin einen dringenden Anruf, mich bei der Geheimpolizei zu melden, wo man mir sagte, ich sei verhaftet. Der Beamte wollte mir natürlich nicht glauben, daß ich ein deutscher Diplomat sei. Ich bat ihn meinen Vorgesetzten Baron Buri anzurufen, der, als er hörte, man wolle mich als Spion festnehmen, dem Beamten sagte: »Sie sind ein Idiot!« Baron Buri telefonierte sofort mit dem Polizeipräsidenten, der den Beamten alsbald anrief, und so wurde ich freigelassen. Der Polizist erzählte mir dann das Geschehnis in Thorn. Wenn ich nicht im Auswärtigen Amt gewesen wäre, erklärte er mir, wären mein Vater und ich nach Holzminden, dem Lager für feindliche Ausländer, gekommen. Die Behörden hätten einen hebräischen Übersetzer finden müssen, der das Manuskript meines Vaters übersetzt hätte, um zu prüfen, ob es sich nicht um in Code geschriebene Nachrichten handele. Wenn es sich erwiesen hätte, daß es nur Gedichte waren, hätte man uns freigelassen, aber das hätte ein halbes Jahr dauern können.

Nachdem ich dieser zunächst interessanten, mich aber im Grunde wenig angehenden Arbeit ein Jahr gewidmet hatte, konnte ich mich mehr mit jüdischen Fragen beschäftigen. Am meisten interessierte mich die Rechtsstellung des polnischen und litauischen Judentums. Deutschland plante damals eine polnische Republik oder ein Großherzogtum. Es bestand die Absicht, Litauen und die baltischen Provinzen von Rußland loszulösen. Ich wurde mehrmals nach Polen geschickt, um die Haltung der mehr als dreieinhalb Millionen Juden zu diesen Plänen auszukundschaften. Eines Tages wurde ich zu einer Sitzung über das polnische Problem geladen, an der nicht nur der Unterstaatssekretär Herr von Busche-Hardenhausen, sondern auch die Generäle Hindenburg und Ludendorff teilnehmen sollten. Für mich als kleinen Beamten war es natürlich eine besondere Ehre, dabeisein zu dürfen. Hindenburg kam herein wie eine lebendige Marmorstatue, schritt langsam und gemessen von Person zu Person und gab jedem mit sehr steifer Haltung die Hand; es waren ungefähr zwanzig Menschen anwesend, und das ganze Zeremoniell dauerte etwa fünf Minuten. Ludendorff, der nach ihm hereinkam, winkte flüchtig, sagte weder »Guten Tag« noch gab er jemandem die Hand und setzte sich sofort hin. In der Diskussion wurde ich aufgefordert, von meinen Eindrücken zu berichten. Ich war schon damals ein bißchen ironisch und sagte: »Der Vorschlag, Polen die Selbständigkeit zu gewähren, hat keine Aussicht auf Erfolg. Wenn Prinz Radziwil, den Sie zum Großherzog ernennen wollen, von Warschau nach Lodz fahren will, muß er stundenlang im Vorzimmer irgend eines deutschen Beamten sitzen und warten, bis er eine Reiseerlaubnis bekommt. Unter solchen Verhältnissen wird niemand daran denken, Großherzog von Polen zu werden. Bevor Sie über politische Autonomie reden, schaffen Sie zuerst einmal diese bürokratischen Beschränkungen ab.« Darauf erhob sich der für Polen zuständige Sachbearbeiter – ich glaube, es war ein Prinz von und zu Isenburg oder Waldeck, – und hielt ein langes Plädoyer zugunsten eines Großherzogtums unter Prinz Radziwil. Ich unterbrach ihn und sagte: »Was Sie hier sagen, ist idiotisch!« Er stand sehr steif auf und erklärte: »Herr Goldmann, Sie haben mich beleidigt, ich fordere Sie auf, mir Genugtuung zu geben!« Vorsitzender und Leiter dieser Zusammenkunft war der damalige Unterstaatssekretär Herr von Bergen, der mich gernhatte. Er rettete die Situation, indem er sagte: »Lieber Prinz, die Folgerung aus dem, was Herr Goldmann gesagt hat, nämlich, daß Sie selbst ein Idiot seien, haben Sie gezogen, nicht er. Deswegen braucht er Ihnen auch keine Satisfaktion zu geben.« Die Episode endete dann in allgemeinem Gelächter.

Ich hoffte zur Sicherstellung der Rechte jener Millionen Juden beitragen zu können, die im bisherigen Rußland völlig rechtlos gewesen waren. Sie sollten nach meiner Vorstellung nicht nur der übrigen Bevölkerung gleichgestellt, sondern nationale und kulturelle Autonomie erhalten. Mit diesen Fragen befaßte sich damals innerhalb des deutschen Judentums das Komitee für den Osten, dem Männer wie Professor Franz Oppenheimer, Dr. Adolf Friedemann, Professor Moritz Sobernheim und andere führende deutsche Juden angehörten. Ich stand mit diesem Komitee in Verbindung, und wenn ich auch als junger Mensch keinen Einfluß im Auswärtigen Amt ausübte, so konnte ich doch das meinige leisten. Ich fuhr einige Male nach Warschau, machte erstmals Bekanntschaft mit dem polnischen Judentum und schrieb Berichte an das Auswärtige Amt, in denen ich mich für kulturelle Autonomie zur Pflege eines eigenen jüdischen Lebens aussprach. Manche der angesehensten Führer des deutschen Judentums, die assimilatorisch eingestellt waren, lehnten diese Konzeption ab. Das Jiddische betrachteten sie als eine Erbschaft des Ghettos und die nationale Auffassung eines jüdischen Volkes war für sie Anathema. Einigen dieser Persönlichkeiten war meine Beschäftigung im Auswärtigen Amt ein Dorn im Auge. Man muß wissen, daß im kaiserlichen Deutschland Juden im allgemeinen nicht Beamte werden konnten. Zumal das Auswärtige Amt, das als das vornehmste Ministerium galt, war für Juden verschlossenes Gebiet. Daß ausgerechnet ein Ostjude, noch dazu ein radikaler Zionist, dort Fuß gefaßt hatte, war für sie geradezu ein Affront. Eines Tages rief mich mein Vorgesetzter, Baron Buri, zu sich und erklärte mir lachend, er müsse mir eine kuriose Geschichte erzählen. Soeben sei eine Delegation von drei bekannten und führenden Juden bei ihm gewesen. Die Namen der Herren könne er mir nicht nennen, da er versprochen habe, sie geheimzuhalten. (Ich habe sie aber später doch erfahren.) Die Delegation habe ihr Erstaunen ausgedrückt, daß ich ins Auswärtige Amt berufen worden sei, ob er, mein Vorgesetzter, denn wisse, daß ich gar kein Deutscher, sondern Ostjude sei, worauf er geantwortet habe: »Wenn der Patriotismus des Herrn Goldmann der kaiserlichen Regierung genügt, so kann er auch Ihnen genügen, meine Herren.« Gezwungen, dieses Argument fallenzulassen, hätten die Herren nun gefragt, ob man denn im Auswärtigen Amt wisse, daß ich extremer Zionist sei, während die überwältigende Mehrheit der deutschen Juden antizionistisch wäre. Darauf erwiderte mein Vorgesetzter etwa folgendes: er wisse sehr wenig von innerjüdischen Problemen und Meinungsverschiedenheiten; hingegen sei ihm seit seiner Jugend bekannt, daß die deutschen Juden sich ständig über die Regierung beschwerten, weil sie jeden Amtsanwärter danach frage, ob er Jude oder Christ sei. »Jetzt wollen Sie gar, daß wir, wenn wir schon einen Juden anstellen, ihn auch noch danach fragen, was für ein Jude er sei. Das führt entschieden zu weit!«

Meine Versuche freilich, dem polnischen und litauischen Judentum Gleichberechtigung und Autonomie zu verschaffen, waren ergebnislos, da Deutschland den Krieg verlor und über ihr Schicksal nicht zu entscheiden hatte. Ich versuchte im Rahmen meiner Tätigkeit auch, mich um palästinensische Fragen zu kümmern. Doch in dieser Hinsicht konnte ich ebensowenig erreichen, weil meine Stellung untergeordneter Natur war und ich höchstens vom Standpunkt der Propaganda-Abteilung aus einzugreifen vermochte. Immerhin konnte ich einiges ausführen, was dem einfachen Privatmann und selbst der deutschen zionistischen Organisation versagt war, da ich über Möglichkeiten der Nachrichtenübermittlung ins Ausland verfügte. Mit den Führern der zionistischen Arbeit in Berlin, Dr. Victor Jacobson, Dr. Arthur Hantke, Kurt Blumenfeld und anderen, stand ich in Verbindung, gehörte aber keinem wichtigen zionistischen Gremium an und interessierte mich auch nicht sehr viel für die politischen Aspekte der Bewegung. Ich wußte von ihren Forderungen und Plänen und konnte mich gelegentlich für dieselben einsetzen. Von diesen Bemühungen ist mir eine in nachhaltiger Erinnerung geblieben, und zwar im Zusammenhang mit Djemal Paschas Reaktion auf die Schaffung der Jüdischen Legion durch Jabotinsky, dem brutalen Befehl zur Evakuierung aller jüdischen Kolonien, der bestimmt zu ihrer Zerstörung geführt hätte. Allzu frisch trug man noch die Vertreibung und Ermordung Hunderttausender von Armeniern durch die Türken im Gedächtnis! Die Zionistische Weltexekutive, die sich damals noch in Berlin befand, tat alles, was sie konnte, um die Intervention Deutschlands herbeizuführen und die Weltmeinung zu Protesten gegen die Drohungen Djemal Paschas zu bewegen, was ihr auch zum großen Teil gelang. Ich konnte meinem Vorgesetzten im Auswärtigen Amt vor Augen halten, zu welchen schweren propagandistischen Schäden die Verwirklichung des türkischen Planes führen mußte. Das Auswärtige Amt tat sein Bestes, um immer wieder in Konstantinopel zu intervenieren und bemühte sich auch darum, – da Djemal Pascha eigensinnig blieb und nicht reagierte – die militärischen Oberbefehlshaber, Hindenburg und vor allem Ludendorff, zur Stellungnahme zu bewegen und in letzter Instanz auch den Kaiser selbst dazu zu veranlassen, einzugreifen. In einer Episode konnte ich ein wenig mithelfen. Ich kannte damals einen bedeutenden protestantischen Theologen, Prof. Strack (er vertrat die These, die Juden müßten erst nach Palästina zurückkehren, um dann dort Christen zu werden, eine Ansicht, die viele Jahre später auch der Père Général der Jesuiten in einem Gespräch mit mir zum Ausdruck brachte), der wiederum mit dem Oberhofmeister der Kaiserin, Graf Mirbach, befreundet war. Die Kaiserin hatte bekanntlich das »Augusta-Viktoria-Hospiz« auf dem Ölberg gegründet. Ich begab mich eines Morgens zu Prof. Strack, der mich, wie es damals üblich war, mit »Gott strafe England« begrüßte, erzählte ihm von dem Befehl von Djemal Pascha und gab ihm zu verstehen, daß auch das Hospiz in Gefahr war. Er fuhr mit mir zum Grafen Mirbach, der die Kaiserin dazu bewegte, Kaiser Wilhelm zu verständigen, was dazu beigetragen haben mag, den Kaiser selbst zur Intervention zu veranlassen, was natürlich von großer Bedeutung war. Ich bilde mir nicht ein, daß einzig und allein das Interesse der Kaiserin Kaiser Wilhelm bewegte, diesen Schritt zu unternehmen; das Auswärtige Amt hatte natürlich auch den Kaiser um Intervention gebeten. In dieser Hinsicht hat sich die deutsche Regierung große Verdienste erworben. Zu den Bemühungen, sie zu einer öffentlichen Stellungnahme zugunsten der zionistischen Bestrebungen zu bewegen, konnte ich wenig beitragen. Ich wurde mehrfach gebeten, Formulierungen eventueller deutscher Sympathieerklärungen zu entwerfen, und habe auch gelegentlich Memoranden verfaßt, doch bilde ich mir nicht ein, daß sie große Bedeutung hatten.

In der letzten Zeit diente ich nur noch mit geringer Lust im Auswärtigen Amt. Die Atmosphäre war von Anfang an nicht allzu gemütlich gewesen. Es wimmelte von Baronen, Titeln und Monokeln, und wenn ich auch von alledem nicht sonderlich beeindruckt war, so kann ich mir doch auch nicht vorstellen, daß ich jemals in dieser Welt heimisch geworden wäre. Als der Krieg zu Ende ging, mußte ich mich entscheiden, ob ich im Auswärtigen Dienst bleiben wollte. Da ich um jene Zeit schon ziemlich entschlossen war, mein Leben den jüdischen Fragen zu widmen, entschloß ich mich, die Laufbahn im Auswärtigen Amt aufzugeben. Während meiner Jahre im Auswärtigen Amt hatte ich begonnen, mir einen gewissen Namen sowohl als Redner wie als Schriftsteller zu machen. Ich nahm häufig Einladungen an, zionistische Reden zu halten, veröffentlichte Artikel, meist über jüdische Probleme, in sehr angesehenen Zeitschriften (Süddeutsche Monatshefte, Die Tat, Preußische Jahrbücher und andere) und hatte auch Broschüren publiziert, vor allem eine über »Die Drei Forderungen des Jüdischen Volkes« – Gleichberechtigung, nationale Autonomie in Osteuropa und ein nationales Heim in Palästina. Inzwischen war die deutsche Revolution ausgebrochen, und ich bekam ein für viele sicherlich verlockendes Angebot, einen wichtigen Posten in der Presseabteilung der Reichskanzlei, was ich ablehnte. Ich sorgte dafür, daß die Abteilung für jüdische Fragen nicht verschwand, sondern in ein ständiges Departement verwandelt wurde, dessen Leitung Professor Moritz Sobernheim übernahm. Sobernheim, Sohn einer reichen Familie, wies viele der typischen Merkmale des deutsch-jüdischen Großbürgertums auf: ein Gelehrter mehr aus Spielerei als aus ernstem wissenschaftlichem Eifer, liebenswürdig, hilfsbereit, an jüdischen Dingen lebhaft interessiert, aber auch hier eher oberflächlich und in der Art eines Grandseigneurs. Diese Abteilung für jüdische Politik, die einzige wahrscheinlich in irgendeinem Auswärtigen Amt der Welt, blieb bis einige Monate nach der Machtübernahme durch Hitler bestehen. Ihr letzter Leiter war mein Freund Dr. Oscar Wolfsberg, der später nach Israel auswanderte und unter dem Namen Yeshayahu Aviad in den israelischen diplomatischen Dienst ging.

Für mich fand somit diese etwas sonderbare Epoche meines Lebens, drei Jahre sozusagen deutscher Diplomat gewesen zu sein, ihren Abschluß. Zum Abschied bekam ich einen Dankbrief des Kanzlers von Bethmann-Hollweg und verdanke meiner Tätigkeit im Auswärtigen Amt zum Teil, daß – als Goebbels später meine Ausbürgerung wegen Hochverrats beantragte – sich das Auswärtige Amt lang dagegen sperrte, mit der Begründung, daß es meine Pflicht sei, mich für Juden einzusetzen und ihre Rechte zu verteidigen.

Auf Grund meiner Arbeit im Auswärtigen Amt hatte ich mit verschiedenen deutsch-jüdischen Gruppen regen Kontakt aufgenommen, vor allem mit dem bereits erwähnten Komitee für den Osten. Zu dessen bedeutenden Mitgliedern zählte vor allem der Soziologe Professor Franz Oppenheimer, alles andere als ein trockener Gelehrter, vielmehr ein kühner, das Leben auskostender Mann, eindrucksvoll als Redner und Plauderer, ausgestattet mit großem Witz und überaus tapfer in der Verfechtung seiner liberalen politischen Anschauungen und seiner unklassisch soziologischen Theorien. Er war unter anderem auch Lehrer des späteren Bundeskanzlers Ludwig Erhard, der ihn sehr verehrte. Oppenheimer war ein bewußter, pro-zionistischer Jude und hat durch seine soziologischen Theorien die Entwicklung des Kibbuzes beeinflußt. Er war sehr witzig, arrogant und frech. Sein größter Gegner an der Berliner Universität war der berühmte Wirtschaftler Professor Schmoller, dessen Theorien Oppenheimer ablehnte, auf den er jedoch ein bißchen eifersüchtig war. Eines Tages, als Oppenheimer zu einer Vorlesung ins Auditorium Maximum kam, sagte er: »Es riecht merkwürdig in diesem Saal, wahrscheinlich hat mein Kollege Schmoller hier doziert. Machen Sie bitte die Fenster auf.« Natürlich machten ihn solche Bemerkungen in Universitätskreisen nicht unbedingt populär, obwohl seine Vorlesungen unter den bestbesuchten waren und er nicht nur unter den Juden ein großes Ansehen genoß. Zum gleichen Kreis gehörte auch Dr. Adolf Friedemann, einer der ersten Zionisten Deutschlands. Von den eigentlichen zionistischen Führern traf ich häufig Dr. Alfred Klee, einen professionellen und doch sehr wirkungsvollen Redner. Seinem ganzen Wesen nach war er Volkstribun, gleichzeitig aber erfolgreicher Staatsanwalt und bekannter Wortführer des deutschen Zionismus. Er spielte später in der deutsch-jüdischen Politik eine wesentliche Rolle. Ich verkehrte oft in seinem Hause und gelegentlich nahm er mich zu Prozessen mit, in denen er jüdische Angeklagte verteidigte. Zwei von diesen Fällen will ich hier kurz erwähnen. Der eine Angeklagte war ein Mann, der vor dem Krieg wegen Betrugs lebenslänglich aus Deutschland ausgewiesen worden war und den man in Berlin gefaßt hatte. Er verteidigte sich, indem er sagte: »Als ich ausgewiesen wurde, ging ich zurück in meine Heimatstadt in Galizien. Dort lebte ich friedlich und verdiente ganz gut bis zum Krieg. Eines Tages brach eine Panik aus, da die Russen zehn Kilometer vor der Stadt standen und wir fürchteten, daß sie hereinkommen und ein Pogrom veranstalten würden. So rannte ich auf den Bahnhof, sprang in den nächsten Zug und ohne es zu wissen, war ich plötzlich in Berlin.« Im anderen Fall war der Angeklagte ein orthodoxer Jude mit langem Bart und Käppchen, der sich wegen Hehlerei zu verantworten hatte. Auf die übliche Frage nach den Personalien gab er als Beruf »Seemann« an. Der Vorsitzende wunderte sich, daß dieser Mann Matrose sei: »Wissen Sie überhaupt, was ein Seemann ist? Es ist einer, der sein Geld durch Arbeit auf dem Schiff verdient«, sagte er. »Genau das bin ich, Herr Richter«, antwortete der Jude. Es stellte sich heraus, daß er auf einem Schiff arbeitete, auf dem fromme Juden nach Amerika auswanderten, für die koscheres Essen zubereitet wurde; er war der vom Rabbiner eingesetzte Aufseher, doch fand er es eindrucksvoller, sich vor einem deutschen Gericht als Seemann zu bezeichnen. Von ganz anderer Art war Dr. Heinrich Loewe, in dessen Haus ich damals verkehrte, ein Gelehrter und Bibliothekar, der schon sehr früh eine Zeitlang in Palästina gelebt hatte und dort als Delegierter zum ersten Zionisten-Kongreß gewählt worden war. Loewe gehörte zu den wenigen Kennern der hebräischen Sprache und Literatur im deutschen Judentum und war ein leidenschaftlicher Fürsprecher der zionistischen Idee. Später ging er ganz nach Palästina und ist hochbetagt in Tel Aviv gestorben. Zu den offiziellen Vertretern des deutschen Zionismus, wie Dr. Arthur Hantke, Kurt Blumenfeld, Richard Lichtheim, unterhielt ich damals nur lose Beziehungen. In späteren Jahren arbeitete ich jedoch eng mit ihnen zusammen, und deshalb will ich meine Eindrücke von diesen Männern an anderer Stelle dieses Buches zusammenfassen.

Überhaupt fand in jenen Jahren meine erste, wenn auch zunächst noch flüchtige Berührung mit der führenden Schicht des deutschen Judentums statt, wie es vor allem in Berlin vertreten war. Ich habe bis 1933 vorwiegend innerhalb der deutschen Judenheit gelebt und gearbeitet, und daher ist es vielleicht angebracht, einiges über diese Gruppe zu sagen.

Diese allgemeinen Betrachtungen beziehen sich auf das deutsche Judentum, wie ich es während meines Lebens in Berlin unter der Weimarer Republik bis kurz nach dem Machtantritt Hitlers kannte. Die Nazi-Periode hat die deutsch-jüdische Beziehung natürlich entscheidend gewandelt.

Das deutsche Judentum, das in der Nazizeit sein jedenfalls vorläufiges Ende fand, war eines der interessantesten und für die moderne jüdische Geschichte einflußreichsten Zentren der europäischen Judenheit. Es hatte im Zeitalter der Emanzipation, das heißt in der zweiten Hälfte des neunzehnten und anfangs des zwanzigsten Jahrhunderts, einen meteorhaften Aufstieg genommen. Es vereinigte die Begabungen, die der jahrhundertealte schwere Existenzkampf bei einem großen Teil des jüdischen Volkes entwickelt hatte, mit vielen spezifischen Eigenschaften – guten und bösen – des deutschen Volkes. Es hatte an dem rapiden wirtschaftlichen Aufstieg des kaiserlichen Deutschland vollen Anteil genommen, viel zu demselben beigetragen und sich eine angesehene Stellung in der deutschen Wirtschaft erobert. Von der wirtschaftlichen Position her gesehen, konnte sich keine jüdische Minderheit in anderen Ländern, ja nicht einmal die amerikanische, mit den deutschen Juden messen. Sie waren mitführend in den Großbanken, wofür es nirgends eine Parallele gab, und durch die Hochfinanz waren sie auch in die Industrie eingedrungen. Ein erheblicher Teil des Großhandels lag in ihren Händen und selbst in Wirtschaftszweigen, die sich sonst kaum in jüdischem Besitz befinden, wie Schiffahrt oder Elektroindustrie, waren sie in Deutschland führend; Namen wie Ballin oder Rathenau bezeugen das. Ich kenne kaum ein emanzipiertes Judentum, weder in Europa noch auf dem amerikanischen Kontinent, das so in tief der allgemeinen Ökonomie des Landes verwurzelt gewesen wäre wie das deutsche. Die heutigen amerikanischen Juden sind zwar sowohl absolut wie relativ reicher als es die deutschen Juden waren, aber selbst in Amerika mit seinen unbegrenzten Möglichkeiten ist es ihnen nicht gelungen, in dem gleichen Maße in die zentralen Sphären der Wirtschaft (Stahl, Eisen, Schwerindustrie, Hochfinanz, Schiffahrt) einzudringen, wie dies in Deutschland der Fall gewesen war.

Auch ihre Stellung im Geistesleben des Landes war beinahe einzigartig. In der Literatur waren sie durch glänzende Namen vertreten. Das Theater lag zu einem erheblichen Teil in ihren Händen. Die Tagespresse, vor allem ihr international einflußreicher Sektor, war weitgehend in jüdischem Besitz oder wurde journalistisch von Juden geleitet. Ich zögere nicht zu behaupten, so paradox dies heute, nach der Hitlerzeit, klingen mag, daß kaum ein Teil des jüdischen Volkes von den Möglichkeiten, welche die Emanzipation des neunzehnten Jahrhunderts eröffnet hatte, einen solchen Gebrauch machte wie der deutsche. Die Geschichte der Juden in Deutschland von 1870 bis 1930 – das ist wohl der glänzendste Aufstieg, der einem Zweig des jüdischen Volkes geglückt ist. Dabei darf man nicht außer acht lassen, daß auch vor Hitler die Emanzipation der deutschen Juden keine absolute war. Gesellschaftlicher Antisemitismus war in den führenden Schichten beinahe selbstverständlich, wenn auch ohne die vulgären Formen, wie sie in Amerika mit für Juden gesperrten Wohngegenden, Mietshäusern und Hotels einmal gang und gäbe waren. Politisch waren sie im kaiserlichen Deutschland in gewisser Hinsicht Bürger zweiter Klasse. Ein jüdischer Minister wäre undenkbar gewesen, ja selbst eine höhere Beamten- oder Militärlaufbahn war Juden verschlossen, was hier, wo diese Berufe eine unvergleichlich wichtigere Rolle spielten als in irgendeiner westlichen Demokratie, sehr viel zu sagen hatte.

Wenn es dennoch den deutschen Juden gelang, diese einzigartige Karriere zu machen, obwohl im deutschen Volk ein tiefer Antisemitismus schlummerte, so muß das besondere Gründe haben, die zu untersuchen sich auch heute, da alles der Geschichte angehört, lohnen würde. Ich hatte immer das Gefühl, daß in manchem eine gewisse Affinität zwischen dem deutschen und jüdischen Geist bestand: der Hang zur Analyse, die Sucht, alles auf Formeln zu bringen, die große dialektische Begabung, der Wille zur Systembildung, das sind, wie mir scheinen will, ebenso deutsche wie jüdische Neigungen, jede freilich mit eigenen Nuancen. Mit ihrem in Jahrhunderten des Ghettolebens ausgebildeten Intellekt fiel es den Juden leichter, sich dem deutschen Geist anzupassen als zum Beispiel dem Esprit und der eleganten Logik der Franzosen oder dem großartigen Sinn für das Reale und dem genialen politischen Fingerspitzengefühl der Engländer. Es beruht auf mehr als rein geographischen Gegebenheiten, daß in jenem Übergangszeitalter, in dem das jüdische Volk aus der Isoliertheit seines Ghettolebens in das volle Licht Europas trat, Westeuropa für das Judentum fast gleichbedeutend mit der deutschen Kultur wurde. Von Schiller und Heine lernten Tausende ostjüdische Intellektuelle, was moderne Dichtung war; Philosophie war für sie viele Jahrzehnte identisch mit deutscher Philosophie. Die Verwandtschaft des Jiddischen mit dem Deutschen hat natürlich viel geholfen. Was immer die Gründe sein mögen, der phänomenale Aufstieg des deutschen Judentums war eine Tatsache, und nicht nur während der Weimarer Republik, welche die letzten Beschränkungen der Gleichberechtigung beseitigte, sondern schon im kaiserlichen Deutschland.

Es war demnach kein Wunder, daß die deutschen Juden auf diesen Tatbestand mit Dankbarkeit reagierten. Sie wußten die Möglichkeiten, die sich ihnen durch die Emanzipation eröffneten, wohl zu schätzen. Deutlich konnten die meisten an ihren eigenen Familien den Aufschwung in den letzten zwei bis drei Generationen wahrnehmen. Die große Mehrheit reagierte darauf mit der unbedingten Bereitwilligkeit, sich den Deutschen anzupassen und ein integraler

Bestandteil des deutschen Vaterlandes zu werden. Sie bewerkstelligten dies mit mehr Anstrengung als Geduld. Sie waren fasziniert und geblendet von der Chance, ein Teil des neuen Deutschlands zu werden, und verstanden nicht, daß solche Prozesse, selbst wenn man sie ideologisch bejaht, viel Zeit, natürliche Entwicklung und Takt erfordern. Sie stürzten sich gleichsam mit der ihnen ganz eigenen Energie, mit einer geradezu fanatischen Entschlossenheit auf das neue Deutschland, um eine Trennung, die Jahrhunderte gedauert hatte, in einer oder in zwei Generationen vergessen zu machen. Dadurch erscheint die deutsch-jüdische Assimilation künstlicher, verbohrter als irgendeine andere im neunzehnten Jahrhundert. Hinzu kam die jüdische Neigung, für alles eine ideologische Begründung zu finden, verstärkt durch die wesensverwandte deutsche Manie, alles in Programme zu kleiden. Es ist daher kein Wunder, daß die ganze Theorie der modernen jüdischen Assimilation von deutschen Juden entwickelt wurde. Auch Juden anderer Länder assimilierten sich, aber in leichterer, natürlicherer, edlerer Form. Sie taten es *de facto,* die deutschen Juden mußten es auf Grund einer tiefsinnigen Weltanschauung tun. Sie begnügten sich nicht damit, sich zu assimilieren, sondern sie bestanden darauf, sich und der Welt zu beweisen, daß die Assimilation etwas Heiliges, ein ethischer Imperativ, daß es die historische Sendung des Judentums sei. Irgendwie wollten sie dabei auch ihr jüdisches Gewissen beschwichtigen. Dieses deutsche Judentum war aus einer großen Tradition hervorgegangen, die durch Jahrhunderte ihre Kontinuität bewahrt hatte. In der geographischen Nähe zum osteuropäischen Judentum mit seinen großen schöpferischen religiösen und kulturellen Zentren waren die gegenseitigen geistigen Einflüsse wirksam geblieben. Ohne sich dessen bewußt zu werden, stellten sich im deutschen Judentum Regungen des schlechten Gewissens ob dieser geschwinden und erfolgreichen Assimilation ein. Dieses schlechte Gewissen suchte man in typisch deutsch-jüdischer Art durch Ideologien und Theorien zu betäuben. Und so gab man vor, daß die Assimilation nicht nur ein organischer Prozeß, sondern ein moralisches Gebot war. Man bewies, daß man sich ihr nicht nur unterzog, um an Deutschlands Gütern teilzuhaben, sondern um eine heilige

Aufgabe zu erfüllen. Es war der krampfhafte Versuch »to eat the cake and have it too«, die Bemühung, der grundlegenden, paradoxen und häufig tragischen Fragestellung »Jude oder Deutscher?« zu entgehen. Enorme geistige Anstrengungen wurden in diesen Versuch investiert. Wenn man heute, nach Hitler, diese Literatur liest, erscheint sie prähistorisch. Man kann darauf bestenfalls mit ironischem Mitleid reagieren, aber in jenen Jahrzehnten war sie ehrlich gemeint. Diesem Problem auf den Grund zu gehen, es mutig, kompromißlos anzupacken, was seine Absurdität schnell erwiesen hätte, davor schreckten die meisten deutschen Juden zurück.
Trotz dieser so ungeheuer intensiv gewollten und theoretisch unterbauten Assimilation konnte jeder Außenstehende wie ich selber, der nie durch eine solche Entwicklung hindurchgegangen war und sich daher einen ironischen Abstand bewahrt hatte, fühlen, daß die Assimilation letzten Endes mißlungen war. Nie war sie harmonisch, nie naiv gewesen, immer wußte sie um ihr Vorhandensein. Selbst die getauften Juden, die vor dem letzten Schritt nicht zurückgeschreckt waren, fühlten sich in ihrer Haut nicht wohl. Der bekannte deutsch-jüdische Witz von jenem Juden, der sich erst protestantisch und dann katholisch taufen läßt, um auf die Frage nach seiner früheren Religion »protestantisch« antworten zu können, ist nur eine der Ausdrucksformen für diese Unsicherheit. Die Assimilation der Juden in Frankreich war viel schlichter und eleganter zugleich, was wohl auch der großen absorbierenden Kraft der französischen Zivilisation zuzuschreiben ist. Auch Juden in einer so selbstverständlichen Zugehörigkeit, wie ich sie später in England beobachten konnte, sind mir in Deutschland nie begegnet. Von dem besonderen Wesen der amerikanischen Assimilation werde ich noch sprechen. Das Resultat war eine ganz merkwürdige sozialpsychologische Struktur des deutschen Judentums, sehr tüchtige, begabte, fleißige Menschen, mit jüdischen von deutscher Seite bestärkten Eigenschaften, deren ungemein geistige Lebendigkeit und Offenheit allen Strömungen gegenüber eine doch tiefverankerte Disharmonie trotz allen Erfolges nicht verhindern konnte. Es gibt kaum einen deutsch-jüdischen Dichter oder Musiker, bei dem sich dieser Mangel an Zusammenklang und daher an letzter Größe nicht feststel-

len ließe. Die tragische Ironie Heines, der ehrlich genug war, sie sich einzugestehen, war gewissermaßen das Kennzeichen fast der ganzen deutsch-jüdischen Literatur und die Folge eben dieser Dissonanz. In einer Weise war sie immer gewollt und auch gekonnt, aber selten war sie gewachsen. Einen Goethe, einen Stifter, selbst einen Rilke hat die deutsch-jüdische Literatur nicht hervorgebracht. Und wenn auch aus dem deutschen Geistesleben des neunzehnten Jahrhunderts der jüdische Anteil gar nicht wegzudenken ist und in der Bereicherung, Verfeinerung, Differenzierung und, wenn ich diesen von Moritz Goldstein in die Debatte geworfenen Ausdruck noch einmal gebrauchen darf, »Verwaltung der deutschen Kultur« eine führende Rolle gespielt hat, so gibt es – von der Wirtschaft, wo es auf anderes ankommt, abgesehen – keinen, den man nennen würde, wenn man die zehn bedeutendsten Exponenten der deutschen Kultur aufzählte.

Die Folge dieser erzwungenen Anpassung war, daß bei der Geschwindigkeit, mit der sie vollzogen wurde, wichtige jüdische Elemente erhalten blieben. Die Mehrheit der Juden Deutschlands war nie restlos assimiliert und viel jüdischer als in anderen westeuropäischen Ländern. Schon die bewußte Betonung der Assimilation, das laute, oft peinliche Aufzeigen des »Seht, wie deutsch wir sind!«, beruhte letztlich auf dem Wissen, daß man jüdisch bleibt, ja auf der Weigerung des modernen Reform-Judentums, das Jüdische völlig über Bord zu werfen. Man suchte sich zu beweisen, daß man als Jude die Pflicht habe, sich zu assimilieren, nicht nur, weil man die Assimilation rechtfertigen, sondern gleichzeitig, weil man Jude bleiben wollte. Das Ganze war ein typischer Kompromiß, menschlich unbefriedigend und psychologisch eine große Belastung, die Ursache der Unfähigkeit zu letzter schöpferischer Größe. Jüdisch gesehen, hatte dies auch die gute Wirkung, daß ein erheblicher Teil des Jüdischen dabei überleben konnte. Es wäre gleichermaßen ungerecht und historisch falsch, die Rolle leugnen zu wollen, welche das deutsche Judentum mit all seinen Neigungen zur Angleichung in der neueren Geschichte des jüdischen Volkes gespielt hat. Daß Moses Hess und Theodor Herzl, Abraham Geiger und Heinrich Grätz, Samson Raphael Hirsch und Nathan Birnbaum, von vielen anderen ganz zu schweigen, deutsch schrieben und dem deutschen Kulturkreis entstammten, hat viel zu bedeuten. Ein Großteil der Ideen, die noch heute das jüdische Leben bewegen und befruchten, von denen das englische und vor allem das amerikanische Judentum lebt, sind aus der deutschen Judenheit hervorgegangen. In der Geschichte des modernen Zionismus gebührt den deutschen Juden ein Ehrenplatz; auch zum Aufbau Palästinas haben ihre Leistungen, sei es nun freiwillig oder gezwungenermaßen, wesentlich beigetragen.

All dies habe ich in jenen Jahren des Ersten Weltkrieges nicht so gewußt, wie es mir lange Zeitabschnitte der Wirksamkeit innerhalb des deutschen Judentums und die Vergleichsmöglichkeiten mit jüdischen Elementen anderer Länder eingeprägt haben. Aber geahnt und empfunden habe ich es schon damals. Alle meine Vorträge kreisten um dieses Problem, und besonders in Erinnerung blieb mir ein Vortrag über Heine, Rathenau und Weininger, drei Typen der modernen deutsch-jüdischen Assimilation, den ich mehrmals wiederholte. Das große Problem der Assimilation war ein durchgehendes Thema meines Denkens, und es erleichterte wohl meinen Zugang zu diesem Komplex, daß ich nie wissentlich durch diesen Angleichungsprozeß hindurchgegangen bin, sondern daß mein Judesein, wie aus dem Dargelegten klar hervorgehen muß, völlig organisch und naiv war. Ich konnte den post-assimilatorischen Zionismus vielleicht besser verstehen und würdigen, weil ich im Grunde ein prä-assimilatorischer Zionist gewesen bin.

Meine Tätigkeit in jenen Jahren war im wesentlichen propagandistisch. Ich war zu jung und unbekannt, um in dem führenden Kreis des deutschen oder gar des Welt-Zionismus, der zum Teil von Berlin aus gelenkt wurde, eine Rolle zu spielen. Auch war mein Interesse am Organisatorisch-Politischen der Bewegung noch nicht erwacht. Mich interessierten die Ideologie und die Propaganda. Ich bekämpfte die Assimilation, ich suchte die zionistische Theorie zu verbreiten und kümmerte mich auch um die Fragen, mit denen ich im Auswärtigen Amt beruflich zu tun hatte. Berlin gab mir vorzügliche Gelegenheit, meine Bildung zu vertiefen. Ich war an der Berliner Universität immatrikuliert, und obschon mir meine Arbeit wenig Zeit ließ, besuchte ich doch viele Vorlesungen, wenn ich auch mein eigentliches Jura-Studium vernachlässigte. Am stärksten erinnere ich mich der historischen Vorlesungen von Eduard Meyer, der religionsphilosophischen von Ernst Troeltsch und an einige von Wilamowitz-Moellendorff. Hier möchte ich zwei Vorkommnisse erwähnen, die mir einen sehr tiefen Eindruck hinterlassen haben. Es war während einer Vorlesung des großen Historikers der Antike, Eduard Meyer, der nicht frei von Antisemitismus war. Er las über die biblische Urzeit und befaßte sich an jenem Tag mit den Gestalten der Erzväter. Meyer schloß mit folgenden, in großem Pathos vorgetragenen Worten: »Die alten Israeliten sprachen den Namen Ja-akob aus, bei den heutigen Juden ist er zu Jankel geworden. Der Unterschied zwischen Ja-akob und Jankel erläutert die ganze Dekadenz dieser Rasse.« Ich war empört über die antisemitische Nuance und gleichzeitig erschüttert durch den Wahrheitsgehalt dieser übelwollenden Bemerkung. Bei einem anderen Seminar mit Eduard Meyer kam die Rede auf die alte jüdische Geschichte. Meyer sagte, die Juden hätten zwar im Altertum vieles geleistet, hätten auch in manchen Kriegen heroisch gekämpft, doch werfe er ihnen vor, daß sie ein »unritterliches Volk« gewesen seien. Auf meine Frage erklärte er, er meine damit, daß ein ritterliches Volk seinem Land treu bleibt und mit ihm zugrunde gehe. »Als der Tempel zerstört wurde, sind die Juden weggelaufen und in die Diaspora gegangen. Ihr Überleben war ihnen wichtiger als das Schicksal ihres Landes. Das nenne ich eine unritterliche Haltung.« Ich bat daraufhin um Erlaubnis, ihm ausführlich zu erwidern. »Das Wesen des Judentums«, sagte ich, »besteht in der Verwirklichung des messianischen Ideals auf dieser Erde, nicht im Jenseits. Die alten Juden wußten weder vom Paradies noch von der Hölle; sie hatten die prophetischen Ideale und hofften, daß der Messias sie eines Tages auf dieser Erde verwirklichen würde. Ihre Aufgabe war es daher, sich als Volk am Leben zu erhalten, als Instrumente dieser messianischen Erfüllung. Dies ist die höchste jüdische Pflicht. Juden dürfen nicht Selbstmord begehen; wenn sie es tun, werden sie nicht rituell begraben. Nur in drei Fällen müßten sie bereit sein, den Tod auf sich zu nehmen: wenn jemand sie zwingen will, Gott zu verleugnen; wenn man sie zwingen will, ein sexuelles Verbrechen zu begehen; und schließlich wenn man sie zwingen will, einen anderen zu töten. Sonst steht die Erhaltung des Lebens vor jedem anderen Gebot. Daher müssen Sie verstehen«, schloß ich, »warum die Juden die Erhaltung des Volkes, selbst in der Diaspora, der Identifizierung mit dem Lande vorgezogen haben.« Meyer hörte meine Darlegung interessiert an und sagte: »Sie haben mir etwas gesagt, worüber ich nachdenken muß.«

Ich las sehr viel in jenen Jahren, da ich im Auswärtigen Amt nicht überlastet war. Durch meine Freundschaft mit der Frau und der Schwägerin Arnold Zweigs, der selbst im Kriege war, hatte ich sehr oft Gelegenheit, Konzerte zu besuchen. Miriam Zweig – die eine gute Pianistin war, jedoch leider zu kleine Hände hatte, um eine wirklich große Künstlerin zu werden, – führte mich vor allem in die göttliche Musik Bachs ein. Zwei Winter hindurch saß ich zweimal die Woche mit ihr in den Proben des großen Ochs'schen Chors, geleitet von diesem wahrscheinlich bis heute unübertroffenen deutsch-jüdischen Dirigenten Bach'scher Chorwerke. Ochs war eine imposante Persönlichkeit, der die Frauen seines Chors – meist Damen der besten Gesellschaft, denn es war eine Ehre, dem Chor anzugehören – terrorisierte. Kam eine von ihnen zu spät, pflegte er ihr vor allen Anwesenden zu sagen: »Mußten Sie solange mit Ihrem Liebhaber zusammen sein, konnten Sie es nicht kürzermachen?«

Meinen beiden Freundinnen Zweig verdanke ich viel. Sie eröffneten mir, teils durch ihr eigenes Verständnis, teils indirekt durch den literarischen Zirkel ihrer Freunde, in den ich eingeführt wurde, die Welt des Musischen und Musikalischen, was ein segensreiches Gegengewicht gegen die bei einem jungen Juden meiner Herkunft nicht unerhebliche Gefahr der rein intellektuellen Einseitigkeit darstellte.

Nur im ersten Jahr lebte ich mitten in Berlin, dann zog ich nach Zehlendorf und Schlachtensee, ging sehr viel spazieren und lebte im ganzen ein sehr friedliches und genußreiches Leben.

In diesen Jahren schenkte mir die Frau Arnold Zweigs meinen Hund Adin, einen deutschen Schäferhund, den ich sehr liebte und der mit mir zusammen im Hotel wohnte. Miriam hatte ihm beigebracht, mich gegen Mitternacht zu kratzen, um mich ans Schlafengehen zu mahnen, da ich bis zwei – drei Uhr morgens zu lesen pflegte. Adin hatte ein ungewöhnliches Gedächtnis: Als Arnold Zweig vom Krieg zurückkam, hatten wir eines Tages über irgendein Problem eine heftige Debatte. Mein Hund dachte, wir würden uns streiten und wollte auf Zweig losgehen, was ich gerade noch verhindern konnte. Arnold Zweig fuhr darauf zum Studium nach Tübingen, und ein Jahr später besuchten meine Freundin und ich ihn dort. Er kam zum Bahnhof. Als Adin ihn kommen sah, stürzte er sich auf ihn, denn er hatte nicht vergessen, daß ich mit ihm gestritten hatte.

Meine Arbeit im Auswärtigen Amt konnte ich, da ich nicht regelrecht bestallter Beamter war, recht bequem einrichten. Wenn einmal eine Sitzung im Auswärtigen Amt angesetzt wurde, zu der man mich benötigte, wurde ich, da meine Junggesellenwohnung kein Telefon hatte, durch den Polizeikommissar verständigt. Für diesen war alles, was Regierung und Wilhelmstraße war, identisch mit dem Begriff »Reichskanzler«, und häufig geschah es, daß der etwas beleibte Mensch außer Atem in meinen Garten oder an den Schlachtensee gelaufen kam und mir aufgeregt zurief: »Herr Goldmann, Sie müssen sofort in die Stadt fahren, der Reichskanzler braucht Sie.«

Zur politischen Welt knüpfte ich in jenen Jahren die ersten, noch recht losen Beziehungen. Abgesehen von den Diplomaten, die ich im Auswärtigen Amt kennenlernte, stellte ich, besonders am Ende des Krieges, als die Revolution ausbrach, vor allem zu den Führern der Sozialdemokratischen Partei Beziehungen her. Ich lernte Friedrich Ebert kennen, den späteren Präsidenten der Weimarer Republik, Philipp Scheidemann, den ersten Reichskanzler, Männer wie Carl Severing und andere. Die interne deutsche Politik interessierte mich nicht, während ich natürlich die Wochen der deutschen Revolution, die ich in Berlin miterlebte, mit brennender Anteilnahme durchlebte. Ich kann nicht sagen, daß mich irgend einer dieser Wortführer des deutschen Sozialismus tief beeindruckte. Brav und anständig waren sie alle, ohne jede Phantasie und Vision, typische Repräsentanten des kleinen Bürgertums, alle erfüllt von Ordnungssinn und Disziplin, auch in den Tagen des Aufstandes durchdrungen von dem Respekt vor Autorität. Damals erlebte ich eine Episode, die mir das Wesen deutscher »Revolutionäre« gründlicher enthüllte als die Lektüre vieler Bücher. Ich liebte es, viel durch Berlin zu wandern, bisweilen an Orte, wo Kämpfe stattfanden und geschossen wurde. Eines Tages ging ich am Lustgarten vorüber, als dort gerade eine große linkssozialistische Demonstration begann. Ich verweilte, um die Redner zu hören. Sie waren wild und mitunter blutrünstig. Aber während sie ihre revolutionären Phrasen brüllten und die Zuhörer vor Begeisterung johlten, machten Wächter die Runde und erhoben von den Leuten, die auf den Gartenstühlen saßen, fünf Pfennig Gebühr. Jeder zahlte. Man darf zwar eine Regierung stürzen, aber die vorgeschriebene Gebühr für Sitzplätze muß entrichtet werden. Ich ging nach Hause und sagte meinen Freunden, daß von der deutschen Revolution nicht viel zu erwarten sei. Beides zugleich schien mir damals unmöglich: Revolution zu machen und Gebühren einzutreiben. An der Haltung jener Zuhörer erkannte ich, was die deutschen Revolutionäre wählen würden, wenn sie sich je für das eine oder das andere entscheiden müßten. Mein weiterer Verbleib in Berlin hatte wenig Sinn. Ich mußte mein Studium beenden und brauchte dazu eine ruhigere Atmosphäre, als das aufrührerische Berlin sie bot. Nur so konnte ich mir klarwerden, was ich eigentlich anfangen wollte. Die Möglichkeit einer diplomatischen Karriere hatte ich endgültig von mir gewiesen. Daß ich kein Rechtsanwalt werden würde, war mir längst klar, und auch persönliche Gründe für diese Berufswahl bestanden nicht mehr. Immer öfter kehrten meine Gedanken zu einer öffentlichen jüdischen oder zionistischen Berufstätigkeit zurück, die sich mit einer akademischen Laufbahn verbinden ließ. An meine Heidelberger Zeit hatte ich mir die beste Erinnerung bewahrt, an Stimmung und Landschaft der Stadt dachte ich mit Erquickung zurück. Nach den Jahren bürokratischer und im Grunde unfruchtbarer Arbeit in einem offiziellen Propagandabetrieb sehnte ich mich nach der Welt von Professoren und Dozenten und beschloß daher, Heidelberg wieder aufzusuchen.

Von Berlin nahm ich mit dem sicheren Gefühl Abschied, daß ich dorthin wieder zurückkehren würde. Es war das Zentrum Deutschlands, auch jüdisch gesehen. Man spürte, daß hier das Ende des Kaiserreiches ganz neue Möglichkeiten bringen würde. Auch hatte ich persönliche Bindungen an nahe Berliner Freunde, und so beabsichtigte ich, nur für ein oder zwei Semester nach Heidelberg zu gehen, um meinen Doktor zu machen. Ich ahnte nicht, daß mehrere Jahre vergehen sollten, ehe meine Wirksamkeit mich wieder nach Berlin rufen würde.

[20] hebräisch, wörtlich: der gedeckte Tisch. Von Josef Karo verfaßtes Kompendium des jüdischen Ritualgesetzes und Rechts. Erstausgabe Venedig 1564/65

5
Abschluß des Studiums und journalistische Tätigkeit

In Heidelberg beendete ich nun in einigen Semestern mein juristisches Studium, ohne die Vorlesungen fleißiger zu besuchen als vorher. Meine eigentliche Vorbereitung auf das Doktorexamen vertraute ich einem Repetitor an, der einem in vier bis acht Monaten den Stoff eines dreijährigen Studiums eintrichterte. Dabei half ihm hauptsächlich seine Kenntnis jener Fragen, welche die betreffenden Professoren zu stellen pflegten. Mit diesem Repetitor »paukte« ich einige Wochen, da ich das Gefühl hatte, das einmal begonnene Studium beenden zu müssen, wenngleich es mir schon damals klar war, daß Jurisprudenz nicht mein Fach sein würde. Nach den mündlichen Vorbereitungen erhob sich die Frage nach einer schriftlichen Doktorarbeit. Ich wollte natürlich nicht mehrere Monate darauf vergeuden, eine Dissertation in einem Sachgebiet, das mich weder theoretisch noch praktisch sehr interessierte, zu verfassen, und kam daher auf den Gedanken, eine Artikelserie, die ich über den Begriff des Bürgers und des Gentleman in der sehr angesehenen Zeitschrift *Die Tat* veröffentlicht hatte, als Grundlage zu nehmen. Ich fügte einiges Juristische über den Begriff des bürgerlichen Ehrenrechtes hinzu, unterbreitete diese Dissertation einem bekannten Professor, der vor seiner Emeritierung stand und zum Abschluß noch recht viele Doktoranden annahm, und hatte das Glück, sie von diesem wohlwollenden alten Herrn mit »rite« benotet zu bekommen.

Mein mündliches Examen verdient beschrieben zu werden, weil es nicht nur amüsant war, sondern auch die Sinnlosigkeit solcher Prüfungen beweist. Ich wurde von vier Professoren examiniert, einem für lateinisch-römisches, einem anderen für Handelsrecht und Rechtsphilosophie, einem dritten für Staatsrecht und einem vierten für deutsches bürgerliches Recht. Ich war auf allen vier Gebieten völlig unzulänglich beschlagen. Zugleich mit mir wurde ein zweiter

Kandidat geprüft, der bereits mehrere Jahre Referendar beim Gericht gewesen war und juristisch unendlich mehr wußte als ich. Dennoch fiel er durch, während ich bestand, lediglich, weil ich die Geistesgegenwart hatte, mich bei schwierigen Fragen durch einen Witz oder eine rhetorische Gegenfrage aus der Affäre zu ziehen, er hingegen so eingeschüchtert war, daß er selbst vieles nicht beantwortete, was er, wie ich überzeugt bin, sehr wohl wußte. Es fing mit dem Professor für Staatsrecht an, einem bekannten deutschen Gelehrten und Politiker, Geheimrat Anschütz, dem damaligen Dekan der juristischen Fakultät. Seine erste Frage galt dem Unterschied zwischen reichsmittelbarem und reichsunmittelbarem Adel, eine Unterscheidung, die, wie ich später lernte, in der mittelalterlichen Rechtsordnung und noch bis lang in die Neuzeit hinein eine große Rolle spielte. Ich hatte wahrlich keinen Schimmer. Da ich aber wußte, daß Herr von Anschütz ein linksdemokratischer Politiker war, hatte ich den Mut zu antworten, daß ich mich mit dieser Materie nicht befaßt hätte, und zwar in der Annahme, daß ein Jahr nach der deutschen Revolution, die die Privilegien des deutschen Adels abgeschafft hatte, solche Fragen unaktuell seien. Herr von Anschütz bekam einen roten Kopf und murmelte: »Vielleicht haben Sie recht. Befassen wir uns also mit dem Reichstagswahlrecht« – eine Sache, mit der ich aufgrund meines politischen Interesses vertraut war. Herr von Anschütz schien durch meine Reaktion ein bißchen verstimmt zu sein; nachdem ich eine diesbezügliche Frage beantwortet hatte, schenkte er mir keine Beachtung mehr, sondern beschäftigte sich nur noch mit meinem Kollegen. Dann kam die Reihe an den Handelsrechts-Lehrer, Professor Faehr, der gleichzeitig Rechtsphilosoph war und mich von meinen Heidelberger Vorträgen her, die er gehört hatte, kannte. Obgleich ich sehr wohl wußte, daß sein Lieblingsphilosoph Stammler war, hatte ich in den paar Wochen meiner Vorbereitung dennoch keine Gelegenheit gefunden, mich mit dieser Materie zu beschäftigen. Als er mich wie erwartet bat, die Rechtsphilosophie Stammlers darzulegen, erwiderte ich, man müsse, um Stammler richtig zu verstehen, zunächst mit seinem philosophischen »Stammvater«, Hermann Cohen, beginnen, über den ich ziemlich gut Bescheid wußte. Ich sprach also einige Minuten über Hermann Cohen, womit die für den Teil der Prüfung angesetzte Zeit abgelaufen war. Darauf wandte sich der Professor an meinen Kollegen mit der Bitte, sich nunmehr über Stammler zu äußern. Dann folgte das Examen über deutsches bürgerliches Recht, das ich mit Ach und Krach bewältigte. Zum Schluß kam das Interessanteste, die Prüfung über römisches Recht. Der Examinator war eine der kuriosesten Persönlichkeiten der Universität, ja der Stadt Heidelberg, Otto Gradenwitz, eine Koryphäe auf seinem Sachgebiet. Obgleich als Kind getauft, machte er nie einen Hehl aus seiner jüdischen Herkunft und pflegte sogar während des Semesters für seine jüdischen Studenten ein koscheres Essen zu veranstalten. Er war ein alter Junggeselle, sehr gütig, aber scheu und verschroben. Um nur eine seiner Eigentümlichkeiten zu erwähnen: Er gestand mir einst, ein System zu haben, um wichtige Erledigungen nicht zu vergessen. Wenn er am nächsten Tage etwas zu tun hatte, mahnte er sich selbst mittels einer Postkarte, die er am Morgen durch die Post bekam. Wollte er nach zwei Tagen an etwas erinnert werden, dann schickte er die Postkarte an seine alte Adresse in Würzburg, wo er vorher Professor gewesen war; nach zwei Tagen pflegte sie dann anzukommen. Wollte er sich aber in der folgenden Woche eine nötige Verrichtung ins Gedächtnis rufen, dann schrieb er an den Königsberger Privatdozenten, der er vor fünfzehn Jahren gewesen war; von Königsberg wurde die Karte nach Würzburg, von Würzburg nach Heidelberg geschickt und in der folgenden Woche traf sie ein. Beim Examen hatte nun Professor Gradenwitz die Eigenart, Witze zu machen und in den verschiedensten Dialekten zu sprechen, was die anwesenden Mitglieder der Fakultät in große Heiterkeit versetzte. Der Doktorand hatte jedoch völlig ernst zu bleiben, weil ihm Lachen sehr übelgenommen wurde. Eine der Tükken des Examens in römischer Rechtswissenschaft bestand darin, daß dem Kandidaten ein Exemplar des Corpus Juris ausgehändigt wurde, das er selbst aufschlagen mußte; das Gesetz, das er gerade aufschlug, wurde dann der erste Prüfungsgegenstand. Alle Kandidaten, die das wußten, übten sich sorgfältig, ein leichtes Kapitel des Exemplars aufzuschlagen. Als Professor Gradenwitz eintrat, bat er meinen Kollegen, der von diesen Kunststückchen nichts wußte, das Buch zu öffnen. Mit der ganzen Ungeschicklichkeit eines ängstlichen Kandidaten schlug er einen ungemein schweren, vom Dotalrecht handelnden Abschnitt auf. Professor Gradenwitz forderte mich auf, ihn vorzulesen. Nun war Latein eine meiner schwachen Seiten und ich hatte keine Ahnung, worum es in diesem Paragraphen ging. Ich fing also zu lesen an, und wie alle Abschnitte des Corpus Juris begann auch dieser mit den Worten »Celsius dixit« und ich wollte schon beschämt gestehen, nicht übersetzen zu können, als mich Professor Gradenwitz unterbrach: »Wer ist dieser Herr Celsius, dessen Namen Sie gerade gelesen haben?« Ich erwiderte, Celsius sei einer der Juristen der römisch-klassischen Zeit. Professor Gradenwitz: »Warum sagen Sie klassische Zeit? Wo haben Sie das auswendig gelernt? Gab es denn auch eine unklassische oder gar romantische Zeit?« All dies brachte er in sächsischer Aussprache vor. Ich entgegnete, daß die Periode der römischen Rechtswissenschaft von Augustus bis Justinian die klassische genannt werde. Darauf Herr Gradenwitz: »Jetzt werde ich Ihnen sagen, warum sie klassisch heißt. Die Juristen dieser Periode waren große Männer und nicht Stümper, wie ich und meine Kollegen hier. Vor diesen Männern sollten Sie den Hut abnehmen, junger Mann, vor uns nicht.« Ich stimmte durch Kopfnicken zu. Die Professoren lachten, ich blieb ernst. Herr Gradenwitz war zufrieden und ersuchte meinen Kollegen zu übersetzen, was er natürlich besser konnte als ich. Zehn Minuten lang befaßte er sich nun mit ihm und Fragen des Dotalrechts. Ich hörte kaum zu, besonders da währenddessen eine mir bekannte Studentin am Fenster vorbeiging und mir zuwinkte. Ich winkte sehr freundlich wieder, worauf Herr Gradenwitz sehr ärgerlich wurde und erklärte, er würde das Examen abbrechen, wenn ich mich nicht dem Ernst der Stunde angemessen verhielte. Ich bat um Entschuldigung, worauf er sich mir zuwandte. Zunächst, sagte er, müsse er mich in römischer Geschichte prüfen, denn das gehöre zur römischen Rechtswissenschaft. Ob ich ihm sagen könne, wie Julius Caesar gestorben sei. Da ich Herrn Professor Gradenwitz' Sinn für makabren Humor kannte, erwiderte ich: »Leider nicht im Bett.« Herr Gradenwitz geriet geradezu in Entzückung. Er begann durch den Saal zu hüpfen und schrie: »Das ist eine großartige Antwort, das ist ausgezeichnet!« Damit war die Prüfung in römischer Geschichte beendet. Nun kam der schwerste Teil des Examens, den ich deswegen berichte, weil er meiner Ansicht nach charakteristisch ist für die sehr jüdische, etwas vertrackte Denkweise des Professors und meiner selbst. Ich wußte schon von früher, daß Professor Gradenwitz die Theorie vertrat, ein guter Jurist müsse nicht nur logischen Verstand, sondern, wie er es nannte, auch logische Phantasie haben. Daraufhin erklärte er folgendes: »Jetzt, Herr Kandidat, werde ich Ihre logische Phantasie prüfen«, und hielt eine Rede von einigen Minuten über die Bedeutung dieser Art Phantasie für einen Juristen. »Schauen Sie her«, sagte er. »Ich, Professor Gradenwitz, gebe Ihnen meine Brille zur Aufbewahrung.« Mit diesen Worten nahm er die Brille und schleuderte sie durch den Saal zu mir. Hätte ich sie fallen gelassen, wäre ich wahrscheinlich durchgefallen. Ich fing sie glücklicherweise auf und legte sie hin. »Jetzt«, fuhr er fort, »habe ich, Gradenwitz, ein Depositum mit Ihnen abgeschlossen, in moderner Ausdrucksweise einen Aufbewahrungsvertrag. Nun«, fuhr er fort, »brauche ich meine Brille. Wie kriege ich sie zurück?« Diese primitiven Dinge wußte ich und erwiderte: »Sie reichen eine *actio directa* (eine direkte Klage) gegen mich ein, dann muß ich Ihnen die Brille zurückgeben.« Darauf Gradenwitz: »Sehr gut. Gäbe es auch Fälle, wo Sie gegen mich eine Klage oder einen Anspruch aus dem Aufbewahrungsvertrag ableiten könnten?« Ich erwiderte: »Ich kann unter gewissen Umständen eine *actio contraria* gegen Sie einreichen.« – »In welchen Fällen?« – »Wenn ich zum Beispiel Unkosten für die Aufbewahrung der Brille gehabt habe, darf ich sie von Ihnen zurückfordern.« »Was für Kosten«, schrie Gradenwitz, »kann meine brave gute Brille Ihnen verursachen? Können Sie sich keinen anderen Fall denken, wo Sie eine *actio contraria* einreichen?« Als mir nichts einfiel, wurde Herr Gradenwitz nervös: »Jetzt werde ich Ihre Phantasie prüfen. Ich sage Ihnen ein Wort: Herkules.« Ich dachte im ersten Augenblick, er sei irrsinnig geworden. Die anderen Professoren waren wohl auch der gleichen Meinung, denn sie schauten ihn völlig erstaunt an. Keiner konnte sich zusammenreimen, was Herkules, die Brille und ein Aufbewahrungsvertrag miteinander zu tun hatten. Nun wurde Pro-

fessor Gradenwitz hochgradig nervös. »Ich gebe Ihnen noch eine letzte Hilfe und sage: Herkules' Tod.« In diesem Moment kam die Gnade Gottes über mich oder vielmehr mein talmudistischer jüdischer Verstand, in ebenso langen Jahrhunderten geschult wie der des Herrn Gradenwitz. Was er im Sinne hatte, war folgendes: Herkules starb bekanntlich an dem vergifteten Nessus-Hemd. Juristisch kann man das so konstruieren, daß seine Frau ihm das Hemd als Depositum gegeben hatte, was ihm zwar keine Unkosten, wohl aber Schaden verursacht hat, da er daran gestorben ist. Gradenwitz wollte damit wohl sagen, daß man im Falle Depositum eine Klage einreichen kann, um sich einen durch den aufbewahrten Gegenstand erlittenen Schaden ersetzen zu lassen. Ich entwickelte diesen Gedankengang, die christlichen Professoren staunten mich an wie ein Wundertier (sie sagten mir später, daß sie nie darauf gekommen wären). Herr Gradenwitz war außer sich vor Entzücken, klopfte mir auf die Schulter und weissagte mir eine große juristische Karriere. Damit war das Examen bestanden. Die einzige Leistung, auf die ich mich berufen könnte, war die obstruse Phantasie, daß ich die gleiche logische abstruse Phantasie besaß wie Herr Professor Gradenwitz. Mit wirklichem Wissen hat das wenig zu tun, und seitdem hege ich eine tiefe Skepsis gegen Wert und Berechtigung solcher auf eine halbe oder ganze Stunde zusammengedrückten Examina.
Was mich wirklich an die Universität fesselte, das war ein vertieftes Studium der Soziologie, Philosophie und Literatur. Ich hörte Vorlesungen und beteiligte mich an Seminaren bei Karl Jaspers, dem bedeutenden und bis ins hohe Alter schöpferischen Existenzialphilosophen, durch den ich in die mich tief ergreifende Philosophie Kierkegaards eingeführt wurde und in dessen Seminar ich eine Arbeit über Spengler vortrug, dessen *Untergang des Abendlandes* die ganze intellektuelle Welt ungemein beeindruckt hat. Auch geriet ich ein wenig in den Kreis um Max und Alfred Weber. Max Weber war damals zweifellos der genialste Denker der Heidelberger Universität und einer der kühnsten Soziologen Europas, als Mensch ebenso bedeutend wie in seinen Werken. Er las nicht mehr, wohl aber konnten bevorzugte Studenten ihn zu Hause besuchen, wo er eine Art Seminar hielt, Gespräche führte und Anregungen erteilte, wie

sie sich nur ein geistiger Millionär erlauben kann. Ich habe nicht das Glück gehabt, ihn näher zu kennen, aber schon seine flüchtige Bekanntschaft ist mir ein unverlierbarer Besitz. Er war, was man nur von sehr wenigen Menschen sagen kann, wirklich genial. Wie fast allen Genies kam es ihm letztlich nicht darauf an, ob er im wesentlichen Sinne recht hatte oder nicht. Genies haben selten recht, da sie dafür meist viel zu einseitig sind. Ihre große Leistung besteht im Aufspüren neuer Gesichtspunkte, im Ausloten unerforschter Tiefen, im Wegstreifen von Vorhängen, hinter denen sich Welten verborgenhalten, im Ausstreuen von Geistesblitzen, deren jeder eine Finsternis erhellt. Was immer Max Weber anfaßte, die Probleme des Kapitals, die Beziehungen des Puritanismus zur modernen Gesellschaft, die Soziologie der Religionswissenschaft, die brennenden Fragen des damaligen nach-revolutionären Deutschland, an denen er leidenschaftlich interessiert war, Fragen der neuzeitlichen und der künftigen Entwicklung der Menschheit, alles war neu, faszinierend, provozierend und zwang zum weiteren Nachdenken. Vorlesungen hörte ich bei seinem Bruder Alfred, einem zwar weniger genialen Mann, aber doch ungemein belehrend und von einem enzyklopädischen Wissen.

Ich genoß auch die Vorlesungen und die Bekanntschaft von Friedrich Gundolf (ursprünglich Gundelfinger), durch den ich mit dem George-Kreis in Berührung kam. Auch Gundolf wird mir unvergeßlich bleiben. Von jüdischer Abstammung, wenn auch völlig indifferent allem Jüdischen gegenüber, repräsentierte er die höchste Blüte der deutsch-jüdischen Assimilation. Er war von einer geistigen und emotionellen Sensitivität, wie es nur der Urenkel einer uralten und verfeinerten Kultur sein kann. Außer einem ungewöhnlichen Gedächtnis hatte er die bewundernswerte Gabe, alles was er wußte, schöpferisch zu beleben. Mir gab er die ersten tiefen Einblicke in die Werkstatt der Dichter, lehrte mich, ein Gedicht zu analysieren. Sprache war ihm, wie dem ganzen George-Kreis, eine sakrale Macht; daß Worte zaubern können, diese uralte magische Vorstellung, die allem Dichterischen zugrunde liegt, war Gundolf und den Seinen eine absolute Gewißheit. Dabei war er, wie die meisten bedeutenden Menschen, interessanter noch in seiner Persönlichkeit als in seinen Werken. Jede Vorlesung, jedes Gespräch mit ihm war ein Kunstwerk und mir, dem von Hause ja fast amusischen Juden, war diese Begegnung ein bedeutsames und befruchtendes Erlebnis. Ich lernte damals die Stefan George'sche Poesie und Weltanschauung kennen und war ebenso angezogen von ihrer sprachlichen Virtuosität wie abgestoßen von ihrer aristokratischen Exklusivität, ihrer Verachtung der Realität und ihrem im tiefsten Sinne geistigen Snobismus.

Durch Gundolf traf ich auch einen großen deutsch-jüdischen Dichter: Karl Wolfskehl, einen Freund Martin Bubers, den ich später auch zuweilen mit Buber wiedersah.

Eine Weile studierte ich bei Rickert, ohne ihn sehr zu schätzen. Er schien mir den Vergleich mit den großen deutschen Philosophen, selbst der modernen Zeit, nicht auszuhalten. Rickert war mehr Historiker der Philosophie als wirklicher Erkenntnistheoretiker, obgleich er sich gerade darauf viel einbildete. Mein Studium bei ihm endete etwas abrupt, nach einem kurzen, aber heftigen Zusammenstoß. Er hielt Seminare in seiner Villa, da er in jenen Jahren geradezu an Angstzuständen litt und die Universität mied. Eines Tages saßen wir, etwa fünfzehn Studenten, in einem Salon seines Hauses. Die Rede war auf Hermann Cohen gekommen, und ich begann, ein Problem in der Cohenschen Auffassung darzulegen. Prof. Rickert unterbrach mich unwirsch: »Hören Sie mit Hermann Cohen auf. Wissen Sie nicht, daß ich vor Jahren schon von Hermann Cohen sagte, seine Philosophie sei mehr Rasse als Philosophie?« Ich wurde ärgerlich und erwiderte: »Herr Geheimrat, erstens stimmt Ihre Bemerkung nicht, und zweitens ist sie auch sicherlich mehr Rasse als Philosophie.« Das Ergebnis war, daß der etwas neurotische alte Herr beleidigt aufstand und den Raum verließ. Wir warteten einige Minuten und verließen dann das Haus, in das ich nicht wieder zurückkehrte.

Ich hatte in jener Heidelberger Zeit erwogen, die akademische Karriere einzuschlagen. Mit meinen rednerischen Fähigkeiten hatte ich begründete Aussicht, ein populärer Dozent zu werden. Ich ließ schließlich den Gedanken fallen, nachdem ich ihn mit meinen Freunden unter den Professoren besprochen hatte; nicht so sehr wegen des begrenzten materiellen Verdienstes und der Schwierigkeiten, welche die Universitätslaufbahn für einen Ostjuden in sich barg, sondern vor allem wegen meiner doch überwiegenden Unlust am akademischen Betrieb. Ich weiß nicht aus eigener Erfahrung, wie es an anderen Universitäten zuging, hatte aber Gründe anzunehmen, daß es überall mehr oder weniger das gleiche ist. Damals hatte ich naiverweise geglaubt, daß sich an einer Universität, ganz dem Studium gewidmet, eine Atmosphäre der Geistigkeit und sauberen menschlichen Beziehungen herausbilden müsse, in der es um nichts als Wissen und Denken gehe. Was ich statt dessen in Heidelberg zu sehen bekam, besonders da ich mit einer Reihe von Professoren Freundschaft geschlossen hatte, war ein Gespinst von Eifersucht und Eitelkeit, Rivalität und Neid, das sich um so dichter um alle Lebensäußerungen schloß, als es sich um eine sehr enge Welt handelte. Dadurch wurde das geistige Klima viel stickiger als etwa in der großen politischen Welt. Später habe ich viele Politiker kennengelernt und weiß aus eigener Erfahrung über politische Kämpfe Bescheid. Und doch glaube ich sagen zu können, daß politische Konflikte, die ja wohl auch nicht immer sachlich und nobel ausgetragen werden, oft weniger kleinlich sind als ihre Entsprechung bei Gelehrten und Wissenschaftlern. Der Politiker hat, verglichen mit dem Gelehrten, immer etwas Weltmännisches an sich, auch etwas mehr Leichtsinn. Er nimmt seine Probleme nicht so absolut ernst wie der Wissenschaftler. Er ist ironischer und zynischer; er vergißt leichter die Spannungen von gestern. Die Welt, in der er sich bewegt, ist immerhin die einer oder mehrerer Nationen. Wissenschaftler, wenn sie sich zanken, führen die ganze gelehrte Kleinkrämerei ihres Faches ins Treffen. Sie unterbauen ihre Konflikte methodisch, konstruieren ganze Theorien darauf und, je mehr sie den Eindruck erwecken wollen, daß es sich um rein sachliche Probleme handelt, und nicht den Mut haben zuzugeben, daß persönliche Ehrsucht, Karriere, Macht und Eitelkeit im Spiel sind, um so unwahrer und verlogener wird die Auseinandersetzung. Ich habe das damals in Heidelberg äußerst gut gespürt, und es hat mich in dem Wunsche bestärkt, nicht mein ganzes Leben in einer solchen Atmosphäre zu verbringen. Dazu kam noch, daß mir der Gedanke, mich in einer kleinen Stadt niederzulassen, auch wenn sie malerisch und traditionsbeladen wie Heidelberg war, Zweifel erweckte. Ich wollte Länder sehen, Reisen machen, viele Menschen kennenlernen. Die Vorstellung, selbst im Falle einer erfolgreichen Laufbahn in einem Provinzort zu sitzen, an feste Vorlesungsstunden gebunden zu sein, unter Druck publizieren zu müssen, konnte mich bei allem Anziehenden, was sonst in dieser Laufbahn lag, nicht begeistern.

Mehr und mehr begann mich die zionistische Arbeit in ihren Bann zu ziehen. Ich hielt viele Reden, auch in nichtjüdischen Versammlungen. Es waren die Jahre, in denen sich als Gegenwirkung auf die deutsche Revolution die reaktionären nationalistischen Kräfte in Deutschland wieder zu regen begannen. Die bekannteste Gruppe war der Deutsch-Völkische Schutz- und Trutz-Bund. Sie machten alle viel Lärm, wenn sie auch noch keine ernsthafte Gefahr darstellten, und mich reizte es, gegen die Kräfte aufzutreten. Ich hatte einen Vortrag »Die Juden und die Völker« ausgearbeitet. Er war, wie ich heute rückblickend einräume, recht provozierend, wenn ich so sagen darf, umgekehrter Antisemitismus, eine scharfe Anklage, worin den Völkern der Welt gleichsam die Rechnung für all das vorgelegt wurde, was sie den Juden in Jahrhunderten angetan hatten. Dieser Vortrag, der in vielen Kreisen Anklang fand, forderte natürlich die Gegner heraus, und es kam mehrfach zu heftigen Szenen. In Stuttgart artete ein solcher Zusammenstoß in eine gewaltige Schlägerei mit antisemitischen Studenten der Landwirtschaftlichen Hochschule in Hohenheim aus, so daß mehrere von der Versammlung direkt ins Spital gebracht werden mußten. Die turbulenteste dieser Veranstaltungen fand jedoch in Heidelberg statt. Der Vortrag, von dem »Verein jüdischer Studenten«, dem ich angehörte, groß angekündigt, brachte Hunderte von Studierenden, Zionisten, Antizionisten, nicht-jüdische Demokraten und Antisemiten in den Saal. Der Versammlung präsidierte ein Studienkollege von mir, der zeitlebens ein guter Freund geblieben ist: Dr. Herbert Foerder. Er ging später nach Palästina, war lange Zeit führendes Mitglied des israelischen Parlaments und später Generaldirektor der größten israelischen Bank. Ich hielt meinen Vortrag, der mehrfach durch Applaus und Protestgebrüll unterbrochen wurde. Danach entwickelte sich eine sehr heftige Diskussion. Mitglieder des KC (Kartell-Convents), einer antizionistischen jüdischen Verbindung, griffen mich wegen meines Zionismus an, während andere antisemitisch zu pöbeln anfingen. Besonders hervor tat sich ein Privatdozent der Philosophie, Dr. Rugge, der später ein bekannter Nationalsozialist wurde (vorher war er wegen antisemitischer Zwischenfälle von der Heidelberger Universität entfernt worden). Die Versammlung endete mit großem Krawall und Eingreifen der Polizei.

Meine Tätigkeit als Redner und Verfasser von Zeitungsartikeln lag jedoch nur an der Peripherie meines zionistischen Engagements. Mein Hauptinteresse galt nun der zionistischen Politik. Ich war jung, radikal in meinen Anschauungen und sehr kämpferisch. Von Haus aus befand ich mich immer lieber in der Opposition als »an der Macht«, und die Jahre, in denen ich als Mitglied oft sehr kleiner zionistischer Gruppen gewirkt habe, in Opposition zu der vorherrschenden Partei, waren in vielem befriedigender als die spätere Zeit, als ich, wenn man so sagen will, »zur Macht« gekommen war und mit der Opposition zu kämpfen hatte. Damals jedenfalls lockte mich ein Platz in der zionistischen Führung herzlich wenig. Was mich fesselte, war die große Linie der Entwicklung, waren die Gefahren, die sich für die zionistische Bewegung bereits in ihren ersten Erfolgen ergaben. Es waren die Jahre nach der Balfour-Deklaration, die Jahre des Rausches und der naiven Illusion, in denen das politisch so unerfahrene jüdische Volk glaubte, daß uns England einen Judenstaat faktisch »gratis und franko« ins Haus liefern würde. Es war die Zeit, da jeder britische Gesandte bei zionistischen Treffen mit demselben enthusiastischen Applaus begrüßt wurde, mit dem heute israelische Botschafter empfangen werden. Ich befürchtete die Verflachung der Bewegung in eine rein politische Angelegenheit, die Entgleisung ins Diplomatische, den Irrglauben, daß wir durch das Wohlwollen von Ministern und Generälen einen Judenstaat bekommen würden, die Verkennung der großen Probleme des Zionismus: der Beziehung zur arabischen Welt einerseits und der entscheidenden Bedeutung eigener Leistungen andererseits. Ich hatte Angst davor, daß sich ein billiger und bequemer Zionismus entwickeln könnte, mit Resolutionen und Hurra-Schreien, diplomatischem Getue, mit Versprechungen, hinter denen sich wenig verbarg, und all das auf Kosten des revolutionären und idealistischen Charakters der Bewegung.

In dieser Befürchtung bestärkte mich mein Freund Jakob Klatzkin. Er hatte die Kriegsjahre in der Schweiz verbracht, wir waren nach dem Krieg wieder in Verbindung getreten und hatten zu all diesen Fragen ungefähr die gleiche Einstellung. Er war älter als ich und hatte einen größeren Namen, aber beide waren wir von dem Wunsch beseelt, etwas Gemeinsames zu unternehmen. So beschlossen wir, ohne jede offizielle Unterstützung, ohne Geld und ohne einen Verlag, in Heidelberg eine zionistische Zeitschrift zu gründen. Wir nannten sie *Freie Zionistische Blätter,* und wie wir in der ersten Ankündigung sagten, legten wir den Schwerpunkt auf »frei«. Wir wollten frei sein von Parteidisziplin, von jedweder Gebundenheit an bestehende Autoritäten, frei im Termin des Erscheinens und entschlossen, das, was wir dachten und glaubten, zusammen mit einer kleinen Schar von gleichgesinnten Schriftstellern, rücksichtslos, aber sachlich der zionistischen Öffentlichkeit vorzulegen. Nicht viele Nummern dieser Zeitschrift sind erschienen, aber ich glaube doch, daß sie einen gewissen Einfluß ausgeübt hat. Zu unseren Mitarbeitern gehörten Hans Kohn (der später dem Zionismus leider sehr radikal den Rücken kehrte), Eugen Höflich (Mosche Jaakov Ben Gavriel), Felix Weltsch und andere; den größten Teil bestritten Klatzkin und ich. Es war eine typische Außenseiter-Zeitschrift. Alle offiziellen Stellen waren entweder verärgert oder nahmen uns nicht ernst. Aber wenn ich heute manche der Aufsätze lese, die vor mehr als fünfzig Jahren in den *Freien Zionistischen Blättern* veröffentlicht wurden, bin ich überrascht über die Voraussicht dessen, was damals gesagt wurde, und über die Ähnlichkeit der damaligen und heutigen Situation des Zionismus. Ich habe in meiner zionistischen politischen Einstellung, wie jeder Mensch, der sich entwikkelt, Wandlungen durchgemacht. Nur sture Naturen bleiben zeitlebens bei all ihren Meinungen, und wer aus der Fülle des Lebens und geänderten Bedingungen nicht hinzulernt, ist nicht wert und nicht fähig, ein reiches Leben zu leben. Ich habe im Praktischen und

Organisatorischen und in Fragen der Parteizugehörigkeit vielfach meine Meinung geändert und schäme mich dessen nicht, da es sich in allem letzten Endes nur um Mittel handelt. Eine Partei ist kein Selbstzweck, eine organisatorische Form kein Endziel, und wer nicht flexibel genug ist, in der Politik Taktiker zu sein, soll lieber seine Hand vom politischen Spiel lassen. Aber in meiner prinzipiellen Konzeption des Zionismus als einer großen historischen Bewegung denke ich heute im wesentlichen kaum anders als damals.

6

Reifejahre in Murnau

Die *Freien Zionistischen Blätter* ließen sich aus Geldmangel nicht sehr lange halten. Da keine Organisation dahinterstand, da Klatzkin und ich für Verwaltung und Finanzierung ebenso wie für die redaktionelle Leitung sorgen mußten, da die Zeitschrift außerdem zu unabhängig und kritisch für den Geschmack der offiziellen zionistischen Instanzen war, mußten wir recht bald den Versuch aufgeben. Nachdem ich mein Doktorat abgeschlossen hatte, bestand recht bald kein Grund mehr für mich, in Heidelberg zu bleiben. Andererseits wollte ich es so lange wie möglich vermeiden, eine Stellung anzunehmen, die mich an ein Büro und eine regelmäßige Arbeit gefesselt hätte, zumal ich das Bedürfnis empfand, mich weiterzubilden und eigenen Neigungen nachzugehen. Die finanzielle Möglichkeit dazu ergab sich aus der Inflation, die damals über Deutschland hereinbrach. Für die meisten bedeutete sie plötzliche Verarmung und für viele Elend. Mir gab sie jedoch die Möglichkeit, mich eine Weile ganz meinen Studien und Neigungen zu widmen, ohne die Notwendigkeit, durch tägliche Arbeit mein Brot zu verdienen. Für diejenigen, die sie nicht miterlebt haben, muß die damalige wirtschaftliche Situation unbegreiflich bleiben. Der Dollar stieg innerhalb kurzer Zeit auf Millionen und Milliarden, und ich entsinne mich, wie ich einmal mit einem Dollarscheck auf dem Weg zur Bank durch einen Freund aufgehalten wurde und dann beim Einlösen ein Mehrfaches von dem erhielt, was ich eine Stunde früher bekommen hätte. Gerade um diese Zeit war mein Onkel, der hebräische Verleger aus Warschau, zu Besuch in Amerika gewesen und hatte dort auf meine Bitte mit der jiddischen Zeitung *The Day* verhandelt. Es war vereinbart worden, daß ich monatlich zwei bis drei Feuilletons für das Blatt schreiben sollte. Dafür bekam ich 20 oder 25 Dollar pro Artikel und war mit diesem Honorar, solange die Inflation anhielt, vielleicht einer der bestverdienenden Menschen Deutschlands. Andere hätten vielleicht diese Dollarbeträge zum Ankauf von Häusern oder anderen Werten verwendet. Ich wollte jedoch diese ungewöhnliche Gelegenheit dazu benutzen, um abgeschnitten von der lauten Welt meinen Studien zu leben. Dr. Klatzkin hatte ähnliche Absichten, und wir machten uns auf die Suche nach einem Ort, wo wir, so lange es uns die materiellen Umstände erlauben würden, angenehm leben konnten. Von einem guten Freund, Dr. Fritz Sternberg, der später ein bekannter Nationalökonom und Soziologe wurde, erfuhr ich, er habe ein Häuschen in Murnau gemietet, könne es aber nicht übernehmen. Ich fuhr hin, es gefiel mir, und ich mietete es. Dr. Klatzkin kam bald nach und richtete sich in einem anderen, nahegelegenen Häuschen ein. Ich verbrachte knapp zwei Jahre in Murnau, die zu den schönsten und fruchtbarsten meines Lebens gehören.

Murnau ist ein kleines bayrisches Städtchen, wenige Minuten von Garmisch-Partenkirchen und etwa eine Stunde von München entfernt, das damals schon längst eines der lebendigsten Kunst- und Literaturzentren war, berühmt durch seine Künstlerkolonie in Schwabing, seinen Fasching, sein Theater und seine sorglos verspielte Atmosphäre. Am reizvollen Staffelsee abseits genug gelegen, um einem die Konzentration auf sich selbst zu erlauben, befand es sich doch nahe genug an der bayrischen Hauptstadt, um gutes Theater und schöne Musik erreichbar zu machen, wenn einen danach gelüstete. Reich wie ich durch die amerikanischen Dollarschecks war, konnte ich für mich allein wohnen und hatte doch Anschluß an eine bayrische Familie, der das Haus gehörte und die mir die Wirtschaft besorgte. So lebte ich wie Gott in Bayern! Auch an Gesellschaft fehlte es nicht. Klatzkin war nahebei; eine halbe Stunde entfernt, in Starnberg, wohnten mein Freund Arnold Zweig und seine Frau; außerdem besuchten mich häufig Bekannte und Freunde, denen ich in meinem Haus leicht Unterkunft und Gastfreundschaft gewähren konnte. Ich war damals noch unverheiratet, hatte keine materiellen Sorgen und war für viele Frauen und junge Mädchen sehr attraktiv. Von meinen vielen Erlebnissen erwähne ich eines, das mir psychologisch interessant erscheint. Ich hatte in Bonn eine junge Studentin kennengelernt, die Schwägerin eines damals sehr bekannten deutschen Malers, und wir verliebten uns. Sie muß in ihrer Kindheit ein traumatisches erotisches Erlebnis gehabt haben, von dem sie nie sprach und das sich darin äußerte, daß sie, wann immer sie einem Mann die Hand gegeben hatte, sofort ins Badezimmer lief, um sich die Hände zu waschen und sich manchmal sogar übergab. Ich bin überzeugt, daß sie in einem Irrenhaus geendet hätte, wenn sie bei ihrem ersten Liebeserlebnis einem rücksichtslosen Mann in die Hände gefallen wäre. Wir machten einst eine Schlittenfahrt in die Eifel. Der Schlitten kippte plötzlich um und ich lag mitten im Schnee auf ihr unter dem Schlitten. Ich rief dem Kutscher zu, er solle uns ruhig liegen lassen. Nach langen Überredungsversuchen stimmte sie endlich zu, in den Sommerferien zu mir nach Murnau zu kommen, allerdings unter der Bedingung, daß sie ein Zimmer für sich alleine habe und daß sie sich darin verriegeln dürfe, ohne daß ich einen zweiten Schlüssel besitze. Ich stimmte allem zu. Sie schlief zwei, drei Wochen allein in ihrem verschlossenen Zimmer, dann öffnete sie die Tür, dann schlief sie zwei Wochen mit mir in einem Bett, ohne daß ich sie berührte, bis sie schließlich selbst das Verlangen hatte, daß unsere Liebesbeziehung sich erfüllte. Ich habe sie auch später noch öfters wiedergesehen, ohne unser erotisches Verhältnis fortzusetzen. Ich bin – das habe ich Frauen oft gesagt – an Zweitauflagen nur bei Büchern, nicht in der Liebe interessiert.

Jahre später, in New York, habe ich diese Episode, zusammen mit anderen Liebeserlebnissen aus meinem Leben, Stefan Zweig erzählt. Er machte sich, während ich sprach, Notizen, und wollte – ohne natürlich meinen Namen zu nennen – einen Novellenband darüber verfassen. Das Buch wurde nie geschrieben, weil er nach Brasilien auswanderte und dort, zum Teil in der Überzeugung, daß Hitler den Krieg gewinnen würde, mit seiner zweiten Frau Selbstmord beging.

Mein ständiger Hausgast war mein Schäferhund, Adin (hebräisch »Der Vornehme«) genannt, mit dem ich täglich lange Spaziergänge unternahm, die in einem unvollendeten und später von den Nazis mit meinen anderen Büchern und Schriften vernichteten Manuskript unter dem Titel »Gespräche mit Adin« ihren Niederschlag fanden. Wie viele geistige Menschen – der bedeutendste unter ihnen war Nietzsche – habe ich stets am besten im Gehen denken können

und mir angewöhnt, meine Gedanken in einer Art wanderndem Selbstgespräch zu formulieren.
Was mich besonders lebhaft beschäftigte, waren z. T. Probleme des Zionismus, z. T. allgemein philosophische. Mein Denken über jüdische Fragen wurde ungemein durch das tägliche Zusammensein mit Jakob Klatzkin gefördert. Er arbeitete damals an seinem grundlegenden Buch über zionistische Theorie, das unter dem Titel *Probleme des modernen Judentums,* später geändert in *Krisis und Entscheidung* (dieser Titel geht auf eine Anregung von mir zurück) erschien. Klatzkin war wohl der scharfsinnigste Theoretiker der modernen Judenfrage, von einer so radikalen Folgerichtigkeit und Kühnheit, daß er selbst vor der extremsten Schlußfolgerung nicht zurückschreckte. In einem gewissen Sinne machte es ihm Freude, radikal zu sein, da er eine große Begabung zur Paradoxie hatte und gerne den intellektuellen Außenseiter spielte. Von allen Denkern der zionistischen Bewegung war er der »zionistischste«, der wirklich kompromißlose Zionist, der die Grundkonzeption des Zionismus wie kein anderer ohne das geringste Zugeständnis zu Ende gedacht hat. Bekanntlich beruht die zionistische Lösung der Judenfrage auf der These, daß die territoriale Zerstreuung in der Diaspora das Weiterbestehen des jüdischen Volkes gefährde und daß nur seine territoriale Konzentration im alten Heimland Palästina Millionen verfolgter und heimatloser Juden retten und den Fortbestand des Volkes sicherstellen könne. In dieser Analyse sind sich alle Theoretiker des Zionismus einig gewesen. Klatzkins radikale und orginelle Behandlung dieser Theorie bestand darin, daß er die Möglichkeit der dauernden Fortexistenz jener Volksteile leugnete, die auch nach der Gründung eines Heimlandes in Palästina außerhalb des Staates in der Diaspora verbleiben würden. In scharfsinnigen Analysen, gestützt auf seine vielseitigen Kenntnisse der jüdischen Vergangenheit und Kultur, suchte er nachzuweisen, daß nur die Religion, die das Leben der Juden im Ghetto durch Jahrhunderte beherrscht hatte, die an sich anormale Existenz der jüdischen Gemeinschaft ohne ein territoriales Zentrum ermöglicht habe; nachdem sie infolge der modernen Emanzipation ihre absolute Herrschaft über das tägliche Leben des jüdischen Menschen

eingebüßt habe, könnten sich die jüdischen Gemeinschaften als Minderheiten unter anderen Völkern nicht lange in ihrer Eigenart erhalten. Außerdem sagte Klatzkin voraus, daß es nach einigen Generationen normalen Lebens im eigenen Land keine Verständnismöglichkeit und keinen Zusammenhang zwischen der jüdischen Minorität der Diaspora und dem jüdischen Staatsvolk in Palästina geben würde. Während die Juden Palästinas alle Merkmale eines normalen Volkes, wie eigene Sprache, eigene Lebensformen, Interessen und Zielsetzungen annehmen würden, hielt er es für das unvermeidliche Schicksal der jüdischen Gemeinschaften in der Diaspora, aus Furcht, sich mit dem jüdischen Staatsvolk in Palästina zu identifizieren, die eigene Kultur einzubüßen und sich in eine undefinierbare Gruppe zu verwandeln, die von der alten jüdischen Religion nur ganz oberflächliche nichtssagende Symbole behalten und ihre Schöpferkraft einbüßen würden. Es stünde ihnen bevor, eine Art Zigeuner zu werden, von denen niemand mehr recht wissen werde, wer sie seien und wozu es sie gebe, und schließlich würden sie ganz und gar verschwinden. Die Negation der Galut, die in jeder zionistischen Theorie enthalten ist, wurde bei Klatzkin absolut und konsequent zu Ende geführt und mit einem ungewöhnlichen Aufwand an philosophischen, psychologischen und geistesgeschichtlichen Argumenten begründet.

Über diese Auffassungen Klatzkins habe ich mit ihm in Murnau unablässlich diskutiert, in einem langjährigen Dialog, der erst durch seinen Tod beendet wurde, weil jeder auf seiner Position blieb. Gegen seine logisch unwiderleglichen Ausführungen habe ich schon in jenen Jahren, in denen die Weisheit der empirischen Erfahrung sich noch nicht eingestellt hatte, mit dem Hinweis auf die jüdische Vergangenheit argumentiert. Ich behauptete, daß logisch gesehen das jüdische Volk schon längst hätte verschwinden müssen, weil seine Galut-Existenz im Widerspruch zu allen sogenannten Gesetzen der Geschichte stehe, an deren Gesetzlichkeit ich schon damals nicht recht glaubte und an die ich, je mehr ich Geschichte im Werden zu beobachten Gelegenheit hatte, von Jahr zu Jahr weniger glaube. Zu behaupten, daß alles, was geschichtlich geworden ist, so werden mußte, dieser großartige, aber groteske Kernsatz der Hegel'schen

Philosophie, erschien mir damals schon ein wenig absurd und erscheint mir heute noch weniger akzeptabel. Wenn man nicht religiös an die Weltgeschichte herangeht, mit dem naiven Kinderglauben, daß ein guter, böser oder indifferenter Gott alles dirigiert und sinnvoll – von ihm aus gesehen wenigstens – gestaltet, kann man, je mehr Geschichte man studiert und vor allem, wenn man große historische Geschehnisse aus der Nähe miterlebt, keinesfalls zu der absurden Überzeugung gelangen, daß alles, was ist, so sein muß. Etwa anzunehmen, um nur ein Beispiel, vielleicht das grauenvollste der Weltgeschichte, zu nennen, daß Hitler und die Naziperiode unvermeidlich und daher sinnvoll gewesen seien, ist sowohl logisch wie moralisch ein Salto Mortale, den kein vernünftiger und anständiger Mensch unternehmen kann. Da ich also nicht an die Gesetzlichkeit des historischen Geschehens glaube, lehnte ich die Klatzkin'sche These ab, daß die jüdischen Gemeinschaften der Diaspora keinerlei Zukunft hätten, weil Völker ohne territoriale Konzentration nicht dauern könnten. Ich wies darauf hin, daß das jüdische Volk in seinem Schicksal einzigartig sei und im Gegensatz zu anderen Völkern nicht bloß eine, sondern mehrere Diasporas überlebt habe. Die jüdische Geschichte besteht in dem Hin und Her zwischen der territorialen Sammlung und der Zerstreuung. Es gibt im jüdischen Volkscharakter, scheint mir, einen ebenso starken Trieb in die Zerstreuung wie es in ihm eine Sehnsucht nach Erez Israel und der territorialen Konsolidierung gibt. Nach dem, was ich von jüdischer Geschichte weiß, ist es eine naive und falsche Vorstellung, zu glauben, daß die nichtjüdische Welt durch Druck und Übermacht den Juden ihre verschiedenen Zerstreuungen aufgezwungen habe. Auf lange Sicht, dünkt mich, zwingt man einem Volk überhaupt nichts auf, und Zwangsherrschaften sind immer nur Episoden. Letzten Endes lebt ein Volk so, wie es leben will, und irgendwie ist sein Schicksal verdient. Völker werden auch nie von anderen ausgerottet, das Verbrechen des kompletten Völkermordes gibt es in der Geschichte nicht. Man kann Millionen eines Volkes vernichten, wie es uns Juden in der Hitler-Zeit angetan wurde. Ein Volk als Ganzes geht nie zugrunde, es sei denn, daß es den Kampf um seinen Fortbestand irgendwann aufgibt. Wenn ein Volk in seiner Ohnmacht

verzweifelt und nicht mehr den revolutionären Elan aufbringt, gegen die scheinbar hoffnungslose Übermacht seiner Gegner anzukämpfen, so geht es unter, aber dann ist es ja nicht ein Mord, der begangen wurde, sondern ein Selbstmord. Daher glaubte ich damals und glaube ich auch heute noch, daß die Diaspora einer tiefen Sehnsucht des jüdischen Geistes oder der jüdischen Volksseele entspricht. Wir sind zumeist freiwillig in die Diaspora gegangen, so wie wir uns freiwillig die Lebensform des Ghettos geschaffen haben, um in der Diaspora zu überdauern. Wir haben den Trieb ins Weite, die Abenteuerlust des Weltvolkes und gleichzeitig die Sehnsucht nach der Heimat, nach dem Alleinsein mit Gott und unserer Kultur. Zwischen diesen Polen hat sich die jüdische Geschichte immer wieder bewegt, und so kam ich zu dem Schluß, daß die Normalisierung der jüdischen Situation nicht darin bestehen kann, einen gewissen Teil des Volkes in Palästina zu sammeln und auf die übrigen Teile zu verzichten. Ein Volk wie alle Völker zu werden, ohne die Weltoffenheit und Weltweite, die uns heute charakterisiert, kann mir nicht als wünschenswert erscheinen. Wenn die jüdische Diaspora neben dem jüdischen Zentrum bestehenblieb, würde damit dem kleinen Staat, der quantitativ immer klein wird bleiben müssen, etwas Einzigartiges, Einmaliges verliehen.
Meine Antwort auf die Frage Klatzkins, wie es nach der Emanzipation und dem Zusammenbruch der Sonderexistenz im Ghetto trotz aller territorialen Zerstreuung den jüdischen Gemeinden in der Diaspora gelingen solle, ihre Verbindung mit dem Staate und ihr geistiges Eigenleben zu bewahren, schöpfte ich auch aus der historischen Wirklichkeit und nicht aus der logischen Analyse. Ich wies darauf hin, daß die Selbstbehauptung des jüdischen Volkes in der Diaspora eine einmalige und vielleicht die großartigste Leistung des nationalen Selbstbewahrungstriebes und des nationalen Genius darstellt. Ich erinnere mich, Klatzkin oft gesagt zu haben: Gesetzt, daß nach der Zerstörung des zweiten Tempels und der sogenannten Vertreibung des jüdischen Volkes aus Palästina ein Jakob Klatzkin gelebt hätte, so würde er damals mit derselben Folgerichtigkeit und Brillanz bewiesen haben, daß es keine Aussicht für das jüdische Volk gebe, sich nach dem Verlust seines staatlichen und religiösen Mit-

telpunktes als Volk zu behaupten. Vielleicht, fügte ich hinzu, hat es einen solchen Klatzkin schon einmal gegeben, der ein in seiner Art so glänzendes Buch geschrieben hat wie *Krisis und Entscheidung*. Aber wenn es ihn gab, fuhr ich fort, hat das jüdische Volk ihn aus seinem Gedächtnis verloren. Was ein Volk nämlich von seiner geistigen Produktion bewahrt, ist sehr charakteristisch. Was seiner Existenz schadet, läßt es oft in Vergessenheit geraten, genauso wie der einzelne Mensch in den meisten Fällen das vergißt, was ihm schädlich wäre. Gedächtnis ist ja auch nur ein Werkzeug der Selbsterhaltung, beim einzelnen wie bei Völkern. Ob es nun diesen früheren Klatzkin gegeben hat oder nicht, Tatsache ist jedenfalls, daß sich das jüdische Volk, einer solchen logisch durchaus überzeugenden Galut-Verneinung zum Trotz, die theoretisch damals ebenso berechtigt gewesen wäre wie heute, erhalten hat, weil es mit einem unbezwinglichen Willen zum Fortleben, ungeachtet aller sogenannten natürlichen Gesetze der Geschichte, Lebensformen hervorgetrieben hat, die ihm seine Sonderexistenz ermöglichten. Etwas Ähnliches, folgerte ich daraus, wird auch geschehen, wenn der Judenstaat einmal existieren wird. Wir werden irgendeine neue Form finden, um die enge schicksalhafte Wechselbeziehung zwischen dem Staat und dem Volk, dem Zentrum und der Zerstreuung, fortzusetzen und damit auch die notwendige geistige Kraft gewinnen, um das Weiterleben der jüdischen Gemeinschaft in der Diaspora zu gewährleisten. Die Normalisierung der jüdischen Situation, so war meine Schlußfolgerung, liegt nicht nur im Staat allein, sondern in der Schaffung eines Mittelpunktes in Palästina und der Beibehaltung der großen jüdischen Diaspora, die mit dem Staat in einer dauerhaften fruchtbaren Wechselwirkung verbunden ist. Dies ist meines Erachtens eines der wichtigsten Probleme der Existenz des jüdischen Volkes, denn ohne die Solidarität der Diaspora haben weder Israel noch das Weltjudentum eine echte Aussicht auf schöpferisches Überleben.

Diese Auseinandersetzung mit Jakob Klatzkin habe ich deswegen ausführlich dargelegt, weil sie heute, da es den jüdischen Staat gibt, unser zentrales Problem darstellt. Weder habe ich Klatzkin überzeugt, noch er mich. Das gleiche Dilemma, das mich persönlich so stark bewegt hat, bedrängt heute noch viele Denker des Zionismus und viele Schichten des jüdischen Volkes und ist für sie nicht minder aktuell, als es für mich seit damals geblieben ist. In einem gab ich Klatzkin immer recht: Wenn das Volk dieses Problem nicht erkennen und keine Anstrengungen machen wird, eine konstruktive Lösung zu finden, dann besteht die Gefahr, daß seine Prognose sich bewahrheite. Wenn der Staat Israel nur sein Leben lebt und die jüdischen Diaspora-Gemeinschaften nur das ihre leben, wenn beide Teile des Volkes nicht Verantwortung füreinander empfinden und ihre wesentlichen Entscheidungen aufeinander abstimmen, dann mag die pessimistische Theorie Klatzkins Wirklichkeit werden, und wir würden dann für die Schaffung des Staates einen ungeheuren Preis entrichten: den Untergang des übrigen Volkes. Aber ich habe, trotz mancher beunruhigender Anzeichen, die auf diese Gefahr deuten, meinen Glauben an den jüdischen Volksgenius nicht aufgegeben. Aus ihm schöpfe ich die Hoffnung, daß es gegen alle Gewohnheitsmächte des täglichen Lebens, gegen den natürlichen Egoismus des Staates Israel und die ebenso verständliche Selbstsucht der einzelnen jüdischen Gemeinschaften uns und den künftigen Generationen gelingen wird, das Problem zu bewältigen; zu verstehen, daß die Judenfrage keineswegs mit der Gründung des Staates gelöst ist, sondern daß die große Aufgabe noch bevorsteht: die Verbindung zwischen dem Volk außerhalb des Staates und dem Staate selbst so zu gestalten, daß sein Fortbestand in beiden Sphären im Einklang mit dem einzigartigen Charakter seiner Vergangenheit gesichert erscheint.

Der beinahe tägliche Kontakt mit Jakob Klatzkin war für mich, abgesehen von der Vertiefung meines Verständnisses für die modernen Judenprobleme, eine große Bereicherung meines allgemeinen jüdischen Wissens. Klatzkin war ein großer Kenner der jüdischen Philosophie und der hebräischen Literatur. Mit einem bewundernswerten Gedächtnis ausgestattet und von unersättlichem Interesse an alter Literatur getrieben, hatte er sich eine beachtliche Bibliothek mittelalterlicher und moderner hebräischer Texte aufgebaut, und ich gewann durch ihn einen Einblick in diese Welt, in der ich vorher nicht sehr bewandert gewesen war. Mittelalterliche

Religionsphilosophie, Kabbala, Chassidismus wurden mir zum größten Teil durch ihn nahegebracht. Die Unterhaltungen mit ihm und die Lektüre, die er mir empfahl, bildeten die Grundlage dessen, was ich mir später an Wissen über diese Gebiete noch aneignen konnte.

Neben meiner Beschäftigung mit jüdischen Dingen benützte ich die Muße der Murnauer Zeit vor allem zu philosophischen Studien. In Heidelberg hatte ich mir, angeleitet von Rickert und Jaspers, einige Kenntnisse in moderner Philosophie erworben. In Murnau versuchte ich, diese allgemeine philosophische Bildung durch Eindringen in die Mystik zu vervollständigen. Von Jugend auf ziemlich skeptisch gegen die Möglichkeit, auf rein logischem und erkenntniskritischem Weg zur absoluten Wahrheit zu gelangen, war ich Zeit meines Lebens fasziniert von anderen Erfahrungs- und Erkenntnisquellen, vor allem von der mystischen Erlebensweise. Wenn irgendwo, fühlte ich, Absolutes überhaupt erfahrbar wird, so in der Mystik. Auf der anderen Seite wurde mir gerade in jenen Jahren das Paradoxe der mystischen Erkenntnis klar, das sich in dem bekannten Wort eines der größten Mystiker, des Meister Eckehardt, widerspiegelt. Er sagte, daß der wahre Mystiker schweigen müsse. Die Begriffe der rationalen Sprache sind gar nicht imstande, das Erlebnis eines großen Mystikers adäquat wiederzugeben; daher sind im Grunde alle mystischen Schriften nur ein Stammeln. Sie reden in Vergleichen und Symbolen, darin liegt sowohl ihre Faszination als auch ihre Schwierigkeit. Damals las ich die Werke der großen Mystiker der Antike und des Mittelalters. Ich begann auch eine Schrift über die Antinomie der mystischen Erkenntnis und bin bis zum heutigen Tage an diesen Problemen interessiert geblieben, zuweilen zur Verwunderung meiner Freunde. Es ist auch heute schwer für mich, mit Bestimmtheit zu sagen, ob sich nicht halb unbewußt in diesem Sinn für Mystik ein religiöses Bedürfnis verbirgt. Vielleicht war ich noch nicht alt genug, um in dieser Hinsicht über mich selbst Bescheid zu wissen. Seit meiner Jugend habe ich über diese Fragen viel nachgedacht und bin zur Überzeugung gelangt, daß es keine logische Antwort gebe. Diese meine Schlußfolgerung gilt nur für mich und erhebt keinen Anspruch auf irgendeine Allgemeingültigkeit. Zwischen Denken und Glauben gibt es, meines Erachtens, keine Brücke. Der Denker fragt immer und ständig; wie es mein Lehrer Jaspers formulierte, ist Philosophie keine Antwort, Philosophie ist Fragen, und jede Antwort ist nur eine Stufe zu einer noch komplizierteren Frage. Gläubige fragen nicht, sie haben die Antwort in sich.

Zum Beispiel hatte ich vor einigen Jahren eine Unterhaltung mit dem israelischen Oberrabbiner Shlomo Goren – ein großer Talmudkenner und ein fanatischer Mensch. Wir kamen auf die arabische Gefahr zu sprechen und Goren plädierte für die Annexion ganz Westjordaniens als ein angeblich biblisches Gebot. Ich fragte ihn: »Können Sie mir, der Sie Gott näherstehen als ich, erklären, warum er ausgerechnet den Arabern diese Riesenmengen von Öl gegeben hat und nicht einen Tropfen seinem auserwähltem Volk?« Er wurde darauf sehr ungehalten und schrie: »Das ist eine gotteslästerliche Frage, Gott fragt man nicht!« Ein ernsteres Erlebnis hatte ich mit einem anderen religiösen Denker, Professor André Neher, einer der hervorragendsten französischen Redner, den ich je gehört habe, jahrelanger Präsident der französischen Sektion des Jüdischen Weltkongresses und Mitgründer der »Colloques des Intellectuels Juifs de Langue Française«, die jedes Jahr mehrere Hunderte jüdischer Intellektuelle in Paris zusammenbringen. Kurz nach dem Sechstagekrieg wohnte ich einem dieser Kolloquien bei. In seiner Eröffnungsrede erklärte Neher, daß der unerwartete Sieg, den die Israelis in den ersten Stunden erzielt hatten, eine Tat Gottes gewesen sei. Wir waren damals recht befreundet und, als ich das Wort erhielt, sagte ich: »Lieber Professor Neher – ich bin kein religiöser Mensch, Sie sind es; Sie haben jüdische Theologie studiert, ich nicht. Nach Ihrer Konzeption ist Gott doch allmächtig. Braucht Er dann, wenn Er will, daß Israel den Krieg gewinnt, dazu Flugzeuge, Bomben, Tanks, usw.? Muß Er Menschen töten lassen? Kann Er nicht den Sieg der Juden durch ein Wunder bewirken? Und wenn Er den Staat Israel geschaffen hat, so ist Er doch auch für alles andere verantwortlich, auch für Auschwitz. Hätte Er mich gefragt, so hätte ich ihm geraten, lieber den jüdischen Staat nicht zu schaffen, aber statt dessen jene sechs Millionen Juden zu retten, die in der Nazi-

Zeit ausgerottet wurden.« Die meisten der Anwesenden klatschten beifällig, doch Neher stand auf und meinte: »Die ganze Fragestellung ist eine Gotteslästerung.«

Dies sind nur Belege für meine Behauptung, daß es zwischen Glauben und Denken keine Brücke gibt. Fragenlos zu glauben ist etwas für primitive Menschen, die das Denken nicht brauchen. Ein Intellektueller, der glauben will, muß eine ungeheure Willensstärke haben, um den Widerstand seines Denkens zu überwinden, um seine Zweifel nicht an die Oberfläche kommen zu lassen. Deswegen habe ich persönlich nie an Gott geglaubt und schon als Kind die Frage gestellt: »Wer hat Gott geschaffen?«, auf die es natürlich keine Antwort gibt, denn sonst müßte man ja weiterfragen, wer den geschaffen hat, der Gott geschaffen hat, und so weiter bis ins Unendliche. Es gibt ein wunderbares jiddisches Lied dazu. Es beginnt mit einer Melodie und den Worten »Wenn man will, kann man fragen«, dann kommt wieder die Melodie und die Worte »Darauf kann man antworten«, wenn man die Melodie eine Weile gesungen hat, kommt wieder der Satz »Wenn man will, kann man fragen«. Das kann man unendlich weitersingen. Es ist der musikalische Ausdruck meiner These, daß Denken Fragen sei und den Menschen daran hindere, ein wirklich Glaubender zu sein. Glauben ist eine Form des Erlebens: Wer sie hat, ist ein glücklicher Mensch, wer nicht zu ihr findet, hat es viel schwerer. Ich gehöre zu denen, die es schwerer gehabt haben. Trotz dieser Schwierigkeit ist es mir jedoch gelungen, nicht in die Neigung zur Mystik, die irgendwo in mir steckt, zurückzufallen, sondern in der denkerischen Haltung, die ich immer eingenommen habe, glücklich zu werden.

Mein ruhiger Aufenthalt in Murnau wurde, außer den Theater- und Freundesbesuchen in München, durch zionistische Vorträge unterbrochen, vor allem aber durch Reisen nach Warschau zu meinem Onkel, dem hebräischen Verleger Abraham Schalkowitz. Ich nahm immer mehr Anteil an seinem Verlag, besonders als er unerwartet und frühzeitig verschied und ich sein Unternehmen im Interesse seiner Familie reorganisieren mußte. Aus dieser Beschäftigung ist mein Interesse für die Planung und Verwirklichung der *Encyclopaedia Judaica* erwachsen.

Auf einer dieser Reisen nach Warschau machte ich eine Erfindung, die ich Lesern dieses Buches, die ebensolche Hundeliebhaber sein mögen wie ich, kostenlos zur Verfügung stelle. Als ich das erste Mal in Warschau war, teilte mir meine Haushälterin mit, daß mein Schäferhund seit Tagen keine Nahrung zu sich nehme und heulend vor meinem Bett läge, so daß sie fürchte, er werde eingehen. Ich kam auf den Gedanken, ihm ein Lebenszeichen von mir zu senden, nahm dickes poröses Papier, behielt es einen Tag in meiner Tasche, legte es dann in ein großes Couvert und schickte es der Haushälterin, mit der Bitte, es dem Hund zu geben. Da es Sommer war, hatte das Papier etwas von meinem Körpergeruch angenommen. Der Hund roch seinen Herrn sofort, führte einen Freudentanz auf, legte das Papier in seinen Korb und begann wieder zu essen. Diese Art einseitiger Kommunikation mit ihm führte ich mehrere Jahre, wenn ich auf längere Zeit verreisen mußte.

Mein idyllisches Leben wurde nur einmal unliebsam gestört, und zwar durch den Besuch eines hohen Münchner Polizeibeamten in Begleitung einiger Gehilfen, die mir mitteilten, daß Anzeigen gegen mich eingelaufen seien. Es gab damals in Murnau eine rührige nationalsozialistische Gruppe, die sich zu besonderer Aktivität angespornt sah, seitdem Adolf Hitler nach seinem mißglückten Münchner Putsch am 9. November 1923 im Hause der Familie Hanfstaengl im benachbarten Uffing lebte. Ich sah ihn ein- oder zweimal in der Nähe des Staffelsees. In Murnau wußte man, daß er dort lebte. Die meisten nahmen ihn nicht ernst und betrachteten ihn als einen »verkrachten Putschisten«. Die Anzeigen gegen mich enthielten drei Beschuldigungen: Ich sei kein deutscher Staatsbürger, sondern gäbe nur vor, es zu sein; ich führte zu Unrecht den Doktortitel und leitete in Murnau eine kommunistische Jugendpropagandazentrale für Westeuropa. Nachdem die Münchner Kriminalbeamten in meinem Schreibtisch sowohl mein Doktordiplom wie das Dankschreiben des Reichskanzlers von Bethmann-Hollweg für meine Tätigkeit im Auswärtigen Amt gefunden und sich bei einer Durchsicht meiner Bibliothek überzeugt hatten, daß sie aus philosophischen, mystischen und hebräischen Büchern bestand, schlossen sie gute Freundschaft mit mir, gingen mit mir an den Staffelsee schwimmen und warnten die Murnauer Deutsch-Völkischen, wie die Nazis sich damals nannten, daß ich unter dem Schutz der Münchner Polizei stehe. Ich blieb lange mit dem hohen Polizeibeamten in München befreundet und nutzte diese Bekanntschaft in verschiedenen Fällen dazu, Ausweisungen osteuropäischer Juden aus München rückgängig zu machen oder andere Schwierigkeiten zu beseitigen.

Ich konnte meinen Murnauer Aufenthalt nun nicht mehr lange ausdehnen. Die deutsche Inflation fand ihr Ende und 25 Dollar waren nur noch hundert Mark, womit der Anreiz, weiterhin jiddische Feuilletons zu schreiben, fortfiel, um so mehr als die deutsche Presse nach der Stabilisierung der Mark sehr viel besser bezahlte. Es ergab sich für mich die Notwendigkeit, eine Tätigkeit aufzunehmen, von der ich leben konnte. Darüber hinaus wurde mir klar, daß ich mich nicht jahrelang nur meinen Studien widmen konnte, sondern beginnen mußte, etwas zu leisten. Im Verkehr mit meinem Onkel hatte sich das Interesse an verlegerischen Arbeiten entwikkelt. Mein Onkel, der eigentliche Begründer des modernen hebräischen Verlagswesens, ein Mann voller Ideen und Unternehmungsgeist, hatte schon nach dem Ende des Ersten Weltkriegs geplant, seine Tätigkeit von Polen nach Berlin zu verlegen. Das Berlin der Weimarer Republik war der große Anziehungspunkt für die osteuropäische jüdische Intelligenz geworden, und eine ganze Reihe bedeutender hebräischer und jiddischer Schriftsteller hatte sich dort niedergelassen. Dies brachte meinen Onkel auf den Gedanken, mit mir zusammen in Berlin eine Zweigstelle seines Verlagsunternehmens zu eröffnen und vor allem auch zu versuchen, die alte Idee einer großen modernen jüdischen Enzyklopädie aufzunehmen. Von vornherein zog ich Klatzkin zu diesen Unterhaltungen hinzu. Als dann mein Onkel plötzlich während eines Kur-Aufenthaltes in Karlsbad starb und nur minderjährige Kinder hinterließ, war es natürlich, daß ich von der Familie gebeten wurde, das Verlagsunternehmen zu reorganisieren und zu versuchen, die großangelegten Pläne meines Onkels auszuführen. Dies alles kristallisierte sich schließlich in dem Vorsatz, in Berlin einen Verlag zu gründen, der der hebräischen Literatur gewidmet sein und vor allem die geplante

Enzyklopädie fördern sollte. All dies war von Murnau aus nicht zu machen, und somit ergab sich die mir jetzt keineswegs mehr unwillkommene Notwendigkeit, wiederum nach Berlin zu ziehen.

7
Encyclopaedia Judaica

Die *Encyclopaedia Judaica* beschäftigte mich fast zehn Jahre bis zur Machtergreifung Hitlers. Die Idee war nicht neu; der Gedanke einer umfassenden jüdischen Enzyklopädie, die das Wissen vom Judentum der jüdischen und nichtjüdischen Welt nahebringen und darüber hinaus den Anteil der Juden an der Weltkultur festhalten solle, war von vielen jüdischen Wissenschaftlern und Denkern der letzten Generation propagiert worden. Achad Haam hat nicht wenig Mühe auf ein solches Werk verwendet, allerdings ohne Erfolg. In Amerika war 1901 die *Jewish Encyclopaedia* herausgekommen, die zwar einen ersten und begrüßenswerten Ansatz darstellte, aber, wie alle solche ersten Versuche, unvollkommen sein mußte, vor allem weil Amerika damals noch nicht das eigentliche Zentrum jüdischer Wissenschaft war. Berlin schien der ideale Ort für einen erneuten Versuch zu sein. Eines der Haupthindernisse lag in der geographischen und sprachlichen Zersplitterung der Juden. Wollte man ein der Mehrzahl der Juden zugängliches Werk herausbringen, so mußte es mindestens in drei Sprachen veröffentlicht werden – Deutsch, Englisch und Hebräisch. Welche ungeheuren Schwierigkeiten wissenschaftlicher, organisatorischer und vor allem finanzieller Natur zu überwinden sein würden, ahnten weder Klatzkin noch ich, als wir uns zu dem Unternehmen entschlossen, sonst wären wir wohl zurückgeschreckt. Klatzkin, der in allem ein Perfektionist war, und ich, der ich damals von finanziellen Dingen sehr wenig wußte und für den sehr große Summen keine Rollen spielten, entschieden, daß die Enzyklopädie nur dann einen Sinn hatte, wenn sie im großen Stil und sowohl wissenschaftlich als auch technisch bestmöglich aufgezogen werden konnte. Wir beide besaßen natürlich keinen Groschen, um das gigantische Unternehmen einzuleiten. So viel war uns klar: ein solches Werk konnte nicht als reines Geschäftsunternehmen aufgezogen werden; es war deshalb sinnlos, sich zur Finanzierung eines solchen Millionenprojektes an einen der bestehenden Verlage zu wenden. Wir wollten statt dessen versuchen, das Werk durch einen eigens zu gründenden Verlag herauszubringen, den wir *Eschkol* (hebräisch: Weinrebe, ein altjüdisches Symbol der Fülle) nennen wollten, und die Mittel mit Hilfe reicher jüdischer Mäzene aufzutreiben. Da es sich um ein Nachschlagewerk in drei Sprachen handelte, sollte es international fundiert werden. In den verschiedenen Ländern, einschließlich Amerika, waren Komitees ins Leben zu rufen, die sowohl für die wissenschaftliche wie für die finanzielle Mitarbeit der Juden sorgen sollten. Die Planung lief praktisch auf eine Art jüdischer Weltorganisation hinaus, geschaffen zu dem alleinigen Zweck, dieses gigantische Werk, das sozusagen die Hauptleistung der modernen jüdischen Wissenschaft repräsentieren sollte, auf die Füße zu stellen. Als wir anfingen, hatten wir nicht die geringsten Mittel, aber Freunde sprangen uns bei und so begann für Klatzkin und mich eine Zeit angestrengter Vorbereitungen. Wir bildeten Komitees in den meisten europäischen Ländern. Es war relativ leicht, die Gelehrten zu gewinnen; mit den Mäzenen war es viel schwieriger. Unsere erste Aufgabe war, eine Art Probeheft herauszubringen, um den Interessenten zeigen zu können, wie eine solche Enzyklopädie aussehen würde. Die ersten fünftausend Mark gab uns ein guter Freund, der Hebräisch-Lehrer Samuel Weinberg, Vater des jetzigen Direktors des »Nahum-Goldmann-Museums der Diaspora« in Tel Aviv. Den Betrag, den wir ihm später zurückzahlten, benutzten wir, um eine 64seitige Broschüre zu drucken, die den Geldgebern zeigen sollte, was wir uns unter einer solchen *Encyclopaedia Judaica* vorstellten, darunter Artikel über Palästina, Maimonides, die Bibel sowie eine Reihe von Illustrationen, und mit ihr bewaffnet machten wir uns auf die Reise nach Amerika, wo wir, insbesondere für die geplante englische Ausgabe, die nötigen Millionen zu finden hofften.

Es war meine erste Reise in den neuen Kontinent. Wir hatten kaum das Geld für die Fahrkarten. Ein bißchen hochstaplerisch kaufte ich sie erster Klasse. Klatzkin war darüber sehr ungehalten; ich versicherte ihm jedoch, daß sich diese Investition auszahlen würde. Tatsächlich lernte ich an Bord des Schiffes schon auf der Hinreise einen südafrikanischen Diamantenhändler kennen, den ich bewegen konnte, uns einen Scheck über zehntausend Pfund zu geben und damit hatte sich die Reise gelohnt. Von den Erlebnissen dieser amerikanischen Reise werde ich hier nicht allzuviel berichten. Ich kann nicht sagen, daß wir ein begeistertes Echo im amerikanischen Judentum fanden, obschon eine ganze Reihe führender Männer wie Stephen S. Wise, Cyrus Adler, der Direktor des American Jewish Theological Seminary, und vor allem viele Gelehrte sich lebhaft für die Sache interessierten. Im ganzen jedoch war das Interesse der reichen amerikanischen Juden damals viel mehr auf Wohl- und Hilfstätigkeit gerichtet als auf Wissenschaft. Ich entsinne mich noch eines jüdischen Millionärs in einer großen Stadt des Mittleren Westens, der mir eine Spende für die Enzyklopädie versprach, weil ich ihm von einem guten Freund empfohlen worden war. Als ich ihm aber als einem der Spender ein Exemplar in Aussicht stellte, bat er mich etwas verlegen, von diesem Geschenk abzusehen, weil seine Frau behauptete, daß Bücher nur Staub anzögen.

Zwei Männer zeigten wirkliches Interesse, von denen jeder die Enzyklopädie hätte leicht allein finanzieren können. Der eine war Ludwig Vogelstein, der Begründer der American Metal Company, Bruder und Sohn liberaler Rabbiner in Deutschland, Präsident der Organisation des amerikanischen Reformjudentums und ein Mann mit echter Liebe für die jüdische Wissenschaft. Wir verbrachten sehr viele Stunden mit ihm. Es war sehr schwierig gewesen, ihn dazu zu bewegen, mich zu empfangen, und als ich ihn endlich sah, erzählte er mir, weswegen. Ich sprach einmal in Breslau in einer zionistischen Versammlung und wurde dort von seinem Bruder, dem Reformrabbiner Vogelstein, sehr heftig angegriffen, da er die Theorie vertrat, es sei die Aufgabe des jüdischen Volkes, zerstreut in der Welt zu leben, um seine ethische Mission zu erfüllen; den Zionismus bezeichnete er als anti-jüdisch. In meiner Erwiderung sagte ich: »Es gibt bekanntlich Ausgaben der Bibel, die sowohl das Alte wie das Neue Testament zusammen drucken. Dazwischen gibt es eine leere Seite. Das ist das Reformjudentum – weder jüdisch noch christlich, ein unbeschriebenes Blatt.« Rabbiner Vogelstein hatte mir diesen boshaften Witz sehr übelgenommen und seinem Bruder davon berichtet. Inzwischen sind bekanntlich die meisten

Reformrabbiner pro-israelisch geworden, ihr Weltverband ist sogar der Zionistischen Organisation beigetreten, und ich würde meine damalige Bemerkung heute in einer Polemik nicht wiederholen. Ludwig Vogelstein war unerbittlicher Antizionist und fürchtete, daß wir die Enzyklopädie für zionistische Propaganda mißbrauchen würden, und dennoch sah es zuweilen aus, als wäre er bereit, die Sache in die Hand zu nehmen. Aber am Ende konnte er sich nicht dazu entschließen und stellte lediglich seine Mithilfe für später in Aussicht.

Der zweite war kein geringerer als Adolph Ochs, der Begründer und Inhaber der *New York Times.* Auch er schien ernsthaft interessiert, aber als vorsichtiger Geschäftsmann erklärte er, sich nicht auf die Finanzierung einer englischen Ausgabe einlassen zu wollen – schließlich einer Übersetzung –, ohne die Gewißheit zu haben, daß die deutsche Ausgabe zu Ende geführt werden würde. Ohne natürlich Hitler voraussehen zu können, hat er recht behalten. Das Naziregime machte die Vollendung der deutschen Ausgabe unmöglich; sie ist ein Torso von zehn Bänden geblieben.

Zeitweise hatten wir Aussicht, die Rockefeller Foundation zu gewinnen, aber auch hier erwies sich als die eigentliche Schwierigkeit der, wie mir heute scheint, berechtigte Zweifel all dieser Männer und Institutionen, ein so kostspieliges Unternehmen zu finanzieren, hinter dem kein ernsthafter Verlag, keine bekannte jüdische Organisation stand, sondern lediglich der Unternehmungsgeist und das Selbstvertrauen zweier relativ unbekannter jüdischer Schriftsteller.

Wir fuhren also unverrichteter Dinge zurück, um eine gewisse Kenntnis des amerikanischen Judentums reicher und eine Illusion ärmer. Es gehörte nach diesem Mißerfolg wirklich viel Mut dazu, die Sache doch durchzuführen, und jeder halbwegs solide Unternehmer hätte wahrscheinlich aufgegeben. Ich möchte aus jener an schwierigen Momenten reichen Periode nur eine Episode erwähnen. Professor Albert Einstein, den sowohl Klatzkin wie ich gut kannten und der die *Encyclopaedia Judaica* zu fördern wünschte, gab mir eines Tages einen Einführungsbrief für Anthony de Rothschild, Chef des Londoner Bankhauses. Ich mußte ohnehin zu einer

Sitzung des zionistischen Aktionskomitees nach London fahren und benutzte die Gelegenheit, Mr. de Rothschild um eine Unterredung zu bitten. Ich wurde auch prompt zum Tee in das Rothschild'sche Bankhaus eingeladen und von beiden Chefs, Anthony und Lionel, höchst liebenswürdig empfangen. Sie stellten viele Fragen, und ich legte ihnen das Projekt im einzelnen dar. Beide Herren schienen recht angetan zu sein, und nach einer halben Stunde bat mich Anthony de Rothschild, ihn und seinen Vetter zu entschuldigen, sie wollten im Nebenzimmer über die Antwort beraten. Ich sah bereits einen Scheck von mindestens zehntausend Pfund vor mir. Nach etwa zehn Minuten kamen sie wieder, und Mr. Anthony de Rothschild erklärte mir mit sehr ernstem und feierlichem Gesicht, daß er und sein Vetter das Projekt sehr gründlich durchgesprochen hätten und zu dem Entschluß gekommen seien, mir ernsthaft davon abzuraten. Dies wurde mit der internationalen Wirtschaftskrise und mit sehr klugen und soliden Argumenten begründet. Ich hörte ihn ruhig an und antwortete darauf: »Die Fahrt nach London kostet mich etwa 25 bis 30 Pfund. Zum Glück soll ich auch einer Sitzung des zionistischen Aktionskomitees beiwohnen. Aber angenommen, diese Sitzung findet gar nicht statt, so wäre es wohl dennoch vernünftig gewesen, gestützt auf einen Brief von Professor Einstein, 25 Pfund in den Chef des Hauses Rothschild zu investieren und die Reise zu machen. Glauben Sie, Mr. de Rothschild«, fragte ich, »daß es klug war, diese Summe auszugeben, nur um Ihren einsichtigen Rat einzuholen?« Mr. de Rothschild verzog keine Miene, sondern erwiderte: »Unser Rat, Dr. Goldmann, ist viel mehr wert als 25 Pfund, und viele unserer Geschäftsfreunde, denen wir ähnliches geraten haben, hatten allen Grund, uns später dankbar zu sein.« Ich entgegnete, daß die Geschäftsfreunde etwas zu verlieren gehabt hätten und eine solche Warnung ihnen letzten Endes vielleicht Geld einbrachte. Da ich und meine Freunde aber nichts zu verlieren hätten, würden wir den Rat wohl kaum akzeptieren. »Woher werden Sie das Geld nehmen?« fragte Mr. Rothschild ziemlich unwillig. Als Antwort erzählte ich ihm die bekannte alte Geschichte von dem jüdischen Kaufmann, der Bankrott gemacht hatte und sich weigerte, den Offenbarungseid abzulegen. Als der

Richter nach den Gründen fragte, erwiderte der Kaufmann: »Als ehrlicher Mann, Herr Richter, kann ich nicht schwören, daß ich kein Geld mehr habe, solange andere Juden etwas haben.« Ich hatte nicht das Gefühl, daß die Herren de Rothschild von dieser Finanzierungsmethode sehr beeindruckt waren. Sie boten mir schließlich einige hundert Pfund, die ich mit der Noblesse des Habenichts ablehnte. Stolz nahm ich von ihnen Abschied. Ähnliche Erfahrungen machte ich natürlich auch mit anderen potentiellen Mäzenen, und wir waren oft nahe daran, klein beizugeben.

Aber inzwischen hatten wir Mitarbeiter gewonnen. Es ging also nicht nur ums Prestige; die Existenz einiger guter Freunde war mit dem Projekt verknüpft. Wir fühlten, daß wir uns irgendwie durchsetzen würden. Eine Zeitlang konnten wir existieren, weil ich von einigen reichen deutschen Juden Unterstützung erhielt. Auch in diesen Schnorr-Bemühungen half mir oft der Humor. Von den vielen Witzen, mit denen ich in meinem Leben große Summen für verschiedene gute Zwecke, die ich vertrat, verdient habe, will ich hier nur wenige erwähnen, soweit sie mit der Enzyklopädie zu tun hatten. Eines Tages kam ich nach Frankfurt zu meinem guten Bekannten Willy Dreyfus, Inhaber einer sehr angesehenen Privatbank. Es war die Zeit der wirtschaftlichen Weltkrise, und Herr Dreyfus antwortete mir auf meine Bitte um eine größere Summe, um die Aktion in Frankfurt für die *Encyclopaedia Judaica* einzuleiten, mit herzzerreißenden Klagen, er verliere täglich Geld, sagte er, und täte am besten, die Bank zu schließen, was er nur nicht tue, um seine Angestellten nicht um ihre Position zu bringen. »Ich will mit Ihnen nicht polemisieren«, erwiderte ich ihm, »mache Ihnen jedoch ein konkretes Angebot: Tauschen wir unsere Position bezüglich unserer Vermögen, und ich gebe Ihnen sofort das Doppelte von dem, worum ich für die *Encyclopaedia* gebeten habe.« Er gab es mir auch.

Ein ähnlicher Vorfall fand in Karlsruhe statt. Ich war von einem Berliner Freund an Kommerzienrat Strauss empfohlen worden. Als ich ihn gleich nach meiner Ankunft vom Bahnhof aus anrief, bat er mich, sofort zu ihm zu kommen, denn er reise in einer halben Stunde zu seiner schwerkranken Frau nach Baden-Baden. Ich merkte, daß er sehr nervös war und mir kaum zuhörte. Nach fünf

Ankunft als Immigrant in Israel, 1964

Bundeskanzler Adenauer in Jerusalem. Mai 1966

Minuten unterbrach er mich und sagte: »Entschuldigen Sie, wenn ich nicht länger mit Ihnen bleiben kann; ich habe auch gar nicht recht den Zweck dieses Werkes verstanden. Nachdem Sie jedoch von meinem guten Freund, Eugen Landau, empfohlen sind, kann ich Ihnen eine Unterstützung nicht verweigern. Sie haben fünf Minuten mit mir gesprochen, ich schlage Ihnen vor, Ihnen tausend Mark pro Minute zu geben.« Ich erwiderte: »Ich bin damit einverstanden, wenn Sie mir erlauben wollen, noch weitere fünf Minuten zu reden.« Er lächelte und gab mir tatsächlich das Doppelte.
Die Wendung in unserer Lage trat durch einen der führenden jüdischen Finanzmänner Deutschlands ein, Jakob Goldschmidt, Generaldirektor der Darmstädter und Nationalbank, einem dynamischen und begabten Finanzier der jüngeren Generation, der damals auf dem Höhepunkt seiner Karriere stand. Seine entscheidende Hilfe zur Finanzierung der *Encyclopaedia* erfolgte, wie oft im Leben, *malgré lui-même*, ohne ursprüngliche Absicht. Ich wurde ihm durch einen seiner Kollegen empfohlen und bekam auch eine nicht allzu bedeutende Spende. Als ich sah, daß Goldschmidt an dem Projekt Interesse hatte, bat ich ihn, dem Direktor seiner Filiale, bei der unser Verlag ein Konto errichtet hatte, von seinem wohlwollenden Interesse zu berichten, damit wir nicht allzu rigoros behandelt würden. Er stimmte zu, und es gelang uns, bei dem betreffenden Direktor den Eindruck zu erwecken, als ob Herr Goldschmidt eine Art moralische Garantie für unser Konto übernommen hätte, mit dem Resultat, daß nach einigen Monaten ein beträchtlicher Überzug (wenn ich nicht irre, ca. achtzigtausend Mark) entstanden war. Eines Tages erhielt ich nichtsahnend einen zornigen Anruf von Herrn Goldschmidt, mit der Aufforderung, sofort zu ihm zu kommen, da er erfahren habe, daß wir unter Berufung auf seine angebliche, in Wahrheit aber nie erteilte Garantie, die Filiale veranlaßt hätten, uns diesen Überzug zu gestatten. Mein Vater hatte mir immer geraten, nie mit jemandem zu reden, solange er zornig sei. Also sagte ich Herrn Goldschmidt, ich würde erst nachmittags zu ihm kommen. Er wurde sehr ausfallend und drohte, falls ich ihm nicht innerhalb einer Stunde die Sache aufklären würde, an den Staatsanwalt zu schreiben und mich des Betrugs zu bezichtigen. Ich sagte

ihm, er würde wohl kaum, selbst wenn ich verurteilt würde, durch den Staatsanwalt den Betrag zurückbekommen. Wenn er aber bis Nachmittag wartete, so hätte ich ihm einen Vorschlag zu machen, mit dem die Bank ihr Geld zurückbekommen, das Erscheinen der *Encyclopaedia* ermöglicht und ihm, Jakob Goldschmidt, überdies der Ruhm versichert würde, der Mäzen der größten wissenschaftlichen Leistung des modernen Judentums zu werden. Widerwillig stimmte er zu, zu warten, und ich kam später zu ihm. Sein Büro war ein Riesenraum voll Palmen und Gewächsen, der an die Büros der späteren Hollywood-Magnaten erinnerte. Zu Beginn des Gespräches sagte ich ihm, ich würde ihm eine jüdische Geschichte erzählen. Darauf sprang er auf: »Hören Sie mir bloß auf mit Ihren blöden Witzen! Damit haben Sie mich in die ganze Sache hineingezogen. Ich will nichts mehr davon hören.« Ich bat ihn jedoch, sich einige Minuten zu gedulden. Er setzte sich nervös auf die halbe Stuhlkante, und ich erzählte ihm folgende Geschichte: sie handelt von einem jüdischen Schnorrer, der zum Betteln in eine Stadt kommt, zunächst aber das beste Restaurant aufsucht, ein köstliches Mahl einnimmt und dann den Inhaber rufen läßt, um ihm mitzuteilen, daß er kein Geld habe. Als der mit Recht entrüstete Besitzer mit der Polizei droht, entgegnet ihm der Schnorrer: »Was wird Ihnen schon die Polizei nützen? Setzen Sie sich lieber her und analysieren Sie mit mir die Situation. Es gibt drei Möglichkeiten, das Problem zu lösen: die erste ist, daß Sie mir eine Woche Kredit geben. In dieser Zeit könnte ich mir das notwendige Geld zusammenscharren. Gegen diese erste Möglichkeit werden Sie jedoch das nicht unberechtigte Argument vorbringen: Warum sollen Sie mir, einem ihnen unbekannten Schnorrer, Kredit geben? Die zweite Möglichkeit: Sie gehen mit mir zusammen schnorren und stecken sich sofort Ihr Geld ein. Gegen diese zweite Möglichkeit werden Sie einwenden: Warum soll ich, ein angesehener Restaurateur und wohlhabender Mann, zusammen mit einem armen Schnorrer Geld sammeln gehen? Sie haben vollkommen recht. Und darum gibt es nur die dritte Möglichkeit: Sie schnorren selbst das Geld.«
Genau das schlug ich Herrn Goldschmidt vor. Ich legte ihm eine bereits vorbereitete Liste von führenden deutsch-jüdischen Finanz-

männern vor und sagte ihm, daß er bei seinem Ansehen keine Schwierigkeiten haben würde, diese Herren für acht Jahre zu einem jährlichen Beitrag von drei- bis fünftausend Mark zu bewegen. So geschah es, mit dem Erfolg, daß uns etwa 800000 Mark für die Dauer der Herausgabe, die auf sieben bis acht Jahre berechnet war, sicher waren. So wurde die reale finanzielle Basis für das Unternehmen gelegt. Goldschmidt selbst war sein Leben lang sehr stolz darauf, der Mäzen der Enzyklopädie gewesen zu sein. Er blieb mein Freund bis zu seinem Tod; er war nach Amerika ausgewandert und, bei einem Abendessen, das er im Hotel Savoy Plaza (das heute nicht mehr existiert) gab, brach er plötzlich vor all seinen Gästen zusammen und starb.

Aber auch die wissenschaftliche Organisation der *Encyclopaedia* bot ihre Schwierigkeiten. Entschlossen, das Werk den strengsten wissenschaftlichen Kriterien zu unterwerfen, mußten wir die Zahl der Redakteure und Mitarbeiter auf einen sehr kleinen erlesenen Kreis beschränken. Außerdem waren die meisten bedeutenden jüdischen Gelehrten an ihre Positionen gebunden, und einen Redaktionsstab in Berlin zu versammeln war nicht leicht. Von dem Umfang der wissenschaftlichen Arbeit wird man sich einen Begriff machen, wenn man weiß, daß schließlich etwa sechzig Menschen im Büro der *Encyclopaedia* tätig waren: Klatzkin als Chefredakteur, Professor Ismar Elbogen als stellvertretender Chefredakteur, zu denen sich bald Dr. Max Soloweitschik als einer der Mitverantwortlichen gesellte. Wir hatten in den Jahren der Planung und des Erscheinens der ersten Bände das große Glück, einen ungewöhnlichen jungen Wissenschaftler für die Mitarbeit zu gewinnen: Dr. J. N. Simchoni, der selbst eine wandelnde Enzyklopädie war. Ohne ihn wäre die Vorbereitungsarbeit, die bei einem Lexikon nicht weniger schwierig ist als die eigentliche Materialsammlung, kaum möglich gewesen. Leider wurde er uns nach wenigen Jahren allzu früh entrissen.

Ich selbst leitete die Abteilung für »Zeitgenössisches Judentum« und hatte vor allem die nicht sehr beneidenswerte Aufgabe, zu entscheiden, welche jüdische Zeitgenossen »unsterblich« seien und in der Enzyklopädie genannt werden sollten und welche nicht. Um

zu beweisen, daß wir keine propagandistischen Absichten mit der *Encyclopaedia* verfolgten, lud ich Rabbiner Dr. Benno Jacob aus Essen, einen anerkannten jüdischen Gelehrten, aber überzeugten Antizionisten, als Mitredakteur meiner Abteilung »Modernes Judentum« ein und kann mit Genugtuung feststellen, daß wir in all den Jahren der Zusammenarbeit kaum Differenzen gehabt haben, obschon wir im öffentlichen jüdischen Leben vielfach entgegengesetzte Standpunkte vertraten.
Nachdem der erste Band erschienen war, begannen wir Subskribenten zu werben und hatten nach kurzer Zeit bereits über dreitausend Subskriptionen. Wir starteten sehr bald die hebräische Ausgabe, von der zwei Bände erschienen sind. Die englische Ausgabe verschob sich, zum Teil auch im Hinblick der Zusage von Adolph Ochs, bis auf die Vollendung der deutschen Originalausgabe.
Neun Bände waren bereits erschienen, Ruf und Autorität der *Encyclopaedia Judaica* fest gegründet, und es sah durchaus so aus, als könne in wenigen Jahren die fünfzehnbändige deutsche Ausgabe beendet und die hebräische und englische Ausgabe mit viel schnellerem Tempo in Angriff genommen werden. Da ja durch die Mithilfe Jakob Goldschmidts die finanzielle Basis vorhanden war, konnte man sogar hoffen, daß nach der Publikation der englischen Ausgabe die investierten Gelder zurückfließen würden, unter Umständen sogar mit erheblichem Gewinn. Es bestand die Absicht, diese Profite für die fortlaufende Neuausgabe und vor allem für die wissenschaftliche Vervollkommnung und Ergänzung der *Encyclopaedia* zu benutzen, die, wenn nicht ständig auf der Höhe gehalten, sehr bald veralten mußte. Aber kurz bevor der zehnte Band in Druck ging, kam Hitler zur Macht. Unseres Bleibens in Deutschland war nun nicht mehr; ich war besonders gefährdet. Aber davon abgesehen, eine Reihe von Artikeln in der *Encyclopaedia* mißfiel den nationalsozialistischen Kulturverwaltern, und sämtliche vorhandenen und nicht verkauften Bände (über vierzigtausend), die bei der Druckerei in Leipzig lagerten, wurden auf behördlichen Befehl vernichtet. Damit war dem Unternehmen, wie so vielen anderen und größeren, durch das nationalsozialistische Regime ein Ende bereitet.

Die *Encyclopaedia Judaica,* wie sie heute vorliegt, in zehn deutschen und zwei hebräischen Bänden, repräsentiert, wie berufene Experten oft bekundet haben, eine der wesentlichen Leistungen der jüdischen Wissenschaft unserer Generation. Sie darf als das zuverlässigste Nachschlagewerk in jüdischen Dingen betrachtet werden. Daß sie unvollendet bleiben mußte, ist sehr traurig. In den letzten Jahren habe ich, zusammen mit anderen, erfolgreich versucht, die *Encyclopaedia Judaica* in einer neuen Ausgabe zu vollenden, allerdings nicht mehr in deutscher Sprache, da ja das deutschsprachige Judentum zum größten Teil ausgerottet worden ist, sondern englisch. Anfänglich zusammen mit der Palestine Economic Corporation und dem hebräisch-israelischen Verlag Massada, später mit der Rassco[21] gelang es, die Vorarbeiten für eine neue Enzyklopädie in die Wege zu leiten. Das Werk wurde dann von der IPST (Israel Program for Scientific Translations), einem von der israelischen Regierung finanzierten Verlag, übernommen. Die IPST verkaufte dann das Projekt an Klal, eine große finanzielle »Holding Company« in Israel, die es in relativ kurzer Zeit mit großem Erfolg zu Ende führte. Die neue *Encyclopaedia Judaica,* die auf der alten, deutschen Ausgabe nur zum Teil basiert, erschien in 16 Bänden und wurde bis heute schon in mehr als 20000 Exemplaren verkauft. Die bekannten englischen Historiker Cecil Roth und Geoffrey Wigoder dienten zuletzt als Chefredakteure, und in Amerika war Dr. Frederick Lachman damit beauftragt, die Beiträge der vielen amerikanischen Gelehrten zu sammeln. Es ist, kulturhistorisch gesehen, interessant, daß nur noch ungefähr zehn bis fünfzehn Prozent der Beiträge von europäischen Gelehrten stammen, während amerikanische und israelische Wissenschaftler zu gleichem Teil die große Mehrheit der Artikel schrieben. Es ist dies ein klarer Beweis für die kulturelle Veränderung in der jüdischen Welt seit der Hitlerperiode; als wir die ursprüngliche *Encyclopaedia Judaica* in Berlin begonnen haben, war die Mehrheit der Mitarbeiter noch in Deutschland und Osteuropa beheimatet oder wohnhaft.

Eine hebräische Ausgabe der *Encyclopaedia Judaica* wurde unnötig, weil der Massada-Verlag eine hebräische Enzyklopädie herausgab, in der der jüdische Teil ausführlich behandelt wird.

Mein Leben in Berlin in jenen Jahren war interessant und belehrend. Ich ging viel ins Theater. Es war die klassische Zeit der Regisseure wie Brahm, Barnowsky und vor allem Max Reinhardt, genialer Schauspieler wie Moissy, Bassermann, Krauss und vieler anderer. Berlin war damals ein bedeutendes musikalisches Zentrum, mit Dirigenten wie Nikisch, Furtwängler und Bruno Walter und vielen berühmten Virtuosen. Mit einem von ihnen war ich beinahe intim befreundet: dem großen Pianisten Arthur Schnabel.

Ich bin kein Experte in bezug auf Musik, habe jedoch viele große Musiker in meinem Leben angehört und bin mit einigen – wie Isaac Stern und Yehudi Menuhin – persönlich befreundet. Ich habe daher nur ein Dilettantenurteil, von dem mir jedoch Karl Böhm einst, als wir zusammen mit Herbert von Karajan in einem österreichischen Sanatorium weilten, sagte, es sei manchmal maßgebender als das eines Fachmanns. Ich habe Mozart nie schöner spielen gehört als von Schnabel. Er war ein Musiker höchsten Grades und gleichzeitig sehr belesen und ein echter Witzbold. Er und Nikisch hatten das Talent, in Stabreimen zu sprechen. Eines Tages war er bei dem Bankier Franz von Mendelssohn zu Gast und fand ein kaltes Buffet vor. Schnabel, der ein großer Gourmet war, sagte zu Herrn von Mendelssohn: »Von jedem Schund ein bissel, das nennt man bunte Schüssel.« In jenen Jahren war Sils-Maria ein großes europäisches Kulturzentrum, und ich erinnere mich an einen Sommer, in dem gleichzeitig Schnabel, Bruno Walter, Hermann Hesse und Otto Klemperer dort waren. Ich hatte im »Waldhaus« ein Zimmer direkt über Schnabel, und wir hatten vereinbart, daß wir beide unsere Fenster offen lassen würden, während er morgens zwei bis drei Stunden übte; so hatte ich jeden Tag einen musikalischen Genuß. Ich war oft in seinem Haus. Seine Frau war eine große Sängerin; eines der wenigen Male in meinem Leben, da ich geweint habe, war, als ich sie Schubert singen hörte. Meine Freundschaft zu Schnabel wurde verstärkt durch meine Beziehung zu seiner unehelichen Tochter.

Meine intime Beziehung mit dieser Tochter Schnabels könnte leicht Inhalt eines Romans sein. Vorausschicken muß ich, daß Arthur Schnabel ein Wunderkind war. Als er etwa siebzehn war, wurde er

von einem ungarischen Grafen, einem Musikliebhaber, eingeladen, zusammen mit anderen Musikern einen Sommer bei ihm zu verbringen. Unter den Gästen war auch eine junge Violinistin, die Schnabel verführte; aus dieser Verbindung entsprang ein uneheliches Kind, Elly. Als Schnabel später von ihrer Geburt erfuhr, schrieb er immer wieder an seine frühere Freundin, die seine Briefe nie beantwortete. Sie hatte inzwischen einen reichen Mann in Wien geheiratet, und Elly wurde von einem streng katholischen Industriellen in Brünn, namens Herold, adoptiert. In musikalischen Kreisen ging die Parole um: »Man sucht die Tochter Schnabels.« Elly wuchs in Brünn auf und, da sie musikalisch sehr begabt war, beschloß Herold, sie zu dem berühmten Dirigenten und Direktor der Leipziger Musikakademie Nikisch zum Studium zu bringen. Die Tochter glich ihrem Vater wie ein Ei dem anderen und als sie mit ihrem Adoptivvater in Nikischs Büro kam, sprang dieser auf und schrie: »Sie sind doch die Tochter Schnabels!« Darauf enthüllte ihr Herold schließlich ihre Geschichte. Nikisch fuhr mit ihr zu Schnabel nach Berlin und sagte: »Arthur, hier ist Deine Tochter.« Schnabel verliebte sich in sie und, obwohl ich nicht glaube, daß er sie jemals hat verführen wollen, wie Elly manchmal behauptete, dachte er daran, sie zu adoptieren; seine Frau Therese war immer eifersüchtig auf Elly. Später ging sie nach Brünn zurück und heiratete den leiblichen Sohn ihres Stiefvaters Herold, einen Arzt, mit dem sie einen Sohn hatte, ein außergewöhnlich schönes Kind, das sie Jean Christophe taufte, weil sie eine Verehrerin Romain Rollands war. Jean Christophe Herold, der in Amerika aufwuchs, schrieb später zwei ausgezeichnete Bücher, »Napoléon Bonaparte in Ägypten« und »Madame de Staël, la Maîtresse de tous«, Maitresse im doppelten Sinne verstanden, Herrin und Geliebte. In zweiter Ehe heiratete Elly einen jüdischen Musiker in Brünn, Böhm.
Soweit die Vorgeschichte. Eines Tages saß ich in meinem Berliner Büro in der Bismarckstraße, als mir eine Frau Elly Böhm gemeldet wurde. Sie sagte mir: »Wissen Sie, warum ich zu Ihnen komme? Sie haben vor einigen Wochen in Brünn gesprochen. Ich bin durch Sie Zionistin geworden und habe beschlossen, nach Berlin zu kommen, um mich mit Ihnen über zionistische Fragen zu unterhalten.« Ich

war von ihrer lebhaften Schönheit beeindruckt und antwortete: »Die Fragen, die wir besprechen müssen, behandeln wir am besten nach zwölf Uhr nachts. Ich gebe Ihnen ein Rendezvous für Mitternacht.« Sie lachte, ich holte sie an dem Abend bei Freunden, bei denen sie eingeladen war, ab, und so begann unsere Liebesgeschichte, die einige Jahre andauerte. Elly war eine erstaunlich begabte Frau. Ihr Unglück war, daß sie zuviele Talente hatte, alles konnte und sich auf nichts konzentrierte: sie improvisierte stundenlang Musik; sie hatte einen ausgezeichneten Stil; Thomas Mann, der eine ihrer Novellen las, sagte: »Diese Frau muß weiterschreiben, sie wird eine große Schriftstellerin werden.« Sie hatte ungewöhnlichen Witz und war von einem außerordentlichen Temperament – selbst ich, der ich Szenen hasse, konnte sie bei ihr nicht vermeiden.

Schnabel wußte natürlich von unserer Liaison. Ich pflegte oft sonntags mit ihm zu spazieren und bei Schnabels zu Mittag zu essen. Eines Tages fragte er mich: »Sagen Sie mir, Nahum, haben Sie die Absicht, Elly zu heiraten?« »Wenn Sie ihr Liebhaber wären, würden Sie sie heiraten?« antwortete ich. »Um Gottes Willen, nie!« »Dann gilt das gleiche doch wohl auch für mich«, erwiderte ich. Er bestätigte: »Na ja, aber fragen wird man wohl dürfen.«

Elly Böhm hat ein sehr abenteuerliches Leben geführt. Sie hatte eine große Schwäche: wenn sie einen Mann liebte, übernahm sie seine Weltanschauung. Während sie mich liebte, war sie begeisterte Zionistin. Als unsere Beziehung zu Ende war, kam sie nach Genf und verliebte sich dort in den Sohn des Führers der dortigen kommunistischen Partei, fuhr mit ihm nach Rußland und wurde Kommunistin. Als auch dieses Verhältnis endete, verliebte sie sich in den Vertreter des Vatikans beim Völkerbund und wurde katholisch. Beim Ausbruch des Weltkrieges war sie in Paris, und ihr Freund ließ sie fallen. Sie wäre fast zugrundegegangen, doch Jean Christophe – der Arzt und Offizier in der amerikanischen Armee war – rettete sie nach dem Einmarsch der Alliierten nach Paris. Schließlich kam sie nach Quebec und wurde Hofkomponistin des Kardinals, schrieb Requiems, Motetten, Passionen.

Ich habe Elly jahrelang nicht wieder gesehen. Kurz nach dem Kriege meldete sie sich, nicht etwa um unsere Liebesbeziehung zu erneuern, sondern mit einer anderen Idee. Ich sollte ihr helfen, eine internationale Akademie für religiöse Musik – jüdische, christliche, muslimische, buddhistische – einzurichten. Da ich mit anderen Dingen beschäftigt war, konnte ich ihr dabei nicht helfen. Ich habe sie seitdem aus den Augen verloren.

Ich reiste damals viel zu dieser Zeit und habe lebhafte Erinnerungen an meine ersten Begegnungen mit fremden Ländern und an verschiedene Zwischenfälle an den Grenzen.

Sowohl in meiner Amtszeit im Auswärtigen Amt wie auch später fuhr ich oft nach Polen. Eines Tages, im Grenzort Alexandrova, wenn ich nicht irre, empfing mich der Zollbeamte beim Anblick meines Passes mit einem glücklichen Lachen. »Auf Sie warten wir ja schon seit Tagen!« Ich war damals nicht bekannt und wunderte mich. »Sie sind ja der berühmte Hehler aus Schedlitz! Das letztemal sind Sie uns entkommen«, erklärte der Beamte und wollte mich sofort abführen lassen. Es gelang mir mit Mühe, ihn zu überzeugen, daß ich faktisch ein anderer Goldmann sei.

Irgendwie habe ich eine angeborene Aversion gegen alles Staatliche und bin, wie ich von mir selbst zu sagen pflege, ein Anarchist – aber ohne Gewalt. Grenz- und Einwanderungsbeamten gegenüber bin ich stets ungeduldig, schmuggle aber nicht. Auf einer Reise nach Paris stieg in Ludwigshafen ein französischer Industrieller aus Straßburg in mein Coupé, und wir kamen in ein interessantes Gespräch. An der Grenze angekommen, fragte mich der Zollbeamte, ob ich etwas zu erklären hätte. Ich rauchte damals und sagte, ich habe 20 Zigaretten und 12 Zigarren. »Beides können Sie nicht zollfrei einführen«, sagte der Beamte. Ich gab ihm also das Zigarettenpaket. »Auch von den Zigarren müssen Sie zwei abgeben«, fügte er hinzu. Darauf wurde ich wütend: »Genügt es Ihnen nicht, wenn Sie meine Zigaretten rauchen?« fragte ich. »Die Zigaretten und Zigarren sind für die französische Regierung beschlagnahmt«, erwiderte er. »Die Republik raucht nicht, Sie aber wohl«, antwortete ich. Dies veranlaßte ihn, mich wegen Beamtenbeleidigung verhaften lassen zu wollen, und er war schon dabei, mit einem zweiten Beamten meine Koffer rauszuholen und mich abzuführen. Da rettete mich der französische Mitreisende: »Ist dies Ihre Anerkennung für einen anständigen Menschen, der nicht schmuggelt, sondern seine Zigaretten ehrlich erklärt? Ist das die französische Gastfreundschaft?« Der Mann war anscheinend an der Grenze sehr bekannt, der Beamte entschuldigte sich und ging.

Dies erinnert mich an eine Episode, die meinem Freund Leo Motzkin, langjähriger Präsident der Zionistischen Kongresse, Gründer und Vorsitzender des Comité des Délégations Juives, passierte, als er in Berlin studierte. Immer wenn er aus Rußland nach Deutschland zurückkam, pflegte er russische Zigaretten mitzubringen, die ein langes Papierrohr haben, bevor der Tabak beginnt. An dem Grenzübergang fragte ihn eines Tages der Beamte, ob er etwas zu verzollen habe. Motzkin antwortete, er habe Zigaretten. »Wieviele?« fragte der Zöllner. »Zehntausend«, erklärte Motzkin wahrheitsgetreu. »Machen Sie keine faulen Witze«, sagte der Beamte und ging.

An der jugoslawisch-bulgarischen Grenze erlebte ich einen komplizierteren Fall. Auf der Rückreise von Palästina war ich mit einer Reihe von Freunden, darunter Jakob Klatzkin und der damalige Direktor des Hilfsvereins der deutschen Juden, Dr. Bernhard Kahn, in Athen. Wir wohnten im Hotel d'Angleterre und sollten nachts den Orient-Express nehmen, mit dem ich nach Prag zu einer Versammlung reisen wollte, die andern nach Berlin. Am Samstag vor unserer Abfahrt fragte mich der Portier, ob ich ein jugoslawisches Durchreisevisum habe. Ich hatte nicht daran gedacht, und da es Samstag war, war das Konsulat geschlossen. Der Portier beruhigte mich jedoch und sagte mir, es bestünde die Möglichkeit, in Nisch, an der Grenze, die Gebühr zu zahlen und das Visum zu erhalten. Es regnete, als wir in Nisch ankamen. Ich mußte einen halben Kilometer zu der kleinen Metallhütte gehen, in der der Grenzbeamte sein Büro hatte. Ich kam mit einer brennenden Zigarette im Mund zu ihm ins Büro, und der junge Mann, der recht gut deutsch sprach, fuhr mich an: »Wie unterstehen Sie sich, in eine jugoslawische Amtsstube mit einer rauchenden Zigarette zu kommen?« Ich war ohnehin schon verärgert. »Ich reise sehr viel«, sagte ich ihm, »und habe immer wieder dieselbe Erfahrung gemacht: je kleiner die Staaten, desto unverschämter die Beamten.« Er erhob sich mit strenger

Miene und kündigte an, er müßte mich verhaften. »Im ersten Teil Ihrer Bemerkung haben Sie Jugoslawien beleidigt, im zweiten seine Beamten.« Die Journalistenkarte, die ich als Korrespondent einer amerikanisch-jüdischen Zeitung hatte, machte keinen Eindruck auf ihn, er ließ den Schaffner kommen, um mein Gepäck vom Zug zu holen. Nun kannte ich den damaligen stellvertretenden Auswärtigen Minister Jugoslawiens, der früher Botschafter in Berlin gewesen war, und hatte ihm von Athen telegrafiert, er möchte mich im Bahnhof in Belgrad treffen, wo der Orient-Express eine Stunde Aufenthalt hatte. Als ich das dem Grenzbeamten sagte, wollte er mir zuerst nicht glauben, doch forderte ich ihn auf, das Auswärtige Amt anzurufen und sich meine Behauptung bestätigen zu lassen. Das überzeugte ihn, und er war bereit, die Verhaftung in eine Geldstrafe umzuwandeln. Er müsse darüber ein Protokoll aufsetzen, das ich zu unterschreiben hätte. Dem stimmte ich zu, verlangte jedoch, eine deutsche Übersetzung zu hören, da ich das Serbische nicht verstünde. Er tat dies. Als es zum Zahlen der Buße kam, hatte ich keine Dinare, sondern nur griechische Drachmen. Der Beamte mußte telefonieren, um den Wechselkurs festzustellen, und ein weiteres Protokoll wurde geschrieben. All dies dauerte weit über eine Stunde, und der Orient-Express mußte solange warten. In der Aufregung vergaß der Beamte, die Gebühr für mein Transitvisum zu kassieren. Es stellte sich heraus, daß sie größer war als die bezahlte Strafe, so daß ich sogar ungewollt einen Gewinn gemacht hatte.

Bei vielen solchen Geschehnissen stellte ich fest, was man mit selbstsicherem Auftreten – auf hebräisch Chuzpa – erreichen kann. Als wir 1940 erst kurze Zeit in Amerika waren, erhielten wir die Nachricht, daß meine Schwiegereltern auf einem spanischen Schiff in Hoboken, New Jersey, ankommen würden. Ich hatte sie aus Deutschland retten können und ihnen, in meiner Eigenschaft als honduranischer Konsul, einen honduranischen Paß gegeben, woraufhin sie ein amerikanisches Durchreisevisum bekamen. Es war mir klar, daß sie bei der Ankunft Schwierigkeiten haben würden, zumal sie kein Wort Englisch verstanden. In Kriegszeiten durfte niemand ein ankommendes Schiff betreten, mit Ausnahme der Einwanderungsbeamten und des Vertreters der HIAS, der jüdischen Organisation, die sich um Immigranten kümmerte. Diesen kannte ich. Er begrüßte mich sehr ehrerbietig, und ich sagte zu ihm: »Stellen Sie sich vor, ich hätte eine bessere Karriere gemacht und wäre, statt Vorsitzender des Weltkongresses, Beamter der HIAS geworden.« Er fragte mich, was ich damit meine, und so bat ich ihn, mich als seinen Gehilfen aufs Schiff zu nehmen. Als wir an Bord kamen, fand ich meine Schwiegermutter schluchzend vor: Der Einwanderungsbeamte hatte beschlossen, das Ehepaar nach Ellis Island zu schicken, bis der Fall geklärt wäre. Ich ging auf den Beamten zu, einen kleinen, rothaarigen Mann, meines Erachtens ein Jude, und forderte ihn auf, mir seine Entscheidung zu erklären. Dies sei ein unverständlicher Fall, sagte er, die Leute hätten zwar einen honduranischen Paß, sprächen aber kein Wort Spanisch und hätten dem Dolmetscher gesagt, sie seien noch nie in Honduras gewesen. »Wieso können sie einen solchen Paß haben?« meinte er. In Honduras könne man eingebürgert werden, ohne jemals dort gewesen zu sein, erwiderte ich. »Ein komisches Land«, sagte er, und ich: »Richten Sie diese Kritik an den Präsidenten von Honduras, nicht an mich.« Die Pässe seien außerdem abgelaufen, stellte er fest. »Dem kann leicht abgeholfen werden«, bemerkte ich, »ich bin nämlich Konsul von Honduras und werde sie gleich verlängern.« Zum Glück fragte er nicht, wo ich dieses Ehrenamt ausübte, wunderte sich nur, daß ich meinen Stempel bei mir trug, und ich erklärte ihm, Honduras sei ein armes Land, das sich kostspielige Büros nicht leisten könne. Als endlich alles geregelt war, fragte er mich: »Welches Interesse haben Sie an diesen Leuten?« Und auf meine Erklärung verbeugte er sich und sagte: »Ihre Schwiegereltern sind herzlich willkommen in unserem Lande.«

Noch ein lustiges Nachspiel hierzu erwähne ich. Als meine Familie und ich in New York ankamen, hatten wir zu viert etwa 20 Koffer mit uns. Da ich einen Konsularpaß besaß, beanspruchte ich »diplomatic courtesy« und unser Gepäck wurde sofort freigegeben. Bei der Ankunft meiner Schwiegereltern erklärte ich, ein Großteil ihres Gepäcks sei auch unseres, und erreichte wiederum die Freigabe. Sechs Wochen später kamen sechs große Pakete an; sie enthielten Kostüme, die meine Frau vor unserer plötzlichen Abfahrt in Pa-

ris bestellt hatte und die uns nachgeschickt wurden. Ich ging wieder zu dem Beamten, der, nach Einsicht in meine Akte, mir aufzählte, wieviel Gepäckstücke ich schon erhalten hatte, und fragte: »Würden Sie mir vielleicht sagen, wieviel persönliches Eigentum Sie mit sich führen?« Ich antwortete: »Wenn Sie meine Frau kennen würden, würden Sie eine solche Frage nicht stellen.« Er lachte und gab die Pakete frei.
In den Jahren meines Berliner Aufenthaltes, hauptsächlich der Arbeit an der *Encyclopaedia Judaica* gewidmet, hatte ich Gelegenheit, viele der führenden jüdischen Persönlichkeiten Deutschlands kennenzulernen. Zum Abschluß dieses Kapitels will ich meine Eindrücke von einem Mann wiedergeben, der zweifellos die bedeutendste geistige Figur unserer Epoche war: Albert Einstein. Ich lernte ihn dank seines Interesses am Zionismus und der Aufbauarbeit in Palästina kennen und habe in Berlin manche Gespräche mit ihm geführt. Von allen bedeutenden Persönlichkeiten, denen ich in meinem Leben begegnet bin, war er zweifellos die genialste. Einstein war für mich die Inkarnation des Genies. Ich war immer überzeugt, daß der Unterschied zwischen Talent und Genie ein qualitativer ist. Genies sind nicht ungewöhnlich große Talente. Ein Talent weist die Eigenschaften eines normalen Menschen auf, nur sind manche davon stärker entwickelt. Ein genialer Mensch ist, wenn ich so sagen darf, Vertreter einer anderen Rasse. Sein Zugang zu den Dingen unterscheidet sich grundsätzlich von dem eines noch so talentierten Menschen. Egon Friedell hat einmal sehr geistreich gesagt: »Nur Talente sind originell, Genies wiederholen immer die gleichen ewigen Wahrheiten.« In diesem gewollten Paradox liegt eine tiefe Einsicht. Ein Genie schlägt die gordischen Knoten der Probleme, mit denen es sich befaßt, mitten entzwei. Das Genie sieht die Welt neu. Es kommt gar nicht darauf an, ob es in allen Einzelheiten recht behält. Diese Maßstäbe sind entscheidend für Talente, nicht für Genies. Was sie der Welt geben, ist ein neuer Gesichtspunkt, der sofort einleuchtet, so daß man sich manchmal fragt, wieso man nicht selbst darauf gekommen ist. In diesem Sinne war Einstein eine Personifizierung des Genialen. Meine Unterhaltungen mit ihm bezogen sich natürlich nicht auf seine naturwissenschaftlichen Konzep-

tionen, von denen ich so gut wie nichts verstand. Aber ab und zu, wenn er von einer Idee ganz besessen war, sprach er davon, und was mich immer wieder fassungslos machte, war die einfache Art, mit der er die kompliziertesten wissenschaftlichen Probleme anpackte. Von den zentralsten metaphysischen Begriffen wie Zeit und Raum sprach er mit einer Selbstverständlichkeit, wie ein anderer von Butterbroten oder Kartoffeln. Er hatte die charakteristische Eigenheit des Genies, nicht zu verstehen, warum andere ihn nicht verstehen. Zur Zeit der deutschen Inflation, als es ihm finanziell sehr schlecht ging, weil sein Gehalt bereits in den ersten Tagen jeden Monats völlig entwertet war, traf ich ihn eines Tages in die Lektüre einer amerikanischen Zeitschrift vertieft. »Sehen Sie«, sagte er zu mir, »wie schrecklich das ist. Hier hat man mir eine amerikanische Wochenzeitschrift zugeschickt (es war die *Saturday Evening Post*), die ein Honorar von zweitausendfünfhundert Dollar (damals in Deutschland ein unfaßbares Vermögen) für den Aufsatz bietet, der auf wenigen Seiten die Relativitätstheorie allgemeinverständlich darlegt. Stellen Sie sich vor, was diese Summe für mich bedeuten würde! Nun sitze ich seit Tagen davor und weiß nicht, wie ich es anpacken soll.«

Oder ein anderes Beispiel: Auf der Höhe seines Ruhmes wurde Einstein eingeladen, im Auditorium Maximum der Berliner Universität eine allgemeinverständliche Vorlesung über die Relativitätstheorie zu halten. Der Saal war natürlich überfüllt, die ganze intellektuelle Elite Berlins war erschienen. Zu Anfang ereignete sich ein Zwischenfall, der Einsteins Menschlichkeit in schönem Licht zeigt. Noch ehe er den Vortrag beginnen konnte, erhob sich der Vertreter einer Studentenkorporation und beschwerte sich, weil der Saal auch Nichtakademikern zugänglich gemacht worden sei, obgleich, nach Paragraph soundso der Hausordnung, das Auditorium Maximum Akademikern vorbehalten bleiben müsse. Einstein erwiderte darauf: »Es ist wohl richtig, mein Herr, daß dieser Paragraph eine solche Bestimmung enthält. Aber wo gibt es einen Paragraphen, der uns nötigt, diesen Paragraphen anzuwenden?« Offenbar war Einstein darauf hingewiesen worden, daß die Zuhörerschaft nicht nur aus Fachleuten bestehen würde und er daher möglichst elementar sprechen müsse. Er fing auch mit ganz primitiven Begriffen an, so als ob er vor Gymnasiasten der unteren Klassen dozierte. Aber bevor jemand Atem schöpfen konnte, befand er sich plötzlich in den höchsten Regionen der Mathematik, wohin ihm die meisten seiner Zuhörer nicht folgen konnten.

Einstein war einer der gütigsten Menschen, die ich kannte. Klatzkin und ich hatten einen Bekannten, einen aus Warschau stammenden Maler. Sein chassidischer Vater hatte ihn aus dem Haus verstoßen, als er ein Bild malte, auf dem Moses vor Jesus auf den Knien lag. Er kam dann nach München, wurde aber, da er linksorientiert war, in dem reaktionären Bayern ins Gefängnis gesteckt. Befreit kam er nach Berlin und hungerte sich dort durch. Er bat uns eines Tages, Einstein zu veranlassen, für ein Bild von ihm zu sitzen: mit solch einem Portrait wäre er ein gemachter Mann. Einstein weigerte sich zuerst und warf mir vor, ihn wie so viele andere zu belästigen. Als ich ihm jedoch die Geschichte des Künstlers erzählte, entschloß er sich: »Ein Mann, der in Bayern im Gefängnis saß, muß ein anständiger Mensch sein. Er soll zu mir kommen.«

Einstein war bekanntlich Pazifist und wurde Zionist, hauptsächlich unter dem Einfluß von Kurt Blumenfeld, dem anerkannten Führer des deutschen Zionismus, trat aber immer sehr intensiv für eine Verständigung mit den Arabern ein und war eher geneigt, die Idee eines binationalen Staates – wie ihn Martin Buber, Magnes und andere anstrebten und propagierten – zu unterstützen. Wenn er es auch öffentlich nicht zum Ausdruck brachte, äußerte er in Gesprächen mit mir heftig seine Kritik gegenüber der zionistischen Politik in bezug auf die Araber. In der Verteidigung seiner Meinungen war er oft sehr radikal. Blumenfeld und ich wurden einst beauftragt, ihn aufzufordern, mit Chaim Weizmann nach Amerika zu fahren, um die Geldsammlungen für Palästina einzuleiten. »Wie unterstehen Sie sich«, schrie er jähzornig, »mir ein Auftreten mit diesem Verbrecher vorzuschlagen!« Er bezog sich damit auf die Tatsache, wie er uns sehr erregt erklärte, daß Weizmann der Erfinder einer chemischen Formel war, die es den Engländern erlaubt hatte, einen sehr wirksamen Sprengstoff zu erzeugen (auf der Basis dieser Erfindung hatte Weizmann Lloyd George und Balfour kennengelernt, was später indirekt zur Balfour-Deklaration führte), und Einstein vermutete, die Substanz habe im Krieg den Tod vieler Menschen verursacht. Erst nachdem ihm Weizmann in einem wissenschaftlichen Dokument auseinandersetzte, daß der Stoff nie für Kriegszwecke verwendet wurde, beruhigte er sich und willigte ein, mit ihm nach Amerika zu fahren.

Als beide in Amerika ankamen – Einstein war damals auf der Höhe seines Ruhms –, stürzten sich Hunderte Journalisten auf sie. Einstein, der wenig Englisch sprach, verweigerte ein Interview, und Weizmann erklärte der Presse: »Ich habe jetzt sechs Tage mit Prof. Einstein verbracht, viel über die Relativitätstheorie mit ihm gesprochen und die Überzeugung gewonnen, daß er viel davon versteht.« Das erste große Meeting fand im Madison Square Garden statt, das mit 30000 bis 40000 Menschen überfüllt war. Weizmann, der nie lange Reden hielt, faßte sich besonders kurz, da das ganze Interesse Einstein galt. Als dieser das Wort erhielt, sagte er in seinem zögernden Englisch: »Meine Damen und Herren, ich bin kein Redner. Alles, was ich Ihnen sagen kann, ist: Tun Sie alles, was Ihnen Dr. Weizmann empfohlen hat«, und setzte sich wieder. Die meisten der Anwesenden hatten gar nicht gemerkt, daß er überhaupt gesprochen hatte, und protestierten lautstark.

Einstein selbst berichtete mir noch von einer anderen Episode seiner damaligen Reise. Er war zu einer Ansprache um acht Uhr irgendwo geladen, kam pünktlich an, fand den Saal geschlossen und traf endlich den Portier, der ihm sagte: »Sie müssen wohl ein Ausländer sein, wahrscheinlich ein Deutscher, daß sie rechtzeitig hier sind. Kommen Sie in einer Stunde wieder, da wird es schon Publikum geben.« Einstein ging und erschien nicht mehr.

Als Einstein später in Princeton wohnte, sah ich ihn nur gelegentlich, denn ich wollte ihn nicht unnütz stören und war auch selbst in New York und Washington stark beschäftigt. Bekanntlich war es Einstein, der Präsident Roosevelt dazu bewegt hatte, die amerikanische Atombombe herzustellen, da er überzeugt war, daß die Deutschen eine A-Bombe bauen würden. (In späteren Jahren hat er oft Zweifel gehabt, somit die Zerstörung von Hiroshima mit verursacht zu haben.) Er hatte eine Unterredung mit Roosevelt gehabt, wurde noch mal zum Präsidenten geladen und bat mich, ihn zu begleiten. Als ich ihm vorhielt, ich sei doch in seinen Angelegenheiten ein völliger Ignorant, erklärte er mir: »Sie brauchen bei dem Gespräch gar nicht anwesend zu sein, aber kommen Sie mit mir nach Washington. Die Stadt macht mich nervös, mit all den Politikern, Diplomaten und Lügnern.«

Nach dem Tode Chaim Weizmanns beschloß Ben Gurion, Albert Einstein zu bitten, Präsident von Israel zu werden, was für den jungen Staat eine große Ehre gewesen wäre. Er beauftragte Abba Eban, den damaligen Botschafter in Washington, den Vorschlag offiziell zu unterbreiten, bat mich jedoch, Einstein darauf vorzubereiten. Ich übermittelte ihm Ben Gurions Einladung. »Sind Sie noch mein Freund und sind Sie auch Vorsitzender der Zionistischen Exekutive?« fragte mich Einstein. »Geben Sie mir Ihren Rat, wie ich mich verhalten soll.« Ich antwortete ihm, daß er meines Erachtens nicht annehmen sollte: »Der Präsident spielt in Israel nur eine Fassadenrolle und hat einen sehr geringen politischen Einfluß. Sie sind ein Gegner von Ben Gurions Araberpolitik«, sagte ich. »Ben Gurion wird auf Ihre Ideen nicht eingehen, und, da Sie ein eigensinniger und kompromißloser Mensch sind, werden Sie nach kurzer Zeit demissionieren. Dies würde Israel nur schaden. Besser Sie lehnen das Angebot gleich ab.« Einstein stand auf und sagte: »Ich umarme Menschen nicht gerne, aber in diesem Falle muß ich es tun. Ich hätte auf jeden Fall abgelehnt, aber die Tatsache, daß Sie mir diesen Rat geben, erleichtert mein Gewissen.« Ich bat ihn, unsere Unterhaltung in seinem bevorstehenden Gespräch mit Abba Eban nicht zu erwähnen und seine Absage mit seiner Überbeschäftigung zu begründen. Einige Monate später erzählte ich jedoch Ben Gurion davon, der mir sagte: »Im Grunde hast Du recht gehabt.«

Einstein war auch, wenn man es so sagen kann, ein Genie im Charakterlichen. Er hatte die Naivität eines Kindes, aber nicht eines Kindes, das noch nichts vom Leben weiß, sondern das alle Komplikationen, im Intellektuellen wie im Realen, durchmessen und auf ihre einfachsten Grundnormen zurückgeführt hat. Ich behaupte, daß Einstein alle großen Eigenschaften besaß, die ein Mensch haben kann: Güte, Ehrlichkeit und unbegrenzte Liebe zu allen Lebewesen. Es wäre fast unmöglich gewesen, einen charakterlichen Fehler an ihm zu finden, aber die erstaunlichste seiner Eigenschaften war vielleicht seine absolute Einfachheit; was er war, war er ganz natürlich, ohne Anstrengung. Er konnte nicht verstehen, wie man anders sein konnte und daß andere nicht den gleichen Charakter hatten wie er. Ich habe einmal Stunden damit verbracht, ihm zu erklären, warum Weizmann als Mitglied des Verwaltungsrates der Hebräischen Universität etwas nicht ganz Korrektes hinsichtlich eines Protokolls getan hatte. Es war unmöglich, es Einstein verständlich zu machen. Immer wieder kam er mit der Frage: »Wie konnte er so etwas tun?« und »Wie tut ein Mensch so etwas?«

Einstein lebte in einer Zeit großer Demoralisierung, in der die größten Verbrechen der menschlichen Geschichte verübt wurden, aber selbst in dieser Welt blieb er bis zu seinem letzten Atemzug ein großes, reines Kind. Er war unglaublich vertrauensselig, und man hat oft mit Erfolg versucht, ihn zu täuschen, weil er sich nicht vorstellen konnte, daß jemand aus Berechnung sein Vertrauen mißbrauchen könnte. Er verstand nichts von der politischen Wirklichkeit, aber es war für ihn selbstverständlich, daß auch die Politik auf moralischen Prinzipien beruhen müsse. Er haßte den Krieg, den aggressiven Nationalismus und die Reaktion. Es waren seine tief menschlichen Impulse, die einen bewußten Juden aus ihm machten, ihn am Aufbau Palästinas Anteil nehmen ließen. Er hatte keine jüdische Erziehung genossen und wußte wenig von jüdischer Kultur. Aber er litt an der Ungleichheit der Juden, an dem Unrecht, das ihnen angetan wurde, und hielt es für seine Pflicht, das Seinige zu tun, es wieder gutzumachen. Es war ein unersetzlicher Verlust für Israel, daß der Versuch mißlang, ihn nach 1933 an die Jerusalemer Universität zu bringen und ihn dadurch stärker an den jüdischen Staat zu binden.

Einstein war von der Bescheidenheit aller wirklichen großen Menschen, und dennoch machte er auf jeden durch seine Erscheinung und die Art seines Sich-Gebens einen starken Eindruck – auf mich einen unvergeßlichen. Zum Abschluß will ich eine kleine Episode berichten. Als ich eines Sonntags mit Einstein in Berlin spazierenging, bat er mich um eine Zigarre. Ich hatte keine bei mir. Die Geschäfte waren geschlossen, aber wir fanden eine kleine Wirtschaft, in der man auch billige Zigarren verkaufte. Wir traten ein. Hinter der Theke stand der Wirt. Als Einstein ihn um eine Zigarre bat, fragte er: »Was für eine? Für zwanzig Pfennige?« »Sehe ich so aus, als ob ich solch teure Zigarren rauchte?« Der Wirt schaute Einstein an und entgegnete: »Na, wissen Sie, so ganz gewöhnlich sehen Sie nun auch nicht aus.«

21 Rassco = Ruval and Suburban Settlement Co., zur Ansiedlung aus Nazi-Deutschland vertriebener Juden in Israel gegründete Gesellschaft.

8

Lehrjahre der zionistischen Politik

Während meines zweiten Berliner Aufenthalts von 1925 bis 1933 fing ich an, mich konkret mit politisch-organisatorischer Arbeit zu befassen. Bis dahin bestand meine zionistische Tätigkeit teils in dem Versuch, die Probleme der modernen Judenfrage und ihrer Lösung zu durchdenken, teils in meinen propagandistischen Bemühungen. Ich war in zionistischen und jüdischen Kreisen recht bekannt und erhielt sehr viele Einladungen, Reden zu halten, die ich annahm, soweit sie sich mit meiner ziemlich starken Inanspruchnahme durch die *Encyclopaedia Judaica* vereinbaren ließen. Ich war dafür berüchtigt, im letzten Moment abzusagen, und es geschah zuweilen, daß die Veranstalter meiner Vorträge eine zweite Einladung, ein paar Tage vor dem Datum, versandten, um mitzuteilen, daß ich »dieses Mal bestimmt käme«. Für zionistische Reden nahm ich kein Honorar, wohl aber für allgemein jüdische Ansprachen. Dies half mir, ein ausreichendes Einkommen zu haben.

Wie häufig bei Politikern, so begann auch meine zionistisch-politische Tätigkeit in der Opposition. Ich kam von der Ideologie her und hatte den tiefen Glauben an ideologische Aspekte, der jungen, politisch unerfahrenen Menschen zu eigen ist. Erst in langen Jahren der politischen Erfahrung habe ich gelernt, welche Konzessionen jede Auffassung an die jeweiligen Gegebenheiten machen muß, wenn es sich darum handelt, einen Gedanken nicht nur zu proklamieren, sondern wenigstens teilweise zu verwirklichen. Von Haus aus, durch meine Erziehung, lebte ich in dem typischen Glauben der Galut-Juden an die alleinseligmachende Bedeutung von Ideen und Ideologien. Als ein Volk, das in Jahrhunderten des Ghettolebens keine eigene Wirklichkeit aufbauen konnte, sondern jeweils in einer von den Wirtsvölkern geschaffenen leben mußte, hatten sich alle schöpferischen Kräfte des jüdischen Volkes im rein Theoretischen ausgelebt. Die einzige Kompensation für den Verzicht auf die Gestaltung einer eigenen Wirklichkeit war die Flucht in die Theorie.

Daraus ergaben sich der charakteristisch jüdische Irrglaube an die Macht der Logik, der Fanatismus und Eigensinn in der Verteidigung jeder ideologischen Schattierung, die souveräne Verachtung des Konkreten, die zum Radikalismus führen mußte, und die Fähigkeit, leidenschaftliche Kämpfe um ideologische Formulierungen zu führen, die in Anwendung auf die Wirklichkeit im Grunde oft bedeutungslos sind. Ich besaß diese ideologische Einstellung nicht minder als andere jüdische Intellektuelle, und es bedarf vieler Jahre der praktischen organisatorischen Arbeit, der Begegnung mit anderen Völkern und anderen politischen Methoden, um diese Eigenschaft langsam zu überwinden, zu lernen, Zugeständnisse zu machen und Kompromisse zu schließen, zu verstehen, daß die Psychologie der Menschen sehr viel wichtiger ist als ihre Ideologie. Am meisten kommt es darauf an, was ein Mensch, eine Gruppe oder ein Volk will. Der rationale Überbau, der dazu dient, dieses aus viel tieferen Schichten als der Logik genährte Wollen zu begründen, kommt dann hinterher. Besonders einem im Logischen und Spekulativen so geschulten Volk wie dem jüdischen fällt es nicht allzu schwer, für jedes psychologische Bedürfnis die ideologische Rechtfertigung zu liefern. All dies habe ich mir erst viel später angeeignet und verdanke in dieser Hinsicht am meisten meiner Vertrautheit mit der englischen Politik, die, wenn ich unter den Völkern der Erde umherblicke, mir noch immer – historisch gesehen – als die klügste und verantwortungsbewußteste erscheint. Dies gilt leider nicht mehr für das England von heute, das politisch und ökonomisch ständig an Bedeutung verliert und dessen politische Begabung – als Ursache oder als Folge dieser Situation – nicht mehr die gleiche ist wie in vergangenen Jahrhunderten. In jenen Berliner Jahren war ich ideologisch eingestellt. In allen Fragen ging es mir um das Grundsätzliche, und die Debatten, an denen ich teilnahm, drehten sich weniger um das Mögliche und Erreichbare als um Prinzipientreue und ideologische Reinheit.
Unter Zionismus stellte ich mir damals nicht nur eine politische Bewegung zur Lösung der Judenfrage durch die Schaffung einer nationalen Heimstätte vor, sondern nicht minder eine menschlich orientierte Bewegung, die in Palästina etwas Neues, eine auf sitt-

lichen und sozialen Grundsätzen beruhende Ordnung zu schaffen bestimmt war, die im Einklang mit den großen ethischen Werten des Judentums stand. Die drei großen konkreten Probleme, um die es in der praktischen zionistischen Arbeit jener Jahre ging, waren erstens die Art des Aufbaus in Palästina, zweitens die Zusammenarbeit mit den nicht-zionistischen Teilen des jüdischen Volkes und drittens die Einstellung zu der Politik der britischen Mandatarmacht.

In bezug auf das erste Problem gehörte ich entschlossen zu denjenigen, die für die Einwanderer nach Palästina nicht einfach ökonomische Existenzmöglichkeiten schaffen wollten, sondern eine völlig neue Gesellschaft erstrebten. Darin stand ich eindeutig auf seiten der Arbeiterschaft und befürwortete alle entsprechenden Experimente in Palästina, sowohl die kollektive landwirtschaftliche Siedlung ohne Privateigentum in Kibbuzim als auch die kooperativen Genossenschaften in Form des Moschaw. Formell schloß ich mich allerdings der zionistischen Arbeiterpartei nicht an. Als ich von dem späteren Finanzminister Israels, Elieser Kaplan, der damals in Berlin war, überredet wurde, der Fraktion der zionistischen Arbeiterschaft beizutreten, trat ich nach ein oder zwei Tagen wieder aus, als mir erklärt wurde, daß die Partei den Fraktionszwang anwende, mich also zwingen könne, gegen meine Auffassung für einen bestimmten Antrag im Zionisten-Kongreß zu stimmen, wenn die Majorität der Fraktion es so beschlossen hätte. Ich war, um die übliche Nomenklatur zu verwenden, links-bürgerlich, progressiv und liberal, immer in Fühlung zur zionistischen Arbeiterbewegung. In dieser Hinsicht bin ich Gefolgsmann Dr. Chaim Weizmanns gewesen, der zeitlebens diese fortschrittlich-bürgerliche Auffassung vertrat und seine innerzionistische Politik stets auf das engste Zusammenwirken mit der Arbeiterschaft einstellte. Da die überwiegende Mehrheit im deutschen Zionismus sehr ähnlich empfand, hatte ich kaum zu kämpfen, sondern fühlte mich von den offiziellen Wortführern, namentlich von ihrem hervorragendsten Vertreter, Kurt Blumenfeld, trefflich vertreten.

Kurt Blumenfeld, den ich in jenen Jahren näher kennenlernte und dem ich, von kurzen Perioden der politischen Kontroverse abgesehen, stets besonders verbunden war, war von allen Führergestalten, die der deutsche Zionismus hervorgebracht hat, die eigenartigste. Er war der typische Vertreter dessen, was er selbst mit einer sehr glücklichen Formel den »post-assimilatorischen Zionismus« nannte, das heißt eines Zionismus, der nicht direkt aus der jüdischen Tradition hervorgewachsen war, sondern eine Rückkehrbewegung darstellte, die von der Assimilation zum Judentum zurückfinden wollte. Blumenfeld hatte die ganze Fülle der modernen westeuropäischen, namentlich der deutschen Kultur in sich aufgenommen, war ein feinsinniger Kenner der modernen Geistesrichtungen und entwickelte seine zionistischen Ideen aus westeuropäischen nicht minder als aus jüdischen Wurzeln. Hölderlin und Goethe, Rilke und Stefan George, Scheler und Heidegger waren für ihn ebensolche Quellen der zionistischen Begründung wie Achad Haam und Herzl oder die großen Geistesheroen der jüdischen Geschichte. Als faszinierender Causeur, der die Konversation beinahe zu einem Kunstwerk erhoben hatte, kam es ihm im Gespräch weniger auf sachliche Klärung oder Verständigung mit dem Gegenüber an als auf das geistreiche Plaudern. Er war fast ausschließlich Propagandist, der, wenn er sich an konkrete Fragen heranwagte, sehr viel weniger erfolgreich war als in seiner werbenden Tätigkeit. Mehr als jedem anderen gelang es ihm, Persönlichkeiten von Rang und Bedeutung zum Zionismus zu bekehren, zum Beispiel Oskar Wassermann, einen der führenden jüdischen Bankiers Deutschlands, und Albert Einstein. Er verstand es, den Zionismus allgemein menschlich zu unterbauen, jede große Kulturströmung unserer Zeit mit ihm zu verknüpfen und ihm dadurch eine ungewöhnliche Weltoffenheit zu verleihen. Er hatte, bei all seiner Bildung und Intellektualität, einen großen Sinn für Humor. Ich war einmal bei ihm, als ihn ein Landsmann aus Insterburg in Ostpreußen aufsuchte, der dauernd seinen Namen verwechselte. Nachdem er ihn ein paar Mal mit Blumental oder Blumenkranz angeredet hatte, unterbrach ihn Blumenfeld und sagte: »Wenn Sie meinen Namen schon falsch aussprechen, dann sagen Sie doch Blumentopf.« Begrenzt war Blumenfeld durch seine sehr starke Verbundenheit mit der deutschen Kultur. Der Fluch der jüdischen Geographie, die Notwendigkeit, in die verschiedensten

Sprach- und Kulturkreise einzudringen, die für jeden ein schweres Problem darstellt, der Zionismus international verbreiten will, stellte für ihn ein nahezu unüberwindliches Hindernis dar, besonders nach der Machtübernahme durch Hitler. Er konnte sich, weil er so sehr in Deutschland verwurzelt war, anderen Kulturkreisen kaum anpassen, und seine späteren Versuche, die alten Propagandamethoden innerhalb des amerikanischen Judentums anzuwenden, scheiterten sehr bald an mangelndem Verständnis und der verschieden gearteten Aufnahmebereitschaft der dortigen Menschen. Durch seine erfolgreich vertretene Forderung, daß jeder einzelne Palästina in sein persönliches Leben einbeziehen müsse, »zionisierte« er, wenn man so sagen will, die deutschen Juden.

In unserer Auffassung zionistischer Propaganda unterschieden wir uns nicht wesentlich, obschon meine Art zu reden eine ganz andere ist. In seinen Ansprachen fügte sich ein geistreicher Gedanke an den andern. Sie bestanden aus einem Aneinanderreihen von Bemerkungen, die er eigentlich jeder Zeit abbrechen oder nach Belieben ausdehnen konnte, ohne daß der Aufbau darunter gelitten hätte. Meine Rede ist immer ein Gedankengebäude, sie kann nicht in der Mitte unterbrochen werden. Sie hat einen Anfang, einen Höhepunkt und einen Schluß. Seine Reden glichen einem schönen Weg, den man entlangspaziert, ohne nach einem Ziel zu fragen; man wandert, solange es einem Freude macht. Meine Reden ähneln einer Pyramide; man muß die Spitze erreichen, ehe man sich an den Abstieg machen kann. Anders formuliert, glichen seine Reden einem Mosaik, zusammengesetzt aus vielen schönen Steinchen. Meine Reden waren eher ein Gemälde, dessen Komposition vom Künstler, noch bevor er zu malen beginnt, festgelegt wurde. Aber von dieser mehr ästhetischen Unterscheidung abgesehen, war unsere Art und Weise, den Zionismus nicht nur aus jüdischen, sondern auch aus modernen europäischen Ideen abzuleiten, die gleiche, und ich habe immer seine Methode der Propaganda sehr geschätzt und manches davon gelernt. In späteren Jahren, als wir in bezug auf die zionistische Außenpolitik miteinander in Konflikt kamen, versuchte er bei einer Sitzung des Zionistischen Kongresses als Kandidat unserer gemeinsamen Partei – der sogenannten »Gruppe A« der Allgemeinen Zionisten – gegen mich als Mitglied der Exekutive zu kandidieren. Ich gewann mit überwältigender Majorität. Seiner Frau, die sich darüber beklagte, erklärte ich, daß er als Mitglied der Exekutive ohnehin keinen Erfolg haben würde, weil er kein Parteimann im eigentlichen Sinne war. Ich versprach ihr jedoch, alles zu tun, um Blumenfeld die Position einer der Direktoren des Keren Hajessod, des Gründungsfonds für den Wiederaufbau Palästinas, zu verschaffen. Das gelang mir auch, und er blieb bis zu seinem Tode in dieser für ihn sehr angemessenen Stellung, in der er viel Wertvolles geleistet hat.

In bezug auf die beiden anderen in jenen Jahren aktuellen Probleme der zionistischen Politik ging ich nicht nur mit Kurt Blumenfeld und der von ihm repräsentierten Mehrheit auseinander, sondern geriet auch bald in Widerspruch zu dem unbestrittenen Führer des Weltzionismus, Chaim Weizmann. Einmal ging es um den Charakter der zionistischen Organisation und ihr Verhältnis zu den Nichtzionisten. Damals wie auch später stellte die zionistische Bewegung eine Minderheit im Weltjudentum dar. Chaim Weizmann – sein großes historisches Verdienst besteht nicht nur darin, die Balfour-Deklaration und damit den ersten großen Sieg des Zionismus erwirkt zu haben, er hat auch verstanden, daß jeder politische Erfolg nur so viel bedeutet, als wirkliche Leistung in ihm steckt – Chaim Weizmann also war der Vertreter dessen, was man praktischen Zionismus nennt. Ihm kam es nicht darauf an, politische Erklärungen und Zusagen der Machthaber einzuheimsen, sondern jüdische Realität in Palästina zu schaffen. Er gehörte noch zu Theodor Herzls Zeiten zu den Widersachern gegen dessen vereinfachende Auffassung, die den Judenstaat sozusagen von oben herab, von einem Arrangement mit dem Sultan oder den Großmächten, erhoffte, aber wenig Verständnis für die viel entscheidendere alltägliche Aufbauarbeit in Palästina aufbrachte. Weizmann kam es darauf an, in Palästina unumstößliche Tatsachen zu schaffen, und er stieß dabei natürlich auf die Frage, wie möglichst viele Kräfte im jüdischen Volk für dieses praktische Aufbauwerk zu mobilisieren wären. Es gab damals, wie auch heute noch, weite Kreise, vor allem unter den reichen und maßgebenden Juden, welche die Ideologie des Zionismus ablehnten und sich weigerten, demjenigen Teil des Volkes zugezählt zu werden, der nach dem zionistischen Credo land- und heimatlos ist. Auf der einen Seite fürchteten sie, ihre soziale und wirtschaftliche Position zu gefährden, empfanden aber andererseits doch jüdisch genug, um mithelfen zu wollen, die verfolgten und wirklich heimatlosen Juden Osteuropas in Palästina anzusiedeln. Diese Hilfe wollte Weizmann unbedingt gewinnen und systematisch auswerten. Auf diesen Gedankengängen beruhte das Programm der erweiterten Jewish Agency. Die Zionistische Organisation war im Völkerbunds-Mandat für Palästina als Jewish Agency anerkannt worden und hatte damit das verbriefte Recht erworben, mit der Mandatarregierung am Aufbau des nationalen Heimlandes zusammenzuarbeiten. Schon das Mandat hatte die Möglichkeit vorgesehen, daß auch nichtzionistische Gruppen ein Teil der völkerrechtlich anerkannten Jewish Agency werden könnten. Weizmann versuchte, diese Möglichkeit zu verwirklichen. Zusammen mit seinen engeren Freunden entwickelte er den Plan für eine erweiterte Agency, die aus 50% Zionisten und 50% Nichtzionisten bestehen sollte. Gegen diesen Plan bildete sich eine Opposition innerhalb der zionistischen Bewegung, die zwar nichts gegen die Mithilfe der Nichtzionisten am wirtschaftlichen Aufbau Palästinas einzuwenden hatte, jedoch die Zusammenarbeit auf politischem Gebiet ablehnte, weil zu befürchten war, daß die Nichtzionisten das Programm, an das sie ja nicht glaubten, verwässern würden. Vornehmlich zwei der politischen Ziele mußten ihnen unannehmbar sein: der Kampf für einen Staat (der damals noch nicht unser erklärtes, jedoch das uneingestandene Ziel war) und der Widerstand gegen die Mandatarmacht, wann immer er sich als nötig erweisen sollte. Die Opposition schlug daher vor, für die wirtschaftliche Aufbauarbeit einen gemeinsamen Rahmen mit den Nichtzionisten zu schaffen, die Führung der politischen Geschäfte aber ausschließlich in den Händen der Zionistischen Exekutive und des Zionistischen Kongresses zu lassen. Um dieses Problem entwickelte sich ein langjähriger Kampf, der erst im Jahre 1929, mit der Gründung der erweiterten Jewish Agency in Zürich, dann endlich beigelegt wurde.

Ich gehörte von Anfang an zur Opposition. Sowohl politisch wie sozial erschien mir eine solche geteilte Verantwortung gefährlich und als Preisgabe unabdingbarer Grundideen. In diesem Kampf, der auf vielen Sitzungen des Zionistischen Aktionskomitees und mehreren Kongressen ausgefochten wurde, war Jizchak Grünbaum der beliebteste und angesehenste Führer. Er war der unbestrittene Vertreter des polnischen Zionismus, wie auch der polnischen Judenheit im Kampfe um ihre politischen Rechte. Im damaligen Polen waren die Juden nicht nur (wenigstens auf dem Papier) gleichberechtigte Bürger, sondern ebenso wie die Weißrussen, die Ukrainer und andere Minoritäten als nationale Minderheit verfassungsmäßig anerkannt. Sie hatten eigene jüdische Parteien, die ihre Vertreter ins polnische Parlament, den Sejm, schickten und deren stärkste Gruppe die zionistische war. Jahre hindurch kämpfte Grünbaum mit unvergleichlichem Mut für jüdische Rechte in Polen. Die Juden vergötterten, die Polen haßten und fürchteten ihn. Er war ein Mann von unantastbarer Integrität, bedürfnislos für sich selbst, bereit, alles für seine Ideen hinzuopfern, ohne die geringste Furcht selbst vor der größten Übermacht, ein sehr wirkungsvoller Redner. Er war der geborene Kämpfer, dem es fast mehr auf den Kampf als auf den Sieg ankommt. Unbegabt im Taktischen, eigensinnig und besessen, der beste Vertreter, den eine unterdrückte Minorität sich denken konnte, wenig erfolgreich, wenn es darauf ankam, Kompromisse durchzusetzen. Am glücklichsten fühlte sich Grünbaum, wenn er alleinstand. Je stärker er bekämpft wurde, je hoffnungsloser der Kampf schien, um so wohler war ihm. Durchdrungen von jüdischer Kultur, war er doch in allem der Sohn des spezifisch polnischen Judentums, innerhalb dessen er seine größte Resonanz fand. Im Rahmen des Weltzionismus wurden seine Gesinnung und seine Überzeugungstreue von allen bewundert, aber seine Wirkungsmöglichkeit war dort viel geringer. Er gehörte zu den tragisch-heroischen Gestalten, die als Revolutionäre geboren werden, aber in ihrer Wirkungskraft versagen, wenn sie an die Macht gelangen. Eine Weile gehörte er der ersten Regierung Israels an, doch bald manövrierte er sich aus allen Parteien heraus und wurde wieder ein großer Einzelgänger. Das lag in seinem Wesen. Als eindrucksvolles Beispiel darf

ich erwähnen, daß er es ablehnte, in der ersten Regierung Israels Innenminister zu werden, weil die Polizei dem Innenministerium unterstand und er von seinem Leben in Polen einen Haß gegen jede Polizei hatte, die für ihn gleichbedeutend mit Gewaltanwendung war. Ich habe ihn stets wegen seiner sittlichen Eigenschaften bewundert und war stolz, sein Freund sein zu dürfen. Schon nach wenigen Jahren der Zusammenarbeit jedoch erwachte mein Zweifel an seinen taktischen Fähigkeiten als Parteiführer, wenn es galt, nicht nur zu protestieren und zu kritisieren, sondern Bestimmtes durchzusetzen. Aber obgleich ich mich in bezug auf politische Methoden ziemlich von ihm wegentwickelte, hat es meine persönliche Sympathie zu ihm nie beeinträchtigt. Wegen seiner oft sehr verfehlten Taktik hatten wir des öfteren Auseinandersetzungen. Ich erinnere mich, daß wir während einer Sitzung des Zionistischen Aktionskomitees in London eines Tages die Zustimmung der sogenannten »Gruppe B« der Allgemeinen Zionisten benötigten. Ich bat Grünbaum, der in der Generaldebatte sprechen sollte, die »Gruppe B« nicht anzugreifen, jedenfalls solange unser Antrag nicht zur Abstimmung gekommen wäre. Er ließ sich jedoch von seiner temperamentvollen Rhetorik hinreißen, mit dem Erfolg, daß die uns nötigen Stimmen fehlten und unser Vorschlag abgelehnt wurde. Ich war so aufgebracht, daß ich zu Grünbaum sagte: »Mein lieber Freund, wenn Sie sich eines Tages von der Politik zurückziehen, so rate ich Ihnen, ein Lehrbuch über politische Taktik zu schreiben. Verglichen mit der Komik dieses Buches wird Scholem Aleichem ein höchst uninteressanter Humorist sein.«
Im Kampf gegen die erweiterte Jewish Agency war Jizchak Grünbaum der von uns allen anerkannte Wortführer. Er schuf zusammen mit uns eine neue zionistische Partei, die Radikalen, denen Männer angehörten wie der hochangesehene Dr. Max Soloweitschik, zeitweise Minister in Litauen, als er selbständig war, mein enger Mitarbeiter an der *Encyclopaedia Judaica*, Dr. Emil Margulies, eine Art tschechischer Jizchak Grünbaum, ein energischer Kämpfer für die Rechte der dortigen jüdischen Minderheit, und Robert Stricker, der interessanteste Führer des österreichischen Zionismus, ein Parlamentarier von Rang und ein Redner von Kultur und Pathos, der in

einem Nazi-Konzentrationslager ein furchtloses und stolzes Ende gefunden hat, gerade als ich, mit Aussicht auf Erfolg, daran arbeitete, ihn nach Palästina zu bringen. Zum Teil war sein tragisches Ende seine eigene Schuld. Als ich in Genf erfuhr, daß Stricker in Dachau sei, hatte ich durch verschiedene Mittelsmänner eine Vereinbarung mit der Wiener Gestapo getroffen, wonach eine bestimmte Summe bei seiner Freilassung gezahlt würde, eine weitere, wenn er nach Palästina auswanderte. Nachdem Stricker effektiv nach Wien zurückgekommen war, gab ich ihm den Rat, so schnell wie möglich Österreich zu verlassen, denn es bestand die Gefahr, daß die Berliner Gestapo die Angelegenheit erfahren würde. Stricker folgte meinem Rat nicht, blieb über eine Woche in Wien, um seine Freunde und Stammcafés wiederzusehen, und wurde tatsächlich wieder nach Dachau gebracht. Überlebende Insassen, die ich nach dem Krieg traf, erzählten mir, daß er bis zuletzt mutig und heldenhaft blieb. Dem Nazi-Wachtmeister, der kam, ihn abzuführen und ihn am Arm faßte, sagte er: »Sie können mich hinrichten, aber Menschen wie Ihnen erlaube ich nicht, mich anzurühren.« Seine Haltung beeindruckte den Nazi so stark, daß er ihn neben sich gehen ließ.

Innerhalb der Radikalen Partei war ich eifrig tätig. Als ihr Vertreter beteiligte ich mich an den zionistischen Kongressen der zwanziger Jahre, wurde bald ins Aktionskomitee, die parlamentarische Instanz der zionistischen Weltorganisation zwischen den Kongressen, gewählt und nahm an den Wahlkämpfen zu den Kongressen teil. Die Radikalen waren eine eigentümliche Erscheinung im zionistischen Parteiwesen: klein, aber fein. Auf dem Karlsbader Kongreß von 1923 pflegte man, wenn Grünbaum und ich in einem Taxi ankamen, den Witz zu machen: »Hier kommt die Radikale Fraktion.« Aber es gehörten zu ihr eine Reihe der markantesten zionistischen Figuren, die ich zum Teil schon erwähnt habe, und wenn die Fraktion auch bei Abstimmungen nicht sonderlich ins Gewicht fiel, so wurde sie doch von allen wegen ihres intellektuellen Niveaus geschätzt.

In unserem Widerstand gegen die erweiterte Jewish Agency hatten wir einen Bundesgenossen in der Revisionistischen Partei, deren Gründer und Führer Wladimir Jabotinsky war. In späteren Jahren standen er und ich meist auf verschiedenen Seiten der Barrikade. Damals aber arbeiteten wir zusammen, und ich trat ihm auch persönlich näher. Er hätte den Vergleich mit den Führern irgendeines anderen viel größeren Volkes sehr leicht aushalten können. Jabotinsky war ein ungewöhnlich begabter Mensch, sehr russisch, nicht nur russisch-jüdisch in seinem Wesen, einer der ganz wenigen zionistischen Führer, die sozusagen russische post-assimilatorische Zionisten waren. Obwohl er ungemein sprachbegabt und ein hinreißender Redner in mehreren Sprachen war, blieb das Russische doch sein eigentliches sprachliches Element. Er begann seine Laufbahn im Jünglingsalter als russischer Schriftsteller und Dichter. In gewissem Sinne war er der größte zionistische Redner, den wir je gehabt haben. Seine Reden waren ausgearbeitete Kunstwerke, die er Wort für Wort niederschrieb, dann aber auswendig vortrug, ohne daß der Hörer merkte, daß sie vorbereitet waren. Als ich ihm viel später einmal zufällig in einem Chicagoer Hotel begegnete, unterhielt ich mich mit ihm ausführlich über seine Rednergabe. Er kam gerade von einer Studentenversammlung, vor der er über zwei Stunden gesprochen hatte. Auf die Frage, wieviele Zuhörer er gehabt habe, sagte er, etwa dreißig. Als ich mein Erstaunen ausdrückte, daß er imstande sei, eine so lange Rede vor einer so kleinen Zuhörerzahl zu halten, erklärte er mir, daß seine Reden mit dem Publikum eigentlich nichts zu tun hätten. Es sei ihm gleichgültig, ob fünftausend oder zwanzig Menschen im Auditorium säßen. Die Rede stehe fest, lebe sozusagen für sich selbst. Sie sei niedergeschrieben, formuliert, aufgebaut und er halte sie gewissermaßen, ohne sich um die Zuhörer zu kümmern. Er gebrauchte dabei einen Vergleich, den ich nicht vergessen kann. »Glauben Sie«, sagte er, »daß es die Mona Lisa im Louvre interessiert, ob sie ein Mensch betrachtet, keiner oder hundert? Sie bleibt dasselbe Kunstwerk, unabhängig von ihren Bewunderern. Genauso ist es mit meiner Rede. Sie steht als Kunstwerk unabhängig da und hängt nicht von der Zahl oder Reaktion der Zuhörer ab.« Auf mich machte das einen starken Eindruck, da ich eine ganz andere Art von Redner bin. Ich arbeite Reden fast nie aus und bin ungemein abhängig, nicht nur von den Zuhörern, sondern auch vom Saal, in dem ich spreche, von der

Temperatur des Saales und vielen äußeren Umständen. Meine Rede wächst aus dem Moment und dem Kontakt mit dem Publikum. Sie ist ein Dialog, auch wenn die Zuhörer nur stumm mitsprechen. Jabotinskys Reden, großartig und künstlerisch durchgestaltet, vorgetragen mit einer grandiosen schauspielerischen Meisterschaft, waren Monologe. Diese Eigenschaft übertrug er gleichsam auf die Politik. Jabotinsky war auch in ihr ein Monologist. Er äußerte seinen Standpunkt mit Vehemenz und Brillanz und erwartete, daß alle, die zuhörten, auch stumm und gehorsam zustimmten. Wäre er nicht ein so gütiger Mensch gewesen, so würde ich sagen, daß er alle Anlagen zu einem Diktator in sich getragen hat, ausgenommen die Bereitschaft zur Brutalität. Daher war es schwer, gemeinsame Sache mit ihm zu machen. Man mußte ihn bewundern und ihm zustimmen oder ihm die politische Freundschaft kündigen. Sich mit ihm auseinanderzusetzen, war unmöglich. Lehnte man seine Vorschläge ab, so war man damit sein politischer Gegner geworden und praktisch gar nicht mehr gesprächsfähig. Die Revisionistische Partei, die ihn vergötterte, bestand auch im wesentlichen aus Menschen, für die Jabotinskys Meinung absolutes und letztes Gebot war. Wer auf eigener Meinung bestand und sich als Gleichberechtigter betrachtete, konnte auf die Dauer nicht mit ihm zusammenarbeiten. Mir ging es schon nach kurzer Zeit so. Obwohl er Kritik nicht übelnahm, aber doch unbeachtet ließ und eigentlich nur Ohren hatte, um sich selbst zu hören, war er in seinen politischen Attitüden maßlos. Auch der Wirklichkeit gegenüber war Jabotinsky ein Monologist. Er duldete nicht, daß ihm die Tatsachen »hineinredeten«. Seine Methode im Politischen war diejenige Hegels im Philosophischen. Als Hegel einmal eine die Sterne betreffende Theorie aufgestellt hatte und ihm ein Astronom entgegenhielt, daß die Wirklichkeit der Sternenwelt ganz anders sei, erwiderte er unerschüttert: »Um so schlimmer für die Sterne!« Kein Wunder, daß Jabotinsky sehr bald nicht nur mit Dr. Weizmann, dem Realpolitiker *par excellence,* zusammenstieß, sondern mit fast allen Führern der Bewegung. Ihn störte das nicht. Er zog eine kleine Partei, die ihn bewunderte und mit ihm durch dick und dünn ging, der Koalition mit einer großen vor, wo man dauernd Konzessionen machen muß. Seine Revisionistische Partei war extrem mit ihrer Formel »Judenstaat auf beiden Seiten des Jordans«, extrem anti-englisch in der Mandatarzeit und extrem in ihrem hemmungslosen Widerstand gegen die herrschenden Majoritätsparteien im Zionismus, vor allem gegen die Arbeiterschaft und auch den bürgerlichen Zionismus Weizmann'scher Prägung.

Jabotinskys Tragik lag darin, daß er keinen Sinn für empirische Gegebenheiten sowie für das Element Zeit in der Politik hatte. Was die Engländer »timing« nennen, den richtigen Zeitpunkt zu erkennen, in dem eine politische Idee vorgebracht werden darf, war ihm völlig fremd. Er und seine Anhänger rühmten sich dessen, daß sie die meisten politischen Formeln der zionistischen Bewegung, viele Jahre bevor sie proklamiert wurden, schon längst ausgesprochen hatten. Darauf war Jabotinsky besonders stolz und begriff nicht, daß gerade dies seine politische Schwäche ausmachte. Er äußerte alle seine politischen Ideen unweigerlich im falschen Moment, nämlich zu früh. Die Richtigkeit einer politischen Idee ist nie absolut, sondern immer gebunden an den günstigen Augenblick. Als Jabotinsky als offizielles Programm des Zionismus einen Judenstaat verlangte und die große Mehrheit das ablehnte – es war der aufregende 17. Zionisten-Kongreß von 1931 –, war diese Forderung ein politischer Nonsens. Hätte der Kongreß diese Formel akzeptiert, so wären damit die weitere Aufbauarbeit und die friedliche Eroberung Palästinas unmöglich geworden. Wir alle, die wir dagegen stimmten, ersehnten den Judenstaat nicht minder als Jabotinsky, aber wir wußten, daß die Zeit nicht reif war. Erst als sie uns im Zweiten Weltkrieg gekommen zu sein schien, stimmten wir dafür, den Judenstaat im Biltmore-Programm 1944 als politische Forderung zu proklamieren. Die Revisionisten warfen uns damals vor, diese Forderung schon Jahre vorher gestellt zu haben. Weizmann, der über einen unerschöpflichen Schatz an jüdischen Geschichten verfügte, antwortete Jabotinsky mit folgendem Witz: »Ein Jude lebte mit seiner Familie in einem Dörfchen bei Minsk, einer der größten jüdischen Gemeinden in Rußland. Als sein Sohn zwölf Jahre alt war, zog er mit ihm in die Stadt. Ein Jahr später wurde der Junge nach jüdischer Tradition Bar Mizwa, das heißt volljährig im religiösen Sinne. Dar-

Letzte Ehre für Konrad Adenauer, 23. April 1967

Mit den Vorsitzenden der Jüdischen Gemeinde von Belgrad, 1967

aufhin sagte der Mann zu seiner Frau: ›Siehst Du, was eine große Stadt ist? Zwölf Jahre lebten wir im Shtetl, und nichts geschah. Ein Jahr sind wir erst in Minsk, und er ist schon Bar Mizwa.‹« In entscheidenden Momenten konnte Jabotinsky jedoch realistisch sein. Als Churchill, damals Kolonialminister, beschloß, Transjordanien von dem Mandatsterritorium zu trennen und es Abdullah als haschemitisches Königreich zu übergeben, um den arabischen Widerstand gegen die Balfour-Deklaration und die jüdische Einwanderung zu vermindern, war die Zionistische Organisation heftig gegen diesen ersten Teilungsplan. Churchill verlangte eine schriftliche Zustimmung von Chaim Weizmann, und dieser bestand darauf, daß auch Jabotinsky, der damals Mitglied der Zionistischen Exekutive war, sie unterzeichnete, um jeder späteren Opposition seitens der Revisionisten vorzubeugen. Jabotinsky war Staatsmann genug, um die Lage zu verstehen, und unterschrieb. Dieser Realismus fehlt Menachem Begin und seinen Herut-Anhängern, für die Jabotinsky noch heute das Idol geblieben ist. Während der Diskussionen um den zweiten Teilungsplan, auf Grund dessen die Vereinten Nationen 1947 der Errichtung eines jüdischen Staates in einem Teil Palästinas zustimmten, griffen die Revisionisten Ben Gurion, mich und die anderen Anhänger des Teilungsplans heftig an. Wie ich oft zu sagen pflegte und es auch einst Begin im israelischen Fernsehen vorhielt, hätte Jabotinsky, wäre er am Leben geblieben, höchstwahrscheinlich auch dem neuen Teilungsplan zugestimmt.

Jabotinskys Genialität lag anderswo. Es ist keine geringe Sache, wenn man von einem Mann sagen kann, er sei der größte Redner einer solchen, vom gesprochenen Wort bedingten Bewegung wie der zionistischen gewesen. Dazu kommen seine Begabung als Schriftsteller und sein persönlicher Mut. Trotz aller Schwächen als Politiker bleibt er in seiner Wirkung eine der großen zionistischen Figuren aller Zeiten, ein liebenswürdiger Mensch und ein wunderbarer Freund. Aus meinen zahlreichen Debatten mit Jabotinsky erwähne ich hier eine amüsante Episode. Bei dem Wahlkampf für einen bevorstehenden Zionistischen Kongreß führte ich die Liste der Radikalen Partei, Jabotinsky die der Revisionisten. Wir sprachen beide auf einer Versammlung in Frankfurt am Main. Ich behauptete, die

Revisionisten seien durch ihre extreme Taktik verurteilt, ewig in der Opposition zu bleiben, was fruchtlos und demoralisierend wirken müßte. In der Tat behielt ich recht: Weder in der Zionistischen Organisation noch im israelischen Parlament erzielte die Herut-Partei jemals eine Mehrheit, und Begin gewann 1977 die Wahlen nur wegen seines Bündnisses mit den Liberalen. Jabotinsky antwortete mir damals, daß meine Argumentation absurd sei. Die Revisionisten haben, sagte er, als sie sich zum ersten Mal an zionistischen Wahlen beteiligten, vier oder fünf Delegierte gehabt, beim nächsten mehr als das Doppelte, und so hätten sie alle Aussichten, in zwei bis drei Kongressen in der Mehrheit zu sein. In meiner Gegenansprache sagte ich dann: »Vor einem Jahr haben mir Freunde einen kleinen Hund geschenkt. Heute ist er doppelt so groß, nächstes Jahr wird er noch größer sein, aber, wie lange er auch lebt, wird er nie ein Elefant werden, denn bei jedem Lebewesen gibt es natürliche Grenzen in seiner Entwicklung. Das gilt auch für Parteien.« Jabotinsky, der überaus empfindlich war und nicht wußte, daß ich Hunde sehr liebte, faßte dies als eine persönliche Beleidigung auf und sprach monatelang nicht mehr mit mir. Wir versöhnten uns schließlich in einem langen Gespräch in Palästina, in einer Revisionistenkolonie, die noch aus Zelten bestand, bewacht von einer Gruppe seiner Anhänger. Mit den bereits ausgesprochenen Einschränkungen hat er viele politische Leitideen des Zionismus formuliert und geholfen, sie zu propagieren. Immerhin knüpft sich an seinen Namen *eine* praktische politische Tat: die Gründung der Jüdischen Legion im Ersten Weltkrieg. Auch hat er auf seine Gegner indirekt eine starke Wirkung ausgeübt, und so bleibt er, mehr als Künstler denn als Politiker, mehr als Tribun denn als Diplomat in Erinnerung, alles in allem eine großartige Erscheinung, vor der jetzt, da er nicht mehr unter uns weilt, sich selbst diejenigen, die ihn in früheren Jahren heftig bekämpft haben, in Verehrung und Ergriffenheit neigen. Ich wage zu behaupten, daß Jabotinsky die Umwandlung der früheren Revisionistischen Partei in die heutige »Herut« und die Innen- und Außenpolitik, die sie führt, seitdem sie in Form des »Likud« mit der rechtsgerichteten Gruppe der Liberalen die Regierung Israels leitet, nicht gebilligt hätte.

Damals, trotz der Kooperation der Revisionisten und der Mitwirkung vieler einflußreicher zionistischer Führer, die den Kampf gegen die erweiterte Jewish Agency mitmachten, verloren wir ihn. 1929 wurde in Zürich das Weizmann'sche Programm endgültig akzeptiert, und gleich danach trat der erste Council der Jewish Agency zusammen, der, wie auch die Gegner zugeben müssen, die repräsentativste jüdische Konferenz war, die bis dahin einberufen worden war. Von den Nichtzionisten beteiligten sich Männer wie Léon Blum, Oskar Wassermann, Louis Marshall, Lord Melchett, die Elite des nichtzionistischen Judentums. In diesem Sinne war die Gründungskonferenz ein großer Erfolg. Ich beteiligte mich als Mitglied der zionistischen Delegation und hatte die Aufgabe, im Rahmen der Radikalen Partei, die bis zum Schluß gegen das Projekt gestimmt hatte, zu erklären, daß wir in guter demokratischer Tradition den Beschluß der zionistischen Mehrheit akzeptieren und zum Unterschied von den anderen, die eine Mitarbeit ablehnten, bereit sein würden, konstruktiv mitzuwirken.
Trotz des großartigen Anfangs war die erweiterte Jewish Agency praktisch doch ein Mißerfolg. Unsere Befürchtungen bewahrheiteten sich zwar anders, als wir dachten. Die Nichtzionisten störten nicht erheblich, aber ihre Mitarbeit blieb sehr beschränkt. Keiner der führenden Nichtzionisten war bereit, in die Exekutive der Jewish Agency, die in London und Jerusalem beheimatet war, einzutreten. Die großen nichtzionistischen Persönlichkeiten schickten ihre Sekretäre als Vertreter in die Exekutive, gute ergebene Mitarbeiter, aber natürlich ohne die Autorität der zionistischen Mitglieder wie Weizmann und Ben Gurion. Das Prinzip 50 : 50 erwies sich bald als undurchführbar, weil die Nichtzionisten gar nicht so viele führende Männer hatten, um ihre Hälfte zu stellen. Obschon die erweiterte Jewish Agency der Form nach viele Jahre fortbestand, wurde sie mehr und mehr zur Fiktion, da die Nichtzionisten sich nicht mehr beteiligten. Nachdem ich 1956 Präsident der Zionistischen Weltorganisation und der Jewish Agency wurde, versuchte ich, die Konstitution zu ändern, durch Zuziehung von den zentralen Vertretungen großer jüdischer Gemeinschaften, wie zum Beispiel des Board of Deputies of British Jews. Ich stieß auf den

entschiedenen Widerstand der zionistischen Parteien, die ihr Monopol innerhalb der Zionistischen Organisation beibehalten wollten. Der sogenannte Parteischlüssel bestimmte die Verteilung der Ämter, der Posten in der Exekutive, der Gelder, usw. Ich war seit Jahren gegen diese »mathematische Demokratie«, zumal die Vertretung der Parteien aus den verschiedenen Ländern, formell durch den Verkauf des »Schekels« bestimmt, meist nicht kontrollierbar war und die Alleinherrschaft der zionistischen Parteien zum Niedergang der Zionistischen Bewegung führte. Die Parteien waren berechtigt gewesen, solange es keinen Staat gab und die Zionistische Organisation laut einem berühmten Herzl-Wort »der jüdische Staat unterwegs« war. Nach der Proklamierung des Staates waren sie jedoch sinnlos und sogar schädlich geworden, denn sie zerstörten faktisch die Einheit der Diaspora.

Die »Schlichim«, die Boten der zionistischen Parteien, waren sogar unter den Überlebenden der Konzentrationslager tätig. Man zeigte mir einst ein ungefähr sechsjähriges Kind, das dem Immigrationsbeamten bei seiner Ankunft in Israel weder seinen Namen noch das Datum und Ort seiner Geburt angeben konnte, doch behauptete, daß es ein »Mapainik« sei, ein Mitglied der israelischen Arbeiterpartei »Mapai«. Als Beispiel für die Überflüssigkeit der zionistischen Parteien erzählte ich in einer Rede eine Geschichte meines Großvaters mütterlicherseits. Eine arme Frau sei zu ihm mit einer für sie wichtigen Frage gekommen. Bei der Heirat habe sie von den Schwiegereltern ein Tischgedeck – Gabel, Messer und Löffel – bekommen, und zwar ein fleischiges (bekanntlich dürfen fromme Juden Fleisch und Milch nicht zusammen essen, und auch Geschirr und andere Geräte müssen getrennt gehalten werden). Die Frau wollte nun vom Dajan wissen, wie weit entfernt sie das Gedeck von Milchspeisen halten müsse, damit es nicht »trefe« würde. Auf die Frage meines Großvaters antwortete sie, daß sie, weil sie zu arm seien, seit der Hochzeit noch nie Fleisch gegessen hätten. Warum bezeichnete sie das Besteck also als fleischig? fragte mein Großvater. Weil die Schwiegereltern es ihr als solches geschenkt hätten. – Genauso irrelevant, erklärte ich, seien jetzt auch die Parteien geworden.

Mein Erfolg im Zionistischen Kongreß, der zu einer Änderung der Konstitution führte, wurde jedoch faktisch von den Parteien sabotiert. In Brasilien zum Beispiel gab es damals über hunderttausend Juden, und weniger als zehntausend gehörten der Zionistischen Organisation an. Auf Grund der Wahlordnung der Zionistischen Organisation konnten die Zionisten viermal so viel Delegierte zum Kongreß schicken wie der Verband der jüdischen Gemeinden, der zwar bereit war, sich der Zionistischen Weltorganisation anzuschließen, aber wegen der Haltung der Parteien darauf verzichtete, überhaupt Delegierte zu schicken.

Mein Nachfolger als Vorsitzender der Zionistischen Organisation, L. A. Pincus, hatte mehr Erfolg als ich. Inzwischen war allerdings die Rolle der Nichtzionisten stärker geworden, besonders weil sie fast ausschließlich die Geldsammlungen für Israel – die über 60 bis 70% aller Einnahmen brachten – führten. Es gelang Pincus, die alte Form der erweiterten Jewish Agency wieder zu aktivieren, wobei er, meiner Ansicht nach, nur einen Fehler beging, indem er als nicht-zionistische Vertreter ausschließlich die Führer der Geldsammlung einlud, was zur Folge hatte, daß die großen demokratischen jüdischen Organisationen, wie der American Jewish Congress, die B'nai B'rith und vor allem der Jüdische Weltkongreß nicht in der Zionistischen Weltorganisation vertreten sind. Was den Jüdischen Weltkongreß betrifft, so hat er inzwischen eine offizielle Abmachung mit der Zionistischen Weltorganisation getroffen, die eine konkrete und sehr effektive Zusammenarbeit beider Organisationen garantiert. Diesem Sonderabkommen zufolge ist die Jewish Agency, bzw. die Zionistische Organisation in allen Instanzen des Kongresses sehr repräsentativ vertreten, und es werden auch Vertreter des Weltkongresses zu den Gremien der Jewish Agency eingeladen.

Bevor diese offizielle Abmachung zustandekam, gab es ab und zu Differenzen zwischen dem Jüdischen Weltkongreß und der Zionistischen Weltorganisation. Meist ging es um jüdisch-politische Probleme oder auch um Fragen der finanziellen Kooperation. Ich war damals Präsident beider Organisationen und mußte in Konfliktfällen selbst entscheiden. So sagte ich oft, wenn ich der Zionistischen Exekutive oder dem Weltkongreß berichtete: »Ihr müßt noch warten, bis sich Nahum Goldmann mit Nahum Goldmann geeinigt hat.«

Der Gerechtigkeit halber muß aber auch ein Positivum hervorgehoben werden: Führenden Nichtzionisten, besonders in Amerika, wurden Palästina nähergebracht, sie stellten mehr Geld zur Verfügung, interessierten weitere Kreise und förderten so die praktische Aufbauarbeit. Wahrscheinlich hätte dies jedoch auch mit viel weniger Aufwand und ohne das komplizierte System der erweiterten Agency erreicht werden können und vor allem ohne die zionistische Bewegung jahrelang durch die Kämpfe um das Problem in Atem zu halten. Ich persönlich verdanke ihnen meine politische Erziehung. Es war das erste konkrete Politikum, um das ich in einen Streit verwickelt wurde. Auf den Zionistischen Kongressen beteiligte ich mich an den Diskussionen, obschon unser eigentlicher Wortführer Jizchak Grünbaum war. Meine Arbeit spielte sich vor allem in den Kommissionen ab, in den Debatten um die Einzelheiten der komplizierten Verfassung der Agency. Ich lernte die Wichtigkeit organisatorischer und konstitutioneller Paragraphen verstehen, übte mich in der parlamentarischen Diskussion, machte die Erfahrung, daß die großen Reden auf der Vorderbühne des politischen Geschehens viel weniger entscheidend sind als die stillen Auseinandersetzungen in den geschlossenen Kommissionen, begriff viele Zusammenhänge zwischen Persönlichem und Sachlichem, die ich vorher in meiner etwas naiven Art nicht wahrgenommen hatte, und erfuhr, was es heißt, gegen anerkannte Autoritäten aufzutreten. Es war sozusagen ein Lehrgang, mein erstes Seminar in der praktischen Tagespolitik, und daher ist diese Phase in der zionistischen Geschichte für mich außerordentlich wichtig. In ihr erwarb ich mir auch zum ersten Mal eine gewisse Stellung im Führungskreis der Zionistischen Organisation.

In diesen Berliner Jahren pflegte ich fast alle meine Sommerferien in Palästina zu verbringen. Ich machte die Reise gemütlich, in Etappen, und hielt mich jedes Mal in verschiedenen sehenswerten Orten einige Tage auf. Auch viele Einladungen, Reden über die jüdische Lage in Europa zu halten, die durch die wachsende Nazi-Propaganda gefährdet war, führten mich immer wieder ins Ausland. Unverheiratet wie ich damals war, hatte ich immer wieder Erlebnisse mit Frauen, die einen sehr ernster Natur, andere sehr leichten Charakters.

Während einer Vortragsreise in Holland fand wie üblich nach meiner Rede ein Empfang bei dem Gemeindevorsitzenden statt. Ich erzählte dort beiläufig in der Unterhaltung, daß ich in den folgenden Tagen noch in die weiteren Städte des Landes fahren würde, und erwähnte, in welchen Hotels ich wohnen würde. Als ich am folgenden Tag in Haag ankam, sah ich in der Hotelhalle eine junge Frau, die mir bei dem Empfang nicht wegen ihrer Schönheit, sondern wegen ihrem interessanten Gesicht aufgefallen war. Sie kam, sichtlich verlegen, auf mich zu und bat mich, sie anzuhören. Sie war die Tochter einer wohlhabenden, aus Deutschland ausgewanderten Familie. Sie erzählte mir, daß sie verlobt sei, doch ihren Bräutigam, den sie zwar schätze, nicht liebe; bei meiner Rede hatte sie sich in mich verliebt, sagte sie, und drückte mit großem Zögern den Wunsch aus, ihr Liebesleben mit mir, statt mit ihrem Verlobten zu beginnen. Der Mut eines Mädchens aus bürgerlichem, deutsch-jüdischem Hause, einen solchen Vorschlag zu machen, beeindruckte mich sehr. Ich antwortete ihr, daß ihr Wunsch mir schmeichele und ich ihm gerne entsprechen würde, warnte sie jedoch, daß ein solches Erlebnis in ihr eine tiefe Bindung zur Folge haben könnte, zu der ich meinerseits nicht bereit war. All das habe sie bereits erwogen, sagte sie, doch beharrte sie bei ihrem Wunsch, und so verlebten wir drei Tage miteinander. Ich mußte danach nach Paris, wo ich eine Verabredung mit dem französischen Außenminister Laval in der Angelegenheit der Saarjuden hatte. Als ich mich verabschieden mußte, begann meine Freundin bitterlich zu schluchzen und flehte mich an, noch ein paar Tage mit ihr zu bleiben. Sie war mir auch menschlich in der kurzen Zeit sehr nahe gekommen, doch nahm ich damals meine Verpflichtungen sehr ernst und so verließ ich sie, hatte jedoch richtige Gewissensbisse ihr gegenüber. Ich versuchte später telefonisch und auch brieflich mit ihr in Kontakt zu kommen, doch erhielt ich nie eine Antwort.

Viele Jahre vergingen. Nachdem ich mit meiner Familie nach Ame-

rika ausgewandert war, pflegten wir Sommerwochenenden auf einer Farm in den Catskhills-Hügeln zu verbringen, wo ich häufig Tennis spielte. An einem Sonntag, nach dem Spiel, sagte mir meine Partnerin, die ich flüchtig kannte, sie hätte Grüße für mich: sie nannte mir die junge Frau von damals, die ihre beste Freundin war. So erfuhr ich, daß das Erlebnis mit mir sie sozusagen gerettet hatte. Sie hatte nämlich ihre Verlobung gelöst. Einige Monate darauf erkrankte ihr früherer Bräutigam an Kinderlähmung und war zeitlebens paralysiert geblieben; hätte sie ihn geheiratet, hätte sie sich natürlich nicht scheiden lassen können. So war sie inzwischen nach Amerika ausgewandert und war in Los Angeles glücklich verheiratet. Ich habe sie dort einige Male wiedergesehen und auch in Israel, wo sie seitdem lebt, ohne daß unsere Beziehung sich erneuert hätte.
Einen ähnlichen Fall, ohne den ernsten Hintergrund, eher im Charakter eines französischen Boulevard-Stückes, erlebte ich ein Jahr später. Auf der Reise nach Marseille, wo ich das Schiff nach Ägypten, auf dem Weg nach Palästina, nehmen wollte, war ich eines Tages in Arles, der historischen Hauptstadt des südlichen Frankreichs unter der römischen Herrschaft. Ich ging in der berühmten Allee spazieren, die »Champs Elysées«, wo in großen Sarkophagen auf beiden Seiten die römischen Konsuln begraben sind. Auf einem dieser Sarkophage sah ich ein sehr reizendes junges Mädchen sitzen, das offensichtlich auf jemanden wartete. Die Allee endet in einem Pantheon, in dem ich eine Weile blieb. Als ich zurückkam, saß das junge Mädchen noch immer da. Es ist im allgemeinen nicht mein Stil, Frauen anzusprechen, doch setzte ich mich ihr gegenüber auf einen anderen Sarkophag und schaute sie an. Zuerst reagierte sie etwas unmutig, dann jedoch lachte sie mich an. Auf meine Frage erklärte sie mir, daß sie bereits über eine halbe Stunde auf ihren Verlobten wartete. »Das ist Ihre Schuld«, sagte ich. »Ein charmantes Mädchen wie Sie wartet nicht so lange auf einen jungen Mann. Erteilen Sie ihm eine Lehre: kommen Sie mit mir spazieren, so wird er das nächste Mal pünktlich sein.« Sie ging darauf ein und, während wir spazierten, erzählte sie mir, sie sei aus einer reichen Familie und wäre, wie es in Frankreich Sitte war, aus finanziellen Gründen verlobt worden. Sie konnte ihren Bräutigam überhaupt nicht leiden,

habe jedoch zugestimmt, ihn zu heiraten, weil sie sich so aus dem elterlichen Haus befreien würde, und in der Ehe könnte sie dann so viele Liebhaber haben, wie sie wollte. Was sie bedauerte, meinte sie, wäre, das erste Erlebnis mit ihrem Verlobten haben zu müssen; ein Mann wie ich würde ihr viel besser gefallen. Das könnte man arrangieren, erwiderte ich. Da ich drei Tage später das Schiff in Marseille nehmen mußte, schlug ich ihr vor, die Zeit mit mir an der Côte d'Azur zu verbringen. Sie stimmte sofort zu, unter der Bedingung jedoch, daß sie mit einer Freundin verabreden könnte, angeblich bei ihr eingeladen zu werden, um der Familie gegenüber einen Grund zu haben, zu verreisen. Wenn sie es könnte, würde sie den Zug mit mir nehmen; käme sie nicht, sollte ich sie vergessen.

Gespannt kam ich am nächsten Tag zum Bahnhof. Einige Minuten vor Abfahrt des Zuges sah ich sie antänzeln; ich erinnere mich noch heute ihres blau-weißen Kleides. Wir fuhren in einen der kleinen Orte neben Marseille, Sanary oder Bandol, und verlebten drei entzückende Tage. Sie war ein sehr leidenschaftliches Mädchen, und am Ende war ich ziemlich in sie verliebt. Sie hatte mir nur ihren Vornamen genannt und weigerte sich, mir ihren Namen zu sagen und wo ich sie wieder erreichen könnte. Das Erlebnis mit mir würde sie nie vergessen, beteuerte sie, doch würde eine Fortsetzung nur ihr Leben komplizieren. Ich war in jener Zeit am Ende der Zwanziger, sie höchstens neunzehn, und dennoch kam ich mir ihrer kühlen Überlegenheit gegenüber – die nämlich sehr charakteristisch für französische Frauen ist, wie ich es später erfuhr, – wie ein Schuljunge vor.

Bei einer anderen dieser Reisen lernte ich meine Frau kennen. Ich war wieder auf dem Wege nach Palästina und machte in Ascona, am Lago Maggiore, in der Schweiz halt, um meine damalige Sekretärin in dem berühmten Hotel Monte Verita zu besuchen. Unter den Gästen war eine junge, hübsche deutsche Jüdin, und meine Sekretärin drängte sie, mich kennenzulernen. Sie war umgeben von einer Anzahl Maler, die ihr ein bißchen den Hof machten, und im Grunde war sie an mir gänzlich uninteressiert; nach einer halben Stunde sagte sie, sie habe eine andere Verabredung und müsse gehen. Ich jedoch war sehr beeindruckt und sagte meiner Sekretärin, diese

Frau würde ich heiraten. Während unserer Unterhaltung hatte ich ein Buch erwähnt, das sie interessierte; ich versprach ihr, es ihr nach meiner Rückkehr aus Palästina zu bringen, und mit diesem Versprechen bekam ich ihre Adresse und Telefon in Berlin. Ich rief sie auch sofort an und wir verabredeten uns zu einem Mittagessen. Sie kam gerade vom Zahnarzt, hatte eine Spritze bekommen und konnte kaum sprechen! Trotz dieses wenig versprechenden Anfangs kamen wir uns bald sehr nahe. Wir heirateten einige Jahre später, und unsere glückliche Ehe hält bis heute an.

9

Außenpolitische Anfänge

Obschon die Kämpfe um die erweiterte Jewish Agency den größten Teil meiner zionistischen Tätigkeit ausmachten, begann ich gleichzeitig, lebhaft Interesse an den außenpolitischen Fragen der Bewegung zu nehmen – ein Interesse, das mich immer stärker absorbierte. Ich stehe zur Außenpolitik ähnlich wie zur Rhetorik: Beide Sphären liegen mir, in beiden glaube ich, ohne meine Leistungen zu überschätzen, einiges erreicht zu haben. Über meine ambivalente Einstellung zur öffentlichen Rede habe ich mich bereits geäußert. Ebenso wenig glaube ich an die grundlegende Bedeutung der Außenpolitik, obschon sie mich immer fasziniert hat. Den berühmten Satz »Die Politik ist unser Schicksal« mache ich mir nur mit sehr vielen Einschränkungen zu eigen. Es ist richtig, daß sich in diesem Bereich Schicksale von Völkern und Ländern abspielen, besonders wenn man die These von Clausewitz akzeptiert, daß der Krieg nur eine Fortsetzung der Politik mit anderen Mitteln sei. Aber Völkerschicksale entscheiden sich nur zum Schein in der Außenpolitik; die wichtigen Geschehnisse spielen sich in ganz anderen Zonen ab, im Kulturellen, Sozialen, Psychologischen, in der Seele der Völker, in ihrer gesellschaftlichen Struktur, in ihrer geistigen und sittlichen Verfassung. In der Außenpolitik werden diese verborgeneren Tendenzen sichtbar, kristallisieren sich Prozesse, die längst vorbereitet sind. Außenpolitik erschafft die Dinge nicht, sie zieht nur aus bereits bestehenden Situationen die Konsequenzen. Letzten Endes ist sie eine sekundäre Leistung, wenn es auch bei oberflächlichem Studium der Weltgeschichte so scheint, als seien es die großen Staatsmänner und Heerführer, die auf der Bühne der Geschichte so laut und sichtbar auftreten, welche die Schicksale der Völker lenken. Jeder, der Weltgeschichte etwas eingehender studiert hat, weiß aber, daß diese Vorstellung eine Illusion ist. Alle diese großen Akteure des vordergründigen Weltgeschehens sind häufig Marionetten. Die Stränge werden von Gewalten gezogen, die weniger bekannt im

Stillen wirken: von Denkern und Dichtern, religiösen und sozialen Führern, von jenem kaum definierbaren Etwas, das man die Seele eines Volkes nennt.

Der Politiker zieht die Bilanz aus allen diesen Kräften, und je besser ihm das gelingt, je richtiger er sein eigenes Volk und die anderen Völker in ihren tausendfältigen Komplikationen einschätzt, um so größer ist er als Staatsmann. Darin liegt das Reizvolle der Außenpolitik, jedenfalls für mich. Dieses Rechnen-Müssen mit einer Unzahl von Elementen, dieses Auf-einem-hohen-Posten-stehen-Müssen, von dem man eine weite Landschaft überblicken kann, dieses Ins-Spiel-Bringen von Faktoren, die mit dem unmittelbaren Problem scheinbar nichts zu tun haben, das ist das Schwierigste, aber gleichzeitig das Anziehende in der Außenpolitik. Je höher die Warte ist, auf der man steht, um so freier kann man schalten. In einer öffentlichen Polemik mit Ben Gurion drückte ich dies einmal so aus: »Der Unterschied zwischen uns ist, daß Du die Welt von Deinem Kibbuz Sde Boker aus siehst, ich aber von einem Flugzeug aus 12000 Meter Höhe.« Nichts ist vernichtender als Enge, daher die Maxime, daß nichts die Außenpolitik so sehr ruiniert wie ihr Beherrschtsein von Gesichtspunkten der Innenpolitik. Das macht sie besonders im Zeitalter der Demokratie und der Abhängigkeit der Regierungen von Volksstimmungen so plump. Im Prinzip der Geheimdiplomatie liegt etwas unabweisbar Richtiges, auch wenn sie heute kaum noch durchführbar ist. Heutzutage muß ein erfolgreicher Außenpolitiker, ob er will oder nicht, auch Innenpolitiker sein, da er sonst nichts durchsetzen kann. Dabei sind die Voraussetzungen und Spielregeln der Innenpolitik grundverschieden. Der Krebsschaden der Außenpolitik vieler Völker, und das trifft auch auf den Zionismus sowie den Staat Israel zu, ist eben diese Abhängigkeit. Der Unterschied zwischen einem Politiker und einem Staatsmann liegt darin, daß der eine nur die Wünsche seiner Anhänger in Betracht zieht, der andere aber auch mit denen seiner Gegner zu rechnen versteht. In den meisten Fällen, wenn es sich um komplizierte und delikate Fragen handelt, besteht die Bemühung des Diplomaten in dem Versuch, die schwierigen Entscheidungen zu vermeiden. Vor Jahren habe ich in einem Aufsatz die Formel geprägt: »Die Kunst der Diplomatie besteht darin, unvermeidliche Entscheidungen solange wie möglich hinauszuschieben.«

Ich liebe die Weite, nichts liegt meinem Charakter ferner als Einseitigkeit, fanatische Beschränkung auf eine einzige Sache. Die Einbahnstraße war nie eine Wegrichtung in meinem Leben. Bei jedem Problem bemühe ich mich, von vornherein alle Aspekte zu sehen, und an absolute Wahrheiten habe ich weder im Leben des einzelnen noch der Völker geglaubt. Daß auch der gegnerische Standpunkt seine *raison d'être* hat, war etwas, was ich klar erst später erkannte, unbewußt jedoch fühlte ich es schon immer. Meine Fähigkeit ging vorwiegend darauf hin, mit vielen Elementen zu spielen, verschiedene Gesichtspunkte zu vereinigen, zu versuchen, zwischen berechtigten Ansprüchen Kompromisse zu schließen, Formeln zu finden, die jedem etwas geben, vor allem das Gefühl, etwas Wesentliches erreicht zu haben.

Für solche Neigungen ist die Außenpolitik natürlich das geeignete Feld. In ihr sind die Gegenspieler nicht so fanatisch wie die Parteigänger der Innenpolitik. Selbst wenn es um heftige Konflikte geht, ist man höflicher in der Diskussion, großzügiger im Auffassen der Probleme, gewandter in der Argumentation als in der überhitzten engherzigen Atmosphäre jüdischer Partei- und Innenpolitik. Das große Problem des Zionismus bis zur Errichtung des Staates Israel war dies: gewissermaßen als Staat aufzutreten, ohne bereits ein Staat zu sein, eine Haltung, die Männer wie Herzl und Weizmann souverän beherrschten, und die auch für mich psychologisch nie besonders schwierig war.

Die psychologischen Genugtuungen des außenpolitischen Handelns stellten sich natürlich erst später ein. Als ich mich in Berlin für außenpolitische Fragen zu interessieren begann, besaß ich noch nicht die Beherrschung und den nötigen Wirklichkeitssinn, die ich mir in oft schmerzlichen Erfahrungen erst aneignen mußte. Meine außenpolitischen Konzeptionen waren vorwiegend ideologisch fundiert, Prinzipien maßgebender für mich als realpolitische Möglichkeiten, meine Positionen bestimmt durch den natürlichen Radikalismus der Jugend.

Die große Streitfrage der Zeit galt in der Haltung des Zionismus zur englischen Palästinapolitik. Es waren die Jahre, in denen die Bewegung lernen mußte, die illusorischen Hoffnungen, die sich an die Balfour-Deklaration[22] knüpften, eine nach der anderen zu begraben, vor allem die naive Vorstellung, das britische Imperium werde nun dem jüdischen Volk eine nationale Heimstätte, ja vielleicht gar den Judenstaat fix und fertig ins Haus liefern. Staatsgründungen gehörten nicht gerade zu den historischen Erfahrungen der Juden. In den Jahrhunderten unseres Lebens in der Diaspora hatten wir gelernt, Bücher zu schreiben, philosophische Systeme auszudenken, Poesie und Musik zu schaffen, Geschäfte zu machen und auf der Börse zu spielen, aber einen Staat zu gründen, das war uns etwas Unbekanntes und Fremdes. Wir begriffen nicht, daß ein Volk sich seinen Staat nur selbst schaffen, daß eine Nation der anderen überhaupt keine Geschenke von Bedeutung machen kann. Was ein Volk oder ein einzelner erreicht, hängt von ihm selbst ab. Im Grunde war es die Aufgabe des modernen Zionismus, den Juden zu sagen: Fürchtet euch nicht zu sehr vor euren Feinden, habt aber auch nicht zu großes Vertrauen zu euren Freunden. Die Entscheidung über euer Schicksal müßt ihr selbst fällen.

Freilich wurden auch innerhalb der zionistischen Bewegung übertriebene Hoffnungen auf die Balfour-Deklaration gesetzt. Daß die Engländer ein Weltreich zu verwalten hatten, in dem die arabischen Völker eine wesentliche Rolle spielten, daß englische Staatsmänner im Vorderen Orient eine britische Schlüsselposition erblickten, wollten die meisten von uns nicht wahrhaben. Mit der Ungeduld eines jahrhundertelang unterdrückten Volkes, mit der ungeheuren Triebkraft und Hartnäckigkeit unseres Stammes forderten wir gleichsam, daß sich die Engländer in Palästina so benehmen sollten, als ob sie Juden wären. Die englische Mandatsverwaltung gebrauchte jedoch englische Methoden. Langsam, vorsichtig, zögernd machte sie einen oder zwei Schritte vorwärts, um gleich wieder einen, ja manchmal zwei zurückzugehen. Jedem Druck der Araber wurde nachgegeben, dann wieder unserem Gegendruck. Diese Politik der Nichtbefriedigung beider Teile wurde nach und nach zur Maxime für die englische Verwaltung Palästinas. »Daß Araber und Juden auf uns schimpfen«, pflegte man in den englischen Behörden, mit denen ich dann später verhandeln mußte, zu sagen, »beweist, daß wir richtig handeln und somit eine Position des neutralen Gleichgewichts im jüdisch-arabischen Konflikt einnehmen.«

Aufschluß über die Gründe, weswegen die meisten englischen Beamten, sowohl in Palästina wie in London, uns nicht sehr gewogen waren, erhielt ich eines Tages vom Hohen Kommissar für Palästina, Sir Wauchope. Dieser hatte große Sympathie für den Zionismus (in einem Jahr erlaubte er die Einwanderung von 60000 Juden, was ein einzigartiger Fall in der Geschichte des Mandats war) und stand gut mit Ben Gurion, besonders mit Sharett und auch mit Shmaryahu Lewin. Ich war eines Tages bei ihm eingeladen. Im letzten Moment mußte ich mir von einem Freund einen mir sehr schlecht passenden Smoking leihen, nachdem mir bekannt wurde, daß das Protokoll dies verlangte, da der Hohe Kommissar Vertreter der Königin war. Ich saß zu seiner Rechten; links von ihm saß Lady Waley-Cohen, die Frau eines bekannten englisch-jüdischen Führers, der Präsident der großen Petroleumgesellschaft Shell war. Wauchope unterhielt sich die ganze Zeit mit mir, und da er selbst kaum aß, wurden die Speisen vor mir abgedeckt, bevor ich sie anrühren konnte. Vor dem Dessert machte ich Sir Arthur Wauchope darauf aufmerksam, daß er mit seiner wichtigen Nachbarin noch kaum ein Wort gewechselt hatte, und so kam ich wenigstens dazu, zwei Portionen Torte zu essen. In unserem Gespräch fragte ich ihn, warum die Mandats- und Kolonialbeamten fast alle antizionistisch seien. Er nannte mir zwei Gründe. Politisch, sagte er, seien die Araber zahlreicher als die Juden und wichtig für die englische Position in der Welt, vor allem zur Sicherung ihrer Verbindung mit Indien. Ausschlaggebender jedoch sei die psychologische Motivation: »Wenn ein Araber mit einem Anliegen zu einem Beamten kommt und einen negativen Bescheid erhält, kehrt er schlimmstenfalls noch einmal wieder. Ein Jude, in einem ähnlichen Fall, erscheint zehnmal wieder, und wenn der Beamte dann die Geduld verliert und sich weigert, ihn nochmals zu empfangen, kommt bestimmt nach einigen Monaten eine Anfrage vom Kolonialminister, weil ein pro-zionistischer Abgeordneter im Parlament interveniert hat oder seine Beschwerde bei der Mandatskommission in Genf unterbreitet wurde. Ein solcher Beamter«, meinte Sir Wauchope, »wird nun mehr und mehr anti-zionistisch eingestellt sein.«

Ich könnte diese psychologische Erklärung aus meiner Erfahrung mit vielen anderen Beamten im Laufe meiner Tätigkeit ergänzen. Beamte sind Anhänger des Status quo; am liebsten ist ihnen, wenn alles routinemäßig verwaltet wird. In der Mandatszeit waren die Araber in Palästina für den Status quo, wir waren das revolutionäre und dynamische Element. Die Zionisten machten den englischen Kolonialbeamten viel mehr zu schaffen, als sie es in anderen Ländern gewöhnt waren. Ein Mitglied des englischen Kabinetts legte mir als Erklärung eine Statistik vor, aus der hervorging, daß im Verlauf eines Jahres wegen Palästinas halber Million Juden 30-mal mehr Fragen im Parlament behandelt worden waren als wegen Indien mit seinen fünfhundert Millionen Menschen.

Wir aber konnten natürlich die unfreundliche und häufig negative Haltung der englischen Mandatsverwaltung und des Colonial Office nicht hinnehmen. Wir glaubten, einen Wechsel in der Hand zu haben, und drängten auf Erfüllung. Die zögernde englische Politik sahen wir als den Bruch eines Versprechens und als antizionistisch an, und nachdem die »Flitterjahre«, die der Balfour-Deklaration folgten, vorüber waren, verbreitete sich eine tiefe Unzufriedenheit mit der englischen Politik, die in ihrer Intensität je nach Partei und Temperament wechselte, aber im Grunde alle beherrschte. Jung und radikal wie ich war, gehörte ich zu den Unzufriedenen. Die Bedeutung der Balfour-Deklaration hatte ich nie überschätzt. Schon 1917, als die Balfour-Deklaration veröffentlicht wurde, schrieb ich einen Artikel in einer deutsch-jüdischen Zeitschrift, in dem ich erklärte, daß diese Deklaration, durch die damalige größte Weltmacht gegeben, ein historisches Dokument sei, daß es jedoch viel bedeutsamer sein würde, wenn einst die Araber den Juden eine ähnliche Deklaration geben würden. Ich wurde auf diesen Artikel hin heftig kritisiert und ausgelacht, daß ich Beduinenstämme für wichtiger hielt als Großbritannien. Der einzige arabische Staat, Ägypten, legte damals keinen Wert darauf, als arabisch zu gelten. Ich habe jedoch an dieser für mich grundlegenden Auffassung lebenslänglich festgehalten. Ohne mir bewußt zu werden warum, spürte ich, daß England nicht der Hauptfaktor sei, mit dem der Zionismus zu rechnen habe, sondern in erster Linie das jüdische und in zweiter das arabische Volk. Trotzdem gehörte ich zu den heftigsten Kritikern der englischen Politik, weil ich unfähig oder unwillig war, die britische Haltung zum Problem Palästina zu verstehen.

Mein langsames Eindringen in außenpolitische Fragen brachte mich in engere Beziehung zu Dr. Weizmann. Da in den folgenden drei Jahrzehnten meine Lebensarbeit mich sehr fest mit der seinen verflocht und da meine Beziehung zu Weizmann eines der wesentlichsten Elemente meiner politischen Laufbahn gewesen ist, scheint es mir angebracht, hier die Persönlichkeit Chaim Weizmanns zu schildern.

Es unterliegt keinem Zweifel, daß nach Theodor Herzl – dem Begründer der zionistischen Bewegung – Chaim Weizmann ihr wichtigster Führer gewesen ist. Für Millionen Menschen, vor allem für Nichtjuden, war sein Name im letzten Jahrzehnt seines Lebens geradezu zum Synonym für Zionismus geworden. Seine beiden unvergeßlichen Leistungen sind die: auf innerpolitischem Gebiet der Kurswechsel der zionistischen Bewegung von der Herzl'schen Methode, durch politische Abmachungen den Judenstaat herbeizuführen, zur konkreten kolonisatorischen Aufbauarbeit in Palästina, und außenpolitisch die Balfour-Deklaration zu erlangen, welche die Voraussetzung für das große Aufbauwerk und *de facto* für ein jüdisches Nationalheim war. Alle internen Streitfragen der Bewegung drehten sich um seine Person. Von manchen wurde er geradezu mit Besessenheit bekämpft und verleumdet, von anderen wieder angebetet, ja vergöttert. Eine indifferente Beziehung zu ihm war kaum einem Zionisten möglich. Man haßte oder man liebte ihn, betrachtete ihn als Retter der Bewegung oder als ihren Totengräber.

Mein Verhältnis zu Weizmann im Laufe von nahezu dreißig Jahren war kein geradliniges. Da ich ihn jahrelang als Gegner, viel längere Zeit jedoch als Freund betrachtete, kann ich ihn vielleicht von einer guten Basis aus analysieren. In meiner Heidelberger Zeit, vor allem in der Periode der *Freien Zionistischen Blätter,* war ich mit seiner Einstellung, die den diplomatischen und politischen Aspekt des

Zionismus betonte und meines Erachtens die idealistischen und kulturellen Aufgaben verkannte, nicht einverstanden. Ich wurde dann aktiv in der Zionistischen Bewegung, zuerst im Aktionskomitee, danach als Mitglied der Zionistischen Exekutive und nach und nach ein Anhänger und persönlicher Freund von Weizmann, zumal in den Jahren des großen Kampfes, den die Revisionisten gegen ihn führten. Nach dem 17. Kongreß (1931), von dem noch berichtet werden wird und in dem ich das Mißtrauensvotum gegen Weizmann durchsetzte, was seinen Rücktritt zur Folge hatte, kam es zu einer Unterbrechung unserer Beziehung. Ich war jedoch einer derjenigen, die ihn danach zur Präsidentschaft der Zionistischen Organisation zurückriefen, und von dann an bis zu seinem Tode blieb ich sein Bewunderer, sein Mitkämpfer und sein Freund.

Unsere letzte Unterhaltung, einige Tage vor seinem Tod, ist mir unvergeßlich. Ich war nach Rechovot gekommen, um mich zu erkundigen, wie es ihm ging. Seine Frau sagte mir weinend, daß es mit ihm zu Ende gehe, die Ärzte jeden Besuch verboten hätten, er aber mehrfach betont habe, daß er mich sehen wolle. Ich ging in das Krankenzimmer. Er sah sehr schlecht aus und man merkte ihm seine fast völlige Blindheit an. Weizmann bat mich, näher zu kommen, und packte meinen Arm, den er während unserer ganzen Begegnung festhielt; ich blieb stehen, wagte nicht, mich ans Bett zu setzen. Wann immer Weizmann emotional war, sprach er jiddisch. Er sagte mir, daß er in einigen Tagen sterben würde, und bat mich, ihm die Hand zu geben zur Bekräftigung des Versprechens, alles zu tun, um sein Nachfolger als Präsident der Zionistischen Organisation zu werden.

Er hatte eine große Aversion gegen Ben Gurion und pflegte zu sagen, daß Ben Gurion den Staat proklamiert habe, ihn aber auch begraben würde. Solange Ben Gurion nicht am Allenby-Platz in Tel Aviv gehängt würde, würde Israel nicht lange bestehen, sagte Weizmann. Ich erinnere mich, daß der erste amerikanische Botschafter in Israel, James MacDonald, mich einmal bat, den »Chief« – wie wir alle Weizmann nannten – zu veranlassen, diese Bemerkung nicht noch einmal zu wiederholen, denn er könne sie schließlich nicht überhören und müsse sie nach Washington berichten, was weder für Weizmann oder für Ben Gurion noch für Israel schmeichelhaft wäre. Man muß diese Abneigung verstehen, denn Ben Gurion benahm sich als Ministerpräsident sehr unfair gegenüber Weizmann und erlaubte ihm zum Beispiel nicht, die Protokolle der Regierungssitzungen zu lesen.

Ich gab Weizmann mein Versprechen, und als später Ben Gurion mich praktisch dazu zwang, die Präsidentschaft der Zionistischen Organisation zu übernehmen, war dieses Versprechen an Weizmann auf seinem Totenbett einer der Gründe, die mich dazu bewegten, das Amt anzunehmen.

Während unserer Unterhaltung kam es zu einer peinlichen Szene, weil Vera ins Zimmer kam und mich bat, ihren Mann zu verlassen. Er sagte ihr zornig, englisch sprechend: »Laß mich das letzte Mal vor meinem Tode so lange mit meinem Freund sprechen, wie ich es wünsche.«

Ich habe meine persönliche Beziehung zu Weizmann ausführlich geschildert, weil es vielleicht meine Berechtigung erhöht, ihn zu analysieren und zu charakterisieren.

Ich versuchte meine innere Unabhängigkeit selbst in den Jahren unserer engsten Verbundenheit zu bewahren. Obwohl ich Weizmann verehrte und mir bewußt bin, viel von ihm gelernt zu haben, gehörte ich niemals zu den blinden und kritiklosen Jasagern, die er stets um sich hatte, und war daher sozusagen nie ein Mitglied seines »Hofstaates«.

Chaim Weizmann war nicht einfach zu verstehen. Etwas sehr Schillerndes und Widerspruchsvolles war in seinem Wesen. In seinem Werdegang ebenso wie in seinem Charakter verband er die verschiedenartigsten Elemente. Als Ostjude, der erst in seiner Studentenzeit nach Westeuropa gekommen war, wurzelte er in der reichen ostjüdischen Kultur. Gleichzeitig hatte er die wesentlichen Werte vier großer europäischer Kulturen in sich aufgenommen – der russischen, deutschen, französischen und angelsächsischen. Sein ungewöhnliches Einfühlungsvermögen erlaubte ihm ein tiefes Eindringen in den Geist dieser Welten. Dabei blieb er aber im Letzten stets der Junge von Mottele, seinem Geburtsort, einem Dörfchen bei Pinsk, und sprach, wenn er intim sein wollte, am liebsten jiddisch.

Und doch war er in seiner Synthese von Ost und West vollkommener als viele andere seiner Generation. Er war Gelehrter und Künstler in einem, indem er entsprechende Eigenschaften, die oft im Widerspruch zueinanderstehen, in sich vereinigte. Vom Wissenschaftler hatte er die realistische Einstellung und den Glauben an die Empirie, an Tatsachen und Zahlen, den Abscheu vor Phrasen, den Unglauben an Wunder, die kalte, nüchterne Einstellung und die stets wache Furcht, sich allzu schnell zu Schlußfolgerungen hinreißen zu lassen. Seine Sicht des Zionismus war durchaus wissenschaftlich. Die langsame schrittweise Aufbauarbeit, die geduldige Anhäufung von Tatsachen, das Sichabfinden mit dem scheinbar Unvermeidlichen, der Spott gegen die Stürmer und Dränger, die Verachtung für leere politische Proteste, all das brachte manche von uns und auch mich in meiner Jugend oft zur Entrüstung, war aber im Grunde von segensreicher Wirkung und erzog die Bewegung zu ernstem, verantwortungsvollem Tun. Pathos und Demagogie waren ihm in jeder Form zuwider. In der Polemik war er Meister. Zum großen Redner fehlte ihm der Schwung, aber in der Debatte konnte er unvergleichlich kritisch und analytisch sein.
So sehr er in der täglichen konkreten Aufbauarbeit Wissenschaftler war, so sehr war er Künstler in der Politik. Hätte er seine wissenschaftlichen Methoden auch in der Politik verwandt, so hätte er kaum seine Erfolge erreicht. Als Wissenschaftler war er ernst, solid und wußte, daß jedes Detail wichtig ist und jedes Experiment mühsam und geduldig Tage, Wochen und Monate lang fortgesetzt werden mußte. In der Politik war er genau das Gegenteil, ein ausgesprochener Künstler. Mit seinem Charme und seinem Esprit faszinierte er Juden wie Nichtjuden. Durch ein Wort konnte er Menschen charakterisieren und erledigen. Wie jeder große Künstler, war er ungewöhnlich subjektiv, ja egozentrisch. Ohne es zu wissen, baute er sich seine eigene Welt und stellte sich in den Mittelpunkt. In den Dingen, die er tat, war er kein Intellektueller und Gelehrter, der zwischen Subjekt und Objekt streng unterscheidet, sondern Künstler, der sich mit seinem Gegenstand identifiziert. Zionismus war für ihn Ausdruck seiner Persönlichkeit. Der berühmte Satz »L'état c'est moi« traf auf ihn zu wie auf wenige. Sein

eigenes Schicksal und das der Bewegung waren für ihn ein und dasselbe. Als er 1931 von der Führung zurücktreten mußte, war er weniger böse als fassungslos; noch zehn Minuten vor der Abstimmung, die ihm das Mißtrauen aussprach, hätte er es nicht für möglich gehalten, daß eine Mehrheit des Zionisten-Kongresses seinen Rücktritt fordern könnte; für ihn war es, als ob sich die Bewegung damit auflöste. Daher war es so schwer, ihm entgegenzutreten. Von den Engländern hatte er vieles gelernt, nicht jedoch die große englische Tugend, Politik und persönliche Beziehungen voneinander zu trennen. Wer ihn politisch bekämpfte, war auch sein persönlicher Feind. Als ich auf dem Baseler Kongreß meinen Mißtrauensantrag gegen ihn durchsetzte, sprach er drei Jahre nicht mit mir, obschon ich ihm vorher recht nahegestanden hatte. Aus denselben Gründen war es nicht leicht, sein politischer Freund und Mitarbeiter zu sein, es sei denn, man akzeptierte blindlings alles, was er für richtig hielt. Es gehörte ein gehöriges Maß von Geschick und Menschlichkeit dazu, man mußte gleichsam selbst ein wenig Weizmann sein, um ihm nahezubleiben und dennoch in manchem seine eigene Meinung zu wahren. Wie viele Künstler, hatte er einen starken femininen Einschlag. Das Positive daran war der geradezu unheimliche Instinkt, mit dem er sich jeweils einer Lage oder einem Gegenspieler anpassen konnte; zu Lords sprach er wie ein Lord, zu Arbeiterführern wie ein Arbeiterführer, zu Franzosen wie ein Franzose. In jeder Situation eignete ihm ein untrügliches Gefühl für das Mögliche, das Maß dessen, was man verlangen und unter Umständen erreichen konnte. Das Schwierige an dieser weiblichen Komponente war, daß er schwer Widerspruch vertrug. Er war brillant und großartig eigentlich nur in einer Atmosphäre der Bewunderung und Zustimmung. Er brauchte Wärme um sich, in der kalten Gletscherluft des Einzelgängers, des nur auf sich selbst stehenden Mannes, gedieh er nicht. Mit der Schöpferkraft des Künstlers schuf er sich die Welt, wie er sie brauchte, in der er seine Fähigkeiten und Begabungen am besten entwickeln konnte. Daraus erklären sich jene Eigenschaften, die man ihm oft kritisch vorgeworfen hat. Er war nicht, was man zuverlässig nennen kann. An politische Abmachungen hielt er sich oft nicht, keineswegs weil er die andern irreführen wollte, sondern

weil er keine Verpflichtung verspürte gegen etwas, was der Vergangenheit angehörte und der Gegenwart nicht mehr entsprach. In der täglichen politischen Arbeit hatte er kein Organ für Kontinuität, die Welt begann für ihn eigentlich jeden Tag aufs neue. Ein Vertrag von gestern hatte wenig Bedeutung in der neuen Welt von heute. Sein politisches Tun war spontan und impulsiv. Man konnte, um einen Vergleich zu gebrauchen, sein Bild als Staatsmann nicht mit großen Pinselstrichen malen, sondern viel eher mit der Technik des Pointillismus, Farbfleckchen auf Farbfleckchen. Daß aus den vielen einzelnen Handlungen sich doch ein einheitliches Bild ergab, rührt über alle Widersprüche hinweg von der dennoch vorhandenen Einheitlichkeit seiner Person her. Die Subjektivität im Politischen, so ganz im Gegensatz zu seiner wissenschaftlichen Arbeit, wirkte sich auch auf sein Gedächtnis, die Rekonstruktion gewesener Dinge aus. Während ich 1944 einige Wochen in England verbrachte und ihn täglich sah, gingen wir eines Tages im Hyde-Park spazieren und unterhielten uns sehr persönlich. »Chief«, sagte ich ihm, »wenn ich als Richter Sie je als Zeuge vorladen müßte, würde ich nie verlangen, daß Sie Ihre Aussage mit einem Eid beschwören.« »Nochumke«, antwortete er mir, »reden Sie nicht so diplomatisch: sagen Sie offen, ich sei ein Lügner.« »Dies wäre zu einfach«, erklärte ich ihm. »Ein bewußter Lügner kann beschließen, nicht mehr zu lügen. Sie sind kein Lügner, sondern höchstens verlogen. Sie sehen die Welt, wie Sie sie wollen: vergessen das, was Ihnen unangenehm ist; behalten mit übertriebener Bedeutung, was Ihnen gefällt, und haben keinen Respekt vor Ihren eigenen Versprechen, weil jeder Tag, politisch gesehen, eine neue Epoche bedeutet und das gestrige Versprechen für Sie heute keine Verpflichtung bedeutet.« Weizmann hörte sich all dies gelassen an und war mir darob nicht im geringsten böse.
Obwohl er jahrelang Präsident der Zionistischen Organisation war, fehlte ihm jeder Sinn fürs Organisatorische. Während der Zeit, in der ich einige Monate in London lebte und ihn öfter abholte, um zusammen ins Büro zu fahren, fragte er mich manchmal, als wir das Haus betraten: »Erklär mir doch, was all diese Leute tun, die da auf den Schreibmaschinen klappern und Briefe und Dokumente schreiben. Wozu?« Für ihn war Zionismus identisch mit ihm selbst, und

es genügte, glaubte er, daß er Politiker traf, die ihn schätzten und bewunderten. Parteien, Gruppen, Wahlen usw. waren ihm fremd und erschienen ihm sinnlos.

Künstlerisch war auch sein Aristokratismus. Er ging nicht auf billige Erfolge aus. Die kleinen Tricks der Innenpolitik haßte er. Lieber provozierte er Gegnerschaft durch überscharfe Formulierungen seines Standpunktes, als daß er durch Kompromisse und Konzessionen den Beifall der Menge gesucht hätte. Daher war er ein miserabler Innenpolitiker. Fast alle Krisen seiner politischen Laufbahn, die ihm viel Leiden eingetragen haben, wären mit etwas mehr Gewandtheit und Nachgiebigkeit vermeidbar gewesen. Bei all diesen schwer zu vereinbarenden Widersprüchen seines Wesens – und darin lag seine eigentliche Größe – war er eine überwältigende Erscheinung. Wer ihm gegenübertrat, erlag seinem Zauber. Er war selbstsicher, ohne grobschlächtig zu sein, charmant, aber nicht unterwürfig, anpassungsfähig, ohne seine eigene Richtung zu verlieren. In seltenem Ausmaß vereinigte er Größe und Wärme. In welcher Sphäre er sich auch befand, er wurde zum natürlichen Mittelpunkt, und dies erklärt die ungewöhnliche Tatsache, daß er dreißig Jahre lang der unbestrittene, sozusagen gottgegebene Führer der Bewegung blieb.

Ein ständiges Mitglied des nächsten Kreises um Dr. Weizmann war Blanche Dugdale, eine Nichtjüdin, Nichte von Lord Balfour und überzeugte Zionistin, die dank ihrer Familienzugehörigkeit die besten politischen Beziehungen namentlich zur Konservativen Partei und für eine Frau ungewöhnliche politische Begabung besaß. Sie bewunderte Dr. Weizmann, der sie zum Zionismus bekehrt hatte. Die Balfour-Deklaration betrachtete sie freilich als eine Art Familienbesitz und war stets darauf bedacht, die Politik, wie sie sich ihr Onkel ihrer Überzeugung nach gedacht hatte, nicht durch das Colonial Office verfälschen zu lassen.

Die faszinierendste Figur jenes Kreises war jedoch Prof. Lewis Namier. Er stammte aus einem wohlhabenden jüdisch-galizianischen Haus, war in jungen Jahren nach England gekommen und hatte sich die englische Kultur mit der ganzen Vehemenz und Hingabe, die den Assimilationsjuden manchmal auszeichnet, angeeignet, einschließlich ihrer aristokratisch-imperialistischen Komponente, die er für ihre prägnanteste hielt. Dennoch bewahrte er sich starke jüdische Bindungen, kaum aus religiösen Gründen – es hieß sogar, er sei als Kind getauft worden – noch aus irgendwelchen Kenntnissen jüdischer Werte, sondern aus einem starken, nicht leicht erklärlichen Nationalstolz. Die Lösung der Palästinafrage sah er in einer dauernden Verbindung des jüdischen Staates mit dem britischen Imperium, in einer Art Synthese von jüdischem Zionismus und englischem Imperialismus. Er war wirklich ein Mensch mit seinem Widerspruch. Namier hatte etwas von einem Antisemiten an sich, konnte die meisten Juden nicht ausstehen und hatte für fast alle Mitglieder der Zionistischen Exekutive nur Spott und Hohn übrig, zum Teil wohl aus beleidigtem Ehrgeiz, weil er vergeblich danach strebte, selbst Mitglied zu werden – er nannte sie die »Jeschiwa«. Seinem Wesen nach war er Heldenverehrer und hatte eine grenzenlose Bewunderung für Weizmann. Seine ungewöhnliche Begabung als Historiker ist bekannt; er wurde nicht nur einer der größten englischen Geschichtsschreiber seiner Generation, sondern Begründer einer ganzen Schule, von der wichtige methodische Impulse ausgingen. Schwer fiel es, seine vielen Widersprüche auf einen Nenner zu bringen. Er war Snob und Menschenfreund, zynisch und idealistisch, stolz und hilfsbereit, ein glänzender Formulierer, vernichtend in seinem Spott, extrem in seiner Taktik und im tiefsten kein Politiker. Die ausgezeichneten Beziehungen, die er seinem Namen verdankte, stellte er restlos der zionistischen Arbeit zur Verfügung. Namier pflegte mehrmals in der Woche ins zionistische Bureau zu kommen, interessierte sich aber ausschließlich für die außenpolitischen Probleme der Bewegung; für alles Innenpolitische hatte er nur Verachtung, wozu allerdings zu sagen ist, daß er es kaum verstand. Unter den zionistisch Aktiven war ich, außer Weizmann, vielleicht der einzige, dem es gelang, freundschaftliche Beziehungen zu ihm herzustellen. Wir aßen oft zusammen in einem seiner Clubs, wo er mir sein Herz ausschüttete. Da er aber wußte, daß ich seine Ausfälle gegen meine Kollegen in der Exekutive nicht sehr ernst nahm, durfte ich ohne Verstellung amüsiert zuhören. Ich habe viel von Lewis Namier über die Probleme der damaligen Weltsituation

und der englischen Politik gelernt. Später entfremdete er sich der zionistischen Arbeit, besonders nachdem er eine orthodox-christliche Russin geheiratet hatte, was zum Bruch zwischen ihm und Dr. Weizmann führte. Ich bin in solchen Dingen immer duldsam gewesen und sah darin keinen Grund, unsere Beziehungen abzubrechen. In der entscheidenden Phase der Auseinandersetzung mit Bevin und der Labour Party war Namier nicht mehr tätig. Die Gründung des Staates begrüßte er mit ganzem Herzen und kam auch einige Male nach Israel, wo ich ihn noch kurz vor seinem Tode sah. Seine Beziehung zu Israel war sehr ambivalent, da er immer gehofft hatte, daß ein jüdischer Staat ein Mitglied des British Commonwealth sein würde, während tatsächlich Großbritannien alles versucht hat, die Proklamierung Israels zu verhindern, und der Staat im Kampf gegen England gegründet wurde.
Meine konkrete Beschäftigung mit Fragen der zionistischen Außenpolitik begann in der zweiten Hälfte der zwanziger und Anfang der dreißiger Jahre auf den Zionisten-Kongressen in Prag und Karlsbad, an denen ich als Delegierter teilnahm, vorzüglich aber in den Sitzungen des Aktionskomitees, dem ich zuerst als stellvertretendes, dann als vollgültiges Mitglied angehörte. Durch meine regelmäßige Mitgliedschaft in der Politischen Kommission des Aktionskomitees trat ich in nähere Verbindung zu Dr. Weizmanns Kreis. Da war vor allem Prof. Selig Brodetzky, viele Jahre hindurch prominentes Mitglied der Zionistischen Exekutive, ein Mann vielseitiger Begabung. Von Beruf Mathematik-Professor an der Universität in Leeds, war er gleichzeitig zionistisch aktiv und teilte sein Leben zwischen London und Leeds. Er war schon als kleines Kind nach England gekommen, hatte viel Verständnis für englische Denkweise und war in seiner Arbeitsmethode eher vorsichtig und überlegt als führend und bestimmend. Ein enger Mitarbeiter und Freund, gleichzeitig Mitglied der Zionistischen Exekutive und sehr mit Weizmann verbunden, war Berl Locker. Er stammte aus Galizien, war einer der eindrucksvollsten Führer der Arbeiterpartei und einer der besten Polemiker innerhalb der zionistischen Bewegung überhaupt. Seine Frau Malka war eine begabte jüdische Dichterin, mit der ich auch befreundet war. Locker war ein großer Anhänger

Weizmanns, was ihn in dauernde Opposition zu Ben Gurion brachte und dazu führte, daß Locker mehr oder weniger ausgeschaltet wurde. Ich darf hier eine Episode erwähnen, die den Mangel an guten Manieren innerhalb der zionistischen und israelischen Parteien im tieferen Sinne illustriert. Sharett lud mich eines Tages zu einer Sitzung der Arbeiterpartei ein und schlug mir vor, Präsident der Zionistischen Exekutive zu werden. (Die Position des Präsidenten der Weltorganisation war nach Weizmanns Tod jahrelang unbesetzt geblieben.) Da Locker und ich damals zeitweise Co-Vorsitzende der Exekutive waren, fragte ich, was mit ihm geschehen würde, der zu der Zeit in einer zionistischen Mission in Argentinien weilte. Ich solle dies ruhig der Partei überlassen, antwortete mir Sharett. Später erfuhr ich, daß die Mapai nicht einmal die Höflichkeit aufgebracht hatte, Locker mitzuteilen, daß man mich auf dem nächsten Kongreß als Präsidenten vorschlagen würde; er erfuhr es durch eine jüdische Zeitung.

Der politische Sekretär der Exekutive war damals Leonard Stein, ein englischer Jude, von Beruf Rechtsanwalt, sehr britisch in seiner Einstellung, stets bereit, den Standpunkt der englischen Regierung zu verstehen, ja zu akzeptieren, und daher in häufigem Widerspruch zur Mehrheit des Aktionskomitees. Als Künstler der Formulierung hielt ihn Dr. Weizmann für unentbehrlich und verteidigte ihn oft, zu seinem eigenen Schaden, gegen seine zionistischen Kritiker. Stein hat in späteren Jahren das Standardbuch über die Balfour-Deklaration geschrieben, das unentbehrlich ist für jeden, der die Geschichte der zionistischen Bewegung verstehen will. Ich hatte häufig einschneidende Meinungsverschiedenheiten mit ihm, da er in politischen Tagesfragen ein ausgesprochener Minimalist war, verstand mich aber persönlich gut mit ihm.

Mein sichtbarer Eintritt in die zionistische Außenpolitik erfolgte in der Krise nach dem Passfieldschen White Paper vom Oktober 1930, das bekanntlich die Einwanderung nach Palästina zu drosseln drohte und praktisch versuchte, die Verpflichtungen der Balfour-Deklaration auf ein Minimum einzuschränken. Unter dem Druck der zionistischen Proteste entschloß sich der damalige englische Premier, Mr. Ramsey MacDonald, eine Kabinettskommission zu ernennen, die sich unter dem Vorsitz von Arthur Henderson, dem damaligen Außenminister, in Zusammenarbeit mit den Zionisten um eine Auslegung und Verbesserung der Politik des Passfieldschen White Paper bemühen sollte. Das Zionistische Aktionskomitee wählte seinerseits eine Kommission, um diese Verhandlungen zu führen, und ich wurde eines ihrer Mitglieder. Obwohl ich damals in Berlin durch die Vorbereitungen für die *Encyclopaedia Judaica* in Anspruch genommen war, verbrachte ich im Winter und Frühjahr 1930/31 viele Monate in London, wo ich zum erstenmal Dr. Weizmann persönlich sehr nahekam. In jenen Monaten hatte Weizmann einen recht peinlichen Prozeß. Ein Gelehrter in Paris, bei dem er zeitweise als Assistent tätig gewesen war, hatte eine Klage gegen ihn erhoben. Er beschuldigte Weizmann, die Erfindung, die er gemacht haben soll und die ihm ein beträchtliches Vermögen eingebracht hatte – und die im übrigen auch der Anlaß war, durch den er mit Balfour und Lloyd George bekannt wurde –, von ihm übernommen zu haben. Weizmann wurde freigesprochen, u.a. mit der Begründung, daß ein Mann seines Ansehens einer solchen Tat nicht verdächtigt werden könne. In jener Zeit war er häufig in sehr deprimierter Stimmung. Er ließ mich manchmal spät nachts zu ihm kommen, um ihn auf andere Gedanken zu bringen, und ich traf ihn zuweilen mit Tränen in den Augen an. Politisch lernte ich von ihm eine nüchterne realpolitische Betrachtungsweise, obgleich ich parteimäßig der Opposition, der Radikalen Partei angehörte. Das Resultat der damaligen Verhandlungen mit der englischen Regierung war der Brief von Ramsey MacDonald an Dr. Weizmann, durch den die größten Härten des White Papers beseitigt wurden und der die Voraussetzung für die beträchtliche Einwanderung nach Palästina während der folgenden Jahre schuf. Aus diesen monatelangen Verhandlungen ist mir eine Episode im Gedächtnis geblieben, die charakteristisch sowohl für die englische wie die jüdische Mentalität ist. In einer Sitzung kam ich mit einer Reihe von Argumenten, die für unsere Forderungen sprachen und die meines Erachtens Butler, der Führer der englischen Kommissionsgruppe – der später Chancellor der Oxford-Universität wurde –, akzeptieren müßte. Butler hörte mir ruhig zu, lächelte etwas ironisch und sagte: »Es stimmt,

Sie haben die Logik für sich, aber wir haben das Imperium. Und mit Ihrer Logik hätten wir nie das Imperium aufbauen können.« Ich habe diese kluge Bemerkung oft später zitiert, in meinem Kampf für den Teilungsplan und für eine gemäßigte Politik gegenüber den Arabern.

Trotz meiner Freundschaft zu Dr. Weizmann war ich zu der Überzeugung gelangt, daß er im Interesse der Bewegung eine Zeitlang als Präsident zurücktreten sollte. In den Augen der englischen wie auch der jüdischen öffentlichen Meinung verkörperte er die Zusammenarbeit mit der britischen Regierung, und um der Einheit der politischen Bewegung willen schien es mir erwünscht, daß er wenigstens zwischen den bevorstehenden Zionisten-Kongressen von 1931 und 1933 die formelle Leitung einem anderen abtrete. Der natürliche Anwärter für diese Stellung war Nachum Sokolow, seit mehreren Jahren bereits Vorsitzender der Zionistischen Exekutive. Ich hatte mit Dr. Weizmann eine Art Gentleman's Agreement getroffen, wonach er sich während des nächsten Kongresses freiwillig von der Präsidentschaft zurückziehen, dabei aber natürlich der unbestrittene politische Führer der Bewegung bleiben sollte, um später gegebenenfalls wieder offiziell die Präsidentschaft zu übernehmen. Als jedoch der 17. Zionisten-Kongreß im Juli 1931 in Basel zusammentrat, zeigte sich Dr. Weizmann wenig geneigt, unserer Übereinkunft zu folgen. Formell kandidierte er zwar nicht, doch seine stärkste Anhängerschaft, die Arbeiterpartei, weigerte sich, irgendeine andere Kandidatur in Betracht zu ziehen und bestand darauf, daß Dr. Weizmann Präsident bleibe. Ohne die Arbeiterpartei konnte jedoch keine neue Exekutive gewählt werden. Als ich Dr. Weizmann wiederholt drängte, seinen Freunden zu erklären, daß er unter keinen Umständen als Kandidat für die Präsidentschaft auftreten werde, lehnte er mit dem Hinweis ab, daß er der Arbeiterpartei keine Vorschriften machen könne. Dies erzeugte auf dem Kongreß eine beträchtliche Spannung in unseren Beziehungen, obwohl ich in der Generaldebatte die Politik, die zu dem Brief Mac Donalds geführt hatte, verteidigte, was für mich als Mitglied der Opposition nicht leicht war und von Dr. Weizmann in seiner Schlußrede auch als mutige Haltung gewürdigt wurde.

Aus dem Versuch der britischen Regierung, den Zionismus zu einer kleinen Immigrationsbewegung herabzudrücken, entwickelte sich die sogenannte Endziel-Debatte. Besonders die Revisionistische Partei unter Jabotinsky drängte zur Annahme einer neuen maximalistischen Formel: »Judenstaat auf beiden Seiten des Jordan.« Demgegenüber nahm Dr. Weizmann einen übertrieben minimalistischen Standpunkt ein. Er hielt es für gefährlich, die von der Mehrzahl geforderte jüdische Majorität in Palästina nach außen hin zu propagieren, aus Besorgnis, daß man darin eine Verdrängung der Araber sehen würde. In seiner Neigung zu überscharfen Aussprüchen ließ er sich während des Kongresses hinreißen, in einem Interview mit der Jüdischen Telegraphenagentur (J. T. A.) zu erklären: »Ich habe kein Verständnis für die Forderung einer jüdischen Mehrheit in Palästina. Die Welt wird dieses Verlangen nur in dem Sinne auslegen, daß wir die Araber aus dem Lande verjagen wollen.« Dieses Interview erregte auf dem Kongreß einen Sturm der Entrüstung. Auch die eigentliche Weizmann-Partei, die Arbeiterpartei, mußte sich davon distanzieren, und ihr Wortführer, Dr. Chaim Arlosoroff, richtete eine Interpellation an Dr. Weizmann, der nun versuchte, den verheerenden Eindruck seiner Äußerung abzuschwächen. Als hierauf jedoch die Arbeiterpartei vorschlug, zur Tagesordnung überzugehen, ergriff ich das Wort und unterstützte den Vorschlag der Revisionistischen Partei, die Politische Kommission zu beauftragen, »unverzüglich eine Resolution über die zionistische Zielsetzung auszuarbeiten und so rasch wie möglich dem Kongreßplenum zu unterbreiten«. Dieser Antrag wurde angenommen. Ich wurde zum Vorsitzenden der Subkommission gewählt, die sich mit der Endzielfrage befassen sollte, und erlebte in jenen Tagen und Nächten, wie sehr jüdische Politiker dazu neigen, solche Formeln zu überschätzen. Ich entsinne mich, daß ich zeitweise zehn oder fünfzehn Versionen des zionistischen Endziels in einer Aktentasche herumtrug. Schließlich einigte man sich auf eine und verlangte, daß Dr. Weizmann sie akzeptiere und gleichzeitig sein Interview desavouiere. Den Begriff »Mehrheit« hatten wir aufgegeben und dafür folgende Formulierung gefunden: »Das heimatlose, landlose, zur Auswanderung drängende jüdische Volk will

durch seine Wiederverwurzelung im historischen Heimatland auf dem Wege einer ununterbrochenen Einwanderung und Ansiedelung seine wirtschaftliche, geistige und politische Not überwinden und in Erez Israel ein mit allen Merkmalen des normalen Volkslebens ausgestattetes nationales Dasein erneuern.« Dr. Weizmann weigerte sich, diese Formel zu akzeptieren und sein Interview zu widerrufen. Daraufhin beschloß die Kommissionsmehrheit, dem Plenum des Kongresses einen zweiten Antrag vorzulegen, der lautete: »Der Kongreß bedauert die im J. T. A.-Interview gemachten Äußerungen Dr. Weizmanns und erachtet seine auf die Interpellation erteilte Antwort für unzureichend.« Es war klar, daß die Annahme einem Mißtrauensvotum gleichkam und den Rücktritt Dr. Weizmanns zur Folge haben mußte.
Die entscheidende Sitzung fand an einem Sonntagabend statt, und von allen Spannungen, die ich auf Zionisten-Kongressen mitgemacht habe und die es an dramatischer Heftigkeit mit jedem Parlament der Welt aufnehmen können, war diese wohl die aufregendste. Ich suchte noch im letzten Augenblick ein Übereinkommen mit Dr. Weizmann zu erreichen, wonach er auf die Wiederwahl verzichten und ich darauf die Mißtrauensresolution zurückziehen sollte. Dr. Weizmann, der sich in innerpolitischen Dingen allzu sehr auf seine Ratgeber verließ, war der festen Überzeugung, daß das Mißtrauensvotum keine Mehrheit erzielen würde, und lehnte daher meinen Versuch, eine offene Krise im Plenum zu vermeiden, ab. Als die Sitzung um 22.15 Uhr begann, war der Saal wie elektrisch geladen. In den vielen Jahren meiner Beteiligung an jüdischen Konferenzen und Kongressen habe ich nie eine Sitzung mit einer solchen heftigen Spannung erlebt. Dr. Weizmann saß, umgeben von seinem engsten Kreis, auf der Tribüne. Ehe Dr. Motzkin, der permanente Präsident der Zionisten-Kongresse, mir das Wort erteilte, ging ich noch einmal zu Dr. Weizmann, der etwas blaß und nervös dasaß, und sagte: »Dr. Weizmann, wenn Sie mir jetzt einen Brief an die Arbeiterfraktion geben, daß Sie nicht als Präsident kandidieren, werde ich Dr. Motzkin auf meine eigene Verantwortung hin bitten, die Sitzung auf eine Stunde zu vertagen, die Politische Kommission einzuberufen und den Mißtrauensantrag annullieren zu lassen.«

Dr. Weizmann erwiderte: »Bitte, bemühen Sie sich nicht. Versuchen Sie, Ihre Resolution beim Plenum durchzusetzen.« Ich unterbreitete also den Vorschlag der Kommission, und es kam zu einer ungemein heftigen Debatte. Mein Gegenredner war Chaim Arlosoroff, mir sehr verwandt in seinem Werdegang und zeitlebens mein enger Freund, einer der glänzendsten Führer der zionistischen Arbeiterbewegung, in Rußland geboren, in Deutschland erzogen, Politiker und Schriftsteller, der zweifellos eine der markantesten Figuren des Zionismus überhaupt geworden wäre, wenn er nicht in jungen Jahren auf bis heute unaufgeklärte Weise in Tel Aviv ermordet worden wäre (wahrscheinlich durch Araber, die seine Frau belästigten). Nach dem sehr dramatischen Rededuell zwischen ihm und mir wurde der Mißtrauensantrag mit 123 gegen 106 Stimmen angenommen. Das Ergebnis war bis zum letzten Augenblick ungewiß. Nach der Abstimmung herrschte Totenstille. Dr. Weizmann und seine Freunde verließen sofort den Saal und am nächsten Tag auch Basel. Während der folgenden zwei Jahre war Nachum Sokolow Präsident der Organisation. Meine Beziehungen zu Dr. Weizmann brachen damals jäh ab.

Der Weizmann-Resolution folgte die Debatte über das Endziel. Als Sprecher der Politischen Kommission hatte ich ein sehr schwieriges parlamentarisches Manöver durchzuführen. Zum Beschluß gegen Dr. Weizmann bedurfte ich der Stimmen der Revisionistischen Partei. In der gleich darauf folgenden Abstimmung über das Endziel stand ich jedoch gegen den Vorschlag der Revisionisten, den ich für politisch schädlich und gefährlich hielt. Ich mußte daher, in der gleichen Sitzung, die Majorität wechseln, was ein recht gewagtes politisches Spiel ist. Trotzdem gelang es, die revisionistische Resolution mit starker Stimmenmehrheit abzulehnen, was einen unbeschreiblichen Tumult zur Folge hatte. Jabotinsky zerriß seine Delegiertenkarte und auch die Revisionistische Partei verließ den Kongreß.

Es war drei Uhr morgens, als diese dramatische Sitzung zu Ende ging, und doch war von Schlafengehen nicht die Rede. Die Delegierten blieben noch stundenlang in den Cafés zusammen. Als ich mit meiner damaligen Verlobten und jetzigen Frau von meinem

Hotel in den Baseler Stadtpark zum Tennisspielen ging, traf ich eine Gruppe Delegierter, unter ihnen Kurt Blumenfeld und Leo Motzkin. Blumenfeld, der ein leidenschaftlicher Anhänger Weizmanns war, stürzte sich auf mich und schrie: »Du Verbrecher, vor einer Stunde hast Du die Zionistische Organisation begraben – und jetzt gehst Du Tennis spielen.« Der kleine Motzkin warf sich zwischen uns und verhinderte auf diese Weise eine Schlägerei. Ich habe Blumenfeld diesen Ausfall nie verübelt, da ich seine Reaktion verstehen konnte.

22 In einem Schreiben vom 2. November 1917 an Lord Rothschild versprach die britische Regierung durch ihren Außenminister Arthur James Balfour, die Schaffung eines jüdischen Nationalheims in Palästina zu unterstützen.

10

Reise nach Amerika –
Vorbereitungen für den Weltkongreß

Mein Auftreten auf dem Baseler Kongreß hatte unter anderem zur Folge, daß mich die Zionistische Organisation der Vereinigten Staaten einlud, Nachum Sokolow auf einer Werbereise für den Keren Hajessod[23] zu begleiten. Sokolow spielte schon seit vielen Jahren eine führende Rolle in der zionistischen Bewegung. In vielen Dingen war er der Gegenspieler und die Ergänzung Dr. Weizmanns. Schon in der Jugend begann Sokolow die glanzvolle Karriere als hebräischer Publizist. Er war viele Jahre Chefredakteur der hebräischen Warschauer Tageszeitung *Hazefira* und schrieb für sie jahrzehntelang mindestens einen Artikel täglich. Mit einem umfassenden Gedächtnis beherrschte er die gesamte hebräische Literatur und sprach fast alle europäische Sprachen. In Politik, Wissenschaft und Literatur gab es kaum ein Thema, über das er nicht geistreich und fesselnd, wenn auch nicht immer tiefgründig, zu schreiben wußte. Als Schriftsteller war Sokolow von einer beinahe unfaßlichen Leichtigkeit der Produktion. Er erzählte mir einmal, daß seine Redaktionskollegen ihm das Papier, das sie ihm morgens für den täglichen Artikel nach Hause sandten, bemaßen, damit er nicht zu lang würde, weswegen er sich eine winzige Handschrift angewöhnte, die beinahe so klar wie Druckschrift war. Ich habe Briefe von ihm erhalten, die beim Öffnen wie leere Blätter aussahen, bis man schließlich in der oberen Ecke einige Zeilen in seiner ziselierten Miniaturschrift entdeckte. Er war ein ungemein witziger Plauderer, der sich auf sein Gegenüber erstaunlich einzustellen wußte. Wenn er mit einem chassidischen Rebben sprach, verwandelte er sich in einen Chassid, wenn er mit einem französischen Staatsmann zu tun hatte, in einen charmanten Causeur, wie jemand halb scherzhaft, halb boshaft gesagt hat, in einen Katholiken, wenn er mit dem Papst verhandelte.

Sokolow war sehr bedächtig und überlegt und daher ein sehr gutes

Gegengewicht zu Dr. Weizmanns impulsiven Reaktionen. Eine Situation ihrer Schwierigkeit zu entkleiden, durch seine unerschütterliche Ruhe und dialektische Weisheit ein scheinbar unlösbares Problem auf eine simple Formel zu reduzieren, darin war er Meister. Seinem ganzen Wesen nach der geborene Vermittler, war er geschaffen, Konflikte auszugleichen, worin ihm auch seine überlegene, leicht ironische Einstellung zu den Dingen des Lebens und der Politik beistand. Als Redner war er mehr Plauderer denn Rhetor, als Politiker eher Unterhändler denn schöpferischer Staatsmann. Gegner hatte er eigentlich keine, dafür aber auch wenige begeisterte Anhänger. In der schwierigen Situation, die Weizmanns Rücktritt geschaffen hatte, war er für die nächsten Jahre der gegebene Präsident. Wann immer ich in London war, pflegte ich Freitag abends bei ihm zu essen, und ich habe viel aus meinen Gesprächen mit ihm gelernt. Eine seiner kleinen Eitelkeiten bestand darin, sein Alter verborgenzuhalten. Es war ein ständiges Diskussionsthema unter hebräischen und jüdischen Schriftstellern, sein Geburtsdatum zu ergründen. Zu seinem 70. Geburtstag sollte Sokolow von der zionistischen Bewegung in vielen Orten gefeiert werden, doch verschob er die Festlichkeiten zwei- oder dreimal, weil ihm die Zeit nicht zum Feiern geeignet schien, wegen arabischer Pogrome in Palästina oder aus anderen Gründen. Eines Freitag abends, als ich bei ihm saß, sagte ich ihm: »Sie müssen in den nächsten drei Monaten endgültig beschließen, wann Sie geboren sind«, und erklärte ihm auf seine Frage: »In dem Artikel über Sie in der *Encyclopaedia Judaica* müssen wir bestimmt Ihr Geburtsdatum angeben.«

Auf dem Baseler Kongreß war die zionistische Delegation aus den Vereinigten Staaten nicht einheitlich aufgetreten – eine Tatsache, die auf die Spaltung des gesamten amerikanischen Zionismus zurückgeführt werden mußte. Auf der einen Seite stand die große Gestalt von Justice Louis D. Brandeis, einem der größten Juristen und moralischen Wortführer seiner Generation, der wie durch ein Wunder zum Zionismus gekommen war. Allerdings ähnelten seine Vorstellungen mehr denjenigen Herzls als Weizmanns, eines von außen kommenden Staatsmannes, der sich die möglichen Verwirklichungen des zionistischen Ideals theoretisch ausgedacht hatte, ohne mit den Stimmungen und Emotionen der Massen zu rechnen. Zwischen Brandeis und Weizmann war es bald nach dem Ersten Weltkrieg, auf der ersten zionistischen Jahreskonferenz 1920, zu einer heftigen Auseinandersetzung gekommen. Ich sollte ein Delegierter bei dieser wichtigen Konferenz sein, konnte aber nicht nach London fahren, weil ich einige Tage vorher ein Opfer der spanischen Grippe wurde, die bekanntlich damals viele Tausende Menschen dahinraffte. Der Konflikt wurde sowohl durch politische Ursachen wie durch persönliche Reibungen herbeigerufen. Ideologisch handelte es sich um die Aufbaumethoden des Jischuw[24] in Palästina. Brandeis und seine Anhänger zogen Privatinvestitionen und die Wege der liberalen Ökonomie vor, während Weizmann und seine Gruppe, besonders die Arbeiterpartei, kollektive Methoden und zentral kontrollierte Unternehmen verteidigten. Diese entgegengesetzten Anschauungen wurzelten in der Herkunft beider Führer: Brandeis war ein typischer Vertreter der amerikanischen »free enterprise«, Weizmann hingegen war durch die sozialistische Ideologie der osteuropäischen Juden stark beeinflußt. Als Nachwirkung dieses Zwistes war der amerikanische Zionismus auseinandergefallen; der eine Teil, geführt von Stephen S. Wise, Judge Julian Mack und Robert Szold, stand hinter Brandeis, während eine andere Fraktion, die mehr ostjüdische, geführt von Louis Lipsky und Morris Rothenberg, mit Weizmann ging. Diese Spaltung kam auch auf dem Baseler Kongreß zum Ausdruck. Die von Stephen S. Wise geführte Gruppe stimmte gegen Dr. Weizmann, eine kleinere Gruppe unter Lipsky für ihn.

Als Sokolow Präsident der Organisation geworden war, luden die amerikanischen Zionisten unter der Präsidentschaft Robert Szolds ihn und auch mich ein. Teils mit Sokolow, teils allein besuchte ich mehrere Monate die größeren Städte und hatte viel mehr als während meines ersten Aufenthaltes Gelegenheit, mit den wichtigeren jüdischen Organisationen und Führern bekannt zu werden. In den ersten Wochen sprach ich noch jiddisch, doch wurde mir eine vierwöchentliche Frist gestellt, nach deren Ablauf ich auf Englisch umzuschalten hatte. Mit meiner ersten englischen Rede auf einer Konferenz der Hadassah[25] in Baltimore – einer Rede mit vielen Fehlern – erwarb ich mir die Sympathie der Zuhörerinnen, als ich sagte: »I am going to show you how one is making an English speech with very few words and a lot of Chuzpa.«

In den ersten Tagen nach meiner Ankunft in New York lernte ich eine seltsame Figur des amerikanischen Zionismus, den bekannten Chone kennen, groß und ungeschlacht, mit Füßen, für die es ein Problem sein mußte, die passenden Schuhe zu finden, ohne jeden Beruf, aber eine unvermeidliche Figur bei allen zionistischen Zusammenkünften, stets auf Kosten seiner Freunde lebend und reisend, dabei von einem ursprünglichen Mutterwitz und gesundem Menschenverstand. Er war mit jedem sofort auf du, und irgendwelche Zurückhaltung in der Ausdrucksweise, Gebote der Höflichkeit und gute Manieren waren ihm völlig unbekannt. Als ich meine erste Rede halten sollte, trat er auf mich zu und erklärte, diese Rede werde über mein politisches Schicksal entscheiden; werde sie gut, so wäre ich ein gemachter Mann; andernfalls gäbe er mir den freundschaftlichen Rat, am nächsten Tag nach Europa zurückzukehren. Er habe schon ausfindig gemacht, welche Schiffe für mich in Frage kämen. Der einzige, auf dessen ehrliches Urteil ich mich verlassen könne, sei er, Chone, da er immer bei der Wahrheit bleibe, während die anerkannten Führer der Organisation viel zu höflich seien, mir ihre wirkliche Meinung einzugestehen. Er werde sich in die erste Reihe setzen und nach zehn Minuten solle ich auf ihn schauen; nicke er mit dem Kopf, so wäre die Rede gut; schüttle er ihn, dann sollte ich sie schnellstens beenden und am nächsten Morgen abreisen. Nach zehn Minuten schaute ich auf Chone, der heftig mit dem Kopf nickte, was ich, da er ein besserer Kenner des amerikanisch-jüdischen Geschmackes war als ich, als Ermutigung empfand.

Er pflegte auf alle Zionistische Kongresse zu fahren, wobei er sich das Geld zur Hinreise bei Freunden schnorrte. Um zurückzukommen, machte er alle paar Jahre von einem Paragraphen der amerikanischen Gesetzgebung Gebrauch, der es einem Konsul zur Pflicht macht, einen amerikanischen Bürger, der unverschuldeterweise im Ausland keine Mittel zur Rückreise hat, zu »repatriieren«. – Es war ein Vergnügen, sich mit ihm zu unterhalten. Als der große hebräische Dichter Chaim Nachman Bialik in Amerika war, pflegte er ganze Abende und halbe Nächte mit Chone zu verbringen, den er als die interessanteste Figur, die er je in Amerika angetroffen habe, beschrieb.

Er pflegte mindestens einmal im Monat zu mir ins Büro zu kommen, um sich über die politische Lage zu informieren; gewöhnlich endete unsere Unterhaltung mit der Bitte um etwas Geld. Eines Tages kam er zu mir und sagte: »Nächsten Monat feiere ich mein zwanzigjähriges Jubiläum als zionistischer Aktivist. Man wird mir ein Diner geben, das Gedeck soll fünfzehn Dollar kosten. Wirst Du kommen?« Ich sagte ihm natürlich zu. Wir sprachen dann über andere Dinge, und bevor er aufstand, sagte er: »Mußt Du ein Diner haben, um mir fünfzehn Dollar zu geben?«

In späteren Jahren wanderte er nach Palästina aus. Er blieb zeitlebens Junggeselle. Sein Freund Louis Lipsky, einer der bedeutendsten Führer des amerikanischen Zionismus, organisierte einen »Club der Freunde von Chone«, die sich zu einem monatlichen Beitrag verpflichteten, um Chones Leben in Palästina zu ermöglichen. Ich gehörte ihm an. Er verdiente sich etwas Geld damit, daß er wohlhabende amerikanische Touristen in Geschäfte führte und eine kleine Kommission kassierte. Wenn ich nach Palästina kam, besuchte er mich immer und bekam jedes Mal fünf Zigarren. Als ich, auf Rat meines Arztes, das Rauchen aufgegeben hatte und ihm keine Zigarren mehr brachte, war er sehr ungehalten: welches Recht hatte ich, ohne seine Zustimmung das Rauchen aufzugeben?

In jüdischen Versammlungen herrschte damals die Unsitte, auch eine ganze Reihe lokaler Größen reden zu lassen, wenn ein prominenter ausländischer Gast sprach. Die Veranstaltungen pflegten schon mit großer Verspätung zu beginnen und da gewöhnlich noch fünf oder sechs Redner vor Sokolow und mir auftraten, wurde es oft Mitternacht, ehe wir das Wort ergreifen konnten. Mich hat diese Unsitte damals so sehr empört wie heute, obgleich sich in dieser Hinsicht einiges gebessert hat. Einmal vereinbarte ich mit dem Vorsitzenden, daß niemand vor mir sprechen sollte, da ich um elf Uhr die Versammlung verlassen mußte. Dennoch sprachen mehrere andere Redner zuerst, so daß es schon zehn Uhr geworden war, ohne daß die Reihe an mich gekommen wäre. Als ich daraufhin Anstalten machte, mich zu entfernen, bat der Vorsitzende den Redner, der gerade sprach, zu enden und gab mir sogleich das Wort. Etwas ärgerlich begann ich meine Rede mit einem Witz, der mir für solche Gelegenheiten passend scheint. Es ist die Geschichte eines reichen ungebildeten Irländers, der eines Tages das feinste Restaurant von Paris besucht, um sich an der französischen Küche zu ergötzen. Da er kein Wort Französisch versteht, bestellt er Nr. 1 auf der Karte, in der Annahme, das werde eine Suppe sein, die er auch richtig bekommt. In der Hoffnung auf Fisch bestellt er Nr. 2, es wird wieder eine Suppe gebracht und so fort, bis er in kurzer Zeit fünf oder sechs Suppen verzehrt. Das wird ihm doch zuviel, er ruft den Maître d'Hotel, zeigt ihm seine Brieftasche und bittet, alles auf der Speisekarte Vorhandene aufzutischen, damit er wählen könne, was er wolle. Die herrlichsten Leckerbissen werden serviert, und wie der Ire das alles vor sich sieht, stöhnt er: ›Jetzt habe ich die Chance meines Lebens, und mein Bauch ist voll mit Suppe.‹ Der Witz, etwas peinlich für die Vorredner, hatte mehr Erfolg als meine ganze Rede. Von nun an drohte ich, jedesmal diesen Witz zu erzählen, wenn die Zahl der Vorredner nicht beschränkt würde.

Der größte Gewinn dieser Amerikareise war die Freundschaft mit Stephen S. Wise, der sowohl persönlich wie politisch von wesentlicher Bedeutung für mein Leben blieb. Bis zu seiner letzten Stunde war ich sein Schüler und Freund und fühlte mich ihm inniger verbunden als irgendeiner anderen großen Persönlichkeit meiner Generation. Wise war zweifellos der weitaus populärste Jude in den Vereinigten Staaten; es gab kaum einen Liftboy, Taxichauffeur oder Dienstmann, der ihn nicht kannte. Als enger Freund des Präsidenten Wilson hat er zusammen mit Brandeis am meisten dazu beigetragen, dem Zionismus die Sympathien der amerikanischen Regierung zu gewinnen, ohne welche die Balfour-Deklaration undenkbar gewesen wäre. Es gab keine Sphäre des jüdischen Lebens, in der Wise nicht mit großer Wirkung tätig war. Von Beruf Rabbiner, gründete er den American Jewish Congress, wurde der anerkannte Führer des amerikanischen Zionismus, war aber ebenso aktiv in der Verteidigung allgemeiner jüdischer Rechte, ja beschränkte seine Interessen keineswegs auf jüdische Probleme allein, sondern war eine mächtige und gefürchtete Gestalt in der amerikanischen Politik überhaupt. Jede Karriere in Amerika hätte ihm offengestanden. So wurde ihm zum Beispiel des öfteren ein Botschafterposten angeboten; aus unbegrenzter Loyalität zu den jüdischen Massen lehnte er jedoch jedesmal ab. Zu einem der großen Redner Amerikas machte ihn hauptsächlich sein ungewöhnliches Temperament. Stephen S. Wise hatte eine faszinierende Stimme und eine ehrfurchtgebietende »présence«. Mit beiden beherrschte er jede Versammlung, vom Augenblick an, da er das Rednerpult betrat, wobei es viel mehr die Macht der Persönlichkeit war, die so wirkte, als der sachliche Inhalt seiner Rede. Für einen erfolgreichen Staatsmann war er zu impulsiv. Politische Erwägungen verachtete er. Die unabdingbare Voraussetzung des Politikers, Dinge auf lange Sicht voraus zu überlegen und die verschiedensten Gesichtspunkte miteinander zu vereinigen, fehlte ihm. Und so war er Jahrzehnte hindurch der große Brausewind des jüdisch-amerikanischen Lebens, wohl von manchen gehaßt, aber von unendlich viel mehr Menschen geliebt und verehrt. Im Kampf und in der Polemik rücksichtslos, konnte er durch seine Temperamentsausbrüche sowohl in der geschlossenen Beratung wie auf der öffentlichen Tribüne Gegner tief kränken. Was aber wieder mit ihm versöhnte, das waren seine Menschlichkeit und Güte. Politische Führer werden durch viele Motive getrieben, manche durch den Willen zur Macht, andere durch den Wunsch, ihre Talente zu bestätigen, wieder andere durch Eitelkeit und Ruhmsucht. Stephen S. Wise wurde entscheidend durch seine Güte motiviert. Er liebte nicht nur das jüdische Volk, sondern jeden einzelnen Juden. Kein Ding war seiner Aufmerksamkeit zu gering. Er kümmerte sich um die Hilfe für einen armen Flüchtling, um die Adoption eines Waisenkindes, die Versorgung einer mittellosen Witwe ebenso wie um die Lösung eines globalen jüdischen Problems. Dies erklärt auch seine einzigartige Popularität unter den jüdischen Massen Amerikas. Es gab vielleicht jüdische Führergestalten, die mehr verehrt, mehr gefürchtet, mehr bewundert worden sind als er. Aber keiner wurde so geliebt.

Flüchtig hatte ich Wise schon auf meiner ersten Amerikareise kennengelernt und war ihm dann durch unsere Übereinstimmung auf

dem Baseler Kongreß politisch nähergekommen. In den Wintermonaten 1931/32 wurde er mein Freund und in vielen schwierigen Augenblicken mein Beschützer und Förderer.
Die relative Leichtigkeit, mit der ich nach meiner Übersiedlung nach Amerika 1940 die Beziehungen zum Weißen Haus, zum State Department und zu vielen anderen amerikanischen Behörden entwickeln konnte, war zum größten Teil auf die Einführung durch Stephen Wise zurückzuführen, der wie kein anderer von allen nicht-jüdischen politischen Führern in Washington geschätzt, geehrt wie auch gefürchtet wurde. Von mir ließ er sich Kritik gefallen, obschon ich der viel jüngere war. In fast allen großen politischen Fragen der kommenden Jahre standen wir auf der gleichen Seite, mit einer Ausnahme: als die Briten im Peel-Plan die Teilung Palästinas unter Juden und Araber vorschlugen, ließ er sich entgegen meinem Rat von Brandeis bewegen, gegen die Teilung zu agitieren. Er hat es mir jedoch nie verübelt, daß ich schon damals die Teilungsidee unterstützte, zu der er sich dann auch, am Ende des Zweiten Weltkrieges, uneingeschränkt bekehrte.
Die unmittelbare Folge dieser Freundschaft war, daß Wise mich in die Arbeit zur Vorbereitung des Jüdischen Weltkongresses hineinzog. Bis dahin waren mir die Probleme des jüdischen Galutlebens zwar nicht fremd geblieben, gehörten aber auch nicht zu meinen vordringlichen Interessen. Die *Encyclopaedia Judaica* nahm mich ziemlich in Anspruch, und was an Zeit und Energie übrigblieb, widmete ich zionistischer Arbeit. Stephen S. Wise stand schon damals mit beiden Füßen in der jüdischen Tagespolitik. Der von ihm gegründete American Jewish Congress machte sich die Verteidigung jüdischer Rechte und die Förderung des jüdischen Lebens in Amerika zur Aufgabe und befand sich im Kampf gegen andere, von jüdischen Millionären geleitete Organisationen. Wise war zeitlebens radikaler Demokrat. Er glaubte an »das Volk« und bekämpfte niemand mehr als jene reichen Juden, die sich herabließen, den jüdischen Massen zu helfen, ohne sich mit ihnen zu identifizieren. Schon in jungen Jahren hätte er der Führer dieser jüdischen Oligarchie werden können, als ihm das Rabbinat der reichsten und angesehensten jüdischen Gemeinde in New York, des *Temple Emanuel*,

angeboten wurde. Er lehnte ab, weil der Präsident der Kongregation, der große jüdische Jurist Louis Marshall, zeitlebens sein Gegenspieler, auf der Bedingung bestand, alle Predigten vorher zu prüfen. Seither kämpfte Wise für die Demokratisierung des jüdischen Lebens, nicht nur im American Jewish Congress, sondern auch im Comité des Délégations Juives, das nach dem Ersten Weltkrieg unter Leitung Leo Motzkins seinen Sitz in Paris hatte und dessen Aufgabe die Verteidigung bedrohter jüdischer Rechte in der ganzen Welt war.

Stephen S. Wise beschloß in jenen Jahren, einen Jüdischen Weltkongreß zu organisieren, zu dessen Vorbereitung 1932 eine jüdische Weltkonferenz in Europa stattfinden sollte. Ich sollte diese Konferenz organisieren. Zunächst wehrte ich mich dagegen, einerseits aus Zeitmangel, andererseits aus dem Wunsche, mich ausschließlich der zionistischen Arbeit zu widmen. Aber dem Charme von Wise war schwer zu widerstehen, und als er mir immer wieder vor Augen hielt, daß ohne mich die Konferenz nicht zustande kommen könne, sagte ich unter der Bedingung zu, daß es sich um eine einmalige Sache handeln müsse. Ich konnte nicht ahnen, daß damit ein langes Kapitel meines Lebens beginnen würde und daß ich durch verschiedene Funktionen und Stufen zum Nachfolger von Stephen S. Wise als Präsident des Jüdischen Weltkongresses aufrücken würde.

Der Sinn des Jüdischen Weltkongresses ist so elementar und einleuchtend, daß es erstaunlich ist, warum er erst in den dreißiger Jahren zustande kam. Der Jüdische Weltkongreß hat zwei einfache Aufgaben: erstens, die Einheitlichkeit des jüdischen Volkes in der gemeinsamen Verteidigung seiner Rechte nicht nur symbolisch auszudrücken, sondern auch in der Tat zu verwirklichen; und zweitens, die Zusammenarbeit der verschiedenen Teile des zerstreuten Volkes in allen gemeinsamen Fragen zu gewährleisten. Wenig bedroht die Fortexistenz des jüdischen Volkes mehr als seine Zersplitterung. Nur weil es ihm in Jahrhunderten der räumlichen, sprachlichen und sonstigen Zerstreuung geglückt ist, das Bewußtsein der Zusammengehörigkeit zu erhalten, konnte es die Diaspora überdauern und ein Volk bleiben. In früheren Jahrhunderten wurde diese Aufgabe vorwiegend durch die Religion erfüllt, die durch ihre strengen Gesetze einheitliche Lebensformen für alle Teile des Volkes erzwang. Seit der Emanzipation hat die Religion ihre Vormachtstellung eingebüßt, daher sind andere Methoden notwendig geworden, die Solidarität des Volkes zu stärken. Das natürlichste Mittel dazu ist eine Organisation, der die zahlreichen Vereinigungen in aller Welt zu dem Zweck angehören, dem jüdischen Volk eine Adresse zu schaffen und seine systematische Zusammenarbeit an der Lösung gemeinsamer Probleme zu ermöglichen. Daß es niemals Sache des Weltkongresses sein konnte, in die inneren Probleme der einzelnen jüdischen Gemeinschaften einzugreifen, bedarf keiner Betonung. Aber wo es sich um die Abwehr antisemitischer Angriffe, um die Sicherung der Gleichberechtigung bedrohter Gemeinschaften handelt, sind alle Teile des jüdischen Volkes in gleicher Weise verpflichtet, Stellung zu nehmen. Nichts kann sinnloser und schädlicher sein als ein jüdischer Isolationismus, der sich begnügt, die Rechte einer bestimmten jüdischen Gemeinschaft zu verteidigen, ohne sich um die des gesamten Volkes zu kümmern. Wenn es schon für die Welt im großen gilt, daß jedes wichtige politische Ereignis alle ihre Glieder in Mitleidenschaft zieht und Isolationismus selbst für so große Nationen wie die amerikanische unhaltbar ist, so trifft dies doppelt und dreifach auf das jüdische Volk zu. Akzeptiert man einmal dieses Prinzip, dann ergibt sich daraus die unausweichliche Notwendigkeit, die Sonderaktionen vieler jüdischer Vereinigungen zu koordinieren.

Dem ist hinzuzufügen, daß sich der Jüdische Weltkongreß noch auf einen weiteren Grundsatz stützt: die demokratische Vertretung der verschiedensten jüdischen Gruppen zu sein. Die Zeit, in der die privilegierten Judenheiten Westeuropas oder einzelne einflußreiche Vertreter sich als Beschützer der entrechteten osteuropäischen Juden aufspielten, ist endgültig vorbei. Der Weltkongreß beruht auf der Gleichberechtigung aller jüdischen Gemeinschaften. Er handelt nicht im Namen einer einzelnen Gemeinde, es sei denn, daß sie selbst in ihm vertreten und mit seiner Aktion einverstanden ist. Ich habe immer wieder gefunden, daß die nichtjüdische Welt den Sinn des Weltkongresses viel schneller verstanden hat als manche jüdi-

schen Gemeinden, besonders in Amerika, die sich aus Eigensinn und Prestigegründen lange weigerten, dem Prinzip einer gemeinsamen Vertretung des jüdischen Volkes zuzustimmen. Ein Beispiel sei hier erwähnt: Der französische Außenminister Louis Barthou, mit dem ich gut bekannt war, hatte zur Eröffnungssitzung des Jüdischen Weltkongresses eine Glückwunschbotschaft an Wise und mich nach Genf gerichtet. Wie er mir später erzählte, kam daraufhin eine Delegation Vertreter des »Consistoire Israélite de France« und der »Alliance Israélite Universelle« zu ihm, um sich zu beklagen, daß er dem Weltkongreß seine Sympathie ausgedrückt habe, während die Majorität der französischen Juden, durch jene beiden Institutionen vertreten, Gegner des Weltkongresses seien. Barthou antwortete, daß er den französischen Patriotismus der Herren, die ihn aufgesucht hatten, keinen Moment bezweifle. Es sei jedoch seine Pflicht, als Außenminister Sympathie für Frankreich in der Welt zu wecken und zu stärken, und deshalb sei es für ihn wichtiger, sich nicht in erster Reihe um die Meinung des französisch-jüdischen Establishments zu kümmern, sondern für eine positive Haltung des Weltjudentums zu sorgen.
Der Weltkongreß ist in den vierzig Jahren seiner Existenz ein wesentlicher Teil des jüdischen Lebens geworden, hat in manchen kritischen Lagen eine entscheidende Rolle gespielt und, wie man ohne Übertreibung sagen kann, zur positiven Lösung vieler ernster Probleme unserer Generation beigetragen. Er hat auch große Fortschritte hinsichtlich seines Ziels, die Majorität des Weltjudentums zu repräsentieren, erreicht. Heute gehören ihm sämtliche europäisch-jüdischen Gemeinschaften an, inbegriffen auch diejenigen von osteuropäischen kommunistischen Staaten wie Jugoslawien, Rumänien, Ungarn, Polen und die Tschechoslowakei, mit Ausnahme von Sowjetrußland, wo es ja gar keine jüdische Vertretung gibt, die man einladen könnte. Die israelische Sektion des Weltkongresses umfaßt praktisch alle Parteien und Strömungen Israels. Die jüdischen Gemeinschaften Kanadas, Australiens, Südafrikas und aller südamerikanischen Länder sind Mitglieder des Jüdischen Weltkongresses und vor allem, was entscheidend ist, die große Majorität amerikanischen Juden, die jahrzehntelang nur teilweise vertreten

waren; mit Ausnahme des American Jewish Committee sind alle wichtigen jüdischen Organisationen der amerikanischen Sektion des Weltkongresses angeschlossen, vor allem die drei religiösen Hauptgruppen; Orthodoxe, Konservative und die Reform; die Beziehung mit der wichtigen internationalen B'nai B'rith beruht auf einer Abmachung enger Kooperation als Vorstufe zum vollen Anschluß. Wenn man das russische Judentum von etwa zweieinhalb Millionen von den 14 Millionen, die nach der Hitlerperiode am Leben geblieben sind, abzieht, kann man ohne Übertreibung sagen, daß die überwältigende Mehrheit des organisierten Judentums dem Weltkongreß angehört.

Was mich veranlaßt hatte, stetig mehr Energie auf diese Arbeit zu verwenden, erklärt sich aus dem geschichtlichen Zusammenhang: den letzten beiden Jahren vor Hitlers Machtantritt. Ich gehörte von Anfang an zu denjenigen, die – leider als Minorität – das Phänomen Hitler viel ernster nahmen als die meisten Juden, sowohl in Deutschland wie auch in anderen Ländern. Ihnen fehlte die Phantasie, sich im zwanzigsten Jahrhundert einen so bestialischen Antisemitismus wie den nationalsozialistischen mit allen seinen Folgen auszumalen. Sie hielten Hitler für eine vorübergehende Erscheinung, und besonders die deutschen Juden, im Bewußtsein ihrer wirtschaftlichen und kulturellen Stellung in der Weimarer Republik, weigerten sich, Hitlers Gefährlichkeit voll zu sehen. Männer wie Wise und ich, die schon 1932 und 1933 das Weltjudentum, vor allem aber die deutschen Juden warnten – wurden als Panikmacher und nervenschwache Hysteriker verlacht. Hätte das jüdische Volk Hitler von Anfang an ernster genommen, so wären Hunderttausende, möglicherweise Millionen Juden gerettet worden. Ich behaupte nicht, Dachau und Auschwitz vorausgesehen zu haben; dazu reichte auch meine Vorstellungskraft nicht aus. Aber daß ein großangelegter Angriff auf das ganze jüdische Volk vorbereitet wurde, das spürte ich, und schon deswegen hielt ich den Augenblick für gekommen, eine Weltorganisation der Juden zu schaffen. Die Aufgabe erwies sich als viel verwickelter und schwieriger, als Wise und ich es uns in New York gedacht hatten. Juden sind individualistische und eigenwillige Menschen. In Jahrhunderten der Zer-

streuung hatten sie gelernt, ihr Vorgehen in lokalen oder bestenfalls territorialen Gruppen abzustimmen, aber nicht in Form eines Weltverbandes. Dabei hat sich eine ungewöhnliche Treue zur einzelnen Gruppe herausgebildet, auf Kosten dessen, was man Volks- oder Staatsbewußtsein nennen kann. Darunter leidet auch heute der Staat Israel noch. Immerhin gibt es aber dort eine mit Macht und Zwang ausgestattete Staatsautorität, die in der Diaspora, wo all dies freiwillig ist, fehlt. Selbst die kleinste Gruppe kann sich erlauben, »Nein« zu sagen. Hierzu kommt die Angst vieler Juden vor allzu betonten Äußerungen einer gesamtjüdischen Solidarität, die man ihnen als Mangel an Loyalität gegenüber den Wirtsvölkern auslegen könnte. Das Problem der »doppelten Loyalität«, mit dem der Zionismus von jeher zu kämpfen hatte, spielte auch im Kampf um das Für und Wider eines Weltkongresses eine Rolle. Es gelang relativ leicht, die osteuropäischen Judenschaften zu gewinnen – abgesehen von der sowjetischen, die schon damals jedem Zusammenhang mit der Weltjudenheit entzogen war. Schwieriger ging es mit den westeuropäischen, in denen es alte Organisationen gab, die an ihre Selbstherrlichkeit zugunsten einer Zusammenarbeit mit anderen jüdischen Gruppen nicht rühren lassen wollten.
Nach meiner Rückkehr reiste ich in fast alle Zentren europäisch-jüdischen Lebens, um deren Vertreter zur Teilnahme an der ersten jüdischen Weltkonferenz zu veranlassen. In Polen, den baltischen Staaten, in Österreich, den Balkanländern, der Schweiz und auch in Italien war ich von Anfang an erfolgreich. Meine Hauptschwierigkeiten im europäischen Wirkungskreis entstanden in England und in Frankreich. In Frankreich gab es die »Alliance Israélite Universelle«, die aber keine wirkliche Vertretung der französischen Juden, sondern ein Verein mit begrenzten philanthropischen Interessen war. In England kam es vor allem darauf an, den »Board of Deputies of British Jews«, die alte offiziell anerkannte Organisation der englischen Juden, zu gewinnen. Ich war mehrfach in London, um mit deren Führern, vor allem mit Sir Osmond Elim d'Avigdor Goldsmid und Neville Laski, zu verhandeln. Die zionistischen Gruppen aller Länder waren sogleich für den Jüdischen Weltkongreß, dessen Leitidee, die Einheit des jüdischen Volkes,

mit dem wichtigsten Grundsatz des Zionismus zusammenfiel. Aber diese Unterstützung genügte nicht, und bei der Abstimmung im Board of Deputies wurde die Beteiligung mit einer Mehrheit von wenigen Stimmen abgelehnt. Ich schuf deshalb eine englische Abteilung des Jüdischen Weltkongresses, die viele Jahre lang wertvolle Arbeit geleistet hat. In den siebziger Jahren hat dann der Board of Deputies mit überwältigender Mehrheit beschlossen, sich dem Weltkongreß anzuschließen.

Es bestand damals noch das »Comité des Délégations Juives« in Paris, das aus der Zusammenarbeit verschiedenster jüdischer Gruppen nach dem Ersten Weltkrieg entstanden war, als es sich um die Gleichberechtigung der früher unterdrückten osteuropäischen Judenheiten handelte. Nachdem es seine historische Aufgabe erfüllt hatte, büßte das Comité viel von seiner Autorität ein. Anfang der dreißiger Jahre wurde es von Leo Motzkin geleitet, dem quasi permanenten Präsidenten des Zionistischen Aktionskomitees und der Zionisten-Kongresse, der sich aber auch in Fragen der jüdischen Galut-Politik immer positiv hervortat. Motzkin war ein ungewöhnlich begabter Mathematiker, hatte aber seiner jüdischen Tätigkeit wegen das Studium aufgegeben und sich ganz der Arbeit für sein Volk verschrieben. Durch seine überlegene Ruhe, seinen Humor und seine Väterlichkeit war er der ideale Präsident internationaler Tagungen. Er hatte etwas Lehrhaftes an sich, dozierte immerzu und war einer von jenen, denen es bei einer politischen Auseinandersetzung mehr darauf ankommt, alle Gesichtspunkte vorzubringen als seine eigenen durchzusetzen. Wegen seiner Selbstlosigkeit wurde er von allen geschätzt und hielt fast ganz allein mit bewundernswerter Treue das Comité des Délégations am Leben. Der Weltkongreß sollte dieses Komitee ablösen und seinen Gedanken auf einer viel breiteren Grundlage verwirklichen. Leider wurde Motzkin uns bald durch den Tod entrissen und konnte daher im Weltkongreß nur in den Anfängen die ihm zukommende Rolle übernehmen.

Ich hatte die volle Unterstützung der ostjüdischen Führer, vor allem der zionistischen Gruppen. Männer wie Jizchak Grünbaum, Dr. Jehoschua Thon, Dr. Jizchak Schipper, Dr. Henryk Rosmarin in Polen, Dr. Mordechai Nurock in Lettland gehörten zu meinen wesentlichsten Mitarbeitern. In der Tschechoslowakei stand mir Dr. Emil Margulies bei, ein tapferer Mann, der mit Dr. Angelo Goldstein zu den anerkannten Vorkämpfern der tschechoslowakischen Juden gehörte. In Wien waren es Ing. Robert Stricker und Dr. Isidor Plaschkes, welche die österreichische Judenheit dem Weltkongreß zuführten.

In Deutschland gelang es nur eine Minorität der Zionisten zu gewinnen; der offizielle Teil, geführt von Kurt Blumenfeld, blieb dem Weltkongreß fern, und zwar aus dem Wunsch heraus, sich gänzlich auf die Palästina-Arbeit zu beschränken. In dieser Weigerung, die die Bedeutung politischer Arbeit in der Diaspora unterschätzte, waren die Anhänger Blumenfelds zugleich die getreuen Gefolgsleute von Dr. Weizmann, der mit der Einseitigkeit, die oft große Führer auszeichnet, zeit seines Lebens ausschließlich dem Zionismus diente. Obschon er theoretisch die Bedeutung der Galut-Arbeit für die Erhaltung des Volkes anerkannte, weigerte er sich doch, persönlichen Anteil an diesen Fragen zu nehmen. Die einzige Ausnahme bildete das Rettungswerk für die deutschen Juden in der nationalsozialistischen Epoche.

Mehrere führende Männer der palästinensischen Judenheit waren von Anfang an dem Weltkongreß günstig gesonnen, darunter Menachem Ussischkin, Dr. Ben Zion Mossenson und Josef Sprinzak, der inzwischen verstorbene Präsident des israelischen Parlaments, wohingegen sich Ben Gurion und Arlosoroff bewußt zurückhielten.

Trotz aller Schwierigkeiten, die teilweise aus heftiger Ablehnung, teilweise aus Gleichgültigkeit herrührten, gelang es mir, eine repräsentative Beteiligung an der ersten jüdischen Weltkonferenz zu sichern, die im August 1932 in Genf zusammentrat. Das organisatorische Ergebnis bestand in der Gründung eines Internationalen Komitees für den Jüdischen Weltkongreß, dessen Aufgabe es war, die noch fehlenden Gruppen zur Mitarbeit zu bewegen und die endgültigen Vorbereitungen zu treffen. Es sollte noch beinahe vier Jahre dauern, bis wir soweit waren, und drei weitere Weltkonferenzen folgten dieser ersten, ehe im Jahr 1936 die erste Tagung des eigentlichen Jüdischen Weltkongresses in Genf stattfinden konnte. Die Tagung von 1932 stand schon im Schatten des heraufziehenden Nationalsozialismus. Noch war es nicht sicher, ob das Gewitter losbrechen würde, aber manche von uns rechneten zumindest mit dieser Möglichkeit und waren von tiefer Sorge um das Schicksal der europäischen Juden erfüllt. Aber niemand, auch ich nicht, der ich von dieser ersten Weltkonferenz nach Berlin zurückfuhr, konnte ahnen, welche Katastrophe sich im Jahre 1933, als Hitler zum Reichskanzler ernannt wurde, anbahnte.

[23] Name des Fonds der Zionistischen Organisation, aus dem ihre Arbeiten in Palästina finanziert werden.

[24] hebräisch: jüdische Bevölkerung in Palästina resp. Israel.

[25] Amerikanische zionistische Frauenorganisation, 1912 von Henrietta Szold zur Förderung der Gesundheitsfürsorge in Palästina gegründet.

11

Kampf gegen die Nazis

Seit mehr als vierzig Jahren höre ich nicht auf, über das Phänomen der Nazi-Periode nachzudenken. Es ist das tragischste Kapitel der europäischen Geschichte, in dem an die fünfundfünfzig Millionen Menschen gestorben sind, es ist bestimmt das tragischste Kapitel der jüdischen Geschichte; es hat die Spaltung Deutschlands, dessen Einheit nach Jahrhunderten der Zersplitterung erreicht worden war, zur Folge gehabt und wirkt sich in vielerlei Aspekten noch heute tiefgreifend aus. Trotz allem Bemühen bleibt mir diese schreckliche Epoche noch weitgehend unverständlich.

Besonders rätselhaft bleibt die Frage, wie ein so hochgebildetes und hochbegabtes Volk wie die Deutschen sich von Hitler in diese einzigartigen Verbrechen und in dieses Unglück für sich und die anderen hat hineinführen lassen. Es ist zu einfach, darauf mit dem Hinweis auf Hitlers dämonische und charismatische Begabung zu antworten. Ich habe ihn selbst nicht »erlebt«. Einige Mal sah ich ihn in Murnau, als er nach dem Münchner Putsch bei seinem Freund Hanfstaengl in Uffing wohnte. Ich habe es auch einmal gewagt, in München in eine Versammlung zu gehen, in der er sprach. Ich blieb vorsichtigerweise in der letzten Reihe sitzen und war nach einigen Minuten so angewidert von seiner Demagogie – er sprach gar nicht über oder gegen Juden –, daß ich den Saal verließ. Noch heute entsinne ich mich der feindseligen Blicke seiner Anhänger, die offensichtlich nicht begreifen konnten, wie ein Mensch sich während einer Rede ihres Führers entfernen konnte.

Ohne mir hier eine Analyse des Nationalsozialismus anzumaßen, möchte ich zur Beleuchtung des Hintergrunds meiner Tätigkeit und meines Schicksals in der Hitlerperiode nur einige Bemerkungen machen, die jenes rätselhafte Geschehen zwar nicht erklären, aber vielleicht etwas verständlich machen können. Eine Häufung von Motiven und Ursachen hat dazu geführt, und alle waren irgendwie daran beteiligt – Juden und Nichtjuden, Deutsche und

Nichtdeutsche, Europäer und Amerikaner. Ich bin überzeugt, daß, wenn die westlichen Mächte zusammen mit der UdSSR unternommen hätten, Hitler zu stürzen, es ihnen ohne allzu große Schwierigkeiten gelungen wäre. Die Sowjets waren diejenigen, die die Gefahr Hitlers noch am ehesten gesehen hatten; eine der wichtigsten Reden in dieser Hinsicht war Litwinows Warnung im Völkerbund, ohne daß er jedoch auf die Demokratien starken Eindruck gemacht hätte. Es war die unselige Politik eines Chamberlain und Daladier, gefördert von den Kapitalistenkreisen in der Londoner City und in Frankreich und unterstützt durch die englische und französische Presse, Hitlers Provokationen gelassen hinzunehmen, in der Hoffnung, daß er den Kommunismus vernichten würde.

Eine vielleicht noch größere Schuld trugen die deutschen Parteien, unter ihnen die damalige Sozialdemokratie. Sie wagten es nicht, mit der notwendigen Energie aufzutreten und die Nazi-Bewegung im Keime zu unterdrücken. Sie hatten den kleinbürgerlichen Respekt vor Generälen. Männer wie Noske und Heine hätten es nie gewagt, den Pro-Nazi-Kräften mit der genügenden Entschlossenheit entgegenzutreten. Da die Arbeitslosigkeit stieg und die wirtschaftliche Lage immer ernster wurde, unterstützten Teile der Großindustrie und der Hochfinanz die NSDAP in der Hoffnung, somit radikale sozialistische Gefahren zu beseitigen, und nur eine energische Regierung und dynamische Parteien hätten dem gewaltigen Angriff des Nazismus standhalten können. Aus dieser Vorzeit erwähne ich ein charakteristisches Erlebnis. Ich hatte in Berlin einen Freund, Hermann Badt, ein religiöser Jude und Zionist aus Breslau, mit dem ich zuweilen in jüdischen Versammlungen sprach. Er war Ministerialdirektor im Preußischen Innenministerium unter Severing und hatte die Aufsicht über die Polizei. Eines Tages, viele Monate vor Hitlers Machtantritt, traf ich ihn nervös und gereizt an, was seinem Wesen nicht entsprach. Auf meine Frage zeigte er mir nach kurzem Zögern ein Aktenstück. Hitler hatte einige Zeit vorher – ich glaube in Jena – eine provokatorische, aggressive Rede gehalten, in der er zum Sturz der preußischen Regierung aufrief. Badt hatte seinem Minister ein Memorandum geschickt mit dem Vorschlag, Hitler, der ja noch nicht deutscher Staatsangehöriger, sondern Österreicher war, zu verhaften, ihn über die Grenze zu schicken und seine Rückkehr nach Deutschland zu verbieten. Er hatte soeben Severings Antwort erhalten; unter Hinweis auf die verfassungsgemäße Meinungsfreiheit wurde Badts Vorschlag abgelehnt.

Ich bin überzeugt, daß es vielfach Gelegenheiten gegeben hätte, Hitlers Aufstieg zu unterbinden, aber es fehlte allen Parteien der Mut dazu. Als der preußische Ministerpräsident Otto Braun zurücktrat und dem Nazismus freie Hand ließ, war das Schicksal der Weimarer Republik besiegelt.

Die Weltgeschichte ist allzu reich an Massenmorden, besonders durch barbarische Völker wie die Hunnen, Vandalen, Mongolen, aber es gibt keine Parallele für die systematische Gründlichkeit der Menschenausrottung, wie sie die Nazis jahrelang gegen die Juden ausgeübt haben.

Ich bin leider zu dem etwas paradoxen Schluß gelangt, daß manche deutsche Tugenden die Instrumente waren, welche diese einzigartigen Verbrechen ermöglichten. Die eine war die nicht nur in Preußen anerzogene Tugend des Gehorsams, der Respekt vor allem, was eine Behörde befahl, die Disziplin und der Mangel an revolutionärem Mut. Wie es ein englischer Historiker formulierte, war es das Unglück der Deutschen, daß sie nie einen König oder Kaiser hingerichtet haben. Es hatte in der deutschen Geschichte nie eine eigentliche Revolution gegeben, und diejenige, die nach dem Ersten Weltkrieg zur Schaffung der Weimarer Republik führte, war weniger ein organisierter Aufstand als ein völliger Zusammenbruch nach der Niederlage. Gleich danach begann die heftige Gegenrevolution, die Ermordung von Liebknecht, Rosa Luxemburg und anderer, die Verunglimpfung der Republik, womit die Atmosphäre für die Entwicklung der nationalsozialistischen Partei geschaffen wurde.

Die Deutschen wurden jahrhundertelang durch einen Gegensatz zwischen ihrer schöpferischen Begabung und Kultur und dem Mangel an politischem Mut und staatsmännischer Begabung gekennzeichnet: wohl das schöpferischste Volk Europas, gleichzeitig jedoch zersplittert in Kleinstaaten, ein Schlachtfeld für andere europäische Völker. Diese spezifisch deutsche Eigenart hat sich nie so stark ausgedrückt wie in der Weimarer Republik: das starke Kulturzentrum Europas in Malerei, Architektur, Dichtung und Theater, erfolgreich in Handel und Industrie, aber von Anfang an politisch ausgehöhlt, angekränkelt und mit dem Keim der Zerstörung und des Zusammenbruchs behaftet. Die zweite deutsche Charaktereigenschaft, die die Nazi-Verbrechen erklärt: die berühmte deutsche Gründlichkeit. Ohne die Leidenschaft, alles hundertprozentig zu machen, bis ins I-Tüpfelchen vorberechnet und organisiert, wäre die Vernichtung von Millionen Menschen in der Form, in der sie geschah, undenkbar gewesen. Wie es mir der französische Historiker und Außenminister Louis Barthou einst sagte, war das Fürchterliche am Nationalsozialismus, daß er »eine Barbarei mit Kartotheken« war.

Daß zwei der charakteristischen Eigenschaften des deutschen Volkes, die zumeist als Tugenden betrachtet werden und welche die Quelle vieler großen deutschen Leistungen und Erfolge sind, wesentlich dazu beigetragen haben, die Nazi-Verbrechen zu ermöglichen, beweist eindrucksvoll, daß es eigentlich keine absoluten guten oder schlechten Eigenschaften gibt. Alles hängt davon ab, wozu sie benutzt werden. Eine Lüge kann hilfreich sein, die Wahrheit brutal und grausam; Güte bedeutet oft Schwäche, und Härte wirkt zuweilen erzieherisch. Wozu ein Mensch oder auch ein Volk seine Anlagen benutzt, entscheidet über seine moralischen Qualitäten.

Zusätzlich zu diesen allgemeinen Betrachtungen bezüglich der historischen Schuld der deutschen Parteien und der Demokratien am Aufstieg des Nazismus muß aber auch die Mitschuld des jüdischen Volkes erwähnt werden.

Ich möchte betonen, daß ich mich, sofern ich mich als Mitglied der jüdischen Führerschaft betrachte, aus dieser Kritik nicht ausschließe. Ich habe zwar, zusammen mit Stephen Wise und einigen anderen, die Nazigefahr früher erkannt als die meisten, habe auch davor gewarnt, aber rückblickend auf mein Leben kann ich nicht umhin, mich selbst zu beschuldigen, nicht mit genügendem Ausdruck den Kampf gegen die Nazis, besonders in Amerika, geführt zu haben. Es ist unserer Generation und ihrer Führung nicht gelungen, den Massenmord von sechs Millionen Juden zu verhindern. Kein Volk kann für Niederlagen und Mißerfolge verantwortlich gemacht werden, die durch äußere Umstände unvermeidlich eintreten. Wohl aber ist es ein Armutszeugnis und die Folge völligen Versagens, wenn ein Volk und seine Leiter eine herannahende Katastrophe entweder aus Kurzsichtigkeit nicht sehen oder aus Angst vor der Wahrheit nicht wahrnehmen wollen. Wenn man den Verteidigungskampf des jüdischen Volkes in der Epoche des Nationalsozialismus in seiner Gesamtheit überblickt, so muß man, so schmerzlich es auch sein mag, zugeben: Die Mehrheit des jüdischen Volkes und der größte Teil seiner Sprecher wollten die Symptome nicht erkennen oder richtig auslegen. Selbst die von den Nazis unmittelbar bedrohten Juden wiegten sich in der kindlichen Illusion, daß das Regime eine vorübergehende Episode sei und es doch nie wagen würde, seine Drohungen wahrzumachen. Die Folge war, daß Hunderttausende, die sich wahrscheinlich hätten retten können, zu lange in der Falle verharrten und daß auch kein einziger großangelegter Versuch unternommen wurde, die bestialische Judenpolitik der Nazis zu verhindern, als sie noch schwach und ihrer selbst unsicher waren.

Ich habe diese Epoche in allen ihren Einzelheiten Tag für Tag mitgemacht. Ich behaupte nicht, daß ich oder meine engeren Freunde, wie Dr. Stephen S. Wise, das ganze Ausmaß der Vernichtung vorausgeahnt hätten. Man mußte charakterlich ein Nazi, vielleicht ein Hitler, Himmler oder Heydrich sein, um eine solche Katastrophe voraussehen zu können, um die Ausrottung der europäischen Juden, wie sie die Nazis betrieben haben, in unserem Jahrhundert für möglich gehalten zu haben. Dennoch erkannten einige von uns sehr klar, daß der Nazismus – noch bevor Hitler Reichskanzler wurde, aber besonders nach der Machtübernahme – eine totale Bedrohung für das gesamte jüdische Volk darstellte, gegen die es mit allen ihm zur Verfügung stehenden Mitteln hätte kämpfen müssen. In jeder Rede, die ich auf den jüdischen Weltkonferenzen von 1932, 1933 und 1934 gehalten habe, äußerte ich solche Warnungen; Wise und andere taten dasselbe mit größerer Autorität als ich. Die Resultate waren entmutigend. Wiese erzählte mir, wie er im Jahre 1932 einen Vertrauensmann nach Deutschland sandte, um mit den Führern der deutschen Juden über mögliche Gefahren eines nationalsozialistischen Sieges zu sprechen. Alle durch die Bank (mit einer einzigen rühmlichen Ausnahme) ließen ihm sagen, es bestünde keine ernste Gefahr und er solle doch nicht die Lage der deutschen Juden durch Interventionen und Proteste erschweren.

Die jüdische Eigenschaft, Gefahren nicht zu sehen, ihnen oft mit unbegreiflichem Optimismus zu begegnen, ist an sich eine der großen Tugenden des jüdischen Volkes, ohne die es wahrscheinlich die zweitausend Jahre der Diaspora nicht überdauert hätte. Aber im Laufe seiner Geschichte hat das Judentum mit Millionen von Opfern für diesen Optimismus bezahlt. Um ein Beispiel aus der Vergangenheit zu geben: Das vor kurzem erschienene Buch eines bedeutenden jüdischen Historikers beweist, daß, bevor die Juden 1492 aus Spanien vertrieben wurden, ihre Führer von etlichen Spaniern gewarnt worden waren und, wenn sie sie ernst genommen hätten, die Möglichkeit für viele spanische Juden bestanden hätte, sich mit ihrem Vermögen rechtzeitig zu retten. Der größte Teil blieb jedoch im Lande, bis es zu spät war.

Die freilich oft unselige Neigung des jüdischen Charakters, Dinge zu optimistisch zu sehen, momentane Besserungen für dauernde zu halten, hat im Verlaufe unserer Geschichte nie solche verheerenden Folgen gehabt wie in dieser Epoche. Selbst als schon die schärfsten Maßnahmen gegen die deutschen Juden ergriffen wurden und ihre Verfolgung im vollen Gang war, weigerten sich andere noch nicht unmittelbar betroffene Judenschaften zu glauben, daß ihnen ähnliches widerfahren könnte. Ich erinnere mich einer geschlossenen Versammlung in Paris, an der im Jahre 1935 mehrere Notablen des französischen Judentums teilnahmen. Ich sprach von dem drohenden Schicksal der deutschen Juden und sagte für den Fall eines Krieges ein gleiches auch dem französischen Judentum voraus. Ich sagte ihnen, daß die deutschen Juden jahrzehntelang überzeugt waren, daß die Judenfrage nur östlich der Elbe und Weichsel existierte; Hitler habe das Problem mit nach Deutschland gebracht. Gleichermaßen, betonte ich, seien die französischen Juden sicher, daß die Judenfrage östlich des Rheins bleiben würde, und ich warnte sie, daß auch der Rhein keine Grenze bilden würde. Fast alle schauten mich mitleidig an und gebärdeten sich, als ob ein hysterischer deutscher Jude, der seine Nerven verloren hatte, vor ihnen stünde. Kaum einer von ihnen nahm meine Warnungen ernst. 1940–41 habe ich so manchem der damals Anwesenden von Amerika aus Notstandsvisen und Fahrkarten für ihre Flucht nach Übersee gesandt. Noch im Juni 1940, als ich kurz nach meiner Ankunft in den Vereinigten Staaten die düstere Prophezeiung wagte, eine Fortdauer des Weltkrieges könne die Vernichtung der Hälfte des europäischen Judentums bedeuten, wurde ich von einem Großteil der Presse heftig als Prophet des Unheils angegriffen und entrüstet gefragt, wie es jemand über sich bringen könne, solche Katastrophen für möglich zu halten.

Ich habe das Glück gehabt, dem Schicksal vieler meiner Freunde und Mitarbeiter zu entgehen, nicht weil ich – trotz meiner Warnung vor dem Nazismus – klug genug war, rechtzeitig auszuwandern. Auch ich hatte ein bißchen von dem jüdischen Optimismus und glaubte nicht, als Hitler zur Macht kam und ich noch in Berlin lebte, daß sich die Maßnahmen gegen die Juden so schnell verwirklichen würden. Ich war damals zusammen mit meinem Freund Klatzkin Herausgeber der *Encyclopaedia Judaica*, an der einige Dutzend Kollegen arbeiteten und in der ziemlich viel Geld steckte, und wir hofften, die *Encyclopaedia* in ein anderes Land überführen zu können, bevor wir Deutschland verließen.

Ich erhielt viele Warnungen, vor allem von Chaim Weizmann und Stephen Wise, Deutschland so schnell wie möglich zu verlassen. Auch meine Braut drängte mich in diesem Sinne. Ich hätte es trotzdem nicht getan, hätte ich nicht Ende März 1933, kurz vor dem berühmt-berüchtigten Tag des Judenboykotts (1. April 1933), ein Telegramm erhalten mit dem Inhalt, daß mein Vater schwerkrank in Tel Aviv lag und ich schnell kommen müsse, um ihn noch am Leben zu treffen. Nachdem meine Mutter drei Jahre vorher in Frankfurt gestorben war, hatte ich meinem Vater den Wunschtraum erfüllt, sich in Palästina niederzulassen, wo eine Verwandte zu ihm zog und sich um ihn kümmerte. Ich nahm nur einen Koffer mit und fuhr zusammen mit meiner Verlobten nicht über die großen Grenzen, an denen schon die SA stationiert war, sondern nahm eine Nebenstrecke von München über Seefeld nach Innsbruck, um dann über Italien nach Palästina zu fahren. Ich traf meinen Vater noch lebend an, doch starb er kurz danach. Ich erfuhr dann im Ausland, daß die Gestapo sich einige Tage nach meiner Abfahrt in meinem Berliner Büro nach mir erkundigt hatte, doch weiß ich nicht, ob sie den Befehl hatte, mich zu verhaften. Ich pflege manchmal zu sagen, daß ich einer der wenigen Beweise dafür bin, wonach Tugend – in diesem Fall die Liebe zu meinem Vater – manchmal in dieser Welt doch belohnt wird.

Ich bin zwischen 1933 und 1952, als ich Adenauer in Bonn traf, nie wieder nach Deutschland zurückgekommen. Ich hatte in vorhergehenden Jahren häufige Zusammenstöße mit den Nazis und ihren Vorgängern, den Deutsch-Völkischen, gehabt und wußte, daß Nazi-Agenten mir auf den meisten meiner Reisen folgten. Meine Schwiegereltern lebten damals noch in Berlin, und die Gestapo lud meinen Schwiegervater mehrfach zum Verhör ein. Eine der Klagen gegen mich war, daß ich der deutschen Regierung teuer zu stehen käme, weil sie dauernd zwei Agenten hinter mir herschicke, was bei meinen häufigen Aufenthaltswechseln sehr kostspielig sei.

Wegen meiner Anti-Nazi-Tätigkeit hatte das Propagandaministerium unter Goebbels schon Ende 1933 beantragt, mich auszubürgern, doch hatte das Auswärtige Amt dem nicht zugestimmt, mit dem Argument, daß ich jüdische Rechte verteidige und meine Ausbürgerung dem Ansehen Deutschlands schaden würde. Erst nachdem ich in dem Verband der Völkerbundsligen, an dessen Mitgliedschaft Deutschland damals noch gelegen war, durchgesetzt hatte, daß die anti-jüdische Politik der Nazis verurteilt wurde, was Deutschland zum Austritt zwang, setzte das Propagandaministerium im Juni 1935 die Ausbürgerung durch.

Als ich Deutschland verließ, hatte ich die Absicht, mich in Palästina niederzulassen, hatte schon ein Grundstück in Jerusalem gekauft und einem Architekten Auftrag gegeben, den Plan eines Hauses zu entwerfen. Mein Gesamtbesitz, vor allem meine Bibliothek, war in einem Lift nach Haifa gekommen. Im Namen der Zionistischen Exekutive bat mich damals Ben Gurion, nicht in Palästina zu bleiben, sondern in Genf die Vertretung der Jewish Agency beim Völkerbund zu übernehmen. Ich gab daher den Auftrag, den Lift zurück in den Freihafen Hamburg zu verschiffen, um ihn später in die Schweiz senden zu lassen. Erst nach einjährigem Aufenthalt durfte man jedoch, mit zeitweiliger Aufenthaltserlaubnis, seine Möbel in die Schweiz bringen, und so blieb der Lift in Hamburg liegen, wo er, nachdem ich ausgebürgert wurde, beschlagnahmt und öffentlich versteigert wurde. Der Verlust der Möbel berührte mich wenig, derjenige der Bibliothek, die wertvolle Erstausgaben von Goethe, Voltaire und hebräische Inkunabeln beinhaltete, schon eher, aber vor allem bedauerte ich, daß viele persönliche Papiere, Briefe von Freundinnen, Gedichte, die ich wie viele junge Menschen schrieb, Tagebücher und anderes mit verlorengingen. Als ich später mit Adenauer zu verhandeln begann und oft in der Presse erwähnt wurde, hoffte ich, daß irgend jemand, der meine Papiere gekauft hatte, sich melden würde, um sie mir entweder zurückzugeben oder zu verkaufen. Während eines Treffens mit der Hamburger Gemeinde erzählte mir damals der Vorsitzende, daß die Versteigerung von jüdischem Eigentum im Hamburger Freihafen die Aufgabe eines typischen alten deutschen Beamten gewesen war, der alle persönlichen Papiere herauszunehmen pflegte, um sie der jüdischen Gemeinde zu übergeben. Die Gemeinde hatte diese Dokumente in zwei Häusern aufbewahrt, die im Krieg bombardiert und zerstört wurden. So beruhigte mich der Vorsitzende, daß ich zwar meine Papiere nie zurückbekommen würde, jedoch mich nicht zu sorgen brauche, daß sie in fremde Hände gefallen seien. In dem langwierigen Verfahren, das zu meiner Ausbürgerung führte und in dem viele meiner Bekannten als Zeugen vernommen wurden, erwies es sich, wie genau der Sicherheitsdienst des Regimes über mein Tun und Lassen unterrichtet war. Um ein Beispiel zu nennen: Ich hatte lange Zeit meine Heirat verschoben, um die noch in Berlin lebende Familie meiner Frau nicht zu gefährden. Als wir uns dann entschlossen zu heiraten, fuhren wir nach Tel Aviv, weil lediglich in Palästina unter englischem Mandat eine Eheschließung durch das jüdische Rabbinat zivilrechtlich gültig war. Ich verständigte keinen meiner Freunde von unserer Hochzeit, die von einem völlig unbekannten Rabbiner in Gegenwart von zwei Verwandten als Trauzeugen vollzogen wurde. Dieser Akt wurde nur im hebräischen

Rabbinatsregister von Tel Aviv eingetragen. Das war 1934. Drei Tage später, als die Gestapo einen ihrer üblichen Besuche im zionistischen Büro in der Meineckestraße abstattete, fragte der Gestapobeamte einen der Büroleiter, wo der »Hetzer« Dr. Goldmann sei. Dieser antwortete wahrheitsgemäß, er wisse es nicht, da das Büro keinerlei Verbindung mit mir habe, worauf der Gestapobeamte erwiderte: »Dann kann ich Ihnen etwas mitteilen. Vor drei Tagen hat er in Tel Aviv Fräulein Alice Gottschalk geheiratet.« Das beweist, daß die Gestapo Spitzel in Palästina hatte, die, des Hebräischen kundig, sogar in der Lage waren, das Rabbinatsregister einzusehen. Irgendwelche Versuche, mich zu belästigen oder mir zu schaden, haben die Nazis meines Wissens nicht gemacht. Ich möchte lediglich zwei Episoden erwähnen, in denen ich mich etwas gefährdet fühlte. Die eine geschah, als ich für die Rechte der saarländischen Juden – nachdem die Saar in einer Volksabstimmung beschlossen hatte, zu Deutschland zurückzukehren – kämpfte, das Land mit ihrem Vermögen in französischen Franken verlassen zu können, und ich zu einer dringenden Sitzung nach Saarbrücken fliegen mußte. Als ich an den Pariser Flughafen kam, erfuhr ich, daß mein Platz in einem deutschen Flugzeug reserviert war. Wäre die Maschine aus irgendeinem Grund nach Frankfurt durchgeflogen, hätten die Deutschen mich aus dem Flugzeug nehmen können, aber es geschah nichts. Unangenehmer war ein zweiter Fall. Ich war in Wien gewesen, um Schuschnigg zu sehen, und flog mit meinem Freund Sally Mayer, dem Präsidenten der jüdischen Gemeinden in der Schweiz, der als Vertreter der amerikanisch-jüdischen philanthropischen Organisation *Joint Distribution Committee* sich um die Rettung jüdischer Nazi-Opfer kümmerte, nach Zürich zurück. Die Flugstrecke ging über Deutschland. Plötzlich kam die Stewardess und meldete, daß wir wegen Sturm eventuell gezwungen würden, in München notzulanden. Sally Mayer und ich verabredeten, daß ich in diesem Fall den deutschen Autoritäten sagen würde, ich hätte meinen Paß vergessen; sollte man mich festnehmen, würde mein Freund von Zürich aus alles tun, um mich befreien zu lassen. Ich ging jedoch zum Piloten und erklärte ihm, in welcher Lage ich mich als »staatsfeindlicher Ausgebürgerter« befinden würde. Er antwortete mir, die Stewardess sei eine hysterische Gans und von einer Notlandung sei nie die Rede gewesen.

Als ich 1935 ausgebürgert wurde, blieb ich eine Weile ohne Paß, was bei meinen vielen Reisen alles erschwerte. Zum Glück gab mir der deutsche Generalkonsul in Jerusalem, Wolff, ein ausgesprochener Anti-Nazi, dennoch einen deutschen Reisepaß, den ich eine Weile benutzte, obwohl dies mir natürlich unangenehm war. Durch Vermittlung des französischen Außenministers Louis Barthou gelang es mir dann, Bürger von Honduras zu werden. Zum honduranischen Konsul in Genf ernannt, erhielt ich für die nächsten zehn Jahre einen sehr nützlichen Konsularpaß, der 1945 vom amerikanischen abgelöst wurde.

Über meine Tätigkeit als Ehrenkonsul von Honduras könnte ich ein ganzes Buch schreiben, will aber nur einiges erwähnen. Die wichtigste Hilfe, die mir meine honduranische Position erlaubte, war, daß ich meinen Schwiegereltern einen zeitweiligen Paß ausstellen konnte, der es ihnen ermöglichte, ein amerikanisches Durchreisevisum zu erhalten, das ich später in New York in ein permanentes umändern lassen konnte.

Ich hätte – wie viele Konsuln und Ehrenkonsuln von südamerikanischen Staaten – viel Geld verdienen können, wenn ich ohne Autorisation honduranische Pässe ausgestellt hätte. Ich tat es nur in einem Fall, und zwar für den bekannten deutsch-jüdischen Journalisten Manfred George. Ich kannte ihn nicht persönlich, schätzte ihn aber als Journalist. Eines Tages erfuhr ich von einem gemeinsamen Freund, daß George, den die Nazis verhaftet hätten, wenn er in Berlin geblieben wäre, nach Prag geflüchtet war; es bestand die Gefahr, daß er von den Tschechen ausgewiesen werden würde, und ohne einen gültigen Paß konnte er nirgends eine Aufenthaltsbewilligung bekommen. Ich schickte ihm einen honduranischen Paß, der es ihm ermöglichte, über Österreich nach den Vereinigten Staaten zu entkommen, wo er die deutsch-jüdische Wochenschrift *Aufbau* gründete, die noch heute erscheint.

Der Botschafter von Honduras in Frankreich – ein Dichter, dessen größte Qualität seine wunderschöne Frau war, – pflegte mich manchmal in Genf zu treffen. Eines Tages sagte ich ihm, ich benötige seinen Rat in einem Dilemma. Angenommen, Hitler würde ermordet, müßte ich, da Honduras Beziehungen mit Deutschland unterhielt, meine Flagge auf Halbmast senken; als Jude jedoch müßte ich sie, zum Zeichen meiner Freude, hissen. Er nahm meine Frage sehr ernst, fragte mich, wo denn das Konsulat sei, und auf meine Erklärung, es sei in meiner Privatwohnung außerhalb der Stadt, meinte er, ich könne ruhig ganz flaggen.

Eines Tages erhielt ich einen Anruf von Cook's Reisebüro. Sie hatten dort ein wohlhabendes Ehepaar, das unter anderem auch nach Honduras reisen wollte, doch wußte der Beamte den Namen der Hauptstadt nicht. Ich kannte ihn damals auch nicht – ich erfuhr erst später, daß es Tegucigalpa war, vor Jahrhunderten eines der großen Kulturzentren der Mayas –, wollte es aber nicht eingestehen und antwortete: »Mein Herr, dies ist ein Konsulat, kein Reisebüro«, worauf er sich entschuldigte.

Ein anderes Mal erhielt ich einen Telefonanruf aus Lausanne – das zu meinem Amtsgebiet gehörte – von einem deutschen Juden, der mir erklärte, er habe einen honduranischen Paß, sei eben in die Schweiz gekommen und die Grenzbeamten hätten ihn merkwürdig angeschaut. Er wollte wissen, warum. »Wahrscheinlich«, sagte ich, »liegt es nicht an Ihrem Paß, sondern an Ihrem Gesicht.«

Ich mußte monatlich einen Bericht über die wirtschaftliche Lage in der Schweiz schicken, um dem Außenministerium Material für eventuelle Handelsbeziehungen zu geben. Zum Glück hatte ich eine Sekretärin, die Spanisch konnte. Ich bat sie, die wöchentlichen Wirtschaftsberichte der »Neuen Zürcher Zeitung« zu sammeln und zu übersetzen und bekam einen Lobesbrief des Ministeriums für die Qualität meiner Berichte.

Ich blieb Honduraner, solange ich in Genf war.

Es lohnt sich, hier als Illustration zum Leben der Juden im 20. Jahrhundert zu berichten, daß ich in meinem Leben sieben verschiedene Pässe gehabt habe. Als Russe geboren, bekam ich im Ersten Weltkrieg, da Spanien Rußland als Schutzmacht in Deutschland vertrat, einen spanischen Paß. Als man annahm, daß mein Geburtsstädtchen nach dem Ersten Weltkrieg litauisch geworden sei, erhielt ich einen litauischen Paß, den ich aber zurückgab, weil ich darin als Doctoras Nahumas Goldmanas erschien. Inzwischen stellte sich auch heraus, daß Wischnewo Polen gehörte, weswegen man mir einen polnischen Paß ausstellte, den ich aber sehr bald wegen der antisemitischen Politik Polens aufgab, um mich in Deutschland naturalisieren zu lassen. Von den Nazis ausgebürgert, wurde ich Honduraner, 1945 Amerikaner, 1964 Israeli und später auch Schweizer. Bezüglich meiner amerikanischen Naturalisation erwähne ich eine Episode, die beweist, wie sich die Bürokratie in solchen Angelegenheiten äußert. Zur Einbürgerung mußte ich, laut amerikanischem Gesetz, eine Geburtsurkunde vorlegen, die ich jedoch nicht beschaffen konnte, da die gesamten Archive von Wischnewo im Ersten Weltkrieg vernichtet wurden. Ein bedeutender Jurist gab mir daraufhin den Rat, mich bei dem polnischen Generalkonsul in New York zu melden, den ich persönlich kannte, und von ihm ein eidesstattliches Protokoll aufnehmen zu lassen, wonach ein gewisser Nahum Goldmann, den er als zuverlässigen Zeugen betrachte, vor ihm erschienen sei und bestätigt habe, daß dem Ehepaar Salomon und Rebekka Goldmann in Wischnewo im Jahre 1895 ein Sohn namens Nahum Goldmann geboren worden sei. Diese Erklärung, die der Generalkonsul bestätigte, wurde von den amerikanischen Behörden anerkannt und so konnte ich naturalisiert werden.

Obgleich die Nazis meine Tätigkeit verfolgten und in mir – wie ein hoher Gestapobeamter meinem Schwiegervater erklärte – den »jüdischen Staatsfeind Nr. 1« sahen, fehlte es gleichzeitig nicht an Versuchen, mich mit Vertretern des Regimes zusammenzubringen, um eine Art *modus vivendi* mit dem »Weltjudentum« auszuarbeiten. Das war in den Jahren, in denen sich die Nazis noch relativ schwach fühlten und die Feindschaft des Weltjudentums, an der ich stark beteiligt war, fürchteten.

Den wichtigsten dieser Versuche unternahm Mussolini. Eines Morgens erschien bei mir in Genf der damalige Oberrabbiner von Rom, Dr. Angelo Sacerdoti, Mitglied der Exekutive des Jüdischen Weltkongresses, und eröffnete mir, daß er im Auftrag des Duce käme. Mussolini habe ihn rufen lassen und erklärt, es störe seine Politik – die damals schon auf eine Annäherung an Deutschland zusteuerte.

daß das Weltjudentum so heftig antideutsch sei, und er wolle daher versuchen, die antijüdische Politik der Nazis zu mäßigen und einen *modus vivendi* mit dem Judentum herbeizuführen. Dazu müsse er jedoch wissen, welche Minimalbedingungen das Weltjudentum mache, um seinen Kampf gegen das Naziregime einzustellen. Wenn ein solcher Kompromiß mit ihm, Mussolini, ausgearbeitet würde, wolle er versuchen, es durch eine Zusammenkunft von mir mit Hitler herbeizuführen. Er wollte ursprünglich Weizmann zu sich bitten, aber Sacerdoti erklärte ihm, daß sich dieser ausschließlich um zionistische Probleme kümmere und es daher ratsamer wäre, mich als Leiter des Jüdischen Weltkongresses einzuladen. Meine Weigerung, ihn nach Rom zu begleiten, bestürzte Dr. Sacerdoti geradezu. Als Italiener konnte er nicht verstehen, wie man eine Aufforderung des Duce ablehnen konnte, außerdem befürchtete er unangenehme Rückwirkungen für sich selbst. Ich erklärte ihm jedoch, warum Mussolinis Vorhaben in der von ihm gedachten Form undurchführbar sei. Erstens hielt ich es für ausgeschlossen, daß Hitler in seinem judenfeindlichen Programm irgendwelche Zugeständnisse machen würde. Gesetzt jedoch diesen höchst unwahrscheinlichen Fall, würde er unter keinen Umständen bereit sein, den deutschen Juden ihre alten Rechte ungeschmälert einzuräumen. Das Weltjudentum wiederum könnte mit niemandem ein Abkommen treffen, das nicht auf der Grundlage der völligen und uneingeschränkten Gleichberechtigung beruhte, weil dies einer Aufforderung an alle antisemitischen Regierungen gleichkäme, ebenfalls die Rechte der Juden zu beschneiden. Gleichberechtigung, sagte ich zu Sacerdoti, ist entweder total oder sie ist keine Gleichberechtigung, und selbst wenn ein Kompromiß mit Hitler auf der Basis verminderter jüdischer Rechte denkbar wäre, so könnten wir unmöglich die Rechte aller anderen Juden der Welt um diesen Preis gefährden. Daher täte Mussolini viel besser daran, von sich allein aus und ohne Beteiligung jüdischer Führer Hitler zur Mäßigung zu drängen. Auch so würde das Weltjudentum ihm kaum freundlicher gesinnt werden, aber ohne konkrete Verfolgung würden naturgemäß auch die Proteste abflauen. Aus allen diesen Gründen sei es vorzuziehen, wenn weder ich noch andere jüdische Vertreter offiziell mit der

Sache etwas zu tun hätten. Als Sacerdoti, zurückgekehrt, dies dem Duce erklärte, soll dieser recht ungehalten gewesen sein. Als ich später den Duce besuchte, gab er zu, daß meine Weigerung weise gewesen war! Natürlich hat Mussolini bei Hitler nichts erreicht. Ein zweiter Versuch, mit mir ins Gespräch zu kommen, wurde durch den deutschen Botschafter in London, von Hoesch, unternommen, der mich zweimal durch gemeinsame Bekannte einlud, mit ihm die Situation der Juden in Deutschland zu besprechen, als Vorbereitung für eine eventuelle Besprechung mit Göring. Meine Antwort war die gleiche wie an Mussolini. Ich habe mich in späteren Jahren, als das große Massenmorden der Juden durch die Nazis einsetzte, gefragt, ob es nicht klüger gewesen wäre, diese Einladungen, trotz meiner grundsätzlichen Einwände, anzunehmen. Aber ich glaube noch immer fest, daß ohnehin aus solchen Gesprächen praktisch nichts geworden wäre, da Hitlers Judenhaß zu tief eingefressen war. Er hätte sich später selbst durch bereits getroffene Vereinbarungen oder formelle Verträge von seiner Ausrottungspolitik nicht abhalten lassen.

Hinzu kommt, daß die Mehrzahl der jüdischen Führer jener Jahre unter keinen Umständen bereit war, jüdische Rechte durch politische Mittel zu verteidigen. Alle beschränkten sich auf Philanthropie und Hilfeleistung. Diese Methode hielt ich nicht nur für unwirksam, sondern geradezu für schädlich, denn was damit erzielt wurde, war im Grunde die finanzielle Belohnung der Judenverfolgung. Kündigten die Nazis an, daß sie die deutschen Juden entrechten, wirtschaftlich ruinieren und schließlich verjagen würden, so war die Reaktion der maßgebenden jüdisch-amerikanischen Führer, Hitler *de facto* zu antworten: wir werden Millionen nach Deutschland schicken, um den Juden zu helfen und damit die deutsche Wirtschaft stärken. In einem Gespräch bestätigte mir der damalige polnische Außenminister, Oberst Beck, kein Nazi, wohl aber Antisemit, diese Auffassung. Hitler habe für die Bedrohung von sechshunderttausend Juden in Deutschland mehrere Millionen jüdischer Hilfsgelder aus Amerika erhalten. Warum, so meinte er, solle Polen nicht dasselbe mit drei Millionen polnischer Juden tun und zum Dank von Amerika das Fünffache erhalten?

Wir in der Leitung des Jüdischen Weltkongresses versuchten verzweifelt, das jüdische Volk zu mobilisieren und es dazu zu bringen, den Nazismus mit politischen Mitteln zu bekämpfen. Wäre es uns gelungen, einen wirksamen Anti-Nazi-Boykott ins Leben zu rufen und Millionen Juden, vor allem die jüdischen Führer in Amerika, England und anderen Ländern, zum vollen Einsatz ihres Einflusses gegen das damals noch schwache und ängstliche Naziregime zu bewegen, so bin ich überzeugt – ohne es freilich beweisen zu können –, daß sich Millionen von Nichtjuden uns angeschlossen hätten. Die Folge wäre vielleicht nicht gerade die Suspension der Nürnberger Gesetze gewesen, aber doch eine Milderung der Judenverfolgung und möglicherweise ein Abkommen, das die Auswanderung der deutschen Juden unter Mitnahme eines erheblichen Teiles ihres Vermögens vorgesehen hätte. Alle diese Aufforderungen fanden jedoch nur geringen Widerhall in der Welt und wurden, wie mir Wise mit tiefster Erbitterung berichtete, von einflußreichen Juden geradezu bekämpft. Ja, sie fanden nicht einmal Unterstützung bei den Wortführern des deutschen Judentums und blieben daher wirkungslos. Wir beklagen heute, daß die nichtjüdische Welt weder politisch noch moralisch die so nötige scharfe Kampfstellung gegen das Naziregime eingenommen und sich statt dessen auf eine jahrelange Politik der Beschwichtigung eingelassen hat, für die sie mit dem Zweiten Weltkrieg und Millionen Opfern bezahlen mußte. Diese Anklagen sind historisch berechtigt. Aber nicht minder berechtigt ist eine Selbstanklage unseres Volkes, das mutlos und kurzsichtig die größte Katastrophe seiner Geschichte heraufziehen sah, ohne eine Verteidigung vorzubereiten, die diesem ungeheuren Angriff gewachsen gewesen wäre. Wir haben nicht einmal die Ausrede, unvorbereitet überfallen worden zu sein. Alles, was Hitler und sein Regime uns antaten, hat Hitler Jahre vorher in aller Öffentlichkeit mit zynischem Freimut angekündigt. Es war naiver Optimismus, der uns veranlaßte, diese Drohungen zu mißachten. Das ist der Grund, warum es in diesem beschämenden Kapitel jüdischer Geschichte weder für unsere Generation noch für den größten Teil unserer sogenannten Führerschicht eine Entschuldigung gibt. Wir stehen da als ein Geschlecht, das nicht nur verurteilt war, die Ver-

Im Gespräch mit Willy Brandt, 1970

Mit Pierre-Mendès-France in Paris, 1968

nichtung eines Drittels seines Volkes mitzuerleben, sondern beschuldigt werden muß, sie ohne nennenswerte Gegenwehr geduldet zu haben. Wie ich es anläßlich eines Symposiums, das im Mai 1979 von der Universität Haifa und dem Jüdischen Weltkongreß organisiert wurde, sagte, sind viele der Fehler, die die israelische Politik von Anfang an machte und bis zum heutigen Tag – unter Begin sogar verschärft! – fortsetzt, auf die psychologische Wirkung des Holocaust zurückzuführen. Das permanente Mißtrauen der Israelis gegen irgendwelche internationale Garantien und gegen nichtjüdische Völker und Regierungen, die Hartnäckigkeit in der Verteidigung ihrer Ansprüche, sind zwar im jüdischen Charakter begründet, sind jedoch durch die fürchterlichen Erfahrungen der Nazi-Periode begreiflicherweise ungemein verstärkt worden.
In jenen Jahren des fruchtlosen Kampfes gegen den Nazismus mit allen seinen tiefen Enttäuschungen fand ich zuweilen bei nichtjüdischen Führern größeres Verständnis als bei jüdischen. Eine Illustration dazu ist das Gespräch, welches ich mit dem tschechoslowakischen Außenminister Eduard Beneš in Genf führte, der mich wenige Tage nach der Verkündigung der Nürnberger Gesetze zu sich bat. Ich sehe ihn noch heute vor mir in seinem Ecksalon im Hotel *Beau Rivage,* wo er zwei Stunden lang erregt und beinahe schreiend hin und her ging und mich mit Vorwürfen überhäufte, warum das jüdische Volk nicht sofort in großem Stile reagiere, warum ich und meine Freunde nicht unverzüglich einen internationalen jüdischen Kongreß zusammenriefen, um dem nationalsozialistischen Regime unseren rücksichtslosen Kampf anzusagen. Er versicherte mir, daß er und viele andere nichtjüdische Staatsmänner uns ihre volle Unterstützung nicht versagen würden. »Verstehen Sie denn nicht«, rief er, »daß die Juden ihre Zukunft, ihre Gleichberechtigung auf der ganzen Welt gefährden, wenn sie nur mit lauen Gesten reagieren, ohne die öffentliche Weltmeinung aufzurütteln und energisch gegen die Deutschen vorzugehen? So muß ja das Beispiel Hitlers geradezu anstecken und alle Antisemiten der Welt ermutigen!«
Ich habe in meinem Leben an vielen peinlichen Unterhaltungen teilnehmen müssen, mich aber selten so unglücklich und so beschämt gefühlt wie in jenen zwei Stunden. Ich spürte mit jeder Faser,

daß Beneš recht hatte. Dennoch versuchte ich die Haltung des Weltjudentums zu erklären, indem ich auf die Schwierigkeiten der politischen Organisation eines zerstreuten, heimatlosen Volkes hinwies, auf die Angst vieler jüdischer Wortführer, eine Kampfstellung gegen Deutschland einzunehmen, solange ihre Regierungen Freundschaft mit Deutschland hielten. Keiner meiner Gründe verfing bei Beneš, und ich verließ ihn mit dem Versprechen, wenigstens den Versuch einer internationalen Aktion gegen die Nürnberger Gesetze zu unternehmen, obgleich ich wußte, daß er erfolglos bleiben würde.

Da ich auf ihn zu sprechen kam, erwähne ich hier eine interessante Episode, die ich von Eleanor Roosevelt erfuhr, die ich in Amerika öfters sah. Nach dem deutschen Überfall auf die Tschechoslowakei war Beneš in die USA geflüchtet und wurde als Professor nach Chicago berufen. Bevor er dort antrat, besuchte er Präsident Roosevelt als Privatmann in Hyde Park, N.Y., auf dessen Landgut. In einer Unterhaltung nach dem Abendessen lobte Roosevelt Benešʼ Ruf als weitsichtigen Staatsmann und forderte ihn eher im Spaß auf, seine Voraussagen für die politische Entwicklung der kommenden Jahre aufzuschreiben und sie in einem geschlossenen Kuvert bei ihm zu lassen. Dies geschah. Der Krieg ging zu Ende, Beneš wurde als Präsident zurück nach Prag gerufen, und eines Tages besuchte er Amerika als Staatsgast. Roosevelt erinnerte ihn an das Kuvert, das er nach Washington hattenbringen lassen, und sie öffneten es gemeinsam. Beneš hatte geschrieben: »Die feige ›Beschwichtigungs‹-Politik der Alliierten in bezug auf die Tschechei wird keinen Erfolg haben; nächstes Jahr wird Hitler Polen angreifen: daraufhin werden die Westmächte ihm den Krieg erklären; der Krieg wird für die Alliierten sehr schlecht gehen, bis Sie, Präsident Roosevelt, eingreifen werden und dann Hitler besiegen werden.«

In jenen Jahren haben wir die Achtung vieler wohlmeinender Freunde verloren, die darauf warteten, daß ein geeintes und im tiefsten aufgewühltes Weltjudentum zu einem moralischen und politischen Kreuzzug gegen das Naziregime aufrufen würde. Niemand kann sagen, was geschehen wäre, hätte das Weltjudentum so reagiert, wenngleich es Beispiele dafür gibt, daß in jener Frühperiode der nationalsozialistischen Herrschaft politische Methoden der Bekämpfung zu Erfolgen geführt haben, wie die Bernheim-Petition[26] oder die Auseinandersetzung um die jüdischen Rechte an der Saar. Aber die Frage nach dem Erfolg ist in diesem Zusammenhang unmaßgeblich. Entscheidend ist die moralische Haltung eines Volkes in solcher Lage, die Bereitschaft zurückzuschlagen, statt hilflos ein Gemetzel über sich ergehen zu lassen. Es war eine Prüfung, und wir haben sie nicht bestanden.

Stephen Wise und ich versuchten mehrfach, eine internationale jüdische Konferenz zum Protest gegen die Nürnberger Gesetze einzuberufen, aber wegen Uneinigkeiten über formelle Fragen, z. B. wer den Vorsitz führen würde oder wer die Konferenz einberufen sollte, kam diese äußerst wichtige Konferenz nicht zustande.

Die kleine Gruppe, die damals an der Spitze des Jüdischen Weltkongresses stand, trug den Kampf gegen den Nazismus hauptsächlich in drei Bereiche. Wir versuchten einmal, soweit dies möglich war, den Völkerbund gegen Nazi-Deutschland zu alarmieren. Wir regten Diskussionen über Deutschland in der internationalen Öffentlichkeit an, ebenso wie in jenen Organisationen, in denen Deutschland damals noch vertreten war, und versuchten, es zu diskreditieren. Als drittes, realistisches Mittel planten wir einen wirtschaftlichen Boykott gegen Deutschland.

Im Völkerbund handelte es sich konkret um zwei Fälle: um die Bernheim-Petition am Anfang der Naziherrschaft und um die Verteidigung der Danziger und saarländischen Juden im späteren Stadium, als beide Gebiete an Deutschland zurückfielen.

Es ist hier nicht der Ort, die Bernheim-Petition im einzelnen darzulegen. Mein Anteil an ihr war zweitrangig. In erster Linie wurde die Aktion durch Leo Motzkin, dem Vorsitzenden des Comité des Délégations Juives, und Emil Margulies, dem Vorkämpfer der jüdischen Rechte in der Tschechoslowakei, durchgeführt. Sie bewirkte, daß wenigstens vier Jahre hindurch, bis zum Erlöschen des Übereinkommens, die Rechte der oberschlesischen Juden voll respektiert wurden. Schon damals war es nicht leicht, die verschiedenen im Völkerbundrat vertretenen Mächte zu einer klaren Stellungnahme gegen die Reichsregierung zu bewegen. Dennoch ist es damals, wie der Erfolg zeigt, durch diese Methode gelungen, jedenfalls in einem Teil Deutschlands, jüdische Rechte durchzusetzen. Wir versuchten einige Jahre später dasselbe und vor allem 1934 mit der Saar. Als nach der Volksabstimmung die Rückkehr der Saar nach Deutschland unvermeidlich wurde, beauftragten die dort ansässigen Juden das Comité des Délégations Juives, dessen Vorsitzender ich inzwischen geworden war, ihre Rechte wahrzunehmen. Es lag auf der Hand, daß es aussichtslos sein würde, auf einer jüdischen Gleichberechtigung zu bestehen, nachdem das Saarland Deutschland wieder einverleibt worden wäre. Es kam also darauf an, den Juden das Recht zu erwirken, die Saar unter Mitnahme ihres Vermögens zu verlassen. Dieses Problem hielt mich viele Monate hindurch in Atem, und es gelang mir, die Unterstützung Italiens, das den Vorsitz des Saarkomitees im Völkerbund führte, zu gewinnen. Schließlich wurde Nazi-Deutschland, obwohl es sich lange heftig dagegen sträubte, genötigt, den saarländischen Juden das Recht der Auswanderung einzuräumen, was zur Folge hatte, daß sie die Saar nicht als mittellose Flüchtlinge, angewiesen auf jüdische Wohlfahrt, verließen, sondern, wo immer sie hingingen, mit ihrem ganzen Vermögen als willkommene Einwanderer aufgenommen wurden.

Ich weiß sehr wohl, daß diese zwei Fälle noch nicht beweisen, es wäre ähnliches für die Gesamtheit der deutschen Juden erreichbar gewesen. Sie zeigen jedoch, daß eine Aussicht bestand, durch politisches Vorgehen manches zu erwirken, was sonst unmöglich gewesen wäre. Hätte man, um diesen Gedanken klarzustellen, darauf verzichtet, das Recht auf jüdische Auswanderung aus der Saar politisch vor den Völkerbund zu bringen und die sogenannte philanthropische Methode angewendet, so wäre das Vermögen der Saar-Juden an Deutschland gefallen, Tausende von ihnen wären als verarmte Flüchtlinge in die Welt gegangen und die jüdische Philanthropie hätte Millionen ausgeben müssen, um sie nur notdürftig am Leben zu erhalten.

Die Möglichkeiten, gegen die Nazis mit Hilfe des Völkerbundes einzuschreiten, waren sehr begrenzt, da es eines engumschriebenen Falles oder einer internationalen rechtlichen Grundlage bedurfte.

Selbst so bedeutende zionistische Führer wie Chaim Weizmann und Ben Gurion verkannten die Gefahr. Während Grünbaum, Schertok und andere heroische Initiativen unterstützten – wie die mutigen Versuche von Chana Szenes und Enzo Sereni, die in die nazibesetzten Länder gingen, um Juden zu retten, und mit dem Tod dafür zahlten –, weiß ich von keinem einzigen Fall, in dem Ben Gurion, gewöhnlich so voller Initiative in allen zionistischen Aktionen, etwas zur Rettung europäischer Juden unternahm. Wie oft habe ich es damals bedauert, daß niemand daran gedacht hatte, im Versailler Friedensvertrag die Rechte der deutschen Juden als einer Minorität so wie die der polnischen, rumänischen, tschechoslowakischen und anderer osteuropäischer Judenheiten international zu garantieren. Ich bin überzeugt, daß dies die antisemitische Gesetzgebung der Nazis ungemein erschwert hätte. Aber welcher deutsche Jude hätte nach dem Ersten Weltkrieg auch nur im Traum an Minderheitsrechte gedacht? Selten hat eine Judenheit für ihr naives Sicherheitsgefühl und ihren assimilatorischen Superpatriotismus einen so hohen Preis entrichtet wie die deutsche.

Je mehr sich im Laufe der Jahre die offizielle Politik Großbritanniens und Frankreichs der Beschwichtigung gegenüber Deutschland verschrieb, um so schwieriger wurde es natürlich, den Völkerbund zu einer wirkungsvollen Stellungnahme gegen das Naziregime zu bewegen. Als jüdischem Vertreter in Genf wurde es mir immer unerträglicher mitanzusehen, wie die Großmächte – ausgenommen die Sowjetunion – bei jeder neuen Provokation durch Hitler klein beigaben und ihm erlaubten, seine Macht und sein Ansehen auszudehnen. In dem Grade, wie die Westmächte Zugeständnisse an Deutschland machten, wurde die allgemeine Atmosphäre in Genf drückender und hoffnungsloser. Der Höhepunkt wurde in den Tagen der Münchner Konferenz erreicht. Die Völkerbundversammlung tagte gerade. Die Sowjetunion war von der Münchner Zusammenkunft nicht einmal unterrichtet worden, trotz ihrer Angebote, gemeinsam mit den Westmächten eine klare Front gegen Deutschland einzunehmen. Die Sowjetunion stand in jener Zeit völlig vereinsamt, und als Litwinow gleich nach München seine prophetische Rede in der Völkerbundversammlung hielt, in der er voraussagte, daß München zu neuen Provokationen und schließlich zum Weltkrieg führen würde, wagte kaum jemand, Beifall zu spenden, der sonst, schon aus Gründen der Höflichkeit, niemandem vorenthalten wurde. Litwinow beendete seine Rede unter beinahe allgemeinem Schweigen, nur ganz wenige Mitglieder der Völkerbundversammlung drückten ihm die Hand. Ich, der ich nicht einmal Delegierter war, konnte nicht anders, als auf ihn zuzugehen und ihm meine Bewunderung auszudrücken. Er hat mir später versichert, daß er mir diese Geste, die im damaligen Klima einen gewissen Mut erforderte, niemals vergessen habe. Es war dies durchaus keine Stellungnahme für die Sowjetunion gegen die Westmächte, wohl aber ein Ausdruck der Anerkennung für einen Mann, der die moralische Feigheit und politische Kurzsichtigkeit der Münchner Beschwichtigungspolitik anzuprangern wußte. Die Welt wäre heute besser daran, wenn diesen Warnungen mehr Beachtung geschenkt worden wäre.

Der Jüdische Weltkongreß versuchte, Deutschland auch außerhalb des Völkerbunds in der öffentlichen Meinung, in der Presse und in den internationalen Organisationen zur Rechenschaft zu ziehen. Der Kampf konzentrierte sich vor allem auf zwei Körperschaften: den europäischen Minoritätenkongreß und die Union für Völkerbundsligen.

Der Minoritätenkongreß war nach dem Ersten Weltkrieg geschaffen worden. In den Friedensverträgen waren die Minderheitenrechte für eine Reihe von Minoritäten in Ost- und Mitteleuropa, darunter auch für verschiedene jüdische, anerkannt worden. Um diese Rechte gegenüber den Regierungen, die sie natürlich als höchst unbequem empfanden und in der Praxis abzuschwächen oder zu beseitigen versuchten, durchzusetzen, erwies sich bald eine Zusammenarbeit aller Minderheiten als wünschenswert. So entstand der Kongreß. Unter den in ihm vertretenen Minderheiten gab es zwei, die von Anfang an eine führende Rolle spielten, die deutschen und die jüdischen. In den Jahren der Weimarer Republik arbeiteten sie eng zusammen, innerhalb sowie außerhalb des Kongresses. Die jüdischen Wortführer waren Leo Motzkin, Dr. Emil Margulies, Dr. Mordechai Nurock für die jüdische Minderheit Lett-

lands und Dr. Michael Ringel für die galizische. Als Rechtsberater stand ihnen Dr. Nathan Feinberg zur Seite, ein anerkannter Fachmann für Minoritätenrechte und späterer Professor für internationales Recht an der Jerusalemer Universität. Von 1933 an beteiligte ich mich an dieser Arbeit, die aber nicht mehr lange währte. Nach der Machtübernahme Hitlers gerieten die deutschen Minderheiten immer mehr unter den Einfluß der Nazis. Sie waren auf die Unterstützung der deutschen Regierung angewiesen und mußten sich schließlich mehr oder minder ihrer Politik anpassen, was einer weiteren Zusammenarbeit mit den jüdischen Minoritäten die Grundlage entzog. Daher brach denn auch sehr bald nach 1933 der Minoritätenkongreß total zusammen.
Dramatischer war unser Kampf gegen das Naziregime innerhalb der Union der Völkerbundsligen, an deren Spitze Männer wie Lord Robert Cecil standen. Sie setzte sich aus den Ligen verschiedener Völker zusammen, die es sich zur Aufgabe gemacht hatten, die Ideen des Völkerbundes zu propagieren. Die Vereinigungen hatten in manchen Ländern, z.B. in England, starken Einfluß, und die Union selbst war ein internationaler Faktor von erheblicher Bedeutung. Nach der Machtergreifung durch die Nazis versuchten wir, die Union zu einer Stellungnahme gegen die antisemitische Politik des Naziregimes zu veranlassen, und ich beteiligte mich deshalb Anfang Juni 1935 an der Sitzung der Exekutive, die nach dramatischem Kampf meine Resolution annahm, worauf die deutsche Delegation aus der Union austrat. Am 23. Juni verabschiedete der Gesamtkongreß diese Resolution. Daraufhin wurde ich aus Deutschland ausgebürgert. Derlei Unternehmungen brachten in einzelnen Fällen gewisse Erfolge, die freilich in der allgemeinen Atmosphäre der Beschwichtigungspolitik der Großmächte letztlich bedeutungslos blieben.
Gleichzeitig versuchten wir auch, Deutschland wirtschaftlich zu treffen und einen internationalen Boykott zu organisieren. Hätten wir lediglich alle Juden der Welt in dieser Aktion vereinigt, so wäre das schon eine sehr wirksame Waffe in unseren Händen gewesen. Aber viele jüdische Gruppen weigerten sich mitzumachen, sei es, weil viele jüdische Firmen Handelsvertreter deutscher Unterneh-

mungen waren, sei es, weil manche jüdische Organisationen, namentlich in den Vereinigten Staaten, den Standpunkt vertraten, es sei unpatriotisch, einen Wirtschaftsboykott gegen einen Staat zu organisieren, zu dem das eigene normale Handelsbeziehungen unterhielt. Stephen S. Wise, Samuel Untermeyer und andere Führer der Boykottbewegung in Amerika führten einen heroischen Kampf. Ähnliches geschah in anderen Ländern, aber da es nur gelang, bestimmte, sehr begrenzte Kreise des Weltjudentums zu gewinnen, war die Wirkung geringfügig. Innerhalb des Jüdischen Weltkongresses konnte die Boykottresolution durchgedrückt werden, obgleich auch hier Schwierigkeiten mit einigen Delegationen zu überwinden waren, vor allem mit der italienischen, im Hinblick auf die engen Beziehungen zwischen der faschistischen und nationalsozialistischen Regierung.

Diese verzweigten Unternehmungen gegen den Nationalsozialismus zur Verteidigung jüdischer Rechte, namentlich die Bearbeitung des Saarproblems, brachten mich in wiederholte Berührung mit nichtjüdischen Staatsmännern. Von den vielen Unterhaltungen, die ich damals pflegte, seien zum Abschluß dieses Kapitels drei ausführlicher dargestellt: Gespräche mit dem italienischen Diktator Mussolini, dem sowjetischen Außenminister Litwinow und dem späteren Papst Pius XII., dem damaligen Kardinal-Staatssekretär Pacelli. Den Anlaß bildete in allen Fällen die Saarfrage.

Italien war damals völkerbundstreu, und sein Vertreter beim Völkerbund war Vorsitzender des Dreierausschusses, welcher mit der Regelung der Saarfrage von seiten des Völkerbundes betraut war. Aus den vorerwähnten Unterhandlungen ergab sich für mich die Notwendigkeit, Mussolini zu besuchen. Ein weiterer Grund bestärkte meinen Wunsch, den Duce zu sehen. Die italienische Regierung und besonders Mussolini waren damals weit entfernt von irgendwelcher antisemitischen Einstellung. Etwa ein halbes Jahr bevor ich Mussolini sah, erhielt ich aus Wien die Information, daß der österreichische Bundeskanzler Dollfuß, der ganz unter italienischem Einfluß stand, eine Verfassungsänderung herbeizuführen gedenke und dabei die Bestimmung, welche die jüdische Gleichberechtigung zusicherte, ändern wolle. Ich wandte mich damals durch

den italienischen Vertreter im Völkerbund, Baron Aloisi, an den Duce mit der Bitte, auf Dollfuß einzuwirken, daß er diesen Verstoß gegen die jüdische Gleichberechtigung in Österreich nicht unternehme. Der Duce ließ mich daraufhin wissen, daß er durch Baron Suvic, der um diese Zeit Unterstaatssekretär im Auswärtigen Amt war und zu einer offiziellen Visite nach Wien fuhr, ein Handschreiben an Dollfuß gesandt und ihn ersucht habe, an der jüdischen Gleichberechtigung nicht zu rütteln. Diese Mitteilung wurde mir durch meine jüdischen Freunde in Wien bestätigt. Gerade damals jedoch, im Winter 1934, war in den Beziehungen Mussolinis zu den italienischen Juden eine Trübung eingetreten. In Turin hatte man einen antifaschistischen Komplott aufgedeckt und die Mehrzahl der Beteiligten waren jüdische Studenten gewesen. Mussolini weigerte sich daraufhin, den Oberrabbiner von Rom, Dr. Sacerdoti, der sonst mit ihm in guten Beziehungen stand, zu empfangen. Sacerdoti, Mitglied der Exekutive des Comité des Délégations Juives und ein guter Freund von mir, ersuchte mich, ich möge bei meiner Unterredung mit Mussolini die Gelegenheit benutzen, die freundliche Einstellung des Duce zur italienischen Judenheit zu erneuern.
Ich bat nun Baron Aloisi um eine persönliche Unterredung mit Mussolini und bekam sehr schnell die Antwort, daß der Duce sich freuen würde, mich am 13.11. 1934 um halb sechs Uhr zu sehen. Ich erhielt das Telegramm mit der Einladung zu Mussolini, als ich gerade in Warschau war. Ich nahm den direkten Zug von Warschau nach Rom; da es in den Jahren der ökonomischen Weltkrise war, war der Schlafwagen fast leer. Ich erfuhr auf dieser Reise – wovon mich spätere Erlebnisse noch überzeugten –, wie leicht es ist, ein Hochstapler zu sein, wenn man die genügende Frechheit besitzt. An der italienischen Grenze kamen zwei Beamte, meinen Paß zu kontrollieren, der eine in der Staatsuniform, der andere in der faschistischen. Sie fragten mich, wie lange ich in Rom bleiben würde. »Zwei bis drei Stunden«, antwortete ich. »Wozu?« – »Um jemanden zu treffen.« – »Wen?«, fragten sie. Als ich sagte »den Duce«, rissen beide den Mund auf, salutierten militärisch und gaben mir den Paß mit großer Verbeugung zurück, ohne auch nur zu prüfen, ob ich wirklich eine Einladung zu Mussolini hatte.

Etwas Ähnliches erlebte ich in Wien, als ich in der Zeit der großen Spannungen zwischen Österreich und Deutschland kam, um Schuschnigg zu sehen. Ich hatte damals noch einen deutschen Paß, den ich dem Hotelportier gegeben hatte. Nach zehn Minuten klopfte ein Polizist ans Zimmer: »Sie haben einen deutschen Paß. Wozu sind Sie in Wien?« »Um Kanzler Schuschnigg zu sehen«, antwortete ich. Ohne das zu prüfen, grüßte er und ging.

Sacerdoti hatte mich gebeten, ihn, wenn möglich, zu der Audienz mitzunehmen, um bei dieser Gelegenheit seine früheren Beziehungen zu Mussolini wieder herzustellen. Die Antwort war, daß der Oberrabbiner mich begleiten, aber nicht das Wort nehmen dürfe, da italienisch-jüdische Probleme nicht zum Bereich unserer Unterhaltung gehörten.

Der Empfang bei Mussolini war arrangiert wie eine großartige Theaterinszenierung à la Reinhardt. Wir kamen vor den Palazzo Venezia, der geschlossen war. Wir läuteten, worauf ein Schiebefenster aufging und ein Offizier uns fragte, was wir wollten. Dr. Sacerdoti zog den Einladungsbrief hervor und antwortete: »Convocazione al Presidente del Consiglio per il dottore Goldmann.«

Der Offizier, der das natürlich schon vorher wußte, öffnete die Tür, wir traten ein und schritten durch eine Reihe von uniformierten Soldaten und Polizisten. Der Offizier geleitete uns zum ersten Stock; dort wiederholte sich die gleiche Zeremonie: das Tor geschlossen, Schiebefenster auf, die gleiche Frage, gleiche Antwort, die nun der Offizier brüllte, die Tür ging auf, wiederum eine Reihe von anderen uniformierten Marionetten, und wir wurden von einem weiteren Offizier in den nächsten Stock geführt; hier die gleiche Komödie, nur daß mit jedem höheren Stockwerk das »Convocazione ...« immer lauter gebrüllt wurde. So gelangten wir in den dritten Stock, wo sich das berühmte Zimmer des Duce befand.

Wir wurden in ein Vorzimmer geführt, in dem herrliche Renaissancebilder hingen; einer der Sekretäre des Duce leistete uns Gesellschaft. Er erzählte uns einiges über die Lebensweise Mussolinis, der magenleidend sei und sich hauptsächlich von Kaffee und Früchten nähre, und gab mir einen Hinweis.

»Wenn Sie zum Duce kommen«, sagte er, »wird er Sie stehend empfangen und Sie nicht gleich auffordern, sich zu setzen; wenn er nicht an Ihnen interessiert ist und die Audienz als rein offiziell betrachtet, wird er Ihnen keinen Stuhl anbieten und Sie müssen dann nach einigen Minuten Adieu sagen; ist er an Ihnen interessiert, wird er Ihnen einen Sitz anbieten und dann können Sie sich in Ruhe mit ihm unterhalten.«

Wir warteten etwa 20 Minuten; dann geleitete uns der Sekretär in ein anderes Vorzimmer, in dem eine Menge Lakaien, Polizisten und Geheimagenten herumschlurften; einer von ihnen riß die Flügeltüre auf, und ein Kammerdiener meldete uns an.

Wir kamen nun in das Zimmer Mussolinis, einen großen Saal, an dessen Ende der Duce an einem Schreibtisch stand. Es war kurz vor sechs Uhr und fast dunkel; lediglich eine Schreibtischlampe brannte und beleuchtete Mussolini, ließ aber das Zimmer in völliger Dunkelheit. Als wir eintraten, hob Mussolini die Hand zum faschistischen Gruß, den Dr. Sacerdoti erwiderte, während ich mich höflich verbeugte. Man ging etwa 40 bis 50 Schritte, bis man Mussolini erreicht hatte. Sacerdoti war ziemlich erregt.

Ich fand das ganze sehr komisch und murmelte im Schreiten: »C'est très drôle ici«, worauf Sacerdoti vor Angst, daß der Duce mich gehört haben könnte, fast in den Boden sank. Schließlich kamen wir zu seinem Tisch.

Mussolini war affektiert nachlässig gekleidet: graue Hose, grauer Jumper mit einem Gürtel; auf dem Tisch stand eine große Schale mit Obst.

»Welche Sprache wollen Sie sprechen?« fragte er.

»Französisch«, erwiderte ich.

»Sie haben mich um die Unterredung gebeten«, sagte er, »und ich bin froh, Sie zu sprechen. Ich danke Ihnen, daß Sie gekommen sind. Sie haben dies für Ihr Volk getan, und man muß alles für sein Volk tun.«

»Deshalb bin ich hier, Eure Exzellenz.«

»Welche Fragen wollen Sie behandeln?« Wir standen.

»Zunächst erlauben Sie mir, Exzellenz, eine Analyse der gegenwärtigen Lage der Juden zu geben.«

»Ich kenne sie sehr gut, weil mich die jüdische Frage außerordentlich interessiert.«

»In diesem Falle kann ich meine Analyse abkürzen. Ein Wort genügt: Vor dem Krieg waren Millionen Juden Osteuropas ihrer Rechte beraubt. Heute besitzen sie zwar auf dem Papier alle Rechte, sogar Minderheitenrechte. Wirtschaftlich jedoch ist die Lage von Millionen Juden in Polen, Rumänien und so weiter schlimmer als in den schlimmsten Zeiten des russischen Zarismus.«

»Ich wußte, daß die Lage der Juden traurig ist, aber nicht, daß sie so traurig ist. Übertreiben Sie nicht etwas?« Dabei schaute er Dr. Sacerdoti an, der sodann bestätigte: »Das ist die Wahrheit, Exzellenz.«

»Wirklich . . .«, meinte er und schien beeindruckt zu sein.

Ich fragte ihn daraufhin, ob ich ihm eine Reihe von Berichten über die Lage der Juden in den ost- und zentraleuropäischen Ländern geben dürfe.

Mussolini nahm die Rapporte, blätterte in dem Memorandum und sagte: »Ich verspreche Ihnen, alles genau zu lesen, und was ich verspreche, halte ich. Hier ist ein Kapitel über die Juden in Sowjet-Rußland. Woher haben Sie die Informationen? Haben die Russen Ihnen erlaubt, einen Vertreter zu schicken, um die Lage der Juden in Rußland zu studieren?«

»Das nicht, aber wir bekommen von Zeit zu Zeit indirekte Informationen.«

»Mit unleserlicher Tinte geschrieben?«

»Weshalb vermuten Sie das, Exzellenz?« fragte ich.

»Ich bin ein alter Revolutionär und kenne alle Tricks des revolutionären Handwerks. Es war eine schöne Zeit, als ich mit unleserlicher Tinte Berichte schrieb.«

Dann schaute Mussolini mich an und sagte: »Wollen Sie nicht Platz nehmen?« Er wandte sich dabei aber nur an mich und nicht an den Oberrabbiner Sacerdoti.

»Nach Ihnen.«

»Ich«, erwiderte er pathetisch deklamierend, »ziehe es vor, stehen zu bleiben.«

»Kennen Sie Nietzsche?« fragte ich.

»Ob ich Nietzsche kenne? Er ist mein Lieblingsphilosoph!«
»Dann wissen Sie wahrscheinlich, Exzellenz, daß Nietzsche davon spricht, es gebe zwei Arten von Denkern – sitzende Denker und wandelnde Denker. Sie, Exzellenz, sind ein stehender Denker.«
Mussolini wollte lachen, aber die caesarische Rolle, die er spielte, erlaubte ihm das nicht, und er unterdrückte ein beginnendes Lächeln.
»Ich bin kein Denker«, rief er theatralisch aus, »ich bin ein Mann der Tat!«
»Aber ich hoffe, Exzellenz, daß Sie gut nachdenken, bevor Sie handeln.«
Er lächelte einen Moment. Ich bat Mussolini um die Erlaubnis, auch Oberrabbiner Sacerdoti einen Stuhl zu holen, da nur einer an seinem Schreibtisch stand. Er brummte: »Wenn Sie es wollen.« Ich holte einen Stuhl für Sacerdoti und beide setzten wir uns.
»Was wollen Sie mit mir besprechen?« fragte er.
Ich antwortete: »Das Schicksal der Juden in Deutschland, die Frage der Saar, die Judenfrage in Österreich sowie die Minderheitenverträge und ihre Behandlung durch Polen.«
Mussolini nahm einen Zettel und schrieb sich die Fragen auf. »Sehr gut«, sagte er, »beginnen wir. Primo: die Saar.«
Zunächst berichtete ich Mussoloni über meine Unterredung, die ich am Vormittag mit Biancheri, dem Beauftragten für die Saarfrage im italienischen Außenamt, gehabt hatte. Dann legte ich unseren Standpunkt in der Saarfrage dar. Ich sagte Mussolini, daß ein nur transitorischer Schutz der jüdischen Gleichberechtigung an der Saar, falls diese an Deutschland käme, ungenügend sei; ein permanenter Schutz sei erforderlich. Ich gab zu, daß juristische Schwierigkeiten bestünden, verwies aber zugleich auf die juristischen Gegenexpertisen von Bourquin und Hudson, zwei international bekannte Juristen, der eine Belgier, der andere Amerikaner. Die jüdische Frage an der Saar habe prinzipiellen Charakter. Eine Billigung der Rückgabe der Saar an Deutschland durch den Völkerbund ohne Garantie der jüdischen Rechte sähe wie eine Sanktion der antijüdischen Gesetzgebung in Deutschland durch den Völkerbund aus. Unter allen Umständen sei aber erforderlich, eine Klausel in das

Saarabkommen mit Deutschland einzuflechten, worin sich dann Deutschland verpflichte, alle saarländischen Bürger, die auswandern wollten, mit ihrem ganzen Vermögen ziehen zu lassen.
Daraufhin ergriff Mussolini das Wort und erwiderte: »Sie wollen, daß der Völkerbund das erreicht? Sie wollen, daß der Völkerbund handelt? Sind Sie so naiv zu glauben, daß der Völkerbund etwas durchsetzen kann?« Er begann mit einer zwei bis drei Minuten langen Tirade gegen den Völkerbund – eine der besten schauspielerischen Leistungen, die ich je gesehen habe. »Was sagen Sie, mein Herr«, schrie er, »der Völkerbund soll handeln? Der Völkerbund handelt niemals! Er ist ein Debattierklub, ein Senat von alten Schwätzern, die diskutieren, diskutieren, diskutieren. Juden sind kluge Menschen, Sie sind bestimmt ein kluger Mensch, und Sie erwarten, daß diese Akademie von Schwätzern etwas durchsetzt?! Der Völkerbund kann nur reden, nicht handeln.«
»Aber da Sie, Exzellenz, Mitglied des Völkerbundes sind, handeln Sie!«
»Wie wollen Sie, daß ich in Genf, wo 52 Regierungen Politik machen, handele? Ich handele, wenn ich allein bin, ich habe es in der österreichischen Frage bewiesen.«
Ich verwies nochmals auf die besondere Verantwortung Italiens, da Baron Aloisi Vorsitzender der Dreierkommission für die Saarfrage sei.
Auf meine Bemerkung entgegnete Mussolini: »Ich werde Deutschland zwingen, die Saarjuden mit ihrem Geld herauszulassen.«
Er nahm einen Bleistift und einen großen Schreibblock, riß ein Blatt ab und schrieb: »Saar – Juden – Auswanderung.«
»Das ist in Ordnung«, sagte er dann, »verlassen Sie sich nur auf mich.«
Und er hielt Wort. In der Tat wurde dann die Unterzeichnung des Abkommens zwischen dem Völkerbund und der Hitler-Regierung bezüglich der Rückgabe des Saargebiets um eine Weile verzögert, weil Italien aufgrund des Versprechens von Mussolini nun darauf bestand, daß Deutschland den Auswanderern aus der Saar das Recht zugestehe, ihre Vermögen in französischen Franken auszuführen.

Darauf ging das Gespräch zur österreichischen Frage über. Ich berichtete Mussolini, daß ich den österreichischen Bundeskanzler Schuschnigg vor kurzem in Genf gesehen hätte, der Duce zeigte sich informiert.
Er fragte: »Welchen Eindruck macht er auf Sie, ist er ein kluger Mensch?«
»Ja, ich glaube, er ist sehr klug.«
»Glauben Sie, daß er ein aufrichtiger Katholik ist?«
»Ich habe niemals seinen Gebeten beigewohnt, Exzellenz, deshalb kann ich hierüber nicht urteilen.«
»Man sagt mir, daß er ein sehr aufrichtiger Katholik sei, und ich persönlich schätze Menschen, die wirklich religiös sind.«
Ich entwickelte nun Mussolini unsere Wünsche bezüglich Österreich, berichtete von der Verwaltungspraxis, die die Juden benachteiligte – gegen Ärzte, Beamte und so weiter –, wies darauf hin, daß die jüdische öffentliche Meinung sehr beunruhigt war und amerikanisch-jüdische Gruppen bereits Protestaktionen einleiten wollten, die ich jedoch im Augenblick noch zurückgehalten hätte.
»Es war sehr klug von Ihnen, das zu tun«, sagte Mussolini. »Diese amerikanischen Juden und Nichtjuden sind immer bereit zu protestieren, zu schreien und sich in europäische Angelegenheiten zu mischen, von denen sie nichts verstehen. Das war schon mit Präsident Wilson so, und heute ist es nicht anders. Eine schreckliche Angewohnheit.«
Ich sagte darauf, daß auch ich öffentliche Protestaktionen gegen die österreichische Regierung gegenwärtig noch für inopportun halte, daß wir jedoch eine Änderung in der Haltung gegenüber den Juden verlangen müßten und dabei besondere Hoffnung auf Mussolini setzten. Ich erinnerte ihn an das Handschreiben, das er schon einmal an Dollfuß geschickt habe, um die jüdische Gleichberechtigung herzustellen. Dollfuß habe daraufhin seine antijüdischen Absichten zurückgestellt, aber die Gefahr für die Juden bestehe, wie man mir aus Wien mitgeteilt habe, weiter. »Können Sie, Exzellenz, nicht Schuschnigg davon überzeugen, daß es für Österreich sehr falsch wäre, dort eine ›Judenfrage‹ zu schaffen und damit die Juden der Welt zu Feinden Österreichs zu machen?«

»Ich werde es bestimmt tun. Es ist ein Wahnsinn der österreichischen Regierung, die auf äußerst schwachen Füßen steht, sich mit den Juden zu streiten. Sie können beruhigt sein«, fügte er hinzu, »ich bin ein Freund der Juden. Wir können nicht zulassen, daß die Juden Österreichs angegriffen werden. Nächste Woche wird Herr Schuschnigg hier sein, er wird auf demselben Stuhl sitzen, auf welchem Sie jetzt sitzen, und ich werde ihm erklären, daß ich nicht wünsche, daß in Österreich eine Judenfrage geschaffen wird. Machen Sie sich keine Sorge mehr in dieser Angelegenheit. Ich werde sehr ernstlich mit ihm sprechen, Sie können sich auf mich verlassen.«

Wiederum nahm er ein Stück Papier und schrieb: »Österreich – Schuschnigg – Judenfrage.«

Dann fuhr er fort: »Tercio: Deutschland.«

Ich sprach über die deutsche Judenfrage und erklärte Mussolini, warum ich bei einem früheren Anlaß seinem Wunsch, eine Kompromißformel für eine Verständigung mit Hitler zu finden, nicht hatte nachkommen können.

»Ich vertrete die Interessen aller Juden der Welt, und ich kann nicht, um die Position der deutschen Juden vielleicht ein wenig zu verbessern, das Prinzip der Gleichberechtigung der Juden in der ganzen Welt antasten lassen. Dieses Prinzip der Gleichberechtigung für die Juden ist ein permanentes Prinzip, ebenso wichtig für künftige jüdische Generationen wie für die heutige. Wir sind ein altes historisches Volk«, erklärte ich dem Duce, »unsere Politik kann nicht die Zukunft unseres Volkes preisgeben, um einige kleine Verbesserungen für einen Teil der heutigen jüdischen Generation zu erkaufen.«

Mussolini hörte sich das sehr interessiert an. »Sie sind ein kluger Mann, und Sie vertreten ein großes und unvergängliches Volk. Haben Sie keine Angst vor Herrn Hitler?« fuhr er fort, und obschon er französisch redete, sprach er von »Herrn Hitler«, konnte als Romane aber das »H« nicht aussprechen.

»Ich kenne Herrn Hitler«, bemerkte er. (Einige Wochen vorher hatten Mussolini und Hitler sich in Venedig zum ersten Mal getroffen.) »Er ist ein Dummkopf, ein vaurien, ein fanatischer Dummkopf, ein Schwätzer; es ist qualvoll, ihm zuzuhören. Sie sind viel stärker als Herr Hitler; von Herrn Hitler wird es keine Spur mehr geben, wenn die Juden noch ein großes Volk sein werden. Sie und wir«, schrie er plötzlich, wobei ich nicht wußte, ob er mit »wir« Italien oder den Faschismus meinte, »sind große historische Mächte. Herr Hitler ist ein Witz von einigen Jahren. Haben Sie keine Angst vor ihm und sagen Sie das Ihren Juden.«

»Immerhin hat Hitler eine Flotte, eine Armee und ein organisiertes Volk von 70 Millionen Menschen. Wir sind verstreut, wir haben keine Flotte, keine Armee, keine Macht.«

»Das ist richtig«, erwiderte Mussolini, »ich sage Ihnen aber, Sie sind mächtiger als Herr Hitler. Die Hauptsache ist, daß die Juden keine Angst vor ihm haben. Wir werden alle sein Ende erleben. Aber Sie müssen einen jüdischen Staat schaffen. Ich bin ein Zionist; ich habe es Dr. Weizmann gesagt. Sie müssen einen richtigen Staat haben, nicht das lächerliche Nationalheim, das die Engländer Ihnen angeboten haben. Ich werde Ihnen helfen, einen jüdischen Staat zu schaffen, aber die Hauptsache ist, daß die Juden auf ihre Zukunft vertrauen und keine Angst vor diesem Dummkopf in Berlin haben.«

Das Gespräch kam nun auf die Probleme der Minoritäten. »Erlauben Sie mir, frei und offen zu sprechen«, sagte ich. »Die Haltung Polens beunruhigt uns sehr. Wir wissen sehr wohl, daß die Minoritätenrechte, die den Juden zugestanden worden sind, keine allzu große tatsächliche Bedeutung haben. Diese Rechte sind rein theoretisch geblieben. Aber trotzdem gewähren sie eine gewisse gesetzliche Garantie.« Ich zitierte die Äußerung Sir Robert Vansittarts, des englischen Unterstaatssekretärs im Foreign Office, der zu Neville Laski gesagt hatte: »The difference between the position of the Eastern Jews with minority rights and without them is the difference between hell and bloody hell.« Ich fuhr fort: »Polen plant eine Aufhebung der Minoritätenrechte. Die Erklärung des polnischen Außenministers in Genf bedeutete den feierlichen Auftakt dieser Politik, deren Resultat vom Verhalten der Signatarmächte des Versailler Vertrages abhängen wird. Ich bin der Haltung Englands sicher, der Haltung Frankreichs fast sicher, aber Ihrer Haltung, wenn Sie es mir zu sagen erlauben, aus zwei Gründen nicht sicher: Sie sind kein großer Freund von Minderheitenrechten im allgemeinen und Sie widersetzen sich nicht der Revision der Verträge. Diese Revision ist andererseits eine Frage der großen Politik, in die wir Juden uns nicht einmischen. Aber wenn man die Verträge revidieren will, wird eine totale und radikale Revision notwendig sein, und man wird auch die jüdische Frage behandeln müssen, um eine feste Basis für unsere Existenz zu finden.«

»Beunruhigen Sie sich nicht, ich bin durchaus Ihrer Ansicht. Die Geste Polens war eine Geste des Größenwahnsinns. Polen will mich nachahmen, es will die Rolle einer Großmacht spielen, aber Polen ist keine Großmacht. Dreißig Millionen Einwohner, Ukrainer, Russen, Deutsche, Juden, das ist keine Großmacht! Ich werde niemals zulassen, daß man die Revision der Friedensverträge mit der Revision der Minderheitenrechte beginnt. Baron Aloisi hat in Genf eine dementsprechende Erklärung abgegeben; ich bleibe bei dieser meiner Haltung. Wenn man eine Revision der Friedensverträge, die notwendig ist, unternimmt, dann muß eine vollständige Revision stattfinden, welche die Grenzen, die ungarische Frage und so weiter bereinigen muß. Wenn die Polen in der Minderheitenfrage sich an mich wenden, was sie bisher noch nicht getan haben, so werde ich sagen: Nein, nein, nein. Seien Sie dessen sicher.«

»Ich danke Ihnen für diese Erklärung, die uns über Ihre Haltung beruhigt. Erlauben Sie mir noch, Exzellenz, Ihnen nach allem, was Sie gesagt haben, für Ihr Wohlwollen und Ihr Verständnis jüdischen Fragen gegenüber zu danken. Es war für mich als Präsident des Comité des Délégations Juives eine große Genugtuung, seit Beginn der Bewegung für einen Jüdischen Weltkongreß die enge Zusammenarbeit des italienischen Judentums gefunden zu haben. Ich danke Ihnen für all Ihre Sympathie, die Sie unserer Bewegung entgegengebracht haben. Und ich hoffe, daß das italienische Judentum auf dem Jüdischen Weltkongreß, den wir aufgrund von demokratischen Wahlen für das nächste Jahr einberufen wollen, vertreten sein wird.«

»Dr. Sacerdoti ist ein lebendiger Zeuge meiner tiefen und dauernden Sympathie für den Jüdischen Weltkongreß.«

Damit war die Unterhaltung eigentlich beendet. Ich wollte aufstehen und weggehen, doch Mussolini bat mich zu bleiben. Er sagte: »Können Sie mir eine Frage beantworten, die ich nicht verstehe? Die Juden sind ein kluges Volk, ein realistisches Volk, große Praktiker; warum sind die Juden überall und immer so verbissene Anhänger der formalen Demokratie?«

Das war ein sehr heikler Punkt. Ich wollte Mussolini nicht vor den Kopf stoßen und konnte andererseits nicht ein faschistisches Glaubensbekenntnis ablegen. »Zunächst«, sagte ich, »hat dies einen historischen Grund. Verfolgte Völker sind immer revolutionär, freiheitlich und demokratisch orientiert. Die Demokratie hat den Juden die Emanzipation und Gleichberechtigung gebracht und sie sind der Demokratie daher natürlicherweise dankbar. Außerdem«, fuhr ich fort, »hängt ein undemokratisches Regime in entscheidendem Maße von der Persönlichkeit seines Führers ab. Es ist aber keinesfalls sicher, daß jedes solche Regime einen so dynamischen Führer haben würde wie Exzellenz es sind.« Ich fügte diese Schmeichelei bewußt hinzu, da ich seiner Sympathie bedurfte, und ich merkte, wie diese Komplimente ihm wie Honig auf der Zunge schmeckten.

»Das verstehe ich«, stimmte Mussolini zu.

Da ich merkte, daß er guter Laune war, wollte ich die Gelegenheit benützen, Dr. Sacerdoti wieder gute Beziehungen zu Mussolini zu verschaffen. »Ich habe mir erlaubt, den Oberrabbiner mitzubringen; er will mit Ihnen einige Fragen besprechen, die das italienische Judentum betreffen, wenn Sie ihm dazu Gelegenheit geben.«

»Ich will es gerne tun, da Sie mich darum bitten, aber nicht heute.«

Mussolini wandte sich an Sacerdoti und sagte auf italienisch, daß diese Audienz für mich bestimmt sei und er nach einiger Zeit um eine besondere Audienz ersuchen solle. Vier Wochen später wurde Sacerdoti empfangen und nahm seine Position wieder ein.

Bevor uns Mussolini verabschiedete, fügte ich hinzu: »Ich werde Sie noch um eine Kleinigkeit bitten. Es liegt mir daran, daß die Agentura Stefani, die offizielle italienische Regierungsagentur, mitteilt, daß Sie mich empfangen haben.«

»Wofür brauchen Sie das? Für Ihr Prestige?«

»Mein Prestige, Exzellenz«, sagte ich, »beruht auf der Meinung, die das jüdische Volk von mir hat. Wenn ich Sie darum bitte, so tue ich es, weil es für Juden wie Antisemiten gut ist, zu wissen, daß Sie einen Vertreter der Juden offiziell gesprochen und mit ihm jüdische Fragen ernstlich diskutiert haben.«

»Ich verstehe das vollkommen; es wird geschehen.«

Wieder riß er eine Seite aus dem Notizblock und schrieb darauf: »Dr. Goldmann – Agentura Stefani.«

Am nächsten Morgen brachte die Agentura Stefani einen offiziellen Bericht über unsere Unterhaltung.

»Das Gespräch«, sagte Mussolini, »hat mir viele Dinge klargemacht. Kommen Sie wieder, wenn Sie mich brauchen.«

Ich konnte mich nicht enthalten zu sagen: »Vielleicht werde ich Sie das nächste Mal in Genf sehen.«

»Ich in Genf!« rief er. »Ich komme nicht in diese Akademie der Schönredner, das ist ein Zeitverlust. Ich bin gewohnt, zu handeln und nicht Tage mit Diskussionen zu verlieren.«

»Sehr wohl«, erwiderte ich, »wenn Sie mir zusagen, daß Sie jedesmal, wenn ich Sie spreche, für die Juden handeln werden, werde ich gern wiederkommen.«

Mussolini lächelte, drückte auf eine Klingel, grüßte faschistisch, ich verbeugte mich, und ein Sekretär begleitete uns hinaus.

In der gleichen Zeit versuchte ich, in der Saarangelegenheit auch eine Verbindung zum Vatikan zu finden. Mir schien es sinnvoll, vom Völkerbund einen Schutz aller religiösen Minoritäten in der Saarprovinz zu verlangen, woran auch die katholische Kirche interessiert sein mußte. Zionistische und jüdische Politiker hatten in jenen Jahren oft versucht, Kontakt mit der vatikanischen Diplomatie aufzunehmen, was nicht immer einfach war. Nachum Sokolow war eigentlich der einzige, der vor der Balfour-Erklärung und ihrer Ratifizierung in der Konferenz von San Remo Gespräche mit dem Vatikan geführt hatte. In zionistischen Dingen war es wegen der Tradition vom »Ewigen Juden« als Strafe für die Kreuzigung Jesu nicht leicht, mit der Katholischen Kirche Politik zu machen.

Meine Beziehungen zum Vatikan wurden mit Hilfe eines Mitglieds der Familie Habsburg angebahnt, das mich eines Tages in Paris zu

gewinnen trachtete, die Restaurationsbestrebungen der Habsburger Monarchie zu unterstützen. Mit Wiener Charme legte mir der Betreffende dar, daß die Probleme der deutschen Juden am besten durch die Wiederherstellung der Monarchie gelöst werden könnten. Als traditionelle Beschützer des Judentums würden die Habsburger, einmal wieder zur Herrschaft gelangt, den deutschen Juden ein Asyl in Österreich gewähren.
Ich erwiderte ihm, daß es mir sehr zweifelhaft erschien, ob die Juden bereit seien, auf das Versprechen hin, eine Zuflucht in Österreich zu finden, Vorkämpfer für die Habsburger Monarchie zu werden. Juden, sagte ich ihm, seien im allgemeinen progressiv, liberal und eher Republikaner. Er versuchte, mich durch eine charakteristisch österreichische Argumentation von den Vorzügen der Monarchie zu überzeugen: »Ich gehe davon aus«, meinte er, »daß jedes Regierungssystem korrupt sei. In einer Republik wie Frankreich« – es war damals die dritte – »ändert sich die Regierung zweimal im Jahr, und man muß immer wieder neue Bestechungsgelder zahlen. Bei der Monarchie genügt es, wenn man es einmal tut.« – Ich traf den Erzherzog noch mehrfach, meist in Begleitung seiner französischen Freundin. Eines Tages erschien er nicht zu einer Verabredung. Ich las am nächsten Morgen in der Zeitung, daß seine Freundin angeklagt war, gefälschte Schecks in Umlauf gesetzt zu haben. Ob und wieweit er daran beteiligt war, weiß ich nicht; er verschwand jedenfalls aus Paris.
Die Verbindung mit ihm bahnte mir den Weg zu einer Unterhaltung mit Kardinal Innitzer, zu der ich nach Wien fuhr. Kardinal Innitzer hat nach 1938 den Ruf erworben, wenn nicht ein direkter Kollaborateur der Nazis gewesen zu sein, so doch jedenfalls starke Sympathien für sie zum Ausdruck gebracht zu haben. Aus dem Gespräch mit ihm sei nur eine Einzelheit erwähnt.
Als ich den Kardinal fragte, ob sich die Katholische Kirche wirklich für die Restauration der Habsburger einsetze, lächelte er: »Im Prinzip schon, aber nur auf lange Sicht. Diese jungen Erzherzöge sind natürlich ungeduldig und wollen wieder zu ihrem Vermögen und ihrer Stellung gelangen, aber wir und Sie – die Katholische Kirche und die Synagoge – wir sind ja ewige Mächte und müssen die Dinge

sub specie aeternitatis betrachten. Wir beide müssen Politik auf lange Sicht treiben.« Ich erwiderte: »Eminenz, Sie mögen von den Juden halten, was Sie wollen, aber Sie werden zugeben, daß wir in unserer Geschichte weite Sicht und langen Atem bewiesen haben.« Darauf der Kardinal: »Durchaus, aber wie Sie zugeben werden, die Kirche auch.«

Ich gab das gerne zu, bemerkte aber gleichzeitig, daß ja die Kirche auch manches von der Synagoge übernommen hätte. Der Kardinal verneigte sich: »Herr Doktor, ich darf wohl diese Bemerkung als ein Kompliment betrachten.« Der Kardinal war außerordentlich zuvorkommend und höflich und begleitete mich durch das ganze Vorzimmer bis zur Treppe. Sein Sekretär, durch diese besondere Ehrung sehr beeindruckt, lief mir nach und fragte mich, wer ich denn eigentlich sei. »Ich bin ein König im Exil«, antwortete ich, was ihn fassungslos zurückließ.

Von Kardinal Innitzer wurde ich an den Vatikan empfohlen und führte im Juni 1934 ein längeres Gespräch mit dem Kardinal-Staatssekretär Pacelli, in dessen Verlauf ich den Vatikan verschiedentlich aufforderte, den Schutz jüdischer Positionen zu übernehmen, und zwar im Zusammenhang mit katholisch-antisemitischen Bewegungen in Argentinien und Österreich. Schließlich wurde auch das Saarproblem erörtert. Ich schlug eine gemeinsame Front von Katholiken und Juden zum Schutz der religiösen Freiheiten an der Saar vor, und zwar für den Fall, daß das Gebiet an Deutschland zurückfiele. Der Kardinal-Staatssekretär hörte aufmerksam zu und fragte dann: »Welchen Zweck würden Beschlüsse des Völkerbundes angesichts des Charakters des Naziregimes haben, das ja keine seiner Zusicherungen hält?« Ich verwies in meiner Antwort auf die Bernheim-Petition, die einige Jahre hindurch den oberschlesischen Juden Schutz gewährte. Der Kardinal-Staatssekretär, der nicht viel davon wußte, ließ sich die Angelegenheit genau erklären, dachte eine Weile nach und sagte schließlich: »Darf ich mit Ihnen, Herr Doktor, sehr offenherzig sprechen?« Als ich ihn darum bat, fuhr er fort: »Wenn Sie und Ihre jüdischen Weltorganisationen sich um den Schutz jüdischer Rechte an den Völkerbund wenden, kann ich mir schon vorstellen, daß, wie im Falle Bernheim, der Völkerbundsrat eingreift. Wenn es sich um katholische Rechte handelt, bin ich dessen nicht so sicher.« Mich ärgerte diese Antwort, und ich erwiderte: »Ich will mit Ihnen nicht streiten, aber ich mache Ihnen ein Angebot. So wie ich Ihnen gegenübersitze, bin ich nämlich bereit, mit Ihnen in bezug auf weltliche Macht zu tauschen, nicht in bezug auf religiöse Überzeugungen.« Der Kardinal-Staatssekretär lächelte: »Das ist eine geistreiche Antwort, aber ich bitte Sie, meine Bemerkungen ernst zu nehmen.« Darauf ich: »Sehen Sie, Eminenz, ich habe Sie vor einigen Wochen um ein Interview gebeten. Ich bin viele Stunden hierher gefahren, um Sie in Rom zu sehen und Sie um Schutz für die Juden gegen katholische Angriffe in Argentinien und Österreich zu bitten. Ich habe noch nie erlebt, daß einer Ihrer Kardinäle zu mir nach Paris gefahren wäre, um mich um Schutz für Katholiken zu bitten.« Der Kardinal entgegnete: »Diese Erwiderung ist ausgezeichnet, aber glauben Sie mir, daß mancher meiner Kardinäle, wenn es nicht Schwierigkeiten des Dogmas und des Protokolls gäbe, zuweilen wohl Ursache hätte, aus solchen Gründen zu Ihnen zu fahren.«

Ich erwähne dieses Gespräch vor allem, um zu illustrieren, wie sehr in jenen Jahren selbst so kluge und staatsmännische Persönlichkeiten wie Pacelli die sogenannte »Macht des Weltjudentums« überschätzten.

Außerdem steht diese Unterredung in Beziehung zu meinem ersten Gespräch mit Litwinow. Bekanntlich war Maxim Litwinow jüdischer Abstammung. Die zionistische Politik hatte sich lange um Verständigung mit der Sowjetunion bemüht – erfolglos, weil die sowjetische Politik in jenen Jahren scharf antizionistisch war und der Zionismus in der UdSSR als konterrevolutionäre Bewegung verfolgt wurde.

Ich hatte mit fast allen Mitgliedern des Völkerbundsrates wegen der jüdischen Saarforderungen gesprochen, ausgenommen Litwinow. Ich bat ihn schriftlich um ein Gespräch und wurde noch am gleichen Abend, am 22. November 1934, in das Genfer Hotel *Richemond* eingeladen. Litwinow trat mir in seinem Salon kühl, ja geradezu eisig entgegen. Er begann mit den Worten: »Wenn ich recht verstehe, sind Sie Zionist.« Ich erwiderte, daß ich nicht nur Zionist, sondern

Mitglied der Zionistischen Exekutive sei, aber zu ihm nicht in einer zionistischen, sondern in einer allgemein jüdischen Angelegenheit gekommen sei.

Auf seine Bitte legte ich Litwinow auseinander, worum es ging und welchen Beschluß ich vom Völkerbundsrat erhoffte. Er hörte aufmerksam zu, blieb aber sehr reserviert und erklärte, er werde höchstwahrscheinlich einen solchen Vorschlag unterstützen, es aber nicht für zweckmäßig halten, die Resolution selbst einzubringen. Ich erwiderte, daß ich das gar nicht wünschte, sondern lediglich seine Unterstützung erbäte. »Ich glaube«, sagte er, »daß es das beste wäre, wenn Mr. Eden (damals Außenminister und englischer Vertreter im Völkerbundsrat) sie einbrächte.« Ich erwiderte, daß ich bereits mit Anthony Eden gesprochen hätte und daß seine Antwort zwar wohlwollend, doch nicht bindend gewesen sei. Auf den Hinweis: »Sie müssen mit Herrn Eden sehr energisch sprechen«, entgegnete ich: »Wissen Sie, schließlich vertritt Herr Eden das britische Weltreich, und ich vertrete das machtlose jüdische Volk.« »Ach was«, versetzte Herr Litwinow, »wenn Ihre jüdischen Weltorganisationen etwas mit Entschlossenheit wollen und gegenüber den demokratischen Regierungen darauf bestehen, pflegen diese die Forderungen des Weltjudentums zu akzeptieren.« Ich war etwas ungehalten über diese Antwort und erwiderte: »Herr Litwinow, vor einigen Monaten sah ich den Kardinal-Staatssekretär im Vatikan, der sich über die große Macht des Weltjudentums in ähnlichem Sinne äußerte. Damals war ich mehr amüsiert als verärgert. Warum soll ein katholischer Kardinal viel von diesen Dingen wissen? Wenn aber Sie, Herr Litwinow, mit Ihrem jüdischen Verstand eine solche Bemerkung machen, bin ich sehr ärgerlich.« (Ich wollte eigentlich sagen »mit Ihrem jüdischen Sechel« – hebräisch für Verstand –, doch hielt ich dies im letzten Moment für zu intim und indiskret.) Er war sehr betroffen, blieb einen Moment stumm, stand dann auf, ging um den Schreibtisch herum und sagte: »Entschuldigen Sie meine letzte Bemerkung, sie war recht dumm.« Damit war das Eis gebrochen, der Rest der Unterhaltung verlief in einem sehr freundlichen Ton, und seitdem blieb ich mit Litwinow in ständigem Kontakt, sah ihn häufig in Genf, unterhielt mich mit ihm über viele Fragen, und wenn er auch in jüdischen Dingen niemals etwas Greifbares für uns getan hat, wahrscheinlich gar nicht tun konnte, so war meine Beziehung zu ihm doch mehr als rein formell und führte zu vielen interessanten Unterhaltungen.

Im Rückblick auf die jahrelange Arbeit im Kampf gegen den Nationalsozialismus muß gesagt werden, daß wir den Nazis bestenfalls kleine Nadelstiche zufügen konnten. Von einer großangelegten Abwehr, die in den Jahren 1933 bis 1936 mehr aus einem Angriff als einer Verteidigung hätte bestehen müssen, konnte keine Rede sein, weil einflußreiche Teile des jüdischen Volkes außerhalb des Weltkongresses blieben und eine solche Politik ablehnten. Man konnte beim besten Willen nicht erwarten, daß selbst unsere treuesten nichtjüdischen Freunde projüdischer auftraten als ein Großteil der Juden selbst. Diejenigen von uns, die immer wieder zu einem solchen Kampfe anstachelten, mehr als jeder andere der große und unerschrockene Tribun unseres Volkes Stephen S. Wise, blieben isoliert. Von Jahr zu Jahr mußten wir verbittert und entsetzt zusehen, wie Hitler seine Attacke auf das jüdische Volk ausbreitete und seine Vorbereitungen für die größte Vernichtungsaktion in unserer Geschichte traf.

[26] Paragraph 147 der Konvention über Oberschlesien, die am 15. Mai 1922 zwischen Deutschland und Polen unter Garantie des Völkerbundes abgeschlossen worden war, gab jedem Einwohner, der aus religiösen, nationalen oder rassischen Gründen benachteiligt wurde, das Recht, eine Petition beim Völkerbund einzureichen. Das Comité des Délégations Juives nutzte deshalb den Fall des Juden Franz Bernheim aus Gleiwitz, die nationalsozialistische Judenpolitik vor den Völkerbund zu bringen.

12

Jüdische Minoritätenrechte und der Völkerbund

Ich hatte als ich Deutschland verließ, die Absicht, mich in Palästina niederzulassen. Ben Gurion kam jedoch zu mir und sagte mir, die Zionistische Exekutive und die Jewish Agency hätten keinen richtigen Vertreter beim Völkerbund, weswegen er mich bat, mit meiner Frau nach Genf zu ziehen. Später hat mir Ben Gurion oft vorgeworfen, daß ich nicht in Israel lebe. Im Grunde war er daran schuld, da er meine Laufbahn auf die außenpolitische Ebene verlegt hatte! Als ich Wise mitteilte, daß ich nicht nach Deutschland zurückkehren würde, bat er mich, auch die Vertretung des American Jewish Congress sowie des Comité des Délégations Juives in Genf zu übernehmen. Ich fuhr daher von Palästina nach Genf und blieb dort bis 1940. Dann siedelte ich mit meiner Familie nach Amerika über. Von 1933 bis 1940 war ich als Vertreter des Comité des Délégations Juives und des Komitees zur Vorbereitung des Weltkongresses gewissermaßen der offizielle jüdische Repräsentant für alle Galut-Fragen. 1934 wurde ich zum Vertreter der Jewish Agency for Palestine bei der Mandatskommission des Völkerbundes ernannt, womit auch der gesamte Palästinakomplex in meinen Arbeitsbereich eingeschlossen wurde. Damit Hand in Hand ging meine Teilnahme am jüdischen Kampf gegen den Nazismus, und von 1935 an die wachsende Beschäftigung mit dem deutsch-jüdischen Flüchtlingsproblem. All dies hatte zur Folge, daß es kaum ein wichtiges außenpolitisch-jüdisches Problem gab, an dem ich in diesen Jahren nicht beteiligt war. Ich leitete in Genf zwei Büros, das der Jewish Agency und das des Jüdischen Weltkongresses, und teilte meine Zeit zwischen beiden. In den Jahren 1935 und 1937 wurden meine beiden Söhne Michael und Guido geboren. Wir bezogen 1935 ein schön gelegenes Haus in Genf, ich war aber infolge meiner verzweigten Tätigkeit sehr viel unterwegs, und es gab kaum einen Monat, den ich ununterbrochen zu Hause verbringen konnte. Meine Reisen brachten mich in die wichtigsten Städte, sowohl in West- wie Osteuropa. Die nicht sehr zahlreiche, aber recht positiv jüdisch eingestellte Genfer Gemeinde nahm mich mit viel Wohlwollen und Herzlichkeit auf, und ich habe während meines dortigen Aufenthaltes viele jüdische Familien als gute Freunde gewonnen. Als Sitz des Völkerbundes war die Stadt damals ein wichtiges Zentrum internationaler Politik, und es gab für jemanden, der sich wie ich diese Aufgabe gestellt hatte, kaum einen besseren Platz, in außenpolitische Fragen eingeweiht zu werden. Der Völkerbund stellte beinahe eine autonome Stadt innerhalb des Raumes Genf dar. Genf selbst, mit seinen starken kalvinistischen Traditionen, lebte in einer wesentlich anderen geistigen Atmosphäre als die internationale Kolonie. Da Genf keine sehr große Stadt ist, waren auch die menschlichen Beziehungen zwischen den Beamten und Delegierten des Völkerbundes viel enger als heutzutage bei den Vereinten Nationen in der Weltstadt New York. Außerdem war die Welt in den dreißiger Jahren noch nicht in zwei große Blöcke aufgeteilt, und wenn auch kapitalistische Staaten ein natürliches Mißtrauen gegen die Sowjetunion hegten, so läßt sich doch die seinerzeitige Spannung in keiner Weise mit der heutigen vergleichen. Zudem erzeugte die gemeinsame Furcht vor dem nazistischen Ungeheuer eine gewisse Solidarität. Die Manieren der internationalen Diplomatie waren sehr viel besser, als sie es seit dem Zweiten Weltkrieg geworden sind. Die damalige diplomatische Welt verfügte über größere staatsmännische Talente, über mehr Finesse und politisches Geschick, als es im großen und ganzen heute der Fall ist. Der grellste Mißton wurde durch das nazistische Deutschland hereingebracht. Aber nachdem Hitler-Deutschland schon 1934 die Abrüstungskonferenz und den Völkerbund mit Eklat verlassen hatte, war es nicht mehr unmittelbar in Genf vertreten, sondern warf nur noch die drohenden und immer bedrohlicheren Schatten auf alles, was in Genf vor sich ging.

Als jüdischer Vertreter befand ich mich in einer Ausnahmesituation. Als Repräsentant der Jewish Agency hatte ich eine Art offiziellen Status, da im britischen Mandat über Palästina die Jewish Agency offiziell anerkannt und ich bei der Mandatskommission des Völkerbundes halb offiziell akkreditiert war. Doch kam diese Position keineswegs der eines offiziellen Mitglieds einer staatlichen Delegation beim Völkerbund gleich. Es war jedesmal ein Problem, was für Eintrittskarten ich zu den Sitzungen des Völkerbundrates und der Völkerbundversammlung bekommen sollte, und es bedurfte persönlicher Beziehungen, um zu manchen Sitzungen überhaupt zugelassen zu werden. Als Vertreter des Comité des Délégations Juives und später des Weltkongresses hatte ich natürlich überhaupt keine offizielle Funktion. In mir spiegelte sich die eigenartige und schwierige Lage dessen, was man jüdische Diplomatie nennen könnte – die eines Volkes, das bis zur Errichtung des Staates Israel keinerlei offizielle Anerkennung genoß. Auf einer Reise von Genf nach Paris fragte mich ein französischer Grenzbeamter, der einen mit Diplomatenpaß reisenden Italiener ohne Revision abgefertigt hatte, ob ich auch ein Diplomat sei. Meine Antwort »Un diplomate juif sans passeport« leuchtete ihm ein, und er ließ meine Koffer ungeöffnet passieren.

Jüdische Diplomatie war damals noch eine sehr junge Kunst. Weizmann hatte sie sozusagen begründet, und mein Vorgänger als Vertreter der Jewish Agency beim Völkerbund, Dr. Victor Jacobson, hatte sie mit großem Geschick weiterentwickelt. Er war ein aufrichtiger Freund von mir, mit dessen Familie ich seitdem verbunden blieb, sowohl mit seinen bildschönen Töchtern wie mit seinen begabten reizenden Enkeln. Nach seinem plötzlichen Hinscheiden – er starb 1934 in einem D-Zug auf der Reise zu einer Sitzung des Jüdischen Weltkongresses – ward für eine kurze Zeit Dr. Julius Becker, ein ausgezeichneter Journalist und jahrelanger Vertreter von wichtigen deutschen Zeitungen in Genf, für diesen Posten ernannt, den er aber nicht sehr lange behielt. Ich übernahm dann die Arbeit von ihm.

Trotz der ausgezeichneten Wirksamkeit meiner Vorgänger fehlten natürlich noch alle Richtlinien für unsere in den Kinderschuhen steckende Außenpolitik. Die Position, die sich ein jüdischer Vertreter beim Völkerbund schuf, hing zum großen Teil von seinen persönlichen Beziehungen und seiner menschlichen Wirkung ab. Hinter ihm stand kein Staat, dessen Prestige ihm eine gesicherte Stellung verleihen konnte. Wie geschickt oder ungeschickt er

auch sein mochte, gegenüber einem jüdischen Diplomaten jener Jahre spielte der gute Wille die Hauptrolle. Kein hoher Beamter des Völkerbundes oder Delegierter einer Regierung war protokollarisch verpflichtet, ihn überhaupt zu empfangen, geschweige denn mit ihm zu verhandeln oder seine Wünsche ernstzunehmen.
1934 oder '35 organisierte der Verband der Internationalen Studenten, damals geleitet von James Parkes, der später ein bedeutender Theologe und ein Experte für christlich-jüdische Beziehungen geworden ist, ein Symposium in Nyon am Genfer See, über die Beziehungen zwischen Juden und Nichtjuden, an dem sich Vertreter aus vielen Ländern beteiligten. Das einleitende Referat hielt ein Historiker der Universität Genf, der die Deutschen beschuldigte, vor allem durch ihre aggressive Politik eine permanente Unruhe in der Welt zu schaffen. Die Hitler-Jugend war durch einen Helfer Baldur von Schirachs, wenn ich nicht irre namens Schulz, bei der Tagung vertreten. Dieser erwiderte in einer leidenschaftlichen Rede, daß die Deutschen vielleicht Störenfriede seien, doch nur, weil sie ein junges, dynamisches Volk seien und daher wie begabte, ungezogene junge Menschen betrachtet werden müßten. In meiner Antwort sagte ich: »Sie wissen doch, was Erwachsene mit ungezogenen Jungen tun, wenn sie aggressiv werden: Sie legen sie übers Knie und verprügeln sie.« Daraufhin verließ die deutsche Delegation die Versammlung, im Protest gegen »meine Beleidigung der Majestät der deutschen Nation«. Ich machte eine etwas versöhnliche Erklärung, damit sie wieder zurückkam.
Was mir jedoch in meiner Arbeit sehr zugute kam, war die steigende Aktualität und internationale Bedeutung der jüdischen Frage. Mit Hitler als Reichskanzler wurde das deutsch-jüdische und darüber hinaus das jüdische Problem an und für sich eine Sache von großer internationaler Tragweite, der sich kein Staat auf die Dauer entziehen konnte. Wenn daher auch meine formelle Stellung völlig in der Luft hing, so hatte ich moralisch hinter mir die tragische Würde des jüdischen Schicksals in der Hitlerzeit. Ich war bald so weit, daß ich keine Schwierigkeit mehr hatte, von jeder maßgebenden Persönlichkeit in Genf empfangen zu werden. Es war von Anfang an mein fester Entschluß gewesen, mich als jüdischen Vertreter von in-

ternationalen Streitfragen fernzuhalten. Die Neutralität des jüdischen Volkes war und blieb für mich ein Dogma. Ich war natürlich aufgrund des Nazismus damals antideutsch, machte aber im übrigen klar, daß mich lediglich jüdische Fragen interessierten und meine politische Haltung bestimmten. Die Vereinigten Staaten, die bekanntlich dem Völkerbund nie angehörten, standen außerhalb meines Verantwortungsbereiches, und sofern ihre Unterstützung notwendig wurde, war es Sache von Stephen Wise, sie zu erwirken. Mit allen anderen Regierungen und ihren Vertretern stand ich selbst in politischer Verbindung, sei es in Genf, sei es in den verschiedenen Auswärtigen Ämtern. Ich gehörte damals zu den ständigen Besuchern des Foreign Office in London, des Quai d'Orsay in Paris, der Außenministerien in Warschau und Prag, Belgrad, Budapest, Bukarest und Bern. Es gab kaum einen bekannten Staatsmann, mit dem ich nicht Gespräche und Verhandlungen geführt hätte. Das nationalsozialistische Beispiel hatte auch in anderen Ländern antisemitische Strömungen ermutigt. Besonders in Polen und Rumänien, klassischen Ländern des Antisemitismus während der letzten Jahrzehnte, fühlten sich viele Parteien gedrängt, das Beispiel Hitlers nachzuahmen. Doch war die dortige Lage, international und rechtlich gesehen, eine ganz andere als in Deutschland, nicht nur weil hinter diesen Diskriminationen nicht die Macht eines Großstaates stand, sondern auch weil dort Rechte der Juden durch internationale Verträge geschützt waren.

Nichts kennzeichnet die rasche Verwandlung des internationalen Schauplatzes und der politischen Begriffe besser als die Tatsache, daß heute, während ich diese Zeilen niederschreibe, die wenigsten Menschen in der westlichen Welt überhaupt noch wissen, was die Minoritätenrechte bedeutet haben. Nichts kennzeichnet auch die grausige Entwicklung unserer Epoche in Richtung auf Einschränkung der Gedankenfreiheit und Mißachtung der Menschenrechte deutlicher als die Tatsache, daß es im gegenwärtigen politischen Klima fast undenkbar wäre, formelle und gesetzlich verankerte Minoritätenrechte für irgend jemand auch nur theoretisch zu verlangen. Dabei gehört dieser Begriff und das System der Garantien durch internationale Verträge zu den positivsten Resultaten des

Ersten Weltkrieges und zu den größten Errungenschaften des internationalen Rechts. Der einfache Grundsatz des Minoritätenrechtes besagte, daß in einem aus verschiedenen Volksgruppen zusammengesetzten Staat nicht nur alle Bürger gleiche Rechte genießen, sondern die Mitglieder der Minderheiten in ihrer Sonderart, der freien Entwicklung ihrer Sprache und ihrer Kultur durch internationale Garantien gegenüber der Majoritätsbevölkerung geschützt werden müssen. Der Gedanke war schon lange vor dem Ersten Weltkrieg entwickelt worden, und die jüdischen Minderheiten, besonders Osteuropas, waren naturgemäß vital daran interessiert. Nach dem Ersten Weltkrieg wurde jedenfalls die Forderung nach diesen Rechten ein Bestandteil der offiziellen jüdischen Politik in den osteuropäischen Ländern, der auch die nicht-zionistischen Gruppen zustimmten. In den Friedensverträgen mit Polen, Rumänien, den baltischen Staaten und der Tschechoslowakei wurden diese Minderheitenrechte nicht nur für die Juden, sondern auch alle anderen Gruppen rechtlich verbürgt und unter den Schutz des Völkerbundes gestellt. Wie die Erfahrung bewies, verlieh diese Regelung freilich keine absolute Garantie, da sich keine verfassungsmäßige oder internationale Gewährleistung auf die Dauer gegen die Macht der Wirklichkeit durchsetzen kann. Aber viele Jahre hindurch stellten diese Schutzverträge dennoch eine wirksame Handhabe in den betroffenen Ländern dar und haben in vielen Fällen wenigstens hemmend gewirkt. Meiner Überzeugung nach gehört das Prinzip der Minoritätenrechte, wenn auch vielleicht in abgewandelter Form, in das System jeder freiheitlichen humanen Rechtsordnung und die Welt wird noch auf diese Rechte zurückkommen müssen. Im heutigen politischen Leben, mit seinen monolithischen Riesenstaaten, in denen das Ungeheuer der Staatsautorität immer mehr überhandnimmt und droht, alle freie Kultur zu ersticken, in einer Epoche, da der Kampf für Gedankenfreiheit und Nonkonformismus nicht nur in den totalitären Staaten, sondern auch in den Demokratien immer schwieriger wird, erscheinen die Minoritätenrechte als unzeitgemäß und don-quixotisch. Ich bin davon überzeugt, daß die Entwicklung der nächsten Jahrzehnte und sicherlich Jahrhunderte zur Überwindung des souveränen Staates und zur

Bildung größerer politischer Komplexe führen wird, in denen verschiedene Volksgruppen werden zusammenleben müssen, und ich bin sicher, daß die Fragen der Minoritätenrechte und des Minoritätenschutzes wieder aktuell werden. Wenn dieser Zeitpunkt gekommen ist, wird man manches aus den Erfahrungen zwischen den beiden Weltkriegen lernen können. So paradox und geradezu ketzerisch es auch vielen vorkommen mag, ich wage zu behaupten, daß das Minderheitsrecht auch für die jüdischen Minoritäten seine Bedeutung nicht verloren hat. Es ist richtig, daß die großen kompakten jüdischen Minderheiten in Ost- und Mitteleuropa nicht mehr existieren; aber wenn sich das jüdische Volk auf die Dauer erhalten will und die jüdischen Minoritäten in den verschiedenen Ländern der Welt in der Lage sein sollen, ihre Sonderart zu bewahren, so werden sie sich zu einem System bekennen müssen, in dem diese Rechte anerkannt und international garantiert werden.
Vor einigen Jahren habe ich angeregt, daß der Jüdische Weltkongreß, zusammen mit anderen Minderheiten in der Welt – Katholiken in protestantischen Ländern, Protestanten in katholischen, Neger in verschiedenen Ländern – die Initiative ergreifen solle, einen neuen Minoritätenkongreß zu schaffen. Zwar erscheint es in der heutigen Lage aussichtslos, für politische Minoritätenrechte zu kämpfen, wohl aber für solche, die es den Minoritäten erlauben, ihre kulturelle Sonderheit zu bewahren. Am Beispiel der jüdischen Situation ist es meines Erachtens notwendig, ein großes System jüdischer Tagesschulen aufzubauen, als eines der wichtigsten Mittel, die jüdische Identität der jungen Generation zu sichern. In den USA und anderen Ländern erhalten solche Privatschulen keinerlei staatliche Hilfe auf Grund der Trennung von Staat und Kirche, und eine der Aufgaben eines kulturellen Minoritätenverbandes wäre es, dafür zu kämpfen, daß solche Schulen die gleichen Subventionen erhalten wie die staatlichen Schulen.
Als ich meine Tätigkeit als Vorsitzender des Comité des Délégations Juives, dessen primäre Aufgabe in der Überwachung der Minoritätenverträge und dem Schutz der jüdischen Minderheitenrechte bestand, übernahm und 1936 den Vorsitz der Exekutive des Jüdischen Weltkongresses, war das goldene Zeitalter der Mino-

Bei Walter Hallstein in Bonn, 1972

Im Gespräch mit Gustav Heinemann, 1971

ritätenrechte, als das die zwanziger Jahre gelten könnten, sowie die des Völkerbundes vorbei. Hitlers arrogante Haltung gegenüber dem Völkerbund wurde stillschweigend geduldet, und seine brutale Verfolgung aller Minderheiten, vor allem der jüdischen, diente natürlich zur Ermutigung aller nationalistischen und reaktionären Kräfte, denen von Anfang an die Minoritätenrechte und ihr Schutz durch den Völkerbund ein Dorn im Auge gewesen waren. Sie benutzten jede Gelegenheit, um diese Garantien abzuschwächen und womöglich ganz zu beseitigen. Als ich in diese Arbeitssphäre eintrat, war das ganze System schon unterhöhlt. Alles, was wir tun konnten, war eine Art verzweifeltes Rückzugsgefecht zur Rettung eines Restes dieser Rechte. Schon im September 1934 war die Lage so schlimm, daß sich der polnische Außenminister Jozef Beck in der Völkerbundsversammlung erlauben konnte, eine Erklärung abzugeben, die faktisch die Minoritätenrechte in Polen abschaffte. Es gelang uns zwar, durch Intervention bei den westlichen Mächten zu verhindern, daß die polnische Drohung ganz wahrgemacht wurde, aber von einer wirklichen Durchsetzung der Minoritätenrechte in Polen schon war längst keine Rede mehr.

Es würde zu weit führen, alle Einzelaktionen jener Jahre hier darzustellen. Ich war sehr oft in Polen und anderen osteuropäischen Ländern, um bei den betreffenden Regierungen vorzusprechen, versuchte immer wieder mit immer geringerem Erfolg, Großbritannien und Frankreich zum Schutze der jüdischen Minoritäten zu engagieren. Es war unverkennbar, daß mit der wachsenden Macht des nationalsozialistischen Regimes nicht nur die Position der deutschen Juden, die ohnehin durch keinen Schutzvertrag gesichert war, sondern auch aller osteuropäischen jüdischen Minderheiten immer fundamentaler erschüttert wurde. Hie und da gelang es, die Entwicklung zeitweise zu stoppen, aber im großen und ganzen war der Prozeß unaufhaltsam und entsprach der allgemeinen Barbarisierung und Terrorisierung der Welt durch Hitler.

Den einzigen sichtbaren Erfolg hatten wir 1938 im Kampf gegen die antisemitische Politik der rumänischen Goga-Regierung zu verzeichnen. Rumänien war bekanntlich seit Jahrzehnten ein Land heftiger antisemitischer Bewegungen, und in den dreißiger Jahren begann der Antisemitismus ziemlich offen auch die offizielle Politik der rumänischen Regierung zu beeinflussen. Schon in den Jahren 1936 und 1937 mußte der Jüdische Weltkongreß mehrmals intervenieren, als die rumänische Regierung danach trachtete, die Bürgerrechte der Juden zu beschneiden oder die Juden durch besondere Gesetze aus dem Wirtschaftsleben zu verdrängen. Es gelang in beiden Fällen, die Maßnahmen wieder rückgängig zu machen. Ende 1937 berief König Carol Octavian Goga, den Vertreter der radikal antisemitischen national-christlichen Partei in Rumänien, deren Ideologe der bekannte Antisemit Alexander Cuza war, zum Ministerpräsidenten. Sofort kündigte Goga eine völlige Änderung der rumänischen Verfassungsstruktur an. Er wollte Rumänien nach damals schon existierenden Beispielen in einen korporativen Staat umwandeln und dabei gleichzeitig die rumänischen Juden aus dem Wirtschaftsleben völlig ausschalten, aus allen freien Berufen verdrängen, ihrer Bürgerrechte berauben und viele Bestimmungen der nationalsozialistischen Gesetze übernehmen. Ein königliches Dekret vom 22. Januar 1938 verordnete die allgemeine Revision des Bürgerstatus aller rumänischen Juden. Der Weltkongreß unternahm sofort energische Schritte und kündigte der Regierung Goga den offenen Kampf an. Ich intervenierte bei der englischen und französischen Regierung sowie beim Generalsekretär des Völkerbundes und versuchte durch Wise auch die amerikanische Regierung zum Eingriff zu bewegen. Am 13. Januar 1938 unterbreitete ich dem Völkerbundsrat eine Denkschrift, die sich auf den rumänischen Minoritätenschutzvertrag vom 9. Dezember 1919 berief. Die rumänische Regierung erklärte, die rumänischen Juden seien durch diesen Vertrag nicht geschützt, worauf es uns gelang, die westeuropäischen Mächte zum Einschreiten zu bewegen. Auch Präsident Roosevelt gab am 25. Januar 1938 in einem Brief an Wise eine scharfe Erklärung ab, in der er die rassische Verfolgung verurteilte. Dennoch war es ungemein schwer, den Völkerbundsrat zum Handeln zu bewegen. Wir hatten die Dringlichkeitsprozedur für die Petition beantragt. Von entscheidender Hilfe war die Haltung Lord Cranbornes (später Lord Salisbury), den ich am 26. Januar 1938 in Genf sprach und der in Begleitung von Mr. Eden eine Unterredung mit dem rumänischen Außenminister herbeiführte. Die rumänische Regierung blieb hartnäckig und drohte, den Minoritätenvertrag zu annullieren. Nach großen Anstrengungen wurde am 29. Januar der Völkerbundsrat dazu gebracht, die Petition, allerdings ohne Dringlichkeitscharakter, anzuerkennen. Ein Dreierkomitee wurde vom Rat ernannt, bestehend aus den französischen und englischen Außenministern sowie dem Delegierten vom Iran, welches sich bis zur nächsten Sitzung mit dieser Petition befassen sollte. Gleichzeitig veranlaßten wir eine Interpellation im englischen Unterhaus. Die Botschafter Frankreichs, Englands und der Vereinigten Staaten wurden bei König Carol vorstellig. Dieser Druck, unterstützt von einem großen Pressefeldzug, erwies sich schließlich für Rumänien als zu wirksam. Am 9. Februar empfing der König den englischen und den französischen Botschafter und ersuchte Goga, am nächsten Tag zurückzutreten. Herr Goga, der nicht nur Antisemit, sondern auch eine Art Dichter war, verließ nach seiner Abdankung den königlichen Palast und erklärte den vielen auf ihn wartenden Journalisten mit dramatischer Gebärde: »Israel, du hast gesiegt!«

Der Sturz der Goga-Regierung war ein wichtiger Erfolg. Aber auch dadurch wurde die antisemitische Politik der rumänischen Regierung nicht beseitigt. Die Revision der jüdischen Bürgerrechte schritt weiter voran. Trotz fortgesetzter Interventionen von seiten des Weltkongresses waren im November 1938 etwa 40% der rumänischen Juden ausgebürgert. Viele Jahre später, als ich schon in Amerika wohnte und häufig Mexiko besuchte, wurde versucht, mich mit Ex-König Carol, der damals in Mexiko mit seiner jüdischen Geliebten Magda Lupescu lebte, zusammenzubringen. Er finanzierte dort Night Clubs und dergleichen, in Partnerschaft mit einem russischen Juden, der vor der kommunistischen Revolution nach China geflohen war, wo er, als Fachmann im Banknotendruck, ein großes Vermögen erworben hatte, bevor auch er nach Mexiko kam. Er hatte sich zu einer großen Spende für die Palästina-Aktion bereit erklärt, falls ich seinen rumänischen Partner empfangen würde, der Wert darauf legte, mir zu erklären, daß er stets gegen die Antisemiten gewesen war und Goga und die Eiserne Garde nur zwangsweise geduldet hatte. Ich lehnte es wiederholt ab,

den Ex-König zu treffen, da ich seine Entschuldigungen nicht für ernst nahm und mir demokratische Kreise mit Recht ein solches Treffen verübelt hätten.
Der Erfolg, den wir in Rumänien hatten, war einmalig. In anderen Ländern war nichts zu erreichen. Es wurde immer klarer sichtbar, daß in einer Welt, in der der Nationalsozialismus als hoffähig betrachtet wurde, kein Raum blieb für das humane und liberale System des Minoritätenrechts. Der Ausbruch des Zweiten Weltkrieges räumte es mit einem Schlage ganz und gar beiseite. Nach der Vernichtung der europäischen Judenheiten durch Hitler, im radikal veränderten Klima am Ende des Krieges bestand weder die Möglichkeit noch ein unmittelbarer Anlaß, die Forderung nach Minoritätenrechten zu erheben, zumal sich zu diesem Zeitpunkt alle unsere Bemühungen auf die Schaffung des jüdischen Staates in Israel konzentrierten.
Vom Gesichtspunkt unserer damaligen Bemühungen erschienen zwei Länder besonders problematisch: das faschistische Italien, nachdem es sich Nazi-Deutschland angenähert hatte, und Sowjet-Rußland wegen der gewollten Isolierung seiner Diplomatie und seiner scharf antizionistischen Position. Es gelang mir jedoch, 1934 zu beiden Mächten erträgliche Beziehungen herzustellen, zu Italien durch mein erstes Gespräch mit Mussolini, zu Sowjet-Rußland, nachdem ich nach anfänglich erfolglosen Versuchen durchgesetzt hatte, von Außenminister Litwinow empfangen zu werden. Dies führte zu weiteren Zusammenkünften und einer Art guten Bekanntschaft, die sich dann später auch auf andere russische Diplomaten wie Wladimir Petrowitsch Potemkin, den russischen Botschafter in Paris, und Marcel Rosenberg, den russischen Vize-Generalsekretär des Völkerbundes, erstreckte.
Natürlich pflegte ich auch meine Beziehungen zu anderen Staatsmännern, die zu den Habitués von Genf gehörten, besonders zu dem tschechoslowakischen Außenminister Eduard Beneš, dem rumänischen Nicholas Titulescu und dem polnischen Oberst Jozef Beck, zu den Franzosen Louis Barthou, Joseph Paul-Boncour, Pierre Laval und zu den Engländern Arthur Henderson, Anthony Eden und Lord Cranborne. Außerdem legte ich großen Wert auf

gute Verbindungen zu den hohen Beamten des Völkerbundsekretariats, den damaligen Generalsekretären James Eric Drummond und Joseph Avenol, dem stellvertretenden Generalsekretär Sean Lester und besonders zu denjenigen Beamten, die sich mit Mandats-, Minoritäts- und Flüchtlingsfragen zu befassen hatten.
Die Höhepunkte meiner Arbeit waren jeweils die Sitzungen des Völkerbundsrates, der Vollversammlung und der Mandatskommission. Dazwischen pflegte ich meine Tätigkeit vorwiegend in anderen Städten auszuüben, was bald dazu führte, daß ich neben unserem Haus in Genf auch eine Wohnung in Paris einrichtete, in der wir meist den Winter verbrachten.
Es waren, wenn ich heute darauf zurückblicke, alles in allem ausgefüllte Jahre, faszinierend durch die Gelegenheit, viele bedeutende internationale Politiker kennenzulernen und durch die große Verantwortung, die auf mir lag. Manches habe ich erreicht, in vielem blieb der Erfolg versagt, aber in keinem Moment fehlte meinen Mitarbeitern und mir das Bewußtsein, daß wir vor historischen Aufgaben standen und daß es bei allem, was wir taten, um hohe Einsätze ging. Das Glück hatte mir begabte und ergebene Mitarbeiter beschert: vor allem Dr. Menachem Kahany im Bureau der Agency, den ich von Dr. Jacobson übernommen hatte, Dr. Gerhart Riegner, bis heute der kenntnisreiche und ganz von seiner Arbeit ausgefüllte Generalsekretär des Weltkongresses, und Dr. Max Bär im Weltkongreß und den Rechtsberater des Weltkongresses und bekannten Völkerrechtslehrer Prof. Paul Guggenheim.
Vom Ende des Jahres 1937 an spürte man in Genf mehr und mehr die drohende Auflösung des Völkerbundes. Schuld daran trug die eigenmächtige Politik Deutschlands, gleichzeitig aber auch die Schwäche, Mutlosigkeit und Kurzsichtigkeit der westlichen Diplomatie in ihrem mangelnden Widerstand gegen den Nazismus. Als im Frühjahr 1939 die Zionistische Exekutive daranging, den Zionisten-Kongreß für den Sommer vorzubereiten, schlug ich vor, ihn wegen der Möglichkeit eines Krieges nicht erst im August, sondern lieber schon früher abzuhalten. Ich las später das Protokoll der Sitzung der Exekutive, in der mein Vorschlag abgelehnt wurde. In der Debatte erklärte Ben Gurion ironisch, Nahum Goldmann

wisse natürlich alles im voraus, doch solle man sich doch nicht auf seine Voraussage verlassen. So blieb mein Rat unbeachtet, und der Krieg brach aus, während der Kongreß tagte. Beinahe zweihundert Delegierte aus Osteuropa konnten nicht durch Deutschland zurückfahren. Ich mußte eine Abmachung mit der italienischen Regierung treffen, damit sie in einem versiegelten Zug über Italien nach Österreich und Polen reisen konnten. Fast alle konnten sich später retten, da sie rechtzeitig nach Palästina gingen. Der Völkerbund ging nun ganz in die Brüche und meines Bleibens in Genf ward nicht länger, zumal man damals auch mit einer Besetzung der Schweiz durch Hitler rechnen mußte. Klar war, daß sich mit dem Zusammenbruch Europas der Schwerpunkt der Politik nach Amerika verlagern mußte, und nachdem mich die Zionistische Exekutive aufgefordert hatte, ihr Vertreter in Amerika zu werden, übersiedelte ich im Juni 1940 von Genf nach New York.

13

Flüchtlingsprobleme

Parallel zu den Kämpfen gegen das nationalsozialistische Regime liefen die Bemühungen um die jüdischen Opfer des Nazismus, vor allem um Auswanderungsländer für die Juden, die in stetig wachsender Zahl Deutschland verlassen mußten. Bereits auf der Tagung des Völkerbundes vom September 1933 stand dieses Problem auf der Tagesordnung. Der Versuch, eine eigene Völkerbundskommission für das Flüchtlingsproblem zu schaffen, scheiterte am Widerspruch Deutschlands, das damals dem Völkerbund noch angehörte. Man einigte sich schließlich auf die Einrichtung einer Hohen Kommission für die Flüchtlinge. Eine Resolution, die Behandlung der jüdischen Minderheiten betreffend, die wir gleichzeitig durchsetzen wollten, wurde ebenfalls von Deutschland verhindert, das dann einige Wochen später, am 13. Oktober, den Völkerbund verließ. Sogleich danach sahen wir uns nach einer geeigneten Persönlichkeit für den Posten des Hohen Kommissars um und trafen Vorbereitungen für die spätere Zusammenarbeit der jüdischen Organisationen mit der Hohen Kommission. Mehrere von uns bevorzugten für die neue Funktion Lord Robert Cecil, den Mitbegründer und Vorkämpfer des Völkerbundes, der aber leider ablehnte. Von amerikanischer Seite wurde dann James MacDonald vorgeschlagen, der sich in dieser Position zum ersten Mal mit jüdischen Problemen befaßte, sich mit dem Zionismus befreundete und später der erste amerikanische Botschafter in Israel wurde.

Um die Zusammenarbeit mit dem Hohen Kommissar vorzubereiten, trat am 29. Oktober 1933 in London eine Konferenz der führenden jüdischen Organisationen zusammen. Außer Prof. Brodetzky und Lewis Strauss, dem späteren Vorsitzenden der amerikanischen Atomkommission, gehörte auch ich jenem Subkomitee dieser Konferenz an, welches die Flüchtlingsfrage bearbeitete. Ferner führte ich den Vorsitz der Subkommission, die sich mit politischen Fragen befaßte, und wurde von der Konferenz zusammen mit

Weizmann und Norman Bentwich zum Mitglied der Delegation gewählt, die mit dem neuernannten Hohen Kommissar MacDonald verhandeln sollte. In Gesellschaft von Bentwich flog ich zu Besprechungen mit den führenden Persönlichkeiten des Völkerbundes nach Genf. MacDonald machte dann Prof. Bentwich zu seinem Assistenten, so daß die Verhandlungen mit dem Hohen Kommissar Weizmann und mir überlassen blieben.

Es war James MacDonald trotz besten Willens durchaus nicht klar, welch schweres Amt er übernommen hatte. Mit dem optimistischen Enthusiasmus, der amerikanische Politiker oft auszeichnet, war er überzeugt, das Problem der sechshunderttausend deutschen Juden, von denen der größte Teil würde auswandern müssen, leicht lösen zu können. Wie er Weizmann und mir während der ersten Zusammenkunft darlegte, hoffte er, erstens von Hitler eine Milderung der antijüdischen Maßnahmen zu erwirken, sodann aber die deutschen Juden, die dennoch auswandern würden, zur Hälfte in den Vereinigten Staaten, zur andern Hälfte in Palästina unterzubringen. Weizmann und ich, mehr vertraut mit allen Schwierigkeiten, versuchten, MacDonalds übermäßigen Optimismus ein wenig zu dämpfen, ohne ihn ganz zu entmutigen. Einen damals sehr populären Filmtitel abwandelnd, regte ich für den blonden, großgewachsenen, temperamentvollen und immer wohlgelaunten MacDonald die Bezeichnung »Sunny Goy« an. Als wir ihn nach unserem ersten Gespräch verließen, sagte mir Weizmann noch auf der Treppe des Hotels *Bellevue*, in dem MacDonald wohnte: »Sie werden sehen, Nahum, der Hohe Kommissar wird für die deutschen Juden nicht mehr tun können, als von der Jewish Agency mehr Zertifikate zu erzwingen.« Ich mußte einige Jahre später, nach dem völligen Fehlschlag der Hohen Kommission, während der Schlußsitzung des Beratungsausschusses daran denken, als nämlich der letzte Punkt der Tagesordnung eine bittere Diskussion über die unzureichende Anzahl der von der Jewish Agency für deutsche Juden bewilligten Zertifikate hervorrief.

Damit habe ich schon angedeutet, was aus diesem ersten internationalen Versuch, das deutsch-jüdische Flüchtlingsproblem zu lösen, geworden ist. Aber es bedurfte einiger Jahre unablässiger Enttäuschungen und Mißerfolge, um MacDonald, die im Rat der Hohen Kommission vertretenen Regierungen sowie die jüdischen Organisationen, die im Beratungsausschuß saßen, davon zu überzeugen, daß nicht viel zu erreichen war. In den ersten Wochen nach Gründung der Kommission waren wir alle jedoch mehr oder minder fest überzeugt, daß hier ein großer Versuch unternommen würde, um den deutschen Juden Auswanderungs- und Siedlungsmöglichkeiten zu schaffen, und gingen mit viel Eifer an unsere Aufgabe.

Die Hohe Kommission wurde so organisiert, daß im Verwaltungsrat Regierungsvertreter saßen, gleichzeitig aber ein Beratungsausschuß, das sogenannte »Advisory Committee of Private Organisations«, geschaffen wurde, dem sowohl jüdische wie auch etliche nichtjüdische Organisationen angehören sollten. Die erste Sitzung fand im Dezember in Lausanne statt. Von jüdischer Seite waren Weizmann, Louis Oungre von der Jewish Colonization Association (JCA), Dr. Bernard Kahn und andere Vertreter des American Jewish Joint Distribution Committee[27] zugegen. Bei der Gründung des Beratungsausschusses ergab sich eine Schwierigkeit, die mit meiner Person zusammenhing. Bei den »respektablen« jüdischen Vereinigungen, wie dem Joint, der JCA und anderen, hatte ich den Ruf eines wilden Aufrührers und extremen Zionisten, vor dem sie sich etwas fürchteten. Namentlich die Vertreter des Joint weigerten sich, mit mir im Beratungsausschuß zusammenzuarbeiten. Andererseits unterstützten mich verschiedene Mitglieder des Verwaltungsrates, wie zum Beispiel der französische Senator Béranger, der italienische, der polnische und andere Vertreter. MacDonald selbst legte Wert darauf, daß die von mir vertretenen Organisationen dem Beratungsausschuß angehörten. Wie er mir später erzählte, mußte er telefonisch beim Präsidenten des Joint, Felix Warburg in New York, ein Wort einlegen, um das Veto gegen meine Teilnahme zu beseitigen.

In späteren Jahren sprachen MacDonald und ich des öftern auf zionistischen Versammlungen in den Vereinigten Staaten, und er pflegte fast jedes Mal eine Anekdote aus jener Zeit über mich zu erzählen. Als es darum ging, meine Zuwahl zu dem Beratungsausschuß durchzukämpfen, kam ich eines Abends zufällig in das Restaurant, in dem MacDonald mit Weizmann aß, und Weizmann sagte zu MacDonald: »Hier ist Nahum Goldmann, und so unschuldig, wie er aussieht, ist er gar nicht.«

Im Laufe der späteren Arbeiten stellte es sich heraus, daß die von mir vertretenen Organisationen MacDonald viel stärker unterstützten als die philanthropischen jüdischen Gruppen, deren Politik viel ängstlicher war als die des Hohen Kommissars. In den folgenden Jahren hatte ich laufend mit der Hohen Kommission zu tun und nahm an fast allen Sitzungen des Beratungsausschusses teil. Diese Arbeit wurde von Monat zu Monat herzzerreißender. Es erwies sich sehr bald, daß die Regierungen nicht willens waren, ihre Tore weitherzig jüdischen Flüchtlingen zu öffnen. Um es zynisch auszudrücken: der größte Gewinn dieser Sitzungen war für mich die Erweiterung meiner geographischen Kenntnisse. Auf jeder Sitzung wiederholte sich mit Abwandlungen das gleiche. Die Mitglieder der Hohen Kommission hatten ein neues Land entdeckt, das für die Aufnahme deutsch-jüdischer Auswanderer theoretisch in Frage kam. Auf Grund von eingehenden Studien in bezug auf seine wirtschaftlichen Absorptionsmöglichkeiten wurde ein Bericht ausgearbeitet und ein Vertreter dieses Landes eingeladen, die Stellungnahme seiner Regierung darzulegen; sie war in fast allen Fällen abschlägig. Es gab tausend und einen Grund, warum man deutsch-jüdische Auswanderer nicht aufnehmen konnte. Im einen Land war es die Unfruchtbarkeit des Bodens, im andern der zu hohe oder zu niedrige Kaffeepreis, im dritten das Klima etc. Gründe waren von großer Vielfältigkeit, bloß das Resultat war immer dasselbe: Platz für größere Gruppen deutsch-jüdischer Einwanderer sei nicht vorhanden.

Es verging ein knappes Jahr, bis deutlich wurde, daß die Kommission nicht sehr viel erreichen würde. MacDonald zog aus allem die mutige, unvermeidliche Konsequenz: Am 27.12.1935 legte er aus Protest sein Amt nieder. In einem Schreiben an den Völkerbund, einem wahrhaft historischen Dokument, legte er den Mangel an gutem Willen, die Herzlosigkeit und Heuchelei verschiedener Mächte unmißverständlich, wenn auch diplomatisch, dar.

Die Hohen Kommissare, die ihm folgten, beides Engländer, waren von Anfang an nicht so zuversichtlich und daher auch weniger enttäuscht. Sie standen dem Problem mit großer britischer Kühle gegenüber, so daß für sie keine Notwendigkeit bestand, als Zeichen des Einspruches zu resignieren, obschon auch sie nicht sehr viel mehr erreichten. So berichtete zum Beispiel einer dieser Hohen Kommissare, Sir Neil Malcolm, daß es ihm in zweieinhalb Jahren der Amtsausübung gelungen sei, Einwanderungsländer für fünftausend Flüchtlinge zu finden. In derselben Zeit nahm Palästina sehr viel mehr Flüchtlinge auf als alle anderen Länder zusammen, aber mit der Einwanderung nach Palästina hatte die Hohe Kommission des Völkerbundes nichts zu tun. Diese lag in den Händen der Jewish Agency und mußte in schweren Kämpfen immer wieder der englischen Politik abgerungen werden.

Als im Jahre 1938 die Verfolgung der deutschen Juden immer radikaler wurde, begann sich das Gewissen der Großmächte ein wenig zu regen und Präsident Roosevelt machte einen neuen Versuch, indem er für den 6. Juli 1938 die Intergovernmental Conference on Refugees nach Evian in Frankreich berief. Zweiundzwanzig Regierungen von allen Immigrationsländern wurden eingeladen und einige andere Staaten sandten Beobachter. Die meisten jüdischen Organisationen schickten Vertreter, und obgleich sie selbst nicht Delegierte der Konferenz waren, hatten sie die Möglichkeit, ihre Meinungen einem besonderen Subkomitee vorzutragen. Es war wie so häufig nicht möglich, die einundzwanzig jüdischen Organisationen, die in Evian vertreten waren, zu einer gemeinsamen Stellungnahme zu bewegen. Vielmehr traten die meisten von ihnen selbständig auf, was der Wirkung ihrer Bemühungen und dem Eindruck, den sie auf die Regierungen machten, keinesfalls zuträglich war. Ich selbst war auch in Evian; meine Kollegin in der Kommission, die die Jewish Agency vertrat, war Golda Meïr (damals Meyerson), die spätere Ministerpräsidentin Israels. Ich könnte, wenn ich wollte, eine tragikomische Schilderung dieser Konferenz liefern. Es war von Anfang an klar, daß keiner der vertretenen Staaten an eine ernste Hilfeleistung dachte. Da man Nazi-Deutschland nicht verletzen wollte, wurde das Ganze als humanitäre Konferenz aufgezogen. Natürlich wurden Resolutionen angenommen, Komitees gegründet, Direktoren und Beamte eingesetzt, die aber auch nicht mehr erzielten als die Hohe Kommission. Nach meinen Erfahrungen ging ich ohne allzu hochgestimmte Erwartungen nach Evian. Nichtsdestoweniger war es empörend zu sehen, wie all die mächtigen Regierungen bereit waren, die europäischen Juden ihrem Schicksal zu überlassen und ihr Gewissen mit leeren Gesten wie der Schaffung von Kommissionen und dem Abhalten von Sitzungen zu beschwichtigen. Sie begnügten sich mit dem bloßen Anschein, diesen Flüchtlingen Hilfe zuteil werden zu lassen. Einen Einzelfall, der charakteristisch ist, will ich erwähnen. Von den vielen Briefen, die ich damals von gefährdeten Juden erhielt, die mich baten, bei dieser Ansammlung von Regierungsvertretern Visen für sie zu besorgen, bleibt mir einer in Erinnerung. Er lautete ungefähr: »Ich weiß im voraus, sehr geehrter Herr Doktor, daß Sie in Evian nichts erreichen werden, obwohl dort mehr als dreißig Regierungen, Dutzende internationale Organisationen und wichtige Gewerkschaften versammelt sein werden. Könnten Sie nicht wenigstens bei all diesem Aufwand ein Visum für mich bekommen?« Ich versuchte es in der Tat, doch alle Regierungsvertreter, mit denen ich sprach, verwiesen auf die Einwanderungsprozedur ihrer Länder.

Das Schicksal der Hohen Kommission sowie der Evian-Konferenz ist und bleibt m. E. eine unabweisbare Anklage gegen die zivilisierte Welt hinsichtlich ihrer Haltung gegenüber der Judenverfolgung durch den Nationalsozialismus. Der Historiker dieser Epoche wird nicht umhin können zu bestätigen, was jemandem wie mir, der die Entwicklung in ihren tagtäglichen Phasen durchgemacht hat, immer deutlicher wurde, nämlich, daß in dieser ganzen Epoche die sogenannte demokratische Welt nichts im großen Stile versucht hat, sei es, den Vernichtungsschlag gegen die Juden zu verhindern oder wenigstens den Opfern des Nazismus großzügig Hilfe anzubieten. In Einzelfällen gibt es Ausnahmen. Im großen und ganzen ist jedoch die Schuld all dieser Länder die gleiche. Selbst der Versuch, jüdischen Kommunisten, die aus Deutschland flüchten mußten, Visen für die Sowjetunion zu besorgen, wurde mit der Begründung abgewiesen, daß die deutsch-jüdischen Kommunisten Intellektuelle und obendrein des Trotzkismus verdächtig seien.

Diese harte Anklage gegen die zivilisierte Welt wird nur durch zwei Umstände gemildert. Erstens: ihre gesamte Politik gegenüber dem Nationalsozialismus war ebenso dumm und kurzsichtig wie ihre Stellungnahme zu seinem antisemitischen Aspekt. Zweitens: auch das jüdische Volk besaß weder den Mut noch die notwendige Solidarität, der nichtjüdischen Welt ein Beispiel zu geben, das imstande gewesen wäre, dieses Verbrechen der Weltgeschichte, das mit der Vernichtung von sechs Millionen Juden endete, zu verhindern.
In gewissem Sinn hat die Weltöffentlichkeit eine Lehre aus den tragischen Jahren der Nazi-Verfolgung gezogen, wenn man die internationale Hilfe für die Kambodschaflüchtlinge so deuten will, für deren Rettung sich die Vereinten Nationen, viele Regierungen und die meisten religiösen Organisationen eingesetzt haben.

[27] 1914 in New York zur Unterstützung von bedürftigen Juden, vor allem in Osteuropa und Palästina, gegründet. 1939 entstand zur Koordination mit anderen Wohlfahrtsorganisationen der United Jewish Appeal (UJA).

14

Verlorene Chance für einen Judenstaat

Wie bereits erwähnt, hatte ich im Jahr 1934 zunächst starke Bedenken, als Ben Gurions und Shertoks Aufforderung, nach Genf zu gehen, mich erreichte. Meine Frau und ich hatten eben ein Grundstück in Jerusalem gekauft – von dem Bankier Abdullah Zilkha, einem späteren guten Bekannten – und den begabten Architekten Kaufmann beauftragt, den Plan unseres Hauses zu entwerfen. Aber meine Kollegen der Zionistischen Exekutive machten mir klar, daß es in Palästina mehr als genügend zionistische Führer gäbe, während sehr wenige Kandidaten die nötigen Vorbedingungen für den Posten in Genf erfüllten: Sprachkenntnisse, Vertrautheit mit internationaler Politik, diplomatische Begabung und genaue Kenntnis zionistischer Probleme. Schließlich ließ ich mich dazu bewegen, das Angebot anzunehmen. Dieser Beschluß hat natürlich mein Leben und meine Karriere entscheidend beeinflußt. Hätte Ben Gurion mich nicht gedrängt, nach Genf zu gehen, und wäre ich nicht danach von denselben zionistischen Führern dringend gebeten worden, die politische Arbeit in New York und Washington fortzuführen, wäre ich möglicherweise in Palästina geblieben, hätte mich an der dortigen Politik beteiligt und später wahrscheinlich eine aktive Rolle in der israelischen Regierung gespielt. Ich glaube nicht, eine Rechtfertigung schuldig zu sein und bleibe davon überzeugt, in der Diaspora mehr für den Zionismus und für Israel geleistet zu haben, als es mir in Israel bzw. Palästina möglich gewesen wäre.
Aber es hat wenig Sinn, über das zu spekulieren, was geschehen wäre, wenn. 1935 bestätigte mich der Zionistische Kongreß von Luzern in dieser Stellung, die mit einem Sitz in der Zionistischen Exekutive und dem Stimmrecht in allen mit meiner Tätigkeit zusammenhängenden Fragen verbunden war. Ein Jahr später wurde ich Vollmitglied der Exekutive, der ich ohne Unterbrechung in verschiedenen Posten angehört habe, bis ich beim Zionisten-Kongreß 1968 beschloß, nicht zur Wiederwahl als Präsident zu kandidieren.

Meine zionistische Tätigkeit in diesen Jahren war sowohl innenpolitischer wie außenpolitischer Natur. Innenpolitisch gehörte ich, als einer der Mitbegründer, der kleinen, aber doch nicht einflußlosen Radikalen Gruppe an, beteiligte mich an den erfolglosen Versuchen, die in verschiedene Gruppen gespaltenen Allgemeinen Zionisten, wie die Zentrumsgruppe der Weltbewegung genannt wurde, zu vereinigen und schloß mich dann der sogenannten Gruppe A an, die gegenüber der mehr rechtsbürgerlich orientierten Gruppe B den progressiven, arbeiterfreundlichen Flügel darstellte. Als Mitglied der Exekutive, als Führer der Radikalen Partei und später der Gruppe A mußte ich neben allem anderen auch noch Reisen nach London und Palästina unternehmen, wo sich die beiden Zentren der Zionistischen Exekutive befanden.
Aber immer mehr wurde meine Aufmerksamkeit auf außenpolitische Probleme gelenkt. Im Mittelpunkt unserer Bemühungen standen die uns in der Balfour-Deklaration und im Mandat zugebilligten Rechte in Palästina und ihre Ausnutzung für die Einwanderung und Kolonisation. Von Jahr zu Jahr wuchs parallel mit unseren Erfolgen auch die arabische Gegnerschaft. Es kam immer wieder zu Unruhen und Zusammenstößen. Alle Versuche, zu einer Einigung mit der arabischen Bevölkerung zu gelangen, schlugen fehl, hauptsächlich wegen der Unnachgiebigkeit arabischer Führer, die sich mit dem Gedanken einer größeren jüdischen Immigration nicht abfinden wollten, vielleicht aber auch, wie man rückblickend sagen darf, weil die Bewegung dem Problem nicht genügend Beachtung schenkte. Über die kardinalen Fehler, die wir von Anfang an – sowohl vor der Gründung des Staates Israel als auch nach ihr – gemacht haben, werde ich im zweiten Band ausführlich berichten. Hier sei nur gesagt, daß unsere Politik auf der Voraussetzung beruhte, die englische Regierung sei der entscheidende Faktor; wir konzentrierten daher unsere Hauptkräfte auf diese Front. Die Engländer trachteten wiederum von Jahr zu Jahr, den Inhalt des Mandats abzuschwächen. Um ihre Position in der arabischen Welt nicht zu sehr zu gefährden, entwickelten sie eine Theorie, wonach die Rechte der Juden und Araber in Palästina unter dem Mandat das gleiche Gewicht besäßen, was zu einer Politik des ständigen Balan-

zierens zwischen beiden Gruppen führte. Veranstalteten die Araber Unruhen, so wurden ihnen Zugeständnisse gemacht. Protestierten wir, sei es in London oder in Genf, so gab die englische Politik uns nach. Mit dem Auftreten Hitlers auf der Weltbühne, dem Anwachsen der nationalsozialistischen Macht und der herannahenden Gefahr eines Weltkrieges wurde die britische Politik beinahe zwangsläufig immer weniger pro-zionistisch und immer mehr pro-arabisch. Die englische Regierung wußte sehr wohl, daß sie im Falle eines Krieges ohnehin mit der Unterstützung des Weltjudentums rechnen konnte, während den Arabern die Wahl zwischen beiden kriegführenden Parteien freistand. Durch den wilden Antisemitismus der Nazis waren wir einer solchen Entscheidung beraubt; ob wir wollten oder nicht, wir mußten pro-englisch sein, wodurch natürlich unsere strategische und taktische Position gegenüber den Arabern sehr geschwächt wurde.

Demzufolge mußten wir ständig die nahezu antizionistische Politik der Engländer bekämpfen und damit die Spannung zwischen ihnen und uns steigern. Wir verwandelten uns immer mehr in ein Ärgernis, besonders in den Augen der Beamten der britischen Kolonialverwaltung Palästinas, die ohnehin nicht die Elite der englischen Beamtenschaft bildeten. Auch abgesehen von dem arabisch-jüdischen Gegensatz waren wir dem durchschnittlichen Kolonialbeamten in Palästina ein Anstoß. Beamten in der ganzen Welt ist eines gemeinsam; sie wollen Ruhe haben. Jede Bürokratie haßt dynamische Bevölkerungsgruppen, die sie zwingen, den Alltagstrott zu ändern. Wir waren in Palästina das dynamische Element. Wir wollten Neues schaffen, das Tempo des Aufbaus im Lande immer mehr steigern. Schon damit waren wir dem Kolonialbeamten ein Ärgernis. Er war gewohnt, in den englischen Kolonien ein bequemes Leben zu führen, die Bevölkerung als Eingeborene zu behandeln und sie mit Zuckerbrot und Peitsche, das heißt durch Bestechung oder Unterdrückung, im Zaume zu halten. Uns gegenüber waren beide Mittel unbrauchbar. Man konnte uns weder durch Gefälligkeiten besänftigen noch durch Ukase einschüchtern.

Die antizionistische Politik der englischen Regierung äußerte sich vor allem auf dem Gebiete der Immigration und des Landerwerbs.

Es würde zu weit führen, die einzelnen Stufen dieses zähen Ringens darzustellen, um so mehr als auch viele Bücher über alle einzelnen Phasen dieses Kampfes erschienen sind. Die Engländer bildeten sich einen mythischen Begriff von der beschränkten Aufnahmemöglichkeit des Landes, der, beinahe zu einem Dogma erhoben, stets herzuhalten hatte, wenn uns die Zahl der Immigrationszertifikate, um die wir halbjährlich einkommen mußten, beschnitten wurde. Sie schickten Kommissionen ins Land, die gewissermaßen wissenschaftlich nachzuweisen hatten, daß im »übervölkerten« Palästina kein Platz mehr für neue jüdische Einwanderer sei. Im ganzen befolgten sie eine Politik des Status quo gegenüber unserer expansiven Politik, die auf der durchaus überzeugenden These Weizmanns beruhte, daß wir die Absorptionsfähigkeit des Landes schaffen und nicht als gegebene Größe hinnehmen dürften.
Meine Aufgabe in diesem Tauziehen war, von Genf aus die englische Politik zu hintertreiben. Beim Völkerbund gab es die Mandatskommission, die rechtlich und vor allem moralisch große Achtung genoß und mit der Aufsicht über alle Mandate beauftragt war. Zweimal im Jahr kam sie zusammen, prüfte die Berichte der Mandatarländer und nahm dazu Stellung. Da der Begriff des Mandats, geschaffen in den Friedensverträgen nach dem Ersten Weltkrieg, etwas Neues war, mußte sich die Mandatskommission ihre Autorität erst langsam erringen. Die Mandatarmächte standen ihr natürlich mit ziemlichem Widerwillen gegenüber, betrachteten sie als eine überflüssige Aufsichtsbehörde, die aus idealistisch abstrakten Rechtsvorstellungen heraus die praktische Politik hinderte. Das bekannteste und in der Öffentlichkeit am meisten diskutierte Mandatsland war zweifellos Palästina. Die Weltöffentlichkeit kümmerte sich recht wenig darum, was in Neu-Guinea oder Tanganjika geschah. Über Palästina, an dem Millionen Juden und nichtjüdische Freunde des Zionismus so brennend interessiert waren, wurde unablässig diskutiert, und wir sorgten auch dafür, daß es um die Palästinafrage nie still wurde. Als offiziell akkreditierter Vertreter der Jewish Agency bei der Mandatskommission war es meine Aufgabe, die Berechtigung unserer unzähligen Beschwerden gegen die britische Politik zu belegen. Die Mandatskommission konnte zwar die

britische Regierung nicht zwingen, ihre Politik zu ändern, aber ihre Stellungnahme war doch von erheblichem Gewicht und schwerer zu ignorieren als ein Protest der Jewish Agency.

Ich konnte mich allerdings nicht direkt an den Debatten beteiligen, sondern mußte durch schriftliche und vor allem persönliche Auseinandersetzungen mit den Mitgliedern der Mandatskommission unsere Stellung begründen. Mein Vorgänger, Dr. Victor Jacobson, hatte sich eine sowohl auf Respekt wie auf Sympathie beruhende Stellung geschaffen, während ich mir meine Beziehungen erst langsam ausbauen mußte.

In jenen Jahren war der Völkerbund moralisch eine weit stärkere Instanz als heute die Vereinten Nationen. Die Welt war noch nicht durch die Barbarei der totalitären Regime und des Zweiten Weltkrieges demoralisiert. Ethische Prinzipien spielten eine größere Rolle als in der heutigen Weltpolitik. Hinzu kam, daß die Mandatskommission eines der unantastbarsten und bestarbeitenden Organe des Völkerbundes geworden war. Das war vor allem Prof. William Rappard zu verdanken, dem ersten Direktor der Mandatsabteilung im Völkerbund, der der Kommission von vornherein eine starke Position sicherte. Sie bestand aus Vertretern der Kolonialmächte sowie verschiedener neutraler Staaten, zum Teil aus international bekannten Persönlichkeiten, deren fachmännische Autorität allgemein anerkannt wurde. Außer dem Schweizer Juristen und Soziologen von Weltruf Prof. Rappard gehörten ihr M.P. Orts, der damalige Vorsitzende, ein belgischer Kolonialverwalter mit großer Erfahrung und unzweifelhafter Objektivität, sowie eine Reihe von anderen Mitgliedern an, die keineswegs gewillt waren, das Spiel der Kolonialmächte mitzumachen, sondern eifersüchtig über ihre moralische Position wachten und vielfach den Mut bewiesen, die Kolonialpolitik der Großmächte scharf zu tadeln und Änderungen zu verlangen.

Jede Sitzung der Kommission war ein Duell zwischen dem englischen Kolonialministerium und der durch mich repräsentierten Jewish Agency. Die meisten Kommissionsmitglieder, vor allem die Vertreter kleiner Staaten, waren Männer von Unabhängigkeit, Sachkenntnis und intellektuellem Mut, die in vielen Fällen unsere

Kritik unterstützten. Namentlich in den schwierigen Jahren, in denen wir um jeden neuen Schritt in Palästina hart kämpfen mußten, haben sie unschätzbare Dienste geleistet. Als Beschützer des Mandats und der Balfour-Deklaration waren sie eine richterliche Instanz, ohne die unsere ohnehin schon schlechte Lage in Palästina im Laufe der Jahre noch viel schwieriger geworden wäre. Ich glaube sagen zu können, daß die Mandatskommission von allen Institutionen des Völkerbundes bis zum Schluß am stärksten die großen Ideen des ersten Völkerbundes verwirklichte. Was wir in Palästina erreicht haben, wäre ohne sie und ihre führenden Mitglieder undenkbar gewesen.

Mir wurde bald klar, daß die Zeit nicht für uns arbeitete, solange die Gefahr des nationalsozialistischen Deutschland akut war. Unsere Beziehungen zur Mandatarmacht mußten immer gespannter werden, denn sie geriet zunehmend unter den Druck, um jeden Preis die Sympathien der arabischen Welt in der nahenden Auseinandersetzung mit Nazi-Deutschland gewinnen zu müssen. Dieses Argument wurde von den Engländern natürlich niemals gebraucht, und daher waren wir verurteilt, immer aneinander vorbeizureden. Wir pochten ständig auf unsere Rechte aufgrund der Balfour-Deklaration und des Mandats, und die Engländer mußten Scheinargumente gegen uns ins Treffen bringen. Ein einziges Mal ging der damalige Außenminister Lord Halifax in einer denkwürdigen Sitzung in St. James Palace so weit, offen zuzugeben, daß es auch Fälle gäbe, in denen »political expediency« gegenüber den moralischen Prinzipien vorrangig sei.

Aus jenen Jahren möchte ich noch ein Ereignis erwähnen, das mein politisches Denken stark beeinflußt und darüber hinaus auch für die Politik des Zionismus wesentliche Folgen gehabt hat, das, wäre es nicht eine Episode geblieben, die Ausrottung von Hunderttausenden europäischer Juden vielleicht hätte vereiteln können. Die britische Regierung hatte 1936 eine Royal Commission ernannt, um die sich immer mehr verwirrende Lage in Palästina zu überprüfen und Lösungsvorschläge zu unterbreiten. Die Geschichte dieser Kommission, die Sir Robert Peel leitete und zum Teil aus sehr bedeutenden Mitgliedern bestand, sowie die jüdischen Aussagen vor dieser

Kommission, vor allem von Weizmann und Ben Gurion, sind oft dargestellt worden. Ich hatte mit diesen sich in Palästina abspielenden Vorgängen nichts zu tun. Einmal jedoch bat mich Dr. Weizmann, gerade von einer Reise nach Palästina zurückgekehrt, zu sich in sein Pariser Hotel und erklärte, er müsse mir gegen das Versprechen strengster Diskretion ein großes Geheimnis anvertrauen. Eines der Mitglieder der Kommission, intellektuell wahrscheinlich das bedeutendste, der Historiker Prof. Coupland, habe ihn, Weizmann, inoffiziell gefragt, was er angesichts der Unvereinbarkeit der arabischen und jüdischen Forderungen von der Teilung des Landes in einen jüdischen und einen arabischen Staat halte. Er, Weizmann, habe sich die Antwort vorbehalten und sei nun auf dem Wege nach London, wo er mit einigen wenigen Freunden beraten wolle, doch wünsche er auch meine Meinung einzuholen. Ich sprach mich sofort für diesen Gedanken aus, vorausgesetzt, daß die uns zugedachte Bodenfläche die Möglichkeit einer größeren Einwanderung böte. Ich habe diesen Standpunkt bekanntlich in all den Jahren weiter vertreten und war nach Kriegsende der erste, der den Teilungsplan wieder aufgegriffen und viel dazu beigetragen hat, ihn sowohl in der zionistischen Bewegung, wie auch bei der amerikanischen Regierung durchzusetzen. Wenn es eine Tragödie in der Geschichte des Zionismus gibt, so ist es die Tatsache, daß der erste Teilungsvorschlag im Jahre 1937 zum großen Teil durch unsere Schuld nicht verwirklicht wurde. Als die Royal Commission mit diesem Vorschlag offiziell herauskam, begann eine leidenschaftliche Debatte, ähnlich wie nach 1945 beim zweiten Teilungsvorschlag. Manche der einflußreichsten zionistischen Führer waren leidenschaftlich dagegen, darunter ein Mann wie Ussischkin, der einmal – nie werde ich das vergessen – eine halbe Nacht in Jerusalem auf mich einredete, um mich und die Radikale Partei umzustimmen. Als ich Ussischkin sagte, daß ich den Plan unterstützen würde, klagte er mich des unverzeihlichen Verbrechens an der Zukunft Palästinas und des jüdischen Volkes an. Männer wie Berl Katzenelson, die moralisch und intellektuell mächtigste Führergestalt der palästinensischen Arbeiterschaft, und – aus anderen Motiven – Persönlichkeiten wie Louis Brandeis, Stephen S. Wise und alle seine Freunde waren dagegen.

Die Motive jener heftigen Gegner glichen denjenigen, die ich in den Jahren 1945/46 zu bekämpfen hatte: Unfähigkeit, wesentliche Zugeständnisse zu machen, Festhalten an jedem Flecken Palästinas als an etwas Heiligem und historisch Geweihtem, Hartnäckigkeit und Fanatismus eines verfolgten Volkes, das zweitausend Jahre hindurch Glauben und Ideale gegen Wirklichkeit und praktische Notwendigkeit gesetzt hatte, und fehlende Bereitschaft zu begreifen, daß ein Volk, das nicht nur warten, hoffen und glauben, sondern gestalten und sein Schicksal selbst bestimmen will, mit Realitäten rechnen muß, selbst auf Kosten historischer Lieblingsvorstellungen. Es war eine fast zügellose Debatte. Weizmann und die Majorität der Zionistischen Exekutive, vor allem Ben Gurion, waren für die Teilung, und am Anfang war es auch die englische Regierung, namentlich der Kolonialminister Ormsby-Gore, ein alter Freund des Zionismus. Es gelang mir auch, die Mandatskommission davon zu überzeugen, daß der Teilungsplan nicht dem Sinne des Mandats widerspräche, und ein derartiger Beschluß wurde bald angenommen. Hätte die Bewegung damals spontan und schnell den Teilungsvorschlag akzeptiert, ist es sehr gut denkbar, daß er von der englischen Regierung verwirklicht worden wäre. Wir hätten dann zwei Jahre vor dem Weltkrieg ein Land gehabt, in das sich Hunderttausende, möglicherweise Millionen europäischer Juden hätten retten können. Aber als der Zionisten-Kongreß von 1937 nach langen Debatten, denen ich präsidierte, nach wiederholten Abstimmungen in verklausulierter Form und mit kleiner Mehrheit die Bereitschaft ausdrückte, den Teilungsplan in Erwägung zu ziehen, war es schon zu spät. Die Zusage war zu vage, und angesichts der kategorischen arabischen Ablehnung war die britische Regierung selbst schwankend geworden. Der Plan kam nicht zur Ausführung. Neben der ungenügenden Reaktion des Weltjudentums auf die Nazigefahr verbunden mit dem gefährlichen Glauben, Hitler werde seine Drohungen nicht in die Tat umsetzen, war die Stellungnahme der Zionistischen Bewegung zu diesem Teilungsplan die zweite große Sünde unserer Generation. Das Bewußtsein dieser Mitschuld an der Vernichtung eines Drittels unseres Volkes, die wir auf uns geladen haben, war eines der entscheidenden Motive, die mich später veranlaßten, den Teilungsplan wieder aufzugreifen, und bildete vielleicht auch das stärkste Argument für viele, die den Vorschlag zuerst zurückgewiesen hatten und später, wie mein Freund Stephen S. Wise, emphatisch für ihn eintraten.

Zu den Kämpfen gegen die englische Palästinapolitik kamen in jenen Jahren noch unsere zionistischen Außenprobleme. Ich war aktiv an den Bemühungen beteiligt, in den verschiedenen westeuropäischen Staaten Sympathien und politische Unterstützung für uns zu erwerben. Da ich der inoffizielle Vertreter der Jewish Agency bei der französischen Regierung war, bemühte ich mich vor allem, in Frankreich Freunde in den verschiedenen Parteien zu gewinnen, wobei ich mich auf die Vorarbeiten Jacobsons und verschiedener zionistischer wie nichtzionistischer Bundesgenossen in Paris stützen konnte.

Ich machte die Bekanntschaft von französischen Politikern wie Paul Reynaud, Yvon Delbos, Senator Béranger, dem damaligen Vorsitzenden der außenpolitischen Senatskommission, Edouard Herriot und dem treuen Freund des Zionismus Justin Goddard. Häufig sah ich Léon Blum, der nicht nur ein großer französischer Staatsmann, sondern auch ein großer Jude war, stets bereit zu helfen, ein Mann, von dessen geistiger Lebendigkeit und charakterlicher Noblesse ich immer wieder tief beeindruckt wurde. Ich pflegte ihn sehr häufig, besonders wenn es sich um dringende Probleme handelte, früh morgens in seinem Haus an einem Seine-Quai aufzusuchen. Verschiedentlich traf ich ihn in kurzen Unterhosen an, während er Gymnastik übte; es amüsierte mich zu sehen, wie der große Léon Blum Kniebeugen machte. Üblicherweise gab er mir eine Tasse Kaffee und setzte das Training wohl nach meinem Weggehen fort. Während des Krieges hat er den Leidensweg der Inhaftierung und des Konzentrationslagers mitgemacht, hatte jedoch das Glück, am Leben zu bleiben. Als er, bald nach der Befreiung, auf eine Sondermission von de Gaulle nach Washington geschickt wurde, meldete ich mich bei ihm in der französischen Botschaft. Nie werde ich vergessen, wie er zu mir die Treppe herunterkam: Als wir uns umarmten, hatten wir beide Tränen in den Augen. Er hat uns später sehr geholfen, als es sich in den Vereinten Nationen um den zweiten, endgültigen Teilungsplan handelte und die französische Regierung eher geneigt war, dagegenzustimmen, was die Zwei-Drittel-Majorität wahrscheinlich verhindert hätte. Er gehörte damals nicht mehr der Regierung an, doch ist es nicht wenig seinem großen Einfluß zuzuschreiben – ich war dauernd mit ihm in telefonischer Verbindung –, daß Frankreich schließlich doch für den Teilungsplan stimmte. Da die Benelux-Staaten beschlossen hatten, wie Frankreich zu stimmen, erhielten wir somit auch das Ja von Belgien, Holland und Luxemburg.

Ein Problem, das uns besonders in den ersten Jahren meiner Genfer Tätigkeit viel zu schaffen machte, hing mit der Erleichterung der Auswanderung deutscher Juden nach Palästina und dem damit verbundenen Transfer (»Haavarah«) zusammen. Nach den damaligen Bestimmungen war die Zahl mittelloser Einwanderer nach Palästina eng begrenzt. Hingegen blieb die Kapitalisteneinwanderung prinzipiell uneingeschränkt. Wer tausend englische Pfund nach Palästina überweisen konnte, wurde als Kapitalist angesehen. Da es aber den deutschen Juden unmöglich war, bares Geld zu transferieren, wurde ein Abkommen mit der Naziregierung getroffen, demzufolge jüdische Auswanderer nach Palästina ihr Geld in Deutschland einzahlten, die Jewish Agency dafür deutsche Waren kaufte, die sie nach Palästina importierte und aus dem Erlös den deutsch-jüdischen Einwanderern ihr transferiertes Guthaben in Pfund auszahlte. Dadurch gelang es achtzigtausend deutschen Juden, nach Palästina auszuwandern; sie haben dort sehr bedeutsame Leistungen vollbracht und gehörten zu den schöpferischsten Elementen beim Aufbau des Landes.

Als dieses Abkommen vom Zionisten-Kongreß ratifiziert werden sollte, kam es zu stürmischen Auseinandersetzungen. Viele betrachteten es als eine nationale Schande, daß die Zionistische Organisation mit Deutschland Handel trieb. Ich, der ich auf dem Jüdischen Weltkongreß den jüdischen Boykott gegen Nazi-Deutschland proklamiert hatte, verteidigte energisch das Transfer-Abkommen, weil es mir wünschenswert schien, achtzigtausend Juden zu retten und jüdische Vermögen nach Palästina zu bringen, selbst wenn die deutsche Wirtschaft dadurch Vorteile erwarb. Es gelang auf dem Luzerner Kongreß 1935 nach einer turbulenten Diskussion unter meinem Vorsitz, die Ratifizierung dieses Abkommens durchzusetzen. Als der Vertrag von der Majorität gutgeheißen wurde, erhoben sich die Vertreter der Revisionisten und begannen wild zu protestieren. Zum Zeichen ihres Widerstandes verließen sie die Sitzung, blieben aber in der Tür stehen und schrien »Schande!« Ich fürchtete, daß die Sitzung durch diese Demonstration gesprengt würde. Es gelang mir, den Anführer, Robert Stricker, zu überbrüllen: »Herr Stricker«, rief ich, »schreien Sie draußen oder schreien Sie drinnen, aber machen Sie die Tür zu, weil es zieht!« Das große Gelächter beendete die Demonstration. Ich erwähne diese Episode, weil auch sie später eine Parallele in dem heftigen jüdischen Streit um das Abkommen mit der deutschen Regierung unter Dr. Adenauer fand, das ich 1952 in die Wege leitete und in dem die Debatte von ähnlichen Überlegungen bestimmt wurde.

Die Teilnahme der deutschen Zionisten an Kongressen war damals eine heikle Sache. Ich präsidierte bei den meisten zionistischen Kongressen jener Jahre und war daher mit dieser Frage unmittelbar vertraut. Die zionistischen Delegierten aus Deutschland kamen jedesmal gewissermaßen als Geiseln, da ihre Familien in Deutschland zurückblieben, Gestapo-Beamte gewöhnlich dem Kongreß beiwohnten und stets die Gefahr von Repressalien bestand, wenn in allzu heftigen Ausdrücken über Hitler und sein Regime hergezogen würde. Auch die Schweizer Behörden bestanden darauf, aus Furcht vor Nazi-Deutschland, daß auf den zionistischen Tagungen keine beleidigenden Äußerungen über das Deutsche Reich, seinen Führer und seine Minister geduldet wurden. Daher mußte ich dafür sorgen, daß die Reden über Deutschland auf den Zionisten-Kongressen im Inhalt zwar sachlich unnachgiebig, aber parlamentarisch in der Form akzeptabel waren. Meine erste Schwierigkeit hatte ich 1935 mit Stephen S. Wise; wir waren damals noch nicht so eng befreundet wie später. Mir wurde bekannt, daß Wise in der Generaldebatte eine sehr scharfe antideutsche Rede halten würde. Als Vorsitzender des Kongresses erklärte ich ihm, daß er mir die Rede aufgrund eines Beschlusses des Kongreßpräsidiums vorher unterbreiten müsse und ich mir vorbehielte, die Stellen über Deutschland zu zensurieren.

Wise wurde so ärgerlich, wie er es bei seinem vulkanischen Temperament nur sein konnte, erklärte, mein Ansinnen sei kränkend und anmaßend; er donnerte, daß er, der er als junger Mann die bedeutendste Rabbinerposition Amerikas ausgeschlagen habe, weil der Vorsitzende der Gemeinde seine Predigten vorher sehen wollte, dies nicht dulden würde. Ich blieb sehr ruhig und erklärte, daß er das Wort nicht bekommen werde, ohne mir die Rede vorgelegt zu haben. Als ich ihm aber die Gefahr vor Augen hielt, die eine unvorsichtige Rede für die deutschen Juden haben konnte und ihm versicherte, daß alles nur dazu bestimmt sei, ihn vor seinem eigenen Temperament zu schützen, gab er nach und ließ die betreffenden Abschnitte der Rede von mir korrigieren.
In diesem Zusammenhang möchte ich auch eine weniger ernste Episode erwähnen. Als die Generaldebatte mit vielen Reden über Deutschland auf dem Luzerner Kongreß beinahe zu Ende war und ich, der ich wie auf Kohlen gesessen hatte, erlöst den Vorsitz einem Kollegen übergeben wollte, kam plötzlich ein mir unbekannter amerikanischer Delegierter auf mich zu und bat mich, ihm das Wort zu erteilen. Ich fragte ihn, worüber er sprechen wolle, und er antwortete, über Hitler. Ich ahnte Böses und ich bedeutete dem Mann, daß er nicht mehr zu Wort kommen könne, weil die Rednerliste geschlossen sei, worauf er mir ärgerlich erklärte, er habe seinen Wählern das Versprechen gegeben, über Hitler zu reden und könne unmöglich zurückkehren, ohne es eingelöst zu haben. Da aber die Liste geschlossen sei, werde er sich mit zwei Minuten begnügen. Auf die Frage, was er denn sagen wolle, erwiderte er: »Ich will nur sagen, daß Hitler eine wilde Bestie ist und Gott ihn schnellstens ausrotten soll.« Als ich erklärte, daß er dies auf der Tribüne des Kongresses nicht sagen könne, wurde er hysterisch und behandelte mich, als ob ich selbst ein Nazi sei. Ich mußte schließlich, um einen Skandal zu verhindern, den Leiter der amerikanischen Delegation, Judge Morris Rothenberg, bitten, diesen Delegierten aus dem Saal zu führen. Viele Jahre später, als ich in einer amerikanischen Stadt eine Rede hielt, kam jener Mann zu mir und erzählte mir, wie böse er all diese Jahre auf mich gewesen sei, daß er aber jetzt einsehe, wie recht ich getan hatte, ihm nicht das Wort zu erteilen.

Ich versuchte in jener Zeit, auch auf die sowjetische Einstellung zum Zionismus Einfluß zu nehmen. Die radikalsten Antizionisten waren die jüdischen Kommunisten. Jahrelang hatte ein heftiger Kampf innerhalb der jüdischen Intelligenz in Osteuropa, vor allem in Rußland, getobt, und zwar zwischen der zionistischen Richtung, die sich die Lösung der Judenfrage von einem jüdischen Nationalheim versprach, und der radikal-sozialistischen, später kommunistischen Gruppe, die das Heil in der Weltrevolution erblickte. Nach der Oktoberrevolution in Rußland wurde der Zionismus dort für illegal und konterrevolutionär erklärt, Tausende von Zionisten wurden im Laufe der Jahre verhaftet, verurteilt und in sibirische Zwangslager verschickt. Obschon es wenig aussichtsreich erschien, trachtete ich auf Veränderung. Mit Litwinow hatte es keinen Sinn, es ernsthaft zu versuchen. Ich glaube nicht, daß er im Grunde antizionistisch war, aber in der exponierten Stellung eines russischen Außenministers konnte er sich als Jude kaum erlauben, im geringsten von der offiziellen Linie abzuweichen. Ich fand jedoch zu meinem Erstaunen größeres Verständnis bei zwei anderen kommunistischen Repräsentanten. Der eine war Marcel Rosenberg, Jude und sowjetischer Unter-Generalsekretär des Völkerbundes. Mehrmals erklärte er mir, daß er mit den zionistischen Bestrebungen sympathisiere, und kritisierte heftig die jüdischen Kommunisten in Rußland, die aus Angst, verdächtigt zu werden, antizionistischer seien als die nichtjüdischen Kameraden. Der andere war Wladimir Petrowitsch Potemkin, ein Nichtjude, damals sowjetischer Botschafter in Paris, später stellvertretender Außenminister und dann Unterrichtsminister. Er war ein ungewöhnlicher Mann, Nachkomme des Fürsten Potemkin, ein Idealist, sehr gebildet und mit großem Charme, Grandseigneur und trotzdem Kommunist, aber für einen sowjetischen Diplomaten ungemein offenherzig. Er liebte geradezu rührend alles Jüdische. In seiner Jugend hatte Potemkin Theologe werden wollen und daher Hebräisch studiert. Er konnte ganze Kapitel der »Pirkej Avot« (Sprüche der Väter) auswendig hersagen und behauptete, daß es in der ganzen Weltliteratur keine zweite Sammlung solcher Lebensweisheit gäbe. Eines Tages erzählte mir Potemkin, er habe sich mit seinem Jugendfreund Maxim Gorki zerstrit-

ten, als dieser den gemeinsam von beiden formulierten Plan, eine russische Übersetzung der wichtigsten Werke der modernen hebräischen und jüdischen Literatur herauszugeben, fallenließ. Sein Traum sei, einmal Professor für hebräische Literatur in Moskau zu werden. Er war pro-zionistisch und behauptete, daß es möglich sein müsse, Stalin für die Unterstützung des Zionismus zu gewinnen. Alle Argumente, die Gromyko 1948 vor den Vereinten Nationen für den Teilungsplan und den jüdischen Staat in Palästina vorbrachte, hatte Potemkin bereits antizipiert. Er behauptete, Stalin sei nur unter dem Einfluß der jüdischen Kommunisten antizionistisch geworden, und regte an, ich sollte Stalin eventuell zusammen mit Stephen S. Wise aufsuchen. Ich nahm seinen Vorschlag gerne an, und er versprach mir, auf seiner nächsten Urlaubsreise die Sache mit Stalin zu besprechen. Als er jedoch nach Moskau kam, fanden gerade die großen Säuberungen und Schauprozesse statt. Wie mir Potemkin nach seiner Rückkehr versicherte, sei es in dieser Atmosphäre unmöglich gewesen, seinen Gedanken auch nur vorzubringen. Er vertröstete mich auf das nächste Mal; im Jahr darauf wurde er jedoch als Botschafter abberufen. Ich verlor den Kontakt zu ihm, und aus der Reise zu Stalin ist nichts geworden.
1938 begann es mir wahrscheinlich zu werden, daß die Spannungen der Weltpolitik sich nicht friedlich lösen würden und ein Weltkrieg unvermeidlich sei. So hatte ich im Mai 1939 mein letztes Gespräch mit Beneš, dem damaligen tschechischen Außenminister, der meinte, wenn es im Juni nicht zum Krieg käme, würde es in den nächsten ein oder zwei Jahren keinen geben. Ich behauptete, der gefährliche Monat wäre August, und wir schlossen darauf eine Wette auf zwanzig Franken. Ich behielt recht, aber das Geld hat er mir nie bezahlt. Allerdings habe ich ihn auch nie daran erinnert. Litwinow hatte mir wiederholt gesagt, wenn ich eines Tages in der Presse lesen würde, er sei als Außenminister zurückgetreten, so bedeute dies Verständigung zwischen Nazi-Deutschland und der Sowjetunion, und der Krieg würde bald kommen. Als Litwinow im Mai 1939 einige Wochen vor dem Ribbentrop-Molotow-Vertrag zurücktrat, telegraphierte ich Stephen S. Wise meine Befürchtungen über einen herannahenden Weltkrieg; dieser berichtete Sumner Welles, dem damali-

gen amerikanischen Unterstaatssekretär, von diesem Kabel. Als ich 1940 Sumner Welles zum ersten Mal besuchte, drückte er mir sein Erstaunen über meine Voraussicht aus. Ich erzählte ihm, worauf diese beruhte und daß das Verdienst Herrn Litwinow zukomme. Nach Ausbruch des Krieges verlegte ich den Schwerpunkt meiner Tätigkeit nach Paris, weil ich wußte, daß in Genf nicht mehr viel zu tun sein würde.

15

Untergehendes Europa

Es war vorauszusehen, daß uns in den Kriegsjahren zwei große Probleme in Atem halten würden: das Schicksal der Juden in den von den Nazis eroberten Ländern und die Fürsorge für die palästinensische Judenheit, deren Zukunft ebenfalls durch den Krieg bedroht wurde. Ich beschloß, eine Einladung der Amerikanischen Zionistischen Organisation zunächst zurückzustellen, denn meine dringendste Aufgabe bestand nun darin, mich in Europa diesen beiden entscheidenden Arbeitsbereichen zu widmen. Der stupide und unfaire Beschluß der französischen Regierung, alle ehemaligen deutschen Staatsbürger, das heißt also vor allem die deutsch-jüdischen Flüchtlinge, aus Sicherheitsgründen in Lager zu schicken, rief mich dringend nach Paris. Menschen, von Hitler verjagt, nach Frankreich geflüchtet, die erbittertsten Feinde des deutschen Regimes, wurden dort plötzlich zu feindlichen Ausländern erklärt und interniert. Ich wurde gebeten, für ihre Freilassung zu intervenieren. Da ich selbst kein Franzose war, hielt ich es für richtig, zuerst die Unterstützung des französischen Judentums dazu zu gewinnen. Der Präsident des Consistoire[28] war damals Baron Robert de Rothschild. Als ich ihm mein Anliegen unterbreitete, wurde er sehr ungehalten. »Meine beiden Söhne sind in der französischen Armee«, sagte er, »ich bin ein guter Patriot, und wenn die französischen Militärbehörden die Internierung der deutschen Juden für notwendig halten, kann ich nicht intervenieren.« Wenn er bei seiner Weigerung verharren würde, kündigte ich ihm an, würde ich nach einigen Tagen selbst etwas unternehmen. Als Ausländer sei es mir überhaupt verboten, das Kriegsministerium in der Rue de Grenelle zu betreten, sagte er; sollte ich es dennoch versuchen und festgenommen werden, könne er sich um meine Freilassung nicht kümmern, da ich eigentlich nur ein deutscher Jude sei.
Das Ganze ist eine Frage einiger Generationen, erwiderte ich. Daraufhin bemühte ich mich durch meine Beziehungen in Paris eine

Unterredung mit General Ménard, der sich um die innere Sicherheit kümmerte, zu erreichen und wurde von ihm zum Tee ins Kriegsministerium geladen. Als ich zwei Tage später zu Baron de Rothschild zurückkam, teilte er mir mit, er habe, um eine unvorsichtige Initiative meinerseits zu verhindern, beschlossen, an einen bestimmten General zu schreiben; den Namen wollte er mir als Ausländer nicht nennen. Ich zeigte ihm die Einladung, und er war außer sich vor Erstaunen.

Ich hatte ein längeres Gespräch mit Ménard, infolgedessen wenigstens eine Reihe von prominenten jüdischen Persönlichkeiten aufgrund von Garantien des Jüdischen Weltkongresses, daß sie keine Spione seien, freigelassen wurden. Als jedoch der deutsche Einmarsch im Mai 1940 erfolgte, wurden sie wiederum festgesetzt, und bei der Panik und dem Chaos, die damals über Frankreich hereinbrachen, war jede Intervention schon rein technisch unmöglich.

Während jener Pariser Monate setzte ich mich auch für den Aufbau einer Jüdischen Legion als einer besonderen Einheit innerhalb der alliierten Armeen ein. Der Sinn dieses Vorschlages war, das jüdische Volk auch militärisch im Kampf gegen die Nazis einzusetzen und die jüdischen Flüchtlinge sowie das palästinensische Judentum für eine solche Legion zu mobilisieren. Palästina war als Mandatsland neutral, und die palästinensischen Juden hatten keine gesetzlich militärischen Verpflichtungen. Aber Tausende junger Juden brannten darauf, in dem Kampf gegen Nazi-Deutschland auch auf dem Schlachtfeld anzutreten. Außerdem konnte ein solcher Einsatz für die Nachkriegsperiode, namentlich für Palästina, von großer Bedeutung werden. Später ist eine Jüdische Brigade innerhalb der englischen Armee entstanden, der allerdings nur palästinensische Juden angehörten. Ich dachte damals aber vornehmlich an eine Jüdische Legion innerhalb des französischen Heeres, weil mir klar war, daß die Engländer mit Rücksicht auf die Araber nicht so leicht für den Plan zu haben sein würden. Frankreich schien daher die gegebene Großmacht zu sein, auch im Hinblick darauf, daß sich dort die meisten mitteleuropäischen Flüchtlinge befanden. Ich begann also, meine Idee mit Mitgliedern der französischen Regierung zu besprechen. Auf der Suche nach Männern von Einfluß, die mir bei der

Verwirklichung behilflich sein konnten, machte ich die Bekanntschaft einer der stärksten und eigenartigsten Persönlichkeiten der französischen Politik, des Kolonialministers Georges Mandel. Ich wußte von ihm, daß er, obwohl er Jude war, mit jüdischen Dingen nichts zu tun haben wollte. Als Schüler Clemenceaus extremer Nationalist, war er autoritär in seinen Methoden, eigensinnig in seinen Ideen und überhaupt nicht leicht zu behandeln. Ich wurde ihm von einem gemeinsamen Bekannten, dem Herausgeber französischer Finanzzeitungen, Robert Bollag, empfohlen, ein Kollege in der Exekutive des Jüdischen Weltkongresses und ein Mann mit vielverzweigten Verbindungen. Als ich Mandel zum ersten Mal traf, stieß ich auf absolute Ablehnung. Er beeindruckte mich sofort als Mensch von großem Format, mit starkem Willen und großen Ambitionen. Er war der einzige mir bekannte französische Politiker, der die Lage realistisch beurteilte und Frankreichs Katastrophe schon klar voraussah. In jenen Monaten, als die Franzosen noch von ihrem blinden Glauben an die Maginot-Linie lebten, sagte er nur, daß die französische Armee demoralisiert und kampfunfähig sei, daß die Deutschen Frankreich in wenigen Wochen überrennen und die meisten seiner Kollegen bereit sein würden, Frieden mit ihnen zu machen. Die einzige Hoffnung für Frankreich sah Mandel in einer in Afrika gebildeten Widerstandsregierung, die zusammen mit England und vielleicht später mit Amerika den Kampf weiterführen würde.

Der Vorschlag, eine Jüdische Legion zu gründen, erschien ihm zuerst absurd. Ebensogut könne man, argumentierte er, eine Katholische oder Protestantische Legion schaffen. Wir polemisierten zunächst über den Charakter der jüdischen Gemeinschaft, über Zionismus und Palästina – Begriffe, denen er bislang gleichgültig oder gar ablehnend gegenübergestanden hatte. Unser erstes Gespräch verlief sehr heftig. Des Widerspruchs ungewohnt, stellte mich Mandel nach einer Weile ungeduldig und gereizt zur Rede. Ich entgegnete: »Monsieur Mandel, ich bin sehr froh, Sie kennenzulernen, und ich hoffe, Sie noch oft zu sehen. Aber unsere künftigen Gespräche haben nur Sinn, wenn Sie von vornherein verstehen wollen, daß ich weder Ihr Beamter noch ein Bürger Frankreichs bin. Ich vertrete das jüdische Volk und kann mit Ihnen nur als gleichberechtigter Partner weiterreden. Wir mögen uns verständigen oder nicht, es muß aber ein jeder von uns das uneingeschränkte Recht auf seine eigene Meinung haben. Sonst sage ich Ihnen lieber gleich Adieu.« Der Minister sah mich etwas erstaunt an, reichte mir die Hand und bemerkte: »Vous êtes un homme, et je vous respecte.« Von da an änderte er den Ton und wurde meinen Argumenten zugänglicher. Als Robert Bollag am selben Tag Mandel anrief und ihn fragte, welchen Eindruck ich auf ihn gemacht hatte, antwortete ihm Mandel, Nahum Goldmann sei ein stolzer Jude. Darauf fragte Bollag, was er selbst sei, und Mandel antwortete: »Vous êtes un pauvre Israélite.« Mandel stimmte schließlich dem Gedanken einer Jüdischen Legion zu, vor allem aus zwei Gründen: erstens würde der Einsatz Tausender junger Juden, fanatischer und begeisterter Kämpfer, den Widerstand gegen die Nazis stärken, und zweitens sah Mandel ein, welche weitreichende Wirkung die Schaffung einer Jüdischen Legion auf das amerikanische Judentum haben mußte. Da seiner Ansicht nach die Stellung Amerikas den Ausgang des Krieges bestimmen würde, machten diese Argumente großen Eindruck auf ihn. Der Minister öffnete mir die Türen zu den maßgeblichen Militärs, z.B. zu Kriegsminister Edouard Daladier, und im Frühjahr 1940 erhielt ich ein Schreiben der französischen Regierung, in dem mein Vorschlag grundsätzlich akzeptiert wurde. Jenes historische Dokument ist leider verlorengegangen. Der damalige Leiter des Büros des Jüdischen Weltkongresses, Marc Jarblum, hatte vorsorglich das ganze Archiv nach Bordeaux gesandt; es konnte nach dem Krieg nicht mehr gefunden werden und ist dort wahrscheinlich aus Angst vor dem deutschen Einmarsch zerstört worden. Bevor es jedoch auch nur zu Verhandlungen kommen konnte, drangen die Deutschen ins Land ein, Frankreich brach zusammen, und damit mußte das Projekt, jedenfalls auf französischem Boden, begraben werden. Als die deutschen Armeen in Holland und Belgien einmarschierten, war ich gerade mit meiner Frau in Paris, während sich unsere Kinder in Genf befanden. Wir fuhren sofort dorthin zurück, und es war mir klar, daß mein längeres Verbleiben in Europa wenig Sinn hatte, da Frankreich als Operationsbasis nicht mehr in Frage kam und Genf nach der Liquidation des Völkerbundes politisch bedeutungslos geworden war. Auch bestand die Gefahr, daß die Deutschen die Schweiz besetzen würden und ich bekanntlich wegen »Hochverrats« ausgebürgert war. Als ich kurz vor unserer Abfahrt mit einem hohen Beamten des Schweizer Außenministeriums telefonierte, sagte er mir, der Generalstab rechne mit einem Einmarsch in den nächsten Tagen. Hätte Pétain nicht den Waffenstillstand mit den Deutschen abgeschlossen, wären diese wahrscheinlich durch die Schweiz über den Jura der französischen Armee in den Rücken gefallen. Ich beschloß daher, meine Familie nach Amerika in Sicherheit zu bringen. Nachdem ich, was damals nicht einfach war, mit Hilfe von Stephen Wise die amerikanischen Visen besorgt hatte, beschlossen wir, über Paris und Lissabon nach Amerika zu reisen. Der Schlafwagen nach Paris war bereits reserviert. Am Nachmittag des Abreisetages, es war Anfang Mai 1940, ging ich ins Büro, um mich von meinen Beamten zu verabschieden, drehte das Radio an und hörte die Schilderung der Panik in Paris wegen des deutschen Einmarsches und daß Hunderttausende Familien in Autos, auf Fahrrädern oder zu Fuß die Stadt fluchtartig verließen. So sah ich plötzlich vor Augen, wie ich mit zwei Kindern, zwei und vier Jahre alt, in diesen Pariser Strudel gezogen und wahrscheinlich gar keine Möglichkeit haben würde, nach Spanien und Portugal zu gelangen. Dieser Eingebung folgend, rief ich meine Frau an, bat sie, wieder auszupacken und machte die Vorbestellung für den Schlafwagen wieder rückgängig. Statt dessen versuchte ich, einen Flug nach Spanien zu arrangieren. Die Maschinen der einzig existierenden Fluglinie von Locarno nach Barcelona waren hoffnungslos ausgebucht, und nur mit Hilfe Schweizer Behörden gelang es mir, auf einem der letzten Flugzeuge Plätze zu belegen. Wir erreichten Lissabon in der naiven Hoffnung, mit der Pan American Airways nach New York weiterfliegen zu können, nur um zu erfahren, daß mehrere tausend Personen auf der Warteliste standen und es wahrscheinlich mehrere Monate dauern würde, ehe wir Flugplätze bekämen. Wir verbrachten einige Wochen in Estoril bei Lissabon, einem reizenden, aber von Flüchtlingen aus aller Herren Länder überfüllten Ort, bis es mir wiederum mit Hilfe von Stephen Wise und einer Anordnung des State Department gelang, auf dem amerikanischen Schiff *Washington*, das gestrandete amerikanische Staatsbürger nach New York bringen sollte, als einziger Nichtamerikaner eine Kabine zu bekommen.

Anfang Juni begann unsere von Zwischenfällen unterbrochene Überfahrt. Schon am ersten Morgen wurden wir um fünf Uhr früh geweckt und in die Rettungsboote verladen, weil ein deutsches U-Boot das Schiff torpedieren wollte und zwanzig Minuten für die Evakuierung gewährt hatte. Der deutsche U-Boot-Kapitän hielt nämlich die *Washington*, die sich auf einem nördlichen Kurs bewegte, weil sie Irland anlaufen mußte, um dort in England steckengebliebene Amerikaner aufzunehmen, für ein getarntes englisches Schiff. Wir saßen also eine Weile in den Rettungsbooten, während der Kapitän dem U-Boot-Kommandanten klarzumachen versuchte, daß es sich wirklich um das amerikanische Schiff *Washington* handelte. Schließlich gelang das; nach einer halben Stunde wurden wir wieder in die Kabinen zurückgeschickt. Im irischen Hafen Galloway mußten wir drei Tage, ohne das Schiff verlassen zu dürfen, auf die Ankunft des Londoner Sonderzuges mit den amerikanischen Passagieren warten. In der letzten Nacht vor der Abfahrt erschien der Polizeichef von Galloway mit dem Auftrag des irischen Innenministeriums, mich vom Schiff herunterzuholen, da ich im Verdacht stand, ein deutscher Spion zu sein. Er weigerte sich zuerst, mir zu sagen, worum es sich handelte, bis ich zufällig erwähnte, daß ich, als Vertreter der Jewish Agency beim Völkerbund, den irischen Unter-Generalsekretär Sean Lester gut kannte. Lester war sein Schulkamerad gewesen und so – nachdem er mich über ihn ausgefragt hatte, um festzustellen, ob ich nicht einfach prahlte – war er überzeugt, daß ich doch kein Spion sei. Nun erzählte er mir, was vorgefallen war. Ich hatte noch in Lissabon eine Korrespondenz mit Dr. Maurice Perlzweig geführt, der die politische Vertretung des Jüdischen Weltkongresses in London übernommen hatte. Auf Ansuchen der englischen Regierung hatte er mich gebeten, nach Argentinien zu fliegen, wo der britische Botschafter im Versuch, den Boykott gegen Deutschland durchzusetzen, auf den Widerstand einiger wichtiger jüdischer Kaufleute gestoßen war und hoffte, mein

persönlicher Einfluß würde sie umstimmen. Ich hatte Perlzweig geantwortet, daß ich, nachdem ich meine Familie nach New York gebracht hätte, gerne bereit wäre, für einige Tage nach Buenos Aires zu fliegen, und bat ihn um Einzelheiten, die er mir auf die *Washington* in Galloway schicken könnte. Da es im Krieg unmöglich war, Briefe auf ein Schiff zu senden, und Perlzweig selbst kein Visum nach Irland bekam, hatte er einen Freund, einen aktiven Zionisten namens Horowitz, gebeten, den Zug nach Galloway zu nehmen und einen der amerikanischen Passagiere, die dort an Bord stiegen, zu bitten, mir seinen Brief zu übergeben. Dies wurde von einem irischen Geheimpolizisten beobachtet, Horowitz wurde festgenommen, der Brief konfisziert, und, da es sich um Beziehungen mit Deutschland handelte, vermutete man, wir seien deutsche Spione. »Sie würden sich wundern«, meinte der Polizeichef, »wieviele deutsche Juden in Irland für Deutschland spionieren.«
Immerhin, nachdem ich alles aufgeklärt hatte, bekam er mitten in der Nacht die Erlaubnis, mich weiterreisen zu lassen, doch wurde angeordnet, daß er mein Gepäck untersuchen mußte. Wir gingen in die Kabine, wo die beiden kleinen Kinder schliefen, und ich sagte ihm, die ganze Nacht würde vergehen, wenn er all unsere etwa zwanzig Koffer öffnen würde. Er begnügte sich damit, daß ich sie ihm zeigte, und er schrieb in seinem Bericht, er habe mein Gepäck gesehen. Ich lud ihn darauf zu einem Drink ein, und so war der Zwischenfall beendet.
Am 21. Juni landeten wir in New York, zur Freude meiner Freunde, die durch die Falschmeldung, ich sei durch ein deutsches Unterseeboot von der *Washington* heruntergeholt worden, beunruhigt worden waren.
Noch an Bord hatten wir durch das Radio von dem Waffenstillstand zwischen Pétain und den Deutschen erfahren. Von den Hunderten Franko-Amerikanern an Bord begannen viele bei dieser Durchsage bitterlich zu schluchzen, und es entspann sich eine Diskussion, an der sich namentlich Prof. Hans Kelsen, der große internationale, später in Berkeley lehrende Jurist beteiligte. Wie die meisten anderen war er davon überzeugt, daß nach dem Zusammenbruch Frankreichs auch England überrannt und ganz Europa auf unabsehbare

Zeit in die Gewalt der Nazis geraten würde. Ich widersprach heftig; ohne mich auf logische Gründe stützen zu können, weigerte ich mich, an eine solche Entwicklung zu glauben. Ich konnte mir nicht vorstellen, daß England so handeln würde wie Frankreich und daß die Vereinigten Staaten unter Roosevelt die Nazifizierung Europas stillschweigend akzeptieren würden. Selbst in jenen furchtbaren Monaten habe ich nie daran gezweifelt, daß die Nazis den Krieg verlieren würden.

Viel weniger optimistisch war ich jedoch hinsichtlich des Schicksals der europäischen Juden. Noch hatte ihre faktische Vernichtung nicht begonnen. Dennoch fürchtete ich schon damals – und habe es bald nach meiner Ankunft in Amerika öffentlich gesagt, wofür ich sehr angegriffen wurde –, daß Millionen europäischer Juden die zeitweiligen Siege der Nazi-Armeen mit ihrem Leben würden bezahlen müssen. Das einzige, was man unter solchen Umständen versuchen konnte, so schwierig, ja so hoffnungslos es auch schien, war, so viele wie möglich vor dieser Katastrophe zu retten. Wie das im einzelnen geschehen sollte, war mir durchaus unklar. Aber in solchen Situationen selbst Unmögliches zu wagen, ist das einzige, was übrigbleibt. In dieser tristen Stimmung, im Bewußtsein der zeitweiligen Übermacht der Nazis und der drohenden Katastrophe für Millionen von Juden, kam ich in New York an. Eine Rückkehr nach Europa war im Augenblick undenkbar, die Dauer des Weltkrieges unvorhersehbar und das Schicksal der palästinensischen Juden völlig ungewiß. Ein wenig Trost schöpfte ich aus dem Entschluß, das Meinige zu tun, um das amerikanische Judentum und die Regierung Roosevelt zu einer Hilfs- und Rettungsaktion aufzurütteln.

Es blieb mir immer unverständlich, wieso es niemand unternommen hat, in einem Buch über eine Anzahl charakteristischer Schicksale von Nazi-Opfern zu berichten, vor allem derer, die sich in völlig verschiedenen Situationen – zum Teil unter ganz unfaßbaren Umständen – haben retten können. Als Illustration seien hier drei erwähnt, in die ich selbst verwickelt war.

Ich berichtete an anderer Stelle über meinen Aufenthalt in Bad Nauheim, nachdem ich für eine Weile aus Frankfurt ausgewiesen war. Dort lernte ich den bedeutenden jüdischen Anwalt Salszupin aus Warschau kennen, dessen Frau mich ein bißchen Russisch lehrte, und mit dem ich immer freundschaftlich verbunden blieb; er starb eines natürlichen Todes in Warschau. Zwei seiner Söhne hatten Polen rechtzeitig verlassen, die Tochter, ein junges unverheiratetes Mädchen, war zurückgeblieben. Als ihre Mutter nach dem Einmarsch der Nazis starb, beschloß sie, mit einer Freundin zu versuchen, das Ghetto zu verlassen. Die Lage war bereits sehr schwierig, doch hörte sie, daß ein deutscher Wachtmeister an einem bestimmten Ghetto-Ausgang bestechlich sei. Sie hatte einige Silbermünzen geerbt und bot diese dem Wachtmeister an, der sie empört zurückwies. Meine Bekannte kam aus nicht-religiösem Hause und konnte sich nie erklären, wie sie plötzlich auf den Gedanken kam, dem deutschen Soldaten zu sagen, die Münzen seien von einem chassidischen Rabbiner gesegnet worden: »Wenn Sie sie nicht annehmen«, sagte sie, »beleidigen Sie den Wunderrebbe, und das wird sich an Ihren Kindern rächen.« Der Wachtmeister begann zu weinen, nahm das Geld an und ließ die zwei Mädchen ins Freie.

Von dem zweiten Schicksal erfuhr ich in dramatischer Weise. Nach dem Teilungsbeschluß der Vereinten Nationen 1947 veranstaltete man in Paris eine große Kundgebung im Trocadéro, zu der ich – ich befand mich gerade in London – als einziges Mitglied der Zionistischen Exekutive, das französisch sprach, geladen wurde; die anderen Redner waren Paul Reynaud und Jouhaux, der Führer der französischen Gewerkschaften. Der Saal war überfüllt, Tausende drängten sich draußen. Als ich zur Tribüne ging, um das Wort zu ergreifen, bemerkte ich im Publikum eine momentane Aufregung, und nachdem ich meine Rede beendet hatte, kam der Sekretär der Zionistischen Organisation zu mir und sagte mir, eine Frau sei in Ohnmacht gefallen, als ich auf der Bühne erschienen war, und bestehe nun darauf, mich zu sehen. Er nannte mir ihren Namen: Sie war eine gute Freundin, eine sehr schöne und gebildete polnische Jüdin, die ihren wohlhabenden Mann Anfang des Krieges in Warschau verloren hatte. Ich ging zu ihr hin, und sie erzählte mir, was ihr widerfahren war. Da sie durchaus nicht jüdisch, eher wie eine polnische Aristokratin aussah, war es ihr nach dem Tode ihres

Mannes gelungen, mit ihrer kleinen Tochter aus dem Ghetto zu flüchten. Sie zog von Stadt zu Stadt, um einen Zufluchtsort zu finden, und kam so eines Tages nach Zakopane, einem berühmten Winterort in den Karpaten. Dort erfuhr sie, daß ein »Schlachzitz«, ein polnischer Adeliger, der eine kleine Villa bewohnte, eine Haushälterin suchte. Um sich zu bewerben, ging sie zu ihm. Sie läutete, und als der Inhaber des Hauses ihr die Tür öffnete, sank er auf die Knie und flüsterte: »Sagen Sie kein Wort, Durchlaucht, ich weiß, wer Sie sind, es wird mir die größte Ehre sein, Sie zu verbergen und Ihr Leben zu retten.« Meine Bekannte erfuhr später, daß sie der Prinzessin Radziwil sehr ähnlich sah, der Tochter der vornehmsten polnischen Familie, die eine große Rolle in der Geschichte Polens gespielt hatte und das Symbol für viele polnische Patrioten war. Die Deutschen hatten während des Ersten Weltkrieges, als sie Polen besetzt hatten, geplant, eine polnische Republik unter der Präsidentschaft Radziwils zu proklamieren, doch der Prinz hatte das Projekt damals abgelehnt. Im Zweiten Weltkrieg mußten die Radziwils sich vor den Deutschen verbergen, die sie nunmehr als eventuelle Führer eines polnischen Aufstands verdächtigten. Vier Jahre lang blieb sie in dem Hause, wurde wie eine Königin behandelt und von früh bis abends verwöhnt. Gleichzeitig war der polnische Adelige ein überzeugter Antisemit, der seiner angeblichen Prinzessin täglich beglückt mitteilte, wieviel tausend Juden wieder von den Nazis ausgerottet worden seien, und ihr zu sagen pflegte, man müsse den Deutschen doch all das Böse, was sie den Polen antaten, verzeihen, weil sie das Land von der Judenplage befreiten. Sobald der Krieg beendet war, entfloh meine Bekannte mit ihrer Tochter und hat mir aus Danzig durch das amerikanische State Department Nachricht zukommen lassen. Meine Antwort hatte sie jedoch nie erreicht, da sie ihren Aufenthaltsort inzwischen geändert hatte, und so sah sie mich plötzlich auf der Bühne in Paris wieder. Kein Wunder, daß sie in Ohnmacht gefallen war. Ich verhalf ihr und ihrer Tochter zu einem Visum nach Israel, wo sie noch heute leben.

Das dritte Erlebnis bewies mir, wie Menschenleben oft von Zufällen einiger Sekunden abhängen. Um diesen Fall zu verstehen, muß man wissen, daß die englische Mandatsregierung jährlich eine bestimmte

Anzahl Einwanderungszertifikate nach Palästina der Jewish Agency zur Verfügung stellte, die ihrerseits beschlossen hatte, einige davon an wichtige jüdische Persönlichkeiten, vor allem zionistische Führer in den europäischen Ländern, zu verteilen. Ursprünglich wurden die Zertifikate durch die britischen Konsulate gegeben, doch nach Ausbruch des Krieges mußte eine andere Form gefunden werden: Wir versuchten, die Menschen nach Italien zu bringen, um sie auf Schiffen des Lloyd Triestino nach Palästina zu transportieren. Vertreter der Jewish Agency in Triest war damals Gouldin – später ein hoher Beamter des israelischen Innenministeriums –, und die Abmachung mit den italienischen Behörden war folgende: Wenn ein Jude sich an einer italienischen Grenze meldete, wurde bei Gouldin angefragt, ob sich der Betreffende auf der Liste befand, für die ein Zertifikat vorhanden war. Wenn er dies bestätigte, wurde der Mann mit seiner Familie ins Land gelassen, bis er auf dem Schiffsweg weiterfahren konnte. Sollte der Name des Betreffenden nicht auf den Listen stehen, er jedoch behaupten, er sei eine führende jüdische oder zionistische Persönlichkeit, dann mußte Gouldin bei mir, als Vertreter der Jewish Agency in Genf, rückfragen, und ich konnte ein Zertifikat bestätigen.
Im Herbst 1939, während des sogenannten Sitzkrieges, fuhr ich an einem Sonntagnachmittag mit meiner Frau zum Kaffee nach Coppet am Genfer See. Abends sollten wir zu Freunden zum Essen gehen und wären also recht spät nach Hause gekommen. Auf dem Rückweg, irgend einer plötzlichen Eingebung folgend, hielt ich das Auto vor dem Büro der Jewish Agency an, um zu sehen, ob vielleicht Telegramme in Abwesenheit aller Beamten dort angekommen seien. Als ich die Tür öffnete, hörte ich das Telefon klingeln. Die Genfer Telefonistin, voller Aufregung, sagte mir, daß sie mich seit Stunden zuhause und in den Büros des Weltkongresses und der Jewish Agency suchte, da Herr Gouldin mich in einer Frage von Leben und Tod dringend sprechen müsse. Gouldin, den ich sofort zurückrief, erzählte mir, daß ein Herr Simcha Glücksohn mit Frau aus Warschau an der österreichisch-italienischen Grenze angekommen seien, in Begleitung eines deutschen Offiziers, den sie bestochen hatten. Sie behaupteten, Anspruch auf ein Zertifikat zu ha-

ben, doch stand ihr Name nicht auf der Liste, worauf die italienischen Behörden sie nach Wien zurückschicken wollten; das hätte geheißen, daß sie sofort interniert würden. Das Ehepaar Glücksohn hatte daraufhin an dem Grenzort versucht, sich zu vergiften. Ein Militärarzt hatte sie ins Spital gebracht und sie gerettet, doch müßten sie am selben Abend den Rück-Zug nehmen, falls sie kein Palästina-Zertifikat bekämen. Ich kannte den vermögenden Bankier aus Warschau gut: Er lebte seit Jahren in Berlin, war sehr wohltätig in jüdischen Angelegenheiten, ich hatte ihn wiederholt gewarnt und ihm angeraten, Deutschland zu verlassen. Glücksohn hatte jedoch die Warnung nicht ernst genommen, da die polnischen Juden lange Zeit als Ausländer eine privilegierte Behandlung unter den Nazis erfuhren, und war bis zum Kriegsausbruch in Berlin geblieben. Da ich um seine Tätigkeit wußte, fühlte ich mich berechtigt, ihm ein Zertifikat gewähren zu lassen. Hätte ich an jenem Abend nicht im Büro vorbeigeschaut, wären wohl beide ins Lager gekommen.

Am Ende dieses Kapitels, das sich mit dem untergehenden Europa befaßt, will ich zwei Persönlichkeiten schildern, die gewissermaßen die zwei Pole des großartigen und tragischen Judentums Osteuropas darstellen, das von den Nazis vernichtet wurde. Gestalten wie diese beiden wird es in der jüdischen Geschichte wohl kaum je mehr geben. Sie waren typische Vertreter der jahrhundertalten jiddischsprechenden osteuropäischen Judenheit, die auf der einen Seite großartige talmudische Gelehrte und Denker hervorbrachte, auf der anderen Seite kluge und gewiegte Menschen, die es verstanden haben, trotz aller Diskriminierung erhebliche wirtschaftliche Erfolge zu erzielen und die Verfolgungen zu überleben. Die zwei Gestalten, die ich hier schildere, repräsentieren diese beiden Extreme – der eine gewissermaßen den Heiligen, der andere sozusagen den am Rande des Gesetzes Existierenden: Rabbi Eliahu Klatzkin und Jossele Rosensaft.

Rabbi Eliahu Klatzkin war der Vater meines besten Freundes, Jakob Klatzkin, von dem ich, vor allem in jüdischen Dingen, mehr gelernt habe als von irgend einem Lehrer. Er erzählte mir oft von seinem ungewöhnlichen Vater, der zuerst Rabbiner in Marienpol, einem kleinen Städtchen in Litauen, und später in Lublin war. Als Sitz des Vierländerrates – der die jüdische Selbstverwaltung leitete, nachdem die polnischen Juden im 17. Jahrhundert zeitweise Autonomie besaßen – hatte Lublin eine große Rolle im osteuropäischen Judentum gespielt und eine Reihe bedeutender Rabbiner hervorgebracht, die unter der Bezeichnung »Chochmej Lublin«, die »Weisen von Lublin«, in die jüdische Geschichte eingegangen sind. Der letzte dieser Weisen war Rabbi Eliahu Klatzkin. – Ich hatte schon lange den Wunsch gehegt, ihn kennenzulernen. Anläßlich einer Reise zu meinem Onkel nach Warschau beschloß ich, über Lublin zu fahren, um Rabbi Klatzkin zu besuchen. Man hatte ihm mein Kommen angekündigt, und ich wurde sogleich in sein Arbeitszimmer geführt. Dies war ein großer Saal, rings umgeben von Regalen mit Tausenden von Büchern, vor allem rabbinischer Literatur. Rabbiner Klatzkin, eine hohe, dürre Gestalt, stand an seinem Arbeitspult; er las und schrieb nie sitzend, und im ganzen Zimmer gab es keinen Stuhl. Dennoch, nachdem er mich kurz begrüßt hatte, bat mich der Rabbiner, mich zu setzen. Da ich den alten Mann nicht bemühen wollte, einen Stuhl zu holen, antwortete ich, ich hätte die ganze Nacht im Zug gesessen und würde gerne ein wenig stehen. »Woher kommen Sie?« fragte er mich. »Von Berlin.« »Wann sind Sie in Lublin angekommen?« »Um viertel nach acht«, sagte ich. »Sie haben also gestern abend um zehn den Zug in Berlin am Bahnhof Zoo genommen und sind in Breslau in der Nacht umgestiegen«, sagte er; er hatte den ganzen Fahrplan im Kopf. Eine Weile später kam ein anderer Besucher, ein Mann, der in Marienpol gelebt hatte, nach Amerika ausgewandert war, wo er zu Vermögen kam, und der bei einem Besuch Polens seinen alten Rabbiner wiedersehen wollte. Rabbiner Klatzkin begrüßte ihn kurz und fragte: »Woher kommen Sie?« »Aus New York.« »Wo wohnen Sie in New York?« Der Mann nannte ihm seine Adresse, irgendwo Uptown. »Und wo ist Ihr Büro?« fragte der Rabbiner weiter. Der Besucher war offensichtlich erstaunt, doch nannte er ihm seine Geschäftsadresse an der Wall Street. »Aha«, sagte Rabbi Klatzkin, »Sie nehmen also täglich die Sixth Avenue Underground und steigen dann am Times Square um.« Er kannte natürlich auch den ganzen Stadtplan von New York.

Ich erwähne diese beiden Episoden, um eine seiner Haupteigenschaften zu charakterisieren: sein ungeheuerliches Gedächtnis. Er konnte den gesamten Talmud – in seiner klassischen Ausgabe, den sogenannten Wilnaer Talmud, in vierzig Bänden – auswendig. Wenn man ihn fragte: »Was steht im 22. Band, Seite 212, vierte Zeile?«, konnte er den Traktat und die Stelle sofort zitieren. Die jahrhundertlange mündliche Überlieferung des Talmuds brachte Menschen mit solchem unfaßbaren Gedächtnis hervor, und eines der großen Probleme im Leben des Rabbiners Klatzkin war, daß er sein Gedächtnis nie völlig ausfüllen konnte. Da er die biblische und talmudische Literatur bereits auswendig kannte, begann er, sein Gehirn mit modernen Statistiken zu füllen. Sein Sohn mußte ihm viele Fahrpläne schicken, die er beherrschte, und auch die Stadtpläne von New York, Paris, London, usw., die er aufs genaueste kannte, obwohl er sich nie außerhalb Polens begeben hatte. Jakob schickte ihm auch französische und englische Wörterbücher, und ohne ein Wort Französisch sprechen zu können, las Rabbi Klatzkin z. B. Balzac und Maupassant. Als ich ihn fragte, wie er das erlernt habe, erzählte er mir folgendes: er war seit Jahren magenleidend und sein Doktor hatte ihm eine Karlsbader Kur empfohlen. Aber ein Rabbiner wie er würde doch nicht Zeit vergeuden, um auf eine Kur nach Karlsbad zu gehen. Darum verordnete ihm der Arzt, nach dem Essen Karlsbader Salz zu nehmen und eine halbe Stunde spazierenzugehen. Aber ein Rabbiner kann sich schließlich nicht erlauben, einfach in der Stadt zu promenieren; die Leute würden fragen: »Wieso studiert er nicht den Talmud?« Deshalb pflegte er eine halbe Stunde nach jedem Essen um sein Pult im Zimmer herumzugehen, und da er während dieses Spaziergangs ja keinen schweren Talmudband in der Hand halten konnte, nahm er ein Langenscheidt'sches Wörterbuch und lernte 20 Seiten Wörter auswendig, ohne zu wissen, wie man sie ausspricht. Für Literatur, Kunst oder Musik hatte er so gut wie kein Interesse, nur für Tatsachen und Naturwissenschaften.
Rabbi Klatzkin war kein Mann schöpferischer Ideen, aber er besaß ein ungeheures Wissen. In der talmudischen Tradition gibt es zwei Typen der Gelehrten: den »Baki«, das heißt den »Beschlagenen«, den Mann mit großer Kenntnis und großem Gedächtnis, und den

»Charif«, »Scharfen«, denjenigen mit geschliffenem Intellekt und neuen Deutungen. Eliahu Klatzkin war ausgesprochener »Baki«. Jedes Jahr verfaßte er ein Buch talmudischer Kommentare. Da kein Verleger ein solches Werk drucken wollte, pflegte er seine Manuskripte in Tücher zu wickeln und, sobald er etwas Geld erspart hatte, sie selbst drucken zu lassen. Auf seinen Bücherbrettern lagen viele solche in Handtücher gewickelte Manuskripte. Eines Tages, als ich zu ihm kam, fragte er mich: »Ich kenne mich in der Welt nicht aus, aber Sie sind ein Mann von der Welt, Sie können mir bestimmt etwas erklären. Mein Sohn Jakob sagt mir, daß es in Warschau einen Juden namens Stiebel gibt und daß dieser Mann nicht nur auf seine Kosten Bücher druckt, sondern dafür auch noch Honorar bezahlt. Gibt es tatsächlich so etwas?« Es handelte sich um einen reichen Schuhfabrikanten und großen Förderer moderner hebräischer Literatur, und ich bestätigte Rabbi Klatzkin, daß es solche Leute gebe. Bei einem anderen Besuch hatte ich ihm ein paar Bücher seines Sohnes gebracht. Jakob war ein orgineller Denker, der hervorragende Bücher über moderne jüdische Ideologie und allgemeine Philosophie schrieb. Als ich im folgenden Jahr zu Rabbiner Klatzkin kam, machte er eine eindrucksvolle Bemerkung. »Man erzählt mir, daß mein Sohn einen großen Ruf genießt«, sagte er mir. »Ich habe seine Bücher gelesen, aber ich muß Ihnen ehrlich sagen, daß ich nicht sehr tief beeindruckt bin. Wenn ein Mensch Zeit hat, um nachzudenken, denkt er sich aus.« Das ist eine der geistreichsten, wenn auch nicht ganz zutreffenden Definitionen der Metaphysik, die ich überhaupt kenne ...

Eliahu Klatzkin war von fast unglaublicher Naivität in weltlichen Dingen. Ich pflegte jedes Jahr auf dem Weg nach Warschau einen oder zwei Tage in Lublin zu verbringen, und ich wurde so etwas wie sein politischer Berater. Einmal kam er mit folgendem Problem: »Es gibt in Warschau einen Rabbiner, Perlmutter, der Führer der orthodoxen Gruppe, der im Sejm – dem polnischen Parlament – sitzt.« (Wie schon erwähnt, hatten die Juden nach dem Versailler Friedensvertrag Minoritätenrechte in Polen und durften ihre eigenen Parlamentsmitglieder wählen.) »Dieser Rabbiner Perlmutter hat mir mehrmals geschrieben, daß er mich besuchen wolle. Ich zögere jedoch, ihn einzuladen«, erklärte er mir, »weil ich seinen Charakter nicht verstehe. Stellen Sie sich vor, ich wäre Mitglied des Parlaments. Ich würde am ersten Tag auf die Tribüne steigen und sagen: ›Meine Herren Polen, Sie müssen wissen, daß Sie die Juden verfolgen, daß Sie alle Räuber, Verbrecher und Mörder sind.‹ Wie ich die Nichtjuden kenne, würden sie mich wahrscheinlich aus dem Sejm hinauswerfen. Nachdem Rabbiner Perlmutter schon seit drei Jahren dort sitzt und man ihn nicht hinausgeworfen hat, bedeutet dies, daß er so etwas nie gesagt hat. Ich verstehe, daß Sie, Goldmann, als Politiker nicht immer die volle Wahrheit sagen; aber ein Rabbiner muß doch immer die Wahrheit sagen. Folglich verstehe ich nicht, wieso Perlmutter Rabbiner sein kann.«

Eines Tages fand eine offizielle Feier zu Ehren des Geburtstags von Pilsudski, dem polnischen Präsidenten, statt, und Rabbiner Klatzkin sollte bei dieser Gelegenheit sprechen. Er stand auf und sagte folgendes: »Wie Ihr wißt, ist Lublin eine große Stadt, Berlin ist größer, Paris ist noch größer, New York noch größer, Pilsudski ist größer als alle.« Und damit war seine Rede beendet.

Für die Moral und Religiosität vieler osteuropäischer Juden ist eine Episode charakteristisch, die er mir erzählte. Einer seiner Gemeindevorsteher, ein reicher Getreidehändler, kam eines Nachts nach Hause und sah, wie drei Diebe Mehlsäcke von seinem Speicher auf einen Wagen trugen. »Wenn Du Deinen Nachbarn schwer arbeiten siehst, mußt Du ihm helfen«, lehrt die Bibel. Der Mann ging also zu den Dieben hin, bot ihnen seine Hilfe an und lud die Säcke mit auf den Wagen. Erst nachdem dieser beladen war, sagte er: »Ich bin der Eigentümer, mit welchem Recht nehmt Ihr eigentlich mein Mehl?«, worauf die Diebe davonliefen.

Ein ganzes Leben lang hatte Rabbi Klatzkin ein schweres moralisches Problem. Im Altertum und noch im Mittelalter übten Gelehrte und Rabbiner ihre Tätigkeit ehrenamtlich aus; die großen Talmudisten waren Handwerker, Schuhmacher, Schneider, Tischler usw. Erst in moderner Zeit wurden Rabbiner bezahlte Funktionäre, und Klatzkin litt sehr darunter. Er wollte immer sein Amt aufgeben und nach Jerusalem ziehen, um dort zu leben und zu sterben. Seine Frau, die ein ganz anderer Typ war – sie war klein und gedrungen und der Sohn Jakob war mehr nach ihr geraten –, war nicht damit einverstanden: sie waren immerhin eine Familie mit zwei Kindern, und wovon sollten sie leben? Jahrelang führte er einen verzweifelten Kampf wie Tolstoi. Als ich einmal bei ihm war, ging Rabbi Klatzkin zur Tür und schloß sie ab. »Die Jidene« (wie er sie nannte), »die Jüdin braucht nicht zu hören, was ich Ihnen jetzt sage.« Ich mußte ihm versprechen, streng geheimzuhalten, was er mir sagen würde und nicht einmal seinem Sohn davon zu erzählen. »Ich habe«, vertraute er mir, »ein Mittel gefunden, meine Familie zu zwingen, zuzustimmen, daß ich nach Jerusalem ziehe. Ich schicke durch meinen Synagogendiener jede Woche mehrere Bücher heimlich nach Jerusalem und wenn die wichtigsten Bücher meiner Bibliothek dort sind, wird sogar meine Frau verstehen, daß ich ohne diese Werke nicht leben kann.«

Am Ende seines Lebens gelang es ihm, seinen Wunsch zu erfüllen. Seine Frau war verstorben, die Tochter verheiratet und der Sohn Jakob lebte in der Schweiz. Er zog also nach Palästina und siedelte sich natürlich im orthodoxesten Viertel von Jerusalem, Meah Schearim, an. (Noch heute erkennen bekanntlich die meisten Bewohner von Meah Schearim den Staat Israel nicht an, zahlen an ihn keine Steuern und weigern sich, in der Armee zu dienen, weil sie es als Gotteslästerung betrachten, daß die Zionisten einen Staat gegründet haben, ohne auf den Messias zu warten.) Rabbi Eliahu Klatzkin studierte dort weiter den Talmud. Für seinen Unterhalt sorgte die Chaluka, ein Fonds, für den Juden in der ganzen Welt seit Jahrhunderten Geld sammeln, um fromme Talmud-Studenten und Rabbiner in Jerusalem zu unterstützen. Da er inzwischen sehr leidend war, hatte er sich eine Frau ins Haus genommen, die für ihn kochte. Als ich eines Tages zu ihm kam, wandte er sein Gesicht ab und sagte mir etwas scheu und verlegen: »Ich muß Ihnen etwas gestehen und hoffe, daß Sie mich nicht mißverstehen. Ich habe meine Köchin geheiratet. Es ist ja für einen religiösen Mann unmöglich, mit einer Frau in einer Wohnung zu leben, mit der er nicht verheiratet ist. Deshalb mußte ich sie heiraten – aber die Hand gebe ich ihr nicht.«

Kurze Zeit danach starb er. Die Erinnerung an seine faszinierende Gestalt ist mir für immer geblieben. Obwohl viele ostjüdische religiöse Führer weit bedeutender als Klatzkin vom Standpunkt der Originalität ihrer Gedanken waren, kamen nur wenige ihm gleich in der immensen Fülle seines Wissens und in der heiligen Schlichtheit seines Wesens.

Auf der großen Skala jüdischer Gestalten des untergegangenen osteuropäischen Judentums war Jossele Rosensaft gewissermaßen der Gegenpol zu Rabbiner Klatzkin. Er stammte aus einem kleinen Ort bei Krakau, Bendzin, wurde nach Auschwitz und Bergen-Belsen deportiert und überlebte diese grausame Periode, in der seine Familie ausgerottet wurde. Er brachte es nach seiner Befreiung zu großem Reichtum, doch ging seine Firma nach seinem plötzlichen Tod bankrott. Für die zahlreichen Juden und Nichtjuden, die ihn kannten, bleibt er jedoch unvergeßlich; sein Leben wäre Stoff für einen Balzacroman.

Ich selbst erfuhr von seiner Existenz, als Bergen-Belsen durch die Engländer befreit wurde. Das dortige Zentralkomitee, dessen Vorsitzender Josef Rosensaft bis zur Auflösung des Lagers blieb, lud mich ein, nach Bergen-Belsen zu kommen. Ich konnte der Einladung damals nicht folgen und verkehrte zuerst mit »Jossele« – wie ihn alle seine Freunde nannten (und ich war für ihn zeitlebens »Reb Nahum«) – nur telefonisch. Er war Anfang des Krieges mit seiner Frau und zwei Kindern von den Deutschen verhaftet worden. Auf der Strecke nach Auschwitz führt eine zwanzig Meter hohe Brücke über die Weichsel. Auf den Dächern des Zuges, in dem sich Jossele und seine Familie befanden, standen deutsche Soldaten mit geladenen Gewehren. Als der Zug über die Brücke fuhr, sprang Jossele aus dem Fenster und erreichte, da er ein sehr guter Schwimmer war, das Ufer, trotz fünf Kugeln im Körper, mit denen er, da man sie nicht herausoperieren konnte, sein ganzes Leben verblieb. (Er behauptete immer, der wichtigste Sport sei Schwimmen, und er brachte seinem Sohn bereits mit drei Jahren das Schwimmen bei.) Er flüchtete zurück in sein Städtchen Bendzin, wo er nach einigen Wochen wieder verhaftet und nach Auschwitz gebracht wurde. Seine Familie ist dort umgekommen. Da er zwar klein, aber ungemein kräftig und muskulös war, hat er überlebt, hat sogar wochenlangen Einzelkerker – in denen man weder stehen noch sitzen, sondern nur liegen oder halbaufgerichtet hocken konnte – überstanden. Kurz vor Ende des Krieges wurde er, wie viele andere, von Auschwitz nach Bergen-Belsen transportiert. Dort lernte er seine zweite Frau, eine Zahnärztin, kennen; sie heirateten in Bergen-Belsen und ihr Sohn wurde dort geboren.

Nach der Befreiung durch die Engländer blieb Bergen-Belsen noch lange Zeit als Flüchtlingslager bestehen. Es war ursprünglich ein SS-Lager gewesen, mit sehr stabilen Gebäuden. Jedes Jahr nach der Befreiung fanden im Lager richtige demokratische Wahlen statt, mit verschiedenen Listen – Sozialisten, Zionisten, Religiöse, Nichtreligiöse –, und Jossele wurde immer wieder zum Vorsitzenden gewählt. In dieser Position begann er, seine faszinierenden Eigenschaften zu demonstrieren: einen ungewöhnlichen Witz und eine nicht minder entwickelte Frechheit, auf jiddisch »Chuzpa«. Bergen-Belsen war damals das Zentrum der illegalen Einwanderung nach Palästina, und Jossele war einer ihrer Haupt-Organisatoren. General Dwight D. Eisenhower, der davon wußte, duldete die illegale Immigration, deren Motive er verstand. Gleichzeitig jedoch wurde Bergen-Belsen eines der größten Schwarzmarkt-Zentren Europas. Es wurden dort Millionen in Zigaretten und anderen Waren umgesetzt. Die Engländer wagten es natürlich nicht, scharf gegen Nazi-Opfer, die von ihnen befreit worden waren, vorzugehen, aber Jossele wurde mehrere Male verhaftet. Ich wurde jedesmal davon telefonisch benachrichtigt und erreichte durch den Unterstaatssekretär im englischen Foreign Office, Hector McNeill, daß Jossele immer wieder freigesetzt wurde. Er hatte sein eigenes Spionagesystem entwickelt und wußte jeden Tag genau, wo ich weilte. Eines Tages kam ich mit großer Verspätung aus Israel in London an; ich hatte mir in Israel eine Darminfektion zugezogen und, da ich mich sehr elend fühlte, ging ich gleich schlafen. Um zwei Uhr morgens klingelte das Telefon; am Apparat war Rosensaft. Ich war über seinen späten Anruf sehr erschrocken und fragte ihn, was los sei. »Wir sitzen hier und trinken Champagner auf Ihr Wohl. Sie haben mich doch von der englischen Anklage befreit, und da wollten wir Sie anrufen und Ihnen ›Lechaim‹ (auf Hebräisch ›Zum Leben‹) zurufen.« Ich war sehr böse auf ihn und fragte: »Müssen Sie das um zwei Uhr

nachts tun?«, worauf er antwortete: »So spät ist es bei Ihnen?« Ich erwiderte: »Bei Ihnen ist es genauso spät, trinken Sie weiter Champagner, aber lassen Sie mich schlafen.«
Die Engländer wollten, um dem Schwarzhandel ein Ende zu machen, das Lager schon lange auflösen, doch gerade aus diesem Grunde weigerte sich Jossele, Bergen-Belsen zu räumen. Schließlich wandten sich die Engländer an die von den Vereinten Nationen finanzierte Internationale Flüchtlingskommission in Genf. Diese beschloß eines Tages, daß die Insassen von Bergen-Belsen in ein neues Lager, das eigens für diesen Zweck in Schleswig-Holstein gebaut wurde, transportiert werden sollten. Der Vizepräsident der Kommission kam nach Bergen-Belsen, um die Übersiedlung zu organisieren, und berief eine Sitzung des Zentralkomitees ein, auf der er feierlich mitteilte, daß Bergen-Belsen innerhalb von vier Wochen zu räumen sei und die Insassen nach Schleswig-Holstein umziehen müssen. Darauf ergriff Jossele das Wort: »Das ist eine sehr interessante Nachricht. Ich habe Ihnen eine ähnliche wichtige Mitteilung zu machen. In der jüngsten Sitzung des Zentralkomitees wurde beschlossen, daß die Internationale Flüchtlingskommission von Genf nach Brünn verlegt werden muß.« Der Delegierte verstand den Witz zunächst nicht und fragte: »Was geht es Sie an, wo die Internationale Kommission sitzt?« Jossele antwortete: »Was geht es Sie an, wo wir sitzen? Wir bleiben hier!« Und sie blieben.
Eines Tages kam er in irgend einer Angelegenheit zum englischen Lager-Kommandanten. Der Colonel saß nach englischer Manier mit den Füßen auf dem Schreibtisch. Jossele, der von kleiner Statur war, schaute sich in dem Büro um. Als ihn der Engländer fragte, was er denn suche, antwortete er, »einen Stuhl, der hoch genug ist, damit ich meine Füße auch auf den Tisch legen kann«. »Für diese Bemerkung könnte ich Sie rauswerfen«, mahnte der Kommandant. Darauf sagte Jossele: »Das wäre schön, dann wüßte ich, was ich tue, wenn Sie das nächste Mal nach Bergen-Belsen kommen.«
Nicht nur sein Witz und sein Mut, vor allem sein jüdisches Bewußtsein war bewundernswert. In jenen Jahren gab es noch eine ganze Anzahl Lager in Deutschland, und er berief eine allgemeine Delegiertensitzung ein. Die Engländer verlangten eine Liste der vorge-

sehenen Teilnehmer, um festzustellen, ob irgendwelche Kommunisten unter ihnen seien. Darüber ärgerte sich Jossele und schrieb als ersten Namen »Mosche Rabbejnu« (unser Lehrer Moses) darauf. Als einer der Offiziere ihn fragte, wen er repräsentiere, sagte Jossele: »Dreitausend Jahre jüdischer Geschichte.«
Als die Schwarzmarktlager schließlich erschöpft und die meisten Insassen schon nach Palästina eingewandert waren, beschloß Jossele, Bergen-Belsen auflösen zu lassen, und er erklärte sich bereit, die wenigen, die noch verblieben waren, in ein anderes Lager zu überweisen. Dabei stellte er folgende Bedingungen, die auch für ihn charakteristisch waren: im neuen Lager müßte ein Krankenhaus bestehen, ein Klub und Büros für die verschiedenen politischen Parteien – meist zionistische Parteien –, welche unter den Insassen vertreten waren, und außerdem zwei Synagogen: eine für Chassidim (die mehr emotionalen, wundergläubigen Juden, die an die magische Kraft ihres Rebben glauben), die andere für die Mitnagdim (die rationalen, talmudisch gebildeten Juden, die den Chassidismus immer sehr heftig bekämpft haben). Die englische Besatzungsautorität ging auf all diese Forderungen ein.
Jossele selbst ließ sich mit seiner Familie zunächst in einem bescheidenen Hotel in Montreux nieder. Er wollte nicht nach Israel gehen, denn, wie er es mir einmal halb scherzhaft, halb ernst erklärte: »Palästina hat zu viele Josseles, dort kann ich keine Geschäfte machen.«
Ich begegnete ihm zum ersten Mal, als er von dem United Jewish Appeal, der Organisation, die in Amerika Geld u.a. für Israel sammelt, als Redner eingeladen wurde; obwohl er nur Jiddisch sprach, machte er einen sehr starken Eindruck auf die amerikanischen Juden. Als er bei der Gelegenheit nach New York kam, rief er mich sofort an und besuchte mich in meiner Wohnung. Ich habe seit Jahren eine nicht sehr umfangreiche, aber wertvolle Sammlung von Impressionisten. Jossele, der damals keine Ahnung von Kunst hatte, schaute sich die Bilder an und fragte: »Haben sie einen Wert?« Ich berichtete ihm – was ich kurz vorher durch einen früheren Präsidenten der Chase-Bank erfahren hatte –, daß französische Impressionisten die beste Investition in den vergangenen fünfzig Jahren darstellten. Eine Weile danach machte der Direktor der Schweizeri-

schen Kreditanstalt in Genf – der wie alle, die ihn kannten, Jossele als eine faszinierende Gestalt schätzte und gerne hatte – ihm einen Vorschlag. Ein persischer Teppichhändler hatte der Bank als Pfand für ein Darlehen seine Sammlung von Impressionisten gegeben; er hatte gerade bankrottiert, und die Bank bot Jossele Rosensaft die Bilder an. »Wenn ich nicht gerade in New York gewesen wäre und von Ihnen gehört hätte, daß Impressionisten eine gute Anlage sind, hätte ich über das Angebot gelacht«, erzählte er mir später. So aber kaufte er die Sammlung. Da er ein ungewöhnlich arbeitsamer und dynamischer Mensch war, fing er an, sich dafür zu interessieren und ein echter Kenner zu werden. Am Ende seines Lebens besaß er über dreihundert Impressionisten, eine der besten Sammlungen der Welt.

Seine Geschäfte begann er mit Juwelen und er wurde in einigen Jahren Multimillionär. Er hatte indessen ganz ungewöhnliche Methoden: nie führte er Bücher, hatte nie einen Buchhalter, bezahlte nie mit Schecks, sondern nur in bar, und pflegte mit Zehntausenden Dollars Bargeld in der Tasche herumzugehen. Er hat wahrscheinlich nie das Gesetz übertreten, aber er übte, was der verstorbene Außenminister Foster Dulles politisch als »brinkmanship« bezeichnete, geschäftlich und hatte damit zum großen Teil Erfolg. Er hatte ungewöhnliches Glück und war ein leidenschaftlicher Spieler. Wenn er in ein Casino kam, begannen die Croupiers zu zittern; er hat mehrfach die Kasse in Monte Carlo und in Deauville gesprengt. Gleichzeitig war er ein großer Spekulant. Diktatoren und Spekulanten haben eines gemeinsam: sie übernehmen sich und brechen dann zusammen. Hätte Jossele rechtzeitig seine Spekulationen eingestellt, wäre er wahrscheinlich als vielfacher Millionär gestorben. So aber endete er mit einem Bankrott.

Er starb plötzlich an einem Herzschlag im Londoner Claridge-Hotel, zwei Tage vor dem Jom Kippur, dem Versöhnungstag, zudem er nach New York nach Hause wollte. Wäre er am Leben geblieben, wäre er wahrscheinlich aus der Krise herausgekommen. So aber waren alle Zahlen unbekannt, seine Frau wußte überhaupt nicht, wer ihm und wem er etwas schuldete, und die Liquidation endete sehr schlecht für die Familie. Seine Bildersammlung wurde versteigert,

doch gerade damals waren die Impressionisten zeitweilig in der Baisse und viele Interessenten wagten außerdem nicht, die Bilder zu ersteigern, weil sie nicht sicher waren, ob sie nicht anderwärtig verpfändet waren; so blieb ein großes Defizit, und viele haben an Jossele Geld verloren. Ich war der einzige, der keinen Pfennig eingebüßt hat, da ich ihm vorsichtigerweise nie Geld geliehen hatte. Das einzige Mal, da ich ihm Geld anvertraute, war mit dem Auftrag, mir ein bestimmtes Bild zu kaufen. Es verging ein Jahr, und er brachte es mir nicht. Ich bestand darauf, daß er das Bild besorge oder mir das Geld zurückgebe, und er schlug mir vor, einen seiner Chagalls auszuwählen (er besaß an die zwanzig): so besitze ich einen schönen Chagall, dessen Anblick ich immer wieder von neuem genieße.
Während der Verhandlungen mit der deutschen Bundesrepublik war mir Jossele sehr behilflich. Er kannte Ludwig Erhard, Blankenhorn, Hallstein und viele andere – die alle von ihm beeindruckt waren – und überbrachte ihnen oft Nachrichten von mir. Aus dieser Zeit erinnere ich mich an eine für Jossele charakteristische Episode. Ich traf mich mit ihm und meinen Kollegen in den Verhandlungen, Moe Leavitt, Felix Shinnar und Giora Josephthal, in Zürich. Die Stadt war überfüllt, und wir konnten keine Zimmer im Hotel Baur-au-Lac, wo ich gewöhnlich wohne, bekommen. Als ich das Jossele erzählte, sagte er: »Warten Sie ein Moment«, und kam nach Minuten mit der Nachricht wieder: »Sie haben die beste Suite.« Leavitt war darüber sehr aufgeregt, doch Jossele erklärte ihm: »Ihr Fehler ist, daß Sie mit dem Empfangschef zu seinem Kopf sprechen – ich spreche zu seiner Hand.«
Jossele Rosensaft war die typische Mischung aus großen, guten Eigenschaften, die Ostjuden vielfach kennzeichnen, und weniger guten: er war ungemein klug, sehr begabt in finanziellen Angelegenheiten, dynamisch und von ungeheurer Arbeitskraft, ein bißchen rücksichtslos und wie die meisten Ostjuden nach den jahrhundertlangen Verfolgungen ohne allzu großen Respekt vor Gesetzen. In und nach Bergen-Belsen war er von grenzenloser Wohltätigkeit. Jeder Bergen-Belsener auf der ganzen Welt, der in Not war oder eine Tochter verheiratete, brauchte sich nur an Jossele zu wenden, der ihm sofort Geld schickte. Wenn er nach Israel kam, pflegte er

zwei- bis dreihundert Tafeln Schokolade für die Kinder von früheren Lagerinsassen mitzubringen. Ich kam einmal mit ihm an, und als der Zollbeamte Josseles Koffer öffnen ließ, fragte er ihn, ob all diese Schokolade für seinen persönlichen Gebrauch sei. »Ja«, antwortete Jossele. »Soviel?«, meinte der Zöllner. Daraufhin sagte Jossele: »Chawer – er nannte jeden Menschen Chawer, Kamerad, – haben Sie schon jemals Nestle-Schokolade gegessen?«, und auf dessen Verneinung: »Nur deswegen stellen Sie eine so dumme Frage.« Auf dem Gebiet der Flüchtlingshilfe und in der Erinnerung an die Nazi-Periode war er sehr dynamisch. Er gründete einen Verband der befreiten Juden aus Bergen-Belsen, begann Bücher herauszugeben und veranstaltete jährlich an dem Tag, an dem die Engländer das Lager befreit hatten, ein großes Essen. Ich habe mehrfach auf diesen Diners gesprochen. Als ich zu einer dieser Gelegenheiten in Herzlija war, erhielt ich einen Zettel von Marlene Dietrich, die gerade in Israel im selben Hotel war: sie wollte, um mich reden zu hören, zu der Veranstaltung kommen. Sie hatte wohl keine zu genaue Kenntnis von der Tatsache der Konzentrationslager, und als ich ihr die Auschwitz-Nummer auf Josseles Arm zeigte, und während meiner Rede, begann sie immer wieder zu weinen. Darauf fragte sie mich, was sie für diese Leute tun könnte. »Geben Sie ihnen Karten für Ihr Konzert oder besser noch: veranstalten Sie ein Konzert nur für sie«, riet ich ihr, was sie dann auch tat. Marlene Dietrich ist bekanntlich ein sehr gütiger Mensch und hat über hundert deutsche Juden nach Amerika kommen lassen und für ihre Existenz garantiert, bis sie selbst ein Einkommen hatten.

In einem der Kämpfe, die Jossele Rosensaft für Bergen-Belsen führte, konnte ich ihm behilflich sein. Die Franzosen hatten eines Tages die Idee, die Gräber ihrer französischen Opfer auszugraben und nach Frankreich zu überführen. Jossele kämpfte sehr hart dagegen, da es ihm klar war, daß man nach zwanzig Jahren nicht zwischen jüdischen und nichtjüdischen französischen Gebeinen unterscheiden könnte und betrachtete die geplante Ausgrabung als eine Verletzung der Würde der Naziopfer. Ich unterstützte ihn dabei, und es kam schließlich zu einem Schiedsgericht, das gegen die französischen Ansprüche entschied. Jossele war mir zeitlebens für meine Hilfe sehr dankbar. Sein Sohn, der Rechtsanwalt in New York geworden ist, hat über diese Polemik eine Studie geschrieben, die von der Columbia-Universität veröffentlicht wurde.

Nach Josseles plötzlichem Tod hat die *Memorial Foundation* Hadassah, seine Witwe, beauftragt, die vielen Dokumente, die er von Bergen-Belsen mitgenommen hatte, zu ordnen, um sie später an die Gedenkstätte in Jerusalem, Yad Vashem, zu übergeben. Sie hat auch die Genugtuung erlebt, von Präsident Carter in die neue amerikanische Kommission zur Erinnerung an die Nazi-Periode – deren Vorsitzender der bekannte Schriftsteller Elie Wiesel ist, der auch in Auschwitz war – berufen zu werden.

28 Auch nach der Trennung von Kirche und Staat 1905 und der Auflösung der aus der napoleonischen Zeit stammenden Konsistorialverfassung führte die Union der jüdischen Kultusvereinigungen den alten Namen Consistoire Central weiter.

16

Amerikanisches Judentum

Während der folgenden 24 Jahre bildete Amerika den wesentlichen Schauplatz meiner Tätigkeit. Zum Verständnis mancher Geschehnisse, in denen ich eine Rolle spielte, ist es daher angebracht, einige Bemerkungen über meine Erfahrungen mit dem amerikanischen Judentum vorauszuschicken. Die amerikanischen Juden zu verstehen ist für alle, die sich mit Problemen des jüdischen Lebens befassen, ebenso wichtig, wie es für Politiker wesentlich ist, das amerikanische Volk zu begreifen. Dem amerikanischen Judentum ist, historisch betrachtet, dasselbe widerfahren wie Amerika im großen: ohne darauf vorbereitet zu sein, fand es sich plötzlich durch geschichtliche Ereignisse in einer führenden Position, die es ohne die Katastrophe der beiden Weltkriege wahrscheinlich erst einige Generationen später eingenommen hätte. Viele Schwierigkeiten der heutigen Weltpolitik sind zum Teil darauf zurückzuführen, daß die Vereinigten Staaten, die noch im Jahre 1914 keineswegs im Mittelpunkt der Weltpolitik standen, plötzlich in eine Schlüsselstellung hineingedrängt und nach dem Zweiten Weltkrieg sogar zu einer der beiden alleinmaßgebenden Weltmächte wurden. In gewissem Sinne ist es ein dem amerikanischen Volk historisches zugefügtes Unrecht, daß ihm keine Zeit gelassen war, in eine solch führende Stellung hineinzuwachsen und langsam, gleich den Briten, zu lernen, wie man internationale Politik macht. In seiner isolationistischen Grundhaltung war es vor allem darauf bedacht, sich selbst zu entwickeln und aus dem Völkergemenge eine organische Ganzheit zu schaffen, als ihm plötzlich die Verantwortung für das Weltgeschehen aufgeladen wurde. Sein Schicksal war es, über Nacht aus einem mächtigen, aber geistig vorwiegend provinziellen Volk in eine Weltmacht verwandelt zu werden. Dieses Unrecht muß man sich vor Augen halten, wenn man an den Methoden und der Mentalität der amerikanischen Politik Kritik übt und sie mit der politischen Reife anderer Völker vergleicht, die in Jahrhunderten währender

Entwicklung gelernt haben, in globalen Maßstäben zu denken und Weltpolitik zu machen. Ähnlich erging es dem amerikanischen Judentum infolge der Dezimierung des europäischen Judentums durch Hitler. Bis dahin waren die Juden in den USA eine Art Reservearmee im Kampf für jüdische Rechte gewesen, während die eigentliche Auseinandersetzung in Europa stattfand. Die europäischen Juden bestimmten die Strategie, gaben die Parolen aus und führten den entscheidenden Kampf. Im Hinterland befanden sich die Millionen amerikanischer Juden, an die man sich in schwierigen Momenten um Nachschub und Verstärkung wandte. Während des Zweiten Weltkrieges wurde diese Frontarmee vernichtet, und die Reserve sah sich plötzlich gezwungen, ob sie wollte oder nicht, die vorderste Position einzunehmen. Das erforderte eine schnelle und schwierige Umstellung. Als ich 1940 von Genf nach Amerika kam, war diese noch nicht erfolgt.

Ungewohnt, eine führende Position einzunehmen, hatte das amerikanische Judentum lange Zeit große Hemmungen, seine Verantwortung für das Schicksal des jüdischen Volkes zu tragen. Im Grunde versuchte es immer noch, in seiner Hilfestellung als Reserve zu verharren, sei es in israelischen oder gesamtjüdischen Dingen. Aber ebensowenig wie Amerika trotz der isolationistischen Tendenzen in weiten Schichten des Volkes imstande war, sich seiner Verantwortung als führende Großmacht der freien Welt zu entziehen, so konnte auch das amerikanische Judentum sich nicht gestatten, seine Rolle als wichtigster und führender Teil des jüdischen Volkes nicht zu spielen.

Dazu führte, daß es Roosevelt gelang, hauptsächlich als Folge des japanischen Angriffs auf Pearl Harbor und trotz des ursprünglichen Widerwillens der amerikanischen Mehrheit, die Vereinigten Staaten in den Krieg zu bringen. Ohne die Beteiligung der USA wäre der Sieg gegen Hitler wahrscheinlich unmöglich gewesen. So konnte sich auch das amerikanische Judentum nicht mehr lange dem Gebot der jüdischen Geschichte widersetzen, an Stelle der europäischen Judenheiten die Führung des jüdischen Volkes zu übernehmen. Eine Analyse des amerikanischen Judentums, zu der ich aufgrund meiner zwanzigjährigen Tätigkeit eine gewisse Kompetenz habe, werde ich im zweiten Band meiner Memoiren zu geben versuchen. Hier will ich nur von dem Aspekt berichten, der den Kampf gegen die Nazis betrifft und unsere leider meist erfolglosen Versuche, europäische Juden vor der Katastrophe zu bewahren.

Gleich nach meiner Ankunft in New York wurde ich von der Zionistischen Exekutive in Jerusalem und von den amerikanischen Führern des Zionismus gebeten, die Leitung des *Zionist Emergency Committee* zu übernehmen, welches in den ersten Kriegstagen gegründet wurde, um wirkungsvoll im Namen aller zionistischen Gruppen Amerikas aufzutreten. Ich war das einzige Mitglied der Exekutive der Jewish Agency in Amerika, und es war daher natürlich, daß ich als ihr amerikanischer Vertreter fungieren und mich auch gleichzeitig des Emergency Committees annehmen sollte. Die unmittelbare Sorge während der ersten Wochen und Monate galt dem Versuch, wenigstens einige prominente jüdische Persönlichkeiten, die sich noch in Frankreich befanden und durch die Nazi-Okkupation des Landes bedroht waren, zu retten. Es gelang uns mit erheblichen Schwierigkeiten, das State Department zu veranlassen, sogenannte Notstandsvisen auszugeben, die unter Ausschaltung aller bürokratischen Formalitäten den betreffenden Personen sofort die Einreise ermöglichten. Auf diese Weise konnten der Weltkongreß und andere jüdische Organisationen wie das American Jewish Labour Committee und Joint Distribution Committee eine Anzahl von Juden, die sich in Frankreich verborgenhielten, nach den Vereinigten Staaten bringen. Unter ihnen erwähne ich Max Bär, einen führenden deutsch-jüdischen Journalisten in Genf, hochangesehen beim Völkerbund, der mit seiner nicht-jüdischen Frau nach Frankreich geflüchtet war. Als ich ihm das Notstandsvisum verschafft hatte, dauerte es lange, bis man ihn überhaupt finden konnte; schließlich machte ihn der amerikanische Konsul in Grenoble ausfindig. Bär war so erschüttert von der Nachricht, daß er im Büro des Konsuls ohnmächtig wurde. Er kam dann nach New York, wo er später Vorsitzender des Verbands der Journalisten bei den Vereinten Nationen wurde und u.a. mit Dag Hammarskjöld befreundet war. Ich habe von ihm Wichtiges über das, was sich hinter den UN-Kulissen abspielte, erfahren. – Auch für Georg Bernhard, den langjährigen

Chefredakteur der *Vossischen Zeitung*, einen in der Weimarer Republik sehr einflußreichen Mann, besorgte ich ein solches »Emergency Visa« und das Geld für die Überfahrt. Als die Deutschen den nördlichen Teil Frankreichs besetzten, war er mit seiner Frau nach Marseille geflüchtet und versteckte sich in einem Bordell, weil er mit Recht annahm, daß die Deutschen dort nicht nach Juden suchen würden. Der amerikanische Konsul fand ihn dort. Das Versteck hatte seinen besonderen Reiz, da Frau Bernhard betont streng bürgerlich und puritanisch war. In allen diesen Verhandlungen, übrigens auch in einer späteren Phase, als es um die – vergebliche – Rettung größerer Gruppen europäischer Juden ging, machte ich immer wieder die Erfahrung, daß es leichter war, Verständnis und Mithilfe bei den echten Staatsmännern Amerikas, vor allem bei Präsident Roosevelt und Staatssekretär Sumner Welles, zu finden als bei den hohen Beamten, die durch die bürokratische Routine und, um es milde auszudrücken, ein Unmaß an Indifferenz gänzlich unzugänglich geworden waren. Ein Vorkommnis während dieser fieberhaften Verhandlungen in Washington ist erwähnenswert. Einer Reihe von Juden war es in Frankreich gelungen, mexikanische Visen zu ergattern, und sie schifften sich auf der *Quenza* nach Mexiko ein. Als sie jedoch in Tampico angekommen waren, erklärte die mexikanische Regierung, daß der Konsul nicht ermächtigt gewesen war, diese Visen zu erteilen, verweigerte den Flüchtlingen die Landung in Mexiko und ordnete die Rückkehr des Schiffes nach Frankreich an. Im Falle einer Landung dort wären diese Menschen selbstverständlich sofort von den Nazibehörden verhaftet und in ein Vernichtungslager geschickt worden. Ich bekam verzweifelte Telegramme von dem Jüdischen Zentralkomitee in Mexiko und den Betroffenen selbst, alles zu tun, um ihre Landung in den Vereinigten Staaten zu ermöglichen, da das Schiff auf der Rückkehr in Norfolk, Virginia, Kohlen nehmen müsse. Mrs. Eleanor Roosevelt, schon damals voll tiefster Sympathie und Hilfsbereitschaft, sprach auf die Bitte von Stephen S. Wise mit ihrem Gatten. Präsident Roosevelt ließ uns sagen, er sei bereit, den Einwanderungsbehörden in Norfolk Anweisung zu geben, diese Emigranten auch ohne amerikanisches Visum landen zu lassen, vorausgesetzt, daß wir den in solchen

Fragen sehr reservierten Außenminister Cordell Hull bewegen könnten, sich des Widerspruchs zu enthalten. Wise und ich besuchten daraufhin Hull, um ihn zu bitten, der Landung dieser Unglücklichen zuzustimmen. Anfangs verhielt er sich strikt ablehnend. Er erklärte uns, nach amerikanischem Gesetz dürfe niemand ohne Visum einwandern, und als ich immer heftiger drängte, rief er pathetisch aus: »Sehen Sie bitte die amerikanische Flagge, die hinter meinem Schreibtisch steht. Bei dieser Flagge habe ich geschworen, die amerikanische Verfassung und die Gesetze zu wahren. Sie verlangen von mir, daß ich meinen Eid breche.« Ich erzählte darauf, daß ich in der Presse von einigen deutschen Matrosen gelesen hatte, die als Antinazis vor dem Auslaufen ihres Schiffes im New Yorker Hafen ins Wasser gesprungen waren, um nicht nach Deutschland zurück zu müssen. Daraufhin mußte die Küstenwache ein Schiff aussenden, um die Matrosen aus dem Wasser zu fischen und nach Ellis Island zu bringen, wo alle Einwanderer, deren Papiere nicht in Ordnung sind, untergebracht werden. »Wenn Sie es vorziehen«, sagte ich, »telegrafiere ich an die Emigranten auf dem mexikanischen Schiff, und ich garantiere Ihnen, daß sie alle in Norfolk ins Wasser springen. Die Folge wird sein, daß die Küstenwache Schiffe ausschicken muß, um sie zu retten; einige werden vielleicht Lungenentzündung bekommen. Schließlich werden Sie dasselbe tun müssen, was Sie mit den deutschen Matrosen getan haben. Ich persönlich hätte nichts dagegen einzuwenden, wenn diese Unglücklichen für die Dauer des Krieges auf Ellis Island in Sicherheit sind. Wozu aber«, schloß ich, »wollen Sie mich zwingen, diesen umständlichen, kostspieligen und gesundheitsschädlichen Umweg zu gehen?« Mr. Hull schaute mich bitterböse an und antwortete: »Sie sind sehr zynisch, Mister Goldmann.« Worauf ich erwiderte: »Ich frage mich, wer zynischer ist: der Secretary of State, der Hunderte von Juden zum Tode verurteilt, oder derjenige, der sie zu retten versucht.« Das Argument schien Eindruck zu machen, denn widerwillig erklärte er schließlich: »Sagen Sie dem Präsidenten, wenn er die Befehle auf eigene Verantwortung erteilt, werde ich keine Affäre machen.« Die Menschen konnten landen, blieben kurze Zeit auf Ellis Island und wurden als Einwanderer anerkannt.

Trotz aller Anstrengungen gelang es jedoch nur, eine verschwindend kleine Zahl zu retten. Die ersten Nachrichten von dem drohenden Inferno erreichten uns über den Vertreter des Jüdischen Weltkongresses in Genf, Dr. Gerhart Riegner, der aus zuverlässigen deutschen Quellen erfahren hatte, daß die Nazis der systematischen Judenausrottung zusteuerten. Vor allem in den Jahren 1942/43 drängte ich die jüdischen Organisationen immer wieder, Verhandlungen mit den Nazis aufzunehmen und ihnen große Summen anzubieten, um zumindest einen Teil der Juden loszukaufen. Natürlich wäre dergleichen ohne Zustimmung der amerikanischen Regierung nicht zu machen gewesen, besonders nachdem Amerika Deutschland den Krieg erklärt hatte und jeder Handelsverkehr mit den Feinden gesetzlich verboten war. Ich vertrat den Standpunkt, daß das amerikanische Judentum das Recht habe, in diesem Falle die amerikanische Regierung um eine Ausnahme zu ersuchen. Selbst wenn die Nazis mehrere Millionen Dollar aus einer solchen Transaktion schlagen sollten, würde dies die Kriegführung mit ihren astronomischen Ausgaben nicht beeinflussen. Auf der anderen Seite handelte es sich um die Rettung von Hunderttausenden von Menschenleben. Doch ich drang bei den Führern des amerikanischen Judentums nicht durch. Die Schwierigkeit, Einwanderungsländer für die von der Vernichtung Bedrohten zu finden, falls die Nazis sie aus ihren Klauen lassen würden, die Weigerung Englands, Massen von Juden die Einwanderung nach Palästina zu gewähren, die technische Schwierigkeit, in Kriegszeiten Schiffe aufzutreiben, vor allem aber die psychologische Hemmung, von der amerikanischen Regierung etwas zu fordern, was gegen das Gesetz war und in irgendeiner Form den Nazis und ihren Verbündeten Nutzen bringen konnte, – alle diese Erwägungen waren so übermächtig, daß es zu einer solchen Aktion nicht gekommen ist. Ich bin immer noch davon überzeugt, daß Präsident Roosevelt großzügig und human genug gewesen ist, einem solchen Vorschlag, wenn er ihm in der rechten Form unterbreitet worden wäre, zuzustimmen. Als uns 1943 die Nachricht erreichte, daß die Gestapo-Behörden in Rumänien gegen Zahlung einer großen Summe eine Anzahl von Juden, hauptsächlich Kinder, auswandern lassen wollten, gingen wir zu Finanzminister Henry Morgenthau, um eine Lizenz für die Überweisung des Geldes zu erwirken. Da Präsident Roosevelt keinerlei Bedenken äußerte, stimmte Morgenthau sofort zu. Leider mußte auch das State Department die Erlaubnis erteilen, und die Verhandlungen mit Hull und seinen Beamten dauerten so lange, bis man ihre widerwillige Zustimmung erreichte, daß es schließlich zu spät war. Zu diesem tragischen Kapitel muß ich wiederholen, was ich schon früher grundsätzlich über die Haltung der jüdischen Führer und Organisationen gesagt habe; es fehlte an Mut, Phantasie und Entschlossenheit, etwas Radikales und Wirksames zur Rettung wenigstens eines Teiles der europäischen Juden zu unternehmen. In keinem anderen Abschnitt meiner Tätigkeit war ich einem solchen Gefühl der Ohnmacht, ja häufig der zähneknirschenden Erbitterung ausgeliefert wie in diesem. Die Schuld ist eine gemeinsame. Alle Wortführer des jüdischen Volkes in jener Zeit, – und ich schließe mich ausdrücklich ein, – teilen sie – die einen mehr, die anderen weniger. Wie sehr wir diese Verantwortung tragen, kam mir besonders stark zu Bewußtsein, als eines Tages, Anfang 1943, der verzweifelte Hilferuf eines illegalen Radiosenders aufgefangen wurde. Er stammte von einem Komitee der polnisch-jüdischen Ghettokämpfer, war an Stephen S. Wise und mich gerichtet und forderte die jüdischen Führer Amerikas zu dramatischen Rettungsmethoden auf. Warum, so wurde gefragt, setzt sich nicht ein Dutzend jüdischer Führer so lange auf die Stufen des White House oder des State Department, bis die amerikanische Regierung sich bereit erklärt, etwas Drastisches für die Rettung der polnischen Juden zu tun? Die Forderung mag heute naiv erscheinen. Ich glaube aber immer noch, wie auch damals, daß irgendwelche verzweifelten, aus dem Rahmen des Üblichen fallenden Unternehmungen vielleicht doch etwas erreicht hätten, abgesehen davon, daß die moralische Pflicht in bestimmten Situationen von Führern verlangt, phantastische, ja wilde Dinge zu wagen.

Es würde zu weit führen, in allen Einzelheiten darzustellen, was wir in diesen Jahren unternahmen. Ich stand in dauernder Verbindung mit dem State Department, in dem Sumner Welles, vielleicht als einziger, Verständnis zeigte, aber auch nicht viel gegen die Bürokratie und Indifferenz gegenüber dem Schicksal der europäischen Juden ausrichten konnte. Wir versuchten den Kontakt mit den jüdischen Führern der osteuropäischen Untergrundbewegungen aufrechtzuerhalten und wir standen selbstverständlich mit Exilregierungen der osteuropäischen Staaten in Verbindung. Manche Hilfsmittel wurden den Juden in Osteuropa zur Verfügung gestellt, aber es waren Tropfen in einem Meer, im großen und ganzen wirkungslos. Die üblichen Methoden jüdischer Philanthropie versagten in dieser Lage völlig, und zu drastischen neuen Methoden vermochte sich die Führung des amerikanischen Judentums nicht aufzuraffen. Echte Hilfe konnte erst geboten werden, als der Krieg zu Ende ging und die Macht der Nazis gebrochen war. Namentlich in den ersten Nachkriegsjahren haben die Alliierten und in erster Reihe die Vereinigten Staaten Großes zur Befreiung und Betreuung der Juden geleistet. Durch eine Reihe von gesetzlichen Maßnahmen gelang es, den gestrandeten oder in Lagern festgehaltenen Juden Hilfe zu bringen. Alle diese Aktionen wurden durch die amerikanischen Juden mit Sammlungen und Spenden äußerst großzügig unterstützt. Aber in dieser Epoche ging es nur noch darum, Überlebende zu retten. Millionen waren bereits vernichtet . . .

Parallel zu diesen unablässigen Versuchen, Menschen aus der europäischen Katastrophe zu retten, lief meine zionistische Arbeit, die im wesentlichen vorbereitender Natur war. Wenn es glückte, Palästina vor der Invasion durch die Nazis zu retten, so würde auch die Palästinafrage innerhalb der großen weltpolitischen Probleme des Nachkrieges einer Neuregelung unterworfen werden. Die Aufgabe des amerikanischen Zionismus bestand darin, dem Jischuw in Palästina jede materielle Hilfe und Unterstützung in dem bevorstehenden Entscheidungskampf zu geben und gleichzeitig entscheidende amerikanische Kreise für eine pro-zionistische Politik in der Nachkriegszeit zu gewinnen. Da man nicht wissen konnte, wie lange der Krieg noch dauern würde, mußte diese Vorbereitungsarbeit bei der Regierung und im Kongreß so frühzeitig wie möglich einsetzen. Als Leiter des Zionist Emergency Committees war ich für die Ausarbeitung und tägliche Verwirklichung dieser Agenda verantwortlich. Ich pflegte in jenen Jahren die halbe Woche in Washington zu-

zubringen. Wise, dessen autoritative Stellung bei Juden und Nichtjuden mir alle Wege ebnete und alle Türen öffnete, war mir dabei unentbehrlich. Nur die Verbindung zu Präsident Roosevelt, mit dem er schon viele Jahre hindurch zusammengearbeitet hatte, unterhielt er allein. Ich selbst sah den Präsidenten bloß zweimal während all dieser Jahre. Meinem Eindruck nach war er zwar pro-jüdisch, aber im Grunde seines Herzens kaum pro-zionistisch.

Seine Einstellung zu jüdischen Problemen war in erster Linie humanitär. Als großer Menschenfreund, als gütige Persönlichkeit mit viel natürlicher Sympathie für alle Verfolgten, war er durch die jüdische Tragödie in Europa zutiefst erschüttert und bereit, alles zu tun, um auch nur einen Juden zu retten, vor allem aber, um solche Bestialitäten in Zukunft zu unterbinden.

Doch muß ich, so sehr ich Roosevelt als Persönlichkeit bewundere, leider feststellen, daß er in der Rettung von Juden aus der Nazi-Hölle mehr hätte tun können, um die Passivität, Indifferenz und manchmal Feindseligkeit seiner Beamten zu überwinden. Ich weiß, daß es nicht leicht ist, eine so mächtige Bürokratie, wie es die amerikanische ist, auszuschalten, aber angesichts der Tragödie, um die es sich in diesem Falle handelte, hätte der Präsident energischer die Haltung seiner Beamten korrigieren müssen und können.

Nun soll natürlich, was ich hier allgemein bemerken will, bei aller Kritik der nichtjüdischen Mächte, Politiker und Beamten jener Jahre nicht vergessen werden, daß von den Verbrechen von Auschwitz und Treblinka damals noch kaum etwas bekannt war. Ich will in aller Offenheit gestehen, daß sogar Stephen Wise und ich, als wir von Gerhart Riegner die Nachricht der geplanten »Endlösung« erhielten, im Tiefsten unserer Seele das Ganze nicht fassen konnten. Es gibt Wahrheiten, die man zur Kenntnis nimmt, die aber so schrecklich sind, daß ein normaler Mensch sie gar nicht richtig aufnehmen kann. Dies sei nicht als Entschuldigung für mich noch für andere gesagt, doch darf – bei der heutigen Debatte über die Unterlassungssünden der Demokratien und der jüdischen Gemeinschaft angesichts der Nazi-Verbrechen – nicht vergessen werden, daß die heute allgemein bekannten Tatsachen der Konzentrationslager und des Massenmords damals, wenn überhaupt erwähnt, unmöglich erschienen: Um diese Greuel verstehen zu können, mußte man ein Himmler oder Heydrich sein.

Palästina interessierte Präsident Roosevelt vorwiegend in diesem Zusammenhang. Die restriktive Einwanderungspolitik Englands lehnte er aus innerster Überzeugung ab, und man konnte mit seiner Hilfe rechnen, wenn es sich darum handelte, die Einwanderung nach Palästina zu erleichtern.

Im State Department, das sich an erster Stelle natürlich mit der amerikanischen Politik in der Palästinafrage zu befassen hatte, war die Situation viel schwieriger. Der einzige hohe Beamte des State Departments, der staatsmännisches Verständnis für das zionistische Konzept hatte, war Sumner Welles. Von allen Mitarbeitern des State Departments, mit denen ich ständig zu tun hatte, hat er als Mann von internationaler Denkweise, als Aristokrat und Gentleman, der, wenn es nötig war, Mut zu Entschlüssen hatte, den stärksten Eindruck auf mich gemacht. Ich pflegte ihn als den »einzigen weißen Mann im State Department« zu bezeichnen. Er stand Roosevelt sehr nahe, der ihn gern zum Secretary of State befördert hätte, um so mehr als der Präsident Cordell Hull nicht mochte. Beiläufig bemerkt, war es eine der Absurditäten der amerikanischen politischen Situation, daß ein Mann wie Cordell Hull, der nie Europa besucht hatte, jahrelang das Auswärtige Amt führte. Er bekam diese wichtige Position, weil er als früherer Führer der Demokratischen Partei im House of Representatives großen Einfluß im Kongreß hatte, während Sumner Welles seinen Mangel an Achtung für die Außenpolitiker des Parlaments nie verbarg. Sein frühzeitiges Ausscheiden aus dem Dienst war meines Erachtens ein großer Verlust für die amerikanische Diplomatie, und ich habe im Laufe der Jahre oft Anlaß gefunden, seinen Rücktritt zu bedauern. Während der Kriegszeit pflegte ich ihn beinahe wöchentlich zu sehen und mich immer wieder seiner Hilfsbereitschaft zu erfreuen. Auch nach seinem Rücktritt habe ich ihn einige Male auf seinem Besitz in Maryland besucht und den Kontakt mit ihm gern aufrechterhalten. Die anderen Beamten, zu denen mich sowohl zionistische wie allgemein jüdische Probleme führten, waren weit unzugänglicher. Manche von ihnen, vor allem der Außenminister (Secretary of State) selbst, Cordell

Hull, aber auch maßgebende seiner Beamten, wie Beckenridge Long, zu dessen Ressort europäische und besonders Einwanderungsprobleme gehörten, waren eher antijüdisch, wenn vielleicht nur unbewußt. Von der amerikanischen Diplomatie gilt, was ich von Amerika im allgemeinen gesagt habe. Das Aufrücken der Vereinigten Staaten zur führenden Weltmacht war ein Prozeß, der in seiner Schnelligkeit viele nachteilige Folgen hervorrief. Ein provinzielles Amerika war plötzlich berufen, weltpolitische Entscheidungen zu treffen, ohne wie die Engländer in jahrhundertelanger Vertrautheit fast instinktive Orientierungsfähigkeiten erworben zu haben. Oft ist nicht nur Unkenntnis der Probleme hinderlich, sondern auch Angst vor Entschlüssen, eine Tendenz, Verantwortung abzuwälzen und in die Sicherheit der bürokratischen Routine zu flüchten. Berichte und Materialsammlungen, Memoranden und andere Ausarbeitungen, eine ungeheure Mechanisierung und Aufsplitterung der Prozedur sind das Resultat.
Die Hauptschwäche des amerikanischen Judentums damals war seine völlige Zersplitterung. Es war die einzige jüdische Gemeinschaft, die keine demokratisch gewählte Repräsentanz hatte. Im Grunde hat sie es auch noch heute nicht, obschon die Bedeutung des Council of Jewish Federations and Welfare Funds einerseits – in allgemeinen philanthropischen Fragen – und der Conference of Presidents of Major Jewish Organizations, die ich geschaffen habe, anderseits – Israel betreffend – viel größer geworden ist. Um jene Zeit waren die etwa sechs Millionen amerikanischer Juden in Hunderte von Synagogengemeinden (Congregations) zersplittert, die drei religiösen Richtungen angehörten: Orthodoxe, Konservative und Reformer. Dazu gab es noch Hunderte von kleinen chassidischen Gruppen. Größere Organisationen wie der American Jewish Congress, die B'nai B'rith und das mehr elitäre American Jewish Committee hatten keine Befugnis, im Namen der amerikanischen Judenheit zu sprechen. Eine jüdische »Lobby«, wie sie heute wirksam ist, gab es damals nicht und jüdischer Einfluß im Weißen Haus, im State Department oder anderen Stellen in Washington war auf individuelle Beziehungen und die Autorität einzelner jüdischer Persönlichkeiten zurückzuführen. Der einflußreichste jüdische Führer war

Mein 80. Geburtstag wurde 1975 in Genf gefeiert

Bei Tito in Sarajewo, 1975

Rabbiner Stephen S. Wise, dessen vertrautester Freund ich in kurzer Zeit geworden war. Über die anderen wichtigen Persönlichkeiten, die in erster Reihe an der Arbeit für Palästina interessiert waren, wie Louis Brandeis, Felix Frankfurter und andere, werde ich im Zusammenhang mit meiner zionistischen Tätigkeit später noch berichten.

Hier sei jedoch einiges über Edward M. Warburg gesagt, einen nicht-zionistischen Führer des amerikanischen Judentums, mit dem ich jahrelang sehr freundschaftlich zusammengearbeitet, den ich als Mensch sehr zu schätzen gelernt hatte und der als Präsident des Joint Distribution Committee und des United Jewish Appeal, das jährlich Millionen für philanthropische Zwecke und Palästina aufbrachte, eine bedeutende Rolle spielte. Er entstammte einer Familie, die in der internationalen Finanz seit Jahrzehnten von Bedeutung war und deren Mitglieder im deutschen wie im amerikanischen Judentum gehobene Positionen einnahmen. Als Sohn Felix Warburgs, mit dem Chaim Weizmann 1929 die erweiterte Jewish Agency gegründet hat, bewies er ein jahrzehntelanges tätiges Interesse an jüdischer Philanthropie sowie an Palästina, an Israel. Sein Streben zu der Spitze des öffentlichen jüdischen Lebens war nicht wie für viele andere amerikanische Juden ein Ersatz dafür, daß sie nicht in die amerikanische »High Society« aufgenommen worden waren, und auch kein Mittel, bekannt und geachtet zu werden. Er hätte alles in Amerika werden können und gehörte nach Herkunft und Stellung zu den ersten Kreisen der amerikanischen Gesellschaft. Sein Wirken entsprang lediglich dem Wunsch zu helfen und dem stark ausgeprägten Pflichtgefühl, die Tradition seiner Familie fortzusetzen. In dieser Hinsicht ist er leider einer der letzten edlen Sprößlinge des amerikanischen Zweigs der Warburg-Familie, ein echter Aristokrat und einer der wenigen großen Gentlemen des jüdischen Establishments, bescheiden, uninteressiert an jeder Publizität, einer, der mehr hält als er verspricht, der große Worte haßt, voll der Kritik gegenüber den Schwächen des amerikanischen Judentums und auch Israels, ohne sich dadurch in seiner Loyalität zu allem Jüdischen und der Erfüllung der Aufgaben, die er übernahm, beirren zu lassen. Es würde um das amerikanische Judentum wesentlich besserstehen, wenn ein oder zwei Dutzend solcher Persönlichkeiten an seiner Spitze stünden. Für mich persönlich war es jedesmal eine Genugtuung und eine Freude, laufend Probleme mit Warburg zu besprechen, wobei ich immer wieder von neuem seinen ungewöhnlichen Humor bewunderte, dem alles Ätzende und Scharfe fehlte und der auch von einer tiefen Menschenkenntnis zeugte. Er war sehr witzig. Um nur eine Episode zu erwähnen: Er pflegte zum Anfang jedes neuen Jahres zu mir ins Büro zu kommen, mir seine Glückwünsche zu überbringen und regelmäßig hinzuzufügen: »Wäre für uns beide nicht die Zeit gekommen, uns von der öffentlichen Wirksamkeit zurückzuziehen und endlich anständige Menschen zu werden?«

In dieser Hinsicht war er ein würdiger Vertreter der Warburg-Familie, die schon seit Generationen vor ihm in Hamburg in jüdischen Angelegenheiten tätig war, vor allem Max Warburg, einer der Mäzene der *Encyclopaedia Judaica,* von vielen anderen jüdischen Institutionen nicht zu reden. Ich habe zu einer Reihe Mitglieder dieser bedeutenden jüdischen Familie freundschaftliche Beziehungen gehabt – zu Max und Felix in der früheren Generation, heute zu Eric, dem Sohn von Max, und vor allem in den letzten Jahren zu Sir Siegmund Warburg, einem der angesehensten Vertreter dieser Dynastie mit den wertvollsten Beziehungen, sowohl politisch wie finanziell, in allen wichtigen Ländern der Welt, den ich als einen meiner wenigen wirklichen Freunde seit Jahren betrachte. Er ist, ohne in die Öffentlichkeit zu treten, an Israel und jüdischen Problemen tief interessiert und hat in seiner vornehmen und stillen Art vielen Personen und Institutionen geholfen.

Eine andere führende Persönlichkeit des amerikanischen Judentums, mit der ich von meiner Ankunft bis zu ihrem Tode sehr freundschaftliche Beziehungen unterhielt und die mir in vielen Dingen geholfen hat, war Samuel Bronfman. Er war eine sehr eindrucksvolle und imponierende Gestalt. Mittellos mit seiner Familie nach Kanada eingewandert, schuf er mit seinen Brüdern den Seagram-Konzern – heute wahrscheinlich der größte Whisky-Produzent der Welt – und viele andere Unternehmen und hat eines der größten jüdischen Vermögen aufgebaut. Er verbrachte einige Tage jede Woche in New York, und es entwickelte sich zwischen uns eine echte Freundschaft. Was ich am meisten an ihm schätzte und bewunderte, war seine echte Bescheidenheit. Während die meisten amerikanischen *self-made men* mit ihrem Reichtum protzen und glauben, daß ihr geschäftlicher Erfolg sie auch befähigt, in allen anderen Gebieten am besten Bescheid zu wissen, kannte Sam Bronfman die Grenzen seiner Kompetenz. In jüdisch-politischen Dingen war ich für ihn eine maßgebende Autorität, und er tat nichts, ohne sich mit mir zu beraten. Ungewöhnlich arbeitsfähig und von einer unermüdlichen Dynamik, war er eine sehr temperamentvolle Gestalt und konnte heftig und ausfallend werden, obschon ich ihn so nie erlebt habe. Er war der unbestrittene Führer des kanadischen Judentums, nahm rasch meine Einladung an, einer der zwei Vize-Präsidenten des Jüdischen Weltkongresses zu werden,– der andere war Lord Israel Sieff –, und seine tätige Mitwirkung war von großer Bedeutung. Als ich Sam Bronfman aus Stockholm während der Plenarversammlung des Weltkongresses anrief, um ihm das Amt anzubieten, fragte er mit charakteristischem Mißtrauen, ob ich ihn seines Geldes wegen einlud. »Nein«, antwortete ich. »Wenn ich Sie als Vize-Präsidenten habe, ist der Kredit des Weltkongresses groß genug, um jede notwendige Anleihe von einer Bank zu erhalten.« Die Freundschaft mit ihm dehnte sich auch auf seine Familie aus und hält bis heute unvermindert an.

Erst durch die Mitarbeit dieser und vieler anderer Persönlichkeiten wurden meine Leistungen möglich. Es ist nicht leicht für einen europäischen Juden, in der amerikanischen Judenheit Einfluß zu gewinnen, und ist nur wenigen, die in der Hitlerzeit nach Amerika gekommen sind, gelungen. Wenn ich gewisse Erfolge erzielen konnte, so sind sie zum Teil darauf zurückzuführen, daß ich mir durch meine Anpassungsfähigkeit das Vertrauen mancher amerikanischer Führer, vor allem von Stephen S. Wise und Felix Frankfurter, erwarb. Von ihnen habe ich gelernt, dieses komplexe, in der jüdischen Geschichte wohl einzigartige Judentum zu verstehen und, obgleich ich nie im Wesen ein amerikanischer Jude geworden bin, Positionen einzunehmen, die es mir ermöglichten, an seiner Aktivierung für die großen Probleme mitzuwirken.

17
Vorbereitungen für die Nachkriegsepoche

Die sich überstürzenden Nachrichten über die jüdische Katastrophe in Europa machten immer offenkundiger, welche Aufgaben uns nach Beendigung des Krieges erwarten würden. Je deutlicher es wurde, daß der größte Teil des europäischen Judentums unrettbar verloren war, um so unabwendbarer wurde es, die Konsequenzen aus dieser Tragödie zu ziehen und die Grundlagen für die Fortexistenz des jüdischen Volkes nach dem Siege der Alliierten zu legen, an dem seit 1943/44 immer weniger zu zweifeln war. Diese Arbeit mußte sich in zwei Richtungen orientieren. Einmal galt es, den Überresten des europäischen Judentums zu helfen, jüdisches Leben und ihre jüdische Institutionen wieder aufzubauen, und zu gleicher Zeit von Deutschland Entschädigungszahlungen zu erwirken. Parallel mit dieser Tätigkeit mußte die andere gehen, den Versuch zu machen, das Palästinaproblem nun einer endgültigen Lösung zuzuführen.

Die Erörterung des ersten Fragenkomplexes wurde hauptsächlich innerhalb des Jüdischen Weltkongresses ausgetragen. Es war möglich geworden, für die Leitung des Weltkongresses, die zu Beginn des Krieges von Genf nach New York verlegt worden war, neben Stephen S. Wise und seinen Freunden vom American Jewish Congress eine Reihe von Führern des europäischen Judentums zu gewinnen. Bevor ich einige dieser Mitarbeiter im einzelnen charakterisiere, will ich allgemein bemerken, daß wenig jüdische Organisationen – von jenen, welchen ich jahrelang präsidierte, keine andere – einen ähnlichen Stab von begabten, kenntnisreichen und vor allem idealistisch gesinnten Mitarbeitern durch all die Jahre gehabt hat und hat, wie es dem Jüdischen Weltkongreß vergönnt war, was eine der Ursachen für seine verhältnismäßig großen Erfolge in all den Jahren seiner Existenz gewesen ist. Von dieser Gruppe, die sich durch kühne, nicht nur in jüdischer, sondern in allgemein menschlicher Hinsicht, bahnbrechende Ideen unvergängliche Verdienste erworben hat, seien nur wenige genannt. Dr. Jacob Robinson und sein Bruder Dr. Nehemia Robinson waren Männer, die mit einem einzigartigen juristischen Wissen echte Originalität des Denkens verbanden. Dr. Leon Kubowitzki, Generalsekretär des Weltkongresses, früher einer der Führer des belgischen Judentums, ein Mann von großer Dynamik und intimer Kenntnis aller europäisch-jüdischen Fragen. Er wurde später israelischer Botschafter in Prag und Buenos Aires und nach seinem Ausscheiden aus dem diplomatischen Dienst Leiter des Yad Vashem, der in Jerusalem geschaffenen Institution zur Erinnerung an die Nazi-Verbrechen und zum Studium der jüdischen Tragödie in der Nazi-Epoche. Mit ihnen zusammen wirkte eine Reihe von jüdischen Politikern und Gelehrten, wie Dr. A. Tartakower, später Dr. Ignacy Schwarzbart und andere, die alle von der Überzeugung durchdrungen waren, daß die üblichen, der Vorkriegsperiode entstammenden Methoden der jüdischen Politik unzureichend geworden waren, eine Lösung der Nachkriegsprobleme herbeizuführen. Von diesen Mitarbeitern der ersten Stunde möchte ich nur einige erwähnen: Rabbiner Maurice Perlzweig, langjähriger Direktor der Abteilung für internationale Fragen des Weltkongresses und sein maßgebendster Vertreter bei den Vereinten Nationen; Dr. Noah Barou, eine charakteristisch russisch-jüdische Idealistennatur; Dr. F.R. Bienenfeld, ein Jurist von Rang aus Österreich, dessen Tätigkeit sich besonders auf die Kommissionen des Völkerbundes und der Vereinten Nationen erstreckte, die sich mit dem Schutz der Menschenrechte befaßten; die Marchioness of Reading, Tochter von Sir Alfred Mond, Schwiegertochter von Lord Reading, die ein wertvolles Interesse an der politischen Arbeit zutage legte. Durch sein Temperament, seinen unvergleichlichen Mut und die moralische Autorität, die er im Parlament wie auch in Regierungskreisen besaß, leistete der Labour-Politiker Sydney Silverman unschätzbare Hilfe in England; bedeutend durch seine politische Einfühlung war Alex Easterman, englischer Journalist von Format, der sich viele Jahre dem Weltkongreß widmete. In späteren Jahren spielte Armand Kaplan als Direktor der französischen Sektion und Leiter der politischen Abteilung des Jüdischen Weltkongresses eine wichtige Rolle, vor allem im Anknüpfen von

Beziehungen mit den osteuropäischen Staaten – meine verschiedenen Besuche zu Präsident Tito von Jugoslawien und Präsident Ceausescu von Rumänien, über die im zweiten Band die Rede sein wird, waren vorwiegend von ihm arrangiert – und in Kontakten mit der Sowjetunion, die leider jedoch zu keinem positiven Resultat führten. In England war es Dr. S. J. Roth, der – ursprünglich als Direktor der englischen Sektion (die aufgelöst wurde, als der Board of Deputies of British Jews dem Weltkongreß beitrat), danach als Leiter des Institute for Jewish Affairs – dieses zu einem der wichtigsten und international anerkanntesten Instrumente des Weltkongresses machte.

Der Kongreß schuf 1940 das »Institut für jüdische Fragen«, um auch auf diese Weise durch entsprechende Vorarbeiten dafür Sorge zu tragen, daß die Nazi-Verbrecher nicht ungestraft davonkamen und ein hohes Maß an materieller Wiedergutmachung seitens des besiegten Deutschland gesichert wurde. In diesem Kreis tauchte zuerst der Gedanke an eine Bestrafung der nationalsozialistischen Kriegsverbrecher auf, der dann später von großen amerikanischen Juristen, vor allem dem Mitglied des Obersten Gerichtshofes, Robert H. Jackson, aufgegriffen und in den Nürnberger Prozessen verwirklicht wurde. Die Idee, Politiker und Militärs für Verbrechen gegen die Menschlichkeit gerichtlich zu belangen und zu verurteilen, war etwas völlig Neues im Völkerrecht. Viele Juristen, befangen in den Begriffen der alltäglichen Jurisprudenz, hatten ihre Zweifel oder waren gar ausgesprochen dagegen. Die Prinzipien, daß man für ein Vergehen nicht bestraft werden kann, das zur Zeit der Tat nicht gesetzlich verboten war, und daß man Untergebene nicht für die Ausführung der Befehle ihrer Vorgesetzten zur Verantwortung ziehen dürfe, schienen auch dagegen zu sprechen. Aber diese Argumente verloren an Gewicht angesichts der Notwendigkeit, die ungeheuerlichen Verbrechen des Nazi-Regimes gegen Juden wie Nichtjuden zu sühnen und für die Zukunft ein Exempel zu statuieren, daß die Souveränität eines Staates nicht als Entschuldigung für Verstöße gegen die elementarsten Grundsätze der Menschlichkeit und der Gehorsam einem Vorgesetzten gegenüber nicht als Deckmantel für jede Art von Verbrechen gelten dürfe. Von diesem Ge-

sichtspunkt aus bedeuten die Nürnberger Prozesse einen der großen Marksteine in der Geschichte der internationalen Gerechtigkeit und Moral und haben sich nicht nur in der Bestrafung der führenden Nazi-Verbrecher bewährt, sondern werden sich auch in Zukunft zur Warnung und Abschreckung als sinnvoll erweisen. Unter der Leitung der beiden Brüder Robinson hat der Jüdische Weltkongreß große Energien auf die gedankliche und moralische Vorbereitung dieser Prozesse verwandt. Es gehört zu den Ruhmestaten der Roosevelts und Trumans, daß sie unbeirrt diese Prinzipien akzeptiert und gegen manche Zweifel unter den Alliierten, vor allem in Großbritannien, durchgesetzt haben.
Aber die Verurteilung der Schuldigen, so wichtig sie auch aus moralischen und internationalen Überlegungen war, genügte natürlich nicht, um die Überreste des europäischen Judentums zu retten. Nicht weniger wichtig als das Prinzip der Bestrafung war die rechtzeitige Proklamierung und Festlegung der Wiedergutmachung, und nicht nur gegenüber der jüdischen Gemeinschaft. Auch dieses war völlig neu und nahezu radikal umstürzlerisch. Die Praxis, daß besiegte Staaten Tribut an die Sieger zu entrichten haben, ist zwar so alt wie die Geschichte der Kriege. Aber die Idee, einen sogenannten souveränen Staat zu zwingen, eine nichtorganisierte Minorität, wie sie das jüdische Volk damals war, zu entschädigen – diese Idee war wirklich revolutionär. Es gehört zu den bleibenden Verdiensten des Jüdischen Weltkongresses, daß er als erster mit dieser Forderung hervortrat. Grundsätzlich handelte es sich um zwei verschiedene Formeln für die Wiedergutmachung. Die eine betraf selbstverständlich jene Individuen, deren Familien ausgerottet und deren Vermögen geraubt worden waren. Daneben wurde aber auch das Prinzip der kollektiven Entschädigung gegenüber der jüdischen Gemeinschaft formuliert, das ohne Beispiel nicht nur in der jüdischen, sondern in der gesamten menschlichen Geschichte dasteht. Als meine Freunde und ich diese Forderung erstmals proklamierten, hatten die meisten nur ein ironisches Lächeln dafür übrig. Die Folgezeit lehrte aber, daß diese zunächst für ein utopisches Hirngespinst erklärten Prinzipien verwirklicht werden konnten, sowohl was die individuelle wie auch was die kollektive Entschädigung betrifft. Die Maß-

nahmen der Alliierten, später die deutsche Gesetzgebung sowie die Luxemburger Abkommen zwischen der Bundesrepublik Deutschland und Israel haben es zustande gebracht.

Es war uns klar, daß es außerdem notwendig sein würde, besonders im Lichte der erlittenen Katastrophen, die Rechte der Juden in allen europäischen Ländern sicherzustellen und, soweit dies möglich sein würde, künftige Versuche der Entrechtung zu vereiteln. Dabei erwies sich bald, daß die Formeln der nach dem Ersten Weltkrieg üblichen Politik einschneidender Änderungen bedurften. Nach dem Ersten Weltkrieg beschränkten sich jüdische Forderungen neben dem Verlangen nach allgemeiner Gleichberechtigung bekanntlich auf die Proklamierung und die Garantie von Minderheitenrechten in Osteuropa. Im Lichte der Erfahrung erschien es nach dem Zweiten Weltkrieg mehr als zweifelhaft, ob die Forderung nach jüdischen Minoritätenrechten sinnvoll sein würde, da eine gewisse numerische Stärke der betreffenden Gruppe selbstverständlich eine Voraussetzung für einen spezifischen Minderheiten-Status ist. Ob für die kleinen, der Ausmerzung entgangenen Reste der jüdischen Gemeinschaften eine solche Gesetzgebung überhaupt in Frage kam, mußte erst angesichts der realen Situation, wie sie sich nach Kriegsende präsentieren würde, geprüft werden. Leider hat die Wirklichkeit die Zweifel mehr als bestätigt. In Polen, der Tschechoslowakei, in Ungarn und Rumänien hatten zu wenige Juden überlebt; hinzukam, daß die Errichtung kommunistischer Regime in diesen Ländern ohnehin keine praktische Möglichkeit für die Durchsetzung von Minderheitenrechten und internationalen Garantien bot. In dieser Hinsicht war also das Programm der jüdischen Forderungen, wie es sich nach dem Ersten Weltkrieg ergab, nach dem Zweiten leider völlig hinfällig geworden.

Was hinwiederum die Frage der jüdischen Gleichberechtigung betraf, so wurden die diesbezüglichen Formeln beinahe automatisch in alle Verfassungen und Friedensverträge nach dem Zweiten Weltkrieg einbezogen. Die Judenheiten Englands und Frankreichs hatten sich mit Berechtigung Sonderforderungen entgegengesetzt, und der Weltkongreß hatte kein Recht, ohne die Zustimmung dieser jüdischen Gemeinschaften ein solches Programm zu formulieren. Ein

System internationaler Garantien hatte jedoch in der Welt, wie sie sich nach dem Zweiten Weltkrieg herausbildete, wenig Chancen. Auch in dieser Beziehung hatte sich die Situation fundamental verschlechtert. Überwachungsrechte, wie sie der alte Völkerbund bis zu einem gewissen Grade besaß, sind in den Vereinten Nationen nicht mehr vorgesehen. Angesichts dieser allgemeinen Entwicklung, die natürlich durch noch so energische Forderungen und Proteste nicht zu ändern war, wurde immer klarer, daß sich unsere Bemühungen vor allem darauf konzentrieren mußten, die ungeheuerlichen Nachwirkungen der Nazi-Katastrophe soweit wie möglich abzuschwächen und dem kärglichen Rest des europäischen Judentums Existenzmöglichkeiten zu verschaffen. Die praktischen Forderungen in bezug auf Entschädigung und Wiedergutmachung wurden daher dringender als das theoretische Programm jüdischer Gleichberechtigung.
Zuerst mußten die öffentliche Meinung und die betreffenden Regierungen gewonnen werden. Zu diesem Zweck veranstaltete der Jüdische Weltkongreß unter anderem zwei Konferenzen: die Pan-American Conference im November 1941 in Baltimore und die War Emergency Conference im November 1944 in Atlantic City. An der ersten Konferenz nahmen jüdische Delegierte aus allen amerikanischen Staaten, an der zweiten auch schon Vertreter von Juden in Europa teil. Innerhalb des amerikanischen Judentums wurden unsere Ideen durch die American Jewish Conference eindrucksvoll vertreten. Zuerst wurden sie den amerikanischen Politikern in Gesprächen und Memoranden unterbreitet, und ich stelle heute mit großer Genugtuung fest, daß sich die verantwortungsvollen Persönlichkeiten in der amerikanischen Regierung die Gedankengänge, so neuartig und kühn sie auch waren, ohne allzu große Schwierigkeiten zu eigen machten.
Die Bestrebungen, immer wieder europäische Juden aus den von den Nazis besetzten oder von ihnen bedrohten Ländern nach Palästina zu retten, rissen selbstverständlich nie ab. In einigen wenigen Fällen trugen sie Früchte; sehr viel konnten wir nicht erreichen. Der Jüdische Weltkongreß blieb so konstant wie möglich in Verbindung mit den jüdischen Untergrundkämpfern in den von den

Nazis besetzten Gebieten. Die Nachrichten aus Polen erhielten wir durch die polnische Exilregierung in London. Wir konnten jedoch sehr wenig für sie tun, vor allem weil die öffentliche Meinung, jüdisch sowohl wie nichtjüdisch, an die geplante »Endlösung«, über die wir von Gerhart Riegner Nachricht erhalten hatten, nicht ernsthaft glauben konnte oder wollte. Es war normalen Menschen – auch ich war darunter – einfach unbegreiflich, daß das Volk Kants, Goethes und Beethovens imstande sein könnte, Millionen von Menschen systematisch zu vernichten. Die Gestalt Hitler war mir von Anfang an unverständlich und ist mir auch heute noch, trotz aller Dokumente, Bücher und Filme über ihn, ein Rätsel geblieben.
Infolgedessen blieben unsere Versuche völlig ergebnislos, die Alliierten zu bewegen, etwas zu unternehmen; wahrscheinlich haben wir sie auch nicht mit der nötigen Intensität unternommen. Das amerikanische Judentum war nicht zu ungewöhnlichen Initiativen bereit, wie es der Fehlschlag der Bemühungen des Weltkongresses, einen Anti-Nazi-Boykott zu organisieren, beweist. Was die Alliierten betrifft, war ihr größtes Vergehen, daß sie auf unser Drängen, die Vernichtungslager zu bombardieren, nicht eingingen.
Die Anregung dazu war von der jüdischen Untergrundbewegung in Polen gekommen. Das War Department in Washington hatte uns an die Engländer verwiesen, da Großbritannien für die Bombardements in Europa zuständig war, und es gelang mir nach einigen Schwierigkeiten, eine Besprechung mit General Dill, dem englischen Vertreter im Obersten Kommando in Washington – der zweite Mann nach General Marshall – zu erreichen. Mein Gespräch mit Dill war eines der dramatischsten meines Lebens. Die Idee, die Konzentrationslager zu bombardieren, lehnte er ab. Auch für die Juden sei es die Hauptsache, den Krieg gegen Deutschland zu gewinnen, und die Alliierten könnten keine Bomben auf nichtmilitärische Ziele vergeuden. Diese Antwort war absurd, denn man hätte nur wenige der Tausende von abgeworfenen Bomben benötigt, um Auschwitz, Treblinka und andere Lager in Polen zu bombardieren; ohnehin wußten wir, daß die I. G. Farben-Fabriken – die nur einige Meilen von Auschwitz-Birkenau lagen und in denen jüdische Häftlinge als Zwangsarbeiter tätig waren – des öfteren bombardiert wur-

den. Auf diesen meinen Widerspruch sagte Dill weiter, ein Bombenangriff auf die Lager würde ja auch die Juden dort töten. Ich antwortete ihm, daß sie in jedem Fall zum Tode verurteilt seien und die Anregung zum Bombardieren von ihnen selbst gekommen sei. Es half alles nichts.

Eine weitere aufregende Episode dieser Art ereignete sich im Zusammenhang mit der Mission Joel Brands. Ich wurde eines Tages in Washington von Staatssekretär Edward Stettinius aus dem Außenministerium persönlich angerufen und gebeten, so schnell wie möglich zu ihm zu kommen. Als ich in sein Büro trat, schloß er die Türe ab und sagte mir, er müsse mir etwas unter dem Siegel größter Verschwiegenheit mitteilen, doch müsse ich ihm vorher versichern, daß ich es niemandem weitererzählen würde. Ohne zu wissen, worum es sich handelte, antwortete ich, ich würde ihm ein solches Versprechen geben, mit der einzigen Einschränkung, daß ich keine Nachricht, die jüdische Situation betreffend, meinem Freund Stephen Wise vorenthalten könne, auf dessen Diskretion er sich jedoch absolut verlassen könnte. Er gab mir darauf ein sehr langes Telegramm von der amerikanischen Botschaft in der Türkei zu lesen, aus dem hervorging, daß ein gewisser Joel Brand aus Budapest im Auftrage der Gestapo nach Istanbul gekommen sei, um den Alliierten anzubieten, hunderttausend oder mehr ungarische Juden auswandern zu lassen, für eine Lieferung von zehntausend Lastwagen. Stettinius wollte mir einen Tag Bedenkzeit gewähren lassen, wonach ich ihm meine Meinung und auch die von Stephen Wise übermitteln sollte. Ich antwortete ihm, daß die Zeit eine entscheidende Rolle spielte und ich ihm, ohne zu zögern, meine Ansicht äußern könnte, mit der Wise sicherlich einig sein würde. Mein Rat war, den Nazis mitzuteilen, daß man ihr Angebot im Prinzip positiv und erwägenswert betrachte. Auf Stettinius' Einwand, daß zehntausend Lastwagen doch eine erhebliche Hilfe für das deutsche Transportwesen bedeuteten, erwiderte ich, daß gegenüber der moralischen Verpflichtung, hunderttausend Juden zu retten, dieses Argument an Kraft verlöre und daß durch geschickte Verhandlungen die Lieferung ohnehin verzögert werden könnte. Militärisch nutzbare Lastwagen wären ja keine Kartoffeln oder Sardinen, die man ohne weiteres kaufen

könnte, meinte ich; als Zeichen guten Willens könnte man vielleicht hundert oder zweihundert sofort liefern und die weiteren erst im Laufe der kommenden Wochen und Monate. Da diese ganze Episode im letzten Stadium des Krieges stattfand, bestand die Wahrscheinlichkeit, daß bis dahin Deutschland ohnehin besiegt war.
Aus der Mission Joel Brands ist bekanntlich nichts geworden, weil die Engländer, die die Verhandlungen führten, nicht nur jede Erwägung des Vorschlags ablehnten, sondern Joel Brand, als er nach Kairo kam, um mit den britischen Militärvertretern zu verhandeln, sogar verhafteten. Die negative Einstellung Englands beruhte nicht nur auf strategischen Gründen, sondern war nach meiner Ansicht durch pro-arabische Erwägungen bestimmt, da ja klar war, daß die geretteten Juden nur nach Palästina gebracht werden könnten und die britischen Behörden in diesem Falle die Reaktion der Araber fürchteten. So ist tragischerweise auch diesem einzigen Fall, in welchem eine schwache Hoffnung bestand, eine größere Zahl Juden aus der europäischen Katastrophe zu retten, letzten Endes kein Erfolg beschieden gewesen.
Dann bekam ich ein Telegramm von Gerhart Riegner, dem Leiter des Genfer Büros des Jüdischen Weltkongresses. Er gab uns zu verstehen, daß die Rumänen, damals noch mit den Deutschen verbündet, bereit wären, einige tausend jüdische Kinder gegen Zahlung von drei Millionen Dollar freizulassen. Der Jüdische Weltkongreß verfügte nicht über eine solche Summe, das American Jewish Joint Distribution Committee dagegen sehr wohl. Die Trennung zwischen Politik und Philanthropie in Kriegszeiten gehört zu den größten Absurditäten des amerikanischen Judentums. Der *Joint* hätte im Kriege gemeinsam mit dem Jüdischen Weltkongreß handeln können, aber seine Führer lehnten dies unter dem Vorwand ab, daß Philanthropie eine saubere und Politik eine schmutzige Sache sei. Wir wandten uns an einige Führer des amerikanischen Judentums, um ihnen die Lage darzulegen. Sie erwiderten: »Dem Feind Geld geben? Das können wir doch ohne Genehmigung nicht riskieren!« Ich entgegnete, daß Roosevelt diese Zahlung bestimmt genehmigen würde und daß sie ihn darum bitten müßten.
»Wie können wir als Juden Präsident Roosevelt vorschlagen, den

Deutschen finanzielle Hilfe zukommen zu lassen?« »Aber was soll Hitler mit drei Millionen Dollar anfangen?« erwiderte ich. »Es handelt sich zweifellos um einen Beamten, der auf eigene Rechnung arbeitet oder für irgendeine entsprechende Organisation.« Sie weigerten sich dennoch, Roosevelt aufzusuchen, und überließen dies Wise und mir.
Wir begaben uns zu Mrs. Roosevelt, einer wunderbaren Frau, die sehr häufig in heiklen Angelegenheiten vermittelte. Sie berichtete uns, daß der Präsident nichts gegen diesen Geldtransfer hätte, wenn sein Außenminister Cordell Hull einverstanden wäre. Wir mußten also mit Hull verhandeln, dessen Gefühle uns gegenüber zwiespältig waren. Zwar übernahm es Finanzminister Henry Morgenthau, mit ihm darüber zu sprechen, aber es nützte alles nichts. Drei Monate lang sabotierte das State Department die Angelegenheit, wobei es alle möglichen bürokratischen Argumente benutzte, um die Entscheidung hinauszuzögern. Als es endlich zustimmte, war es zu spät. Die Kinder waren bereits deportiert worden. Einmal mehr hatten amerikanische Juden eine für sie typische Haltung gezeigt; sie waren bereit, Geld zu geben, weigerten sich aber, sich politisch zu »kompromittieren«.
Um die nichtzionistische Majorität der amerikanischen Juden für die Unterstützung der Forderung eines jüdischen Staates zu gewinnen, vor allem aber auch um ein Instrument zu haben, die allgemeine jüdische Forderung nach Bestrafung der Naziverbrechen und Reparationszahlungen für die Nazi-Opfer durchzusetzen, nahmen wir im Winter 1941/42 mit dem American Jewish Committee, der repräsentativsten Organisation amerikanischer Nichtzionisten, einschlägige Besprechungen auf. Anfänglich gelang es, eine Reihe seiner leitenden Persönlichkeiten, vor allem den Vorsitzenden Maurice Wertheim günstig zu stimmen, aber im letzten Augenblick bildeten Männer wie Judge Proskauer eine Oppositionsgruppe innerhalb des Committees, mit dem Resultat, daß Wertheim zurücktrat und Proskauer die Führung übernahm. Daß Proskauer später seine Haltung änderte, brachte uns zu diesem Zeitpunkt keinen Nutzen.
Im Laufe von 1946 wurde ich vom amerikanischen Oberkomman-

danten im besetzten Europa, General Lucius Clay, eingeladen, die befreiten Lager in Deutschland zu besuchen. Mit mir fuhren Stephen Wise, Jacob Blaustein und noch zwei andere jüdische Delegierte, die jedoch weniger lang blieben als ich. Die Eindrücke dieser Zeit sind mir unvergeßlich geblieben.

Wir flogen nach Frankfurt und fanden die Stadt wie die meisten anderen in Deutschland zum größten Teil in Trümmern. Einquartiert wurden wir in Kronberg, dicht bei Frankfurt, in einem Offiziersheim, das in der luxuriösen Villa des früheren Präsidenten der IG-Farben, einem getauften Juden, eingerichtet worden war. Während die amerikanischen Offiziere und Beamten in übertriebenem Komfort lebten, sah man auf den Straßen von Kronberg hauptsächlich schwerverwundete, verkrüppelte deutsche Soldaten, für die dort auch eine Heilstätte existierte, und dieser Anblick war uns – trotz unserer natürlichen Aversion gegen alles Deutsche zu jener Zeit – äußerst schwer erträglich.

Während unseres kurzen Aufenthalts dort besuchte ich mit Stephen Wise das Flüchtlingslager in Zeilsheim, zwischen Frankfurt und Mainz, in dem einige zehntausend Überlebende der Konzentrationslager untergebracht waren, die zum größten Teil hofften, nach Palästina auszuwandern. Dies war jedoch die Zeit, in der die Engländer die Immigration sehr erschwerten und man nur illegal nach Palästina einwandern konnte. Ich sprach zu den Menschen auf jiddisch und sagte ihnen am Ende meiner Rede: »Ihr habt ein furchtbares Schicksal überlebt und wißt noch nicht, wo Eure endgültige Wohnstätte sein wird. Aber etwas will ich Euch zum Trost sagen, und ich sage es aufrichtig. Ihr seid wie Menschen in einem Tunnel. Rings herum ist es finster, aber wir nähern uns dem Ende des Tunnels und können schon ein wenig Licht sehen. Mit dem Licht meine ich die Errichtung eines jüdischen Staates in Erez Israel.« Durch das Lager ging ein Schluchzen, das es mir selbst unmöglich machte, gefaßt zu bleiben. Auf der Heimfahrt von dieser erschütternden Begegnung fragte mich Stephen Wise: »Hast Du Deine Bemerkung über die Wahrscheinlichkeit eines jüdischen Staates gemacht, um diese armen Überlebenden zu trösten, oder glaubst Du wirklich daran?« Ich versicherte ihm, daß ich fest davon überzeugt war, daß die Vereinten Nationen mit Zustimmung der kommunistischen Staaten jetzt nach dem Holocaust die Schaffung eines Judenstaates bewilligen würden. Wise war so gerührt, daß er zu weinen begann und mehrfach in späteren Reden darauf hinwies und zu sagen pflegte: »Nachdem Nahum davon überzeugt ist, glaube auch ich an die Errichtung eines jüdischen Staates in naher Zukunft.«

Nach Rückfahrt der weiteren Delegationsmitglieder wurde mir ein Militärwagen zur Verfügung gestellt mit einem aus Miami stammenden Chauffeur und zuweilen der Begleitung eines Leutnants. Mit ihnen fuhr ich zunächst nach Rothenburg ob der Tauber; der Administrator des Ortes war ein gewesener Deutscher, und seine Frau, die ich von früher gut kannte, fiel in Ohnmacht, als ich unangemeldet zu ihr kam: sie meinte, irgendwo gelesen zu haben, daß ich gestorben und in Tel Aviv mit großen Ehrungen beerdigt worden sei. Mein nächster Besuch galt Landsberg, wo auch einige tausend Überlebende versammelt waren; auch dort sprach ich, und es wiederholten sich die rührenden und aufregenden Szenen von Zeilsheim. Von den verschiedenen anderen Lagern, in die ich fuhr, erwähne ich besonders eines im Odenwald, das als Musterlager galt. Es wurde von einer norwegischen Freiwilligen geleitet, einer ganz außergewöhnlichen Frau, Tochter eines Ministers, die dort einen Kindergarten, ein eigenes Theater, einen Chor usw. organisiert hatte. Wir freundeten uns an, und sie nahm sich einige Tage Urlaub, um mir auf der Reise durch Deutschland Gesellschaft zu leisten.

Eines Nachmittags beabsichtigte ich nach Heidelberg zu fahren, um dort meinen alten Lehrer Karl Jaspers zu besuchen. Es wurde schon dunkel, als der Wagen mitten in einem Wald anhielt. Der Fahrer hatte unterlassen zu tanken, was damals nur an amerikanischen Militärtankstellen möglich war; auch einen Ersatzkanister Benzin hatte er vergessen. Unsere einzige Hoffnung war, daß ein amerikanischer Wagen vorbeifahren und uns irgendwie helfen würde, doch das schien zu der späten Stunde ziemlich unwahrscheinlich. Wir richteten uns also ein, die Nacht im Auto, das glücklicherweise geheizt war, zu verbringen. Plötzlich hielt ein kleiner Wagen neben uns. Der Inhaber – ein Metzgermeister aus Neckarsteinach, wie er mir erzählte – bot sich an, uns zu helfen. Die einzige Lösung war, einige

Liter Benzin aus seinem Tank in den unsrigen zu pumpen, damit wir bis zur nächsten Tankstelle gelangen könnten. Einen Schlauch hatte mein kluger Chauffeur jedoch nicht bei sich. Darauf fuhr unser Retter in den benachbarten Ort, besorgte dort einen Schlauch, kam damit zurück und erledigte selbst die keinesfalls sehr schmackhafte Operation. Als ich ihn für all die Mühe bezahlen wollte, lehnte er es entrüstet ab: »Wir alle«, sagte er mir, »haben viele Verbrechen an unseren jüdischen Mitbürgern begangen. Auch in meiner Stadt gab es drei jüdische Familien, die abtransportiert wurden. Erlauben Sie mir, wenigstens eine kleine gute Tat gegenüber einem Juden zu tun.« Wir erreichten die amerikanische Benzinstation spät nachts; der Besuch bei Jaspers konnte zu dieser Stunde nicht mehr stattfinden.

Die Zustände in dem damaligen Deutschland stehen in jähem Kontrast mit dem jetzigen Wohlstand und illustrieren die ungeheuren Leistungen in den dreißig Jahren seit der vernichtenden Niederlage am Ende des Zweiten Weltkrieges. Ich sollte zum Beispiel eines Tages nach Bad Tölz fahren, um mit einigen Generalen zu Mittag zu essen. Es war Winter, die Straßen befanden sich in einem unbeschreiblichen Zustand, voller Löcher einerseits, voller Bomben, die noch nicht entfernt waren, andererseits, und außerdem war Glatteis, so daß das Auto zweimal ins Schlittern geriet, ohne glücklicherweise zu verunglücken. Ich verzichtete auf das Treffen mit der Militärverwaltung und fuhr nach München, das ebenso fast völlig in Trümmern lag.

Ich sollte in die Schweiz für eine Reihe Vorträge und beschloß über Bregenz am Bodensee zu fahren. In meiner Naivität gedachte ich, das Schiff nach Rorschach zu nehmen. An der Schiffslände war kein Zeichen eines Fahrplans, und der Mann, den ich nach der nächsten Abfahrt fragte, schaute mich an, als ob ich vom Mond käme: seit 1939 war kein Schiff mehr in die Schweiz gefahren. Ich war ratlos. Auf der Straße sah ich einen jüdisch aussehenden jungen Mann und sprach ihn an; er war tatsächlich Jude, Beamter des kommunistischen Regimes in Ungarn, und sollte im Auftrag seiner Regierung in die Schweiz fahren, um dort Briefmarken gegen Devisen zu verkaufen. Er erzählte mir, daß er seit zwei Wochen in Bregenz war, ohne ein französisches Ausreisevisum zu bekommen, obwohl er täglich zu allen Okkupationsbehörden ging. Er führte mich zur französischen Kommandantur, wo, da es Samstag und acht Uhr abends war, ich nur einen Sergeanten fand, der mich jedoch, da ich in einem amerikanischen Wagen mit Militärbegleitung fuhr, wie alle anderen, mit denen ich in Kontakt kam, mit großem Respekt empfing. Alle Hotels seien beschlagnahmt, teilte er mir mit, und außerdem überfüllt, da sich die Kommandanten aller Orte unter französischer Okkupation gerade zu einer Besprechung in Bregenz befanden. Essen bekam man nur gegen Coupons, die die Kommandantur zwar ausgab, doch war er nicht autorisiert, dies zu tun. Er verwies mich an den Kommandanten, den ich im Offiziersklub antraf und der, auch er durch meinen Ausweis sehr beeindruckt, mich mit meinen Begleitern zum Essen einlud. Er war bereit, mir ein Hotelzimmer zu besorgen, den Fahrer würde er in einem Militärlager unterbringen, und mir schlug er vor, ein Zimmer mit dem Leutnant zu teilen. Da ich als einziges Kind immer gewöhnt war, allein zu schlafen, bestand ich auf zwei Zimmern, und der französische Kommandant bewilligte es schließlich.

Als ich am nächsten Morgen auf dem Weg zur Kommandantur, um mein Ausreisevisum zu erhalten, meinen Paß einsah, stellte ich fest, daß mein Schweizer Einreisevisum, das ich vor Wochen in New York bekommen hatte, inzwischen abgelaufen war. Es war Sonntag und am selben Abend sollte ich in St. Gallen meinen ersten Vortrag halten. Vor der französischen Kommandantur standen einige hundert Leute auf der Straße, doch bahnten mir meine Papiere den Weg zum Offizier. Er gab mir das Ausreisevisum sofort. Meinen ungarischen Begleiter stellte ich ihm als meinen Assistenten vor, und auch ihm wurde gleich das Visum ausgestellt. Jetzt war es nötig, das Schweizer Visum verlängern zu lassen. Das Konsulat war natürlich geschlossen, doch ging ich in die Wohnung des Konsuls. Im Prinzip war dieser bereit, mir die Verlängerung zu gewähren, mußte jedoch in Bern anfragen. Ich hatte das Glück, daß der Leiter der betreffenden Abteilung, ein Herr Rothmund, anwesend war und mich aus meiner Genfer Zeit kannte, so daß auch diese Formalität gleich erledigt werden konnte.

Nun handelte es sich nur noch darum, rechtzeitig in die Schweiz zu gelangen. Ich bat meinen amerikanischen Chauffeur, mich an die Schweizer Station zu fahren, durch die der »Vorarlberg-Express« von Wien nach Zürich kommt. Dies lehnte er ab, denn zwischen der österreichischen und Schweizer Grenze bestand ein zwei Kilometer breites »Noman'sland«, durch das ein amerikanischer Wagen nicht fahren durfte. Ich versicherte ihm, ihn vor einem Prozeß zu schützen, und er ließ sich überreden. Auf der Strecke überholten wir ein älteres Ehepaar, das sich mit vier Koffern bepackt mühselig abschleppte. Ich ließ anhalten, sprach die Leute an, und es stellte sich heraus, daß ich sie dem Namen nach aus Berlin kannte: er war ein jüdischer Bankier aus Berlin, sie hatten sich in den Kriegsjahren in Österreich verborgen und waren jetzt auf dem Weg zu ihrer Tochter in der Schweiz. Der Amerikaner protestierte wieder heftig, als ich ihnen einen Platz im Auto anbot, doch beruhigte ich ihn erneut, und so kamen wir alle zur Station.

Ein letztes Hindernis erwartete mich bei der Ankunft in St. Gallen. Alle, die aus den besetzten Gebieten kamen, mußten einen Entlausungsschein vorweisen, und ich hatte von dieser Vorschrift keine Ahnung. Der zuständige Arzt wurde trotz der abendlichen Stunde zum Bahnhof gebracht und gab mir die nötige Bescheinigung. Ich fuhr direkt zum Ort der jüdischen Versammlung, wo man, ohne jede Nachricht von mir, gerade dabei war, meine Nichtankunft zu verkünden. Mein plötzliches Erscheinen war eine große Überraschung, und mein erstes Auftreten in der Schweiz, nach sechsjähriger Abwesenheit in Amerika, war eine Art Sensation.

18

Verhandlungen mit Konrad Adenauer

Meine Verhandlungen mit Bundeskanzler Dr. Adenauer und seinen Mitarbeitern, die in den Luxemburger Vereinbarungen gipfelten, bilden eines der erregendsten und erfolgreichsten Kapitel meiner politischen Laufbahn. Sie waren von Anfang an mit großen ideologischen und emotionellen innerjüdischen Auseinandersetzungen verbunden. Die Gedankengänge, die ihnen zugrunde lagen, waren etwas völlig Neues und beinahe Einzigartiges. Juristisch gab es keine international anerkannte Basis für die jüdischen Kollektivforderungen. Machtpolitisch konnten weder Israel noch das jüdische Volk Deutschland zwingen, ihre Forderungen anzuerkennen. Es handelte sich eben von Anfang an um ein moralisches Problem, wenn auch das nach-hitlerische Deutschland ein begreifliches politisches Interesse daran hatte, das Haßgefühl des Weltjudentums zu mildern. Daß es gelungen ist, die Bundesrepublik Deutschland zur Anerkennung und Erfüllung dieses vorwiegend moralischen Anspruchs zu bewegen, ist ein Erfolg von Bedeutung für alle Zukunft. So einleuchtend das heute, viele Jahre nach der Unterzeichnung der Luxemburger Abkommen, sein mag, so schwer war es zunächst, einem großen Teil des jüdischen Volkes die positive Seite der Angelegenheit klarzumachen. Von Anfang an war jede die deutsch-jüdischen Beziehungen berührende Frage durch begreifliche Leidenschaften belastet. Ich habe diesen emotionellen Charakter des Problems stets verstanden. Selbst in jenen kritischen Monaten, in denen ich von einem großen Teil der öffentlichen jüdischen Meinung innerhalb und außerhalb Israels als Verräter an der jüdischen Sache, als Handlanger der Neo-Nazis beschimpft wurde und mit einem Leibwächter durch die Welt reisen mußte, habe ich öffentlich und privat erklärt, daß ich diese Gegnerschaft durchaus begriffe und würdigte. Ich ging so weit zu sagen, daß ich mich als Jude geschämt hätte, wäre kein heftiger Widerspruch gegen meine Vorschläge erhoben worden. Aber ich war stets der Meinung, daß Völker ihre

Beziehungen nicht durch Emotionen bestimmen lassen dürfen; ihre Interessen verlangen, daß sie irgendwann eine Form des Zusammenlebens finden und sich nicht von noch so berechtigten Gefühlen beherrschen lassen. Jede emotionell determinierte Außenpolitik endet früher oder später in einer Katastrophe. Ein Volk kann ein anderes besiegen und den unterlegenen Gegner vernichten, so verwerflich dies auch ist. Aber einem gestrigen Gegner ewig zu grollen ist in der historischen Realität undurchführbar. Vielleicht können sich Gruppen, die ohnehin keine Außenpolitik betreiben, in dem Gefühl ihrer Machtlosigkeit den billigen Luxus gestatten, nur ihren Emotionen zu leben. Dies haben die Juden in den Jahrhunderten ihrer Ghetto- und Diaspora-Existenz getan. Aber ein Volk, dem es gelungen ist, einen eigenen Staat aufzubauen, das Forderungen durchsetzen und Machtpositionen erwerben will, kann sich eine rein gefühlsmäßige und don-quichottische Politik nicht mehr erlauben.

Immerhin hat die emotionelle Färbung des Problems jahrelang verhindert, die Wiedergutmachung ernsthaft zu betreiben. Bereits auf der Panamerikanischen Konferenz des Jüdischen Weltkongresses in Baltimore im Jahre 1941 habe ich gefordert, von dem besiegten Deutschland eine Entschädigung zu verlangen. Ich zitiere aus meiner Eröffnungsrede nur folgenden Satz: »Wer zweifelt, daß wir Juden vollen Anspruch auf internationale Hilfe für das europäische Judentum nach dem Krieg haben? Wenn Reparationen gezahlt werden sollen, sind wir die ersten, die das Recht darauf haben.« Die Führung des Jüdischen Weltkongresses hat dieses Programm dann aufgegriffen.

Auf der War Emergency Conference, die der Jüdische Weltkongreß 1944 nach Atlantic City einberief und bei der schon Vertreter des europäischen Judentums anwesend waren, wurden diese Ideen konkret formuliert. Die von dieser Konferenz angenommene Resolution enthielt folgende Forderungen: »Wiedergutmachung und Entschädigung für die noch existierenden jüdischen Gemeinden und für einzelne jüdische Opfer der nationalsozialistischen Verbrechen; Anerkennung des Prinzips, daß das jüdische Volk Anspruch hat auf eine kollektive Wiedergutmachung für die materiellen und moralischen Verluste, erlitten von der jüdischen Nation, ihren Institutionen oder einzelnen Juden, die oder deren Erben individuelle Ansprüche nicht mehr anmelden können.«

Der Anspruch bewegte sich also von Anfang an in zwei Richtungen. Der erste und eigentlich selbstverständliche war, daß die deutschen Behörden und Einzelpersonen, die sich in der Nazizeit unberechtigt durch Enteignung oder Zwangserwerb in den Besitz jüdischen Eigentums gesetzt hatten, gezwungen werden sollten, es wieder herauszugeben. Sofern es sich um einzelne Geschädigte oder Verfolgte, die die Nazizeit überlebt hatten, oder um ihre Erben handelte, sollte darüber hinaus das neue Deutschland im Rahmen des Möglichen für all die Verluste an Gesundheit, Freiheit und Berufsmöglichkeiten, die das Nazi-Regime den einzelnen Juden und natürlich auch nichtjüdischen Opfern zugefügt hatte, Entschädigung leisten. Diese Forderungen waren in ihren rechtlichen, moralischen und gedanklichen Grundlagen mehr oder weniger zeitgemäß. Umwälzend war jedoch der zweite Aspekt, daß Deutschland eine globale Wiedergutmachung an das jüdische Volk als Gesamtheit leisten solle, um es ihm zu erleichtern, auf den Stätten der verwüsteten jüdischen Gemeinden in Europa neues Leben zu schaffen und neue Institutionen aufzubauen. Nach internationalem Recht befand sich das jüdische Volk nicht im Krieg mit Deutschland, da nur Staaten miteinander Kriege führen können, und für dieses Volk Reparationen zu verlangen, war ebenso kühn in der Konzeption wie voll berechtigt in moralisch-ethischer Hinsicht.

Als der Krieg zu Ende ging, versuchten führende jüdische Organisationen einen Teil dieses Programms ohne Aufschub zu verwirklichen. In den ersten Jahren mußten sich diese Forderungen natürlich an die Allierten wenden. In New York bildete sich ein inoffizielles Komitee, bestehend aus dem Jüdischen Weltkongreß, der Jewish Agency for Palestine, dem Joint Distribution Committee und dem American Jewish Committee, welche einige Jahre hindurch erfolgreich zusammenarbeiteten und die Alliierten dazu bewegten, Gesetze im Sinne dieser jüdischen Forderungen zu erlassen. Die amerikanischen Besatzungsbehörden und die Washingtoner Regierung waren am leichtesten dazu zu bringen. Alle höchsten Repräsentanten der amerikanischen Besatzungsmacht in Deutschland, vor allem der maßgebendste, General Dwight D. Eisenhower, aber auch General Lucius Clay und später der Hohe Kommissar John J. McCloy, bewiesen großes Verständnis in diesen wie in verwandten Fragen. Die amerikanischen Besatzungsbehörden erließen rasch Verordnungen, die den einzelnen deutschen Erwerber jüdischen Vermögens während der Naziperiode zwangen, es den Verkäufern oder deren Erben wieder zurückzuerstatten. Darüber hinaus wurde durch amerikanische Verfügung die Jewish Restitution Successor Organization (JRSO) ins Leben gerufen, die zum Rechtsnachfolger aller erbenlosen jüdischen Vermögen in der amerikanischen Besatzungszone Deutschlands erklärt wurde und berechtigt war, diese Vermögen einzuziehen und für allgemeine jüdische Zwecke zu verwenden.

Die britischen und in weitem zeitlichem Abstand auch die französischen Besatzungsbehörden erließen ähnliche, wenn auch nicht in allem so weitgehende Verordnungen. Es erwies sich schon damals als hoffnungslos, eine ähnliche Politik der sowjetischen Besatzungsbehörden zu erwirken. Sie weigerten sich prinzipiell, die Wiedergutmachungsansprüche von einzelnen anzuerkennen, und was globale jüdische Ansprüche betraf, so betrachtete sich die Sowjetunion und später die Deutsche Demokratische Republik als Vertreter der jüdischen Bürger ihrer Länder. Im Laufe der Zeit wurden in den einzelnen westdeutschen Ländern, die in immer größerem Maße das Recht der Selbstverwaltung erhielten, Entschädigungsgesetze verabschiedet, die den Opfern der nationalsozialistischen Verfolgung materielle Entschädigung zuerkannten. Sie waren in den verschiedenen Ländern verschieden und auch nur ein bescheidener Anfang. Je mehr das Nachkriegsdeutschland sich erholte und in steigendem Maße autonome Rechte erwarb und je mehr damit die Vollmacht der alliierten Besatzungsbehörden eingeschränkt wurde, um so klarer wurde es mir, daß auf lange Sicht eine großzügige Berücksichtigung der jüdischen Ansprüche nur durch eine Vereinbarung mit Deutschland selbst möglich sein würde. Ich glaubte nicht daran, daß die westlichen Alliierten einem starken Westdeutschland während des verschärften Kalten Krieges eine großzügige Erfüllung der jüdi-

schen Forderungen gegen seinen Willen aufzwingen wollten. Auf der anderen Seite täuschte ich mich aber auch nicht über die gewaltigen Schwierigkeiten, das jüdische Volk zur Aufnahme von direkten Verbindungen mit dem neuen Deutschland zu bewegen. Begreiflicherweise war in jenen Jahren jede Fühlungnahme mit Deutschen für Juden ein Tabu. Dies ging so weit, daß Hunderttausende jüdischer Flüchtlinge in deutschen Lagern sich weigerten, produktive Arbeit zu leisten, weil dies direkt oder indirekt der deutschen Wirtschaft zugute kommen mußte. Der jüdischen Öffentlichkeit zu empfehlen, sich direkt mit Deutschland zu verständigen, hätte nur zu einer maßlosen Entrüstung, einer heftigen Ablehnung geführt und so die spätere Politik ungünstig beeinflußt. Es hatte ohnehin keine Eile damit, da die deutsche Wirtschaft viel zu chaotisch war, um ihr mit großen Ansprüchen zu kommen. Selbst die Alliierten hatten, interessiert an einer Wiederherstellung einer gesunden deutschen Wirtschaft, solche Forderungen zurückgestellt. Es hieß also zunächst abzuwarten.
In den Jahren von 1945 bis 1950 interessierte uns, soweit es sich um Deutschland handelte, vor allem die Fürsorge für die Hunderttausende jüdischer Opfer des Nazismus, die noch in deutschen, österreichischen und italienischen Lagern waren, ihre materielle und geistige Betreuung und dann die Auflösung dieser Lager nach der Auswanderung der Geretteten nach Palästina. Dieses heroische und dramatische Kapitel der jüdischen Nachkriegsperiode kann ich hier im einzelnen nicht darstellen, zumal ich keine wesentliche Rolle darin gespielt habe. Großer Verdienste bei dieser Arbeit kann sich vor allem die Londoner Exekutive des Jüdischen Weltkongresses rühmen. Das Joint Distribution Committee erfüllte eine wichtige Aufgabe durch die philanthropische Betreuung dieser Lager. Wohl den bedeutendsten Beitrag leisteten jedoch die vielen palästinensisch-israelischen Abgesandten und die Führer der Flüchtlingsgruppen selbst, die gegen heftige, vor allem von den britischen Behörden in Deutschland und Palästina erhobene Widerstände eine großangelegte, sogenannte illegale Einwanderung von Tausenden dieser Menschen nach Palästina, später Israel, organisierten. Heute darf man auch öffentlich feststellen, daß die amerikanischen Besat-

zungsbehörden meist stillschweigende, aber unmißverständliche Sympathie für diese Auswanderungen an den Tag legten, ja diese zuweilen auch sichtbar bekundeten. In diesem aufregenden Drama war von den Entschädigungsproblemen kaum die Rede. Es war eine kleine Gruppe in der Führung des Jüdischen Weltkongresses, in erster Linie aber der Vorsitzende seiner europäischen Exekutive, Barou, die mit großer Zähigkeit den Gedanken wachhielten und unermüdlich nach Möglichkeiten suchten, diese Ansprüche zu erfüllen.

Von verschiedenen Seiten wurde das Problem der Entschädigung angeschnitten, aber in oft sehr unzureichender und ungeschickter Form. Zum Beispiel veranlaßte eine Gruppe deutscher Juden Dr. Adenauer zu der Erklärung, die deutsche Regierung sei bereit, zehn Millionen Dollar auszusetzen. Natürlich wurde dieses Angebot als völlig unzulänglich abgelehnt, ja nicht einmal ernsthaft diskutiert. Verschiedene jüdische Einzelpersonen und unautorisierte Gruppen wandten sich mit allerlei Vorschlägen und Anregungen an Mitglieder der deutschen Regierung. Aber es muß zur Ehre Dr. Adenauers gesagt werden, daß er die Größe des Problems von Anfang an richtig erkannte. Er wußte, daß es nur durch Verhandlungen mit autorisierten Vertretern des Judentums zu lösen war, nicht aber durch die Befriedigung kleiner Sonderansprüche irgendeines Häufleins.

Gedrängt vor allem von Barou, begann ich mich seit 1950 immer mehr mit dieser Frage zu befassen. In Anbetracht der sich verbessernden wirtschaftlichen Lage Deutschlands wie auch einer gewissen Milderung in der emotionalen Einstellung des Judentums schien mir die Zeit für eine realistischere Inangriffnahme des Problems gekommen zu sein. Anfang 1951 trat dann auch erstmalig Israel auf die Szene; in zwei Noten an die vier Alliierten meldete die Regierung die jüdischen Ansprüche auf Entschädigung durch das neue Deutschland an, insgesamt in Höhe von anderthalb Milliarden Dollar, wovon eine Milliarde auf Westdeutschland und eine halbe auf Ostdeutschland entfallen sollte. Die Summe beruhte auf der Berechnung, daß Israel etwa fünfhunderttausend jüdische Opfer aufgenommen habe und die wirtschaftliche Rehabilitierung eines

Flüchtlings im Durchschnitt mit dreitausend Dollar zu veranschlagen sei. Weil der Staat Israel diese Opfer gerettet und eine ungeheure finanzielle Belastung auf sich genommen hatte, hielt er sich für berechtigt, diese Forderung im Namen des jüdischen Volkes zu stellen, obschon natürlich Israel keinen legalen Anspruch hatte, da es ja zur Zeit des Nazi-Regimes als Staat noch nicht existierte. Die Reaktion der Alliierten war nicht ermutigend. Die Sowjetunion hat bis heute auf diese Noten überhaupt nicht geantwortet. Die DDR hat praktisch auf keine der Forderungen, Entschädigungen zu zahlen, reagiert und folgt darin wie üblich der Linie der UdSSR. Ohne zur Höhe des Betrages Stellung zu nehmen, bestätigten die Westmächte Israels moralische Berechtigung, erklärten aber, daß sie nicht in der Lage seien, Deutschland die Erfüllung dieser Ansprüche aufzuerlegen, noch als Vermittler zwischen Israel und Deutschland zu figurieren. Ihr Rat an Israel war, sich direkt mit Deutschland in Verbindung zu setzen. Damit war die emotionelle Kernfrage des direkten Kontaktes mit Deutschland zu einer politischen Aktualität geworden. Israel sah ein, daß es diesen folgenschweren Schritt nicht ohne Übereinstimmung mit den Vertretern des Weltjudentums unternehmen konnte. Es war auch klar, daß der politische und moralische Einfluß der großen jüdischen Organisationen, vor allem in den alliierten Ländern, unentbehrlich sein würde, wenn die israelischen Forderungen irgendeine Aussicht auf Erfolg haben sollten.
In dieser Situation trat der israelische Außenminister Mosche Sharett (ursprünglich Schertok) im Sommer 1951 mit dem Vorschlag an mich heran, ich solle als Vorsitzender der Jewish Agency for Palestine die führenden jüdischen Organisationen der Vereinigten Staaten, der Länder des Britischen Commonwealth und Frankreichs zu einer Konferenz einladen, um die Forderungen Israels zu unterstützen und ein Instrument zu ihrer Durchsetzung zu schaffen. Ich berief diese Konferenz ein, weil ich begriff, daß Israel nicht allein mit Deutschland werde verhandeln können und eine möglichst repräsentative jüdische Vertretung mit der nötigen Autorität sowohl gegenüber der jüdischen Öffentlichkeit wie gegenüber der Bundesrepublik notwendig sein würde. Die Konferenz trat am 25. Oktober 1951 in New York zusammen. Einundzwanzig jüdische Organisa-

tionen aus den Vereinigten Staaten, England, Kanada, Australien, Südafrika, Frankreich und Argentinien beteiligten sich. Nach einer ausführlichen Diskussion beschloß man, sich als »Conference on Jewish Material Claims against Germany« zu etablieren, die Forderungen Israels zu unterstützen und zusätzliche Ansprüche für das Judentum außerhalb Israels zu stellen. Ein von mir geleitetes Exekutivkomitee wurde mit der praktischen Arbeit beauftragt. Auf der Konferenz gab es einen großen Streit um die Mitgliedschaft der Exekutive, und eine Nominationskommission saß stundenlang zusammen, ohne sich einigen zu können. Bei der Plenarsitzung beantragte daraufhin der Vertreter des Amerikanisch-Jüdischen Arbeiterkomitees, man solle mir als Vorsitzenden die Zusammenstellung der Exekutive überlassen, ohne sie überhaupt zur Abstimmung zu bringen. Dieser Vorschlag wurde angenommen. Damit hatten wir endlich ein Instrument für wirkliche politische Arbeit. Es war mir klar, daß der erste Schritt, so schwierig er auch sein mochte, in einer grundsätzlichen Aussprache mit dem deutschen Bundeskanzler bestehen müsse, um festzustellen, wieweit die deutsche Regierung ihre bekundete Bereitschaft, solche Ansprüche zu erfüllen, ernstnahm und ob Aussichten für seriöse Verhandlungen bestanden. Ich hatte bis dahin keinerlei Kontakt zu Vertretern der deutschen Bundesrepublik gehabt. Soweit inoffizielle Verbindungen bestanden, lagen sie in Händen von Barou, der 1950 in London einen der engsten Vertrauten des Bundeskanzlers, Ministerialdirektor Dr. Herbert Blankenhorn (später Botschafter in Rom, Paris und London), kennengelernt hatte. Schon damals hatte Blankenhorn versichert, daß der Bundeskanzler sehr ernsthaft an einer Bereinigung des Problems interessiert und durchaus bereit sei, solche Gespräche zu führen. Mehrfach wurde mir ein Zusammentreffen mit ihm oder seinen Mitarbeitern vorgeschlagen. Ich lehnte das nicht nur aus Rücksicht auf die noch wenig vorbereitete jüdische öffentliche Meinung ab, sondern auch aus einer prinzipiellen Erwägung. Ich hielt es für unerläßlich, daß der Bundeskanzler im Namen der Bundesrepublik offiziell zwar nicht die Schuld, wohl aber die Verantwortung des neuen demokratischen Deutschland für die nationalsozialistischen Verbrechen anerkenne und Israel und das Weltjudentum feierlich zu Verhandlungen über eine Entschädigung einlade. Ich blieb in dieser Haltung standhaft. Eines Tages war ich mit meiner Frau auf Ferien im Palace-Hotel auf dem Bürgenstock am Vierwaldstätter See. Bundeskanzler Adenauer befand sich hundert Meter davon entfernt im Park-Hotel. Blankenhorn, der mit ihm war, kam einige Male zu mir und meinte, es sei doch hier die beste Gelegenheit, ohne Publizität den Kanzler, der es sehr wünsche, zu treffen. Ich beharrte auf meiner Einstellung, ihn nicht zu sehen, bevor er nicht die erwähnte Erklärung abgegeben hätte. Diese meine Stellungnahme wurde dem Kanzler durch Barou und Blankenhorn zur Kenntnis gebracht, und Adenauer war bereit, eine solche Erklärung abzugeben. Mir wurde Gelegenheit gegeben, sie vorher zu begutachten; ein jüdischer Abgeordneter des Bundestages, Jakob Altmaier, brachte mir die Erklärung auf Veranlassung des Bundeskanzlers nach Paris. Ich machte Abänderungs-Vorschläge, und am 27. September 1951 gab Dr. Adenauer die Erklärung in sehr eindrucksvoller Form im Bundestag ab. Sie wurde einstimmig angenommen. Die Abgeordneten erhoben sich von ihren Sitzen, um ihr Mitgefühl und ihre Ehrerbietung vor den jüdischen Opfern des nationalsozialistischen Regimes zu bekunden.

Diese Erklärung und so manches, was ich durch Barou über die Haltung des Bundeskanzlers erfahren hatte, befestigte meine Hoffnung, eine großzügige Erfüllung der jüdischen Ansprüche zu erwirken, und bestärkte mich darin, daß eine Begegnung mit Adenauer ebenso notwendig wie angebracht sei. Die innerjüdische Situation machte es jedoch unmöglich, eine solche Zusammenkunft öffentlich anzukündigen.

Schon vor und erst recht nach der Sitzung der Claims Conference hatte sich in Israel und außerhalb des Landes eine leidenschaftliche Debatte über den Gegenstand deutsch-jüdischer Verhandlungen entwickelt. Einige, wie etwa der Präsident des israelischen Parlaments, Josef Sprinzak, an sich ein Mann mit Sinn für Realitäten und keineswegs ein Dogmatiker, gingen so weit zu erklären, daß es die Würde des jüdischen Volkes verbiete, sogar freiwillig und spontan angebotene Entschädigungen von Deutschland anzunehmen. Auch Golda Meïr, damals ein einflußreiches Mitglied der Arbeiterpartei und des Parlaments, war heftig gegen jegliche Verhandlungen mit der Bundesrepublik. Andere waren der Meinung, Israel und das Weltjudentum könnten nur von den Alliierten erzwungene Reparationen entgegennehmen. Die Gemäßigteren waren der Ansicht, daß man zwar solche Leistungen akzeptieren müsse, aber keinesfalls direkt mit Deutschland verhandeln solle. Die Diskussion wurde mit großer Leidenschaft geführt, und ich mußte mich in jenen Monaten sowohl in Israel, wo ich häufig war, wie auch auf meinen europäischen und amerikanischen Reisen von Leibwächtern beschützen lassen. Während einer der Claims Conference-Sitzungen in New York drangen ein paar Dutzend Mitglieder einer extremen zionistischen Jugendbewegung in die Korridore des Hotels ein und stießen derartige Drohungen gegen mich aus, daß ich schnell durch eine Nebentür unter Polizeibegleitung das Haus verlassen mußte.

Ich wurde beinahe ein halbes Jahr dauernd von einem Leibwächter begleitet, der ein aus der Türkei stammender junger Israeli und Offizier im Gegenspionagedienst war. Ich machte ihm das Leben nicht leicht, da ich öfter ins Theater oder in die Oper ging und private Verabredungen hatte, ohne ihn zu verständigen, worüber er sich mit Recht beklagte. Die Sicherheitsmaßnahmen in Israel waren rigoros: wenn ich ankam, verließ ich das Flugzeug vor allen anderen Passagieren, ein Auto holte mich ab und brachte mich direkt nach Jerusalem, das Gepäck kam hinterher; bei der Abfahrt wiederholte sich die Prozedur. Man befürchtete damals ein Attentat von jüdischen Terroristen, Anhängern einer extremen Gruppe der Herut-Partei, die mehrfach versuchten, mich zu beseitigen, bis Begin davon erfuhr und strikten Befehl gab, solche Versuche einzustellen. Der damalige Vorsitzende der Herut-Partei, Herr Yunitchman, der, trotz unserer politischen Differenzen, mit mir sehr befreundet war, erzählte mir später, daß er persönlich einige Male Extremisten, die etwas gegen mich unternehmen wollten, nachgereist sei und zwei solcher Versuche im Keime erstickt habe.

Von diesen mehrmonatlichen Reisen mit meinem Leibwächter will ich nur eine lustige Episode erwähnen. Eines Tages, als ich nach einem eintägigen Besuch in Israel dringend nach Bonn zurück mußte, saß ich wie üblich eine Viertelstunde vor den anderen Passagieren mit meinem Wächter im Flugzeug, als man ihn herausrief. Er kam erregt zurück und sagte mir, wir müßten sofort wieder aussteigen, da der Sicherheitsdienst von einem geplanten Anschlag auf mich erfahren hätte. Ich bin in solchen Dingen alles andere als mutig, eher leichtsinnig. Ich antwortete ihm, daß ich am folgenden Tag eine Unterredung mit Adenauer hätte und die Reise nicht aufschieben würde. Mein Begleiter saß neben mir mit der Hand auf der Pistole. Nach einiger Zeit zuckte er zusammen: ein kleingewachsener rothaariger Mann kam langsam auf mich zu, blieb einen Moment neben uns stehen, ging dann weiter. Dies wiederholte sich alle fünfzehn Minuten zwei- bis dreimal. Endlich sprang mein Begleiter auf und faßte den Mann beim Kragen. Er stammelte sehr verlegen auf Hebräisch, er habe mich sofort erkannt und nun wage er nicht, mich um einige Autogramme für seine Kinder zu bitten.

Wenn ich in Jerusalem war, wurden beide Zimmer neben dem meinigen im Hotel von Sicherheitsleuten bewohnt, und niemand durfte zu mir kommen, ohne sich zu legitimieren. Als ich nach der Unterzeichnung des Luxemburger Abkommens zu Ben Gurion kam, fragte er mich: »Was kann Israel für Dich tun?« »Nimm mir die Leibwache weg«, antwortete ich ihm, »sie stört mein gesamtes Privatleben.«

Als Ben Gurion in der Knesset die Zustimmung verlangte, mit der Bundesrepublik zu verhandeln, kam es zu Schlägereien. Herut-Anhänger zerschmetterten Fenster mit Steinen und mehrere Abgeordnete wurden verletzt, glücklicherweise nicht Ben Gurion.

Ich verteidigte immer wieder öffentlich den Standpunkt, daß es nicht nur unser Recht, sondern unsere Pflicht sei, Entschädigungen von Deutschland entgegenzunehmen, daß wir keine Aussicht hätten, die Alliierten als Vermittler zu gewinnen, daß große Lieferungen aus der Bundesrepublik für Israels Zukunft von entscheidender Bedeutung sein würden, ob wir das angenehm fänden oder nicht, und daß die jüdischen Repräsentanten die schwere Pflicht hätten, Verhandlungen mit Deutschland aufzunehmen. Ich hatte hierin die grundsätzliche Unterstützung der Führung Israels, vor allem des Ministerpräsidenten Ben Gurion und des Außenministers Sharett sowie der hervorragendsten Männer im Jüdischen Weltkongreß und der meisten in der Claims Conference vertretenen Organisationen. Dennoch war ich sicher, daß die große Mehrheit bei einer Volksabstimmung meinen Standpunkt zurückgewiesen hätte. Dazu kam, daß ein großer Sektor der jüdischen öffentlichen Meinung tiefes Mißtrauen gegen die Bundesrepublik Deutschland hegte und überzeugt war, sie werde nie bereit sein, die Ansprüche Israels großzügig zu erfüllen.

Alle diese Gründe erforderten, daß mein erstes Zusammentreffen mit dem Bundeskanzler geheimbleiben und bald stattfinden mußte, weil es immer dringender wurde, daß sowohl die Knesset, das israelische Parlament, wie auch die Vollsitzung der Claims Conference sich offiziell zu der Einladung des Bundeskanzlers äußerten. Aber ohne einen glaubwürdigen Hinweis auf erfolgreiche Verhandlungen konnte vor allem im Parlament keine Majorität erzielt werden. Ich vereinbarte daher mit dem israelischen Ministerpräsidenten Ben Gurion, daß ich den Bundeskanzler unter strenger Geheimhaltung außerhalb Deutschlands treffen und ihn dazu bewegen wolle, als Ausgangspunkt der Verhandlungen eine Milliarde Dollar festzusetzen. Erst im Anschluß an eine solche Bereitschaftserklärung würde Ben Gurion die Knesset um eine Ermächtigung für die Verhandlungen Israels mit der Bundesregierung angehen. Daraufhin bat ich Barou, durch die Vermittlung Blankenhorns eine Zusammenkunft zu vereinbaren. Das Treffen wurde für den 6. Dezember 1951 in London angesetzt.

Von allen wichtigen Gesprächen, die ich je geführt habe, war dieses emotionell das schwierigste und politisch vielleicht das bedeutsamste. Ich war mir sehr wohl bewußt, was es hieß, wenn nach dem hitlerischen Jahrzwölft und den unbeschreiblichen Verbrechen, die das deutsche Volk am jüdischen verübt hatte, ein Vertreter des Weltjudentums und Israels – Ben Gurion hatte mir diese Vollmacht erteilt – sich zum ersten Mal mit dem Kanzler der Bundesrepublik Deutschland traf. Wenn je eine Begegnung das Attribut historisch verdient, so war es diese. Gleichzeitig war mir klar, was auf dem Spiel stand. Konnte ich den Kanzler nicht dazu bringen, die Ansprüche Israels anzunehmen, so durfte ich Ben Gurion nicht mit gutem Gewissen raten, vor die Knesset zu treten, ebensowenig wie ich eine Ermächtigung von der Claims Conference verlangen würde. Dies mußte aber bedeuten, daß der innerjüdische Kampf noch monatelang weitergehen, die Aussichten auf Verhandlungen mehr und mehr schwinden und damit eine große Chance für Israel und das jüdische Volk endgültig verlorengehen würde. Dabei war es nicht nur der Gedanke an die negativen wirtschaftlichen Folgen für Israel, das damals einen harten Kampf um sein Dasein führte, sondern noch viel mehr die moralische Bedeutung eines erfolgreichen Durchsetzens der jüdischen Forderungen, was mich antrieb, denn ich sah sehr wohl ein, was ein solcher Erfolg für die Zukunft bedeuten mußte. Auf der anderen Seite war mir auch ganz klar, daß sich der Kanzler keineswegs in einer einfachen Lage befand. Eine Milliarde Dollar war damals für die Bundesrepublik eine gewaltige Summe. Ihre späteren unwahrscheinlichen wirtschaftlichen Erfolge waren im Jahre 1951 unmöglich vorauszusehen, und die Akzeptierung dieses Betrages als Diskussionsgrundlage bedeutete natürlich, daß ein erheblicher Teil davon wirklich bezahlt werden mußte. Konnte sich der Kanzler – fragte ich mich – ohne langwierige Gespräche mit seiner Regierung auf so etwas einlassen? Meine Zweifel wurden durch ein Gespräch mit Blankenhorn am Tage vor der Zusammenkunft nur noch bestärkt. Er, der ein aufrichtiges Interesse am Erfolg der Verhandlungen bekundete und in all den schweren Verhandlungsmonaten immer wieder zum Erfolg beigetragen hat, riet mir ab, den Kanzler durch eine derartige Forderung in Verlegenheit zu setzen, denn es wäre Adenauer unmöglich, ohne vorherige Rücksprache mit dem Kabinett sowie mit den Parteien des Bundestages, eine solche Erklärung auch nur mündlich abzugeben. Ich sagte Blankenhorn, daß ich ihn durchaus verstünde, jedoch dem Mut und der Einsicht des Kanzlers eine solche Verantwortung zumuten müsse, weil ohne seine Zusicherung die Verhandlungen gar nicht erst beginnen würden. Blankenhorn zuckte die Achseln: »Sie müssen handeln, wie Sie es für richtig halten, aber seien Sie nicht zu optimistisch.«

Ich hatte mit Blankenhorn vereinbart, daß die Besprechung mit Adenauer geheimbleiben sollte; falls irgend etwas bekannt werden

sollte, würden sowohl der Bundeskanzler wie auch ich die Begegnung ableugnen. Um nicht eventuell von der Presse gesehen zu werden, ging ich durch den Hintereingang ins Hotel *Claridge*. (Ich habe übrigens seitdem mehrfach in der Suite gewohnt, in der diese wichtige Unterhaltung stattfand.)
Als ich am nächsten Morgen um elf Uhr, begleitet von Barou, zum Kanzler ins Hotel kam, ahnte ich, daß ein schicksalhaftes Gespräch bevorstand. Ich bat den Kanzler um fünfzehn bis zwanzig Minuten zur Darlegung meines Standpunktes und erklärte ihm, was es für mich und auch für ihn bedeute, daß zum ersten Mal nach Hitler ein Repräsentant des Judentums dem deutschen Bundeskanzler gegenüberstand. Ich sprach zu Adenauer von den erregten, ja leidenschaftlichen Auseinandersetzungen in der jüdischen Öffentlichkeit, von den wilden Angriffen, denen ich selbst seit Monaten ausgesetzt war, und fügte hinzu, daß ich angesichts seiner Erklärung im Bundestag dieses Gespräch dennoch herbeigeführt hatte. Ich setzte Adenauer auseinander, wie wichtig es moralisch für Deutschland sei, durch eine große Geste des guten Willens die Verbrechen der Nazi-Periode wenigstens in der materiellen Sphäre teilweise wiedergutzumachen; welche Ehre es, historisch gesehen, für Deutschland sei, zum Aufbau des jüdischen Staates beizutragen. Das jüdische Volk werde niemals vergessen, was ihm die Nazis angetan haben, und niemand dürfe das auch je von ihm verlangen. Aber ein weithin sichtbares Symbol der Wiedergutmachung würde den Juden und der Welt zeigen, daß ein neues Deutschland erstanden sei, und vielleicht werde die Wesensart dieses neuen Deutschlands, sein demokratisches Bewußtsein und sein Bruch mit dem Nationalsozialismus durch nichts deutlicher erwiesen als durch die Form und den Grad der Entschädigung gegenüber dem jüdischen Volk. Dabei machte ich dem Kanzler klar, daß es sich um mehr als eine Geste nicht handeln konnte. Nichts würde die Toten wieder erwecken und nichts diese Verbrechen aus der Welt schaffen – aber die Geste, die in einem symbolischen Größenverhältnis zum verübten Unrecht stehen müßte, würde ihren Sinn haben. Die bevorstehenden Verhandlungen seien einzigartiger Natur; sie hätten keine gesetzliche Basis und hinter ihnen stünde kein politischer Machtanspruch.

Mit Henry Kissinger, Washington 1977

Besuch einer Delegation des Jüdischen Weltkongresses in Warschau und in Auschwitz, 1978

Ihr Sinn sei rein ethisch. Wolle man um Pfennige mit uns schachern, dann solle man lieber gar nicht anfangen. Wenn die Verhandlungen nicht in Anerkennung eines moralischen Anspruches geführt, groß begonnen und groß beendet würden, dann riete ich, der Protagonist dieser Forderungen, sowohl dem Kanzler wie auch Israel von solchen Verhandlungen ganz und gar ab, denn sie würden die Beziehungen zwischen Juden und Deutschen nur noch mehr vergiften. Ich sagte dem Kanzler, ich verstünde, wie schwer es ihm fallen müsse, die Ansprüche Israels ohne Abstrich als Verhandlungsbasis zu akzeptieren, und erwähnte die Unterhaltung mit Blankenhorn am Vortag. Aber ich versicherte Adenauer, daß ohne eine solche Erklärung seinerseits weder das israelische Parlament noch die Claims Conference den Beginn der Verhandlungen gutheißen könnten, andererseits aber durch einen Aufschub das Ganze in Frage gestellt würde. Ich wisse, schloß ich, daß ich Ungewöhnliches und, gemessen am Maßstab normaler Unterredungen, vielleicht Inkorrektes von ihm verlange. »Aber dies ist ein einzigartiger Fall. Ich habe Sie, Herr Kanzler, bisher nicht gekannt, aber in den fünfundzwanzig Minuten, die ich Ihnen gegenübersitze, haben Sie auf mich den Eindruck einer Persönlichkeit von solchem Rang gemacht, daß ich von Ihnen erwarten kann, sich über die Regeln der Routine hinwegzusetzen. Ich bitte Sie, die Verantwortung für die von mir gewünschte Erklärung auf sich zu nehmen, und zwar nicht nur mündlich, wie ich Herrn Blankenhorn sagte, sondern in Form eines Briefes.« Während ich dies formulierte, spürte ich, daß Blankenhorn beinahe erschüttert war, da er fürchtete, daß meine Forderung für den Kanzler peinlich sei. Adenauers Reaktion war jedoch ganz anders, als es Blankenhorn erwartet hatte.

Er entgegnete mir, sichtlich bewegt: »Herr Goldmann, diejenigen, die mich kennen, wissen, daß ich ein Mann karger Worte bin und große Phrasen hasse. Sie werden es darum zu würdigen wissen, wenn ich Ihnen sage, daß ich, während Sie gesprochen haben, die Flügel der Weltgeschichte in diesem Raum gespürt habe. Mein Wille zur Wiedergutmachung ist aufrichtig. Ich betrachte sie als ein großes moralisches Problem und eine Ehrenschuld des neuen Deutschland. Sie haben mich richtig eingeschätzt. Ich bin bereit, die

Verantwortung für die Erklärung, die Sie wünschen, auf mich zu nehmen. Ich bitte Sie, gleich jetzt im Nebenzimmer meiner Sekretärin den Entwurf eines solchen Briefes zu diktieren, und Sie werden noch im Laufe des heutigen Tages ein Schreiben von mir erhalten.«

Noch eine Weile wurde das Gespräch über Einzelheiten und Formalitäten der Verhandlungen fortgeführt. Ich verließ Adenauer nach etwa einer Stunde, tief beeindruckt von seiner Persönlichkeit. Vom ersten Augenblick an, da ich ihn im Salon des Hotel *Claridge* sah, erinnerte mich der Kanzler an eine mittelalterliche gotische Figur. Streng in Ausdruck und Haltung, nicht leicht zu erfassen und zu behandeln, aber sehr imposant in seinen Worten, in seinen Gesten und seiner Figur, schien er tiefe moralische Überzeugungen mit einer ungewöhnlichen politischen Begabung zu vereinigen, eine höchst seltene Kombination unter den Staatsmännern der Welt. Nicht allen, die ihm begegneten, mochte er Sympathie einflößen, aber kaum jemand konnte sich einem Gefühl tiefsten Respekts erwehren. In den Verhandlungen, die ich von diesem Tage an Jahre hindurch mit Adenauer geführt habe, hat er eine unbeirrbare Gradlinigkeit und Folgerichtigkeit an den Tag gelegt. Er wurde sicherlich für den Brief, in dem er die israelische Forderung als Verhandlungsgrundlage annahm, häufig kritisiert, und es war für ihn bestimmt nicht leicht, die Verhandlungen zu einem günstigen Abschluß zu bringen. Monatelang stand er unter großem Druck, auch auf die Gefahr des Scheiterns der Verhandlungen hin, unzureichende Angebote zu machen. Ich wurde von seinen Gegnern mehrfach gewarnt, auf Adenauers Zusagen zu vertrauen. Nicht nur Teile der jüdischen Öffentlichkeit, sondern auch Gruppen in Deutschland wollten nicht daran glauben, daß es ihm ernst sei. Er hat aber seine Zusicherungen voll eingehalten, auch wenn es mit großen Schwierigkeiten für ihn verbunden war. Was ich gleich am Anfang spürte und was den Erfolg bereits jenes ersten Gespräches ausmachte, seine moralische Einstellung zum Problem, seine Überzeugung, daß Deutschland es sich wirklich etwas kosten lassen müsse, um seinen guten Willen zu bezeugen, hat sich immer wieder neu bestätigt und die Verhandlungen über manche Klippen, an denen sie zu scheitern drohten, erfolgreich hinweggeführt. Wenn die Bundesrepublik ihre aus den Luxemburger Abkommen erwachsenen Verpflichtungen, insbesondere Israel gegenüber, in vollem Maße, ja sogar darüber hinaus eingehalten hat, so kommt das Verdienst natürlich vielen Faktoren und Persönlichkeiten auf der deutschen Seite zu, in entscheidender Weise aber der Haltung, der Konsequenz und überragenden Autorität des ersten Bundeskanzlers.

Ich verließ das Hotel tief berührt und hoch befriedigt und telefonierte mit Moshe Sharett in Paris, der kaum glauben konnte, was ich ihm berichtete. Immer wieder unterbrach er mich mit der hebräischen Phrase »Ejn kamocha« (niemand ist Dir gleich). Er war jedoch skeptisch, ob der Kanzler sein Versprechen auch halten würde, und sagte mir, daß er erst völlig glücklich sein werde, wenn ich den angekündigten Brief in Händen hielt. Als am späten Nachmittag Barou mir das vom Bundeskanzler unterzeichnete Schreiben brachte, teilte ich diese Tatsache wiederum dem nunmehr höchst glücklichen Außenminister Israels mit.

Für seine Zustimmung zu der Forderung einer Milliarde Dollar als Grundlage der Verhandlungen wurde Adenauer später von Mitgliedern seines Kabinetts heftig angegriffen, besonders von Finanzminister Schäffer, der jedes Jahresbudget mit einem großen Überschuß abschloß. Als konservativer bayerischer Katholik war er, als Hitler die Macht übernahm, sofort aus jeder politischen Tätigkeit ausgeschieden. Da man ihm keinen Vorwurf machen konnte, irgendwelche Verantwortung für die Naziperiode zu haben, fiel es ihm nicht so schwer, sich meinen Forderungen zu widersetzen. Er war stets der Überzeugung, Adenauer habe zu viel akzeptiert, und Israel hätte sich angesichts seiner damaligen sehr prekären finanziellen Lage auch mit viel weniger begnügt. Nachdem die Summe, auf die man sich geeinigt hatte, durch das Kabinett bestätigt war, verhielt sich Schäffer jedoch sehr entgegenkommend in der Durchführung der Zahlungen, die er leicht hätte sabotieren können. Wir wurden gute Freunde. Wann immer ich zu ihm ins Büro kam, pflegte er mich zu begrüßen: »Hier kommt ja der Mann, der uns einige hundert Millionen Mark gestohlen hat. Aber trotzdem gebe ich ihm eine gute Zigarre.«

Durch die Vereinbarung mit Adenauer war für Israel und die Claims Conference die Voraussetzung geschaffen worden, der Einladung des Bundeskanzlers zu direkten Verhandlungen Folge zu leisten. In Israel wurde der Regierung die entsprechende Vollmacht nach einer stürmischen Debatte in der Knesset, die von turbulenten Manifestationen außerhalb des Parlamentes begleitet war, von der Majorität der Koalitionsparteien erteilt. Die Claims Conference wartete absichtlich auf den israelischen Beschluß. Nachdem die Abstimmung in der Knesset erfolgt war, berief ich für den 20. Januar 1952 eine Sitzung nach New York, in der es ebenfalls zu einer sehr erregten Auseinandersetzung kam, die Verhandlungen jedoch mit einer viel größeren Mehrheit befürwortet wurden. Ein Präsidium unter meinem Vorsitz und mit Jacob Blaustein (American Jewish Committee), Frank Goldman (B'nai B'rith), Dr. Israel Goldstein (American Jewish Congress) und Adolph Held (Jewish Labour Committee) als Mitglieder wurde mit der Führung der Verhandlungen betraut. Später wurden zwei europäische Vertreter hinzugewählt, Barnett Janner (Board of Deputies of British Jews) und Jules Braunschvig (Alliance Israélite Universelle). Wir arbeiteten eine Reihe von Verfahrensrichtlinien aus. Im wesentlichen handelte es sich darum, die westdeutsche Regierung zu einer einheitlichen Gesetzgebung für die ganze Bundesrepublik zu veranlassen, um die Ansprüche auf Wiedergutmachung und Entschädigung gleichmäßig zu gestalten, nachdem bis dahin die Ansprüche in den Ländern sehr unterschiedlich behandelt worden waren. Ferner mußte dafür gesorgt werden, daß die Bundesrepublik vor allem auch in finanzieller Hinsicht die entscheidende Verantwortung für die Durchführung übernahm, da die Praxis erwiesen hatte, wie schwer es manchen ärmeren Bundesländern fiel, alle begründeten Forderungen zu befriedigen. Außerdem bestanden wir, zusätzlich zu allen individuellen Ansprüchen, auf Ersatz für erblose jüdische Vermögen. Mit der detaillierten Ausarbeitung dieser Grundlinien wurden Fachleute beauftragt, die gründliche Arbeit geleistet haben. In einer gemeinsamen Sitzung des Präsidiums der Conference und der inzwischen von Israel unter Beteiligung des Außenministers Moshe Sharett ernannten Delegation wurde am 11. Februar 1952 in Paris die Höhe der globalen Ansprüche der Claims Conference auf 500 Millionen Mark festgesetzt. Eine interne Schwierigkeit bestand in der Forderung meines Freundes Jacob Blaustein – Präsident einer großen Petroleumgesellschaft mit ausgezeichneten Beziehungen in Washington –, daß er, als Senior-Vizepräsident, die Verhandlungen mit Adenauer zusammen mit mir führen sollte. Ich lehnte dies strikt ab, einmal da es bedeutet hätte, daß wir englisch durch einen Dolmetscher hätten sprechen müssen, was an sich schon schlecht ist, und zum andern, weil ich von jeher gewöhnt war und bin, allein zu verhandeln, und (mit ganz wenigen Ausnahmen) es immer abgelehnt habe, Delegationen anzugehören oder sie zu führen. Meine Art der Unterhandlung beruht auf persönlichem Kontakt mit dem Gesprächspartner, besteht in der Schaffung einer freundschaftlichen Atmosphäre und benutzt nicht selten jüdische Witze als Argument. Blaustein kämpfte wochenlang, um sein Verlangen durchzusetzen, bis endlich Sharett, der sich manchmal an den Sitzungen beteiligte, meine Einstellung uneingeschränkt unterstützte und die Angelegenheit in meinem Sinne geregelt wurde. Damit waren jüdischerseits die notwendigen Vorbereitungen getroffen worden, und es fehlten jetzt nur noch gewisse technische Vereinbarungen bezüglich Form und Ort, um mit der deutschen Bundesregierung in Verhandlung zu treten. Zu diesem Zwecke war ich bereits am 4. Februar noch einmal mit Adenauer in London zusammengetroffen. In dieser Besprechung, an der auch der Staatssekretär des Auswärtigen Amtes, Prof. Walter Hallstein, und Ministerialdirektor Blankenhorn teilnahmen, vereinbarten wir, daß die Verhandlungen Mitte März in Belgien oder Holland in einer Art Parallelverfahren einmal zwischen der israelischen Delegation und den Deutschen und zum andern zwischen den Vertretern der Claims Conference und den deutschen Unterhändlern stattfinden sollten. Am 16., 17. und 18. März hielt dann das Präsidium der Claims Conference weitere Sitzungen in London ab, um unsere Unterhändler zu ernennen. Wir bestimmten Moses Leavitt (American Jewish Joint Distribution Committee) zum Leiter und Alex Easterman (Jüdischer Weltkongreß), Dr. Seymour Rubin (American Jewish Committee) und Maurice Boukstein (Jewish Agency of Palestine) zu Mitgliedern der Delegation. Ihnen

wurden Experten, wie vor allem Dr. Nehemia Robinson, zur Seite gestellt.
Am 20. März begannen die Verhandlungen in Wassenaar bei Den Haag in Holland. Ich selbst beteiligte mich mit Vorbedacht nicht daran. Abgesehen davon, daß ich nicht die Zeit gehabt hätte, mich monatelang in Wassenaar aufzuhalten, hielt ich es auch für besser, während der sehr komplizierten und langwierigen Teilverhandlungen im Hintergrund zu bleiben, um eventuell in Krisen wirksamer eingreifen zu können. Es war vorauszusehen, daß es zu Schwierigkeiten kommen würde. Die Forderungen Israels wie der Claims Conference beliefen sich auf beträchtliche Summen, besonders für die Bundesrepublik des Jahres 1952, die ja noch nicht den Wohlstand späterer Jahre erreicht hatte. Der Bundeskanzler hatte mit einer mutigen und großen Geste die israelische Forderung von einer Milliarde Dollar als Basis akzeptiert, aber es war mir bekannt, daß innerhalb des Kabinetts, unter den Parteiführern sowie in der Bank- und Industriewelt eine erhebliche Gegnerschaft gegen einen solchen Riesenbetrag entstanden war. Von verschiedenen Seiten war mir gesagt worden, daß auch nicht auf nur annähernde Summen zu hoffen sei. Ich blieb, im Vertrauen auf das Wort des Kanzlers und auf seine Fähigkeit, ihm wirklich am Herzen liegende Dinge auch gegen Widerstände durchzusetzen, optimistisch. In der ersten Phase der Verhandlungen zwischen der Delegation der Claims Conference und den Deutschen kam es zu einer weitgehenden Verständigung in bezug auf die Wiedergutmachung und Entschädigungsgesetzgebung. Die Verhandlungen über die Globalforderung in Höhe von 500 Millionen Mark wurde im gemeinsamen Einvernehmen auf die zweite Phase verschoben. Im ersten Stadium beschränkte sich die israelische Delegation darauf, die Basis für die Forderung Israels klarzustellen und zu einem Einvernehmen bezüglich ihrer Berechtigung zu gelangen. Die Frage, welchen Teil einer etwa als berechtigt anerkannten israelischen Forderung Deutschland erfüllen könne, wurde auf den zweiten Teil der Verhandlungen vertagt. Nach langwierigen Gesprächen endete dieser Abschnitt damit, daß die deutsche Delegation sich bereit erklärte, eine Summe von drei Milliarden DM (etwa 25 % weniger als die israelische Forderung) als be-

rechtigten Anspruch Israels der Bundesregierung zu empfehlen. Diese Empfehlung der Delegation wurde in Bonn während der ersten Aprilwoche besprochen. Die Bundesregierung beschloß, die israelische Forderung prinzipiell anzuerkennen, behielt sich aber die Höhe des Betrages und die Form der Zahlung für einen von der wirtschaftlichen Leistungsfähigkeit des Staates abhängigen Zeitpunkt vor.

Eines Tages in London rief mich Herbert Blankenhorn, Adenauers rechte Hand, von Bonn aus an, mit der Bitte, am nächsten Tag Hermann Abs, den Direktor der Deutschen Bank, zu empfangen. Nach dem Zusammenbruch des Hitlerregimes war Deutschland Milliarden schuldig geblieben, und Abs war nach London gekommen, um mit den Vorkriegsgläubigern zu verhandeln. Er legte mir dar, daß seine ganze Verhandlungstaktik darauf basiere, daß Deutschland zahlungsunfähig sei – das war noch vor der großen von Erhard durchgeführten Wirtschaftsreform – und die Bundesrepublik nur einen geringen Teil ihrer Vorkriegsschulden zahlen könne. Dieses Argument, sagte er, würde jedoch hinfällig, wenn sich Deutschland nun gleichzeitig bereit erklärte, Milliarden an Israel zu zahlen, einem Staat, dem es nichts schuldete und der noch gar nicht existierte, als die Naziverbrechen begangen wurden. Er schlug daher vor, daß wir uns vorerst mit 200 bis 300 Millionen begnügen sollten. Nach den Verhandlungen mit den Vorkriegsgläubigern könnte man dann die Summe eventuell erhöhen. Ich antwortete ihm, daß es unmöglich sei, unsere Verhandlungen aufzuschieben. Es handele sich bei dem jüdischen Volk um eine emotionale und leidenschaftliche Frage und ich erzählte ihm von den Aufregungen, dem Widerstand und den Drohungen, denen ich ausgesetzt war. Eine solche Angelegenheit müsse positiv oder negativ erledigt werden, könne jedoch nicht auf die lange Bank geschoben werden. Er war sehr ungehalten, und selbst Adenauer, wie ich erfuhr, war über meine Haltung nicht sehr glücklich. In späteren Jahren hat Abs in der Durchführung der Zahlungen wirksam mitgeholfen. Wir freundeten uns an und trafen uns zuweilen bei den Ansbacher Bach-Festwochen, die Abs, der in seiner Jugend Musiker werden wollte und ein großer Musikliebhaber geblieben ist, mitfinanzierte.

Vom jüdischen Standpunkt aus war die entstandene Verzögerung nicht akzeptabel, und die israelische Regierung erklärte, daß sie den zweiten Teil der Verhandlungen mit Deutschland erst aufnehmen würde, wenn vorher wenigstens inoffiziell ein befriedigender Vorschlag der deutschen Regierung bezüglich der Höhe ihres Angebots vorläge. Bald darauf erklärte sich die Claims Conference mit dieser Stellungnahme solidarisch. Mir wurde klar, daß die Verhandlungen an einem toten Punkt angekommen waren, der nur durch das direkte Eingreifen des Bundeskanzlers überwunden werden konnte. Offenbar hatte Adenauer das gleiche Gefühl, denn er lud mich brieflich zu einer Besprechung ein. Ich nahm die Einladung natürlich gerne an. Am 20. April 1952 führte ich mit Adenauer in seinem Hause in Rhöndorf ein langes Gespräch, in dessen Verlauf ich meine tiefe Besorgnis über die lange Unterbrechung zum Ausdruck brachte. »Ich fürchte«, sagte ich, »daß die Verhandlungen in den letzten Wochen von dem hohen moralischen Niveau, auf dem sie bei den ersten Besprechungen geführt wurden, durch die sogenannten Experten und Finanzleute in den Morast eines finanziellen Kuhhandels hinabgezogen wurden. Nichts Ungünstigeres hätte eintreten können. Nur wenn die deutschen Leistungen an Israel und ans jüdische Volk als Ehrenschuld aufgefaßt werden, die nicht mit denselben Methoden behandelt werden kann wie kommerzielle Schulden, ist eine Einigung möglich.« Ich schilderte dem Kanzler die Unruhe der jüdischen und israelischen Öffentlichkeit, das verbreitete Mißtrauen gegen Deutschlands guten Willen, sich zu einer wirklich großzügigen Tat aufzuschwingen, und bat ihn, spätestens bis Anfang Mai eine Klärung des deutschen Angebotes zu veranlassen, da um diese Zeit in Israel eine Sitzung des Zionistischen Aktionskomitees stattfinden werde, welches hauptsächlich über die Verhandlungen mit Deutschland diskutieren werde. Meine Position in dieser Debatte würde sich wesentlich leichter gestalten, wenn ich den Teilnehmern eine Vorstellung vom deutschen Angebot geben könnte.

Der Bundeskanzler erklärte mit allem Nachdruck, daß die Befürchtungen, es fehle der deutschen Regierung an Ernst, völlig unbegründet seien. Die Bundesregierung könne sehr leicht zunächst auf alle jüdischen Forderungen eingehen und sie dann später in der Praxis sabotieren. Aber gerade weil sie den ethischen Charakter dieser Ehrenschuld restlos anerkenne, dürfe sie nur Verpflichtungen übernehmen, denen sie mit genauester Pünktlichkeit und Zuverlässigkeit nachkommen können würde. Dies sei der Grund, warum erst die Meinung der offiziellen Wirtschaftsratgeber eingeholt werden müsse, was natürlich Zeit in Anspruch nehme. Doch verstehe er die Argumente für eine Beschleunigung und wolle alles tun, mir vor meiner Reise nach Israel einen Begriff vom deutschen Angebot zu geben. Da es sich im wesentlichen um Warenlieferungen handele, würde er es begrüßen, wenn einige jüdische Fachleute, vor allem Dr. Noah Barou und Dr. Felix Shinnar, nach Bonn kämen, um die technischen Fragen mit einer zu diesem Zwecke einberufenen Sachverständigenkommission zu erörtern. Ich flog daraufhin nach New York zurück, während Barou und Schinnar mehrtägige Verhandlungen in Bonn führten.

Eine für Anfang Mai in Aussicht genommene Besprechung zwischen dem Bundeskanzler und mir kam nicht zustande. Sie wurde immer wieder hinausgeschoben, und erst in einer Unterredung zwischen dem deutschen Bankier Hermann Abs, Felix Shinnar und Dr. Moshe Keren, Chargé d'Affaires der israelischen Gesandtschaft, am 19. Mai in London verlautete wieder etwas Konkretes. Abs erklärte, daß er nicht ermächtigt sei, bindende Angebote zu machen, daß er aber unverbindlich eine jährliche Warenlieferung in Höhe von 100 Millionen Mark vorschlage. Die Vertreter Israels erklärten diesen Vorschlag spontan für gänzlich indiskutabel und unangemessen. Von dem Inhalt dieses Gesprächs in Kenntnis gesetzt, erklärte ich Adenauer in einem langen Brief, daß bei der ständig steigenden Produktionskraft der westdeutschen Wirtschaft in einem solchen Vorschlag keineswegs Bereitschaft zu irgendwelchen Opfern zum Ausdruck käme und appellierte an den Geist, in dem die Verhandlungen ursprünglich eingeleitet worden waren. Diesen Brief sandte ich durch Spezialkurier an den Bundeskanzler und eine Kopie davon an den amerikanischen Hochkommissar in Bonn, John J. McCloy, einen Staatsmann, der viel Verständnis für die jüdischen Probleme aufgebracht hatte und bei dem Bundeskanzler sowie in der ganzen

Bundesrepublik in hohem Ansehen stand. Die offizielle Stellungnahme der Amerikaner und Engländer zu diesen Verhandlungen war, daß sie Sympathie für die jüdischen Forderungen hätten, die Festsetzung der Beträge und die Modalitäten einer etwaigen Vereinbarung jedoch beiden Delegationen überlassen müßten. Immerhin wiesen sie der deutschen Regierung gegenüber immer wieder darauf hin, wie erwünscht und wichtig es wäre, daß die Verhandlungen mit Israel und der Claims Conference zu einem befriedigenden Ergebnis gebracht würden. Jene Tage, in die die Unterhaltungen zwischen Abs und den Vertretern Israels sowie mein Brief an den Bundeskanzler fielen, waren entscheidend für den ganzen Verhandlungskomplex, denn nun mußte sich herausstellen, ob es zu einem Abbruch oder zu einer Verständigung kommen würde. Ein längeres Hinausschieben war unmöglich geworden.

Meine feste Haltung, weder eine Verschiebung hinzunehmen noch mich mit der Summe einverstanden zu erklären, die Abs als Verhandlungsgrundlage vorschlug, hat sich hinterher als wirksam und nützlich erwiesen, obwohl es mir zuweilen sogar gegenüber Israel nicht leicht fiel, diese Haltung zu wahren. Dreihundert Millionen, die zuletzt vorgeschlagen wurden, waren in der damaligen Lage Israels eine erhebliche Summe. (Ich selbst mußte oft in New York vormittags verschiedene jüdische Organisationen um eine Anleihe bitten, damit der israelische Vertreter nachmittags Wechsel bei Banken einlösen konnte.) So rief mich Ben Gurion eines Tages zu einer dringenden Besprechung nach Israel, um zu fragen, ob ich darauf bestünde, die Verhandlungen nicht fortzuführen, bis ein neues Angebot seitens der Bundesrepublik käme, und mich zu warnen, nicht zu ehrgeizig zu sein. Es verhandelten je zwei Kommissionen, eine im Namen der Claims Conference, die andere im Namen Israels. Ich antwortete Ben Gurion, wenn die Deutschen bei dem Angebot von dreihundert Millionen blieben, würde ich zwar nicht unterschreiben, würde ihm aber zuraten, es doch zu tun. Erstaunt fragte mich Ben Gurion, worin denn der Unterschied zwischen uns beiden bestünde. »Es ist ganz einfach«, antwortete ich, »ich vertrete das jüdische Volk, das für meinen Geschmack zu reich ist. Du jedoch repräsentierst einen bankrotten Staat. Ich kann es mir leisten, abzulehnen; Du dagegen nicht.« »Davon kann keine Rede sein«, erwiderte Ben Gurion. »Wenn Du nicht unterschreibst und ich es tue, bist Du der Held und ich der Feigling. Das kommt nicht in Frage. Solange Du nicht unterschreibst, tue ich es auch nicht.« Ben Gurion fragte mich, bei welcher Mindestsumme ich unterzeichnen würde. »Weniger als fünfhundert Millionen Dollar kommen nicht in Frage«, antwortete ich. »Wie ich die Lage heute sehe, hoffe ich, zwischen 600 und 700 Millionen Dollar zu bekommen.« Schließlich hat Israel insgesamt 823 Millionen Dollar erhalten.

In die gleiche Woche fielen zwei weitere Ereignisse, die viel zur Überwindung der Krise beitrugen. Zunächst hielt der Auswärtige Ausschuß des deutschen Bundestages eine den deutsch-jüdischen Verhandlungen gewidmete Sitzung ab und nahm einstimmig eine Resolution an, die betonte, daß die Forderungen Israels und des jüdischen Volkes moralischer Natur seien und gegenüber den kommerziellen Forderungen, über die in London verhandelt wurde, den klaren Vorrang verdienten. Die deutsche Presse schloß sich dieser Stellungnahme allgemein an. Zur gleichen Zeit kündigte einer der beiden deutschen Delegierten, Dr. Otto Küster, seinen Rücktritt an; in der Erklärung dieses Schrittes griff Küster die Bundesregierung scharf an, weil sie nach seiner Ansicht nicht den guten Willen bewiesen hätte, die berechtigten Forderungen Israels und der Claims Conference anzuerkennen. Auch der andere deutsche Delegierte, Professor Dr. Franz Böhm, erklärte, wenn auch in diplomatischerem Ton, daß er die Haltung der Regierung nicht billige und ebenfalls bereit sei, von der Vertretung Deutschlands im Haag zurückzutreten. Diese Haltung der zwei deutschen Chefdelegierten, Männer von größter moralischer Integrität, beste Vertreter des deutschen Geistes und des deutschen Liberalismus der vor-nationalsozialistischen Epoche war natürlich von außerordentlicher moralischer Bedeutung. Es ist selten in der Geschichte diplomatischer Verhandlungen geschehen, daß sich die Vertreter einer Regierung so eindeutig von der Haltung ihrer Auftraggeber distanziert und ihre Solidarität mit der Gegenseite bekundet haben. Dazu gehörte großer Mut, und das Verdienst der beiden deutschen Unterhändler,

durch ihre Haltung einen Fehlschlag vermieden zu haben, soll unvergessen bleiben.
Unter der Wirkung aller dieser Tatsachen beschloß der Bundeskanzler, eine Entscheidung herbeizuführen. Er bat Professor Böhm, nicht zurückzutreten, sondern mich in Paris aufzusuchen, um zu erkunden, was von unserer Seite als befriedigender Vorschlag aufgefaßt werden würde. Böhm, der meine Vorstellungen und die der israelischen Delegation genau kannte, war in der Lage, den Bundeskanzler über unsere Forderungen zu informieren, und wurde von ihm ermächtigt, auf dieser Grundlage mit mir in Besprechungen zu treten.
Der kritische Moment, der in solchen Verhandlungsdramen meist unerwartet eintritt, wurde am 21. Mai erreicht. Ich hatte am Abend dieses Tages von Paris aus mit McCloy telefoniert, der mir geheimnisvoll andeutete, ich würde wohl in den nächsten Stunden eine wichtige Nachricht erhalten. Nach diesem Gespräch ging ich ins Theater. Als ich zurückkam – es war nach Mitternacht –, läutete das Telefon, und es meldete sich Abraham Frowein aus Bonn, ein mit den jüdischen Fragen beschäftigter Vertrauensmann des Auswärtigen Amtes, der mich fragte, ob ich bereit sei, Professor Böhm, der mich im Auftrag des Bundeskanzlers besuchen wolle, zu empfangen. Dieser rief mich auch am nächsten Tag an: »Hier Professor Böhm.« »Ja, ich erwarte Sie.« »Sie werden aber eine gute Dreiviertelstunde warten müssen.« »Wieso denn?« »Ich muß zu Fuß kommen; ich habe nicht einen Sou in der Tasche.« »Wie bitte«, rief ich verwundert aus, »ein Mann, der kommt, um über Milliarden mit mir zu verhandeln, hat keinen Sou bei sich?« »Als mich Adenauer gestern, Sonnabend, kommen ließ, damit ich Ihnen neue Vorschläge überbringe, waren die Banken und die Behördenkassen geschlossen; ich bin mit zwanzig Mark und ganz ohne französisches Geld angekommen.« Diese Offenherzigkeit war typisch für Böhm. Ich sagte ihm, daß er sich ein Taxi nehmen sollte und daß die Rezeption des Hotels die Fahrt in meinem Auftrag bezahlen würde. Im Verlauf unseres Gesprächs machte mir Böhm dann ein erstes Angebot über siebenhundert Millionen Dollar, und es gelang mir, den Betrag späterhin auf achthundertdreiundzwanzig hochzuschrau-

ben. Nachdem ich seine Vorschläge angehört hatte, bat ich Giora Josephthal, Felix Shinnar und Gerschon Avner von der israelischen Delegation sowie Barou, die ich nach Paris eingeladen hatte, sich an der weiteren Besprechung zu beteiligen. Böhms Position war im wesentlichen folgende: die deutsche Regierung müsse die vollen drei Milliarden DM, die sie als berechtigte Forderung anerkannt habe, an Israel auszahlen; die Erfüllungszeit solle zwischen acht und zwölf Jahren liegen, die Zahlung zunächst ausschließlich in Waren erfolgen, da Deutschland keine Valuta-Überschüsse habe; Höhe und Zusammensetzung der Jahreslieferungen sollten beweglich gehalten und jeweils von einer gemischten Kommission festgesetzt werden; nach einem erfolgreichen Abschluß der Londoner Schuldenkonferenz, die den kommerziellen Kredit Deutschlands wiederherstellen sollte, wolle die Bundesregierung eine Auslandsanleihe aufnehmen und den vollen Betrag für die Begleichung der Gesamtschuld Israel zur Verfügung stellen. Die Bundesregierung hielte es für möglich, binnen weniger Jahre nach Abschluß der Haager und Londoner Verhandlungen eine Anleihe zu erhalten, wodurch sie in die Lage versetzt würde, ihren gesamten Verpflichtungen gegenüber Israel sogar vor Ablauf der festgesetzten Zeit nachzukommen. In den ersten zwei Jahren sollten die Warenlieferungen jeweils den Wert von zweihundert Millionen DM betragen.

Diese Vorschläge stellten natürlich eine außerordentliche Verbesserung, teilweise eine völlige Wandlung dar: Dies waren Angebote, über die sich reden ließ. Nach kurzer Rücksprache mit meinen Mitarbeitern bat ich Böhm, dem Bundeskanzler mitzuteilen, daß wir diese Vorschläge grundsätzlich als fair betrachteten und glaubten, daß sie eine Grundlage für die Verhandlungen im Haag bilden könnten. In drei Punkten müsse ich jedoch sogleich Kritik üben: die Erfüllungszeit sei zu lang; meiner Ansicht nach sollte der Betrag in höchstens sieben Jahren erstattet werden. Es könnten nicht alle Zahlungen nur in Waren erfolgen; mindestens ein Drittel sei bar zu erledigen und zur Abkürzung der Erfüllungszeit sei es notwendig, die jährliche Quote zu erhöhen.

Mit diesem Bescheid fuhr Böhm nach Deutschland zurück. Geplant war eine sofortige Berichterstattung beim Bundeskanzler. Danach sollte die Frage der Bundesregierung zur endgültigen Beschlußfassung unterbreitet werden. Am 17. Mai sollte ich den Bundeskanzler in Paris treffen und im Falle einer Einigung die Haager Verhandlungen wieder in Gang bringen. Angesichts all der vorangegangenen Verzögerungen waren wir alle natürlich nervös, und unsere Geduld wurde auf eine neue Probe gestellt. Als der Kanzler nach Paris kam, hatte das Bundeskabinett die Materie noch gar nicht erörtert. Das war nicht aus bösem Willen unterblieben, sondern weil ein Tag vorher der Deutschland-Vertrag zwischen der Bundesrepublik und den Westmächten unterzeichnet wurde, der die Souveränität der Bundesrepublik herstellte, was den Kanzler und die Regierung natürlich völlig in Anspruch nahm. Jedoch hatte die Verzögerung diesmal auch eine positive Seite, denn sie gab den damaligen amerikanischen und englischen Außenministern, Dean Acheson und Anthony Eden, Gelegenheit, anläßlich der Unterzeichnung des Generalvertrags in Bonn mit dem Kanzler über die Haager Verhandlungen zu sprechen und zu betonen, wie ungünstig ihr Scheitern sich auswirken würde. Der Bundeskanzler lud mich für den 28. Mai in Paris zu einem Gespräch ein, berichtete mir, warum noch keine Kabinettsentscheidung getroffen worden sei, und deutete mir unmißverständlich an, daß er auf der Grundlage der mit seinem Wissen gemachten Vorschläge Böhms ein positives Ergebnis zu erreichen entschlossen sei. Um die hochgespannte jüdische öffentliche Meinung zu besänftigen, gaben wir nach dieser Besprechung ein optimistisches Communiqué heraus. Ich flog ziemlich beruhigt nach New York zurück, will aber nicht verhehlen, wie gespannt und ungeduldig ich auf die endgültige Entscheidung wartete. Am 8. Juni wurde ich endlich von Ministerialdirektor Blankenhorn telegrafisch nach Bonn gebeten. Es war mir klar, daß nun die Entscheidung fallen mußte. Am 10. Juni fand die erste Besprechung im Büro von Staatssekretär Professor Hallstein statt. Außer ihm nahmen von deutscher Seite Blankenhorn, Abs, Böhm und Frowein teil. Von jüdischer Seite waren außer mir Shinnar und Barou anwesend. In dieser mehrere Stunden währenden Unterhaltung wurden die wichtigsten Fragen geklärt. Die Gesamtleistungen an Israel wurden auf drei Milliarden DM festgelegt. Größere Schwierigkeiten bot die Einigung über die Forderung der Claims Conference über 500 Millionen DM für außerhalb Israels lebende Opfer des Nationalsozialismus. Sämtliche deutsche Herren, selbst die uns am freundlichsten gesinnten, nahmen eine ablehnende Haltung ein. Ihre Gründe waren verschiedener Art. Durch die Bezahlung von drei Milliarden an Israel habe Deutschland seine Pflicht erfüllt. Das Prinzip der Vergütung für erblose Vermögen könne die Bundesregierung prinzipiell nicht anerkennen. Außerdem sei die Claims Conference keine juristische Persönlichkeit, der gegenüber sich die deutsche Regierung zu Leistungen verpflichten dürfe. Was sollten ferner die jüdischen Organisationen im Ausland mit Warenlieferungen anfangen? Ich kämpfte mit großer Beharrlichkeit für die Forderung der Claims Conference, die ich hauptsächlich mit drei Gesichtspunkten begründete:

Erstens sei es unmoralisch, daß Deutschland im Besitz und Genuß jüdischer Vermögen bleibe, die das Nazi-Regime in fast allen europäischen Ländern Juden geraubt und dem deutschen Reichsschatz einverleibt habe; diese Beträge beliefen sich auf mehrere Milliarden Dollar.

Zweitens habe der Bundeskanzler in seiner Erklärung vom September 1951 ausdrücklich die Vertreter des jüdischen Volkes und Israels zu Verhandlungen eingeladen; welchen Sinn hätte eine solche Einladung gehabt, wenn von vornherein festgestanden hätte, daß man den Vertretern des Weltjudentums nichts bieten wolle?

Drittens hätten jüdische Organisationen schon Hunderte Millionen Dollar für jüdische Opfer des Nazismus außerhalb Israels ausgegeben und würden weitere Riesensummen aufbieten müssen, um ihnen wieder zu normalen Lebensbedingungen zu verhelfen und die zerstörten jüdischen Institutionen einigermaßen wieder aufzubauen; es sei die moralische Pflicht Deutschlands, sie dabei zu unterstützen.

Ich erklärte kategorisch, daß ich, selbst wenn mit Israel ein Abkommen zustande käme, keine Vereinbarung unterschreiben würde, in der die Forderungen der Claims Conference nicht entsprechend befriedigt seien. Nachdem sich Hallstein davon überzeugt hatte, daß ohne eine Zahlung an die Claims Conference kein Abkommen zustande käme, erbat er sich einige Tage Bedenkzeit, um eine juridische Basis für diese Forderung zu finden. Als wir dann wieder zusammenkamen, berichtete er, seine Experten hätten den Wert der zerstörten Gemeindehäuser und verwandter jüdischer Gebäude auf 300 bis 350 Millionen DM eingeschätzt, und diesen Betrag könnte er rechtfertigen. Ich bestand auf der Mindestsumme von fünfhundert Millionen. Die Frage blieb offen, bis wir sie dem Bundeskanzler unterbreiteten. Bei der Besprechung bemerkte Hallstein, daß ich im allgemeinen flexibel gewesen sei, in dieser Forderung jedoch hartnäckig geblieben wäre. Auf des Kanzlers Frage nach meinen Argumenten antwortete ich, ich würde ihm meinen Standpunkt durch einen Witz erklären: Ein Israeli fragte einen anderen, warum Israel genau eine Milliarde Dollar von der Bundesrepublik verlangt habe zur Ansiedlung der Nazi-Opfer, die nach Israel einwanderten: »Wie hatte man die Kosten dieses Verfahrens eingeschätzt? Vielleicht würde es hundert Millionen mehr oder hundert Millionen weniger kosten.« Darauf antwortete ihm der andere Israeli: »Bei mir im Shtetl gab es einen Kolonialwarenhändler, der stotterte. Einmal kam zu ihm eine Käuferin und fragte, was der Preis für ein Kilo Kartoffeln sei. Der Mann sagte: ›Zwanzig Kopeken.‹ Sie fragte, wieviel ein Viertelpfund Butter kosten würde, er antwortete: ›Zwanzig Kopeken.‹ Was immer sie fragte, lautete die Antwort: ›Zwanzig Kopeken.‹ Die Frau wunderte sich, wieso denn alles zwanzig Kopeken kosten könne, und der Verkäufer erwiderte: ›Es sagt sich leichter.‹« Ich fügte hinzu: »Welchen Eindruck würde es machen, wenn ich nach monatelangen Verhandlungen zu der Claims Conference und den fünfundzwanzig Organisationen, die dort vertreten sind, mit einem Betrag von 300 oder 350 Millionen käme? 500 Millionen ist eine runde Summe und sagen sich leichter.« Der Kanzler lachte und entschied nun, es bleibe bei den 500 Millionen. Ich bilde mir keineswegs ein, daß er es des Scherzes wegen gemacht hat, doch hat es ihm dieser ein bißchen erleichtert, seine positive Einstellung durchzusetzen.

Nachdem wir über die Gesamtsummen mehr oder minder zu einer Verständigung gelangt waren, machten wir uns an das nächste Problem, die Form der Zahlungen. Abs, der hier das Wort führte, bestand darauf, daß Deutschland vor dem Abschluß der Londoner

Schuldenkonferenz keinerlei Devisenzahlungen leisten könne, und alle meine Argumente fruchteten wenig. Ich hatte zwei Möglichkeiten: entweder mußten wir die Beantwortung dieser Frage bis zum Abschluß der Londoner Konferenz aufschieben, niemand konnte ja wissen, wie lange sie sich hinausziehen und ob sie überhaupt zu einem Erfolg führen würde, oder ich mußte auf die Devisenleistungen verzichten. In dieser Lage griff ich auf eine Idee zurück, die schon vorher gelegentlich von uns erörtert worden war. Wir würden, sagte ich, Warenleistungen akzeptieren, nur handle es sich jetzt darum, wie diese zu definieren seien. Ich wußte, daß der Kanzler witzige Argumentationen schätzte, und sagte ihm, es sei nicht die Schuld Israels, daß man in Quedlinburg kein Petroleum finde. Israel sei vom Herrgott benachteiligt worden, fügte ich hinzu, weil es eines der wenigen Nahostländer sei, in dessen Erdboden es kein Petroleum gebe. Israel hatte auch sehr wenig Devisen, um Erdöl im Ausland zu kaufen, und so regte ich an, daß die Bundesrepublik – im Rahmen der Warenlieferungen – das Erdöl bezahle, das die British Petrol an Israel liefern würde. Dieser Ausweg wurde akzeptiert und hat dazu geführt, daß die Bundesrepublik eine Reihe von Jahren keine geringen Summen an britische Ölgesellschaften für die Lieferungen nach Israel zahlte.

Schließlich blieb noch eine letzte schwierige Frage: die Dauer der Erfüllungsfrist. Die deutschen Herren bestanden auf zwölf Jahren, ja auf vierzehn, wenn auch die Claims Conference 450 bis 500 Millionen DM bekommen sollte. Hier mußte nun ich nachgeben, allerdings nachdem die deutschen Vertreter erklärt hatten, daß sie so schnell wie möglich eine Auslandsanleihe aufnehmen und Israel unter Anrechnung der letzten Raten zur Verfügung stellen würden, so daß sich dann die Leistungszeit um mindestens zwei Jahre verkürzen würde. Diese Frist nahm ich aber mit dem Vorbehalt an, daß ich im Falle einer Verbesserung der deutschen Wirtschaftslage auf jeden Fall versuchen würde, eine beschleunigte Abwicklung der Zahlungen zu erreichen.

Nach dieser aufregenden, sehr anstrengenden Unterredung fand am Nachmittag noch die abschließende Besprechung im Büro des Bundeskanzlers statt. Staatssekretär Hallstein berichtete dem Kanzler über das Ergebnis der vorangegangenen Unterhaltung und erwähnte alle noch offenen Punkte, über die kein Übereinkommen erzielt worden war. Es kam zu einer längeren Diskussion, die vor allem von Adenauer, Abs und mir bestritten wurde. In der Frage der Ansprüche der Claims Conference billigte der Kanzler sehr bald meinen Standpunkt ebenso wie meinen Vorschlag, daß ein Teil der Waren von der Bundesrepublik durch Devisenzahlungen zu beschaffen sei. In diesem Zusammenhang erwähnte der Kanzler, daß es doch sehr schön wäre, wenn die Bundesrepublik beispielsweise aus ihren Überschüssen dänische Butter kaufen und nach Israel schicken würde, da er gelesen habe, daß in Israel großer Fettmangel herrsche. Ich unterbrach Adenauer mit der Behauptung, Israel könne keine dänische Butter annehmen, da es auf Jahre hinaus mit Margarine vorliebnehmen müsse. Der Kanzler war sehr beeindruckt, wandte sich an die deutschen Unterhändler und sagte: »Sehen Sie, meine Herren, wie sehr wir dieses kleine tapfere Volk achten müssen. Sie wollen sich keine Butter leisten, selbst wenn sie diese bekommen können.« Obgleich schon über eine Stunde vergangen war, konnte über einige Formulierungen keine volle Einigung erzielt werden. Als der Kanzler zu einer dringenden Besprechung mit Parteiführern abgerufen wurde, erklärte er, daß er noch am selben Tag eine völlige Übereinstimmung herbeiführen wolle und daher die Herren bitte, wie spät es auch werde, solange in seinem Zimmer zu bleiben, bis sie zu einer schriftlichen Abmachung gelangt seien. Abs, dem sichtlich daran gelegen war, sich nicht allzu tief einzulassen, erklärte, daß er nicht bleiben könne, da sein Zug sehr bald nach London ginge (er war Leiter der deutschen Delegation bei der Schuldenkonferenz) und er noch seine Sachen packen müsse. »Das soll Sie nicht hindern«, widersprach der Kanzler. »Geben Sie mir Ihre Schlüssel und ich schicke meine Sekretärin in Ihre Wohnung. Während sie Ihre Pyjamas packt, werden Sie sich mit Dr. Goldmann einigen.« Der Kanzler verließ uns, und im Verlauf einer weiteren Stunde wurde ein Memorandum diktiert, in dem die wesentlichen Punkte des Luxemburger Abkommens vorweggenommen waren.

Wir hatten dieses Dokument gerade mit unseren Initialen versehen, da kam der Kanzler zurück. Es war inzwischen halb acht Uhr abends geworden, und Adenauer war sichtlich beglückt, daß man sich geeinigt hatte. Er versprach, die Forderung der Claims Conference über 500 Millionen DM, die das Memorandum nicht erwähnte, im Kabinett zu unterstützen. Ich fuhr mit Shinnar in das Kurhaus von Neuenahr zurück, wo ich mich damals aufhielt. Als meine Kollegen, Josephthal, Barou und die anderen das Resultat erfuhren, waren sie tief bewegt. Wie wir später hörten, nahm am selben Abend der Bundeskanzler an einem Bankett mit den Ministerpräsidenten der deutschen Länder teil. Am Schluß der Veranstaltung erhob er sich und sagte, er müsse den Herren eine wichtige Mitteilung machen: er habe heute abend mit mir eine grundlegende Einigung erzielt. Als Bundeskanzler betrachte er diese Vereinbarung mit dem Weltjudentum als ein Ereignis von nicht geringerer Bedeutung für die Zukunft Deutschlands als die Wiedergewinnung der deutschen Souveränität. Die Ministerpräsidenten erhoben sich von ihren Sitzen und spendeten dem Kanzler Beifall. Mit der Zusage des Bundeskanzlers, unsere Vereinbarungen dem Kabinett zur schnellen Beschlußfassung zu unterbreiten, flog ich am nächsten Tag nach New York zurück. Die Sitzung fand am 17. Juni statt und nach langen Diskussionen billigten die Minister die Vorschläge. Damit war die Basis für eine Wiederaufnahme der Verhandlungen im Haag geschaffen worden.

Obgleich alle wesentlichen Grundfragen in Bonn gelöst worden waren, zogen sich die am 22. Juni wieder einsetzenden Haager Verhandlungen mehrere Monate hin, da verschiedene juristische und taktische Schwierigkeiten überwunden werden mußten, zum Beispiel die Frage der Wertbeständigkeit sowie was im Falle der Wiedervereinigung Deutschlands zu geschehen habe. Die Katastrophenklausel, anwendbar im Falle unvorhergesehener wirtschaftlicher Zusammenbrüche in Deutschland oder ähnlicher Umstände, nahm viel Zeit in Anspruch. Viele Einzelheiten mußten im Zusammenhang mit der Notwendigkeit besprochen werden, die Vereinbarungen vom Haag in die Vertragsform zu bringen, die Bundestag und Bundesrat zur Ratifizierung vorgelegt werden konnte, was durchaus zum Teil recht schwierig war. Es galt, die Widerstände verschiedener Minister, besonders hinsichtlich der Ansprüche jüdischer Nazi-Opfer aus nichtdeutschen Gebieten, zu besiegen. Auch die Globalzahlung an die Claims Conference schuf, trotz der prinzipiellen Vereinbarung mit dem Bundeskanzler, große Schwierigkeiten, da alle längst widerlegten Argumente von neuem geltend gemacht wurden. Mein abermaliges Eingreifen erwies sich als notwendig, obschon ich gehofft hatte, die technische Formulierung der Verträge den Sachverständigen überlassen zu können. Ich begab mich daher am 3. Juli wieder nach Bonn, wo ich mich zu der Konzession bereit erklärte, daß 10% der 500 Millionen DM für Zahlungen an nichtjüdische Opfer des Nazismus einbehalten und von der deutschen Regierung verteilt werden sollten. Am 10. Juli mußte ich im Zusammenhang mit der Wertbeständigkeitsklausel neuerdings nach Bonn, um vor allem die Zweifel des Bundesfinanzministers Fritz Schäffer zu zerstreuen. An diesem Tage gelangten wir schließlich auch zu einer Vereinbarung über die 450 Millionen DM für die Claims Conference und über 50 Millionen für nichtjüdische Opfer. Ich schrieb am selben Tage ausführlich an den Bundeskanzler, um ihn unter Darlegung aller Argumente zu bitten, diesen Vorschlag im Kabinett durchzusetzen. So geschah es dann auch.

Nach Beseitigung aller dieser Hindernisse gelangten im September endlich beide Übereinkommen, zwischen Israel und der Bundesrepublik einerseits sowie der Claims Conference und der Bundesrepublik andererseits, zu einem Abschluß. Es ergab sich jetzt nur noch die Frage, in welcher Form die Verträge unterzeichnet werden sollten.

Vorher jedoch tauchte plötzlich eine neue Schwierigkeit auf, der Protest der arabischen Staaten. Die Araber hatten offenbar die Verhandlungen anfangs nicht sehr wichtig genommen und kamen daher mit ihrem Einspruch ziemlich spät. Da sie in den verschiedenen deutschen Parteien eine Reihe von Freunden und Bundesgenossen hatten, bestand immerhin die Gefahr, daß es ihnen gelingen würde, die Unterschrift zu verzögern. Aus diesem, aber auch aus Sicherheitsgründen sollten Zeit und Ort der Unterzeichnung streng geheimgehalten werden. Der Bundeskanzler hatte mir während unserer letzten Unterhaltungen in der Schweiz zugesichert, daß er sich

durch arabische Proteste nicht beeinflussen lassen würde, zumal vereinbart worden war, daß Deutschland nur für friedliche Aufbauzwecke Waren liefern würde. Mit großem staatsmännischem Geschick und gleichzeitig mit unerschütterlicher Festigkeit wehrte der Kanzler alle in den letzten Tagen noch versuchten diplomatischen Interventionen seitens der Araber ab.
So wie alles in den Verhandlungen, war auch die Form der Unterzeichnung einzigartig. Einerseits handelte es sich um einen Vertrag zwischen der Bundesrepublik und Israel, zwischen zwei Staaten, die weder diplomatische noch sonstige Beziehungen zueinander unterhielten. Die zweite Vereinbarung war zwischen der Bundesregierung und der Claims Conference abgeschlossen worden, einer privaten Organisation ohne internationalen juridischen Status. Andererseits legten viele politische Gesichtspunkte einen feierlichen Unterzeichnungsakt nahe, wie es auch seiner historischen Bedeutung entsprach. Der Bundeskanzler hatte mir verschiedentlich zu verstehen gegeben, daß er selber, in Anbetracht der Wichtigkeit, die er ihr beimaß, die Unterzeichnung vornehmen wolle. Es handelte sich also darum, die Einzelheiten und die Form der Unterzeichnung mit Israel und der Bundesregierung zu regeln. Ich besuchte zu diesem Zwecke den Bundeskanzler am 18. August in seinem Ferienaufenthalt auf dem Bürgenstock und führte gleichzeitig Besprechungen mit der israelischen Regierung. Wir einigten uns schließlich dahin, daß die Verträge am 10. September 1952 in Luxemburg unterzeichnet werden sollten. Es wurde vereinbart, daß der Bundeskanzler für Deutschland, Außenminister Moshe Sharett für Israel und ich namens der Claims Conference unterzeichnen würden. Der Bundeskanzler mußte an dem Tag im Zusammenhang mit der damaligen Kohle- und Stahlgemeinschaft, Vorläuferin der heutigen EG, ohnehin in Luxemburg sein. Für mich war es einfach, von Paris nach Luxemburg zu kommen, doch stellte Sharetts Ankunft ein Problem dar. Er rief mich verschiedentlich erregt an, um mir mitzuteilen, daß ihm mehrere Reisebüros mitgeteilt haben, es gäbe gar kein Flugzeug, das ihn rechtzeitig aus Israel nach Luxemburg bringen würde. Ich nahm daher einen Flugplan und stellte fest, daß er nach Brüssel fliegen könnte und von dort mit einem Auto leicht nach Luxemburg

käme. Sharett bewunderte dieses mein Talent als Reiseagent mehr als manches andere, was ich je geleistet hatte.

Wir verbrachten die Nacht vor der Unterzeichnung alle im gleichen Hotel, und es gab noch langwierige Verhandlungen bezüglich der Reden, die Adenauer, Sharett und ich halten sollten. Wie üblich bei solchen feierlichen Akten wurden die Texte vorher ausgetauscht, und Blankenhorn mußte lange zwischen den verschiedenen Zimmern hin und her eilen, da wir uns vor dem nächsten Morgen nicht offiziell treffen konnten. Sharett, der den extremen Gruppen in Israel Konzessionen machen zu müssen glaubte, hatte einige Sätze in seiner Rede, die der Kanzler nicht akzeptieren konnte, auf die Sharett jedoch nicht verzichten wollte. So schlug Adenauer vor, daß weder er noch Sharett sprechen und nur ich eine kurze Ansprache halten sollte. Aus verständlichen Prestigegründen war Sharett damit jedoch nicht einverstanden. Endlich schlug ich vor, daß überhaupt keine Reden gehalten werden, und dies wurde akzeptiert.

Am 10. September um dreiviertel acht fuhren wir alle etwas erregt in das Luxemburger Ratsgebäude. Eine Minute nach uns kam der Bundeskanzler mit der deutschen Delegation an. Ich machte ihn mit Sharett und den israelischen Vertretern bekannt, und wir begaben uns in den großen Saal. Zuerst unterzeichnete der Bundeskanzler, dann der israelische Außenminister. Als die Reihe an mich kam, merkte ich, daß keine Tinte in meinem Füllfederhalter war; Hallstein lieh mir den seinigen, mit dem der Deutschlandvertrag unterschrieben worden war. Diese Episode war die einzige, die einen leichten Anflug von Heiterkeit in die sonst feierliche, stumm-dramatische Atmosphäre des Unterzeichnungsaktes brachte. Wir waren erleichtert, als alles zu Ende war. Adenauer, Hallstein, Sharett und ich begaben uns dann in ein Nebenzimmer, wo ein sehr freundliches Gespräch stattfand. Der Bundeskanzler versicherte, wie glücklich er über das Resultat sei und welche moralische Bedeutung er dem Abkommen beilege. Sharett, der sich, wie er betonte, der »Sprache Goethes« bediente, wies auf die Bedeutung des Abkommens für die künftige Entwicklung Israels hin, und die etwas steife, verkrampfte Stimmung des Unterzeichnungsaktes löste sich in dieser Aussprache in eine Atmosphäre ungezwungener Freundlichkeit und gegenseitiger Sympathie auf.

Von Luxemburg fuhr ich mit Sharett nach Paris und dann weiter nach Israel, wo die Unterzeichnung des Abkommens mit Freude aufgenommen worden war, die um so größer war, als nur wenige an einen Erfolg der Verhandlungen geglaubt hatten. Von den vielen Äußerungen der freudigen Überraschung über den Erfolg sei nur eine erwähnt. Als ich mich am Morgen nach meiner Ankunft zum israelischen Ministerpräsidenten David Ben Gurion begab, kam er mir in feierlicher Stimmung entgegen und erklärte: »Du und ich haben das Glück gehabt, zwei Wunder zu erleben – die Schaffung des Staates Israel und die Unterzeichnung des Abkommens mit Deutschland. Ich war für das erste, du warst für das zweite verantwortlich. Der Unterschied ist nur der, daß ich an das Eintreten des ersten Wunders immer geglaubt habe, bis zum letzten Augenblick aber nicht an das zweite.«

Auf die Unterzeichnung folgte ein weiteres gar nicht einfaches Kapitel, die Ratifizierung der Abkommen, die mit großer Beschleunigung vorgenommen werden mußte, weil die Legislaturperiode des ersten Bundestages sich ihrem Ende näherte und nach der Verfassung jede Materie, die vom vorangegangenen Bundestag nicht endgültig geregelt worden war, im neuen Bundestag vollkommen von Anfang an erörtert werden mußte. Es war also von entscheidender Bedeutung, beide Verträge noch während der laufenden Parlamentsperiode zu ratifizieren. Was den Israel-Vertrag betraf, so war dies relativ einfach. Es fehlte zwar nicht an Gegnern, doch war es klar, daß die Koalitionsparteien die eigene Regierung nicht desavouieren würden, zumal auch die sozialdemokratische Opposition geschlossen für den Luxemburger Vertrag einstand. Bei der Abstimmung ergab sich dann auch die leicht paradoxe Lage, daß die Sozialdemokraten sich einstimmig für den Vertrag erklärten, während sich in jeder der drei damaligen Koalitionsfraktionen einige Abgeordnete der Stimme enthielten oder gegen die Ratifizierung stimmten. Doch war es eine überwältigende Mehrheit, mit der sie schließlich angenommen wurde.

Schwieriger war es in bezug auf das Entschädigungsgesetz. Hier wollten nicht nur die sozialdemokratische Opposition, sondern auch verschiedene Gruppen innerhalb der Regierungsparteien Verbesserungen vorschlagen, was aber eine sehr komplizierte Prozedur erfordert und die Ratifizierung des Gesetzes in dieser Legislatur aufs äußerste gefährdet hätte. Durch eine abermalige Erörterung des Gesetzwerkes nach den Neuwahlen wäre eine Verzögerung von mindestens ein bis zwei Jahren entstanden, mit all den Nachteilen, die daraus Tausenden von Opfern des Nazismus erwachsen wären. Wir stellten uns daher auf den Standpunkt, daß der Bundestag das Gesetz mit allen seinen Lücken verabschieden und etwaige Ergänzungen und Verbesserungen dann dem neuen Deutschen Bundestag überlassen solle.

Dazu war aber die Zustimmung der Opposition notwendig, denn nur durch Zusammenarbeit aller Parteien war dies auszuführen. In einer Unterredung mit dem SPD-Vorsitzenden Erich Ollenhauer und seinen Mitarbeitern, vor allem Fritz Erler, bat ich, im Interesse der Entschädigungsberechtigten, die nun schon so lange gewartet hätten, auf alle detaillierten Verbesserungsanträge zu verzichten und den Regierungsentwurf, so wie er vorlag, zu billigen. Vom Standpunkt des parlamentarischen Vorgehens bedeutete dies ein Zugeständnis für die Sozialdemokratie. Aber treu ihrer Haltung, die sie in allen diesen Monaten eingenommen hatte, alles für das Zustandekommen der Verträge zu tun, erklärten sich ihre führenden Persönlichkeiten auch jetzt zur Annahme des Gesetzes als Ganzes bereit. Dies zwang natürlich die Regierungsparteien zu einer ähnlichen Großzügigkeit. Trotzdem war es eine Frage von Stunden, ob es noch in allen drei Lesungen ratifiziert werden würde. Nur bei einer fast magischen Pünktlichkeit bestand rein zeitlich Aussicht darauf. Daß es glückte, gehört zu den vielen unwahrscheinlichen Aspekten dieser Verhandlungen, und alle Beteiligten atmeten erleichtert auf, als ganz kurz vor der Auflösung des Parlaments die dritte Lesung erfolgt war. Aber selbst nach diesem erneuten Beweis des guten Willens auf deutscher Seite gab es viele Zweifler, welche die Frage stellten, ob sich die Bundesrepublik Deutschland an die Vereinbarungen halten würde.

Welche Bedeutung das Luxemburger Abkommen für Israel hat,

werden Historiker des jungen Staates besser beurteilen können. Es besteht kein Zweifel daran, daß die deutschen Lieferungen beim Aufbau Israels zu einem entscheidenden wirtschaftlichen Faktor wurden. Ich weiß nicht, was in manchen kritischen Augenblicken Israel wirtschaftlich gedroht hätte, wenn nicht die deutschen Lieferungen gewesen wären. Eisenbahnen und Telefone, Hafeninstallation und Bewässerungsanlagen, ganze Zweige der Industrie und Landwirtschaft wären auch heute ohne die deutsche Reparationen nicht in dem Stand, in dem sie sind. Und Hunderttausende jüdischer Opfer des Nazismus haben in diesen Jahren auf Grund des Entschädigungsgesetzes erhebliche Beträge erhalten.

Aber wichtiger noch als die finanzielle ist die darüber hinausgehende Bedeutung des Luxemburger Abkommens. Hier wurde ein Präzedenzfall geschaffen, hier hat sich zum ersten Mal ohne Sieg und militärischen Zwang, einfach aufgrund eines ethischen Imperativs, unter dem Druck der öffentlichen Meinung und aus Achtung vor moralischen Gesetzen ein mächtiges Volk bereit erklärt, das Unrecht, das es einem schwächeren Volke angetan hat, zum Teil wiedergutzumachen. Darin drückt sich einer der wenigen großen Siege der modernen Zeit aus, die von ethischen Prinzipien errungen wurden, und darin liegt wahrscheinlich auch *summa summarum* die große historische Bedeutung dieses Ereignisses. Kaum eine andere Frage hatte so sehr das jüdische Volk gespalten wie die Debatte über die Verhandlungen mit Deutschland. Vom Standpunkt meiner politischen Laufbahn aus war es ein großes Wagnis, mich zum Fürsprecher dieser Verhandlungen zu machen. Es war mir immer klar, daß ich einen hohen Preis würde bezahlen müssen, wenn sie mit einem Mißerfolg endeten. Ich war heftigen Angriffen, oft auch persönlichen Beschimpfungen und Bedrohungen ausgesetzt. In den ersten Monaten hatte das Ganze den Charakter eines Detektivromans oder einer internationalen Intrige. Niemand durfte wissen, wann ich nach Deutschland kam. Ich wohnte nicht in Bonn oder Köln, sondern in abgelegenen kleinen Orten wie Bad Neuenahr oder Remagen. Als mir diese auf die Dauer zu entfernt schienen, beschloß ich, eine Suite im Hotel Dreesen in Bad Godesberg zu reservieren, in dem Hitler wohnte, zur Zeit der »Appeasement«-Vereinbarung mit Chamberlain, der auf der anderen Seite des Rheins in Schloß Rhöndorf wohnte. Als ich das erste Mal ins Hotel Dreesen kam, fragte mich der Direktor, ob es mir nichts ausmache, dieselbe Suite wie Hitler zu bekommen. Ich antwortete ihm, daß ich, im Gegenteil, eine gewisse Schadenfreude darüber empfände. (Ein ähnliches Erlebnis widerfuhr mir, als ich das erste Mal nach dem Kriege nach Wien kam und man mir die kaiserliche Suite im Hotel Imperial anbot, in der Hitler nach seinem triumphalen Einmarsch übernachtet hatte.)

Aber vom Tage meines ersten Gespräches mit dem Kanzler an hatte ich ein starkes Gefühl der Sicherheit und war überzeugt, daß er es ehrlich meinte und Autorität genug hatte, sich durchzusetzen. Rückblickend kann ich sagen, daß sich diese Politik, so gewagt und abenteuerlich sie am Anfang auch war, durchaus gelohnt hat. Unter den vielen Aktionen, an denen ich im Laufe meines Lebens beteiligt war, gab es keine, in der ich eine Sache von Anfang an so entscheidend bestimmen und führen durfte, und auch keine, die mit einem so klaren und unbestreitbaren Erfolg geendet hat.

Das soll aber nicht heißen, daß nicht andere am Gelingen dieser Verhandlungen mitgewirkt haben. Auf deutscher Seite muß die positive Haltung einer Reihe von Kabinettsmitgliedern und Parteiführern hervorgehoben werden. Die entscheidende Autorität des Bundeskanzlers wurde bereits erwähnt. Wesentlich mitgeholfen hat die Tatsache, daß in seiner näheren Umgebung mehrere Männer tätig waren, die nicht nur aus Disziplin seinen Anordnungen gehorchten, sondern aus innerer Überzeugung alles taten, um Schwierigkeiten zu beseitigen, Verzögerungen zu verringern und einen günstigen Abschluß herbeizuführen. Es handelt sich im Kabinett um den dynamischen und ideenreichen Wirtschaftsminister Professor Ludwig Erhard, dem es als einem der Schöpfer des »deutschen Wirtschaftswunders« vorbehalten war, gegen jede Opposition zu erklären, daß die deutsche Wirtschaft einer Belastung durch die Luxemburger Verträge völlig gewachsen sei. Vizekanzler Blücher war gleichfalls immer bereit, seinen Einfluß in die Waagschale zu werfen. Und selbst Bundesfinanzminister Schäffer, der, wie es wahrscheinlich jeder in seiner Stellung getan hätte, immer wieder versuchte, die Beträge zu reduzieren und »das Geschäft billiger zu machen«, hat schließlich bei der Durchführung der Verträge ein außerordentliches Maß an Korrektheit bewiesen. In der unmittelbaren Umgebung des Kanzlers waren es Staatssekretär Hallstein und Ministerialdirektor Blankenhorn, die wie zwei aufrichtige Freunde ihre Kenntnisse und ihren Einfluß bereitwilligst zum Gelingen der Verhandlungen eingesetzt und die stets von neuem auftretenden Hindernisse abgebaut haben. Die Gerechtigkeit verlangt anzuerkennen, daß fast alle entscheidenden Parteiführer überzeugt für das Abkommen eintraten. In einer Kabinettsitzung, zu der sie eingeladen worden waren, sprachen sich alle, einschließlich der Vertreter der rechtsorientierten Deutschen Partei, eindeutig für die Vorschläge des Kanzlers aus. Von nicht zu unterschätzendem Einfluß war, wie bereits erwähnt, die Haltung der damaligen Oppositionspartei: der Sozialdemokratie. Nach Tradition und Weltanschauung von vornherein dazu berufen, sich im stärksten Maße für Wiedergutmachung und Entschädigung einzusetzen, war es dennoch eine große moralische Tat, daß diese Partei, die selbst Schweres durch die nationalsozialistischen Verfolgungen erlitten hatte, während all dieser Monate darauf verzichtete, irgendwelches Kapital aus ihrer oppositionellen Stellung zu schlagen. Im Gegenteil, mit größerer Hingabe als manche der Koalitionsparteien setzte sie sich in dieser Frage für die Politik des Bundeskanzlers ein. Den sozialdemokratischen Führern Erich Ollenhauer und Dr. Adolf Arndt sowie dem jüdischen Bundestagsabgeordneten Jakob Altmaier gebührt ein hohes Maß an Anerkennung für ihren Beitrag.

Es verdient erwähnt zu werden, daß sich auch die deutsche Presse in ihrer überwiegenden Mehrheit und unabhängig von ihrer parteipolitischen Richtung durchweg für die jüdischen Forderungen einsetzte, vor allem in den kritischen Tagen, als der Abbruch der Verhandlungen ernsthaft drohte. Und schließlich muß ich noch einmal auf die ungewöhnliche, wahrhaft bewundernswerte Haltung der beiden deutschen Delegationsführer, Franz Böhm und Otto Küster, hinweisen. Als ich Ben Gurion von Böhms Haltung berichtete, sagte er: »Wenn Israel zehn Menschen von Böhms moralischen

Qualitäten hätte, wäre unser Land ein anderes.« Diese etwas überspitzte Bemerkung bekundet die hohe Wertschätzung, die auch Ben Gurion, der Böhm nie persönlich kennenlernte, für ihn hatte. Ich bin Böhm und seiner Frau, der Tochter von Ricarda Huch, später auch menschlich nähergetreten. Er war zeitweise Mitglied des Bundestags und hat mir noch Jahre hindurch mit Rat und Tat geholfen. Ich weiß nicht, was ohne ihr mutiges, im Falle von Küster geradezu tollkühnes Eingreifen in den kritischen Maiwochen 1952 geschehen wäre. Ihr Auftreten, durch das sie die Regierung geradezu zwangen, die Politik ihres Kanzlers zu billigen, ist allein schon ein Beweis dafür, daß alle kollektiven Pauschalurteile über Gruppen und Völker falsch sind.

Dank gebührt auch meinen jüdischen Mitarbeitern. Noah Barou muß an erster Stelle genannt werden, weil er in den Jahren, als die Forderung auf kollektive Wiedergutmachung durch Deutschland beinahe in Vergessenheit geraten war, mit unendlicher Zähigkeit den Gedanken wachhielt und beinahe allein den Weg zu ersten Kontakten mit den Deutschen geebnet hat. Den Unterhändlern im Haag stand eine Reihe hervorragender Sachkenner zur Verfügung, die auf der Basis der zwischen dem Kanzler und mir vereinbarten Prinzipien unendlich komplizierte Einzelfragen mit großem Geschick regelten. Vor allem zu nennen sind die zwei Leiter der israelischen Delegation, Giora Josephthal und Felix Shinnar, sodann aber auch die Experten der Claims Conference, insbesondere der größte Fachmann auf dem Gebiete der Entschädigungsgesetzgebung, Nehemiah Robinson. Wesentlichen Anteil am Gelingen hatte auch die musterhafte Kooperation aller beteiligten jüdischen Gruppen sowie ihre Zusammenarbeit mit der israelischen Regierung. Die Conference on Jewish Material Claims against Germany war wohl die repräsentativste jüdische Gruppe, die in unserer Zeit geschaffen wurde. Sie vertritt die überwältigende Mehrheit des Weltjudentums und umschließt fast alle Richtungen. Es war für mich als Vorsitzenden nicht immer leicht, diese aus zweiundzwanzig Gruppen bestehende Konferenz zusammenzuhalten und völlige Übereinstimmung mit der israelischen Regierung herzustellen. Dennoch erwies sich beides letzten Endes als möglich. Während der Verhandlungen mit ihrem häufigen Auf und Ab, ihren schweren und kritischen Augenblicken, gelang es, eine durchaus einheitliche jüdische Front zu halten, was sowohl Deutschland wie auch der Weltmeinung gegenüber von maßgeblicher Bedeutung war. Selten haben jüdische Gruppen in einer wichtigen Frage so harmonisch zusammengearbeitet, und niemals war dann auch das Vorhaben von einem solchen Erfolg gekrönt.

Es wäre ungerecht, nicht auch der Mithilfe der westlichen Alliierten zu gedenken. Sie war nicht so durchgreifend, wie manche von uns anfangs gehofft hatten. In keiner Phase äußerten sie sich hinsichtlich unserer konkreten Forderungen, was aber, wie ich heute glaube, alles in allem gut war. Ich hege begründete Zweifel, ob die Alliierten die Gesamtbeträge, wie wir sie durchgesetzt haben, unterstützt hätten. Ich fragte daher die amerikanische und britische Regierung auch nie um Rat, wieviel wir verlangen sollten.

Es gab in dieser Hinsicht einen langen Konflikt zwischen mir und vor allem Jacob Blaustein, dem Führer des American Jewish Committee und als solcher Vize-Präsident der Claims Conference. Er bestand darauf, das State Department um Vermittlung zu bitten und, falls es zu keiner Einigung mit der Bundesrepublik bezüglich des Betrages käme, die amerikanische Regierung zu bitten, Schiedsrichter zu sein. Diesem Vorschlag widerstand ich heftig und hatte die Mehrheit der Claims Conference hinter mir. Wir begnügten uns damit, die amerikanische, englische und französische Regierung immer wieder zu ersuchen, ihren Einfluß geltend zu machen und die moralische Verpflichtung Deutschlands zu betonen, ohne jedoch irgend welche Summen anzugeben. Der Leiter der Deutschlandabteilung im State Department war damals Colonel Byroade, der später die Nahostabteilung übernahm und von den amerikanischen Zionisten wild angegriffen wurde – doch darüber mehr im zweiten Band. Als die Verhandlungen mit Deutschland beendet waren, erzählte ich Byroade, daß wir 3 Milliarden DM – 823 Millionen Dollar – für Israel erreicht hätten. Er war fassungslos vor Erstaunen und gestand mir, daß er, falls er als Schiedsrichter gerufen worden wäre, nicht mehr als 300 Millionen gefordert hätte. Von großem Einfluß war aber, daß die Alliierten die moralische Verpflichtung

Deutschlands hervorhoben und erklärten, daß ein Fehlschlagen der Verhandlungen sehr schlimme Folgen haben würde. Diese Stellungnahmen, von Männern wie Acheson und Eden zum Ausdruck gebracht und unablässig von dem damaligen Hohen Kommissar in Deutschland, John J. McCloy, unterstützt, bedeuteten natürlich für die Anhänger des Bundeskanzlers in der Bundesrepublik eine wesentliche Rückenstärkung.

Nur dem Zusammenwirken aller dieser Kräfte ist es zu verdanken, daß ein Erfolg erzielt wurde. Wie immer in der Geschichte, war es auch in diesem denkwürdigen Kapitel nötig, daß eine Unmenge von Faktoren zusammenkam, die es den einzelnen Akteuren ermöglichte, die Sache zu einem endgültigen Durchbruch zu führen.

Ich möchte dieses Kapitel über die Verhandlungen mit der Bundesrepublik nicht beenden, ohne noch einige Bemerkungen über die Persönlichkeit Adenauers zu machen. Es ist natürlich nicht meine Aufgabe, hier eine abschließende Charakterisierung oder Bewertung dieser ungewöhnlichen historischen Figur, einer der wenigen beherrschenden Persönlichkeiten der Nachkriegsperiode, auch nur zu versuchen. Diese Anmerkungen beruhen auf meinen persönlichen Eindrücken bei vielen Zusammenkünften, Gesprächen und Verhandlungen, die sich von unserem ersten Treffen 1951 in London bis zum letzten, kurze Zeit vor seinem Tode, hinzogen. Ich darf sagen, daß diese Beziehung nicht nur rein sachlicher Natur war, sondern immer mehr auch einen persönlichen Charakter annahm, der sich zum Beispiel darin äußerte, daß der Bundeskanzler bei seinem ersten Besuch in New York Wert darauf legte, mich in meiner Wohnung zu besuchen und mich des öfteren auch in seiner Villa in Röhndorf empfing, einmal sogar zu einem mir unvergeßlichen, teilweise sehr bewegten Gespräch, als er an einer schweren Erkältung leidend zu Bett lag. Da ich wußte, wie sehr er an der Bibel interessiert war, brachte ich ihm bei dieser Gelegenheit eine sehr schöne Neuausgabe des Alten Testaments mit, die gerade in hebräischer Sprache in Israel erschienen war. Er nahm sie mit beinahe tränenden Augen entgegen und erzählte mir dabei, er habe in seiner Jugend eine Weile Theologie studiert und zitierte auf Hebräisch den Anfang eines bekannten Psalmes. Mehrfach habe ich Adenauer während seiner Ferien besucht – in Baden-Baden auf der Bühler Höhe, in Mürren und einige Male in Cadenabbia. Unsere Gespräche fingen selten mit den rein sachlichen Problemen an, die zur Entscheidung gebracht werden sollten. Wir widmeten vielmehr einen Teil der Unterhaltungen allgemeinen politischen Fragen. Adenauer fragte mich fast jedes Mal ausführlich über meine Wertung von bestimmten Situationen und Problemen der amerikanischen Politik aus, wobei er, auf meine Diskretion vertrauend, mit ungewöhnlicher Offenheit sprach.

Ich gab ihm sehr offenherzig meine Meinung über amerikanische Politiker bekannt. Eines Tages bat mich der amerikanische Außenminister Dean Rusk, gegenüber Adenauer diskreter zu sein in bezug auf amerikanische Politik, da der Bundeskanzler meine Urteile zuweilen in Kabinettsitzungen erwähnte und sie sich daraufhin in Bonn, wo es keine Geheimnisse gab, herumsprachen. Es ist in diesem Zusammenhang interessant zu berichten, daß Adenauer, der prinzipiell großes Mißtrauen gegen Intellektuelle in der Politik hegte, eine ziemlich negative Meinung von Kennedy hatte. Er hatte auch keine besondere Hochachtung vor Eisenhower als Staatsmann. Hingegen hegte er Bewunderung für Truman, gerade wegen dessen Einfachheit, Geradlinigkeit und Zuverlässigkeit, Eigenschaften, die er bei den anderen Präsidenten nicht konstatieren konnte. Eines Tages ließ er mich zu einer dringenden Besprechung nach Bonn kommen, um mich zu bitten, einen versiegelten Brief an Harry Truman – der nicht mehr Präsident war und in Independence, Missouri, wohnte – persönlich auszuhändigen. Auf meine Fragen antwortete er, daß das Schreiben zu wichtig sei, um der Post anvertraut zu werden, und daß er es nicht durch diplomatische Post senden wollte, weil er nicht sicher war, ob das Auswärtige Amt es nicht durchleuchten oder gar öffnen würde. Da er sich auf meine Diskretion verlassen könnte, wolle er mir verraten, um was es sich handelte: Der Bundeskanzler betrachtete John F. Kennedys Wahl als eine Gefahr für die demokratische Welt und hielt eine Wiederwahl Trumans als das einzige Mittel, um sie zu verhindern. Bekanntlich darf ein amerikanischer Präsident nicht länger als zwei Amtsperioden die Präsidentschaft ausüben. Adenauer hatte seine juristischen Berater

befragt, und da Truman inzwischen eine Periode ausgesetzt hatte, waren sie der Meinung, daß er verfassungsrechtlich wieder kandidieren könnte. Adenauer wollte ihm darum nahelegen, im Interesse der demokratischen Welt sich wieder aufstellen zu lassen. In der Geschichte der USA war dergleichen noch nie geschehen, und mir war klar, daß Truman auf Adenauers Vorschlag nicht eingehen würde. Mit meinen Bedenken machte ich auf den Bundeskanzler keinen Eindruck, er bestand darauf, daß der Brief persönlich überreicht werde und daß ich ihn überbringe. Zum Glück fiel mir ein, daß Clifton Daniel, der Schwiegersohn von Truman – damals Journalist, heute der geschäftliche Direktor des *New York Times*-Konzerns –, bald in Deutschland sein würde und auch den Kanzler besuchen wollte. Ich riet ihm also, sein Schreiben durch Daniel aushändigen zu lassen. Damit war Adenauer einverstanden und befreite mich von dem Auftrag. Ein paar Monate später traf ich Daniel, den ich recht gut kannte, auf einer Einladung. Er erzählte mir, daß Truman über Adenauers Vorschlag gelacht, ihn aber als ein Kompliment betrachtete und dem Kanzler dafür herzlich gedankt habe.
Oft diskutierten wir die Frage der Ost-West-Politik, und ich verhehlte ihm nicht, daß ich seine vorwiegend negative Haltung und Skepsis gegenüber einer Entspannung und Annäherung nicht teilte. In den letzten Jahren seines Lebens hat er seine Haltung zu Sowjet-Rußland, wenn nicht radikal geändert, doch erheblich gemildert. Er erzählte mir ausführlich von seinem Besuch in Moskau und deutete mehrfach an, daß die Sowjetunion nicht so gefährlich und aggressiv sei, wie er und viele andere Staatsmänner es während des Kalten Krieges gefürchtet hätten; er hat sogar in einer seiner letzten Reden von der UdSSR als einem »friedliebenden« Staat gesprochen, was damals beträchtliches Aufsehen erregt hat. Meines Erachtens hätte er, wenn er noch einige Jahre Kanzler geblieben wäre, den Durchbruch zur Détente, die später Willy Brandt durchgesetzt hat, selbst in Angriff genommen. Er sprach auch oft über innerdeutsche Politik mit mir und hielt mit seinen Meinungen, häufiger negativ als positiv, nicht zurück. Er hatte eine seltene Gabe, Menschen kurz, aber treffend zu charakterisieren – treffender noch Gegner als Freunde. Ich habe selten einen politischen Führer gekannt, der mit

einem Wort oder einem Satz einen Gegner abfertigen oder vernichten konnte wie er. Als ich ihn einst – um nur ein Beispiel zu nennen – an eine unangenehme Episode erinnerte, die ihm damals peinlich gewesen war, und meine Hoffnung ausdrückte, daß er diesen Zwischenfall vergessen habe, schaute er auf und sagte: »Lieber Herr Goldmann, wer erinnert sich schon an Herrn So-und-So.«
Unsere Beziehung basierte in hohem Maße auf gegenseitiger Sympathie. Ich habe israelischen Diplomaten, die naturgemäß noch keine lange Erfahrung auf diesem Gebiete haben, oft vorgeworfen, den persönlichen Aspekt der Beziehungen zu Staatsmännern und Politikern zu unterschätzen. Meines Erachtens ist Psychologie wichtiger als Ideologie, denn die Psychologie ist es, die die Ideologie eines einzelnen, einer Kollektivität oder eines Volkes bestimmt. Wie ich es eines Tages etwas überspitzt formulierte, hätte Karl Marx nicht das Kommunistische Manifest geschrieben, wenn er ein Millionär gewesen wäre.
Was die Einstellung des Bundeskanzlers mir gegenüber betrifft, erwähne ich eine Episode, über die Shinnar, der damalige Vertreter Israels in Bonn, berichtete. Ich hatte an einem Nachmittag ein langes und interessantes Gespräch mit Adenauer gehabt. Am selben Abend fand ein offizieller Empfang statt, zu dem ich naturgemäß als Privatperson nicht eingeladen war. Als Shinnar in der Empfangsreihe den Bundeskanzler begrüßte, neben dem der Vizekanzler Erhard stand, sagte ihm Adenauer, er habe mich gerade gesehen und sei jedes Mal so froh, mich zu treffen. Darauf bemerkte Erhard: »Wenn ich nicht wüßte, lieber Herr Kanzler, daß Sie ein so moralischer und frommer Mensch sind, würde ich den Verdacht haben, daß Goldmann Ihr uneheliches Kind sei; Sie sprechen mit so viel Liebe von ihm.«
Adenauer war bekanntlich ein tief religiöser Mann, doch betonte er immer, daß er Politik und Religion streng voneinander trenne. So, zum Beispiel, empfing er den Kölner Kardinal, der ein guter Freund von ihm war, nie in seinem Arbeitszimmer, sondern zu Hause. Von seiner ersten Reise nach Rom erzählte er mir eine recht charakteristische Episode. In seinem Programm war eine Audienz im Vatikan vorgesehen, und die Bundesregierung hatte ihn versprechen lassen,

nicht vor dem Papst zu knieen, da er als deutscher Bundeskanzler käme und dies seiner Position nicht angemessen sei. Doch »als sich die Flügeltüren öffneten und der Heilige Vater in seiner ganzen Glorie vor mir stand«, erzählte er mir, »lag ich auf den Knien, bevor ich überhaupt wußte, wo ich war.«

Seine religiöse Überzeugung war ihm selbstverständlich. Eines Tages bat mich Adenauer, ihm Bücher über die Rolle Jesu im Talmud zu senden. Ich erklärte ihm, daß Jesus im Talmud überhaupt nicht erwähnt ist, was manche Wissenschaftler, die die Existenz Jesu bezweifelten, als ein wichtiges Argument für ihre These benutzen. Der Kanzler sagte mir beinahe ungehalten: »In solchen Sachen mag ich keine Witze.« Er begnügte sich auch nicht mit meiner Versicherung, es handle sich um eine Tatsache und drängte mich, mich bei einem Talmudisten zu informieren. Als ich bald danach in Jerusalem war, fragte ich den großen Gelehrten Professor Ephraim Urbach danach. Er bestätigte mir, daß es faktisch im Talmud – der zum Teil schon in der Periode abgefaßt wurde – keinen Hinweis auf Jesus gäbe, mit der möglichen Ausnahme einer Stelle, an der berichtet wird, daß zwei Verbrecher gekreuzigt wurden und einer von ihnen aus Nazareth war; es kann jedoch nicht bewiesen werden, ob sich dies auf Jesus bezieht. Ich berichtete dem Bundeskanzler bei meinem nächsten Besuch darüber, und er schüttelte fast ungläubig den Kopf.

Ich stimme nicht mit denen überein, die Adenauer für einen harten, ja sogar bösen Mann gehalten haben. Bevor ich unsere Verhandlungen begann, hatten mich viele vor ihm, nicht nur als Politiker, gewarnt. Nach all den Jahren kann ich nur sagen, daß ich von den ihm zugeschriebenen negativen Eigenschaften in unseren Kontakten nicht das mindeste gemerkt habe. Er sprach oft mit mir auch über meine persönlichen Probleme und die meiner Familie. Als viel davon die Rede war, daß ich aktiv in die israelische Politik eingreifen und eventuell für den Posten des Außenministers kandidieren würde, lud er mich speziell zu einem intimen Mittagessen ein, um mir dringend davon abzuraten. Es sei, meinte er, viel wichtiger, daß ich mich weiterhin auf das Weltjudentum konzentriere als auf Israel, auch glaube er nicht, daß ich, Weltbürger der ich sei, auf die Dauer in einer politischen Position in Israel glücklich sein würde. Er drängte mich oft, meine Erinnerungen niederzuschreiben, und ermutigte mich, auch ein Buch über all die bedeutenden und beachtlichen Persönlichkeiten, mit denen ich in meiner langen Laufbahn zusammengekommen sei, zu verfassen.

Gern unterhielten wir uns über Religion und Musik. Adenauer hatte ein sehr beachtliches und, abgesehen von der ganz modernen Musik, sehr umfassendes musikalisches Verständnis. Ich entsinne mich, daß wir uns einmal ziemlich lange über die Unterschiede zwischen der protestantischen Kirchenmusik Bachs und der katholischen Palestrinas unterhielten, wobei er Palestrina den Vorzug gab, ich hingegen Bach. Adenauer behauptete, Bach sei als Protestant viel zu rationalistisch, während die Musik des katholischen Palestrina mehr auf Emotion beruhe. Als sich die Diskussion hinzog und ich, da ja seine Zeit für solche Gespräche immer bemessen war, fürchtete, daß uns zu wenig Zeit übrigbleiben würde für die sachlichen Probleme, die ich zu erörtern hatte, schloß ich diese Unterhaltung mit der Bemerkung ab: »Hinsichtlich des Vergleichs zwischen dem Protestanten Bach und dem Katholiken Palestrina bin ich als Jude vielleicht objektiver als Sie als Katholik.« Er lachte herzhaft und ließ das Thema fallen.

Bei einem Ferienbesuch in Cadenabbia entwickelte sich eine längere Debatte darum, wer die größere religiöse und sittliche Persönlichkeit war, Ignatius von Loyola oder Franz von Assisi. Es war charakteristisch für ihn und seine strenge, oft rigorose Art, daß er Ignatius von Loyola höher bewertete als Franz von Assisi, den ich, religiös gesehen, sehr viel mehr schätzte. Wir einigten uns schließlich darauf, daß moralisch vielleicht Ignatius von Loyola mit seiner ungeheuren Willensstärke, der Überwindung seiner Natur und Erbsünde, seinem maßlosen Fanatismus und seiner grenzenloser Opferbereitschaft höherstand, während vom rein religiösen Standpunkt, der innigen Gottesgläubigkeit, der naiven und kindlichen Beziehung zum Schöpfer und seinem Willen, der strahlenden Glückseligkeit dieser völligen Hingabe an das Göttliche Franz von Assisi die weitaus eindrucksvollere, liebenswertere und vorbildlichere Figur darstellte.

Als Adenauer im Jahre 1966 nach Israel kam, war ich auf seine Bitte zugegen und ging, zusammen mit Ben Gurion, dem Ministerpräsidenten Eshkol und anderen Führern Israels, zu seiner Ankunft an den Flughafen Lod. Der Flug des Kanzlers von Bonn nach Israel war so stürmisch gewesen, daß der Pilot unterwegs hatte umkehren wollen. Es war abends neun Uhr, als Adenauer landete. Er blieb die erste Nacht in Rechovot, da er am nächsten Morgen in einer feierlichen, von mir geleiteten Zeremonie zum »Honorary Fellow« des Weizmann-Instituts ernannt werden sollte. Der Präsident des Weizmann-Instituts, Meyer Weisgal, hatte dem Bundeskanzler sein eigenes Haus zur Verfügung gestellt, ich selbst wohnte im Gästehaus des Instituts. Wir nahmen an, daß Adenauer sich bald nach seiner Ankunft zur Ruhe begeben würde. Ich selbst war im Begriff, es zu tun, als mich Weisgal anrief und die Bitte des Kanzlers übermittelte, zu ihm hinüberzukommen. Ich fand ihn in völliger Frische vor. Wir sprachen erst über einige allgemeine Dinge, dann sagte er mir, er habe mich herübergebeten, weil er mich schon seit Wochen etwas fragen wolle. Auf einer Gesellschaft in Köln, an der eine erhebliche Zahl von Intellektuellen teilgenommen hatte (wenn Adenauer das Wort »Intellektuelle« gebrauchte, war immer eine Prise Ironie dabei), habe man sich lange über den Unterschied zwischen Klugheit und Intelligenz unterhalten und verschiedene Definitionen gegeben, von denen keine ihn befriedigt habe. Er habe sich daher vorgenommen, auch mir diese Frage zu stellen. Ich sagte ihm, daß meiner Ansicht nach Intelligenz fast ausschließlich eine Sache des Gehirns sei, Klugheit mindestens ebenso sehr eine des Charakters: Um klug zu sein, genüge es nicht, einen guten Kopf und Intelligenz zu besitzen, sondern man müsse Charaktereigenschaften haben, die es einem erlauben, den Gegner zu verstehen, verständnisvoll für andere Meinungen zu sein, nicht fanatisch auf dem eigenen Standpunkt zu verharren. Diese Antwort gefiel dem Kanzler und er sagte mir, er würde sie nicht vergessen. Einige Tage später, bei einem Diner im Hause des Ministerpräsidenten Eshkol, ereignete sich ein Zwischenfall. Nach einer Bemerkung in der Ansprache des Gastgebers, die der Bundeskanzler als eine Kränkung für Deutschland betrachtete und die ihn sehr erregte (ich habe ihn eigentlich in all den Jahren nie so aufgeregt und böse gesehen), drohte er, seinen Besuch abzubrechen und am nächsten Morgen zurückzufliegen, was natürlich in jeder Hinsicht katastrophal gewesen wäre. Nach dem Essen, das nach dieser Ansprache in etwas gespannter Atmosphäre verlief – es waren nur etwa zwölf Personen anwesend –, wurde beschlossen, daß Eshkol, Außenminister Eban, Shinnar und der deutsche Botschafter Rolf Pauls eine Weile zusammenbleiben sollten, um den Zwischenfall beizulegen. Mittlerweile trafen die Gäste ein, die der Ministerpräsident zu einem Empfang nach dem Essen eingeladen hatte. Eshkol wollte, daß ich der Besprechung beiwohne, doch ich hielt es für ratsamer, mich für die »zweite Runde« zu reservieren, falls keine Einigung erzielt werden sollte. Ich ging zu den Gästen im Salon, die sich schon wunderten, warum der Premierminister und Adenauer nicht zu ihnen kamen, besonders da man durch die Schiebetüren deutlich die laute Diskussion nebenan hörte. Nach einigen Minuten bat mich Eshkols Sekretär dringend, zurückzukommen, da sich der Ärger des Bundeskanzlers nur steigere. Ich ging hinein, setzte mich neben Adenauer und fand ihn in sehr gereizter Stimmung vor. »Erinnern Sie sich an unser Gespräch in Rechovot über Klugheit und Intelligenz?« fragte ich ihn. »Ich erinnere mich sehr wohl daran.« »Nun, beweisen Sie, Herr Kanzler«, erwiderte ich darauf, »daß Sie nicht nur, wie jeder weiß, sehr intelligent, sondern auch sehr klug sind.« Da brach das Eis; er lächelte, und damit war eine Atmosphäre geschaffen, die es erlaubte, eine Formel zu finden, die das Ärgernis aus der Welt schaffte. Ich schlug vor, daß der Pressereferent des Premierministers sofort alle hebräischen Zeitungen verständigen solle, daß der vom Bundeskanzler beanstandete Satz, obwohl er in dem vorbereiteten Text gestanden hatte, von Eshkol gestrichen worden sei. Dies geschah mit Erfolg; die Zeitungen berichteten nichts von dem Zwischenfall. Erst später wurde die Episode bekannt, aber da war Adenauer schon nicht mehr in Israel.

Ein abschließendes Wort über Adenauers Verhältnis zum jüdischen Problem, das ja die Basis der Unterhaltungen und Vereinbarungen bildete. Viele haben behauptet, er habe dabei nur aus kühler politischer Berechnung gehandelt; es ist unbestritten, daß auch bei ihm außenpolitische Gesichtspunkte bei der Normalisierung des Verhältnisses zum Weltjudentum und zum Staate Israel eine Rolle spielten, weil er darin eine Voraussetzung für die allgemeine Rehabilitierung der jungen deutschen Bundesrepublik sah. Aber wäre dies das einzige und entscheidende Motiv gewesen, hätten wir bestimmt weniger erreicht. Man darf nicht übersehen, daß Israel in jenen Jahren finanziell in einer überaus schwierigen Lage war und es denkbar gewesen wäre, daß Israel und die Claims Conference einem kleineren Betrag hätten zustimmen müssen. Adenauer jedoch hatte ein tiefes Gefühl, zwar nicht der Schuld, so doch der Gesamtverantwortlichkeit des deutschen Volkes für die Ungeheuerlichkeiten der Naziverbrechen.

Von vielen Beispielen, mit denen ich diese Auffassung belegen kann, seien nur zwei erwähnt. Als im Winter 1959/1960 die Hakenkreuzepidemie in Deutschland ausbrach, wobei zahlreiche Synagogen und jüdische Institutionen beschmiert wurden, was ähnliche Taten in anderen Ländern zur Folge hatte, erregte diese Episode großes Aufsehen und rief unvermeidlicherweise die Erinnerung an die Scheußlichkeiten der Naziperiode bei Juden und Nichtjuden wach. Der Kanzler beriet sich mit mir, was er tun könne, um seinen Abscheu und den aller verantwortlichen deutschen Instanzen deutlich zum Ausdruck zu bringen. Ich schlug ihm vor, er möge mit mir und einigen seiner Minister nach Bergen-Belsen fahren, um am Denkmal für die dort begrabenen jüdischen Opfer des Nazismus einen Kranz niederzulegen. Adenauer nahm diesen Vorschlag an und blieb bei dem Entschluß, trotz mehrfach dringender Warnungen seiner Ärzte, die ihm abrieten, sich einer solchen Zeremonie in der strengen Winterkälte auszusetzen, da er bekanntlich seit vielen Jahren an einer großen Empfindlichkeit der Atmungsorgane litt. Die Feierlichkeit fand statt und machte auf alle – ich hatte eine Anzahl nicht-deutsche jüdische Persönlichkeiten dazu eingeladen – einen tiefen Eindruck, als eine Art von Sühneakt durch den Vertreter des neuen Deutschland.

Während seines Besuches in Israel – der ihn ungemein tief beeindruckt hatte und von dem er danach noch oft sprach – war eine Zeremonie in Yad Vashem[29] in Jerusalem vorgesehen. In der Gedenkhalle brennt eine Flamme zur Erinnerung an die Naziopfer, und erlesene Besucher erhalten die Ehre, die Flamme morgens neu zu entzünden. Einen Tag bevor er hinging, sagte Adenauer zu mir: »Tun Sie mir den Gefallen, morgen mitzukommen, und bleiben Sie an meiner Seite. Das wird für mich ein schwerer Gang, und es wird mir leichter sein, wenn ich einen guten Freund wie Sie neben mir habe.« Ich begleitete ihn und spürte, wie erschüttert er war.

Als Politiker und Staatsmann vereinigte er eine ungemeine Klarheit und Einfachheit in seinen strategischen Konzeptionen mit einer großen Finesse und einer manchmal gewollten Undurchsichtigkeit im Taktischen. In seinen innen- wie außenpolitischen Grundlinien war er von einer Klarheit und Folgerichtigkeit, die meist den großen Staatsmann charakterisiert. Ich denke dabei an ein Wort, wonach Genies immer kindlich einfach sind, nur Talente kompliziert. Mit allen Vorbehalten gegenüber solch geistreicher Formeln kann man dies auch auf das Politische anwenden. Adenauers starke Wirkung als Redner, besonders in Wahlkämpfen, beruhte größtenteils auf dieser Schlichtheit und Geradlinigkeit seiner politischen Denkweise. Er war durchaus kein klassischer Redner, ihm fehlten Rhetorik und Pathos; seine Reden waren Plaudereien oder sehr vereinfachte und allen verständliche Ratschläge eines älteren und weisen Großvaters an seine Nachkommen. Trotzdem war ihre Wirkung ungewöhnlich stark. Wenn es jedoch galt, seine grundlegenden Konzeptionen in die Wirklichkeit umzusetzen, war er keinesfalls einfach. Er spielte auf allen Instrumenten, wobei er es auch nicht unterließ, menschliche Schwächen seiner Gegner oder Mitarbeiter soweit wie möglich auszunützen. Als ich die Gegnerschaft eines maßgebenden Mannes seines Kabinetts in der Entschädigungsfrage erwähnte, sagte er mir, ich solle mich nicht sorgen, er würde diesem Herrn, den er noch nie privat zu sich nach Hause eingeladen habe und den dies sehr ärgere, eine Einladung versprechen, wenn er seinen Widerstand aufgebe. Er hatte ein feines Gefühl für die Psyche der Menschen, mit denen er zu tun hatte. Seine Auffassungen waren dabei, gemessen an der modernen, komplexen Wissenschaft der Psychologie, meist überraschend einfach, fast primitiv, aber sehr häufig durchaus zutreffend. Ein eklatantes Beispiel gab er mir einst, als ein

bekannter deutscher Politiker wider alle Erwartungen eine entscheidende Wahl verlor, zum Teil aus eigener Schuld, vor allem aus Mangel an Mut bei seiner Stellungnahme. Als ich den Kanzler einen Tag danach sprach, war er über den Vorfall etwas ungehalten, da er dieser Kandidatur Erfolg gewünscht hatte. Das Unglück, sagte er, ist, daß jener Mann Schuhe mit zu niedrigen Absätzen trage, dadurch könne er seine Minderwertigkeitskomplexe, weil er nicht groß genug gewachsen ist, nicht kompensieren. Das war natürlich eine sehr vereinfachte Formel, enthielt aber doch viel Wahres.
Adenauer war in Verhandlungen sehr ruhig und überlegen, ließ sich aber – jedenfalls nach meiner Erfahrung – von logischen oder anderen Argumenten unschwer überzeugen und war besonders in Einzelheiten nie unnachgiebig. Er entschied sich recht schnell und wenn er eine Zusage machte, konnte ich mich auf ihre Erfüllung verlassen. Solange er Kanzler war, waren deswegen die sehr komplizierten Verhandlungen sehr viel leichter, weil es eine zentrale Instanz gab, und weil ich wußte, daß ein Problem gelöst war, wenn es mir gelang, Adenauer zu überzeugen und eine Zusage von ihm zu erhalten. Die Kanzler nach ihm waren weit weniger selbstherrlich in ihren Entscheidungen, was die Verhandlungen in den Nach-Adenauer-Jahren sehr viel schwieriger, langwieriger und mühsamer machte.
Das Eindrucksvollste und Entscheidende an ihm war die ungewöhnliche Autorität, die er besaß und die von ihm ausging. An ihm, wie an wenigen anderen Staatsmännern meiner Generation, habe ich das Geheimnis des Charisma, der Magie der Persönlichkeit, der Autorität eines Führers erlebt. Ich habe an Sitzungen teilgenommen, deren Atmosphäre sich in dem Augenblick, da er den Saal betrat, wie durch ein Wunder radikal veränderte. Alle spürten, wenn er seinen Sitz einnahm, daß plötzlich ein Zentrum da war, um das sich alles andere arrangierte. Obwohl Meinungsverschiedenheiten und Gegensätze bestehen blieben, so wußten doch alle, daß letzten Endes die Entscheidung von ihm und nur ihm allein kommen würde. Wie alle, die Autorität besitzen, liebte er Autorität. Ein großer Teil seiner Bewunderung für General de Gaulle ist aus dieser Eigenschaft zu erklären. Wie ich ihm einmal halb im Scherz sagte, bewundere er

nicht nur de Gaulle, sondern beneide ihn sogar. Er würde gerne so regiert haben mit der beinahe unbegrenzten Allmacht, die de Gaulle in seinen großen Jahren besaß und die Adenauer, trotz seiner Persönlichkeit, aufgrund der demokratischeren Struktur der Bundesrepublik nicht hatte.

Alles in allem gesehen, haben wenige der großen Gestalten meiner Generation, in dieser aufregenden, erschütternden und revolutionären Periode, in die mein Leben und mein Wirken gestellt waren, einen so nachhaltigen Eindruck in mir hinterlassen wie Konrad Adenauer. Ihn zu treffen war für mich stets eine Quelle der Genugtuung, auch wenn ich zuweilen im Gespräch nicht alles erreichte, was ich wollte. Er war in seiner monumentalen Schlichtheit eine unvergeßliche Erscheinung und trotz aller Kritik, die man an ihm selbst wie an seiner Politik übt und von manchem Standpunkt aus üben darf, kenne ich nur wenige historische Persönlichkeiten, die wie er es nicht nur dem Zufall und dem Glück verdankten, eine entscheidende Rolle in ihrer Zeit gespielt zu haben, sondern vor allem ihrem Charakter und ihren Fähigkeiten.

[29] Gedenk- und Forschungsstätte zur Erinnerung an die unter nationalsozialistischer Herrschaft ermordeten Juden.

19

Weitere Verhandlungen über Wiedergutmachung

Als Bundeskanzler Adenauer im April 1967 starb, befand ich mich in Amerika. Die Nachricht von seinem Tode ging mir sehr nahe, obschon ich gewußt hatte, daß er alt und leidend war. Ich habe in meinem Leben viele bedeutende Staatsmänner und Politiker gekannt und mit einer Anzahl von ihnen – wie Sumner Welles, Kissinger, Brzezinski, Aneurin Bevan, Couve de Murville und anderen – freundschaftliche Beziehungen hergestellt, aber zu keinem war meine persönliche Bindung so tief und stark wie zu Adenauer.
Daher fühlte ich das Bedürfnis, ihm als Toten ganz persönlich meine Verehrung zu bekunden. Ich war, ebenso wie Ben Gurion, zu der feierlichen Beisetzung in Bonn geladen, zog es aber vor, statt an der großen Zeremonie teilzunehmen, ihm individuell die letzte Ehre zu erweisen. Daher bat ich durch die deutsche Botschaft in Washington die Familie des Kanzlers, mir die Gelegenheit dazu zu geben, womit sie einverstanden war. Ich flog nach Deutschland, wurde mit einer Polizei-Eskorte ins Palais Schaumburg geführt, wo der Leichnam aufgebahrt war, und legte am Sarg einen Kranz mit der Inschrift nieder: »Nahum Goldmann als Ausdruck der Verehrung, Dankbarkeit und Trauer.« Danach besuchten Dr. Ernst Katzenstein und ich Dr. Max Adenauer, seinen ältesten Sohn, den früheren Oberstadtdirektor von Köln, um ihm als Vertreter der Adenauer-Familie unser Beileid auszudrücken. In der gleichen Nacht flog ich nach New York zurück.

Nach Konrad Adenauer lernte ich im Verlauf meiner Tätigkeit in der Wiedergutmachungsfrage eine große Zahl deutscher Politiker kennen. Die Liste ist nicht kurz, was beweist, wie viele führende deutsche Politiker in diese Gespräche einbezogen waren. Es kann nicht meine Aufgabe sein, ihre Bedeutung für die deutsche Politik zu erörtern noch sie zu bewerten. Ich will aber versuchen, sie so zu beschreiben, wie sie sich mir darstellten. Ich beginne mit dem ersten Präsidenten der Bundesrepublik, Theodor Heuss. Man hätte sich schwerlich einen besseren Repräsentanten des neuen Deutschlands in der Nach-Hitler-Periode denken können. Er war der absolute Gegensatz zum vergangenen Nazi-Deutschland und dessen dämonischen und unmenschlichen Führer. Theodor Heuss war alles andere als autoritär, das Gegenteil eines Fanatikers; er repräsentierte den besten Typus eines deutschen Intellektuellen und Demokraten, freundlich und jovial in seiner schwäbischen Art, überaus gebildet und sehr vielseitig, interessiert an Literatur und Kunst, selbst ein Schriftsteller von Rang und als Mensch gütig, weich und gesegnet mit einem trefflichen Humor. Über meine erste Bekanntschaft mit ihm als Heidelberger Student habe ich bereits berichtet; als ich ihn das erste Mal nach dem Kriege in Bonn wiedersah, waren wir beide, eingedenk dessen, was sich inzwischen ereignet hatte, tief gerührt. Er kam mir entgegen, umarmte mich, und berichtete mir mit Tränen in den Augen, daß seine Frau Elly vor kurzem gestorben war. Sie war in ihrer eigenen Weise eine sehr bedeutende Persönlichkeit, die Tochter des bekannten Nationalökonomen Knapp aus Straßburg, und selbst politisch, besonders auf dem Gebiete der Sozialfürsorge, aktiv gewesen; während der Nazi-Periode, als für Heuss fast jede berufliche und jedwede politische Tätigkeit unmöglich war, hatte sie fast allein die Familie ernährt. Solange er Bundespräsident war, besuchte ich ihn regelmäßig, wenn ich nach Bonn kam, und hatte auch das Vergnügen, ihn nach seiner Amtszeit in Israel zu begrüßen, für ihn ein Essen zu veranstalten und ihn nach Eilat zu begleiten. Theodor Heuss war seinem ganzen Wesen nach kein Politiker, und es war gut und segensreich für das neue Deutschland, einen geistigen Menschen an seiner Spitze zu haben und keinen Berufspolitiker. Er setzte sich natürlich voll und ganz für unsere Forderungen in der Entschädigungsfrage ein, und seine moralische Unterstützung war von großem Wert.

Der Wirtschaftsminister und spätere Bundeskanzler Prof. Ludwig Erhard spielte in dem ganzen Komplex in all den Jahren eine sehr wesentliche Rolle. An den Verhandlungen nahm er nicht unmittelbar teil, da es, abgesehen von der Konzentrierung in der Hand Adenauers, vor allem Sache des Finanzministers war, diese Verhandlungen zu führen. Doch war seine Stellungnahme als Wirtschafts-

minister häufig von ausschlaggebender Bedeutung, vor allem, als es um die Frage ging, ob die Bundesrepublik, die damals noch weit von der Periode des Wirtschaftswunders entfernt war, in der Lage sein würde, unsere Forderungen zu erfüllen. Erhard war nicht nur freigeblieben von jeder politischen Aktivität in der Nazi-Periode, sondern hatte auch eine bewußt positive Einstellung zu jüdischen Fragen. Im ersten Gespräch erzählte er mir, daß er ein Schüler von Franz Oppenheimer gewesen war, dem bedeutenden jüdischen Soziologen in der Weimarer Zeit, selbst ein aktiver Zionist, der die Entwicklung der Kollektivsiedlungen in Israel in hohem Maße beeinflußt hatte; eine Photographie von Oppenheimer stand auf dem Schreibtisch von Erhard. Nachdem er Kanzler geworden war, machte er mir einmal heftige Vorwürfe, weil man ihm berichtet hatte, ich hätte ihn als weniger judenfreundlich und interessiert an Entschädigungsfragen als Adenauer beschrieben; diese Mitteilung war völlig grundlos, und er nahm auch seinen Vorwurf später zurück. Er und sein Ministerium waren von sehr großer Bedeutung in den Jahren der Erfüllung des Luxemburger Abkommens. Da die deutschen Zahlungen nicht in Geld, sondern in Waren erfolgten, war das Wirtschaftsministerium in den Einzelfragen beinahe noch wichtiger als das Finanzministerium. Dr. Felix Shinnar, der in diesen Jahren die laufenden Verhandlungen für Israel als der Leiter der Israelischen Mission in Köln mit Fleiß und großem Geschick führte, hatte im Wirtschaftsministerium Erhards einen sehr willigen und verständnisvollen Partner. Später, als Bundeskanzler, hat Erhard sozusagen auf eigene Faust und trotz mancher Bedenken des Auswärtigen Amtes den Beschluß zur Aufnahme diplomatischer Beziehungen mit Israel gefaßt, und er war auch in den Jahren danach sehr stolz auf diese Entscheidung, die ein hohes Maß von Entschlußkraft und Mut erforderte.
Meine wichtigsten Gesprächspartner waren natürlich in all diesen Jahren die jeweiligen Finanzminister. Der erste, Fritz Schäffer, war, wie ich schon erwähnte, kein leichter Verhandlungspartner. Er nahm zwar stets eine grundsätzlich positive Haltung in der Entschädigungsfrage ein, hielt aber unsere Forderungen für übertrieben. Trotz Meinungsverschiedenheiten in Einzelfragen war unsere

persönliche Beziehung immer gut, wozu sein spezifisch bayerischer Humor beigetragen hat. Einmal half mir ein jüdischer Witz, eine Forderung bei ihm durchzusetzen. Es handelte sich darum, eine Vorauszahlung von etwa 20 Millionen DM von der Bundesregierung zu erhalten. Die Sache war dringend, und ich fuhr nach Paris, wo Finanzminister Schäffer an einer Sitzung der westeuropäischen Finanzminister teilnahm. Er sagte mir telefonisch, daß er der Konferenz präsidieren müsse und mich daher nur sehr kurz zum Frühstück empfangen könne. Ich traf ihn im Hotel *Bristol*, und als er mir nochmal empfahl, mich kurz zu fassen, sagte ich, ich wolle ihm bloß eine jüdische Geschichte erzählen. Ein jüdischer Schnorrer ging eines Tages zu Amsel Meyer Rothschild, dem Begründer der Rothschild-Dynastie in Frankfurt, um eine Gabe zu erbitten. Der Kammerdiener erklärte ihm, daß der Bankier keine Zeit für ihn habe, worauf der Bittsteller sagen ließ, er habe nur ein einziges Wort zu äußern und sei damit einverstanden, weggeschickt zu werden, wenn er ein zweites Wort sage. Rothschild wurde neugierig und beauftragte den Diener, den Schnorrer kommen zu lassen, ihn jedoch am Kragen festzuhalten und ihn aus dem Zimmer zu führen, sowie er ungefragt ein zweites Wort spreche. Der Schnorrer kam herein und sagte »Gemara« (der hebräische Ausdruck für den zweiten Teil des Talmuds, Gmra geschrieben, da das Hebräische keine Wortvokale hat). Als Rothschild ihn fragte, was das bedeuten solle, erklärte er, das seien die Initialen (ein Wortspiel, das in der jüdischen religiösen Literatur häufig benützt wird,) von »Guten Morgen, Reb Amschel«. Rothschild war davon sehr beeindruckt und fragte den Schnorrer, was er wünsche. »Gemara«, lautete wieder die Antwort. Als Rothschild fragte, was es diesmal bedeuten soll, erklärte er: »Gebt Moos – im Jiddischen Geld –, Reb Amschel.« Rothschild war über diese witzige Formulierung sehr amüsiert, gab dem Schnorrer einen größeren Betrag, worauf dieser stehenblieb. Rothschild fragte ihn, was er nunmehr wolle. »Gemara«, lautete wiederum die Antwort. »Was bedeutet dies jetzt?«, erkundigte sich der Bankier. »Gebt mehr, Reb Amschel«, forderte der Schnorrer. – Finanzminister Schäffer war höchstlich amüsiert über die Erzählung und bat mich, sie ihm langsam zu diktieren, er wolle sie seinen

Kollegen erzählen. Der Erfolg war, daß er die Vorauszahlung bewilligte, was er wahrscheinlich auch ohne diese Geschichte getan hätte, wozu aber seine gute Stimmung bestimmt beigetragen hat. In späteren Jahren, als er nicht mehr Finanzminister war, griff er als Privatmann in die Verhandlungen ein, indem er sich in einem Aufsatz, der eine gewisse Sensation hervorrief, wohl nicht ohne Grund darüber beklagte, daß viele Anwälte in Entschädigungsfragen zwanzig Prozent und mehr von den ihren Klienten zugebilligten Summen verlangten, was durchaus dem Sinne der Gesetzgebung widerspräche.
Von den späteren Finanzministern, mit denen ich zu tun hatte, erwähne ich Franz Etzel: ungemein verständnisvoll und nobel in Fragen der Entschädigungsgesetzgebung. Ihm folgte Heinz Starke, der ein tiefes menschliches Interesse an unseren Problemen nahm. Er erzählte mir bei meinem ersten Besuch mit großer Bewegung von den vielen, die durch den Nazismus in ihrer Gesundheit geschädigt waren. Und *last but not least* Franz Josef Strauß, mit dem ich nach Abschluß der gesetzgeberischen Phase nur ein Spezialproblem bezüglich der Gesundheitsopfer in Israel zu verhandeln hatte, wobei er sich sehr darum bemühte, eine positive Regelung zu erzielen. In den Abkommen im Haag hatte die israelische Delegation eine deutsche Forderung akzeptiert, wonach Israel die Entschädigungen an Nazi-Opfer in Israel, die dauernde physische oder psychische Leiden erlitten hatten, erledigen würde. Die Vertreter Israels hatten berechnet, daß diese Verpflichtung etwa zwanzig Millionen Dollar kosten würde, und – angesichts der Tatsache, daß die Bundesregierung Israel 823 Millionen Dollar zahlen würde – hatten sich bereit erklärt, diesen Posten zu übernehmen. Nach kurzer Zeit stellte es sich jedoch heraus, daß die Zahl der Gesundheitsgeschädigten viel größer als vermutet war und daß demzufolge die Zahlungen, die Israel leisten mußte, beinahe ein Drittel der von Deutschland gezahlten Summe ausmachten. Die israelische Regierung versuchte darauf die Bundesregierung zu bewegen, diese Zahlungen zu übernehmen, hatte jedoch wenig Erfolg, da die Deutschen es nicht zulassen wollten, daß Israel diese Verpflichtung wieder auf sie zurückwälze. Schließlich bat mich Levi Eshkol, als er Finanzminister war, die

diesbezüglichen Verhandlungen zu führen. Vor allem dank der verständnisvollen Haltung von Strauß gelang es mir, ein Abkommen zu erreichen, wonach Israel einige hundert Millionen DM zur Entschädigung der Gesundheitsopfer zur Verfügung gestellt wurden. Das war um so bemerkenswerter, als Strauß bei der ursprünglichen Ratifizierung des Luxemburger Abkommens zu denen gehört hatte, die nicht dafür gestimmt hatten. Er hatte damals Bedenken wegen der negativen Wirkung auf die arabische Welt, wurde aber im Laufe der Jahre mehr und mehr pro-israelisch, was er auch in der Zeit, in der er Bundesverteidigungsminister war, in sehr wichtigen Fragen, die die Sicherheit Israels betrafen, bekundet hat. An dem erwähnten Besuch in Bergen-Belsen hatte er sich auf seine eigene Initiative hin beteiligt. Bei der Gelegenheit beklagte er sich bei mir, daß ich ihn nie in Bonn aufsuchte; ich holte das bald darauf nach und wir sind seitdem in Verbindung geblieben. Obschon ich keineswegs ein Anhänger seiner allgemeinen politischen Einstellung war, gelang es mir, über die menschlichen Besprechungen hinaus persönliche Beziehungen zu ihm herzustellen, wobei mich seine ungewöhnliche Begabung, seine Schlagfertigkeit, seine schnelle Auffassungsgabe und die Stärke seiner Persönlichkeit immer wieder beeindruckten.

Man kann über die politische Ideologie und Strategie von Franz Josef Strauß denken, was man will, niemand wird bestreiten, daß er eine der stärksten politischen Figuren Deutschlands ist, viele Eigenschaften eines geborenen Führers hat und durch seine einfache Präsenz beeindruckt.

Finanzminister Alex Möller habe ich Jahre bevor er dieses wichtige Amt übernahm, kennengelernt, und es entwickelten sich recht freundschaftliche Beziehungen zwischen uns. Er nahm von jeher ein sehr persönliches Interesse an den Entschädigungsfragen, und als stellvertretender Vorsitzender der SPD-Fraktion ebenso wie als Minister hat er stets sein Verständnis und seine positive Entscheidungsbereitschaft dokumentiert. Charakteristisch für ihn ist folgendes Geschehnis, das er mir bei unserem ersten Treffen erzählte: um einen persönlichen Eindruck über die Folgen der Nazi-Periode zu gewinnen, war er eines Tages in New York in das Büro der URO

– die United Restitution Organization, eine von der Claims Conference eingerichtete Stelle für Beratung und Betreuung an Nazi-Opfer, – gegangen. Dieses Büro war stets überfüllt und die Antragsteller mußten jeweils etliche Stunden warten. Möller hatte sich eine Wartenummer geben lassen und blieb unter den URO-Klienten sitzen, mit denen er das Gespräch aufnahm, um sich über ihre tragische Geschichte zu unterrichten. Auch seit er aus der Regierung und aus der Politik ausgeschieden ist, habe ich ihn viel gesehen, und es entwickelte sich zwischen Möller, mir und meinem jüngeren Sohn Guido eine echte Freundschaft. Er hat mich auch bei den späteren Verhandlungen mit der Bundesregierung über zusätzliche Probleme immer wieder beraten und hat stets in allen Wiedergutmachungsfragen, am Aufbau Israels und an der Bekämpfung des Antisemitismus seine uneingeschränkt positive Haltung bekundet.

Von anderen Mitgliedern des Kabinetts in all den Jahren, mit denen ich zu tun hatte, seien nur wenige erwähnt: Heinrich von Brentano, der jahrelang Außenminister war und mit dem ich häufig die Fragen der damals noch nicht offiziellen Beziehungen zu Israel und die Wirkungen der Entschädigungsgesetzgebung auf die welt-jüdische öffentliche Meinung zu besprechen hatte, war ein Mensch von adeliger Gesinnung, wenn auch nicht hartnäckig genug bei der Vertretung seiner Ideen. So hatten wir uns einige Male darüber geeinigt, daß er die formellen diplomatischen Beziehungen mit Israel herstellen würde, doch unterließ er es dann doch wegen der Bedenken oder des Widerstandes mancher seiner Nahost-Experten und anderer Mitglieder des Kabinetts. Auch sein Chef, Bundeskanzler Adenauer, verhielt sich trotz seiner pro-israelischen Sympathien der formellen Anerkennung gegenüber zurückhaltend und ausweichend.

Brentanos Nachfolger, Gerhard Schröder, mit dem ich häufig zusammenkam, hatte ein erhebliches Interesse an einer Verbesserung der deutsch-jüdischen Beziehungen. Als Innenminister hat er oft mit mir Maßnahmen besprochen, um die geistige Wiedergutmachung – damit meinte er die Erziehung einer jungen Generation ohne Rassenhaß und Antisemitismus – in Angriff zu nehmen. Als

Außenminister war er, wenn es sich um Israel handelte, noch wesentlich reservierter als Brentano und der Bundeskanzler. Er war der Ansicht, daß die Herstellung formeller diplomatischer Beziehungen noch verfrüht sei und legte großen Wert, vor allem auch aus wirtschaftspolitischen Gründen, auf die Aufrechterhaltung und den Ausbau freundschaftlicher Beziehungen mit den arabischen Staaten. Die Entscheidung Erhards zur Herstellung der Beziehungen mit Israel war ohne seine Beteiligung getroffen worden.

Zuweilen hatte ich auch mit dem damaligen Justizminister Thomas Dehler zu tun, der ein äußerst temperamentvoller, mutiger, kämpferischer Liberaler war, und der im Unterschied zu der Haltung mancher seiner Parteikollegen in der FDP eine betont positive Haltung einnahm.

Eine wichtige Rolle spielte auch Hermann Abs, der als Präsident der Deutschen Bank eine der zentralen finanziellen Positionen der Bundesrepublik einnahm. Trotz seiner Skepsis und Zurückhaltung im ersten Stadium wurde er später nicht nur ein Freund und Befürworter der Entschädigungsgesetze, sondern half auch tatkräftig bei der Durchführung des Abkommens, das einige Jahre früher als vorgesehen erfüllt wurde. Aufgrund seiner zentralen Position in der deutschen Finanzpolitik und seiner engen Beziehungen zu dem Bundeskanzler war es ihm möglich, besonders die Beschleunigung der Warenlieferungen zu erleichtern, und sowohl Dr. Shinnar wie die israelische Regierung haben seine Hilfe auf diesem Gebiete immer wieder anerkannt.

Ein Wort sei hier über den leider allzu früh verstorbenen Alt-Bundespräsidenten Gustav Heinemann gesagt. Er war eine der moralisch eindrucksvollsten Figuren der jungen deutschen Bundesrepublik, ein Mann von absoluter Integrität, ein überzeugter Protestant, zeitlebens ein Antinazi. Er repräsentierte die neuen Werte, die die demokratische Bundesrepublik zu ihrer Existenzbasis machte, eindrucksvoller als jeder andere. Als er gewählt wurde, hatte ich ihm versprochen, wann immer ich nach Bonn käme, ihn aufzusuchen. Er war ein echter Freund der Israelis und machte sich schon früh Sorgen um deren wachsende politische Isolierung und den ungelösten Konflikt mit den Arabern. In der Frage der Nazi-Verbrecher –

einer für viele Deutsche sehr schwierigen Frage – spielte Gustav Heinemann als Justizminister eine entscheidende Rolle.
Dieses Problem ist jüngst wieder aktuell geworden, da die Verjährung der Nazi-Verbrechen Ende 1979 hätte eintreten sollen; in einem historischen Beschluß im Juli 1979 hat sich der Bundestag mit einer zwar nicht großen, jedoch klaren Mehrheit für die Aufhebung der Verjährungsfrist ausgesprochen. Vom Standpunkt der fortschreitenden Normalisierung deutsch-jüdischer Beziehungen war dies ein Glück, denn das Aufrechterhalten der Verjährung hätte in der Welt mit Recht eine äußerst negative Reaktion hervorgerufen.
Um auf die Entschädigungsforderungen in der Vergangenheit zurückzukommen, sei bemerkt, daß im Bundestag – der natürlich in allen Fragen letztlich entscheidend war, da es sich um gesetzgeberische Maßnahmen handelte, – sozialdemokratische Abgeordnete eine wichtige Rolle spielten, besonders weil lange Zeit der Vorsitzende des zuständigen Ausschusses ein Sozialdemokrat war. Vor allem denke ich mit Rührung und Dankbarkeit an Fritz Erler, einen der intellektuell und charakterlich hervorragendsten Führer der SPD, den ein grausamer Tod vorzeitig der großen Laufbahn, für die er höchstwahrscheinlich berufen war, entrissen hat. In allen Fragen deutsch-jüdischer Beziehungen war er von unbegrenzter Hilfsbereitschaft, und mit jedem wichtigen Problem konnte ich mich jederzeit an ihn wenden und mit seiner Unterstützung rechnen. Er war gemeinsam mit Erich Ollenhauer und später mit dessen Nachfolger Willy Brandt als Vorsitzender der SPD verantwortlich für die positive, von keinerlei Vorbehalten beeinflußte Stellungnahme der Partei in allen Fragen, mit denen ich zu tun hatte.
Einen tiefgreifenden und heilsamen Einfluß auf die Haltung der SPD hatte ihr führender Jurist, ein Mann von ebenso viel Scharfsinn wie moralischer Integrität, geschätzt weit über den Rahmen seiner Partei hinaus: Adolf Arndt. Er war nicht nur maßgebend an der Klärung der oft komplizierten juristischen Fragen der Gesetzgebung beteiligt, sondern hat auch später als Rechtsvertreter der Claims Conference, anderer jüdischer Organisationen und Nazi-Opfer durch seine Beratung ungemein viel genutzt.
Von den Abgeordneten der SPD, die als Experten der Partei in Ent-

schädigungsfragen wirkten, seien nur einige erwähnt. Der erste von ihnen war Otto Heinrich Greve, der, obschon er aus verschiedenen Gründen nach einer Weile den Bundestag verlassen mußte, in der Zeit, da er der Vorsitzende dieses Ausschusses war, Außerordentliches mit seinem Tempo und Temperament erreicht hat. – Später waren es vor allem die Abgeordneten Gerhard Jahn und Martin Hirsch, – heute Mitglied des Obersten Gerichts in Karlsruhe – letzterer wohl der beste Spezialist der sozialdemokratischen Gruppe und sicher einer der besten im Bundestag, die diese häufig sowohl juristisch wie verwaltungsmäßig ungemein komplizierten Probleme nicht nur souverän beherrschten, sondern uns in unseren wichtigsten Forderungen Hilfe leisteten.

Etwas ausführlicher möchte ich über meine Beziehungen zu den zwei sozialdemokratischen Bundeskanzlern – Willy Brandt und Helmut Schmidt – berichten. Brandt lernte ich zuerst als Regierenden Bürgermeister von Berlin kennen, als ich um Entschädigungen an die Jüdische Gemeinde verhandelte. Unsere Gespräche beschränkten sich von vornherein nicht auf die sachlichen Probleme, sondern umfaßten allgemeine Fragen wie die Politik Israels in bezug auf die Araber, den Kalten Krieg und die Détente. Ich kann ohne Übertreibung sagen, daß sich eine echte freundschaftliche Beziehung zwischen uns entwickelt hat. Sowohl während er Bundeskanzler war, wie auch jetzt als Vorsitzender der SPD, trafen wir uns des öfteren auch privat und stehen in regelmäßiger Verbindung. Ich hatte vor zwei Jahren den Plan gefaßt, eine Konferenz jüdischer, israelischer und arabischer Intellektueller nach Wien einzuberufen – unter der Schirmherrschaft von Kanzler Bruno Kreisky, der dieses Projekt sehr unterstützte –, um das Problem der Herbeiführung eines Friedens im Nahen Osten auf einer hohen Ebene zu diskutieren. Auch Brandt interessierte sich lebhaft für diese geplante Konferenz und ich gewann ihn dafür, die Einladungen unter seinem Namen zu versenden. Auf Grund der damals negativen Einstellung von Arafat zu solchen israelisch-palästinensischen Begegnungen verweigerten die meisten palästinensischen Intellektuellen ihre Teilnahme, ohne die die Konferenz viel von ihrem Sinne verloren hatte und so nicht stattfinden konnte. In den jüngsten Jahren ist es mir gelungen,

Brandt auch für das jüdische Problem in der Sowjetunion zu interessieren. Dies ist für uns von großer Bedeutung, da es keine deutschen und westeuropäischen Politiker gibt, die von den sowjetischen Führern mehr geschätzt werden als er. Ich habe den Mut Willy Brandts, als er seine Ostpolitik – mit großem Geschick unterstützt von Egon Bahr – eingeleitet hat, immer wieder bewundert und sie oft gegenüber Zweiflern und Gegnern, vor allem in Washington, verteidigt. Ich war von jeher ein Anhänger seiner politischen Auffassung und glaube, daß die demokratische Welt sich darauf einstellen muß, daß die kommunistischen Staaten, geführt von der Sowjetunion, ein ebenso wichtiger Faktor heute sind wie es im 19. und Anfang des 20. Jahrhunderts die Demokratien waren, und daß eine Verständigung der Weltmächte – wozu in einigen Jahren auch China gerechnet werden muß – unerläßlich ist, um die Welt vor der Katastrophe eines Atomkriegs zu retten.

Eine Episode, die nicht direkt mit jüdischen Problemen zu tun hat, will ich erwähnen. Während der Verhandlungen der vier Besatzungsmächte wegen des Status von Berlin drückte mir Brandt, der damals Bundeskanzler war, seine Besorgnis aus, daß die Verhandlungen an der starren, negativen Haltung von Ulbricht, dem Generalsekretär der kommunistischen Partei der DDR, scheitern würden. Kurz danach traf ich in Washington den sowjetischen Botschafter Dobrynin zu einem längeren Gespräch. Ohne daß er mir etwas Klares gesagt hätte, gewann ich den Eindruck, daß die russische Haltung entgegenkommender sei als die von Ulbricht und dieser nicht mehr lange an der Macht bleiben würde. Nach meiner Rückkehr telefonierte ich mit Brandt und sagte ihm, daß sein Pessimismus meines Erachtens unberechtigt sei und daß Ulbricht vielleicht bald abtrete. Der Bundeskanzler schien von meiner Meinung nicht überzeugt. Als einige Zeit danach Ulbrichts Rücktritt bekannt wurde, ließ mich der Bundeskanzler durch Staatssekretär Ehmke anrufen, um meine Voraussicht zu loben; dann erzählte ich ihm, worauf sie basierte.

Bundeskanzler Willy Brandts Nachfolger, Helmut Schmidt, kenne ich, seitdem er Fraktionsvorsitzender der SPD war und zusammen mit Rainer Barzel, dem Vorsitzenden der Unionsfraktion, alle neuen Gesetze behandeln mußte, die seit dem Luxemburger Abkommen in Entschädigungsfragen vorgeschlagen wurden. Die enge Beziehung mit Schmidt setzte sich fort, als er Finanzminister und danach Bundeskanzler wurde. Seine positive Haltung zu jüdischen Problemen hat er in all den Jahren bewiesen und sie in sehr eindrucksvoller Weise in einer Rede anläßlich des 40. Jahrestags der »Reichskristallnacht« in der Kölner Synagoge zum Ausdruck gebracht, in der er mit mir zusammen am 9. November 1978 das Wort ergriff. Unter Helmut Schmidts dynamischer und staatsmännischer Leitung ist die Bundesrepublik nicht nur ökonomisch, sondern auch politisch eine führende Macht geworden, und er hat den notwendigen und durchaus nicht selbstverständlichen Takt, der unerläßlich ist, die Bundesrepublik als eine immer stärker werdende Großmacht weltpolitisch zu repräsentieren, ohne das Mißtrauen und die Furcht zu vertiefen, die in weiten Kreisen auf Grund der Erfahrungen, die die Welt mit Nazi-Deutschland gemacht hat, bestehen. Gemeinsam mit Adenauer haben diese beiden Führer der Sozialdemokratie, Brandt und Schmidt, mit am stärksten dazu beigetragen, die wirtschaftliche und vor allem politische Position der Bundesrepublik Deutschland in der Welt zu sichern und sie mit erstaunlicher Schnelligkeit nach der vernichtenden Niederlage im Zweiten Weltkrieg in die Reihe der Großmächte einzugliedern. – Auch mit dem Vorsitzenden der Freien Demokratischen Partei, Bundesaußenminister Hans-Dietrich Genscher, und mit dem Alt-Bundespräsidenten Walter Scheel unterhalte ich seit Jahren regelmäßige Beziehungen.

Von der vorher regierenden CDU muß ich vor allem den langjährigen Bundestagspräsidenten Eugen Gerstenmaier erwähnen. An jüdischen Fragen nicht nur in ihrer aktuellen Form, sondern als ausgebildeter Theologe historisch und philosophisch sehr interessiert, ein fast leidenschaftlicher Freund Israels, dynamisch und mutig, hatte er auf Grund seiner jahrelangen Position als Bundestagspräsident – ein Amt, das er mit großer Autorität wahrgenommen hat – in allem, was die Gesetzgebung betraf, viele Einflußmöglichkeiten, die er auch nutzte. Als der Jüdische Weltkongreß auf meine Initiative hin beschloß, gegen viele Kritik in seinen eigenen Reihen, auf seiner Weltkonferenz in Brüssel 1966 das Problem »Juden und Deutsche« auf die Tagesordnung zu setzen – zum ersten Mal seit dem Kriegsende geschah das auf einem internationalen jüdischen Forum –, beabsichtigte ich, als Sprecher für die Deutschen neben dem bedeutenden und in seiner Persönlichkeit so liebenswerten Historiker Golo Mann als Vertreter des offiziellen Deutschlands Eugen Gerstenmaier einzuladen. (Mein verehrter Lehrer Karl Jaspers konnte aus Gesundheitsgründen nicht teilnehmen und übersandte seine Rede schriftlich.) Gegner dieses Dialogs innerhalb des Jüdischen Weltkongresses drohten, die Sitzung zu verhindern. Einige Wochen vorher hatte mich Bundeskanzler Adenauer eingeladen, um seine Zweifel zu äußern, ob ich nicht auf die Einladung an Gerstenmaier verzichten sollte, weil die Gefahr bestehe, daß er daran gehindert werde zu sprechen oder beleidigend angegriffen würde, was – da er als Bundestagspräsident dem Rang nach die zweithöchste Persönlichkeit der Bundesrepublik war – als eine Beleidigung Deutschlands gedeutet werden und den deutsch-jüdischen Beziehungen großen Schaden bringen könne. Ich beruhigte den Kanzler und Gerstenmaier, der selbst Zweifel hatte, damit, daß ich ihnen versprach, einige Tage vor der Konferenz mit der Opposition zu einer Vereinbarung über die Prozedur zu gelangen, um den ordentlichen Verlauf der Sitzung zu sichern. Falls mir dies nicht gelingen sollte, würde ich Gerstenmaier bitten, nicht zu kommen. Ich erreichte auch mit den beiden oppositionellen Gruppen ein Einvernehmen, wonach ihnen zu Anfang der Sitzung das Wort gegeben würde, um ihre Argumente gegen die Einladung deutscher Redner zu begründen. Danach würden sie ruhig den Saal verlassen. Die Tagung, die natürlich große internationale Beachtung fand und in Gegenwart vieler Zeitungs-, Radio- und Fernsehvertreter aus verschiedenen Ländern stattfand, verlief würdig und in gespannter Aufmerksamkeit. Gerstenmaier hatte mit seiner sehr offenherzigen, mutigen Rede, in der er nichts zu vertuschen versuchte und in der er erklärte, die Motive der Gegner seiner Anwesenheit durchaus zu verstehen, einen unbestreitbaren Erfolg. Der Dialog war, meines Erachtens, ein wichtiger Schritt in der Klärung der deutsch-jüdischen Beziehungen.

Eine zweite Episode in Zusammenhang mit Gerstenmaier möchte ich hier erwähnen. Als er Präsident des Bundestags war, wurde er von der israelischen Regierung zu einem Besuch eingeladen. Am Tag vor seiner Abreise bat er mich zu einer dringenden Besprechung; er war gerade von einer Sitzung des Ältestenrats gekommen, und verschiedene Mitglieder hatten bezüglich seiner Israel-Reise Bedenken, da Demonstrationen, die Extremistengruppen angekündigt hatten, nicht gegen Gerstenmaier persönlich, sondern gegen die Würde der Bundesrepublik verstoßen würden. Ich riet ihm, unbedingt zu fliegen. Sein Besuch sei eine wichtige Geste in dem Prozeß der Verbesserung und Normalisierung der deutsch-israelischen Beziehungen; ein Attentat habe er nicht zu befürchten, schlimmstenfalls würde er von einer faulen Tomate getroffen. »Wäre es nicht eine kleine Sühne für die Nazi-Verbrechen gegen die Juden, dies als zweithöchster Würdenträger der Bundesrepublik hinzunehmen, selbst wenn Sie persönlich unschuldig waren und sogar Ihr Leben als Widerstandskämpfer gefährdet haben?«, sagte ich. Gerstenmaier antwortete mir, mein Argument habe ihn überzeugt. Es passierte nichts Ernstes während seines Aufenthalts. Die Außenwand meines Hauses in Jerusalem wurde mit beschimpfenden Äußerungen beschmiert, als man erfuhr, daß ich Gerstenmaier zu einem Essen eingeladen hatte.
Jederzeit zugänglich und immer verständnisvoll war auch der Vorsitzende der CDU-Fraktion im Bundestag, Rainer Barzel, der klug, geschickt und parlamentarisch außerordentlich begabt bei der Verabschiedung der Gesetzesvorlagen im Bundestag stets bereitwillig half.
Einige der wichtigsten Beamten, die mit den Entschädigungsfragen zu tun hatten, sollen auch hier erwähnt werden. Vor allem handelte es sich um Hans Globke, den jahrelangen Chef des Bundeskanzleramts unter Adenauer, der für die Claims Conference und mich ein großes Problem darstellte, weil er als hoher Beamter im Reichsinnenministerium in der Naziperiode bekanntlich der Mitverfasser eines berüchtigten Kommentars zur Nürnberger Gesetzgebung war. Trotz Drängen von Adenauer habe ich ihn lange nicht empfangen und riet auch dem Kanzler mit Erfolg davon ab, ihn auf eine

Reise nach Südamerika zu schicken, wo er bestimmt von jüdischen Organisationen angegriffen worden wäre. Unbestreitbar war er einer der effektivsten Beamten, die ich je kennengelernt habe, der Mann, der alle Versprechen Adenauers mit unfehlbarer Pünktlichkeit und Zuverlässigkeit in die Wirklichkeit umsetzte, was auch von den israelischen Vertretern in Bonn immer anerkannt wurde. Auf die Dauer konnte ich es natürlich nicht vermeiden, ihn zuweilen zu treffen. – Von großer Hilfe war mir der langjährige Staatssekretär im Auswärtigen Amt, Prof. Karl Carstens, der seitdem eine große Karriere gemacht hat, zuerst als Fraktionsvorsitzender der CDU im Bundestag, später als Bundestagspräsident und nunmehr als Präsident der deutschen Bundesrepublik. Er war sehr verständnisvoll in Fragen der Entschädigung und hat mir auch im Laufe der Jahre immer wieder geholfen. – Erwähnt muß auch Ministerialdirektor Féaux de la Croix werden, der entscheidende hohe Beamte im Finanzministerium. »Minister sind diejenigen, die unterschreiben«, habe ich in meiner langen Erfahrung gelernt, »Beamte sind die, die verwirklichen.« Herr de la Croix hat natürlich die Interessen des Finanzministeriums, möglichst wenig Geld auszugeben, von seinem Standpunkt aus mit Recht vertreten, war aber mehr als jeder andere verständnisvoll und hilfsbereit in unseren Angelegenheiten.
Wer nach der Unterzeichnung des Luxemburger Abkommens geglaubt hatte, daß nun die Verhandlungen mit der Bundesrepublik beendet seien, wurde im Laufe der kommenden Jahre eines anderen belehrt. Was damals unterzeichnet wurde, war nur die Grundlage für ein Gesetzgebungswerk, das sich in der folgenden Zeit immer mehr erweiterte und verbesserte und dessen Verwirklichung sich viel komplizierter gestaltete, als man jemals gedacht hätte, vor allem weil vor und während der Verhandlungen niemand eine zureichende Vorstellung vom Umfang der nazistischen Verbrechen und der gewaltigen Zahl der anspruchsberechtigten Opfer hatte.
Nachdem die grundlegenden Gesetze im Bundestag angenommen worden waren, ging man in den folgenden Jahren daran, neue Aspekte des Entschädigungsproblems in Erwägung zu ziehen, an die man nicht gedacht hatte, Verbesserungen für gewisse Kategorien vorzunehmen und eine Anzahl von juristischen und moralischen

Schwierigkeiten, die mit der Durchführung zusammenhingen, auszuräumen. Schon rein verwaltungsmäßig handelte es sich um eine ungewöhnliche Aufgabe. An die zwei Millionen Anträge mußten bearbeitet, geprüft, bewilligt oder abgelehnt werden. Im Falle der Ablehnung gab es die Möglichkeit, Einspruch zu erheben und die Gerichte in verschiedenen Instanzen anzugehen. Tausende und Abertausende waren und sind mit der Durchführung dieser Gesetzgebung befaßt, und da diese bei den Ländern liegt, war es namentlich in den Jahren des deutschen Wirtschaftswunders oft nicht möglich, eine genügende Zahl von Arbeitskräften zu finden. Die Situation wurde zu einem bestimmten Zeitpunkt so kritisch, daß ich Bundeskanzler Adenauer bitten mußte, unter meiner Beteiligung eine Konferenz der Ministerpräsidenten und Finanzminister der Länder einzuberufen, um dafür zu sorgen, daß die Durchführung schneller vor sich ging, damit nicht zu viele der Anspruchsberechtigten, unter denen sich zahlreiche Alte und Kranke befanden, starben, ehe sie zu ihrem Recht gekommen waren. Die Tatsache, daß Adenauer darauf bestand, diese Sitzung abzuhalten, und daß, mit einer oder zwei Ausnahmen, alle Ministerpräsidenten anwesend waren, beweist, welch großes Interesse der Kanzler an diesen Problemen nahm und seinen Willen, ihre Lösung zu erleichtern. Ich kann mir nicht vorstellen, daß in irgend einem anderen Land der Welt der Staatschef alle Gouverneure zusammenrufen würde, um die Vorstellungen eines Nichtbürgers anzuhören.

Dieser Prozeß der ergänzenden Gesetzgebung und praktischen Durchführung erforderte eine ständige Weiterarbeit der Claims Conference. Ihr sachverständiger Experte war Nehemia Robinson, dessen ungewöhnlicher Detailkenntnis und moralischer Autorität auch die deutschen Beamten und Minister große Hochachtung zollten. Die Claims Conference unterhielt in all diesen Jahren ein Büro in Deutschland – zunächst geleitet von Dr. Hubert S. Schönfeld und später, in hingebungsvoller und sehr erfolgreicher Art und Weise, von Dr. Ernst Katzenstein –, das in enger Verbindung mit den deutschen Behörden arbeitete.

Ende 1965 wurde das sogenannte »Schlußgesetz« im Bundestag verabschiedet. Es handelte sich um zusätzliche Bestimmungen, insbesondere für Nazi-Opfer, die in den von Deutschland einst besetzten Teilen von Osteuropa wohnten und die erst nach 1953 ihre Ursprungsländer verlassen hatten; das erste Bundesentschädigungsgesetz hatte solchen Flüchtlingen keine Anspruchsrechte zunerkannt. Es gab natürlich, sowohl im Finanzministerium wie bei manchen Abgeordneten, Bedenken wegen dieses sogenannten Schlußgesetzes, das neue Milliarden erforderte. Der Präsident des Bundesrates, Eugen Gerstenmaier, half mir entscheidend bei diesen Verhandlungen. Als die Frage im Haushaltsausschuß zur Debatte stand, rief er mich bezüglich der Modalitäten und Einzelheiten an. Nach einer halben Stunde machte ich ihn darauf aufmerksam, daß unser Gespräch wohl sehr kostspielig würde. »Erstens«, antwortete mir Gerstenmaier, »zahle ich es und nicht Sie. Und zweitens haben Sie bestimmt noch nie einen Telefonanruf gehabt, der Ihnen viele Milliarden einbringt.«

Als das Gesetz vor der Annahme stand, benachrichtigte mich Dr. Ernst Katzenstein, der Vertreter der Claims Conference in Bonn, daß der Haushaltsausschuß mich bitte, eine Erklärung zum Protokoll abzugeben, daß dies meine letzte Forderung sei. Ich war gerade in Paris beschäftigt und erinnerte mich eines Rats von Sam Bronfman – Vize-Präsident des Jüdischen Weltkongresses und ein guter persönlicher Freund –, der mir empfohlen hatte, schriftliche Erklärungen zu vermeiden: »Mündliche Versprechen kannst Du widerrufen oder abstreiten«, pflegte er zu sagen. So bat ich den Vorsitzenden des Ausschusses, auf mein Erscheinen zu verzichten und sich mit einer Erklärung Dr. Katzensteins zu begnügen.

Vor einigen Jahren ergab sich eine neue Situation, als eine neue jüdische Auswanderung aus den osteuropäischen Ländern begann. Es ergab sich, daß diese Nazi-Opfer auf Grund des Stichtages keine Ansprüche stellen konnten, obwohl sie moralisch das Recht dazu hatten und mehr als viele andere nach der Nazi-Okkupation auch in kommunistischen Ländern gelitten hatten. Ich wandte mich damals an Bundeskanzler Brandt, der ungemein verständnisvoll in all diesen Fragen war und sich im Prinzip bereit erklärte, ein neues Gesetz zu empfehlen und meine Forderung von einer Milliarde DM als Ausgangspunkt der Verhandlungen zu diskutieren. Der damalige

Finanzminister Helmut Schmidt setzte den Betrag in unseren Verhandlungen auf 540 Millionen herab, und während ich dies im April 1979 schreibe, ist eine Einigung auf der Basis von 440 Millionen in Sicht. Da ich heute weniger oft nach Bonn fahre als in der Vergangenheit, war es vor allem Werner Nachmann, der Vorsitzende des Zentralrats der Juden in Deutschland, der die Kontakte mit entscheidenden Mitgliedern der Regierung und des Bundestags aufrecht erhielt. Die Verhandlungen liegen in der Hand von Staatsminister H. J. Wischnewski, der trotz seiner übergroßen Beschäftigung sein Bestes getan hat und tut, sie zu einem positiven Abschluß zu bringen. Eine besondere Zuwendung der Bundesregierung soll es dem Zentralrat ermöglichen, an der Heidelberger Universität einen Lehrstuhl für die Wissenschaft des Judentums zu errichten.
Nach den Erfahrungen all der Jahre, in denen wir immer wieder mit neuen Ansprüchen kamen, verlangte die Bundesregierung ein Schreiben von mir, offiziell von der israelischen Regierung anerkannt, daß diese die endgültig letzte Forderung sei. Ich gab eine solche Erklärung ab, und die israelische Regierung gab mir, nach langwierigen Beratungen ein an Bundeskanzler Schmidt gerichtetes Schreiben, in dem sie von meiner Erklärung Kenntnis nahm. Von den Verhandlungen wegen dieser endgültig letzten Forderung sei nur eine Episode erwähnt. In einem Gespräch mit Außenminister Genscher versicherte er mir, daß auch die FDP, nach der Zustimmung des Bundeskanzlers und Finanzministers, für das Projekt stimmen würde. Er fragte mich jedoch, wie ich es nach dem 1965er »Schlußgesetz« erkläre, daß ich nun mit neuen Forderungen käme. Ich antwortete ihm unter Hinweis auf Goethes »Marienbader Elegie«, eines der schönsten Liebesgedichte der Weltliteratur, in dem der siebzigjährige Goethe von seiner Liebe zu einem achtzehnjährigen Mädchen als sein »letztestes Erlebnis« spricht. »Das gilt auch für mich«, sagte ich. »Das Schlußgesetz war die letzte Forderung, die jetzige ist die letzteste.« Genscher meinte lachend, daß man mir, wegen meiner Berufung auf Goethe, nicht widersprechen könne, doch fürchte er, ich käme eines Tages mit einem »letztestesten« Anspruch. Ich versicherte ihm feierlich, daß ich das ohne Goethes Unterstützung nicht tun würde.

Die Claims Conference wird wohl noch etliche Jahre aktiv bleiben müssen, bis alle Einzelforderungen befriedigt und die letzten Nazi-Opfer, die Renten bzw. Pensionen erhalten und sonstige Ansprüche geltend machen, nicht mehr am Leben sein werden. Das Ausmaß der Entschädigungs- und Wiedergutmachungsgesetzgebung ist zum größten Teil unbekannt. Es handelt sich nicht nur um ein ganz neues Rechtsprinzip, sondern ist auch in seinem Umfang von beispielloser Größe.

Was das Abkommen zwischen der Bundesrepublik und dem Staate Israel betrifft, um dem jüdischen Staat zu helfen, die Kosten der Aufnahme und der Eingliederung der überlebenden Flüchtlinge, der Überlebenden der Konzentrationslager und der Nazi-Opfer aus Deutschland und der besetzten Gebiete zu tragen, so verpflichtete sich Deutschland im Luxemburger Abkommen zu einer Totalleistung von drei Milliarden DM. Diese erfolgte in Form von deutschen Waren für insgesamt 2400 Millionen und etwas über eine Milliarde DM für die Lieferung von englischem Petroleum an Israel. Die Waren ermöglichten Israel, seine Stahl- und Metallindustrie aufzubauen und schlossen Elektrizitätswerke, 59 Schiffe, Postinstallationen, landwirtschaftliche Maschinen, Lokomotiven usw. ein.

Der Claims Conference zahlte die Bundesrepublik ungefähr 107 Millionen Dollar, die vor allem zur Hilfe für 200000 Nazi-Opfer, die ihr Leben in früher von Nazis besetzten Gebieten wieder aufbauten, benutzt wurden. Etwa zwanzig Prozent des Betrages wurde für kulturelle Institutionen ausgegeben, darunter 165 jüdische Schulen, 108 Gemeindehäuser, 65 Kinder- und Jugendheime, 62 Synagogen, 55 Altersheime, 15 Spitäler. Mit diesen Geldern wurden auch eine Reihe jüdischer Forscher und Schriftsteller unterstützt, die an die 460 wissenschaftliche und literarische Werke in diesen Jahren veröffentlicht haben.

Bedeutender im Umfang waren die Zahlungen an Einzelne aufgrund des Bundesentschädigungsgesetzes und Bundesrückerstattungsgesetzes. Insgesamt 59 Milliarden DM wurden bis Ende 1978 aufgrund verschiedener Ansprüche ausgezahlt, und es wird geschätzt, daß bis Ende der Durchführung weitere 24 Milliarden DM für Entschädigungen und 371 Millionen DM für Rückerstattungen notwendig sein werden. Die Kalkulation des Bundesfinanzamts beweist, daß die deutschen Verpflichtungen für die Restitution von durch Nazis geplünderte Vermögen, Haushalt und Schmuck praktisch erfüllt worden sind. Die Lage ist jedoch eine andere, was die Entschädigung für Verlust an Leben, Freiheit, Gesundheit, Erziehung und Beruf betrifft; in dieser Kategorie sind in vielen Fällen lebenslängliche Zahlungen an die Opfer vorgesehen. Über vier Millionen Ansprüche wurden eingereicht, doch – da viele Nazi-Opfer für verschiedene Schäden Entschädigung erhalten – ist die Zahl der Antragsteller erheblich geringer. Zusätzlich zu den direkt von der Bundesregierung bezahlten Beträgen hat die Claims Conference 53 Millionen DM von verschiedenen Industriewerken erhalten, die während des Krieges Zwangsarbeiter angestellt hatten, von denen etwa 15000 Überlebende teilweise entschädigt wurden. Die Verhandlungen mit den verschiedenen Gesellschaften habe ich nicht selbst geführt; mit ihnen befaßten sich Vertreter der Claims Conference, vor allem ihr Rechtsberater Dr. Benjamin Ferencz. In einem Fall wurde ich persönlich einbezogen, und zwar handelte es sich um Krupp. An einem amerikanischen Feiertag erhielt ich einen Anruf von John McCloy, dem früheren Hohen Kommissar in Deutschland, damals Vorsitzender der Chase National-Bank. Er bat mich, Berthold Beitz, den General-Bevollmächtigten von Krupp, zu empfangen, der in seinem Flugzeug nach New York gekommen war, um mich zu treffen, und am folgenden Tag schon zurückfliegen wollte. Der nächste Tag war Freitag, und ich mußte die allwöchentliche Sitzung der Zionistischen Exekutive leiten. Ich antwortete daher McCloy, er möge Herrn Beitz bitten, um neun Uhr morgens zu mir zu kommen. Das Büro der Jewish Agency und der Zionistischen Organisation befand sich damals in einem alten Privathaus, aus dem wir bald danach auszogen. Am nächsten Morgen erschien dort der elegante, gut aussehende Herr Beitz und schaute sich neugierig um. Auf meine Frage sagte er ironisch: »So also sitzen die Weisen von Zion: in alten, baufälligen Häusern!« Ich erwiderte ihm: »Laut einer jüdischen Legende besteht die Welt nur, weil in jeder Generation 36 Gerechte und Heilige leben, um deretwillen Gott die Menschheit nicht zerstört. Diese ›Zadikim‹ müssen so anonym und unbekannt bleiben, daß niemand weiß, wer sie sind. Dies erklärt Ihnen vielleicht den Charakter dieses Hauses.« Ich fragte ihn, was ihn zu mir führte. Er erzählte mir, daß die Claims Conference von Krupp einen hohen Betrag verlange als Entschädigung für die Zwangsarbeit, die Juden während des Krieges in den Krupp-Werken geleistet hatten; Krupp lehnte diese Forderung jedoch ab, mit der Begründung, daß die Beschäftigung bei Krupp die Betreffenden vor der Vergasung gerettet habe. Da die Vertreter der Claims Conference jedoch nicht nachließen, hatte sich Krupp an den Bundeskanzler gewandt, der ihm geraten hatte, die Frage mit mir zu besprechen. Aus diesem Grund war Beitz zu mir gekommen. Ich sagte ihm, daß ich mich zwar freue, ihn kennenzulernen, daß ich jedoch die jüdischen Ansprüche voll unterstützen müsse. Es möge zwar stimmen, daß die Tätigkeit bei Krupp die Nazi-Opfer vor der Vernichtung gerettet hätte, jedoch ist es nicht weniger richtig, daß sie gesundheitlich, geistig und seelisch in den Jahren der Zwangsarbeit gelitten hatten, und eine, wenn auch bescheidene Entschädigung erschien mir als moralische Pflicht. »Eine Firma wie die Ihrige sollte doch aus einer solchen Forderung keine Affäre machen«, sagte ich. Beitz antwortete, daß er schon an vielen Schiedsgerichten beteiligt gewesen sei, es aber zum ersten Mal erlebe, daß ein Schiedsrichter sein Urteil fälle, bevor er noch die Argumente gehört habe. Er sah jedoch ein, daß ich recht hätte, und bat mich, Dr. Ferencz zu veranlassen, noch am selben Tag zu ihm zu kommen, um eine Vereinbarung zu treffen. Späterhin sind wir befreundet geworden, und ich habe ihn sowohl in Bonn wie manchmal auf Ferien getroffen. Er erzählte mir, daß er selbst während des Krieges eine Anzahl von Juden gerettet hatte, als er Leiter der Petroleumquellen in Ostgalizien war und sie dort anstellte. Für diesen Verdienst hat ihm Yad Vashem, die Erinnerungsstätte für die Nazi-Opfer in Jerusalem, einen Baum im Hain der »Nicht-jüdischen Gerechten« pflanzen lassen, und Beitz ist sehr stolz auf diese Auszeichnung.

In der zusätzlichen Gesetzgebung von 1965 wurde eine weitere Milliarde DM bewilligt, die durch Verträge mit verschiedenen we-

steuropäischen Staaten an Nazi-Opfer, die unter den bestehenden Gesetzen keine Entschädigung erhalten konnten, verteilt wurden. Nach der Herstellung von diplomatischen Beziehungen mit Jugoslawien, Polen und Ungarn wurden Verträge mit diesen Staaten geschlossen – in Form von langfristigen Anleihen oder einmaligen Zahlungen –, um die Entschädigung der Opfer der Judenverfolgung in diesen Ländern zum Teil zu ermöglichen.
Hinsichtlich der Rückerstattung beschlagnahmter Vermögen, Fabriken, Kunstgegenstände usw. wurden über eine Million Ansprüche angemeldet, doch sind viele der früheren Inhaber und ihrer Erben in den Nazi-Lagern verschwunden. Es wurden deshalb jüdische Organisationen geschaffen, die für die erblosen Vermögen Entschädigung erhielten und diese Summen für die Unterstützung von überlebenden Nazi-Opfern benutzten. Insgesamt sind nahezu 4 Milliarden, darunter 155 Millionen an die jüdischen Organisationen, ausgezahlt worden.
Zusammenfassend sei gesagt, daß nach Schätzung sowohl des deutschen Finanzministeriums wie der Claims Conference die Gesamtkosten der Entschädigungs- und Wiedergutmachungsgesetzgebung am Ende zwischen 80 und 90 Milliarden DM betragen werden. Es war ein Glück, daß weder die Bundesrepublik noch die jüdischen Unterhändler am Anfang der Verhandlungen eine Ahnung hatten, wie hoch die Beträge sich belaufen würden. Hätten wir damals gewußt, um welche Summen es sich handeln würde, hätten wir es nicht gewagt, unsere Forderungen zu stellen. In diesem Fall hat sich Goethes Wort, wonach der Handelnde immer blind sein muß, bestätigt; wer alle Seiten eines Problems sieht und alle Schwierigkeiten und Hindernisse, wird selten den Mut haben, Probleme umfassend anzugreifen.
Im Verlaufe der mehr als 25 Jahre, während denen sich meine Verhandlungen mit der Bundesrepublik hinzogen, gab es Momente, in denen die deutsche Regierung an eine Revision der Zahlungen dachte. Nachdem es sich erwiesen hatte, daß die Gesetzgebung schon damals weit mehr als 30 Milliarden DM kosten würde, lud mich der Finanzminister Etzel ein, um über eine Reduktion zu verhandeln. Ich widersetzte mich sehr energisch jeder Verminderung und

wandte mich an Bundeskanzler Adenauer. Ich erklärte ihm, daß dies nicht nur unter den Juden heftige Proteste auslösen, sondern allgemein den großen moralischen Effekt der Wiedergutmachungsgesetzgebung in der Welt beeinträchtigen würde. Dabei zitierte ich ihm einen Satz des Talmuds, wonach es besser wäre, eine gute Tat gar nicht zu beginnen, als sie nicht zu Ende zu führen. Der Bundeskanzler schrieb sich den Satz auf und, wie er mir später erzählte, benutzte er ihn in der Debatte im Kabinett. Die Bundesregierung beschloß dann auch, an der bestehenden Gesetzgebung nichts zu ändern.

Ich überzeugte die Claims Conference von der Notwendigkeit, aus ihrem Budget eine Summe von etwa zehn Millionen Dollar zu erübrigen und sie zusammen mit einigen bereits zurückgestellten Millionen zum Kern einer neuen großen Stiftung für Pflege jüdischer Kultur zu machen. So entstand 1965 die Memorial Foundation for Jewish Culture als bleibendes Denkmal dieser einzigartigen Gesetzgebung.

Einige Jahre nach dem Luxemburger Abkommen versuchten wir, einen ähnlichen Vertrag mit der österreichischen Regierung zu schließen. Dieselben Organisationen, die die Conference on Jewish Material Claims against Germany gegründet hatten, taten sich unter Beteiligung des Verbands der österreichischen Juden innerhalb und außerhalb Österreichs als Committee on Jewish Claims against Austria zusammen. Was erzielt wurde, hält in keiner Weise einen Vergleich mit dem in der Bundesrepublik Erreichten aus. Die Voraussetzungen waren völlig andere. Die Alliierten hatten nach dem Zweiten Weltkrieg feierlich erklärt, daß sie Österreich als ein »demokratisches Opfer des Nazismus« betrachteten. Dies war eine allzu voreilige Rehabilitierung eines Landes gewesen, das nicht nur Hitler hervorgebracht, sondern ihn auch mit größerer Begeisterung aufgenommen hatte als ein Großteil Deutschlands. Selbst Sharett hat, aus Gründen, die mir bis heute nicht klar sind, erklärt, daß Israel keine Ansprüche an Österreich stelle, und damit war die Basis für unsere Forderungen an die österreichische Republik äußerst schwach. Über meine Verhandlungen mit der österreichischen Regierung könnte ich ein zum Teil humoristisches Buch schreiben und habe viel über den österreichischen Charakter, seinen Charme und seine Leichtigkeit gelernt.

Zum ersten Mal kam ich mit einer Claims Conference-Delegation nach Wien, als die Stadt noch von den Alliierten besetzt war. Wir wurden im amerikanischen Hauptquartier, dem Hotel *Bristol*, untergebracht, und da der kommandierende General auf Urlaub war, erhielt ich seine Suite. Auf seinem Schreibtisch befand sich ein rotes Telefon, das, wie man mir erklärte, höchste Priorität besaß. Ich benutzte es, um täglich meine Frau und allerlei Freunde anzurufen, was wohl der Telefonistin aufgefallen sein mußte. Eines Tages fragte sie mich: »Die Gespräche, die Sie führen, sind offiziell, nehme ich an?« »Was glauben Sie?« antwortete ich ihr, worauf sie sich entschuldigte. Der Bundeskanzler war damals Julius Raab, dem man keine Nazivergangenheit nachsagen konnte. Seine erste Erklärung uns gegenüber war, daß sich die Juden und Österreich in der gleichen Lage befänden, beide seien sie Opfer des Nazismus. »Deshalb, lieber Herr Kanzler, ist auch der Zweck unseres Kommens, festzustellen, wieviel Geld die Juden den Österreichern zahlen sollen«, sagte ich. Trotz der österreichischen Vorliebe für witzige Antworten beharrten unsere Gesprächspartner auf ihrem Argument und leugneten auch in zwei weiteren Sitzungen jede Verantwortung. Schließlich verlor ich die Geduld und kündigte an, daß ich die Verhandlungen abbrechen und zurückfliegen würde. Ich würde jedoch den großen Musikvereinssaal mieten und in zwei Wochen dort den mir von Deutschen zur Verfügung gestellten Film vorführen, der Hitlers Einmarsch in Wien zeigt: In keiner deutschen Stadt wurde er je mit solcher Begeisterung empfangen. Während ich zu packen begann, rief mich der Kanzler an. »Diese offiziellen Besprechungen sind sinnlos«, sagte er. »Ich muß vor meinen Kollegen beweisen, daß ich ein starker Mann bin, und Ihnen geht es geradeso. Solche Fragen erledigt man am besten bei einem Paar Würstchen und einem Glas Bier.« Ich fuhr in sein Büro – das Arbeitszimmer von Fürst Metternich, in dem heute mein Freund Kreisky sitzt –, und wir einigten und auf 30 Millionen Dollar, eine Summe, die zwar bestimmt nicht ausreichend war, aber immerhin einen positiven Anfang darstellte.

Die Verhandlungen zogen sich nachher noch lange hin, und ich habe dabei gelernt, wie schwierig es ist, mit österreichischen Behörden zu tun zu haben. Vor allem muß man sich an die österreichischen Prozeduren gewöhnen. Man wußte nie recht, woran man war. Zusagen waren immer mit Vorbehalten verbunden, Fristen und Versprechungen wurden selten eingehalten, und alles, was wir erreichen konnten, war, daß die österreichische Regierung, die prinzipiell jede Verpflichtung zur Entschädigung ablehnte, einen Hilfsfonds einrichtete, um dringliche Ansprüche in sehr geringfügigem Maße zu befriedigen. Die österreichischen Juden waren sehr erregt und enttäuscht über das minimale Ausmaß dessen, was ihnen zugebilligt wurde, und forderten, daß die Bundesrepublik Deutschland sie gleich allen anderen Nazi-Opfern behandele. Dies hat aber die deutsche Regierung mit der Begründung abgelehnt, daß Österreich mindestens so viel Schuld an den Nazi-Verbrechen wie Deutschland trage. Selbst unsere besten Freunde, wie Professor Böhm und andere, weigerten sich kategorisch, für deutsche Zahlungen an Nazi-Opfer in Österreich einzutreten.
Wir bemühten uns, die österreichische Regierung zu veranlassen, einen nochmaligen Betrag als zweiten Hilfsfonds zur Verfügung zu stellen, doch machte sie die Beteiligung der Bundesregierung zur Vorbedingung. Es war ungemein schwierig, dies zu erreichen. Schließlich gelang es uns, Bonn dazu zu bringen, sich im Interesse der Geschädigten zur Hälfte an dem neuen Hilfsfonds zu beteiligen. Dieser wurde dann gegründet und voll ausgezahlt.
Ein oder zwei Jahre nach der Vereinbarung über die erste Summe kam Raab nach Washington. Ich war ständig unter Druck österreichischer Juden, eine weitere Summe zu verlangen, und meldete mich bei ihm an. Er empfing mich mit der charakteristischen österreichischen Liebenswürdigkeit. Ich setzte ihm auseinander, daß der ursprünglich bewilligte Betrag völlig unzureichend war, und zitierte ihm Fälle, in denen ein in Deutschland lebender Bruder mehrmals so viel erhielt wie der in Österreich lebende. Der Kanzler machte ein erstauntes Gesicht und protestierte: »Sie und ich sind Gentlemen und Ehrenleute. Sie können doch das gegebene Wort, daß unsere damalige Vereinbarung eine endgültige Zahlung dar-

stellt, nicht rückgängig machen!« Glücklicherweise hatte ich ein paar Tage zuvor in der *New York Times* gelesen, daß Raab nach seiner Rückkehr von Washington nach Moskau fahren würde, um eine Reduktion der österreichischen Zahlungen an die Sowjetunion zu bewirken. Ich wies darauf hin und sagte: »Wie können Sie so etwas tun? Chruschtschow wird Ihnen sagen, sie seien doch beide Gentlemen und Ehrenleute und könnten eine Vereinbarung nicht ändern.« Er meinte lachend, es sei sehr schwer, mit mir zu verhandeln, und bewilligte einen zweiten Betrag.

Inzwischen hatte ich erfahren, daß die österreichischen Behörden in der Auszahlung der Entschädigungssummen große Schwierigkeiten machten, zum Beispiel forderten sie von jemandem, der Ersatz für beschlagnahmte Möbel verlangte, daß er die genauen Maße jedes Möbelstücks angebe. Ich bat daher bei diesem Besuch in Washington um eine Unterredung mit Finanzminister Kamnitz, der einst Mitglied der Nazipartei war und daher, aus schlechtem Gewissen, in den Verhandlungen meist entgegenkommend gewesen war, und wurde in seinem Hotel empfangen. »Können Sie mir, als psychologisches Experiment, angeben, wie lang, wie breit und wie hoch Ihr Bett hier ist?« fragte ich ihn. Und auf seine erstaunte Rückfrage hin erklärte ich ihm die Schikanen der Beamten und meinte: »Wie soll ein Wiener Jude nach fünfzehn Jahren noch solche Details angeben können?« Die Auszahlungen erfolgten daraufhin viel rascher.

Noch ein kleines Beispiel für die »österreichische Schlamperei«. Nach der ersten mündlichen Vereinbarung mit Kanzler Raab flog ich nach New York zurück und erwartete die offizielle Bestätigung. Nach zwei Wochen hatten wir nichts erhalten, weder direkt noch durch die Botschaft in Washington oder das Konsulat in New York. Schließlich, nach drei Wochen, kam das Schreiben an: Es war nicht per Luftpost aufgegeben worden!

Seit Bruno Kreisky Bundeskanzler geworden ist, mit dem ich persönliche, sehr freundschaftliche Beziehungen hergestellt habe, wurden zwei weitere Zahlungen bewilligt, so daß die ursprüngliche Summe vervierfacht wurde. Dennoch sind die österreichischen Juden infolge der grundsätzlichen Einstellung ihrer Regierung am schlechtesten davongekommen. Unsere völlig unzureichenden Erfolge bei den Verhandlungen mit Österreich illustrieren noch einmal höchst eindrucksvoll, wieviel in den jahrelangen Verhandlungen mit der Bundesrepublik Deutschland erreicht worden ist.

Was die DDR betrifft, so hat sie, wie bereits erwähnt, auf die Forderungen der Claims Conference und des Staates Israel nie formell reagiert. Die Deutsche Demokratische Republik vertritt den Standpunkt, daß sie keine historische Beziehung zum »Dritten Reich« Hitlers habe und für die Verbrechen der Nazi-Periode weder eine moralische noch eine juristische Verantwortung trage, obwohl die DDR Teile des früheren Deutschen Reichs und damit sowohl jüdischen Privat- wie Gemeindebesitz übernommen hat. Die Aufnahme der DDR in die Vereinten Nationen veranlaßte jüdische Organisationen in Kanada, Großbritannien, Frankreich und vor allem in den Vereinigten Staaten, ihre Regierungen erneut auf das Problem hinzuweisen. In den Verhandlungen zur Herstellung von diplomatischen Beziehungen mit der Deutschen Demokratischen Republik bestanden die USA dann darauf, daß die DDR das Problem zumindest diskutiere, und das Antifaschistische Widerstandskämpferkomitee wurde von der ostdeutschen Regierung ermächtigt, mit Vertretern der Claims Conference zu verhandeln. Nach einigen Treffen in Ostberlin – vom allgemein-jüdischen Standpunkt aus praktisch erfolglos, da die Unterhändler der DDR lediglich Forderungen von amerikanischen Bürgern anerkennen wollten – überwies das Antifaschistische Komitee Ende 1976 ohne weitere Beratung eine Million Dollar an die Claims Conference in New York »als einmalige Spende für bedürftige Nazi-Opfer in den Vereinigten Staaten«. Ich beschloß sofort, den Betrag zurücksenden zu lassen, da er gänzlich inadäquat war und die DDR den Charakter der jüdischen Forderungen offensichtlich nicht anerkannt hatte. Durch das State Department und den amerikanischen Kongreß bemühen sich Mitglieder der Claims Conference-Exekutive in den USA, weiter auf die DDR einzuwirken. Durch persönliche und diplomatische Kontakte hatte ich gehofft, Fortschritte in den Verhandlungen zu erreichen, doch ist die Lage völlig unverändert.

Zum Abschluß dieses Kapitels seien einige Bemerkungen über das große und schwere Problem der deutsch-jüdischen Beziehungen angefügt, wie es sich heute, mehr als 35 Jahre nach Auschwitz, und unter der Wirkung der Entschädigungsgesetzgebung darstellt. Es ist keine Frage, daß diese Gesetzgebung, aber darüber hinaus die allgemeine Haltung der Bundesregierung in jüdischen Fragen und insbesondere ihre Einstellung zu Israel diese Beziehungen wesentlich umgestaltet und positiv beeinflußt haben. Wenn man an den heftigen Widerstand weiter jüdischer Kreise gegen meinen Vorschlag, in direkte Verhandlungen mit der Bundesregierung einzutreten, denkt und jetzt der Außenminister Israels offiziell der Bundesregierung einen Besuch abstattet, dann kann man die große Entwicklung, die in den jüngsten Jahrzehnten vor sich gegangen ist, erfassen. Doch sind die deutsch-jüdischen Beziehungen noch nicht voll normalisiert, wenn auch schon lange offizielle völkerrechtliche Beziehungen zwischen Israel und der Bundesrepublik bestehen und auch die deutsch-jüdische Gemeinschaft, so klein sie ist, gleichberechtigt an allen jüdischen Weltorganisationen teilnimmt. Ein einzigartiges Verbrechen, wie es die Vernichtung von Millionen Juden durch die Nazis ist, kann auch nicht durch den besten Willen, das Maximum an Wiedergutmachung zu leisten, aus der Welt geschafft und vergessen werden. Das Trauma der Juden und die Schuld der Deutschen sind zu tief eingebrannt, als daß es zu Lebzeiten der Generation, die dies alles miterlebte, zu einer wirklichen Normalisierung kommen kann. Eine solche ist möglich im Bereich bewußten Denkens und Handelns: Beide Seiten können versuchen – und versuchen es seit Jahren mit Erfolg –, das Bewußtsein des Fürchterlichen, das geschehen ist, nicht jede Unterhandlung zwischen Juden und Deutschen beherrschen zu lassen. In der Tiefe des Unbewußten jedoch, im kollektiven Gedächtnis der Juden und der Deutschen, lebt natürlich die Erinnerung fort und wird, jedenfalls für Generationen, fortleben. Die Nazi-Periode hat die deutsch-jüdische Beziehung mit einem Trauma belastet, von dem niemand sagen kann, wann es völlig überwunden werden wird.

20

Deutsche und Juden

Am Ende des ersten Bandes meiner Autobiographie, der über mein Leben als deutscher Jude berichtet, möchte ich noch einiges über das große Problem der deutsch-jüdischen Beziehungen sagen, ein höchst persönliches Problem für mich und das tragischste Kapitel in der jüdischen und europäischen Geschichte.

Ich habe von meinem 5. bis zum 40. Lebensjahr in Deutschland gelebt, zuerst in Frankfurt und in Heidelberg, sowie einige Jahre in Murnau und in Berlin, und also die entscheidenden, prägenden Jahre als Jude in Deutschland verbracht. Kein Volk und keine Kultur, nicht einmal die jüdische, haben mich so beeinflußt wie die deutsche. Ich lernte zwar schon als Kind Hebräisch, studierte die Bibel und einige wenige Jahre den Talmud, kann aber nicht behaupten, daß ich in der traditionellen, vor allem religiösen, jüdischen Geistesgeschichte besonders bewandert bin; die moderne hebräische und jiddische Kultur kenne ich schon besser. Aber kein jüdischer geistiger Held – weder Prophet noch Talmudist, weder Religionsphilosoph wie Maimonides noch Dichter wie Jehuda Halevi oder Bialik – hat auf mich auch nur annähernd den gleichen Einfluß gehabt wie Goethe, um nur ein Beispiel zu nennen. Keine Literatur habe ich mehr gelesen und in Erinnerung behalten als die deutsche, vor allem in ihrer klassischen Periode. Die stärksten seelischen Erlebnisse hatte und habe ich beim Anhören der Musik von Bach, Beethoven und Mozart. Ich besuchte deutsche Schulen und deutsche Universitäten. Obwohl meine besten Freunde stets Juden waren – Deutsche und Nichtdeutsche – und ich von Kind auf Zionist war, fühlte ich mich, besonders in den Jahren der Weimarer Republik, bewußt als Bürger Deutschlands.

Um so stärker hat mich die Brutalität der Nazi-Verbrechen betroffen. Man haßt am stärksten diejenigen, die man geliebt hat, wenn sie einen enttäuschen, und jahrelang war meine Beziehung zu den Deutschen – außer ihnen Strafe und Sühne für ihre Vergehen zu wünschen – ein bewußtes Ignorieren und das Vermeiden jeder Berührung. Ich habe mich jahrelang außerhalb Deutschlands an dem Kampf gegen den Nazismus zusammen mit anderen jüdischen Führern beteiligt und habe das jüdische Volk – meist vergeblich – vor den großen Gefahren des Nazismus vom jüdischen Standpunkt aus gewarnt.

Als nach dem Kriege manche meiner Freunde mit der Idee an mich herantraten, daß ich mit Bundeskanzler Adenauer über Entschädigungen verhandeln solle, war ich zwar von der Berechtigung des talmudischen Prinzips überzeugt, »daß ein Mann nicht morden und dazu noch den Ermordeten beerben darf«, doch instinktiv wäre ich froh gewesen, diese Aufgabe nicht übernehmen zu müssen. Jahrelang beschränkte ich meine Besuche in der Bundesrepublik auf ein Minimum und vermied es, Kontakte mit Deutschen anzuknüpfen, welche nicht direkt an den Verhandlungen beteiligt waren.

Meine Frau, eine deutsche Jüdin, hat sich dreißig Jahre lang geweigert, Einladungen von guten Freunden in Berlin, wo sie aufgewachsen ist, anzunehmen. Ein nicht uninteressantes Paradox dabei ist, daß mein jüngerer Sohn, Guido, als Professor für Politologie sowohl in Harvard als auch in Washington seit Jahren ein anerkannter Spezialist für die deutsche Bundesrepublik geworden ist.

Gleichzeitig sei bemerkt, daß meine Begeisterung für deutsche Musik auch in den schlimmsten Nazi-Jahren ungetrübt blieb. Die Haltung Israels, die Werke von Wagner und Richard Strauss nicht spielen zu lassen, kann ich zwar rational verstehen, obwohl ich sie nicht gutheiße; diese Einstellung in Israel änderte sich allmählich etwas in den jüngsten Jahren.

Diese wenigen Illustrationen aus meiner persönlichen Erfahrung sind eine Einleitung zu meiner Analyse der ambivalenten Beziehung des jüdischen Volkes zu den Deutschen, die, obwohl sie sich aufgrund der Entschädigungs- und Wiedergutmachungsgesetzgebung grundlegend geändert hat, noch jahrelang ein kompliziertes Kapitel darstellen wird. Im November 1978 veranstaltete der Zentralrat der Juden in Deutschland eine Gedenkfeier in der Kölner Synagoge anläßlich des 40. Jahrestages der »Reichskristallnacht«, mit der die von der Nazi-Regierung befohlene Judenverfolgung ihren ersten dra-

matischen Ausdruck gefunden hatte. Der Zentralrat lud Bundeskanzler Helmut Schmidt ein, als Vertreter der Bundesrepublik zu sprechen, und mich als Redner für die Juden. In der Vorbereitung dieser Rede habe ich erneut viel über das Problem »Deutsche und Juden« nachgedacht, das mich wie wenig andere jahrzehntelang gefesselt hat. Die folgenden Betrachtungen dazu bilden eine Art Hintergrund zu dem Bericht über meine Wirksamkeit innerhalb Deutschlands in meiner Jugend, über meine Kämpfe gegen die Nazis aus dem Ausland, und zuletzt über die Zusammenarbeit mit der neuen deutschen Republik bis heute, da ich im Endstadium der Schlußverhandlungen stehe.
Die Beziehung zwischen Deutschen und Juden ist ein Problem, das in seiner Weise einzigartig ist, nicht nur vom Standpunkt der jüdischen und deutschen Geschichte gesehen, sondern universal-historisch.
Objektiv gesehen handelt es sich bei den deutsch-jüdischen Beziehungen um eines der schwierigsten, beinahe rätselhaften Probleme der Weltgeschichte. Die Begegnungen zwischen Völkern, Staaten, religiösen, sozialen und anderen Gruppen sind eines der Hauptthemen der Geschichte, und ich wundere mich, daß kein Historiker es noch je versucht hat, eine Weltgeschichte vom Standpunkt solcher Rencontres zu schreiben. Kein Volk ist reicher an derartigen Begegnungen als die Juden, die den größeren Teil ihrer Geschichte nicht im eigenen Lande gelebt haben, sondern zerstreut in der Diaspora, die alle europäischen Länder, Nordafrika und den Nahen Osten – und sogar Indien und China irgendwie am Rande – umfaßt hat. Eine Geschichte des jüdischen Volkes vom Standpunkt seiner Begegnungen – positiven und negativen – mit anderen Völkern wäre ein faszinierender Beitrag zum Verständnis jüdischer Existenz.
Von den zahlreichen Kontakten in den Jahrtausenden seiner Geschichte war keiner so maßgebend und beinahe entscheidend für das jüdische Schicksal wie derjenige mit dem deutschen Volk. Historisch gehört die jüdische Gemeinschaft in Deutschland zu den ältesten Europas. Die Kölner Synagoge, in der die Gedenkfeier für die Kristallnacht stattfand, wurde nach der Zerstörung der alten Synagoge während des Zweiten Weltkrieges auf demselben Platz ge-

baut, auf dem es schon zur Römerzeit eine jüdische Synagoge gegeben haben soll. Bis zu den Kreuzzügen, die das Schicksal des mitteleuropäischen Judentums entscheidend negativ beeinflußt haben, lebten die deutschen Juden im Mittelalter als nicht nur geduldete, sondern geschätzte Fremde und erfüllten mit Wissen und Billigung der nichtjüdischen Majorität wesentliche ökonomische und finanzielle Aufgaben, als Geldverleiher, Bankiers, internationale Kaufleute usw.

Aber das eigentlich einzigartige Kapitel deutsch-jüdischer Beziehungen, das keine Parallele in all den anderen Rencontres zwischen Juden und Nichtjuden hatte, begann im 19. Jahrhundert und steigerte sich zu seinem Klimax – sowohl positiv wie negativ – im 20. Jahrhundert. Als das europäische Judentum im 19. Jahrhundert aus der Enge des Ghettos und der absoluten Isolation, lebend am Rande der Weltgeschichte und nicht in ihrem Zentrum, heraustrat und der Prozeß der Emanzipation und der Gleichberechtigung begann, war Europa nicht nur für die deutschen Juden seit Moses Mendelssohn, sondern für Millionen osteuropäischer Juden gleichbedeutend mit deutscher Kultur. Europäische Kultur bedeutete für die Ostjuden vor allem Lessing und Schiller, Kant und Hegel, Goethe und Heine – weder Racine noch Molière, weder Shakespeare noch Milton, weder Pascal noch Locke. Schon am Ende des Mittelalters, als die großen Auswanderungen deutscher Juden nach Polen und anderen osteuropäischen Staaten begannen, nahmen sie ihre Umgangssprache, das Jiddisch, mit sich, das auf Mittelhochdeutsch beruht und, wie manche behaupten, mehr Elemente des Mittelhochdeutschen bewahrte als das moderne Hochdeutsch. Dies allein charakterisiert die einzigartige Beziehung zwischen beiden Völkern. Zum Beispiel als die Juden, die im frühen Mittelalter mit einer schöpferischen Kultur zahlreich in der Provence lebten und, von französischen Königen vertrieben, nach Deutschland auswanderten, nahmen sie ihre Sprache, das Judéo-Provençal, nicht mit sich. Als sie jedoch Deutschland verließen, nahmen sie das Mittelhochdeutsch mit und bewahrten es als ihre jiddische Sprache.

Für das moderne jüdische Volk, insbesondere für die zionistische Bewegung, kann die Bedeutung deutscher Kultur kaum überschätzt werden. Der größte Teil der Werke, die die zionistische Bewegung theoretisch begründeten und ideologisch schufen – diejenigen von Herzl, Pinsker, Hess, Nordau usw. –, waren deutsch geschrieben. In Herzls utopischem Roman »Altneuland« war für ihn die Sprache des jüdischen Staates selbstverständlich Deutsch und nicht Hebräisch. Auf den ersten zionistischen Kongressen war Deutsch die Umgangssprache; wenn ein Delegierter aus Palästina hebräisch sprach, wurde er nicht einmal protokolliert, sondern man vermerkte lediglich »Herr So-und-So sprach hebräisch«.

Gesehen wiederum von dem Standpunkt des Einflusses der Juden auf Deutschland kann sich die Bedeutung des jüdischen Beitrags auf die moderne deutsche Kultur mit keinem anderen europäischen Land vergleichen. Schon im Kaiserreich, wenn auch de facto nicht voll gleichberechtigt, spielten die Juden eine wesentliche Rolle in Industrie und Finanz – es seien nur die Namen von Max Warburg und Albert Ballin erwähnt – und in der Kultur, als Schriftsteller, Journalisten, im Theater usw. Der Höhepunkt jüdischen Einflusses wurde jedoch in der Weimarer Republik erreicht, die – wie jüngst sehr eindrucksvoll in der Ausstellung »Paris – Berlin« im Beaubourg-Museum in Paris demonstriert – bestimmt die größte Kulturepoche deutscher Geschichte war. Die vier größten deutschen Banken – Deutsche Bank, Dresdner Bank, Handelsgesellschaft und Discountgesellschaft – hatten jüdische Direktoren; die drei größten Tageszeitungen – *Berliner Tageblatt*, *Vossische Zeitung* und *Frankfurter Zeitung* – gehörten Juden und wurden meist von Juden redigiert; die zwei einflußreichsten deutschen Zeitschriften – die *Fackel* und die *Weltbühne* – wurden von jüdischen Redakteuren geleitet; die zwei bedeutendsten Theaterdirektoren dieser Epoche – Max Reinhard und Otto Brahms – waren ebenfalls Juden; und man gedenke der großen Zahl bedeutender Schriftsteller, wie Kafka, Wassermann, Schnitzler, Hofmannsthal und anderer. Das amerikanische Judentum im 20. Jahrhundert, zum Vergleich zehnmal so zahlreich wie die deutschen Juden in ihrer besten Zeit, spielt in den Vereinigten Staaten eine wesentliche Rolle, doch kann es sich weder industriell noch finanziell oder literarisch – trotz der großen Zahl bedeutender jüdischer Schriftsteller – mit dem Einfluß der deutschen Juden in der Weimarer Republik messen, abgesehen von der Politik, auf Grund der jüdischen Lobby, die es in Deutschland nie gegeben hat.

Auf der anderen Seite dieser widerspruchsvollen Beziehung zwischen Juden und Deutschen braucht nicht darauf hingewiesen zu werden, was die Nazi-Periode dem jüdischen Volk angetan hat. Das Bewußtsein dieses Verbrechens wird in den letzten Jahren glücklicherweise immer stärker, und beiläufig bemerkt, finde ich es nur durchaus gut, daß Bücher und Filme über Hitler erscheinen, auch wenn sie manchmal *zu* objektiv sein wollen. Das deutsche Volk und vor allem die deutsche Jugend, die jahrzehntelang, ebenso wie die Juden, versuchten, diese Periode zu vergessen – die Deutschen aus schuldigem Gewissen, die Juden aus einem unbegründeten und falsch interpretierten Gefühl der Scham wegen ihrer angeblichen Passivität –, haben inzwischen verstanden, daß keines der beiden Völker, weder die Verfolger noch die Verfolgten, dieses furchtbare Kapitel ihrer Geschichte verdrängen können, was zu einem psychologischen Debakel führen müßte, sondern es ihre Pflicht ist, dieses grauenhafte Geschehnis in ihr Bewußtsein zu integrieren. In diesem Sinne schrieb ich vor Jahren einen Artikel mit der Überschrift »Amor fati«, ein Begriff, von Nietzsche geprägt, der besagen will, daß ein Volk es sich nicht erlauben kann, nur sozusagen die Rosinen aus dem Kuchen herauszunehmen, sondern sich seiner Gesamtgeschichte bewußt sein muß, sowohl ihrer glanzvollen Erfolge wie ihrer schamvollen Niederlagen.

Ohne mich hier über das Hitler-Phänomen auszulassen, will ich nur bemerken, daß ich nicht zu jenen gehöre, die Hitler für typisch deutsch oder für eine unvermeidliche Konsequenz deutschen Antisemitismus ansehen. Einmal glaube ich überhaupt nicht an die These der Unvermeidlichkeit geschichtlicher Geschehnisse, die jedes menschliche schöpferische Wirken sinnlos machen würde. Geschichte ist in erster Linie die Folge dessen, was agierende Menschen tun oder unterlassen, abgesehen selbstverständlich von den manchmal sehr weitgehenden Konsequenzen von Naturkatastrophen, wie Änderungen der Lebensbedingungen (Klima etc.) oder die Entvölkerung ganzer Länder. Was Hitler betrifft, so habe ich bis

1933 das Wachstum der Nazi-Bewegung miterlebt. Jahrelang hatte ich stürmische Auseinandersetzungen und Diskussionen, oft durch Gewalttätigkeiten und Polizeieingriffe unterbrochen, mit den Vorgängern der Nationalsozialisten, dem »Deutsch-Völkischen Schutz- und Trutzbund«, und später mit den Nazis selbst.
Der deutsche Antisemitismus vor Hitler war nicht stärker als in anderen europäischen Ländern, besonders wenn man bedenkt, daß das deutsche Judentum numerisch viel stärker und in seiner kulturellen, ökonomischen und sozialen Auswirkung viel einflußreicher war als irgendeine andere westeuropäische jüdische Gemeinschaft. Dementsprechend war auch die nichtjüdische Reaktion stärker. Die theoretischen Grundlagen des modernen Antisemitismus waren viel mehr von Franzosen, wie Gobineau, Drummond und Maurras, oder von dem Engländer Henry Steward Chamberlain (der bekanntlich später der Schwiegersohn Wagners wurde) formuliert als von Deutschen. Ein irrationales und einzigartiges Phänomen wie die Verbrechen Adolf Hitlers kann überall vorkommen. Das Schlimme und Furchtbare, aus dem sowohl Deutsche wie alle demokratischen Länder Konsequenzen ziehen müssen, war nicht Hitler mit seinem charismatischen Einfluß, sondern die passive Haltung der deutschen Gesellschaft gegenüber seinem Aufstieg und die kurzsichtige, überoptimistische und feige Appeasement-Politik der europäischen Staaten und der Vereinigten Staaten. Mit mehr Mut und Weitsicht seitens der deutschen Parteien und der westlichen Demokratien hätte Hitler ohne allzu große Gefahren verschiedentlich entmachtet werden können. Dies ist die wahre Lehre, die aus dem Nationalsozialismus gezogen werden muß.
Bevor ich auf die Motivationen und Urgründe der deutsch-jüdischen Beziehung eingehe, möchte ich am Schluß dieser Analyse der faktischen Gegebenheiten eine etwas paradoxe und wahrscheinlich von vielen mit Widerspruch aufgenommene Behauptung aufstellen. Der Höhepunkt in dem einzigartigen Kapitel von Juden und Deutschen war zweifellos die Hitlerperiode – sowohl negativ wie positiv. Negativ, was nicht erläutert zu werden braucht, durch die Vernichtung von Millionen Juden und, nicht weniger wichtig, sondern in seiner Konsequenz vielleicht noch weitgehender, die Zerstörung

des größten Teils der jüdischen Diasporakultur in Mittel- und Osteuropa. Wie der Nobelpreisträger Isaac Bashevis Singer sagt, ist er der letzte Überlebende einer aussterbenden Kultur, die mehr als das nur Literarische umfaßt, sondern eine gesamte Lebenshaltung, eine philosophische und religiöse Konzeption des jüdischen Schicksals, wie sie vor allem im jüdischen Humor zum Ausdruck gekommen ist, der nur im Jiddischen möglich war und sich wahrscheinlich leider in Israel nicht wiederholen wird. Daß Singer heute der letzte große Vertreter der jiddischen Literatur ist, ist eine Folge der Nazi-Vernichtung, da die jiddische Kultur bis in die dreißiger Jahre erstrangige Schriftsteller, Denker und Schöpfer hervorgebracht hatte.

Doch gleichzeitig mit dieser größten Tragödie der jüdischen Geschichte, deren einzigartiger Charakter nicht nur in ihrem Ausmaß und der Brutalität liegt, sondern in der systematischen deutschen Gründlichkeit, mit der die »Endlösung« durchgeführt wurde – in einem Gespräch mit mir nannte der französische Außenminister Barthou den Nazismus »eine Barbarei mit Kartotheken« –, haben dieser selbe Hitler und seine Nazibewegung, die mit ihm stand und fiel, auch etwas Großes und Positives ungewollt bewirkt. Goethes Satz, »Du bist ein Teil von jener Kraft, die das Böse will und das Gute schafft«, hat sich historisch nie so bestätigt wie in der Tatsache, daß eine der Folgen von Auschwitz und Treblinka die Schaffung des Staates Israel war. Ich war bei den Verhandlungen in den Vereinten Nationen bezüglich der Teilung Palästinas zur Gründung eines jüdischen Staates Mitglied der zionistischen Delegation. Die Zweidrittelmajorität, mit der dieser Beschluß gefaßt wurde, wäre unmöglich gewesen, wenn nicht sowohl die Demokratien wie die kommunistischen Staaten – Polen und die Tschechoslowakei waren in der Kommission, die den Teilungsplan ausarbeitete, sehr aktiv gewesen, und die Sowjetunion setzte sich stärker als die Vereinigten Staaten für den Teilungsplan ein – aus Schuldgefühlen über die Nazi-Ausrottung von Millionen Juden für die Schaffung des jüdischen Staates gestimmt hätten. So war auch die Entstehung Israels eine von Hitler wahrlich nicht gewollte und ihm verhaßte Folge seiner Judenpolitik.

Um Mißverständnisse zu vermeiden, bemerke ich hier, daß ich als überzeugter Zionist mein ganzes Leben für die Entstehung eines jüdischen Staates gewirkt habe. Auch ohne die Folgen des Nazismus wäre es uns sicher gelungen, den Judenstaat zu errichten, doch wahrscheinlich viel später, als es durch den Beschluß der Vereinten Nationen möglich war, der in großem Maß auf die Naziverbrechen zurückzuführen ist.
Zusammenfassend heißt das, daß dieses wichtige Kapitel der jüdischen Geschichte – negativ: die Ausrottung der sechs Millionen Juden, positiv: die Entstehung des jüdischen Staates – auch irgendwie ein Teil des Gesamtkapitels »Deutsche und Juden« ist. Dies erklärt die Bedeutung dieses Phänomens, welches ich versuchen will, soweit wie möglich zu erklären oder zu motivieren. Ich bemerke dazu, daß ich kein Historiker bin und meine Gedankengänge in dieser Hinsicht mehr auf meine achtzigjährige Erfahrung im Umgang mit Deutschen beruhen als auf historischen Kenntnissen: sie sind die Meinung eines Dilettanten, nicht die eines Gelehrten. Ich habe jedoch immer ein gewisses Mißtrauen gegen Experten und Spezialisten gehabt – ich zitiere gerne die französische Definition des »Polytechnicien«, des Inbegriffs eines Spezialisten als eines Mannes, »der alles weiß und sonst nichts« –, und meine These, begründet auf persönlichen Erfahrungen und Erlebnissen, hat vielleicht in diesem Falle einen größeren Beweiswert als vergilbte historische Dokumente, die aus Archiven herausgeholt wurden.
In meiner Kölner Rede zum 9. November 1978, anläßlich der eindrucksvollen Gedenkfeier der »Reichskristallnacht«, bezeichnete ich die Beziehung zwischen Juden und Deutschen als eine »schizophrene Wahlverwandtschaft« und will nun versuchen, diese Formulierung näher zu begründen. Verallgemeinerungen haben stets nur einen begrenzten Wert, wenn sie nicht sinnlos werden sollen; so bin ich mir dessen bewußt, daß man gegen meine Betrachtungen Gegenbeispiele und Ausnahmen, die sie widerlegen, zitieren kann. Andererseits könnte man über Völker und ihre gegenseitigen Beziehungen kaum Sinnvolles sagen, wenn man sich keine Verallgemeinerungen mit allen Zweideutigkeiten erlauben dürfte.
Was die Wahlverwandtschaft zwischen Juden und Deutschen vor

allem charakterisiert, ist die Tatsache, daß beide Völker nicht nur in der Weltgeschichte wichtig waren, sondern sich selbst ungewöhnlich wichtig nahmen und nehmen. Sie sind sich ihrer Wichtigkeit übertrieben bewußt und darauf stolz. Jüdischerseits äußert sich dieses Gefühl in dem Konzept des »auserwählten Volkes«, beinahe einzigartig in seiner extremen Bedeutung. Es gab und gibt andere Völker, die sich von ihren Göttern als auserwählt betrachten, aber keines brachte dies in Zusammenhang mit dem Begriff des einzigen Gottes, an und für sich schon eine der grandiosesten, kühnsten und revolutionärsten Konzeptionen in der Geistesgeschichte der Menschheit. Die griechische Theologie der lokalen und nationalen Götter war viel natürlicher und dem menschlichen Charakter viel mehr entsprechend als die überwältigende Konzeption eines einzigen Gottes für alle Völker, die den Universalismus des jüdischen Geistes ausdrückt – der jedoch gleichzeitig korrigiert und dem beinahe widersprochen wird durch die mit ihm unzertrennlich verbundene zweite Konzeption, daß dieser eine Gott das jüdische Volk auserwählt habe.

Bei den Deutschen äußert sich dieses Sich-wichtig-Nehmen weniger religiös als intellektuell und politisch. Dies beweist nicht nur die einstige Nationalhymne »Deutschland, Deutschland über alles«, sondern, was charakteristischer ist, die Vorstellung, »am deutschen Wesen wird die Welt genesen«, oft auch formuliert als die universalistische Aufgabe, wie sie etwa Fichte philosophisch konzipiert hat, bewußt oder unbewußt mit der Tendenz, die Welt zu verbessern und nach deutschen Begriffen zu bilden.

Einer der wesentlichen Unterschiede zwischen Deutschen und Juden ist die Neigung der Deutschen, ihre »Mission«, wenn nötig, durch Macht und Eroberung durchzusetzen, während die Juden sie mehr durch intellektuelle und religiöse Überzeugungskraft verwirklichen wollten. Diese Unterschiedlichkeit, trotz aller Wahlverwandtschaft, demonstriert bereits die Mythologie beider Völker. Die deutsche kreist um die Nibelungen-Geschichte, die brutal, grausam und amoralisch ist. Die Bibel hingegen ist vorwiegend friedlich in ihrer Moral, und die Überlegenheit der biblischen Vorfahren äußert sich nur hier und da durch kleine schlaue Täuschun-

gen. Auch andere Völker haben ihr Gefühl der Superiorität. Für die Griechen gab es Griechen und Barbaren; auch die Franzosen und Engländer sind ähnlich schizophren eingestellt. Doch ist bei ihnen dieses Gefühl unbeschwert. Bei den Deutschen ist es ideologisch begründet und gewollt; ihre Überlegenheit wird nicht für selbstverständlich hingenommen, sondern immer wieder ideologisch oder auch politisch sich selbst und den anderen aufgezwungen.
Sowohl Juden wie Deutschen fehlt es an Leichtigkeit, an Charme und Grazie. In der Naziperiode gab es in England einen Witz: Man definierte einen deutsch-jüdischen Flüchtling als eine Mischung von jüdischer Bescheidenheit und preußischem Takt. Dieses missionsgerichtete Sich-wichtig-Nehmen und Sich-selbst-mit-Verantwortung-Belasten drückt sich auch auf sehr hohem Niveau in ihren größten intellektuellen Leistungen aus. Französische oder englische Philosophen versuchten, das Leben zu beeinflussen, die Geschichte zu erklären, Verhaltensweisen zu formulieren. Sie waren, um Descartes als größtes Beispiel zu nennen, Logiker, aber nicht Metaphysiker. Juden und Deutsche hatten immer wieder die faustische Ambition, die Rätsel göttlicher Schöpfung und menschlicher Existenz zu erklären, die Deutschen in ihrer Metaphysik – Hegel, Schelling, der schon beinahe an die Mystik grenzte –, die Juden vor allem in ihrer Kabbala, mit der sie mit den einzigartigen Methoden, auf die hier nicht eingegangen werden soll, die unlösbaren Mysterien der Existenz zu deuten versuchten und gleichzeitig die endgültige Erlösung der Menschheit und die Herbeiführung des paradiesischen Zeitalters zu bewerkstelligen suchten. Irgendwie haben sowohl Deutsche wie Juden die Tendenz, ihre Existenz und ihre Geschichte zu rechtfertigen. Ihr Überlegenheitsbewußtsein beruht auf einer gewissen inneren Unsicherheit; sie nehmen nichts, was sie tun oder was an ihnen geschieht, als selbstverständlich hin. Daher eine gewisse Gespaltenheit in ihrem Charakter. Jüdische Geschichte schwankt zwischen den beiden Polen des Staates und der Diaspora immer wieder hin und her. Bei den Deutschen drückte sich dies unter anderem in der jahrhundertelangen Flucht nach dem Süden aus, in der Geschichte des »Heiligen Römischen Reiches Deutscher Nation« und in ihrer jahrhundertelangen Kleinstaaterei, die, nach einer

großen Einigung durch Bismarck, wieder als Folge deutscher Schuld zu einer neuen Spaltung in unserer Zeit geführt hat. Ihr widerspruchsvolles Wesen äußerte sich auch in vielen Ausdrucksformen ihres Charakters. Die Juden waren in der Diaspora, ob von der Not gezwungen oder zum Teil von sich aus bedingt, demütig und zogen die Flucht oder die passive Hinnahme der Verfolgung dem revolutionären Widerstand vor. Die Deutschen kennzeichnet ihre übertriebene Disziplin, ihr Gehorsam und passive Zustimmung zu jeder Regierungsform – die eigentliche Ursache des Hitler-Phänomens.

Beide Völker neigen dazu, aufzufallen, nicht nur als Touristen, sondern im weltgeschichtlichen Maße; sie werden häufig als Eigenbrötler und Störenfriede betrachtet. Irgendwie haben sie eine Art Mißtrauen gegen sich selbst und bejahen sich nicht restlos, wie andere, naivere und glücklichere Völker. In bezug auf Juden und Deutsche kommt mir immer das Bild von Menschen in den Sinn, die aus Eitelkeit und Selbstgefälligkeit gerne in den Spiegel schauen, doch das, was sie dort sehen, nicht sehr lieben. Der Antisemitismus ist in seiner maßlosen Form – durch die Zerstreuung der Juden in der Diaspora – beinahe einzigartig; aber irgendwie parallel ist die Abneigung der Welt gegen Deutschland und Deutsche. Dafür gibt es eine Anzahl objektiver Gründe. Beide Völker haben in ihrer tragischen Geschichte sich selbst und der Umwelt das Leben schwer gemacht. Deutschland war länger zersplittert als irgendein anderer europäischer Staat und war, durch seine geopolitische Lage, jahrhundertelang Schlachtfeld vieler Kriege, in denen die Deutschen oft nicht stark verwickelt waren, auch von Kriegen nicht-deutscher Staaten; das tragischste Beispiel ist der Dreißigjährige Krieg, in dem fremde Mächte wie Schweden, Frankreich und andere viel aktiver waren als Deutschland selbst, mit den bekannten furchtbaren Folgen. Für die tragische Lage der Juden genügt es, auf die drei Exile und die ständigen Verfolgungen und Diskriminationen hinzuweisen. Sie sind jedoch nicht nur Opfer, sondern auch Störenfriede in der Welt, seitdem – ich bin mir bewußt, daß diese Behauptung von vielen angefochten werden wird – sie ihr den Gedanken des Monotheismus aufgezwungen haben, eine der kühnsten, radikalsten, aber auch un-

natürlichsten Vorstellungen in der Geschichte der Ideen, die sich teils durch das Christentum, teils durch den Islam durchgesetzt hat. Sowohl Deutsche wie Juden entwickeln ihre nonkonformistischen Eigenschaften, wenn sie sich völlig selbst überlassen bleiben. Die Juden waren, glücklicherweise nur intellektuell und ideologisch, die nonkonformistischste und revolutionärste Gruppe der Weltgeschichte; die Deutschen, seitdem sie vereinigt waren, haben zwei Weltkriege verursacht, von den Hitler-Verbrechen gar nicht zu reden. Beide Völker müssen irgendwie kontrolliert werden, was heutzutage, mit der Atomgefahr, für alle anderen auch gilt.
Einer der Gründe, warum die meisten deutschen Führer so sehr für ein geeinigtes Europa sind, ist, bewußt oder unbewußt, die Angst vor der deutschen Aggressivität, falls alle europäischen Staaten absolut souverän blieben. In sehr persönlichen Gesprächen äußerte auch Adenauer damals mir gegenüber dieses Argument, vor allem, weil er als Rheinländer das Wiedererwachen des preußischen Geistes kategorisch ablehnte. (Der Bundeskanzler äußerte derartiges einmal in einem Londoner Restaurant, in Hörweite eines Journalisten, der es veröffentlichte, was zu einem Skandal führte.)
Was die Juden betrifft, ist es eines der wichtigsten Motive für mich, die Neutralisierung des Staates Israel zu verlangen, mit der Anwesenheit nicht-israelischer Truppen an den Grenzen, um einerseits Israel gegen arabische Angriffe zu schützen und andererseits ihm ein wirkliches Sicherheitsgefühl zu geben, welches Israel davon abhalten würde, selbst aggressiv zu werden.
Sowohl das Nach-Hitler-Deutschland wie das Israel von heute bekunden manche der hier beschriebenen Charakteristika viel weniger sichtbar als früher. Das deutsche Volk hat einen großen psychologischen Schock erlitten durch die Naziperiode, die Verbrechen, die begangen wurden, durch die furchtbare Niederlage und die Spaltung Deutschlands. Als Folge dieses Schocks kommt die deutsche Aggressivität, die sich in früheren Jahrhunderten militärisch und geistig äußerte, viel weniger zum Ausdruck, und das heutige Deutschland ist bescheidener und entgegenkommender. Was Israel betrifft, so sind jene Aspekte jüdischen Charakters, wie sie die Diaspora notwendigerweise erzwungen hat – lieber zu fliehen, als zu

widerstehen, lieber Demütigungen hinzunehmen, als die Existenz zu riskieren –, als Kompensation früherer Inferioritätskomplexe eher in Selbstsicherheit in der Politik gegenüber Gefahren und in eine gewisse Aggressivität umgewandelt. Beide Länder werden die Probe aufs Exempel noch liefern müssen, ob die Erlebnisse der Vergangenheit und die revolutionären Änderungen in ihrer Existenzform es ihnen ermöglichen werden, sich einzureihen in die psychologischen und geschichtlichen Traditionen ihrer Vergangenheit.
Es gibt leider Anzeichen dafür, daß besonders in der Bundesrepublik die junge Generation die Naziperiode endgültig – auch psychologisch, nicht nur politisch – aus ihrem Bewußtsein eliminieren will. Ich plädiere nicht dafür, den Schock erzwungenerweise zu verewigen, wohl aber sehe ich es als eine historische Aufgabe einer jeden Bundesregierung und der Parteien an, die Lehre der Nazizeit nicht vergessen zu lassen, und jede im Moment auch unwichtig erscheinende neonazistische Tendenz von Anfang an zu bekämpfen. Die Entwicklung des Nationalsozialismus in den dreißiger Jahren hat bewiesen, wie eine solch anfangs schwache Bewegung unter gewissen ökonomischen und politischen Bedingungen anschwellen kann. Jede Bundesregierung muß daher gegen jede Tendenz auf der Hut sein, die eine neue Gefahr für das deutsche Volk und die Welt werden könnte. Dies sage ich nicht als Jude – da es ein ernstes jüdisches Problem in Deutschland nicht mehr gibt –, sondern vor allem als Europäer und als Mensch.
Zurückkommend zur Widerspruchshaftigkeit des deutschen und jüdischen Charakters, fehlt beiden die Harmonie, die selbstverständliche Sicherheit, wie sie etwa die Franzosen und die Engländer haben. Deutsche wie Juden leiden an sich und üben Selbstkritik, schärfer als die meisten anderen Völker. In Hinblick auf Deutsche seien nur Goethe und Nietzsche erwähnt. Was die Juden betrifft, so begann mit den Propheten eine ununterbrochene Serie jüdischer Selbstkritiker seitens ihrer religiösen und moralischen Führer; dies nahm manchmal die Form des Selbsthasses an, um als klassisches und beinahe geniales Beispiel Otto Weininger zu nennen. Theodor Lessing widmete ihm ein Buch »Jüdischer Selbsthaß«.
Eine weitere Folge dieser Eigenschaften ist die Neigung zu Superla-

tiven. Während andere Völker ihre Wahrheiten immer irgendwie relativ genommen haben, existiert absolute Wahrheit eigentlich nur in der deutschen Metaphysik. Bei Juden äußert sich dies in übertriebenem Fanatismus in der religiösen Sphäre und bei vielen der führenden jüdischen Repräsentanten in dem Glauben, immer hundertprozentig recht zu haben: eine der Ursachen der Mißerfolge heutiger israelischer Diplomatie. Auf der anderen Seite haben Deutsche immer eine übertriebene Bewunderung fremder Völker und Literatur gehabt; kein Volk produziert so viele Übersetzungen aus anderen Sprachen wie Deutschland. Bei Juden, zerstreut über die Welt, existierte – bis zur Entstehung der zionistischen Bewegung – ein beinahe krankhafter Wille zur restlosen Assimilation; man wollte die Eigenschaften der Wirtsvölker nicht nur nachahmen und ihnen praktisch gleich sein, sondern sie dann auch extrem manifestieren.

Um nicht mißverstanden zu werden, will ich zusammenfassend sagen, daß trotz aller Kritik kein Zweifel daran bestehen kann, daß sowohl Deutsche wie Juden sehr große Völker waren und sind. Ihre grandiosen Ambitionen, ihre schöpferischen Qualitäten reihen sie unbestritten in die Kategorie der größten Völker der Weltgeschichte ein. Vielleicht ist beides sogar unvermeidlich miteinander verbunden. Reine Harmonie, die keine Widersprüche und Dissonanzen zu überwinden hat, ist schön in der Betrachtung, jedoch nicht schöpferisch in ihrem Endergebnis. Große Schöpfungen beruhen meist auf inneren Widersprüchen, erlebten Tragödien, großen Dissonanzen, die überwunden und zu kreativen Synthesen vereinigt wurden. Ich habe in meiner Jugend in mein Tagebuch geschrieben, »die Juden sind ein Volk, das man bewundern muß, aber nicht lieben kann«. Dies gilt auch für die Deutschen. Beide sind unbeliebt. Gerade die Größe beider Völker – die Deutschen einzigartig in ihrer Metaphysik, musikalisch in Erscheinungen wie Bach, Beethoven, Mozart; die Juden unerreicht in ihren Propheten und ihren religiösen Genies, zu denen auch Jesus und Paulus zu zählen sind, in ihrer hartnäckigen Loyalität zu ihrem Glauben – erklärt in hohem Maße die Haltung der Nicht-Juden und Nicht-Deutschen zu beiden Völkern.

Diese Bemerkung kann verallgemeinert werden. Größe an sich ist etwas, das man fürchten, bewundern, verehren muß, aber schwerlich lieben kann. Wenn ich es hier etwas abschweifend sagen darf, ist der Begriff, Gott zu lieben, eine »contradictio in adjecto«, wenn es sich um den alttestamentarischen Gott handelt. Den jüdischen Gott kann man ehren, auf den Knien vor ihm liegen, sein Sklave sein und all seine Gebote – die 613 des jüdischen Codex und viele mehr – erfüllen; ihn zu lieben ist nicht leicht. Das Christentum hat, um seine Gläubigen zur Liebe zu erziehen, Jesus in den Vordergrund gestellt, und die Gottesliebe christlicher Menschen bezieht sich, vor allem in den Massen, mehr auf das Jesuskind und die Jungfrau Maria als auf Gottvater.

Gegen den Hintergrund dieser Vergleiche ist die Beziehung zwischen Juden und Deutschen zu verstehen. Sie ist auch in ihrer Weise einzigartig. Bis zum Ende des 19. Jahrhunderts und der Proklamierung des zionistischen Programms hatten Juden seit der Emanzipation in vielen Ländern ihr Äußerstes getan, um sich zu assimilieren. Juden in Frankreich oder England assimilierten sich gewissermaßen ohne besondere Anstrengung. Sie taten alles, um als gute Franzosen und Engländer zu erscheinen, und erreichten es zum größten Teil, wenn auch nie hundertprozentig. (Darin liegt eines der Hauptargumente für die Legitimation des zionistischen Gedankens als Lösung der Judenfrage auf längere Sicht.) Aber keine jüdische Gemeinschaft versuchte es mit solcher Intensität und intellektueller und emotionaler Anstrengung wie die deutsche. Deutsche Juden wollten deutscher sein als die Deutschen. Wie schon erwähnt, gelang es ihnen auch in hohem Maße, in der ökonomischen, journalistischen, literarischen, wissenschaftlichen und intellektuellen Sphäre. Aber irgendwie scheiterten sie auf der letzten Stufe der Assimilation. Mein Freund Gershom Scholem hat vor mehr als zehn Jahren, als das Problem »Deutsche und Juden« auf einer Plenarsitzung des Jüdischen Weltkongresses in Brüssel diskutiert wurde, mit großer Überzeugung und Überzeugungskraft die These vertreten, daß das deutsche Judentum letzten Endes nie voll in die deutsche Kultur integriert wurde. Ich glaube, er hat recht. Die Juden haben große Erscheinungen in der deutschen Kultur hervorgebracht, aber weder einen Goethe noch einen Hölderlin noch einen Stifter; weiter als Heine mit seinem faszinierenden Reiz und seiner genialischen Begabung haben sie es nie gebracht. Anders war es in den Wissenschaften, aber diese sind nicht so abhängig vom Charakter eines Volkes wie die Literatur: aus offenkundigen Gründen.

Bisher bezog ich mich eher auf die Wahlverwandtschaft als auf die Schizophrenie, die ich in meiner Kölner Rede erwähnte. Meines Erachtens haben sowohl die positiven wie die negativen Aspekte deutsch-jüdischer Beziehungen auf beiden Seiten etwas Schizophrenes in sich.

Auf deutscher Seite bestand eine bewußte oder unbewußte negative Komponente in den Beziehungen selbst derjenigen, die keinerlei antijüdische Gefühle hegten und die Teilnahme der Juden an der deutschen Kultur sogar begrüßten. Männer wie Mommsen oder Fontane zum Beispiel begrüßten zwar die schöpferische Beteiligung der Juden und waren bereit, sie als Deutsche zu akzeptieren, doch blieb immer der Rest eines Gefühls von Fremdheit gegenüber den jüdischen Mitbürgern und eine versteckte Angst, daß sie zu sehr den Charakter der deutschen Kultur beeinflussen könnten. Die negative Beziehung vieler Deutschen zu Juden war in den meisten Fällen verbunden mit einem hohen Respekt für die Tüchtigkeit und die Erfolge der Juden und einer vielleicht unbewußten Angst vor ihrer fast gespensterhaften, vielseitigen Begabung.

Von jüdischer Seite gesehen war trotz der oft übertriebenen Intensität des Willens, sich völlig anzupassen, auch bei den ideologisch überzeugtesten Assimilanten – ich sehe von denen ab, die durch ihre Taufe endgültig jede Verbindung mit der jüdischen Vergangenheit abbrechen wollten – der Wunsch vorhanden, die jüdische Komponente nicht ganz aufzugeben und eine, in der Wirklichkeit kaum realisierbare, hundertprozentige Synthese zwischen Deutschsein und Jüdischsein herbeizuführen.

Auch in der Beziehung von Juden gegenüber Deutschland, besonders nach der Naziperiode, besteht meiner Erfahrung nach – so paradox es auch klingen mag – ein letztes positives Element in dem Ressentiment und dem Haß als Folge der Verbrechen der Hitler-Zeit. Die überlebenden Ostjuden, die in den Lagern waren, sind

heute negativer zu Deutschland eingestellt als die früheren deutschen Juden. Unter den vielen, die es sich zur Aufgabe gemacht haben, alle Nazis aufzustöbern und dafür zu sorgen, daß sie ihrer gerechten Strafe nicht entgehen, gibt es kaum deutsche Juden: sie sind fast alle osteuropäische Juden, die die Lager überlebt haben.
Diese Bemerkungen erklären den schizophrenen Charakter der ausführlich analysierten Verwandtschaft.
Dies charakterisierte wohl eher unbewußt auch die Beziehung zwischen Juden und Deutschen in der Vor-Hitlerzeit, sogar in der besten Periode der Weimarer Republik. Damals wollte bestimmt die Majorität der Deutschen die Juden als Gleichberechtigte anerkennen, und sicherlich wollte die große Mehrheit der deutschen Juden völlig deutsch werden und investierte erhebliche intellektuelle Kräfte in diesen Versuch. Das deutsche Judentum war das einzige, das aus der Assimilation eine Ideologie machte, weil es irgendwie verstand, daß sie nicht von selbst kam. Die Mission des Reformjudentums, die es verlangte, daß Juden in der Diaspora leben, um die prophetischen Ideen zu verbreiten und zu realisieren, die heftige ideologische Ablehnung des Zionismus seitens der Majorität der deutschen Juden vor Hitler, eine Erscheinung wie Hermann Cohen, die diese Mission zum Inhalt seiner großangelegten jüdischen religiösen Philosophie machte, sind einzigartig und haben sich in anderen westeuropäischen Ländern und in Amerika nie wiederholt. Ohne Hitler wäre wahrscheinlich, wenn man darüber spekulieren darf, das deutsche Judentum auf lange hinaus deutsch-jüdisch geblieben, schöpferisch, dynamisch und bedeutsam, obwohl ihm eine restlose Integration – dies glaube ich mit Scholem – wohl nie gelungen wäre. Es sei, um fair zu sein, zum Lob des deutschen Judentums gesagt, daß die moderne Wissenschaft des Judentums, die sich im 19. Jahrhundert entwickelt hat und heute unter allen jüdischen Gemeinschaften der Welt verbreitet ist, vor allem auch in Israel, und die modernen jüdischen religiösen Tendenzen, sowohl der neuzeitlichen Orthodoxie wie der Reformbewegung, alle ihren Ursprung im deutschen Judentum hatten. Sowohl der bedeutendste jüdische Historiker Heinrich Graetz wie auch der Gründer des Zionismus, Theodor Herzl, waren deutsche Juden, nicht nur der Sprache, son-

dern auch ihrer Kultur nach[30]. Auch zum Aufbau des modernen Israel haben deutsche Juden in vieler Hinsicht Großes beigetragen; es ist hier nicht der Platz, im einzelnen darüber zu sprechen.
Das Kapitel »Deutsche und Juden« hat mit Hitler natürlich eine entscheidende Wendung durchgemacht. Es gibt nur etwa dreißigtausend Juden in Deutschland, und die Chancen sind gering, daß ihre Zahl nennenswert zunehmen wird. Es wäre jedoch übertrieben, zu behaupten, das Kapitel habe sein definitives Ende gefunden. Wenn es eine Wissenschaft gibt, die weniger als andere diesen Namen verdient, ist es die sogenannte »Futurologie«. Geschichte im allgemeinen ist unvorhersehbar, und besonders im 20. Jahrhundert, in dem es zum erstenmal aufgrund moderner Kommunikationsmittel und Technik eine wirkliche Weltgeschichte gibt, hat es zwar einen gewissen Sinn, Voraussagen zu versuchen, aber nur wenn man sie nicht nur mit einem Gramm, sondern mit einem Kilogramm Salz nimmt. Dies gilt auch für die Frage deutsch-jüdischer Beziehungen in der Zukunft.
Die großzügige Haltung der Bundesrepublik in Sachen der Entschädigung und Wiedergutmachung – einzigartig in ihrem Ausmaß und in den Präzedenzfällen, die sie geschaffen hat (Entschädigung zu zahlen für einen Staat, der in der Naziperiode gar nicht existierte, Entschädigungen für Nichtbürger, die unter den Nazis gelitten haben) – hat viel dazu beigetragen, die, völlig berechtigt, meist negativen und oft feindlichen Beziehungen von Juden gegenüber Deutschland nach Hitler beinahe zu normalisieren. Wie ich in der Kölner Gedenkfeier gesagt habe, kann keine Rede von Vergessen sein, und Verzeihen hat zwischen Völkern wenig Sinn. Verzeihung ist eine moralische Qualität, die zwischen einzelnen Menschen gilt und, soweit es sich um die Menschheit als Ganzes oder Kollektivitäten handelt, nur in Beziehung zu Gott sinnvoll ist. Die deutsch-jüdischen Beziehungen werden für immer durch die Naziverbrechen belastet bleiben, auch wenn die formellen Beziehungen schon heute zwischen Israel und dem Weltjudentum einerseits und der Bundesrepublik andererseits als normal betrachtet werden können. Auch emotional und sentimental sind die Beziehungen heute viel besser als noch vor zehn Jahren und neigen dazu, sich weiter zu verbes-

sern. Beiläufig erwähne ich hier meine Ansicht, daß es die moralische Pflicht der Bundesrepublik und vielleicht der höchste Ausdruck ihrer großartigen Leistungen in Entschädigungs- und Wiedergutmachungsfragen wäre, die Existenz Israels, nachdem es zu einem Frieden im Nahen Osten gekommen sein wird, gemeinsam mit anderen Großmächten zu garantieren und somit das friedliche Weiterbestehen des jüdischen Staates zu sichern.

Das Kapitel »Deutsche und Juden« ist in jeder Hinsicht einmalig und einzigartig, in seinen positiven wie in seinen negativen Aspekten. Das deutsche Volk hat die jüngste jüdische Geschichte stärker beeinflußt als irgend ein anderes. Wäre der Holocaust das Schlußkapitel dieser Beziehung geblieben, so wäre sie für immer auf Haß und Ressentiment basiert geblieben. Obwohl die psychologische Belastung durch die Verbrechen der Nazi-Periode die deutsch-jüdische Beziehung ewig beeinträchtigen wird, hat die Entschädigungs- und Wiedergutmachungsgeste der neuen deutschen Bundesrepublik es dennoch möglich gemacht, diese Beziehung in die Richtung der Normalisierung zu führen, was sich auch in den diplomatischen, kulturellen und wirtschaftlichen Beziehungen zwischen Israel und Deutschland ausdrückt. Daß es mir möglich war, ein wenig zu dieser positiven Lösung beizutragen und damit das einzigartige Kapitel der jüdischen Geschichte, das Juden und Deutsche heißt, zu einem relativ positiven Abschluß zu bringen, gewährt mir tiefe Befriedigung.

30 Freud, Marx und Einstein, die drei Menschen, die mehr als irgendwelche andere das Denken unserer Generation – sowohl politisch wie psychologisch und sozial – beeinflußt haben, waren deutsche Juden.

Personenregister